V&R

# Tragicorum Romanorum Fragmenta

(TrRF)

Herausgegeben von
Widu-Wolfgang Ehlers, Peter Kruschwitz,
Gesine Manuwald, Markus Schauer
und Bernd Seidensticker

Vol. I

Vandenhoeck & Ruprecht

# Tragicorum Romanorum Fragmenta

## VOL. I

LIVIUS ANDRONICUS. NAEVIUS. TRAGICI MINORES.
FRAGMENTA ADESPOTA

EDIDIT
MARKUS SCHAUER

cum

Oliver Siegl socio in opere conficiendo

adiuvante Elisabeth Hollmann

Vandenhoeck & Ruprecht

Discipulis
Isabelle Feuerhelm, Melanie Schölzel, Johannes Zenk
Bambergae in universitate Ottonia Fridericiana artibus eruditis
simulque hac in editione curanda adiutoribus et administris

Bibliografische Information der Deutschen Nationalbibliothek

Die Deutsche Nationalbibliothek verzeichnet diese Publikation in der Deutschen Nationalbibliografie; detaillierte bibliografische Daten sind im Internet über http://dnb.d-nb.de abrufbar.

ISBN 978-3-525-25026-6
ISBN 978-3-647-25026-7 (E-Book)


Printed in Germany.

Druck und Bindung: ⊕ Hubert & Co, Göttingen

Gedruckt auf alterungsbeständigem Papier.

# Tabula materiae

# Tragicorum Romanorum Fragmenta (TrRF)
## Prologus

Initia huius editionis multorum annorum repetunt memoriam. tragicorum enim Graecorum fragmenta cum in lucem edi atque editionem illam Nauckianam loco movere inciperent, nos – tum Hamburgenses – ut etiam fragmenta tragicorum Romanorum denuo ederemus, consilium cepimus. adhortatione Brunonis Snell firmati, qui tragoediarum Romanarum fragmenta quasi fragmenta Graecarum tragoediarum interpretabatur, editiones studiaque docta sescenta post editionem ab Ottone Ribbeck curatam publici iuris facta colligere coepimus.

at spes hanc collectionem intra paucos annos absolvere ipsamque fragmentorum editionem ingredi posse nos fefellit. in universitatem liberam Berolinensem vocatis muneribusque haud paucis impeditis nobis non contigit, ut consilium sepositum resumeremus, donec a. D. MMII auxilio opibusque societatis Germanicae studiis provehendis (vulgo Deutsche Forschungsgemeinschaft) nixi Marcum Schauer operi properando praeficere potuimus. qui qua est sagacitate et industria non modo additis editionibus commentariisque ante Ribbeckium publicatis bibliographica supplevit, sed et principia editionis, quae infra praebebuntur, diligentissime limavit polivitque et primum editionis futurae elaboravit specimen. opus valde auctum cum nisi longo temporis spatio absolvi non posse perspexisset, ei felicissime contigit, ut Gesinam Manuwald Londiniensem, Petrum Kruschwitz Readingensem, Nicolaum Rücker Bambergensem collegas peritissimos, editores sibi adiungeret. cui a. D. MMIX universitatis Bambergensis professori facto editionem omnem curandam perficiendamque mandare nobis visum est.

cum iis, qui et Hamburgi et Berolini bibliographicis conficiendis interfuerunt, tum praecipue Marco Schauer gratiae sunt agendae, qui summa contentione impetravit, ut editionis fragmentorum tragicorum Romanorum a nobis inchoatae pars prima et secunda, quibus tertia et quarta quam primum sequerentur, nunc demum in lucem prodirent. gratias agimus et societati Germanicae studiis provehendis et universitati liberae Berolinensi nec non Dieterico Ruprecht fautori per hos annos patienti.

Berolini a. D. MMXI Widu-Wolfgang Ehlers / Bernd Seidensticker

# Praefatio editionis

## Germanice[1]



### 1. Ziel und Anlage der Edition

**1.1** Diese Edition (*Tragicorum Romanorum Fragmenta* = *TrRF*) ist die erste kritische Gesamtausgabe aller Fragmente ('Zitate' / 'Überreste') der römischen Tragödie seit Otto Ribbecks Ausgaben der Fragmente der römischen Komiker und Tragiker in der zweiten Hälfte des 19. Jahrhunderts. Mit dieser neuen Ausgabe sollen auch die Entwicklungen, die in der Forschung zu den Tragödienfragmenten und zu den sie überliefernden Autoren in den mehr als 100 Jahren seit der letzten Auflage von Ribbecks Edition stattgefunden haben, zugänglich gemacht werden. Entsprechend unterscheiden sich die *TrRF* von der Ausgabe Ribbecks (sowie von anderen Editionen der Fragmente einzelner Tragiker bzw. der Gattung) durch eine wesentlich umfangreichere Berücksichtigung und Dokumentation von Überlieferung und Forschungsgeschichte. Bei der Disparatheit und Vielfalt der die Fragmente überliefernden Texte war es meist nicht möglich, die jeweilige Überlieferungstradition in den Handschriften nachzuverfolgen, und diese Edition beruht daher im Wesentlichen auf vorhandenen kritischen Textausgaben und Angaben in der wissenschaftlichen Literatur. Nichtsdestoweniger stellt sie insofern einen Fortschritt dar, als die Herkunft aller Informationen, die nicht auf Autopsie der Editoren zurückgehen, im Einzelnen nachgewiesen ist (s. § 6). Es handelt sich somit um eine 'Edition mit Forschungsbericht', die die textkritisch relevanten Angaben in den für die Tragikerfragmente einschlägigen Editionen und wissenschaftlichen Arbeiten kollationiert,

1 Kurzgefasste Hinweise zur Benutzung dieser Ausgabe, die über den Aufbau der Wiedergabe eines Fragments, die Gliederung des kritischen Apparats sowie die dabei verwendeten wichtigsten Abkürzungen orientieren, finden Sie unter 'Appendix: specimen fragmenti et partes apparatus' am Ende dieser Praefatio (S. XXXIVsq.). Die wichtigsten Abkürzungen sowie die am häufigsten genannten Autoren und Editionen sind zu Beginn des 'Subsidia'-Teils unter '6.1 Abbreviationes et notae' zusammengestellt (S. 317–493).

dokumentiert und verifiziert sowie literaturwissenschaftliche Informationen bietet. Auf dieser Basis ergeben sich für Überlieferung und Fragmenttexte neue Gesichtspunkte.

**1.2** Kennzeichnend für die neue Edition ist die Anordnung der Fragmente, die bei jeder Tragödie sowie den nicht einer konkreten Tragödie zuzuordnenden Fragmenten jeweils der chronologischen Abfolge der zitierenden Autoren folgt, um nicht Interpretationen zu präjudizieren oder Rekonstruktionen von Dramen zu suggerieren. Beabsichtigt ist, die Überlieferungssituation umfassend widerzuspiegeln und für die jeweiligen Fragmente den Text wiederzugeben, der in Anbetracht aller Überlieferungsträger als überliefert gelten darf, sofern er als sprachlich und metrisch korrekt betrachtet werden kann und einen möglichen Sinn ergibt. Offensichtliche Verderbnisse, Fehler und Entstellungen in der Überlieferung sind im Text der Fragmente nach Möglichkeit (mit entsprechender Kennzeichnung) emendiert oder jedenfalls markiert (s. § 6.7), mit weiterer ausführlicher Dokumentation im Apparat.

**1.3** Um alle zur Überlieferungssituation und zur Forschungsgeschichte zusammengetragenen Informationen möglichst übersichtlich zur Verfügung zu stellen, sind die Einträge folgendermaßen aufgebaut: Für jedes Fragment wird zunächst der entsprechende Textabschnitt des überliefernden Autors wiedergegeben, wobei die als Zitat erkennbare Wortfolge durch Anführungszeichen gekennzeichnet ist; wenn ein Fragment mehrfach überliefert ist, sind diese Texte chronologisch angeordnet (s. § 3.3); der Fragmenttext, wie er aus eventuell variierenden Überlieferungen konstituiert bzw. wahrscheinlich gemacht werden kann, folgt danach. Die Dokumentation der Überlieferung sowie Konjekturvorschläge und interpretatorische Hinweise finden sich in dem anschließenden ausführlichen und nach verschiedenen Sachgruppen unterteilten Apparat (s. § 5).

**1.4** Diese Ausgabe ist auf vier Fragment-Bände angelegt (Vol. I – Livius Andronicus, Naevius, Tragici minores, Adespota; Vol. II – Ennius; Vol. III – Pacuvius; Vol. IV – Accius), für die jeweils verschiedene Herausgeber verantwortlich zeichnen. Jedoch sind die Bände in Bezug auf die angewandte Methodik und Darstellungsweise weitgehend einheitlich konzipiert. Sachbedingt unterscheiden sie sich bei Details insofern, als die einzelnen Tragiker wegen der jeweils unterschiedlichen Überlieferungslage spezifische Anforderungen stellen. Da die Bearbeitung der vier Bände sukzessive in Angriff genommen wurde, erscheinen sie entsprechend zeitversetzt. Damit jeder Band auch für sich benutzt werden kann, sind Verweise auf Fragmente, die nach den Ordnungsprinzipien dieser Edition in anderen Bänden enthalten sind, (mit Ausnahme des Ennius, der in den *TrRF* bereits erschienen ist) nach der Zählung der Edition von

Ribbeck angegeben (vgl. die Konkordanzen), ist eine vollständige Praefatio in allen vier Bänden abgedruckt und hat jeder Band sein eigenes Siglen- und Abkürzungsverzeichnis.

**2.** Aufbau der Bände

Vor den Fragmenten des jeweiligen Tragikers (zur Anordnung s. § 3) findet sich in jedem Band eine Zusammenstellung der einschlägigen *Testimonia* zu dessen Leben und Werk (in chronologischer Folge und durch einen Sachindex aufgeschlüsselt), auf die im Rahmen der Diskussion der einzelnen Tragödien ggf. Bezug genommen wird; in Vol. I sind außerdem *Testimonia*, die sich auf die römische Tragödie generell beziehen, aufgenommen. Den Abschluss der Bände bildet jeweils ein technischer Teil ('Subsidia'): Er enthält ein ausführliches Abkürzungsverzeichnis, eine Übersicht über die zugrunde gelegten Ausgaben und die in ihnen herangezogenen Codices, die gleichzeitig die in den Apparaten in *TrRF* benutzen Siglen aufschlüsselt; außerdem wird die verwendete Forschungsliteratur aufgeführt. Hinzu kommt ein 'Conspectus metrorum', der sowohl die Versmaße der einzelnen Fragmente angibt als auch eine Übersicht über die vom jeweiligen Dichter verwendeten Versmaße bietet. Zum Abschluss sind Konkordanzen mit der Ausgabe von Ribbeck und anderen für den jeweiligen Tragiker einschlägigen Editionen sowie Indices angefügt.

**3.** Anordnung der Fragmente

**3.1** Die Fragmente der einzelnen Tragiker werden, sofern sie sich eindeutig zuordnen lassen, unter dem Namen der jeweiligen Tragödien (die alphabetisch geordnet sind) aufgeführt. Die Präsentation jeder Tragödie beginnt, wenn ausreichend Material erhalten ist, mit einem einleitenden Abschnitt, der über den vermutlich zugrunde liegenden Mythos (mit *Testimonia*), andere dramatische Bearbeitungen dieses Mythos und mögliche Quellen informiert. Hingewiesen wird auch auf eventuell zu diesem Drama gehörende, ihm in der Überlieferung aber nicht ausdrücklich zugewiesene Fragmente; außerdem werden Informationen zum anzunehmenden Inhalt des Dramas (wobei ggf. auch die Reihenfolge der Fragmente in einem möglichen Handlungsablauf diskutiert wird) sowie zu wichtiger Forschungsliteratur geboten.

**3.2** Daran schließen sich die für die jeweilige Tragödie zu sichernden Fragmente an, d.h. Fragmente, die in der Überlieferung explizit dem Dichter und dem Stück zugewiesen sind (oder bei denen mit hinreichender Sicherheit, aufgrund des Kontexts oder der Kombination von *Testimonia*, eine eindeutige Zuordnung erschlossen werden kann). Alle anderen Fragmente finden sich unter den *Incerta* eines Dichters, sofern sie wenigstens diesem Tragiker zugeschrieben sind, oder unter den *Adespota* (in Vol. I), wenn der Dichter nicht eindeutig benannt ist. Wenn Fragmente in der Überlieferung ohne explizite Zuweisung bleiben, für sie jedoch eine Zuordnung zu einem bestimmten Stück naheliegend ist oder in der Forschung erwogen wird, ist das sowohl bei dem jeweiligen Fragment (unter den *Incerta* oder *Adespota*) als auch in dem einleitenden Abschnitt zu dem jeweiligen Drama angegeben.

**3.3** Die in der Überlieferung einer bestimmten Tragödie zugewiesenen Fragmente sind jeweils chronologisch nach den zitierenden Autoren angeordnet; werden Fragmente (oder Teile davon) mehrfach zitiert, ist die früheste Nennung für die Anordnung ausschlaggebend (s. §§ 1.2, 1.3). Diese Art der Präsentation ermöglicht zugleich einen Überblick darüber, bei welchen Autoren einzelne Dichter oder Stücke bevorzugt angeführt werden, wobei jedoch in demselben Kontext zitierte Fragmente nicht unbedingt ursprünglich aufeinander gefolgt sein müssen.
Die chronologische Ordnung von Autoren und Werken folgt der modernen *communis opinio* über die Lebenszeiten der Autoren und die Abfassungsdaten ihrer Werke; in einzelnen Fällen, vor allem bei spätantiken Autoren, für die sich die relative Chronologie nicht genau bestimmen lässt, wurde (für alle Bände) eine wahrscheinliche Abfolge auf der Basis der allgemein angenommenen Datierung zugrunde gelegt. Wenn ein Werk mehrere Zitate aus einer Tragödie (oder den *Incerta* oder *Adespota* zuzuweisende) enthält, sind sie nach der Reihenfolge ihres Vorkommens angeordnet.

**3.4** Nach den Fragmenten der gemäß ihrer Titel alphabetisch geordneten Tragödien folgen die den *Incerta* zugewiesenen Fragmente und ggf. eine Rubrik *Operum incertorum fragmenta tragoediis fortasse tribuenda*, die Fragmente enthält, für die eine Zuordnung zum tragischen Werk eines Dichters möglich ist und in der Forschung diskutiert wird, aber unsicher ist.

**4.** Zählung der Fragmente

**4.1** Die Fragmente sind in dieser Ausgabe neu durchgezählt (jeweils separat für jeden Tragiker bzw. die *Adespota*). Dabei erfolgt die Zählung per Fragment, und bei Fragmenten, die aus mehreren Zeilen bestehen, werden diese als Verse des Fragments gezählt (z.B. Enn. F 3,2). Wegen des für die *TrRF* spezifischen Anordnungsprinzips (s. § 3.3) unterscheidet sich die Zählung fast immer von der Nummerierung Ribbecks. Ribbecks Zählung (nach der zweiten und dritten Auflage seiner Edition der Tragikerfragmente) ist jedoch bei jedem Fragment in runden Klammern angegeben (sowie ggf. die Zählungen weiterer relevanter Editionen), auch wenn Ribbecks Nummerierung gelegentliche Unstimmigkeiten aufweist. Die verschiedenen Nummerierungen der jeweils einschlägigen Editionen sind außerdem in Konkordanzen (am Ende jedes Bandes) zusammengestellt.

**4.2** Wie bei den *Tragicorum Graecorum Fragmenta* (*TrGF*) werden Fragmente in dieser Edition mit F und *Testimonia* mit T bezeichnet. Angegeben werden der (abgekürzte) Name des Dichters (bzw. die Klassifizierung als *Adespota*), die Sigle F (oder T) und die jeweilige Nummer. Dabei gelten folgende Abkürzungen: Liv. Andr. = Livius Andronicus; Naev. = Naevius; Enn. = Ennius; Pac. = Pacuvius; Acc. = Accius; adesp. = adespota. Daraus ergibt sich für Fragmente und *Testimonia* dieser Edition folgende Zitierweise: z.B. Naev. T 3 *TrRF*; Enn. F 3,4 *TrRF*; adesp. F 2,1 *TrRF* (s. auch '6.1 Abbreviationes et notae' unter 'Subsidia').

**5.** Aufbau der Angaben zu den einzelnen Fragmenten

**5.1** Der Eintrag für jedes Fragment beginnt mit der jeweiligen Nummer in dieser Edition (s. § 4.1) und (in runden Klammern) der entsprechenden nach der Zählung bei Ribbeck (sowie ggf. anderer Editionen). Danach ist das Fragment, durch Anführungszeichen markiert, im Kontext des Zitats beim jeweiligen überliefernden Autor angeführt (zu mehrfacher Überlieferung s. § 5.4). Die Angabe der Fundstelle beim zitierenden Autor ist durch ein Editorenkürzel (in runden Klammern) ergänzt, das auf die für den überliefernden Rahmentext (mit Ausnahme der Tragödientitel) und für den ersten Teil des textkritischen Apparats zugrunde gelegte Ausgabe verweist (s. § 8.3). Das Metrum ist mit der Benennung des Versmaßes in Kurzform am rechten Rand des Fragmenttexts (in runden Klammern) angegeben, sofern es sich bestimmen lässt; andernfalls steht ein Fragezeichen; Unsicherheiten bei der Bestimmung des Metrums werden durch ein Fragezeichen nach der Bezeichnung des Versmaßes angedeutet. – An den Fragmenttext schließt sich der gegliederte Apparat für das Fragment an; textkritische Angaben zum Kontext des Zitats erfolgen in Auswahl bei den für das Fragment wichtigen Varianten (in Fußnoten). – Wichtige Änderungen der Überlieferung im Fragmenttext werden zum Teil unmittelbar unter dem Fragmenttext angegeben.

**5.2** Der kritische Apparat besteht jeweils aus vier Rubriken, die mit den Kürzeln 'CC', 'CE', 'CS', 'CP' bezeichnet sind (wobei allerdings nicht bei allen Fragmenten alle Rubriken vertreten sind). 'CC' steht für 'Conspectus codicum': in diesem Abschnitt sind die in den Codices zu findenden Lesarten nachgewiesen. 'CE' ist der 'Conspectus editionum': er führt abweichende Textfassungen in den einschlägigen Editionen (s. § 7.1) auf. 'CS' bedeutet 'Conspectus studiorum': hier finden sich Entscheidungen für Lesarten bzw. Konjekturen aus anderen wissenschaftlichen Arbeiten als Editionen. 'CP' schließlich bezeichnet den 'Conspectus locorum parallelorum': hier werden (in der Regel aus früheren wissenschaftlichen Arbeiten entnommene) andere Stellen aus dem Werk des jeweiligen Dichters sowie Passagen aus weiteren griechischen und römischen Autoren zitiert, die das betreffende Fragment sprachlich und / oder inhaltlich illustrieren oder als mögliche Vorbilder und Vergleichsstellen in Betracht kommen bzw. im Verlauf der Forschungsgeschichte als solche angesehen worden sind (s. auch § 6.6).

**5.3** Der 'Conspectus editionum' (CE) kann am Ende die Abteilung 'Crit. in app.' (= 'Notae criticae in apparatibus editionum citatarum propositae') aufweisen; dort werden Konjekturvorschläge oder kommentierende Bemerkungen angeführt, die sich in den Apparaten der zugrunde gelegten Editionen finden. – Der 'Conspectus studiorum' (CS) kann die Abteilungen 'Interpr.' (= 'Interpretatio'), 'Interpunctio' und 'Metr.' (= 'Metrica') enthalten, in denen Auffassungen aus Editionen und der Forschungsliteratur zu diesen Themenbereichen aufgeführt werden. In der Rubrik 'Metr.' wird auch auf Besonderheiten bei der Bestimmung des oben angegebenen Metrums in einzelnen Versen verwiesen; weitere Informationen zur Metrik finden sich im 'Conspectus metrorum' (s. 'Subsidia').

**5.4** Wenn ein Fragment (oder Teile davon) mehrfach überliefert ist, sind die in chronologischer Folge aufgeführten Zitate mit '(a)', '(b)' usw. bezeichnet. Das Fragment (bzw. Teile davon) ist dann sowohl jeweils im Kontext des Zitats wiedergegeben als auch in seiner Gesamtheit, wie es sich aus den verschiedenen Zitaten zusammensetzen lässt, nach den Zitaten und vor dem Apparat abgedruckt. Im Apparat ist beim 'Conspectus codicum' (und ggf. beim 'Conspectus editionum') eine analoge Unterteilung vorgenommen, wobei die Angaben durch '*ad a*', '*ad b*' usw. den einzelnen Zitaten zugeordnet sind.

**5.5** Der 'Conspectus codicum' (CC) für jedes Zitat beginnt mit der Auflistung (in runden Klammern) der für die jeweilige Stelle zur Verfügung stehenden (Haupt-)Codices (je nach Überlieferungslage alle Codices oder die für die Textkonstitution wichtigsten als *codices potiores*). Im Folgenden ist der Abschnitt in sich wiederum zweigeteilt, indem zur besseren Übersichtlichkeit und zum schnelleren Zugriff auf die wichtigsten Informationen die Angaben zu den Codices, die der für den zitierenden Autor zugrunde gelegten Ausgabe entnommen sind ('Ed.' + Kürzel des Herausgebernamens) zuerst und getrennt von den Angaben aus anderen Editionen (und ggf. Arbeiten der Sekundärliteratur) angeführt sind ('Edd.

rel.' oder 'Edd. rel. et studd.'). Im ersten Teil ist auf hochgestellte Quellenangaben (s. § 6.1) verzichtet, da es durch die Anordnung klar ist, dass alle Angaben auf die angegebene Ausgabe zurückgehen (für genaue bibliographische Nachweise und Identifizierung der herangezogenen Codices s. 'Subsidia').

**5.6** In den Abteilungen CE und CS hat der Apparat aus ökonomischen Gründen oft die Form eines negativen Apparats, abgesehen von Fällen, in denen es dadurch zu Unklarheiten kommen könnte oder eine vollständige Dokumentation zur Verdeutlichung der Verteilung der Lesarten auf die eingesehenen Editionen dient. Beim Nachweis des handschriftlichen Befunds in CC kann es sich je nach der Komplexität der Überlieferung und der Menge der vorliegenden Informationen um einen negativen oder einen positiven Apparat handeln, bei dem alle Varianten explizit geboten werden.

## **6.** Nachweis der Lesarten und Konjekturen

**6.1** Der dokumentarischen Zielsetzung dieser Edition entsprechend sind, sofern möglich, jeweils die Urheber von Konjekturen oder Interpretationen genannt, und zwar mit Hinweis auf die jeweilige Veröffentlichung. Wenn eine Lesart in einer Handschrift selbst oder eine Textfassung am ursprünglichen Ort ihrer Publikation verifiziert werden konnte, sind diese Quellen ohne weitere Zusätze angegeben. Bei Handschriften oder wissenschaftlichen Arbeiten, die von den Editoren der *TrRF* nicht eingesehen werden konnten, ist die Herkunft der gegebenen Information verzeichnet. Zum Beispiel würde eine Angabe wie 'cipeo (*H G*)[*Mu,Joc*]' (unter dem Lemma 'CC: Edd. rel.') bedeuten, dass laut den Ausgaben von Mueller (Mu.) und Jocelyn (Joc.) hier die Codices *H* und *G* die Lesart *cipeo* bieten; eine Angabe wie 'conatu trahens *Lipsius*[*Ri.1,Qui,Joc*]' (unter 'CS') hieße, dass nach den Ausgaben von Ribbeck ($Ri._1$; erste Auflage), Quicherat (Qui.) und Jocelyn (Joc.) Lipsius an dieser Stelle *conatu trahens* lesen möchte, es den Editoren der *TrRF* aber nicht gelungen ist, den Veröffentlichungsort ausfindig zu machen. D.h., aufgeführt werden alle herangezogenen Editionen (mit Editorenkürzeln bezeichnet), aus denen Informationen zu einer bestimmten Lesart oder Konjektur entnommen oder erschlossen wurden (ggf. um mit vollem Autornamen identifizierte Werke der Sekundärliteratur ergänzt), und zwar in hochgestellten eckigen Klammern. So wird nachgewiesen, worauf die vorausgehenden Angaben zu Lesarten oder Konjekturen beruhen. – In den Informationen zur handschriftlichen Überlieferung in den eingesehenen Editionen finden sich auch Widersprüche, die trotz aller Bemühungen nicht immer auflösbar waren; diese sind entsprechend dokumentiert. Beispielsweise differieren gelegentlich die Angaben zu Lesarten in den Codices zwischen den verschiedenen Auflagen einer Ausgabe. Manchmal ist eine weitere handschriftliche Lesart in einem bestimmten Codex nur von ein oder zwei modernen Werken angeführt; in solchen Fällen ist es oft unsicher, auf welcher Basis diese Hinweise beruhen. – Entsprechende Prinzipien gelten für die Behandlung von nicht verifizierbaren Hinweisen auf Sekundärliteratur.

**6.2** Da nicht alle bisherigen Editionen Siglenverzeichnisse enthalten und die eingebürgerten Siglen für bestimmte Handschriften im Laufe der Editionsgeschichte wechselten, wurden die Siglenbezeichnungen nach etablierten modernen Konventionen vereinheitlicht und bei unbestimmten Angaben in einzelnen Werken die Bedeutung von Siglen, soweit möglich, erschlossen (relevante Abweichungen im Hinblick auf vorhandene Editionen sind im Verzeichnis der Codices angegeben; s. 'Subsidia') Wenn sich die Bedeutung von Siglen nicht ermitteln ließ, sind diese Unsicherheiten, mögliche Interpretationen oder das Fehlen ausreichender Informationen im Verzeichnis der Codices benannt und ggf. im Apparat durch gnomische Anführungszeichen gekennzeichnet (z.B. 'Gud.'). Das heißt also, im genannten Beispiel (in § 6.1) impliziert die Angabe nicht, dass alle eingesehenen Editionen tatsächlich die Siglen *H* und *G* benutzen; Mueller zum Beispiel verwendet auch *Harl.* und *Guelf.* Da sich aber anhand verschiedenster Informationen ergibt, dass diese Abkürzungen sich auf die Codices beziehen müssen, die heute allgemein mit *H* und *G* bezeichnet werden, sind in den *TrRF* diese Siglen verwendet (mit den entsprechenden Angaben im Verzeichnis der Codices).

**6.3** Wenn sich eine Lesart in mehreren Codices findet, die eingesehenen Editionen diese aber in unterschiedlicher Auswahl aufführen, sind die Angaben nach Möglichkeit zusammengefasst, und es ist mit Hilfe runder Klammern angegeben, welche Codices in welchen Editionen genannt werden. Zum Beispiel würde eine Angabe wie 'hinc (*L H G*)[*Mu,On*] (*F P E*)[*On*]' (in 'CC: Edd. rel.') bedeuten, dass für die Lesart *hinc* als Quellen die Codices *L H G* in den Editionen sowohl von Mueller (Mu.) als auch von Onions (On.) genannt sind und Onions (On.) außerdem die Codices *F P E* anführt. Wo es jedoch auf detaillierte Informationen zu einzelnen Codices in den herangezogenen Editionen ankommt oder Angaben für die Editionsgeschichte wichtig oder widersprüchlich sind (und eine Klärung der Sachlage nicht möglich war), werden die Informationen aus den Apparaten ohne Zusammenfassung nebeneinander (dann ohne den sonst unterschiedliche Lesarten trennenden Doppelpunkt) angeführt, so dass erkennbar ist, welche Codices in welcher Edition berücksichtigt wurden und was jeweils gelesen wurde.

**6.4** Die von früheren Editoren verwendeten divergierenden Bezeichnungen für verschiedene Schreiber bzw. Korrektoren eines Codex (wie *m. 1 / m. 2*; $m^1$ / $m^2$; $C^1$ / $C^2$; $C^p$ / $C^c$; $C^{rec}$ / *C e corr.*) wurden vereinheitlicht, zumeist als '$C^1$ / $C^2$'. Weitere Differenzierungen (z.B. $C^3$, $C^5$) sind nur dort vorgenommen, wo das einen Informationsgewinn bedeutet. – Durchgängig wird die Abkürzung '*cod. / codd.*' verwendet, auch wenn ältere Editionen '*libri*' oder '*exemplaria*' und '*ceteri*' (bzw. verschiedene griechische Buchstaben) bevorzugen. Wo sich nicht ermitteln lässt, welche Codices in älteren Editionen mit Benennungen wie '*rel.* (= [*codices*] *reliqui*)', '*codd. det.* (= *codices deteriores*)', '*codd. mel.* (= *codices meliores*)', '*codd. opt.* (= *codices optimi*)' oder '*codd.* (*boni*) *pler.* (= *codices* [*boni*] *plerique*)' gemeint sind, sind diese übernommen worden.

**6.5** Die in älteren Editionen oft vom heutigen Gebrauch abweichende Verwendung von Klammerformen für Athetesen und Ergänzungen wurde ebenfalls vereinheitlicht (zu { } für Athetesen und < > für Ergänzungen). – Der Einsatz der entsprechenden Klammern bei der Wiedergabe von Lesarten in anderen Ausgaben oder Werken der Sekundärliteratur erfolgt sinngemäß im Interesse größtmöglicher Deutlichkeit.

**6.6** Bei den Einträgen in den Apparaten sind die verschiedenen Formen des Fragmenttexts, wie sie sich in früheren Editionen und Studien finden (unter CE und CS), meist chronologisch nach der ersten nachgewiesenen Fundstelle angeführt. Die Angaben zu den Handschriften (unter CC) richten sich nach dem in *TrRF* für das Fragment gewählten Text und beginnen daher mit der in diesem Text gegebenen Variante bzw. der diesem Text am nächsten kommenden handschriftlichen Lesart (s. auch § 5.6).

**6.7** Wenn der gegebene Text der Fragmente Änderungen an der Überlieferung enthält (s. § 5.1), ist nicht nur deren Urheber in einem gesonderten Apparat unmittelbar unterhalb des Fragmenttexts verzeichnet, sondern sind die Abweichungen auch, sofern möglich, im Text kenntlich gemacht: Athetesen durch { }, Ergänzungen durch < > (s. § 6.5) und Änderungen einzelner Buchstaben durch Kursivschreibung.

**7.** Grundlage der Angaben zu Codices und Editionen

**7.1** Die Kollation vorhandener Editionen (für CC und CE) beruht auf den für jeden Tragiker bzw. die *Adespota* explizit dargelegten Prinzipien: In den jeweiligen Abschnitten (z.B.) 'Quomodo editiones et Enni et auctorum qui fragmenta tradunt in huius editionis apparatu critico adhibeantur', die den Fragmenten eines Dichters bzw. den *Adespota* vorausgehen, sind alle jeweils benutzten Editionen aufgeführt, angeordnet in drei Gruppen, je nachdem, in welchem Ausmaß – aus sachlichen und

pragmatischen Gründen – die in ihnen gegebenen Informationen berücksichtigt wurden. Die erste Gruppe umfasst die maßgeblichen Ausgaben der zitierenden Autoren und die Standard-Editionen der einzelnen Tragiker sowie der Tragödienfragmente. Aus diesen sind die Textfassungen der Fragmente und die im Apparat angeführten Handschriftenlesarten für die *TrRF* durchgehend kollationiert und in deren Apparat aufgenommen. Auf diese Weise ist diesem Apparat *ex negativo* zu entnehmen, dass die Editionen der ersten Gruppe, für die keine speziellen Textfassungen angeführt sind, denselben Text haben wie die *TrRF* (wo es zur Vermeidung von Unklarheiten notwendig ist, sind jedoch die Textfassungen aller Editionen dieser Gruppe im Apparat angegeben). Die Informationen aus weiteren Ausgaben, die der zweiten und der dritten Gruppe zugeordnet wurden, sind in selektiver Form berücksichtigt: Von den Ausgaben der zweiten Gruppe wurden nur die Textfassungen vollständig kollationiert. Aus der dritten Gruppe von Editionen, die vorwiegend aus älteren Ausgaben zitierender Autoren besteht, wurden die Textfassungen der Fragmente und die Angaben zur Überlieferung nur für die Stellen notiert, an denen sie eine Ergänzung gegenüber den bereits aufgeführten Informationen oder eine sinnrelevante Alternative bieten.
Bei Lesarten in der Sekundärliteratur sind – ebenfalls aus pragmatischen Gründen – in der Regel lediglich Abweichungen von der für die *TrRF* in den Text aufgenommenen Lesart verzeichnet (unter CS), wobei auf diese Weise sowohl neue Konjekturen als auch die Verbreitung bereits existierender dokumentiert werden. Übereinstimmungen mit dem Fragmenttext der *TrRF* werden aufgeführt, sofern an dieser Stelle ein vollständiger Nachweis der in den Text aufgenommenen Änderungen der Überlieferung geboten ist (s. §§ 5.6, 6.6). – In die Zusammenstellung von Lesarten und Informationen zu handschriftlichen Lesarten aus anderen Editionen sind aufgrund von Vereinheitlichungen (s. § 6) und der Ignorierung trivialer Differenzen (s. § 9) nicht immer der Wortlaut oder die graphische Gestalt von Text oder Angaben dieser Editionen übernommen; jedoch ist durchgängig deren Informationsgehalt reproduziert.

**7.2** Der 'Conspectus codicum' (CC) basiert im Wesentlichen auf den Informationen in den Standardausgaben der jeweiligen Tragiker und der zitierenden Autoren, ist aber durch Angaben aus weiteren Ausgaben und Werken der Sekundärliteratur ergänzt.

**7.3** Beschreibungen von Codices und Stemmata erübrigen sich, weil die im Verzeichnis der Editionen und Codices aufgeführten textkritischen Editionen, auf denen die *TrRF* aufbauen, solche enthalten. Auf Darstellungen der Handschriften und ihres Verhältnisses untereinander ist, außer in besonders komplexen Fällen, nicht ausdrücklich verwiesen.

**8.** Abkürzungs- und Literaturverzeichnisse; Zitierweise

**8.1** Alle in den *TrRF* (bzw. in einem Band) verwendeten Abkürzungen und Siglen sind in den diversifizierten Rubriken 'Subsidia' jedes Bandes aufgelöst.

**8.2** Die Rubrik 'Subsidia' beginnt mit einer Zusammenstellung allgemeiner Abkürzungen und einer Übersicht über die am häufigsten genannten Autoren und Editionen ('6.1 Abbreviationes et notae'). Es folgt eine gegliederte ausführliche Bibliographie ('6.2 Bibliographiae [et sigla]'): Zunächst finden sich Fragmentausgaben ('6.2.1 Collectiones fragmentorum Romanorum [et Graecorum]'), gefolgt von den Ausgaben des oder der jeweiligen Tragiker ('6.2.2 Editiones Livi Andronici' bzw. '6.2.3 Editiones Naevi'). Im nächsten Abschnitt sind alle antiken Autoren (in alphabetischer Ordnung), bei denen sich Fragmente des jeweiligen Tragikers finden, mit den herangezogenen Ausgaben und den Codices für die Werke, die Fragmente enthalten, aufgeführt ('6.2.4 Editiones et codices auctorum qui fragmenta tradunt'). Den Schluss bildet eine Bibliographie der verwendeten Ausgaben weiterer antiker Autoren ('6.2.5 Editiones aliorum auctorum') sowie von Werken der Sekundärliteratur ('6.2.6 Studia'), wo auch die für die Arbeiten dieser beiden Gruppen verwendete, aus Autornamen und Erscheinungsjahr bestehende Zitierform identifiziert ist. – Die Verzeichnisse der Fragment-Editionen sind zur Illustration der Forschungsgeschichte chronologisch geordnet; bei den zitierenden Autoren dagegen sind die Editionen alphabetisch nach Editoren aufgeführt (bis auf einige wenige markierte Ausnahmefälle). Codices sind jeweils in alphabetischer Folge nach den Siglen (und bei identischen Siglen nach den vollen Namen der Codices) und nach den verschiedenen Werken eines Autors getrennt aufgeführt (dabei gilt außerdem: Großbuchstaben vor Kleinbuchstaben; griechische Buchstaben nach lateinischen, aber innerhalb der alphabetischen Folge; Zahlen am Ende).

**8.3** Editoren bzw. Editionen von Tragiker-Fragmenten oder der Fragmente überliefernden Autoren sind durch das aus dem abgekürzten Namen des Herausgebers bestehende Editorenkürzel bezeichnet (wobei allerdings sehr kurze Namen nicht abgekürzt sind); ausgeschriebene Namen mit Jahreszahl verweisen auf Sekundärliteratur. Haben moderne Editoren mehrere Werke oder Texte verschiedener antiker Autoren herausgegeben, ist in der Regel durch den Zusammenhang eindeutig, auf welche Edition sich das Editorenkürzel bezieht; lediglich wo es der Eindeutigkeit halber nötig ist, werden die Jahreszahl oder der abgekürzte Name des antiken Autors (in runden Klammern) dem Editorenkürzel zur Differenzierung hinzugefügt. Seitenzahlen ('*p.*') oder Erläuterungen wie '*in app.*' oder '*in comm.*' sind zum Editorenkürzel nur hinzugefügt, wenn es für die Identifizierung der Stelle oder der Beschreibung der vertretenen Auffassungen notwendig ist.

**8.4** Neuzeitliche Eigennamen sind nur dann in latinisierter Form wiedergegeben, wenn es sich um Autoren früherer Jahrhunderte handelt, bei denen sich die lateinische Variante eingebürgert hat. Bei modernen Autoren, die mit verschiedenen Namensformen zitiert werden, sind Varianten im Literaturverzeichnis angegeben.

**9.** Orthographische Konventionen

**9.1** Um die Informationsfülle nicht unnötig zu vergrößern, sind unbedeutende Unterschiede in der Textgestaltung der Fragmente zwischen den einzelnen eingesehenen Editionen nicht aufgeführt.

**9.2** Auf Unterschiede in der Interpunktion sowohl zwischen den kollationierten Editionen als auch in Bezug auf die in den *TrRF* vorgelegte Textfassung wird nur verwiesen, wenn sich daraus signifikante Sinndifferenzen ergeben. Die in den *TrRF* gegebene Interpunktion der Rahmentexte orientiert sich an den jeweils genannten zugrunde gelegten Ausgaben. Fragmente werden, entsprechend dem angenommenen Verständnis, interpungiert, wenn sich Satzgrenzen einigermaßen sicher bestimmen lassen.

**9.3** Versanfänge sind nicht generell durch Großschreibung hervorgehoben; vielmehr ist ein Versende im Text der Fragmente durch Zeilenwechsel und sonst durch / markiert.

**9.4** Unterschiede in Groß- und Kleinschreibung sowie in Zusammen- und Getrenntschreibung in den eingesehenen Editionen und Werken der Sekundärliteratur sind nur dort, wo sie für Text oder Interpretation der Fragmente relevant sind, wiedergegeben. In den Texten der *TrRF* werden lediglich Eigennamen groß geschrieben; am Satzanfang findet keine Großschreibung statt.

**9.5** Varianten in der lateinischen Orthographie werden, sofern sie trivial sind, ignoriert. In den *TrRF* wird graphisch zwischen *u* und *v* unterschieden, unabhängig vom Prinzip der zugrunde gelegten Ausgaben.

**9.6** Ebenso sind graphische Konventionen für die Schreibweise des Lateinischen in älteren Editionen (z.B. *cœlum* für *caelum*; *juvare* für *iuvare*; *nuncium* für *nuntium*; *illū* für *illum*; *syncerus* für *sincerus* usw.) oder Versuche einer Rekonstruktion einer ursprünglichen Orthographie (z.B. *omneis* für *omnes*; *quum* für *cum* usw.) in der Regel nicht reproduziert; im überlieferten Text oder in den Editionen ggf. verwendete Abkürzungen sind gewöhnlich aufgelöst. Allenfalls bei Eigennamen oder an anderen entscheidenden Stellen, etwa wenn die Frage der Schreibweise oder

Wortform in sich eine textkritische Frage darstellt, ist die Schreibung der eingesehenen Werke wiedergegeben. Die *TrRF* orientieren sich für den Text der Fragmente an der bei den zitierenden Autoren zu findenden (klassischen) Schreibweise und versuchen nicht, eine eventuelle 'archaische' Orthographie zu rekonstruieren.

**9.7** Entsprechende Prinzipien gelten sinngemäß für die Wiedergabe von Lesarten aus den Codices anhand der einzelnen Editionen. Zum Beispiel ist die unterschiedliche Handhabung der Umsetzung von Eigennamen aus den Codices mit Ausnahme begründeter Einzelfälle zu Großschreibung vereinheitlicht. Unterschiede in der Schreibung, die den Sinn betreffen bzw. die jeweilige Interpretation des Texts erklären, sind jedoch wiedergegeben.

# Anglice[2]

**1.** Aims and objectives of the present edition (p. XXII) – **2.** Layout of the individual volumes (p. XXIV) – **3.** Ordering of the fragments (p. XXIV) – **4.** Numbering of the fragments (p. XXV) – **5.** Arrangement of the information given for each fragment (p. XXVI) – **6.** Documentation of readings and conjectures (p. XXVIII) – **7.** Sources for information on manuscripts and editions (p. XXX) – **8.** Lists of abbreviations and works cited; shape of references (p. XXXI) – **9.** Spelling conventions (p. XXXII)

## **1.** Aims and objectives of the present edition

**1.1** The present work (*Tragicorum Romanorum Fragmenta* = *TrRF*) is the first comprehensive critical edition of all fragments ('quotations' / 'remains') extant for Roman tragedy since Otto Ribbeck's collections of the Roman comic and tragic fragments in the second half of the 19th century. This new edition also intends to make available the scholarly developments in research on the Roman tragic fragments and on the authors transmitting them during the period of more than 100 years since the last revision of Ribbeck's edition. Accordingly, *TrRF* differs from Ribbeck's edition (and from other editions of the fragments of individual tragic poets or of this dramatic genre) by considering and documenting the textual transmission and the scholarship on the fragments to a far greater extent. Because of the high number of different kinds of texts that preserve tragic fragments, it has typically not been possible to look at the history of transmission in the manuscripts themselves; therefore, the present edition is primarily based on the critical apparatuses of existing editions and on information accessible in other works of scholarship. Nevertheless, what is presented here is a step forward since the sources for all information that does not derive from the editors' autopsy have been indicated in detail (see § 6). These volumes therefore constitute an 'edition with bibliographical survey': they collate, document and verify the information from editions and other scholarly works that concerns the text of the tragic fragments, and they also provide details on literary matters. On this basis new insights into the transmission and the text of the fragments can be gained.

2 Brief notes on how to use this edition, which provide information about the format in which the fragments are presented, the structure of the critical apparatus and the most important abbreviations used in this context, can be found in 'Appendix: specimen fragmenti et partes apparatus' at the end of this Praefatio (pp. XXXIVsq.). The most important abbreviations as well as the authors and editions referred to most frequently are listed at the beginning of the 'Subsidia' section under '6.1 Abbreviationes et notae' (pp. 317–493).

**1.2** A characteristic feature of this new edition is the arrangement of the fragments, which follows the chronological sequence of the transmitting authors for each tragedy as well as for the fragments that cannot be ascribed to individual plays; such a structure does not imply specific interpretations or suggest particular reconstructions of the dramas. The aim of this edition is to illustrate the transmission and to record for each fragment whatever can be regarded as transmitted in view of all available evidence, as long as this can be considered as correct in linguistic and metrical terms and as making sense. Obvious corruptions, errors and distortions in the transmission have been eliminated where possible (appropriately signalled) or have at least been marked in the text of the fragments (see § 6.7), with additional extensive documentation in the apparatus.

**1.3** In order to make all collated information on the history of transmission and scholarship available as easily as possible, entries are structured as follows. For each fragment the relevant passage from the transmitting author is given first, with the quotation signalled by quotation marks. If a fragment is transmitted a number of times, these excerpts will be given in chronological order (see § 3.3); they are followed by the text of the fragment as it has been constituted or seems plausible on the basis of the potentially diverging transmission. The documentation of the transmission and of conjectured readings and notes on interpretation can be found in the ensuing detailed apparatus, which is divided into clearly marked sections (see § 5).

**1.4** This edition is to consist of four volumes of fragments (Vol. I – Livius Andronicus, Naevius, Tragici minores, Adespota; Vol. II – Ennius; Vol. III – Pacuvius; Vol. IV – Accius), prepared by different editors. While each editor is ultimately responsible for their own volume, all volumes broadly follow a consistent methodology and form of presentation. There are minor variations in details, caused by the specific requirements of each tragic poet due to the particularities of the transmission. Since work on each of the four volumes began at different times, their publication will be staggered. In order to make it possible for each volume to be used independently, cross-references to fragments that have been assigned to other volumes according to the organization of this edition are based (except those of Ennius, which are already published in TrRF, vol. 2) on the numbering in Ribbeck's edition (see Concordances), a complete Praefatio is printed in all four volumes, and each volume has its own list of sigla and abbreviations.

**2.** Layout of the individual volumes

Preceding the fragments of each tragic poet (on their presentation see § 3), each volume offers the relevant *testimonia* on his life and work (given in chronological order and also keyed to an *index rerum*), which may be referred to in the discussion of individual tragedies; additionally, vol. I gives *testimonia* on Roman tragedy in general. Each volume concludes with a technical section ('Subsidia'): it consists of a comprehensive summary of general abbreviations, an overview of all editions consulted and the codices referred to (this table also explains the *sigla* employed in the critical apparatuses in *TrRF*), and a list of the cited scholarly literature. Besides, there are concordances with Ribbeck's edition and other editions relevant for the respective tragic poet(s), a 'Conspectus metrorum' (which indicates the metres of the individual fragments and also provides an overview of the metres used by each tragic poet) and indexes.

**3.** Ordering of the fragments

**3.1** The fragments of the individual tragic poets are printed under the titles of the respective tragedies (in alphabetical order) whenever they can be ascribed clearly to a particular play. The presentation of each tragedy begins, wherever there is sufficient material extant to make any statements, with an introductory paragraph that provides information on the myth that has probably been dramatized (with *testimonia*), on other dramatic treatments of the same myth and on possible sources. There is also information on fragments that may belong to this play, but have not been explicitly assigned to it by the transmitting authors, or on the possible plot of the tragedy (which may include a discussion of the probable order of the surviving pieces), as well as on important scholarly literature.

**3.2** This introduction is followed by the fragments that can be assigned to the tragedy in question, i.e. fragments that have been explicitly attributed to a particular poet and drama (or for which an unambiguous attribution can be inferred from the context or a combination of *testimonia*). All other fragments are assembled under the *Incerta* of a poet, when they have at least been attributed to the playwright, or under *Adespota* (in vol. I), when no dramatist has been clearly identified in the transmitting source(s). In the case of fragments that have not been explicitly assigned to any drama in the transmission, but whose attribution to a particular play is likely or has been suggested by scholars, this is indicated both where the fragments are printed (under *Incerta* or *Adespota*) and in the introductory paragraph to the play in question.

**3.3** The fragments that have been assigned to a particular tragedy in the transmission are arranged in chronological order based on the transmitting authors. When fragments (or parts of them) are quoted by several ancient authors it is the earliest of these references that determines the chronological position (see §§ 1.2, 1.3). This form of presentation also shows by which authors individual poets or plays are referred to particularly frequently, while fragments quoted in the same context need not necessarily have been close to each other originally. The chronological arrangement of authors and their works follows the modern *communis opinio* on the dates of these writers and on the composition of their works; in some cases, particularly with regard to late-antique writers, where the relative chronology cannot be determined with certainty, a probable order on the basis of the generally assumed dating has been established (for all volumes). If one work contains several quotations from the same tragedy (or of *Incerta* or *Adespota*), these are arranged according to the order in which they appear in that work.

**3.4** The fragments ascribed to particular tragedies (ordered alphabetically according to their titles) are followed by those that are assigned to *Incerta*. In some cases there is also a further section entitled *Operum incertorum fragmenta tragoediis fortasse tribuenda*, which presents pieces that may be assigned to a writer's tragic output as discussed in the scholarly literature, but for which this attribution is uncertain.

**4.** Numbering of the fragments

**4.1** In this edition the fragments have been given a new numbering, with each tragic poet and the *Adespota* being numbered separately. The pieces are numbered per fragment; in the case of fragments that consist of several lines these are given as verses of this fragment (e.g. Enn. F 3.2). Because of the particular principles of arrangement employed in *TrRF* (see § 3.3), the numbering differs from that of Ribbeck almost everywhere. Ribbeck's numbering (according to his second and third editions of the tragic fragments) is also given in round brackets with each fragment (followed for some poets by the numbers in other important editions), even though Ribbeck's numbering includes occasional inconsistencies. Additionally, there are concordances with all relevant major editions at the end of each volume.

**4.2** Just as in the comparable edition of *Tragicorum Graecorum Fragmenta* (*TrGF*), in this edition too, fragments are indicated by F and *testimonia* by T. References consist of the (abbreviated) name of the tragic poet (or the classification as *Adespota*), the siglum F (or T) and the respective number. The following abbreviations are used: Liv.

Andr. = Livius Andronicus; Naev. = Naevius; Enn. = Ennius; Pac. = Pacuvius; Acc. = Accius; adesp. = adespota. Thus fragments printed in this edition are referred to in the following way: e.g. Naev. T 3 TrRF; Enn. F 3.4 TrRF; adesp. F 2.1 TrRF (see also '6.1 Abbreviationes et notae' in 'Subsidia').

**5.** Arrangement of the information given for each fragment

**5.1** The entry for each fragment starts with the respective number in this edition (see § 4.1) and (in round brackets) with the corresponding one according to Ribbeck's numbering (and the numbering in other editions where appropriate). This is followed by the text of the fragment, signalled by quotation marks, within its context in the transmitting author's text (on multiple quotations of the same fragment see § 5.4). The identification of the quoted passage from the transmitting author is supplemented by the abbreviated name (in round brackets) of the editor on whose edition the readings in the surrounding transmitting text (except for the titles of tragedies) and the first section of the critical apparatus are based (see § 8.3). The metre of the fragment is indicated in the right-hand margin (in round brackets), wherever the metre can be identified; where the metre cannot be determined, this is indicated by a question mark; if there is some uncertainty regarding the identification of the metre, this is marked by a question mark after the description of the metre. The text of the fragment is followed by a detailed, structured apparatus for each fragment; information on textual issues concerning the context is given selectively where it is relevant to the fragment (in footnotes). Mayor critical interventions in the printed text of a fragment are listed in a separate section directly below the text of the respective fragment.

**5.2** The critical apparatus consists of four main sections, identified by the abbreviations 'CC', 'CE', 'CS', 'CP' (though not all sections are represented in all cases). 'CC' means 'Conspectus codicum': this section gives the readings found in the manuscripts. 'CE' is the 'Conspectus editionum': this section lists different readings in the major editions (see § 7.1). 'CS' stands for 'Conspectus studiorum': this section presents readings and conjectures as they appear in scholarly literature beyond editions. 'CP' refers to the 'Conspectus locorum parallelorum': this section gives quotations of other passages in the oeuvre of the playwright in question or of passages from other Greek and Roman writers (usually gleaned from existing scholarly literature) that illustrate aspects of language, form or meaning of this fragment or may be or have been considered as possible models and parallels (see also § 6.6).

**5.3** The 'Conspectus editionum' (CE) may include a subsection 'Crit. in app.' (= 'Notae criticae in apparatibus editionum citatarum propositae') at the end; this subsection gives suggestions for conjectures or other comments that can be found in the critical apparatuses of the editions consulted. Similarly the 'Conspectus studiorum' (CS) may include sub-sections that are entitled 'Interpr.' (= 'Interpretatio'), 'Interpunctio' and 'Metr.' (= 'Metrica'), which record views on those issues that are found in editions or in the scholarly literature. The subsection 'Metr.' includes references to possible peculiarities of the metre identified above for particular lines; further information on metrical issues can be found in the 'Conspectus metrorum' (see 'Subsidia').

**5.4** When the same fragment (or parts of it) has been transmitted in several texts, the individual quotations are listed in chronological order and are identified by '(a)', '(b)' etc. The fragment (or its quoted parts) is given both in the context of each quotation and, after all quotations and before the apparatus, in its entirety as it can be established on the basis of all references. The apparatus exhibits the same subdivisions for the 'Conspectus codicum' (and also for the 'Conspectus editionum' if appro-priate), with the subsections being linked to the respective quotations by '*ad a*', '*ad b*' etc.

**5.5** The 'Conspectus codicum' (CC) for each quotation starts with a list (in round brackets) of the (main) manuscripts that are relevant for the respective passage (depending on the transmission, either all manuscripts or those that are most important for constituting the text as *codices potiores*). In what follows, for the sake of clarity and to allow for quick and easy access to the most important data, this section in turn has been divided into two parts, since information on manuscripts that has been derived from the reference edition of the transmitting author is given first ('Ed.' + abbreviation of editor's name), separated from information ('Edd. rel.' or 'Edd. rel. et studd.') taken from other editions (and possibly works of secondary literature). In the first part indexed re-ferences of sources (see § 6.1) have been left out since the arrangement makes it clear that all the information comes from the one edition spe-cified (for bibliographical details and an identification of the manuscripts used see 'Subsidia').

**5.6** In sections CE and CS the apparatus mostly has the form of a nega-tive apparatus, for the sake of conciseness, except for cases where this would result in ambiguities or where comprehensive documentation serves to illustrate the distribution of readings over the editions used. The collation of manuscript readings in CC can have the form of a negative or a positive apparatus, where all variants are listed explicitly, depending on the complexity of the transmission and the amount of information available.

## 6. Documentation of readings and conjectures

**6.1** In line with the documentary aim of this edition, the name of the original authors of conjectures or interpretations are given as well as the relevant bibliographical information wherever possible. When it has been possible to verify readings in the manuscripts or in the original place of publication, this information about the sources is provided without further qualification. For manuscripts or scholarly works that the editors of *TrRF* were unable to consult, it is indicated where this information has come from. For instance, a note such as 'cipeo (*H G*)[*Mu,Joc*]' (in 'CC: Edd. rel.') would mean that according to the editions of Mueller (Mu.) and Jocelyn (Joc.) the manuscripts *H* and *G* here read *cipeo*; a note such as 'conatu trahens *Lipsius*[*Ri.1,Qui,Joc*]' (in 'CS') would mean that according to the editions of Ribbeck (Ri.$_1$; first version), Quicherat (Qui.) and Jocelyn (Joc.) Lipsius reads *conatu trahens* here, while the editors of the present edition have not been able to find out where he suggests this. I.e., all editions (indicated by abbreviated editors' names) where information on a particular reading or conjecture has been found or which allow inferences to be drawn are listed in superscript citations and in square brackets (occasionally supplemented by works of secondary literature identified by authors' names); this shows where the preceding information on readings or conjectures has come from. The collation of information on the textual transmission in the editions consulted displays some contradictions, not all of which could be resolved despite all efforts; these are documented as appropriate in each case. For instance, the information on manuscripts readings sometimes changes between different editions of the same modern work. Occasionally, only one or two modern works record another variant reading in a particular manuscript; in those cases it is often uncertain on what authority such details are based. Similar principles have been followed in the case of data on secondary literature that could not be located.

**6.2** Since not all existing editions include lists of *sigla* and the commonly used *sigla* for some manuscripts have changed in the history of scholar ship, a consistent system for the *sigla* assigned to manuscripts has been developed on the basis of established modern conventions, and the meaning of *sigla* in existing editions has been inferred, where possible, in the case of unspecific data (with relevant discrepancies as regards existing editions recorded in the list of manuscripts; see 'Subsidia'). If the meaning of *sigla* could not be determined, ambiguities, probable interpretations or the lack of sufficient information is identified in the list of editions and manuscripts and documented in the apparatus (for example by putting the siglum in single quotation marks: 'Gud.'). That means with respect to the example mentioned (in § 6.1) the notation does not imply that all the editions consulted actually have the *sigla* *H* and *G*; Mueller for example also uses *Harl.* and *Guelf.* However, since it follows from a combination of details that these abbreviations must denote codices that today are generally referred to as *H* and *G*, these *sigla* are used in *TrRF* (with the necessary information given in the list of manuscripts).

**6.3** When the same reading is found in several manuscripts, yet the editions consulted list those in differing selections, the information is summarized where possible, and it is indicated by means of round brackets which manuscripts are mentioned in which editions. For instance, a note such as 'hinc (*L H G*)$^{[Mu,On]}$ (*F P E*)$^{[On]}$' (in 'CC: Edd. rel.') would mean that for the reading *hinc* the manuscripts *L H G* are given as sources in the editions of both Mueller (Mu.) and Onions (On.) and that Onions (On.) additionally mentions the manuscripts *F P E* as further sources. Where it is important to record the precise details given on specific manuscripts in particular editions or the individual pieces of information are important for the textual history or result in contradictions (which could not be resolved), the information from the consulted apparatuses is reproduced in juxtaposition without summarizing (and without the colon that normally separates different readings). Thereby it will always be obvious which manuscripts have been used in which editions and what readings they have given.

**6.4** The different systems used by existing editions to indicate various scribes or correctors of manuscripts (such as *m. 1* / *m. 2*; $m^1$ / $m^2$; $C^1$ / $C^2$; $C^p$ / $C^c$; $C^{rec}$ / *C e corr.*) have been standardized, typically as '$C^1$ / $C^2$'. Additional distinctions (e.g. $C^3$, $C^5$) have only been made where this provides further information. In *TrRF* the abbreviation '*cod.* / *codd.*' is used consistently even if older editions prefer '*libri*' or '*exemplaria*' and '*ceteri*' (or various Greek letters). Where it cannot be determined which manuscripts older editions refer to by notations such as '*rel.* (= [*codices*] *reliqui*)', '*codd. det.* (= *codices deteriores*)', '*codd. mel.* (= *codices meliores*)', '*codd. opt.* (= *codices optimi*)' or '*codd.* (*boni*) *pler.* (= *codices* [*boni*] *plerique*)', these abbreviations have been kept.

**6.5** Older editions frequently use forms of brackets to indicate deletions and conjectures that differ from what is common today. In *TrRF* the symbols { } for deletions and < > for additions have been used throughout. In reports of readings in other editions or in the secondary literature the appropriate brackets are employed according to sense whenever this contributes to increasing clarity.

**6.6** For entries in the critical apparatus, readings of the texts of the fragments found in existing editions and works of scholarly literature (in CE and CS) are mostly listed chronologically according to the first recorded occurrence. Information on the manuscripts (in CC) is based on the text of the fragment as given in *TrRF*; it therefore starts with the variant adopted for this text or with the manuscript reading that comes closes to it (see also § 5.6).

**6.7** When the text of fragments includes changes to the transmission (see § 5.1), their authors are recorded in a separate section immediately below the text of the fragment. Additionally, these changes are marked in the text itself wherever possible: deletions by { }, additions by < > (see § 6.5) and changes to individual letters by italics.

**7.** Sources for information on manuscripts and editions

**7.1** The collation of existing editions (for CC and CE) follows clear principles, explicitly outlined for each playwright (and the *Adespota*): the individual sections entitled (e.g.) 'Quomodo editiones et Enni et auctorum qui fragmenta tradunt in huius editionis apparatu critico adhibeantur', which precede the fragments of each tragic poet (and the *Adespota*), list all editions consulted, arranged into three groups, depending on how the details provided by them have been recorded for factual or pragmatic reasons. The first group consists of the standard editions of the transmitting authors, of the individual tragic poets and of the tragic fragments; their readings of the texts of the fragments and their notes on the manuscripts in the apparatus have been collated and reproduced in *TrRF* in full. This means that the apparatus in *TrRF* reveals *ex negativo* that all editions of this first group for which no special reading is mentioned, have the same text as *TrRF* (though where it helps to avoid ambiguities, the versions from all editions of this group have been recorded). The information found in further editions, allocated to groups two and three, has been reproduced selectively: for the editions of the second group the readings of the fragmentary texts only have been collated throughout. From the third group of editions, which mainly consists of older editions of the transmitting authors, data on the fragmentary texts and the transmission has been recorded where additional information or major variants are to be found. As for the collation of readings in the secondary literature (in CS), also for pragmatic reasons, typically only divergences from the text printed in *TrRF* are listed, whereby both new conjectures and the distribution of existing ones are documented. Readings agreeing with the text adopted for the fragments have been included when comprehensive documentation of changes to the transmission adopted for the text is required (see §§ 5.6, 6.6). In the recording of readings and information on manuscripts from other editions it is not always the exact wording or graphic presentation of the text or notes of those editions that has been reproduced due to the introduction of a consistent system (see § 6) and the ignoring of trivial differences (see § 9); however, the factual details given in the works consulted have been faithfully recorded throughout.

**7.2.** The 'Conspectus codicum' (CC) is primarily based on the information in the standard editions of the respective tragic playwrights and of the authors that quote the fragments, but has been supplemented by information from further editions and works of secondary literature.

**7.3** Descriptions of manuscripts and the provision of stemmata have been deemed unnecessary, since these are included in the critical editions listed in the overview of editions and manuscripts on which *TrRF* is based. Hence there are no particular references to presentations of manuscripts and their relationship among each other apart from a few particularly complex cases.

**8.** Lists of abbreviations and works cited; shape of references

**8.1** All abbreviations used in *TrRF* (or in each volume) are explained in the detailed 'Subsidia' section at the end of each volume.

**8.2** The 'Subsidia' section starts with a list of general abbreviations and an overview of the authors and editions most frequently referred to ('6.1 Abbreviationes et notae'). A structured full bibliography follows ('6.2 Bibliographiae [et sigla]'): it begins with an overview of editions of fragments ('6.2.1 Collectiones fragmentorum Romanorum [et Graecorum]'), followed by editions of the tragic poet(s) in question ('6.2.2 Editiones Livi Andronici' and accordingly '6.2.3 Editiones Naevi'). The next subsection lists all ancient authors (in alphabetical order) that transmit fragments of the respective tragic poet, along with the editions used and the manuscripts of their works containing fragments ('6.2.4 Editiones et codices auctorum qui fragmenta tradunt'). The section closes with a bibliography of editions of further ancient authors referred to ('6.2.5 Editiones aliorum auctorum') and of scholarly literature ('6.2.6 Studia'), which includes the abbreviated reference form for works of these two groups, consisting of the author's name and the year of publication. The lists of editions of fragments are arranged chronologically in order to give an indication of the scholarly history; for the transmitting authors the editions are arranged alphabetically according to editors' names (apart from a few marked exceptions). Manuscripts for each ancient author are given in alphabetical order according to their *sigla* (and in the case of identical *sigla* according to their names) and arranged according to the various works of one author (besides, the following principles have been applied: capital letters precede small letters; Greek letters follow Latin letters, but are inserted into the alphabetical sequence; numbers are placed at the end).

**8.3** Editors or editions of Roman tragic fragments or of the transmitting ancient authors are indicated by abbreviated editors' names (with the exception of very short names, which have not been abbreviated); full names (plus year of publication) denote works of secondary literature. If modern editors have edited several works or several ancient writers, it will almost always be clear from the context to which edition the abbreviation refers; only where it is necessary to avoid ambiguity the year of publication or the abbreviated name of the ancient author have been added (in round brackets). Page numbers ('*p.*') or explanations such as '*in app.*' or '*in comm.*' have been added only where it is required for the identification of the passage or for an accurate description of the views proposed.

**8.4** Latinized forms of modern and early modern personal names have only been used for writers of past centuries for whom the Latin form seems to be the more common one. For modern authors who are referred to by different versions of their names, the variants are listed in the bibliography.

**9.** Spelling conventions

**9.1** In order not to increase the wealth of information unnecessarily, insignificant differences in the presentation of the fragmentary texts between the editions consulted have not been recorded.

**9.2** Discrepancies in punctuation between the editions consulted and with reference to *TrRF* are indicated only if they point to relevant differences in interpretation. The punctuation that has been adopted here for the surrounding texts is based on the editions used for reference. Fragments are given punctuation, according to their assumed meaning, where breaks between clauses can be identified reasonably clearly.

**9.3** There is no general capitalization at the beginning of lines of poetry; instead line breaks are marked by the start of fresh lines in the text of the fragments and elsewhere by forward slashes (/).

**9.4** Differences in the use of capitalization or in writing sequences as one or two words in the consulted editions and works of secondary literature have only been reproduced where they are of importance for the text or meaning of the fragments. In *TrRF* only personal names are capitalized; there is no capitalization at the beginning of sentences.

**9.5** Variants in the spelling of the Latin have been ignored if they are trivial. This edition distinguishes graphically between *u* and *v*, irrespective of the principles of the reference editions consulted.

**9.6** Equally, conventions for spelling the Latin found in older editions (e.g. *cœlum* for *caelum*; *juvare* for *iuvare*; *nuncium* for *nuntium*; *illū* for *illum*; *syncerus* for *sincerus* etc.) or attempts at reconstructing an original spelling (e.g. *omneis* for *omnes*; *quum* for *cum* etc.) have generally not been reproduced. Abbreviations that may have been used in the Latin text of manuscripts or editions have usually been spelt out. Only in the case of proper names or for other important instances, for example when the issue of a particular spelling or form is a textual question in itself, the spelling of the consulted works has been reproduced. For the text of the fragments, *TrRF* bases itself on the (classical) spelling found in the transmitting authors and does not attempt to reconstruct a putative 'archaic' spelling.

**9.7** Similar principles apply to the reproduction of readings in the manuscripts as they are given in the individual editions. For instance, the different principles used to record proper names from the manuscripts are typically replaced by a consistent system of capitalization. Yet differences in spelling that affect the sense or may explain an editor's interpretation of the text have been reproduced.

## Appendix: specimen fragmenti et partes apparatus

*Specimen fragmenti*: Enn. F 18

① **18**

(36 Ri.$_{2-3}$; 50 Va.$_{2}$; 66 Joc.)

② *Fest. pp. 416,35–418,3 Li.* (*Li.*): stolidus, stultus. Ennius [*Enn. ann. 105 Va.*$_{2}$ *= 96 Sk.*] … [*p. 418,1*] et in Alexandro:

③ hominem appellat: 'quid lascivi<s>, stolide?' – non [intellegit. (*tr*$^{7}$)

④ lascivi<s> *Scal. in not.*

⑤ et Caecilius [*Caecilius, pall. 77 Ri.* (*1873*)] …

⑥ *CC* (*cod.*: *F*)

**Ed. *Li.*:** (lascivi *F*)

**Edd. rel.:** lascivi *F*[*Aug, Urs, Ri.1, Va.1, Ri.2, Word, Mu, Ri.3, Va.2, Di, Kl, Joc, Tra, Mos*]

*CE* hominẽ appellat, qui a lascivi stolide nõ intelligit. *Aug.* : hominem appellat quia lascivi stolide non intelligit *Steph.* : hominem appellat, quia * lasciui stolide non intellegit *Scal.* : hominem appellat, quia lascivi stolide non intellegit. *Urs., Dac.* : quid lascivis stolide *Delr.* (*om. rel.*) | † lascivi stolide † *Mue., Thew.* : lascivi' *Kl.* : † lascivi † *Joc.* | intelligit *Aug., Steph., Col., Lev.* : intelligis *Bo., Masiá* : intellegis *Va.*$_{2}$*, Di., Arg.* | *cum Enn. F 19 coniunx. Lev.*

*Crit. in app.*: "*possis etiam sic distinguere*: hóminem appella. – quíd lascivis, stólide? – non intéllegit. *vel* hóminem appella. – quíd lascivis, stólide? non intéllegis?" *Ri.*$_{1}$ *in app., Ri.*$_{2}$ *in app., Ri.*$_{3}$ *in app.* | quid lascivis stolide? non intelligit. *Scal. in not., Scal. ap. Dac.* : quid lascivis stolide? non intelligis? *Dac. in not.*

*CS* Oenonam appellat. quid? lascivis stolide, non intelligis? *Grotius* (*1828*) *156* : hominem adpellat: quid lascivis, stolide? non intelligis *Welcker* (*1839*) *467* : hominem appellat: quid lascivis, stolide? non intelligis –? *Hartung* (*1844*) *237* : hominem appellat 'quid lascivis, stolide? non intelligis' *Biliński* (*1954*) *35* | intellegis *Bergk* (*1884a*) *682, Snell* (*1937*) *11*

⑦ – *Interpr.*: verba nuntii *Welcker* (*1839*) *467, Ribbeck* (*1875*) *85, Wa., Mag., Masiá* : verba Deiphobi *Hartung* (*1844*) *237, Snell* (*1937*) *11* | de Hectore Paridem increpante *Dac.* : de Deiphobo *Welcker* (*1839*) *467* : de tauro Alexandri abducto *Ribbeck* (*1875*) *85* | *a tragica dictione abesse censuit Vossius* (*1620*) *105* : *satyricum drama fuisse censuit Grotius* (*1828*) *156*

– *Metr.*: tr$^7$ *Bo.*, *Ri.*$_2$, *Kl.*, *Joc.* (*dub.*), *Tra.*, *Mart.*

*CP* *Lucr. 6,17*: intellegit [*perf.*; *cf. Lachmann 1855, 350*] ibi vitium vas efficere ipsum / …

① Numerus fragmenti huius editionis (typis crassis notatus); sequuntur (uncis rotundis inclusae) numeri fragmenti in ceteris editionibus potioribus adhibiti (vid. praef. § 4; vid. etiam comparationes numerorum fragmentorum).

② Locus et textus auctoris, qui fragmentum tradit (in hoc exemplo paginae editionis a viro docto Lindsay confectae additae sunt). Sequitur nomen abbreviatum editoris huius textus (uncis rotundis inclusum). Locus fragmenti ipsius uncis quadratis inclusus additur, si opus est (vid. praef. § 5,1).

③ Textus fragmenti. In margine metrum (uncis rotundis inclusum) indicatur (vid. praef. § 5,1).

④ Si textus constitutus fragmenti a traditione librorum manu scriptorum discrepat, hoc loco homines docti nominantur, qui textum mutatum proposuerunt (vid. praef. §§ 5,1; 6,7).

⑤ Continuatio textus auctoris, qui fragmentum tradit. Si hic auctor eodem loco alia quoque fragmenta citat, numeri eorum fragmentorum indicantur (uncis quadratis inclusi).

⑥ Apparatus in quattuor partes digestus (*CC*, *CE*, *CS*, *CP*). In parte *CC* primum codices potiores auctoris, qui fragmentum tradit, afferuntur; deinde editio nominatur, qua textus citatus imprimis nititur, et, quid in hac editione de lectionibus codicum indicetur, commemoratur; tertio loco affertur, quid ex aliis editionibus de lectionibus codicum cognosci possit (nomina abbreviata editorum uncis quadratis inclusa sunt) (vid. praef. § 5).

⑦ In fine partis *CS* affertur, quid homines docti de interpretatione ('*Interpr.*') et de metro ('*Metr.*') fragmenti dixerint (vid. praef. § 5,3).

*Partes apparatus*

| | |
|---|---|
| *CC* | Conspectus codicum |
| *CE* | Conspectus editionum |
| *CS* | Conspectus studiorum |
| *CP* | Conspectus locorum parallelorum |

| | |
|---|---|
| *Crit. in app.* (in *CE*) | Notae criticae in apparatibus vel in commentariis vel in notis vel in marginibus editionum citatarum propositae |
| *Interpr.* (in *CS*) | Disputationes hominum doctorum de interpretatione fragmenti |
| *Metr.* (in *CS*) | Notae hominum doctorum de re metrica |

## Praefatio huius voluminis

### Germanice

*mare interbibere*
(Naev. F 50 *TrRF*)

Was kann eine neue Gesamtedition der römischen Tragikerfragmente gegenüber den etablierten und bewährten Einzelausgaben und Kommentaren zu einzelnen Tragikern leisten? Oder anders gefragt: Warum ist – trotz der hervorragenden Ausgaben und Kommentare von Dangel (1955), D'Anna (1967), Jocelyn (1967), D'Anto (1980), Schierl (2006), Spaltenstein (2008) u.a. – eine Neuausgabe des alten 'Ribbeck' bzw. 'Klotz' nichtsdestoweniger nötig? Es verhält sich hier anscheinend ähnlich wie bei einem Handbuch der Literaturgeschichte: Monographien zu einzelnen Autoren können das Handbuch nicht ersetzen. Denn von Zeit zu Zeit ist es notwendig, daß der Forschungsstand bilanziert und seine Geschichte dokumentiert wird – und zwar möglichst unabhängig von den persönlichen Forschungspositionen und Arbeitsmethoden der Handbuchautoren.

Während also die Editoren einzelner Tragiker die Aufgabe haben, Fragmente den jeweiligen Dichtern und Dramen zuzuordnen und in eine mutmaßliche Reihenfolge innerhalb des jeweiligen Stücks zu bringen, ihren Kontext zu erschließen und in diesem Zusammenhang eine schlüssige Textkonstitution zu bieten, ist für die Editoren einer Gesamtausgabe eine möglichst objektive Dokumentation das Ziel aller Mühen. Die Edition ist als Grundlagenwerk gedacht, das frei von allem Spekulativen und Modischen sein will und dabei einen umfassenden Überblick über die editorischen Befunde und die weit verzweigte textkritische Forschungsgeschichte der einzelnen Tragikerfragmente an die Hand gibt.

Dabei sind folgende Fragmentsammlungen in der Editionsgeschichte der Tragikerfragmente von wegweisender Bedeutung: Stephanus (1564), Delrius (1593; inkl. seiner *Opinationes* im Anhang), Scriverius (1620; inkl. der *Castigationes* von Vossius im Anhang), Bothe (1823), Ribbeck (1852 / 1871 / 1897), Warmington (1935 / 1936), Klotz (1953). Für die kontextuelle Interpretation der Fragmente sind zudem die Monographien von Welcker (1839–1841) und Ribbeck (1875) maßgeblich.

Für Livius Andronicus sind die Einzelausgaben von Duentzer (1835), L. Mueller (1885), Lenchantin de Gubernatis (1937) und Spaltenstein (2008), für Naevius die von Klussmann (1843) und Marmorale (1950) zu nennen, für beide, da sie großenteils bei Nonius überliefert sind, die

Ausgaben von Iunius (1565), Mercerus (1614; inklusive seiner *Notae* im Anhang) und Lindsay (1903).

Ribbeck selbst hat sich vor allem an folgenden Stellen zur Textkritik der Tragikerfragmente geäußert: in seinen drei Auflagen der Tragikerfragmente, wobei in der ersten Auflage die *Mantissa* im Anhang, in der zweiten das *Corollarium* viele Konjekturen bieten; ferner die *Addenda* zu den Tragikern in der zweiten Auflage der Komikerfragmente (1873) und in seiner Dissertation *In tragicos Romanorum poetas coniectanea* (1849). Ribbeck führt im übrigen zahllose Konjekturen seines Freundes Buecheler an, die dieser ihm offenbar hauptsächlich mündlich oder brieflich mitgeteilt hat.

Einige wichtige textkritische Aufsätze zu den Tragikerfragmenten stammen bereits aus der ersten Hälfte des 19. Jahrhunderts, z.B.: Bergk (1835 bzw. 1874), Brakman (1835), Bothe (1837) und Duentzer (1838). Wichtige textkritische Vorschläge sind auch in metrischen Arbeiten, z.B. Hermann (1816 und 1852) oder L. Mueller (1861 bzw. 1894), oder aber auch im Zusammenhang textkritischer Diskussionen in Editionen anderer antiker Autoren gemacht worden, z.B. Scaliger in seinen *Coniectanea* zu Varro (1565) oder Lachmann in seiner Lukrez-Ausgabe ($^{4}$1871).

Die Textgestalt der Tragikerfragmente wird insbesondere in den Editionen der Quellenautoren kritisch betrachtet. Dabei fällt auf, daß dies vor allem in den älteren Editionen geschieht, während die Editoren des 20./21. Jahrhunderts zunehmend die textkritische Behandlung der Tragikerfragmente den Editoren der Fragmentausgaben überlassen. Jedenfalls finden sich in älteren Editionen der Quellenautoren, z.B. in Cicero-Ausgaben des 19. Jh., nicht selten umfassende Dokumentationen zum textkritischen Befund eines Fragments, wobei diese Editionen jeweils viele weitere Konjekturen bieten, die heute aus dem Blick geraten sind. In gewisser Weise scheint sich die Geschichte der Textkritik, je weiter man sie zurückverfolgt, umso mehr zu verzweigen und immer reicheres Material zu bieten. Textkritische Anmerkungen werden im 16. und 17. Jahrhundert bisweilen auch in vielbändigen Miscellanea-Sammlungen zusammengestellt (z.B. Gruterus' *Lampas*, 1602–1607). Angesichts dieser schier uferlos anmutenden Quellenlage schien mir bisweilen selbst die Dokumentation des Nötigsten zu einem Ozean anzuschwellen: Wie sollte ich – auch angesichts der Tatsache, daß für Livius (Spaltenstein ausgenommen), die Tragici Minores und Naevius kaum, für die Adespota gar keine moderne Ausgabe Vorarbeit geliefert hat, dieses Meer austrinken: *mare interbibere*, wie es bei Naevius heißt.

Bei der Aufarbeitung dieser umfangreichen textkritischen Literatur sah ich mich u.a. mit zwei großen Problemen konfrontiert. Zum einen ist die Zitierweise der alten Editionen großenteils sehr ungenau, nicht selten wird nur der Name des Editors angegeben. Den genauen Ort ausfindig zu machen, an dem Scaliger oder Lipsius oder andere Philologen Konjekturen vorschlagen, kann eine lange Odyssee durch die einschlägige Literatur bedeuten, die manchmal ihr Ziel nicht erreicht. Zum anderen gibt es in den älteren Editionen oft keine Siglenverzeichnisse der Codices, und eine Zuordnung zu den heutigen Handschriftenbezeichnungen ist oft kaum möglich. Es fällt im übrigen auf, daß diesbzüglich vom 19. zum 20. Jahrhundert ein gewisser Traditionsbruch stattfand: So werden etwa in Cicero-Ausgaben im 19. Jahrhundert viele Handschriften herangezogen, die in den neueren Teubner- und Oxford-Ausgaben keine Rolle mehr spielen, ja zum Teil nicht einmal erwähnt werden. War in solchen Fällen die Identifikation der jeweiligen Handschrift nicht gesichert, habe ich die entsprechende Sigle in gnomische Anführungszeichen gesetzt, z.B.: 'Gud.'

Ein Wort zum 'Gelehrtenlatein' der vorliegenden Ausgabe: Ich habe mich bemüht, schlichtes und verständliches Latein zu schreiben, und aus pragmatischen Gründen davon abgesehen, in diesem Zusammenhang ciceronisches Latein zu zelebrieren. Aus Platzgründen war Nominalstil angezeigt und einige nützliche Phrasen habe ich dem Gelehrtenlatein früherer Jahrhunderte entnommen (z.B.: für 'denken an / in Verbindung bringen mit' *cogitare de* statt eines indirekten Fragesatzes). Auch die Zeitenfolge habe ich dem Gegenstand angepaßt (etwa häufig Konjunktiv Präsens im Gliedsatz nach Nebentempus).

Ohne Hilfe anderer hätte ich diesen Band nicht vorlegen können. Diesen möchte ich an dieser Stelle meinen Dank aussprechen: An erster Stelle sind die Kollegen Prof. Dr. Ehlers und Prof. Dr. Bernd Seidensticker (beide Freie Universität Berlin) zu nennen, die das Projekt auf den Weg brachten und in den ersten Jahren die Projektleitung innehatten. Sie haben mir mit ihrer großen Erfahrung und ihren wichtigen Ratschlägen immer wieder Mut gemacht. In meiner Kölner Zeit haben die studentischen Mitarbeiter Michael Müller, Sebastian Rödder und Christina Zimmermann mir zugearbeitet und u.a. Digitalisate wichtiger Nonius-Handschriften besorgt, meine Mitarbeiterinnen Sabine Tiedje und Caroline Vossaert haben mich bei der Recherche und Beschaffung der Literatur unterstützt. Große Unterstützung habe ich dann in der Endphase von Isabelle Feuerhelm, Melanie Schölzel, Johannes Zenk, aber auch von Bastian Pflaum, Steffen Ritter und Kerstin Vormwald, meinen Bamberger studentischen Mitarbeitern erhalten, die mir u.a. bei der Literaturrecherche (in Bamberg waren für mich viele Bücher nur über Fernleihe zu erreichen), bei der Erstellung der Konkordanzen und Indices und beim

Korrekturlesen eine große Hilfe war. Ihnen, die in ihrem Engagement auch während ihrer Examensprüfungen nicht nachließen, ist dieser Band gewidmet.

Großen Dank schulde ich Oliver Siegl, der die Metrika durchsah, zum Teil nachkollationierte, die gründliche Endkorrektur besorgte und den Band formatierte. Ebenso gebührt Elisabeth Hollmann Dank, die u.a. die Parallelstellen und Testimonien kontrollierte und bei der Recherche entlegener Literatur half. Schließlich ist Herrn Dr. Nils Rücker für die gründliche Durchsicht und kluge Kritik zu danken, und Herrn Michael Schulze Roberg für seine Hilfe.

Bedanken möchte ich mich auch bei Frau Prof. Dr. Gesine Manuwald (University College London) für die gute und stete Zusammenarbeit und Diskussion. Sie hat mit der Vorlage ihres Bandes Mut gemacht und Orientierung geboten.

Dank gebührt auch dem Verlag Vandenhoeck & Ruprecht (Göttingen) für den reibungslosen Druck, insbesondere Frau Dr. Blech, die die Bände dieser Edition mit Geduld und Umsicht betreute. Danken möchte ich auch der Universitäts-Bibliothek Bamberg und ihren Mitarbeitern für die Unmengen an ausgeliehenen und zu spät zurückgegebenen Büchern. Last but not least möchte ich großen Dank der Deutschen Forschungsgemeinschaft (DFG) aussprechen, die einen beträchtlichen Teil dieses Projekts finanzierte.

Bamberg, April 2012 M. S.

## Anglice

*mare interbibere*
(Naev. F 50 *TrRF*)

Given the proven and tested editions and commentaries of individual tragedians what might be achieved with a new complete edition of the fragments of the Roman tragedians? To put it in different words: Why is a new edition of the seasoned "Ribbeck" and "Klotz" required, despite the excellent editions and commentaries of Dangel (1955), D'Anna (1967), Jocelyn (1967), D'Anto (1980), Schierl (2006), Spaltenstein (2008) etc.? Similarly to a manual on the history of literature, books on individual authors will never be able to replace the bredth of a manual. After all, from time to time it is necessary to take stock of the previous work and research history of a given topic in order to draw conclusions that are as independent from personal perspectives or individual research methods as possible.

Hence, while editors of individual tragedians face the challenge of assigning fragments to individual poets and pieces and arranging them into a tentative sequence within in a piece, in order to enlighten their context and to prepare a convincing edition of the text, editors of a complete edition are first and foremost required to present documentation from as objective a point of view as possible. This edition is intended as a fundamental work devoid of speculation and research style. Its purpose is to offer a comprehensive review of the editorial findings and the intricate research history of individual fragments in reference to textual criticism.

The following fragment collections have been of groundbreaking significance in the editorial history of the tragedians' fragments: Stephanus (1564), Delrius (1593; including his *Opinationes* appendix), Scriverius (1620; including the *Castigationes* appendix by Vossius), Bothe (1823), Ribbeck (1852 / 1871 / 1897), Warmington (1935 / 1936), and Klotz (1953). As far as the contextual interpretation of the fragments is considered, the books of Welcker (1839–1841) and Ribbeck (1875) are authoritative.

For Livius Andronicus, the editions of Duentzer (1835), L. Mueller (1885), Lenchantin de Gubernatis (1937), and Spaltenstein (2008) are relevant, for Naevius those of Klussmann (1843) and Marmorale (1950), and also relevant for both of them (since they are transmitted to a great extant within Nonius) are the editions of Iunius (1565), Mercerus (1614; including the *Notae* appendix) and Lindsay (1903).

Publications in which Ribbeck himself wrote on the textual criticism of the tragedians' fragments include all three editions of his tragedians' fragments. In the first edition, the *Mantissa* appendix, and in the second, the *Corollarium* appendix offer many conjectures; besides, there are the *Addenda* to the tragedians published in the second edition of his comedians' fragments (1873), as well as his doctoral dissertation *In tragicos Romanorum poetas coniectanea* (1849). Furthermore, Ribbeck posits numerous conjectures thanks to this friend Buecheler, which are primarily based on private communication.

In the first half of the 19$^{th}$ century, some important articles on the textual criticism of the tragedians' fragments were published. Examples of these articles include Bergk (1835 and 1874), Brakman (1835), Bothe (1837) and Duentzer (1838). Furthermore, within works on metrics such as Hermann (1816 and 1852) and L. Mueller (1861 and 1894), important textual changes were suggested. The same happened in editions of different authors of authors of antiquity, so in Scaliger's *Coniectanea* on Varro (1565) or in Lachmann's Lucretius edition ($^4$1871).

Especially within editions of the source authors, the textual criticism of the tragedians' fragments is currently receiving a great deal of attention, although one cannot fail to notice that this is especially the case in older editions. Editors of the 20$^{th}$ and 21$^{st}$ centuries more and more frequently leave the textual criticism of the tragedians' fragments to the editors of fragment collections.

Thus, in older editions of the source authors such as the Cicero editions of the 19$^{th}$ century, one frequently discovers full discussions of the previous research on the textual criticism of a given fragment, and often many more conjectures as well, which have been overlooked by more recent scholars. In a certain way, the history of textual criticism is growing more and more intricate and copious the further back one goes. In the 16$^{th}$ and 17$^{th}$ centuries, textual suggestions were sometimes also published in multi-volume collections of miscellanea, such as Gruterus' *Lampas* (1602-1607). Given this seemingly infinite evidence, even the documentation of the really indispensable research seems to swell to an ocean's size. Given the fact that modern editions do not help much in the case of Livius Andronicus (Spaltenstein excepted), of the Tragici Minores and of Naevius, and not at all in the case of the Adespotata, how should I drink up this ocean: *mare interbibere*, to put it in the terms of Naevius?

I faced two major challenges while going through this enormous bibliography on textual criticism. Firstly, older editions tend to cite in a most imprecise way, often merely stating the name of the editor. Tracking down the exact place where Scaliger or Lipsius or another scholar of their time suggested this or that conjecture can easily entail a time-consuming odyssey through their books, and success is not guaranteed. Secondly, older editions often do without a list of codex sigla, and mapping them to today's manuscript denominations is often impossible. It is interesting to note that at the turn from the 19$^{th}$ to the 20$^{th}$ century, we can notice a certain rupture in these traditions. For example, in Cicero editions of the 19$^{th}$ century, many manuscripts are used which do not play a role in recent Teubner or Oxford editions, in fact, they are sometimes not even mentioned. In cases in which the identification of the manuscript in question could not be ascertained, I have put the siglum in single quotation marks, e.g. 'Gud.'.

A note on the Latin used in this edition. For pragmatic reasons, I have strived to compose clear and understandable Latin, rather than to celebrate Ciceronian periods. In order to save space, I have used nominal expressions. I haven taken over some useful phrases from the scholars of earlier centuries (such as "to think of, to relate to" as *cogitare de*, rather than an indirect question). The sequence of tenses was adapted to the subject matter (for example, often present subjunctive in subordinate clauses after historical tense).

Composing this volume would have been impossible but for the support of many people to whom I wish to record my gratitude. First and foremost, there are my colleagues Prof. Dr. Ehlers and Prof. Dr. Bernd Seidensticker (both at the Freie Universität Berlin) who initiated this research project and headed it during the first years. They kept on encouraging me with their great experience and provided important council. During my time at Cologne, the students Michael Müller, Sebastian Rodder, and Christina Zimmermann provided invaluable assistance, including the procurement of digital versions of important Nonius manuscripts. Ms Sabine Tiedje and Ms Caroline Vossaert helped in terms of the search for and acquisition of sources. In addition I would like to thank my Bamberg research assistants, Isabelle Feuerhelm, Melanie Schölzel, and Johannes Zenk as well as Bastian Pflaum, Steffen Ritter, and Kerstin Vormwald for providing very important assistance obtaining books (in Bamberg, I had to rely constantly on inter-library loan), creating the concordances and indices and proofreading in the final stage of this project. Their high commitment did not relent even during their final examinations. It is to them that I wish to dedicate this volume.

I owe a lot to Oliver Siegl who checked the metrica, partly collated again, did final and careful proofreading, and formatted this volume. I also wish to record my gratitude for Elisabeth Hollmann, who inter alia checked parallel passages and testimonia and helped to track down obscure publications. I thank Dr. Nils Rücker for his careful vetting and intelligent criticism, and Michael Schulze Roberg for his help.

I also owe thanks to Prof. Dr. Gesine Manuwald (University College London) for our excellent cooperation and exchanges. By publishing her volume, she gave mine courage and direction.

Finally, the publisher Vandenhoeck & Ruprecht (Göttingen) has to be praised for a smooth production. I wish especially to thank Dr. Blech who attended to the volumes of this edition with patience and diligence. Then I owe gratitude to the University Library of Bamberg and its staff for the numerous books borrowed by me (of which too many were returned too late). Last but not least, I thank the Deutsche Forschungsgemeinschaft (DFG), which financed a considerable share of this project.

Bamberg, April 2012 M. S.

# 1. Testimonia Tragoediae Romanae

*Cf. etiam testimonia de fabula Romana apud Manuwald (2010) 42–97. In fine nostri capitis etiam testimonia sermonis tragici offeruntur, in quibus unum tantum verbum tragici poetae traditum est (cf. et Wa. vol. 2, pp. 596–599).*

## T 1

*Plaut. Amph. 64–68 (Lindsay 1905)*: nunc hoc me orare a vobis iussit Iuppiter / ut conquistores singula in subsellia / eant per totam caveam spectatoribus, / si quoi favitores delegatos viderint, / ut is in cavea pignus capiantur togae.

## T 2

*Plaut. Amph. 89–93 (Lindsay 1905)*: quasi vero novom / nunc proferatur Iovem facere histrioniam; / etiam, histriones anno quom in proscaenio hic / Iovem invocarunt, venit, auxilio is fuit. / praeterea certo prodit in tragoedia.

## T 3

*Plaut. Bacch. 213–215 (Lindsay 1905)*: non res, sed actor mihi cor odio sauciat. / etiam Epidicum, quam ego fabulam aeque ac me ipsum amo, / nullam aeque invitus specto, si agit Pellio.

## T 4

*Plaut. Cist. 784sq. (Lindsay 1905)*: postidea loci / qui deliquit vapulabit, qui non deliquit bibet.

## T 5

*Plaut. Mil. 81sq. (Lindsay 1905)*: qui autem auscultare nolet exsurgat foras, / ut sit ubi sedeat ille, qui auscultare volt.

## T 6

*Plaut. Mil. 200–202* (*Lindsay 1905*)*:* illuc sis vide, / quem ad modum astitit, severo fronte curans, cogitans. / pectus digitis pultat, cor credo evocaturust foras.

## T 7

*Plaut. Poen 4–6* (*Lindsay 1905*): histricus, / bonoque ut animo sedeant in subselliis, / et qui essurientes et qui saturi venerint.

## T 8

*Plaut. Poen. 17–20* (*Lindsay 1905*): scortum exoletum ne quis in proscaenio / sedeat, neu lictor verbum aut virgae muttiant, / neu dissignator praeter os obambulet / neu sessum ducat, dum histrio in scaena siet.

## T 9

*Plaut. Poen. 55–58* (*Lindsay 1905*): nunc rationes ceteras / accipite; nam argumentum hoc hic censebitur: / locus argumentost suom sibi proscaenium, / vos iuratores estis. quaeso, operam date.

## T 10

*Plaut. Poen. 1224* (*Lindsay 1905*): in pauca confer: sitiunt qui sedent.

## T 11

*Plaut. Truc. 10sq.* (*Lindsay 1905*): Athenis †tracto† ita ut hoc est proscaenium / tantisper dum transigimus hanc comoediam.

## T 12

*Plaut. Truc. 968.* (*Lindsay 1905*): spectatores, bene valete, plaudite atque exsurgite.

### T 13

*Ter. Eun. 19sq.* (*Kauer / Lindsay / Skutsch 1958*): quam nunc acturi sumus / Menandri Eunuchum, postquam aediles emerunt.

### T 14

*Ter. Hec. 55–57* (*Kauer / Lindsay / Skutsch 1958*): mea causa causam accipite et date silentium, / ut lubeat scribere aliis mihique ut discere / novas expediat posthac pretio emptas meo.

### T 15

*Vitr. 5,5,7* (*Krohn 1912*): dicet aliquis forte multa theatra quotannis Romae facta esse neque ullam rationem harum rerum in his fuisse.

### T 16

*Vitr. 5,6,2* (*Krohn 1912*): et eius pulpiti altitudo sit ne plus pedum quinque, uti, qui in orchestra sederint, spectare possint omnium agentium gestus.

### T 17

*Cic. fam. 7,1,2* (*Shackleton Bailey 1988*): nam primum honoris causa in scaenam redierant ii, quos ego honoris causa de scaena decessisse arbitrabar. deliciae vero tuae, noster Aesopus, eius modi fuit ut ei desinere per omnis homines liceret. is iurare cum coepisset, vox eum defecit in illo loco, 'si sciens fallo.' quid tibi ego alia narrem? nosti enim reliquos ludos; qui ne id quidem leporis habuerunt quod solunt mediocre ludi. apparatus enim spectatio tollebat omnem hilaritatem; quo quidem apparatu non dubito quin animo aequissimo carueris. quid enim delectationis habent sescenti muli in 'Clytaemestra' aut in 'Equo Troiano' creterrarum tria milia aut armatura varia peditatus et equitatus in aliqua pugna? quae popularem admirationem habuerunt, delectationem tibi nullam attulissent.

### T 18

*Cic. de orat. 2,193* (*Kumaniecki 1969*): sed ut dixi, ne hoc in nobis mirum esse videatur, quid potest esse tam fictum quam versus, quam scaena, quam fabulae? tamen in hoc genere saepe ipse vidi, ut ex persona mihi ardere oculi hominis histrionis viderentur.

### T 19

*Cic. de orat. 3,27* (*Kumaniecki 1969*): atque id primum in poetis cerni licet, quibus est proxima cognatio cum oratoribus, quam sint inter sese Ennius, Pacuvius Acciusque dissimiles, quam apud Graecos Aeschylus, Sophocles, Euripides, quamquam omnibus par paene laus in dissimili scribendi genere tribuatur.

### T 20

*Cic. de orat. 3,83* (*Kumaniecki 1969*): huic Crassus 'hoc tibi' inquit 'Catule, primum persuadeas velim me non multo secus facere, cum de oratore disputem, ac facerem, si esset mihi de histrione dicendum. negarem enim posse eum satis facere in gestu, nisi palaestram, nisi saltare didicisset.

### T 21

*Cic. de orat. 3,196* (*Kumaniecki 1969*): quid, hoc non idem fit in vocibus, ut a multitudine ac populo non modo catervae atque concentus, sed etiam ipsi sibi singuli discrepantes eiciantur?

### T 22

*Cic. de orat. 3,213sq.* (*Kumaniecki 1969*): sed haec omnia perinde sunt, ut aguntur. actio, inquam, in dicendo una dominantur. sine hac summus orator esse in numero nullo potest, mediocris hac instructus summos saepe superare. huic primas dedisse Demosthenes dicitur, cum rogaretur quid in dicendo esset primum, huic secundas huic tertias. quo mihi melius etiam illud ab Aeschine dictum videri solet; qui cum propter ignominiam iudicii cessisset Athenis et se Rhodum contulisset, rogatus a Rhodiis legisse fertur orationem illam egregiam, quam in Ctesiphontem contra Demosthenem dixerat; qua perlecta petitum ab eo est postridie, ut legeret illam etiam, quae erat contra ab Demosthene pro Ctesiphonte edita; quam cum suavissima et maxima voce legisset, admirantibus omnibus: 'quanto' inquit 'magis miraremini, si audissetis ipsum!' ex quo satis significavit quantum esset in actione, qui orationem eandem aliam fore putarit actore mutato. [*214*] quid fuit in Graccho, quem tu melius, Catule, meministi, quod me puero tanto opere ferretur? 'quo me miser conferam? quo vertam? in Capitoliumne? at fratris sanguine redundat, an domum? matremne ut miseram lamentantem videam et abiectam?' quae sic ab illo esse acta constabat oculis, voce, gestu, inimici ut lacrimas tenere non possent. haec eo dico pluribus, quod genus hoc totum oratores, qui sunt veritatis ipsius actores, reliquerunt, imitatores autem veritatis histriones occupaverunt.

## T 23

*Cic. de orat. 3,221* (*Kumaniecki 1969*): in eo autem ipso dominatus est omnis oculorum; quo melius nostri illi senes, qui personatum ne Roscium quidem magno opere laudabant.

## T 24

*Cic. leg. 2,38* (*Powell 2006*): iam ludi publici quoniam sunt cavea circoque divisi, sint corporum certationes cursu et pugillatu et luctatione curriculisque equorum usque ad certam victoriam circo constitutis, cavea cantu vigeat ac fidibus et tibiis, dummodo ea moderata sint ut lege praescribitur.

## T 25

*Cic. ac. 1,10* (*Plasberg $^{2}$1922*): quid enim causae est cur poetas Latinos Graecis litteris eruditi legant, philosophos non legant? an quia delectat Ennius Pacuvius Accius multi alii, qui non verba sed vim Graecorum expresserunt poetarum – quanto magis philosophi delectabunt, si ut illi Aeschylum Sophoclem Euripidem sic hi Platonem imitentur Aristotelem Theophrastum.

**T 26**

*Cic. ac. 2,20* (*Plasberg* $^{2}$*1922*): quam multa quae nos fugiunt in cantu exaudiunt in eo genere exercitati, qui primo inflatu tibicinis Antiopam esse aiunt aut Andromacham, cum id nos ne suspicemur quidem.

**T 27**

*Cic. fin. 1,4–7* (*Moreschini 2005*): iis igitur est difficilius satis facere, qui se Latina scripta dicunt contemnere. In quibus hoc primum est in quo admirer, cur in gravissimis rebus non delectet eos sermo patrius, cum idem fabellas Latinas ad verbum e Graecis expressas non inviti legant. quis enim tam inimicus paene nomini Romano est, qui Enni Medeam aut Antiopam Pacuvi spernat aut reiciat, quod se isdem Euripidis fabulis delectari dicat, Latinas litteras oderit? [*5*]'Synephebos ego', inquit, 'potius Caecili aut Andriam Terenti quam utramque Menandri legam?' a quibus tantum dissentio ut, cum Sophocles vel optime scripserit Electram, tamen male conversam Atili mihi legendam putem, de quo Licin[i]us [*Moreschini*; Lucilius *Martha*]: 'ferreum scriptorem'; verum, opinor, scriptorem tamen, ut legendus sit. rudem enim esse omnino in nostris poetis aut inertissimae segnitiae est aut fastidi delicatissimi. mihi quidem nulli satis eruditi videntur, quibus nostra ignota sunt. an 'utinam ne in nemore …' nihilo minus legimus quam hoc idem Graecum, quae autem de bene beateque vivendo a Platone disputata sunt, haec explicari non placebit Latine? [*6*] quid? si nos non interpretum fungimur munere, sed tuemur ea quae dicta sunt ab iis quos probamus eisque nostrum iudicium et nostrum scribendi ordinem adiungimus, quid habent cur Graeca anteponant iis quae et splendide dicta sint neque sint conversa de Graecis? nam si dicent ab illis has res esse tractatas, ne ipsos quidem Graecos est cur tam multos legant, quam legendi sunt. quid enim est a Chrysippo praetermissum in Stoicis? legimus tamen Diogenem, Antipatrum, Mnesarchum, Panaetium, multos alios in primisque familiarem nostrum Posidonium. quid? Theophrastus mediocriterne delectat, cum tractat locos ab Aristotele ante tractatos? quid? Epicurei num desistunt de isdem de quibus et ab Epicuro scriptum est et ab antiquis ad arbitrium suum scribere? quodsi Graeci leguntur a Graecis isdem de rebus alia ratione compositis, quid est cur nostri a nostris non legantur? [*7*] quamquam, si plane sic verterem Platonem aut Aristotelem ut verterunt nostri poetae fabulas, male, credo, mererer de meis civibus, si ad eorum cognitionem divina illa ingenia transferrem. sed id neque feci adhuc nec mihi tamen, ne faciam, interdictum puto. locos quidem quosdam, si videbitur, transferam, et maxime ab iis quos modo nominavi, cum inciderit ut id apte fieri possit, ut ab Homero Ennius, Afranius a Menandro solet. Nec vero, ut noster Lucilius, recusabo quo minus omnes mea legant. utinam esset ille Persius! Scipio vero et Rutilius multo etiam magis, quorum ille iudicium reformidans Tarentinis ait se et Consentinis et Siculis scribere. facete is quidem, sicut alia[s]; sed neque tam docti tum erant, ad quorum iudicium elaboraret, et sunt illius scripta leviora, ut urbanitas summa appareat, doctrina mediocris.

**T 28**

*Cic. orat. 36* (*Westman 1980*): sed in omni re difficillimum est formam, qui χαρακτὴρ Graece dicitur, exponere optimi, quod aliud aliis videtur optimum. Ennio delector, ait quispiam, quod non discedit a communi more verborum; Pacuvius, inquit alius: omnes apud hunc ornati elaboratique sunt versus; multa apud alterum negligentius; fac alium Accio; varia enim sunt iudicia, ut in Graecis, nec facilis explicatio quae forma maxime excellat.

**T 29**

*Cic. opt. gen. 18* (*Yon 1964*): idem Andriam et Synephebos nec minus [Terentium et Caecilium quam Menandrum legunt, nec] Andromacham aut Antiopam aut Epigonos Latinos recipiunt; [sed tamen Ennium et Pacuvium et Accium potius quam Euripidem et Sophoclem legunt]. quod igitur est eorum in orationibus e Graeco conversis fastidium, nullum cum sit in versibus?

**T 30**

*Hor. epist. 2,1,161–174* (*Shackleton Bailey [4]2001*): serus enim Graecis admovit acumina chartis / et post Punica bella quietus quaerere coepit / quid Sophocles et Thespis et Aeschylus utile ferrent. / temptavit quoque rem, si digne vertere posset, / et placuit sibi, natura sublimis et acer; / nam spirat tragicum satis et feliciter audet, / sed turpem putat inscite metuitque lituram. / creditur, ex medio quia res arcessit, habere / sudoris minimum sed habet comoedia tanto / plus oneris quanto veniae minus. aspice, Plautus / quo pacto partis tutetur amantis ephebi, / ut patris attenti, lenonis ut insidiosi, / quantus sit Dossennus edacibus in parasitis, / quam non astricto percurrat pulpita socco.

**T 31**

*Hor. ars 95–98* (*Shackleton Bailey* [4]*2001*): et tragicus plerumque dolet sermone pedestri / Telephus et Peleus, cum pauper et exsul uterque / proicit ampullas et sesquipedalia verba, / si curat cor spectantis tetigisse querela.

**T 32**

*Hor. ars 285–288* (*Shackleton Bailey* [4]*2001*): nil intemptatum nostri liquere poetae, / nec minimum meruere decus uestigia Graeca / ausi deserere et celebrare domestica facta / vel qui praetextas vel qui docuere togatas.

**T 33**

*Liv. 24,43,7* (*Dorey 1976*) [*214 a. C.*]: ludos scenicos per quatriduum eo anno primum factos ab curulibus aedilibus memoriae proditur.

**T 34**

*Liv. 25,2,8* (*Dorey 1976*) [*213 a. C.*]: ludi Romani pro temporis illius copiis magnifice facti et diem unum instaurati, et congii olei in vicos singulos dati.

**T 35**

*Liv. 29,11,12* (*Walsh 1988*) [*205 a. C.*]: ludi Romani ter, plebeii septiens instaurati.

**T 36**

*Liv. 34,44,5* (*Briscoe 1991*) [*194 a. C.*]: gratiam quoque ingentem apud eum ordinem pepererunt, quod ludis Romanis aedilibus curulibus imperarunt, ut loca senatoria secernerent a populo; nam antea in promiscuo spectarant.

### T 37

*Liv. 34,54,4–8* (*Briscoe 1991*) [*194 a. C.*]: horum aedilium ludos Romanos primum senatus a populo secretus spectavit, praebuitque sermones, sicut omnis novitas solet, aliis tandem quod multo ante debuerit tributum existimantibus amplissimo ordini, aliis demptum ex dignitate populi quidquid maiestati patrum adiectum esset interpretantibus, et omnia discrimina talia quibus ordines discernerentur et concordiae et libertatis aequae minuendae esse: ad quingentesimum <quinquagesimum> octavum annum in promiscuo spectatum esse; quid repente factum cur immisceri sibi in cavea patres plebem nollent? cur dives pauperem consessorem fastidiret? novam superbam libidinem, ab nullius ante gentis senatu neque desideratam neque institutam. postremo ipsum quoque Africanum quod consul auctor eius rei fuisset paenituisse ferunt; adeo nihil motum ex antiquo probabile est: veteribus, nisi quae usus evidenter arguit, stari malunt.

### T 38

*Liv. 36,36,3sq.* (*Briscoe 1991*) [*191 a. C.*]: eos ludos per dies decem P. Cornelius fecit. Per idem fere tempus aedes Matris Magnae Idaeae dedicata est, quam deam is P. Cornelius advectam ex Asia P. Cornelio Scipione, cui postea Africano fuit cognomen, P. Licinio consulibus in Palatium a mari detulerat. locaverant aedem faciendam ex senatus consulto M. Livius C. Claudius censores M. Cornelio P. Sempronio consulibus; tredecim annis postquam locata erat dedicavit eam M. Iunius Brutus, ludique ob dedicationem eius facti, quos primos scaenicos fuisse Antias Valerius est auctor, Megalesia appellatos.

### T 39

*Liv. 36,36,7* (*Briscoe 1991*) [*191 a. C.*]: huius quoque dedicandae causa ludi facti, et eo omnia cum maiore religione facta quod novum cum Antiocho instabat bellum.

### T 40

*Liv. 40,51,3* (*Briscoe 1991*) [*179 a. C.*]: [*sc.* M. Aemilius Lepidus censor] theatrum et proscaenium ad Apollinis, aedem Iouis in Capitolio, columnasque circa poliendas albo locavit; et ab his columnis, quae incommode opposita videbantur, signa amovit, clipeaque de columnis et signa militaria adfixa omnis generis dempsit.

**T 41**

*Liv. 40,52,2sq.* (*Briscoe 1991*) [*179 a. C.*]: dedicavit eas aedes [*sc.* Iunonis et Dianae], utramque in circo Flaminio, ludosque scaenicos triduum post dedicationem templi Iunonis, biduum post Dianae, et singulos dies fecit in circo.

**T 42**

*Liv. 41,27,5* (*Briscoe 1986*) [*174 a. C.*]: censores vias sternendas silice in urbe, glarea extra urbem substruendas marginandasque primi omnium locaverunt, pontesque multis locis faciendos; et scaenam aedilibus praetoribusque praebendam.

**T 43**

*Liv. perioch. 48,25* (*Jal 1984*) [*150 a. C.*]: cum locatum a censoribus theatrum exstrueretur, P. Cornelio Nasica auctore tamquam inutile et nociturum publicis moribus ex S. C. destructum est populusque aliquamdiu stans ludos spectavit.

**T 44**

*Ps. Ascon. div. in Caec. p. 200,17–19* (*Stangl 1912*): saepe illum qui est secundarum aut tertiarum. comoedia quinque actus, id est spatia, habet, hoc est quinquies ducitur in scaenam, id est pulpitum. est ergo persona primarum partium quae saepius actura egreditur, secundarum <et tertiarum> quae minus minusque procedunt.

**T 45**

*Sen. epist. 11,7* (*Reynolds 1965*): artifices scaenici, qui imitantur adfectus, qui metum et trepidationem exprimunt, qui tristitiam repraesentant, hoc indicio imitantur verecundiam.

**T 46**

*Sen. epist. 80,7* (*Reynolds 1965*): ille qui in scaena latus incedit et haec resupinus dicit, 'en impero Argis; regna mihi liquit Pelops, / qua ponto ab

Hellas atque ab Ionio mari / urguetur Isthmos,' servus est, quinque modios accipit et quinque denarios.

## T 47

*Quint. inst. 10,1,97–100* (*Winterbottom 1970*): tragoediae sciptores veterum Accius atque Pacuvius clarissimi gravitate sententiarum, verborum pondere, auctoritate personarum. ceterum nitor et summa in excolendis operibus manus magis videri potest temporibus quam ipsis defuisse: virium tamen Accio plus tribuitur, Pacuvium videri docteriorem qui esse docti adfectant volunt. [*98*] Iam Vari Thyestes cuilibet Graecarum comparari potest. Ovidi Medea videtur mihi ostendere quantum ille vir praestare potuerit si ingenio suo imperare quam indulgere maluisset. eorum quos viderim longe princeps Pomponius Secundus, quem senes [quem] parum tragicum putabant, eruditione ac nitore praestare confitebantur. [*99*] in comoedia maxime claudicamus. licet Varro Musas, Aeli Stilonis sententia, Plautino dicat sermone locuturas fuisse si Latine loqui vellent, licet Caecilium veteres laudibus ferant, licet Terenti scripta ad Scipionem Africanum referantur (quae tamen sunt in hoc genere elegantissima, et plus adhuc habitura gratiae si intra versus trimetros stetissent): [*100*] vix levem consequimur umbram, adeo ut mihi sermo ipse Romanus non recipere videatur illam solis concessam Atticis venerem, cum eam ne Graeci quidem in alio genere linguae optinuerint. togatis excellit Afranius: utinam non inquinasset argumenta puerorum foedis amoribus, mores suos fassus.

## T 48

(= p. 270 Ri.; p. 267 $Ri._1$; p. 313 $Ri._3$; – Wa.; p. 353 Kl.)

*Quint. inst. 11,3,72–74* (*Winterbotttom 1970*): Dominatur autem maxime vultus. Hoc supplices, hoc minaces, hoc blandi, hoc tristes, hoc hilares, hoc erecti, hoc summissi sumus: hoc pendent homines, hunc intuentur, hic spectatur etiam antequam dicimus: hoc quosdam amamus, hoc odimus, hoc plurima intellegimus, hic est saepe pro omnibus verbis. [*73*] itaque in iis quae ad scaenam componuntur fabulis artifices pronuntiandi a personis quoque adfectus mutuantur, ut sit Aërope [Merope *coni. Lange sec. Kl.*] in tragoedia tristis, atrox Medea, attonitus Aiax, truculentus Hercules. [*74*] in comoediis vero praeter aliam observationem, qua servi lenones parasiti rustici milites meretriculae ancillae, senes austeri ac mites, iuvenes severi ac luxuriosi, matronae puellae inter se discernuntur, pater ille, cuius praecipuae partes sunt, quia interim concitatus interim lenis est, altero erecto altero composito est supercilio, atque id ostendere maxime latus actoribus moris est quod cum iis quas agunt partibus congruat.

### T 49

*Tac. ann. 14,20,2* (*Wellesley 1986*): quippe erant qui Cn. quoque Pompeium incusatum a senioribus ferrent, quod mansuram theatri sedem posuisset. nam antea subitariis gradibus et scaena in tempus structa ludos edi solitos, vel si vetustiora repetas, stantem populum spectavisse, ne, si consideret teatro, dies totos ignavia continuaret.

### T 50

*Val. Max. 2,4,2* (*Briscoe 1998*): […] atque etiam senatus consulto cautum est ne quis in urbe propiusve passus mille subsellia posuisse sedensve ludos spectare vellet, ut scilicet †remissioni animorum standi virilitas propria Romanae gentis nota esset.†

### T 51

*Caper GL VII 104,10* (*Keil*): Unde proscenia rectius pulpita quae ante scenam sunt appellabuntur, ut 'veteres ineunt proscenia ludi'.

### T 52

*Don. de com. 6,1* (*Wessner 1902*): fabula generale nomen est: eius duae primae partes, tragoedia et comoedia. <tragoedia>, si Latina argumentatio sit, praetexta dicitur.

### T 53

*Don. de com. 6,3* (*Wessner 1902*): personati primi egisse dicuntur comoediam Cincius Faliscus, tragoediam Minucius Prothymus.

### T 54

*Don. de com. 8,2* (*Wessner 1902*): nam sunt ludorum species quattuor, quos aediles curules munere publico curant: Megalenses, magnis dis consecrati, quos Graeci μεγάλους appellant; funebres, ad attinendum populum istituti, dum pompa funeri decreta in honorem patricii viri plene instruitur; plebei, qui pro salute plebis eduntur; Apollinares, Apollini consacrati.

### T 55

*Don. Ter. praef. 1,4* (*Wessner 1905*): hoc etiam ut cetera huiusmodi poemata quinque actus habeat necesse est choris divisos a Graecis poetis. quos etsi retinendi causa inconditi spectatoris minime distinguunt Latini comici metuentes scilicet, ne quis fastidiosus finito actu velut admonitus abeundi reliquae comoediae fiat contemptor et surgat, tamen a doctis veteribus discreti atque disiuncti sunt, ut mox aperiemus post argumenti narrationem.

### T 56

*Don. Ter. praef. 1,6* (*Wessner 1905*): haec sane acta est ludis scaenicis funeribus L. Aemili Pauli agentibus L. Ambivio et L. <Minucio Prothymo>, qui cum suis gregibus etiam tum personati agebant. modulata est autem tibiis dextris, id est Lydiis, ob seriam gravitatem, qua fere in omnibus comoediis utitur hic poeta.

### T 57

*Don. Ter. Eun. praef. 1,6* (*Wessner 1902*): acta plane est ludis Megalensibus L. Postumio L. Cornelio aedilibus curulibus, agentibus etiam tunc personatis L. Minucio Prothymo, L. Ambivio Turpione, item modulante Flacco Claudi tibiis dextra et sinistra ob iocularia multa permixta gravitati.

### T 58

*Don. Ter. Hec. 57* (*Wessner 1905*): pretio emptas meo aestimatione a me facta, quantum aediles darent, et proinde me periclitante, si reiecta fabula a me ipso aediles quod poetae numeraverint repetant.

**T 59**

*Fest. p. 238,12 L.* (*Lindsay 1913*): personata fabula quaedam Naevi inscribitur, quam putant quidam primum <actam> a personatis histrionibus. sed cum post multos annos comoedi et tragoedi personis uti coeperint, verisimilius est eam fabulam propter inopiam comoedorum actam novam per Atellanos, qui proprie vocantur personati; quia ius est is non cogi in scena ponere personam, quod ceteris histrionibus pati necesse est.

**T 60**

*Fest. p. 446,32 L.* (*Lindsay 1913*): publice adtributa est et ei in Aventino aedis Minervae, in qua liceret scribis histrionibusque consistere ac dona ponere.

**T 61**

*Paul. Fest. p. 249,14 L.* (*Lindsay 1913*): praetextae appellantur, quae res gestas Romanorum continent scriptae.

**T 62**

(= 22 Ri.)

*Euanth. de com. 4,1* (*Cupaiuolo 1979*): illud vero tenendum est post νέαν κωμῳδίαν Latinos multa fabularum genera protulisse, ut togatas ab scaenicis atque argumentis Latinis, praetextatas a dignitate personarum tragicarum ex Latina historia, Atellanas a civitate Campaniae ubi actitatae sunt primae, Rhintonicas ab auctoris nomine, tabernarias ab humilitate argumenti ac stili, mimos a diuturna imitatione vilium rerum ac levium personarum.

**T 63**

*Euanth. de com. 4,2* (*Cupaiuolo 1979*): inter tragoediam autem comoediam cum multa tum inprimis hoc distat, quod in comoedia mediocres fortunae hominum, parvi impetus pericula laetique sunt exitus actionum, at in tragoedia omnia contra: ingentes personae, magni timores, exitus funesti habentur; et illic prima turbulenta, tranquilla ultima, in tragoedia contrario ordine res aguntur; tum quod in tragoedia fugienda vita, in comoedia capessenda exprimitur; postremo quod omnis comoedia de fictis est argumentis, tragoedia saepe de historica fide petitur.

### T 64

*Diom. gramm. GL I 482,27–29* (*Keil*): poematos dramatici vel activi genera sunt quattuor, apud Graecos tragica comica satyrica mimica, apud Romanos praetextata tabernaria Atellana planipes.

### T 65

*Diom. gramm. GL I 487,11–16* (*Keil*): tragoedia est heroicae fortunae in adversis comprehensio. a Theophrasto ita definita est, τραγῳδία ἐστὶν ἡρωϊκῆς τύχης περίστασις. tragoedia, ut quidam, a τράγῳ et ᾠδῇ dicta est, quoniam olim actoribus tragicis τράγος, id est hircus, praemium cantus proponebatur, qui Liberalibus die festo Libero patri ob hoc ipsum immolabatur, quia, ut Varro ait, depascunt vitem.

### T 66

*Diom. gramm. GL I 488,14–18* (*Keil*): comoedia a tragoedia differt, quod in tragoedia introducuntur heroes duces reges, in comoedia humiles atque privatae *personae*; in illa luctus exilia caedes, in hac amores, virginum raptus: deinde quod in illa frequenter et paene semper laetis rebus exitus tristes et liberorum fortunarumque priorum in peius adgnitio.

### T 67

*Diom. gramm. GL I 488,20* (*Keil*): tristitia namque tragoediae proprium.

### T 68

*Diom. gramm. GL I 488–490* (*Keil*): comoedia est privatae civilisque fortunae sine periculo vitae conprehensio, apud Graecos ita definita, .... [*489,4–8*] tertia aetas fuit Menandri, Diphili et Philemonis, qui omnem acerbitatem comoediae mitigaverunt atque argumenta multiplicia Graecis erroribus secuti sunt. ab his Romani fabulas transtulerunt, et constat apud illos primum Latino sermone comoediam Livium Andronicum scripsisse ... [*489,14–16*] initio togatae comoediae dicebantur ... quae togatae postea in praetextatas et tabernarias dividebantur ... [*489,23–490,7*] togatarum fabularum species tot fere sunt quot et palliatarum. nam prima species est togatarum quae praetextatae dicuntur, in quibus imperatorum negotia agebantur et publica et reges Romani vel duces inducuntur, personarum dignitate et [personarum] sublimitate tragoediis similes. praetextatae autem dicuntur, quia fere regum vel magistratuum qui praetexta utuntur in eius modi fabulis acta conprehenduntur. secunda species *est* togatarum quae tabernariae dicuntur et humilitate personarum et argumentorum similitudine comoediis pares, in quibus non magistratus regesve sed humiles homines et privatae domus inducuntur, quae quidem olim quod tabulis tegerentur, communiter tabernae vocabantur. tertia species est fabularum Latinarum quae a civitate Oscorum Atella, in qua primum coeptae, appellatae sunt Atellanae, argumentis dictisque iocularibus similes satyricis fabulis Graecis. quarta species est planipedis, qui Graece dicitur mimus. ideo autem Latine planipes dictus, quod actores pedibus planis, id est nudis, proscenium introirent, non ut tragici actores cum cothurnis neque ut comici cum soccis; sive quod olim non in suggestu scenae sed in plano orchestrae positis instrumentis mimicis actitabant … [*490,10–14*] togata praetextata a tragoedia differt, quod in tragoedia heroes inducuntur, ut Pacuvius tragoedias nominibus heroicis scripsit, Orestem Chrysen et his similia, item Attius; in praetextata autem quae inscribitur Brutus vel Decius, item Marcellus.

### T 69

*Diom. gramm. GL I 491,2sq.* (*Keil*): at Latini sciptores conplures personas in fabulas introduxerunt, ut speciosiores frequentia facerent.

### T 70

*Schol. Verg. Veron. georg. 2,381* (*Thilo / Hagen 1887*): proscaenia autem sunt pulpita ante scaenam, in quibus ludicra exercentur.

### T 71

*Cassiod. chron. 2 p. 131f.* (*Mommsen 1894*): [censores] artem ludicram ex urbe removerunt praeter Latinum tibicinem cum cantore et ludum talarium.

## Verba tragica

### T 72

(= p. 234 Ri.)

*Varro ling. 6,94* (*Goetz / Schoell 1910*): quare non est dubium, quin hoc inlicium sit, cum circum muros itur, ut populus inliciatur ad magistratus conspectum ... quare una origine illici et inlicis quod in choro Proserpinae est.

### T 73

(= inc. inc. 231 Ri., Kl.; p. 599 Wa.)

*Quint. inst. 1,5,21* (*Winterbottom 1970*): inde durat ad nos usque 'vehementer' et 'comprehendere' et 'mihi': nam 'mehe' quoque pro 'me' apud antiquos tragoediarum praecipue scriptores in veteribus libris invenimus.

### T 74

(= inc. inc. 261 Ri.; 264 Kl.)

*Quint. inst. 6,1,52* (*Winterbottom 1970*): tunc est commovendum theatrum, cum ventum est ad ipsum illud, quo veteres tragoediae comoediaeque clauduntur: plaudite. (cluduntur plodite *codd. opt. praeter Monac., Argent.*)[Ri]

### T 75

(= inc. inc. 236 Ri., Kl.)

*Fest. p. 382,33–384,1 Li.* (*Li.*): <suremit sumpsit [*adesp. F 167 TrRF*]: 'inque> manum su<remit hastam'> [...] i surempsit [...] pue<rum> sustule<rit [...]. (*cf. plura ad adesp. F 167 TrRF*]

**T 76**

(= 263 Kl.)

*Mar. Victorin. GL VI,78,10–78,13* (*Keil*): haec plerumque in tragoediis seu comoediis concitati animi motibus, quos Graeci πάθη dicunt, exprimuntur et per interiectionem quorundam adfectuum sola efferuntur, ut e h e u, p a p a e, b a b a e.

**T 77**

(= inc. inc. 230 Ri.; p. 599 Wa.; 230 Kl.)

*Don. Ter. Ad. 111* (*Wessner 1905*): p r o I u p p i t e r quia 'pro Iuppiter' tragica exclamatio est, bene tamquam ipse se reprehenderet Demea adiecit 'tu homo rediges me ad insaniam'.

**T 78**

(= – Wa.; 261 Kl.)

*Don. Ter. Ad. 638* (*Wessner 1905*): et nota p e p u l i s t i elatum verbum et tragico coturno magis quam loquelae comicae accommodatum.

**T 79**

*Don. Ter. Ad. 731* (*Wessner 1905*): p r o I u p p i t e r istocine pacto fieri oportet 'pro Iuppiter' tragice adiecit aversus, 'istocine pacto' ad ipsum Micionem respiciens dixit.

**T 80**

(= p. 232 Ri., p. 269 Ri.$_3$)

*Pompon.* (*frg. 3, p. 232 Ri.*): non putet dici, sed o m n e s: [o m n e i s *cod.*] tamen idem Plinius in eodem permanet dicens, omnes tunc demum posse dici accusativo

### T 81

*Excerpta Andecav. 296* (*Schierl 2006, p. 580*): †sane prima verbi persona sero genitus, secunda verbi persona signorum salve, tertia verbi persona non habet et cetera†. modo imperativo 'salve', eodem modo tempore futuro 'salve<to>', [eodem] modo infinito 'salvere' tantum, ut apud Pacuvium in primo Belli Punici.

# 2. Livius Andronicus

## 2.1 Testimonia

*Collectiones testimoniorum: Scriv. sine paginis in initio voluminis; Bo. pp. 1–6; Len. pp. 1–9; Kl. pp. 19–22; Suerbaum (2002) 93sq. 96. 98sq. – De vita Livi cf. Du. pp. 1–18; Suerbaum (2002) 93–104 (cum bibl.); Boyle (2006) 27–30.*

### T 1

(= p. 4 Ri.; p. 25 Kl.)

*Schol. Plaut. Capt. 615: hortamenta,* flagella quibus aurigae utuntur cum equos hortantur. Aiax mastigophorus; *cf. Capt. 615*: ornamenta (ornamenta *B*, hortamenta *V E*) absunt: Aiacem, hunc cum vides, ipsum vides. *Terzaghi (1936/37) 72, quem Kl. p. 25 secutus est, def.* hortamenta *et putavit Plautum ad Aiacem Livi allusisse, quod Waszink (1972) 893 non approbavit; Tra. pos.* hortamenta *in frgg. Aiacis. Bentley (ad Ter. Haut. 836) et Len. et Waszink* ornamenta *commendaverunt (item Ehlers in ThLL s.v.* hortamentum). *Cf. plura de hoc testimonio apud La Ville de Mirmont (1903) 157 et Len. pp. 32sq. et Waszink loc. cit.*

### T 2

(= p. 6 Ri.; p. 40 Wa.; p. 30 Kl.)

*Varro ling. 7,3 (Goetz / Schoell 1910)*: nec mirum, cum … Teucer Livii post XV (XII *Flor. sec. Wa.*) annos ab suis qui sit ignoretur.

### T 3

*Cic. leg. 2,39 (Powell 2006)*: illud quidem <video>: quae solebant quondam compleri severitate iucunda Livianis et Naevianis modis, nunc ut eadem exsultent <et> <cavea> (*add. Ziegler*) […] (*lacunam statuit Ziegler*) cervices oculosque pariter cum modorum flexionibus torqueant.

### T 4

*Cic. Brut. 71–73 (Malcovati $^{2}$1970)*: nam et Odyssia Latina est sic {in} tamquam opus aliquod Daedali et Livianae fabulae non satis dignae quae iterum legantur. atqui hic Livius {qui} primus fabulam C. Claudio Caeci filio et M. Tuditano consulibus (*240 a. C.*) docuit anno ipso ante quam natus est Ennius, post Romam conditam autem quarto decumo et quingentesimo, ut hic ait, quem nos sequimur. est enim inter scriptores de numero annorum controversia. Accius autem a Q. Maxumo quintum consule (*209 a. C.*) captum Tarento scripsit Livium annis XXX post quam eum fabulam docuisse et Atticus scribit et nos in antiquis commentariis invenimus; docuisse autem fabulam annis post XI, C. Cornelio Q. Minucio consulibus (*197 a. C.*) ludis Iuventatis, quos Salinator Senensi proelio (*207 a. C.*) voverat. in quo tantus error Acci fuit, ut his consulibus XL annos natus Ennius fuerit: quoi aequalis fuerit Livius, minor fuit aliquanto is, qui primus fabulam dedit, quam ii, qui multas docuerant ante hos consules, et Plautus et Naevius.

## T 5

*Cic. Tusc. 1,3* (*Giusta 1984*): annis enim fere CCCCCX post Romam conditam Livius, <qui fuit maior natu quam Plautus et Naevius,> fabulam dedit, C. Claudio, Caeci filio, M. Tuditano consulibus, anno ante natum Ennium. {qui (*sc. Livius*) fuit maior natu quam Plautus et Naevius.}

## T 6

*Cic. Cato 50* (*Powell 2006*): vidi (*sc. Cato 150 a. C.*) etiam senem Livium, qui, cum sex annis antequam ego natus sum fabulam docuisset Centone Tuditanoque consulibus, usque ad adulescentiam meam processit aetate.

## T 7

*Hor. epist. 2,1,61–75* (*Shackleton Bailey 2001*): habet hos numeratque poetas / ad nostrum tempus Livi scriptoris ab aevo. / … / non equidem insector delendave carmina Livi / esse reor, memini quae plagosum mihi parvo / orbilium dictare; sed emendata videri / pulchraque et exactis minimum distantia miror, / inter quae verbum emicuit si forte decorum, / si versus paulo concinnior unus et alter, / iniuste totum ducit venditque poema.

### T 8

*Schol. Hor. gloss. Γ epist. 2,1,62* (*Keller 1904*): Livius antiquissimus poeta fuit Andronicus, qui primus comoedias scripsit.
*Cf. Diom. gramm. GL I 489,6–8* (*Keil*): ab his (*sc. Graecis*) Romani fabulas transtulerunt, et constat apud illos (*sc. Romanos*) primum Latino sermone comoediam Livium Andronicum scripsisse.

### T 9

*Liv. 7,2,8–10* (*Bayet / Bloch 1968*): Livius post aliquot annis, qui ab saturis ausus est primus argumento fabulam serere, idem scilicet – id quod omnes tum erant – suorum carminum actor, dicitur, cum saepius revocatus vocem obtudisset, venia petita puerum ad canendum ante tibicinem cum statuisset, canticum egisse aliquanto magis vigente motu, quia nihil vocis usus impediebat. inde ad manum cantari histrionibus coeptum deverbiaque tantum ipsorum voci relicta.

### T 10

*Liv. 27,37,5–15* (*Walsh 1989*): liberatas religione mentes turbavit rursus nuntiatum Frusinone natum infantem esse quadrimo parem, nec magnitudine tam mirandum quam quod is quoque, ut Sinuessae biennio ante, incertus mas an femina esset natus erat. id vero haruspices ex Etruria acciti foedum ac turpe prodigium dicere: extorre agro Romano, procul terrae contactu alto mergendum. vivum in arcam condidere, provectumque in mare proiecerunt. decrevere item pontifices ut virgines ter novenae per urbem euntes carmen canerent. id cum in Iovis Statoris aede discerent conditum ab Livio poeta carmen, tacta de caelo aedes in Aventino Iunonis reginae; prodigiumque id ad matronas pertinere haruspices cum respondissent donoque divam placandam esse, aedilium curulium edicto in Capitolium convocatae, quibus in urbe Romana intraque decimum lapidem ab urbe domicilia essent, ipsae inter se quinque et viginti delegerunt ad quas ex dotibus stipem conferrent; inde donum pelvis aurea facta lataque in Aventinum, pureque et caste a matronis sacrificatum. confestim ad aliud sacrificium eidem divae ab decemviris edicta dies, cuius ordo talis fuit. ab aede Apollinis boves feminae albae duae porta Carmentali in urbem ductae; post eas duo signa cupressea Iunonis reginae portabantur. tum septem et viginti virgines longam indutae vestem carmen in Iunonem reginam canentes ibant, illa tempestate forsitan laudabile rudibus ingeniis, nunc abhorrens et inconditum si referatur. virginum ordinem sequebantur decemviri coronati laurea praetextatique. a porta Iugario vico in forum venere; in foro pompa constitit, et per manus reste data virgines sonum vocis pulsu pedum modulantes incesserunt. inde vico Tusco Velabroque per bovarium forum in clivum Publicium atque aedem Iunonis reginae perrectum. ibi duae hostiae ab decemviris immolatae, et simulacra cupressea in aedem inlata.

**T 11**

*Liv. 31,12,8–10* (*McDonald 1965*): foeda omnia et deformia errantisque in alienos fetus naturae visa: ante omnia abominati semimares iussique in mare extemplo deportari, sicut proxime C. Claudio M. Liuio consulibus (*207 a. C.*) deportatus similis prodigii fetus erat. nihilo minus decemviros adire libros de portento eo iusserunt. decemviri ex libris res divinas easdem quae proxime secundum id prodigium factae essent imperarunt. carmen praeterea ab ter novenis virginibus cani per urbem iusserunt donumque Iunoni reginae ferri. ea uti fierent C. Aurelius consul ex decemvirorum responso curavit. carmen, sicut patrum memoria Liuius, ita tum condidit P. Licinius Tegula.

**T 12**

*Val. Max. 2,4,4* (*Briscoe 1998*): paulatim deinde ludicra ars ad saturarum modos perrepsit, a quibus primus omnium poeta Livius ad fabularum argumenta spectantium animos transtulit, isque sui operis actor, cum saepius a populo revocatus vocem obtudisset, adhibito pueri ac tibicinis concentu gesticulationem tacitus peregit.

**T 13**

*Quint. inst. 10,2,7* (*Winterbottom 1970*): turpe etiam illud est, contentum esse id consequi, quod imiteris. nam rursus quid erat futurum si nemo plus effecisset eo quem sequebatur? nihil in poetis supra Livium Andronicum, nihil in historiis supra pontificum annales haberemus.

**T 14**

*Suet. gramm. 1,1–2* (*Kaster 1995*): grammatica Romae ne in usu quidem olim, nedum in honore ullo erat, rudi scilicet ac bellicosa etiam tum civitate necdum magnopere liberalibus disciplinis vacante. initium quoque eius mediocre extitit, siquidem antiquissimi doctorum, qui idem et poetae et semigraeci erant – Livium et Ennium dico, quos utraque lingua domi forisque docuisse adnotatum est – nihil amplius quam Graecos interpretabantur aut si quid ipsi Latine composuissent praelegebant.

**T 15**

*Gell. 17,21,42* (*Marshall 1968*): annis deinde postea paulo pluribus quam viginti pace cum Poenis facta consulibus <C.> Claudio Centhone, Appii Caeci filio, et M. Sempronio Tuditano primus omnium L. Livius poeta fabulas docere Romae coepit post Sophoclis et Euripidis mortem annis plus fere centum et sexaginta, post Menandri annis circiter quinquaginta duobus.

**T 16**

*Gell. 18,9,5* (*Marshall 1968*): ego arbitror et a M. Catone 'insecenda' et a Q. Ennio 'insece' scriptum sine 'u' littera. offendi enim in bibliotheca Patrensi librum verae vetustatis Livii Andronici, qui inscriptus est Ὀδύσσεια, in quo erat versus primus cum hoc verbo sine 'u' littera: 'virum mihi, Camena, insece versutum', factus ex illo Homeri versu: …

**T 17**

*Fest. pp. 446,26–448,4* (*Lindsay 1913*): scribas proprio nomine antiqui et librarios et poetas vocabant; at nunc dicuntur scribae equidem librari, qui rationes publicas scribunt in tabulis. itaque cum Livius Andronicus Bello Punico secundo scripsisset carmen, quod a virginibus est cantatum, quia prosperius respublica populi Romani geri coepta est, publice adtributa est ei [et *codd.*, ei *coni. Ursin.*] in Aventino aedis Minervae, in qua liceret scribis histrionibusque consistere ac dona ponere; in honorem Livi, quia is et scribebat fabulas et agebat.

**T 18**

*Don. de com. 5,4* (*Wessner 1902*): comoediam apud Graecos dubium est quis primus invenerit, apud Romanos certum: et comoediam et tragoediam et togatam primus Livius Andronicus repperit.

### T 19

*Hier. chron. a. Abr. 1829/30* (= *188/7 a. C.*) (*Helm 1956, p. 137*): Titus Livius tragoediarum scriptor clarus habetur. qui ob ingenii meritum a Livio Salinatore, cuius liberos erudiebat, libertate donatus est.

### T 20

*Euanth. de com. 4,3* (*Cupaiuolo 1979*): Latinae fabulae primo a Livio Andronico scriptae sunt adeo ut ad has res etiam tum recentes idem poeta et actor suarum fabularum fuisset.

### T 21

*Porph. Hor. epist. 2,1,62* (*Holder 1894*): Livium autem dicit Andronicum, qui primus omnium Latinas fabulas scripsit.

### T 22

*Serv. Aen. 4,37* (*Thilo / Hagen 1884*): Livius autem Andronicus refert, eos (*sc. Afros*) de Romanis saepius triumphasse suasque porticus Romanis spoliis adornasse: merito ergo 'dives triumphis'.

### T 23

*Serv. Aen. 10,636* (*Thilo / Hagen 1884*): 'haec nubes'; nam 'nubs' non dicimus, quod ait Livius Andronicus, qui primus edidit fabulam Latinam (Latinam *om. F*) apud nos.

### T 24

*Cassiod. chron. II p. 609, 316 a.u.c.* (*Mommsen 1861*): C. Manlius et Q. Valerius (*239 a. C.*). his conss. ludis Romanis primum tragoedia et comoedia a Lucio Livio ad scaenam data.

### T 25

*Glossae Salomonis = Gloss. Lat. 1 Ansil. s.v. comoedia p. 128* (= *Comicorum Graecorum Fragmenta vol. 1, ed. G. Kaibel, Berlin 1899, 72sq.*): Romae tragoedias comoediasque primus egit idemque etiam composuit

Livius Andronicus duplici toga infulatus (*cod. S,* infolatus *vel* incolatus *cod. M;* infibulatus *Hilberg, Martina;* involutus *Usener 1873, RhM 28, 418*).

## 2.2 Quomodo editiones et Livi et auctorum qui fragmenta tradunt in huius editionis apparatu critico adhibeantur

*Editionum, quae nostro in apparatu laudantur, tres ordines distinximus*:

(a) *Editiones, e quibus non solum omnes lectiones, quae in textibus receptae sunt* (*cf.* *CE*), *sed etiam omnes codices, qui in apparatibus appellantur* (*cf.* *CC*), *nostro in apparatu commemorantur*:

*Livi Andronici editiones* (*vid. bibl. 6.2.2*): ***Len.*** (*Lenchantin 1937*)

*Collectiones fragmentorum* (*vid. bibl. 6.2.1*): ***FPL***$_4$ (*Blänsdorf 1995*)*;* ***Kl.*** (*Klotz 1953*)*;* ***Klim.*** (*Klimek-Winter 1993*)*;* ***Ri.*** (*Ribbeck* $^{2}$*1871; TRF*)*;* ***Ri.***$_3$ (*Ribbeck* $^{3}$*1897; TRF*)*;* ***Tra.*** (*Traglia 1986*)*;* ***Wa.*** (*Warmington 1936*)

*Festi editiones* (*vid. bibl. 6.2.4.9a*): ***Ll.*** (*Lindsay 1913*)*,* ***Mue.*** (*C. Odofredus Mueller 1839*)

*Noni editiones* (*vid. bibl. 6.2.4.22a*): ***Li.*** (*Lindsay 1903*)*;* ***Mu.*** (*L. Mueller 1888*)*;* ***On.*** (*Onions 1895*)

*Editiones reliquorum auctorum, qui fragmenta tradunt* (*vid. bibl. 6.2.4*): ***Keil*** (*Keil 1874; Ter. Maur.*)*;* ***Keil*** (*Keil 1874; Mar. Victorin.*)*;* ***Her.*** (*Hertzius 1855; Prisc.*)

(b) *Editiones, e quibus omnes lectiones, quae in textibus receptae sunt* (*cf.* *CE*), *et nonullae notae selectae* (*cf.* *CC*) *nostro in apparatu commemorantur*:

*Livi editiones* (*vid. bibl. 6.2.2*): ***Klu.*** (*Klussmann 1849*)*;* ***Spalt.*** (*Spaltenstein 2008*)

*Collectiones fragmentorum* (*vid. bibl. 6.2.1*): ***Baehr.*** (*Baehrens 1886*)*;* ***Bo.*** (*Bothe 1823*)*;* ***Delr.*** (*Delrius 1593*)*;* ***Di.*** (*Diehl 1911*)*;* ***Ern.*** (*Ernout 1957*)*;* ***Scriv.*** (*Scriverius 1620*)*;* ***Steph.*** (*Stephanus 1564*)

*Festi editiones* (*vid. bibl. 6.2.4.9a*): ***Lindem.*** (*Lindemann 1832*)*;* ***Thew.*** (*Thewrewk de Ponor 1889*)

*Noni editiones* (*vid. bibl. 6.2.4.22a*): ***Du.*** (*Duentzer 1835*)*;* ***Iun.*** (*Iunius 1565*)*;* ***Merc.*** (*Mercerus 1614*)*;* ***Qui.*** (*Quicherat 1872*)

(c) *Editiones, e quibus tantum selectio lectionum* (*cf.* *CE*) *et codicum* (*cf.* *CC*) *nostro in apparatu affertur*:

*Collectiones fragmentorum* (*vid. bibl. 6.2.1*): ***Court.*** (*Courtney 1993*)*;* ***Dac.*** (*Dacerius 1699*)*;* ***Mor.*** (*Morel 1927*)*;* ***Weich.*** (*Weichert 1830*)

*Festi editiones* (*vid. bibl. 6.2.4.9a*): ***Li.***$_a$ (*Lindsay 1930*)*;* ***Per.*** (*Perotti 1489sqq.*)

*Noni editiones* (*vid. bibl. 6.2.4.22a*): ***Goth.*** (*Gothofredus 1622*)*;* ***GR*** (*Gerlach / Roth 1842*)*;* ***Hag.*** (*Hagen 1870*)*;* ***Merc.***$_1$ (*Mercerus 1583*)*;* ***Mu.***$_a$ (*L. Mueller 1885; Liv. Andr., Naev.*)*;* ***Pi.*** (*Pius 1511*)*;* ***Ri.***$_1$ (*Ribbeck 1852; TRF*)

*Editiones reliquorum auctorum, qui fragmenta tradunt* (*vid. bibl. 6.2.4*): ***Cam.*** (*Camerarius 1537; Mar. Victorin.*)*;* ***ed. Med.*** (*ed. princ. Mediolanensis; Ter. Maur.*)*;* ***Lenn.*** (*Lennep 1825; Ter. Maur.*)

## 2.3 Fragmenta tragoediarum

*De Livi fabularum materiis cf. imprimis Welcker (1839–1841) passim et (1841) 1368sq., Ribbeck (1875) 19–43. – De studiis in Livi fragmentis cf. Mette (1964) 41–50, Waszink (1972) 891–902, De Rosalia (1989) 77–87, Manuwald (2001 [2004]) 93–101.*
*In codicibus et editionibus veteribus fragmenta Livi, Laevi Naevique saepe confusa sunt (cf. Vossius 1620, 122). Idcirco etiam Laevio tributa sunt haec fragmenta: Liv. Andr. F 16, F 29 TrRF*
*Sunt qui etiam haec fragmenta Livio tribuerint: Strabo F 2 TrRF, adesp. F 149 TrRF. Etiam ad comodiam adscripta sunt: Liv. Andr. F 13, F 17–20 (Tereus), F 31 TrRF. Vid. ad loc.*

### *Achilles*

*Cognomines tragoedias (Achilles) scripserunt Ennius (F 1–8 TrRF), qui fort. e tragoedia Aristarchi (TrGF 14 F 1a; cf. Enn. T 73) hausit, et Accius (trag. 1–3 Ri.). De materia cf. etiam Hom. Il. 9.*
*Praeterea cf. Hyg. fab. 96 (Achilles)*: Thetis Nereis cum sciret Achillem filium suum quem ex Peleo habebat, si ad Troiam expugnandam isset, periturum, commendavit eum in insulam Scyron ad Lycomedem regem, quem ille inter virgines filias habitu femineo servabat nomine mutato; nam virgines Pyrrham nominarunt, quoniam capillis flavis fluit et Graece rufum pyrrhon dicitur. Achivi autem cum rescissent ibi eum occultari, ad regem Lycomedem oratores miserunt qui rogarent ut eum adiutorium Danais mitteret. rex cum negaret apud se esse, potestatem eis fecit ut in regia quaererent. qui cum intellegere non possent quis esset eorum, Ulixes in regio vestibulo munera feminea posuit, in quibus clipeum et hastam, et subito tubicinem iussit canere armorumque crepitum et clamorem fieri iussit. Achilles hostem arbitrans adesse vestem muliebrem dilaniavit atque clipeum et hastam arripuit. ex hoc est cognitus suasque operas Argivis promisit et milites Myrmidones.
*Bickel (1937a), Mette (1964) 48, Waszink (1972) 891 verisimile duxerunt ex Euripidis Scyriis Livium Achillem expressisse, Aricò (1980) propos. aliquam Iphigeneiam Aulidensem, Klussmann (1845) 325sq., Spaltenstein (2008) 17–20 Myrmidonas Aischyleos exemplo fuisse. Spalt. F 23, F 27, F 28, Flores (1983) F 26 huic tragoediae tribui propos. (cf. Waszink et Bickel loc. cit.)*

## 1

(1 Ri.$_{2-3}$, Kl.; 1 Wa.; 1 Len.)

(a) *Non. p. 365,37–38 Merc. = 581 Li.* (*Li.*): pretium poenae exitum. Livius Achille[3]: 'si malas imitabo, tum tu pretium pro noxa dabis.'

(b) *Non. p. 473,17–19 Merc. = 759 Li.* (*Li.*): imitat ... [*18*] Livius[4] Achille: 'si malas imitabo, tum tu pretium pro noxa dabis.'

si malas imitabo, tum tu pretium pro noxa dabis. ($tr^7$)

*CC* – ***ad a*** (*codd. potiores*: α *B* β *Bern.347 Cant.* δ *E G Gen. H L Montepess. Oxon. P*)
**Ed. *Li.*:** tu] *om. codd.* | dabit *codd.*
**Edd. rel.:** malas] *codd.*[Ri,Qui,Mu,Wa] | imitabo] *codd.*[Qui] | tu] *om. codd.*[Ri,Mu,Len] | dabit *codd.*[Ri,Qui,Mu,Len]
– ***ad b*** (*codd. potiores*: α *Bamb.* β γ δ *E G H L Lugd. Montepess. Oxon. P P7665 P7666*)
**Ed. *Li.*:** *malas*] males *L* α β
**Edd. rel.:** malas] *Bamb.*[Ri,Mu,Wa] *P7666*[Qui] *rell.*[Strzelecki, 1957/58, 190] : males *rell.*[Ri,Wa] (*L H G*)[Mu] (*L* α β)[Len,Strzelecki, 1957/58, 190] *pler. codd.*[Qui] | imitabo] *codd.*[Qui] : imitabis *cod. Fabri*[Du,Klu,GR,Ri] | praecium $L^1$[Mu] : praetium ($L^2$ *H*)[Mu]

*CE* si] sin *Klu.* : ni *Mu.* | malos *ed. princ.*[Ri,Mu,Wa], *ed. 1471*[Du,Klu] (*ad a*), *ed. 1476*[Du,Klu] (*ad a*), *Per.*, *Pi.* (*ad a*), *Ald.* (*ad a*), *Steph.*, *Iun. utr. loc.*, *Merc.*$_1$ *utr. loc.*, *Delr.*, *Merc.* (*ad b*), *Scriv.*, *Ri.*, *Qui. utr. loc.* : males *ed. 1471*[Du] (*ad b*), *ed. 1576*[Du] (*ad b*), *Pi.* (*ad b*), *GS* (*ad b*) : malei *Ald.* (*ad b*) | imitabor *ed. 1471*[Du] (*ad a*), *ed. 1476*[Du] (*ad a*), *Pi.* (*ad a*), *Ald.* (*ad a*), *edd. ante Merc.*[Qui] | tum tu] tum *ed. 1471*[Du] *utr. loc.*, *ed. 1476*[Du] *utr. loc.*, *Pi. utr. loc.*, *Ald.* (*ad a*), *Du.* : tum (*ad a*), *sed* tum tu (*ad b*) *Merc.*$_1$, *Iun.*, *GS* | praetium *Per.* | dabis] dabit *ed. 1471*[Du] (*ad a*), *ed. 1476*[Du] (*ad a*), *Pi.*, *Ald.* (*ad a*), *Du.*, *GS* (*ad a*)

*CS* malas] *Waszink* (*1972*) *891 pro certo habet* : malos *La Ville de Mirmont* (*1903*) *143* | <si bona ero atque fida, amantem contra amare te addecet;> sin malas *eqs. Bothe* (*1837*) *269* (*cf. Ri. et Welcker 1841, 1145sq.*) | tu *om. et* dabit *Welcker loc. cit.* | *cf. ad codd. lectiones et Aricò* (*1980*) *131 adn. 2.* – *Interpr.*: *Bickel* (*1937*) *et Waszink* (*1972*) *891 hoc loco Deidameiam Achilli probra inferre, Wa. Achillem his verbis dona Agamemnonis repudiare putaverunt, sec. Condorelli* (*1986*) *Patroclus cum Achille colloqui videtur. Sec Ribbeck* (*1875*) *25* πρεσβεία *Homeri* (*cf. Hom. Il. 9,260sq.*) *Livio exemplo fuit, qua re lectionem deteriorem* malos *pos.*

---

3 Livius Achille] Nevius in achille *Pi. p. 473*

4 Livius] Lucilius *Bamb.* : Livius *Lugd.* (*Ri. p. IX*)

(*quod Waszink repudiavit*). – *Metr.*: *Apud Delr. post* malos *initium novi versus. Ri., Li., Kl., Tra. tr*[7] *statuerunt.*

*CP* *Hom. Il. 9,260sq.*: σοὶ δ' Ἀγαμέμνων / ἄξια δῶρα δίδωσι μεταλλήξαντι χόλοιο.

## *Aegisthus*

*Cognomines tragoedias* (*Aegisthus*) *scripserunt Sophocles* (*TrGF F 26* [*26 P. = adesp. F 327c*] *et 27* [*27 P. = 25a*]) *et Ennius. De materia cf. etiam Hom. Od. 3,193sq. 303sq., 4,529–537, Soph. El. 95–99, Eur. El. 8–13, Sen. Ag. Praeterea cf. Apollod. epit. 6,23*: Ἀγαμέμνων δὲ καταντήσας εἰς Μυκήνας μετὰ Κασάνδρας ἀναιρεῖται ὑπὸ Αἰγίσθου καὶ Κλυταιμνήστρας· δίδωσι γὰρ αὐτῷ χιτῶνα ἄχειρα καὶ ἀτράχηλον, καὶ τοῦτον ἐνδυόμενος φονεύεται, καὶ βασιλεύει Μυκηνῶν Αἴγισθος· κτείνουσι δὲ καὶ Κασάνδραν. • *Hyg. fab. 87* (*Aegisthus*): Thyesti Pelopis et Hippodamiae filio responsum fuit quem ex filia sua Pelopia procreasset, eum fratris fore ultorem; quod cum audisset ... puer est natus, quem Pelopia exposuit, quem inventum pastores caprae subdiderunt ad nutriendum; Aegisthus est appellatus, ideo quod Graece capra aega appellatur. • *Hyg. fab. 117* (*Clytaemnestra*): Clytaemnestra Tyndarei filia Agamemnonis uxor cum audisset ab Oeace Palamedis fratre Cassandram sibi pellicem adduci, quod ementitus est ut fratris iniurias exsequeretur, tunc Clytaemnestra cum Aegistho filio Thyestis cepit consilium ut Agamemnonem et Cassandram interficeret, quem sacrificantem securi cum Cassandra interfecerunt.

*Quia adhuc in dubio est, utrum fabula de Agamemnonis an de Aegisthi Clytaemnestraeque morte fuerit, non liquet, qua de tragoedia Graeca Livius Aegisthum suum transtulerit. Waszink postulavit, ut F 2 et 3 fabulae, quae Agamemno inscribitur, tribuenda essent* (*cf. Waszink 1972, 891sq., Stackmann 1950, Strauss 1887, 36sqq., et infra ad F 23*). *Waszink* (*1972*) *etiam verisimile ducit olim Aegisthum fabulam Sophoclis fuisse, ex qua Livius haurire posset. Aricò* (*1979*) *arbitratus est hac fabula, in qua Aegisthus primas partes agat, Agamemnonis mortem enarrari. Spalt. attulit in interpretando Livi Aegistho Agamemnonem Senecae, cum hic ex illo hauserit.* Cf. et Antonelli (1982).

### 2

(13–14 Ri.$_{2\text{–}3}$, Kl.; 12–13 Wa.; 13–14 Len.)

*Non. p. 23,19–26 Merc. = 34–35 Li.* (*Li.*): procacitas a procando vel poscendo: unde et proci dicti sunt matrimoniorum petitores ... [*24*] Livius Aegistho[5]:

---

5 Aegistho] hegisto (*H L*)$^{[Qui]}$ : egisto *G*$^{[Qui]}$ | *Versus Livi ap. Pium non s.v.* procacitas *laudantur, sed s.v.* petulantia.

quin, quod parere vos <mihi> maiestas mea ($ia^6$)
procat, toleratis temploque hanc deducitis?

*CC* (*codd. potiores*: *Bamb.* β γ δ *E F G H L Lugd. Montepess. Oxon. P P7665 P7666*)
**Ed. *Li.*:** –
**Edd. rel.:** **1–2** parere vos maiestas mea procat *codd.*[Ri] | vos maiestas mea procat *codd.*[Mu] | maiestas] magistas (*L* $H^1$)[Mu]

*CE* **1** <mihi>] *add. Ri., Wa., Len., Kl. ante* vos, *Li. post* vos : *om. Ald., Pi., Steph., Iun., Delr., Merc., GS, Du., Mu., On., Tra.* | **1–2** parere mea vos maiestas procat *Bo., Klu.* : parere vos maiestas mea procat / toleratis *Scriv., Di.* | parere mea vos maiestas procat, / toleratis <animis> temploque hanc deducitis? *Mu.* | **2** temploque] extemploque *Iun., Delr., Scriv., Bo.* : templo <leto>que *Di., Tra.* : templo *Ald., Steph.* que *om.* | hanc] hac *Pi.* : illam *Iun., Delr., Scriv.* : illanc *Bo.*
– *Crit. in app.*: **1** vos <mi> *Ri. p. IX., Ald.* | **2** temploque hanc *Scriv. i.m.* | **1–2** parere vosmet maiestas mea / procat *Klu.* – *Interpunctio*: *post* procat *dist. Pi. duobus punctis, post* procat *finem versus Iun., Delr., Tra.*

*CS* **1–2** parere vos iam maiestas mea / procat *Hermann* (*ap. Ri., Wa.*) | parere vos maiestas mea procat / <ultro> toleratis *Buecheler*[Ri.p.IX,Wa] : parere mea vos maiestas procat / <cito> toleratis *Ribbeck* (*1875*) *30* (*cf. et Ri. p. X*) | parere vos maiestas mea procat, / toleratis templo <leto>que hanc deducitis? *Leo* (*1912*) *92 adn. 3.* : parere vos maiestas mea procat / topper properatis temploque hanc deducitis? *Havet* (*1884*) *806* | **1** mihi *ante* vos *habuit etiam La Ville de Mirmont* (*1903*) *153* | **2** toleratis] obtemperabis *Spengel* (*1899*) *387* – *Interpr.*: *Bo. haec verba a Clytaemnestra Electram ab ara abstrahi iubente, Wa. et Spalt. ab Aegistho Electram deduci iubente dicta esse censuerunt. Similiter iudicaverunt Terzaghi* (*1924/25*) *et Aricò* (*1979*). *Ribbeck loc. cit., La Ville de Mirmont loc. cit., Sanford* (*1922/23*) *283 propos. verba fort. Aegisti ad Cassandram esse.* – *Metr.*: maiestas *bisyllabum metitur Du. p. 37. Ri., Li., Kl., Tra.* $ia^6$ *statuerunt.*

*CP* *Sen. Ag. 951. 997sqq.* (*cf. Bo. et Wa. ad loc.*), *quo loco Aegisthus Electram in vincla conici iubet.*

## 3

(12 $Ri._{2-3}$, Kl.; 11 Wa.; 12 Len.)

*Non. p. 110,32–33 Merc. = 158 Li.* (*Li.*): fligi adfligi. Livius[6] Aegistho:

ipsus se in terram saucius fligit cadens. ($ia^6$)

---

6 Livius] Lucilius δ[Li]

CC (*codd. potiores*: *Bamb.* β γ δ *E F G H L Lugd. Montepess. Oxon. P P7665 P7666*)
**Ed. *Li.*:** ipse se *codd.*
**Edd. rel.:** ipse se *codd.*[Ri,Mu,Wa,Len,Kl] | ipse (*F H L P G E P7579 Bamb. P7666 Lugd. P7665 Montepess. Oxon.*)[On]

CE ipsus] *Bo., Ri., Kl.* : ipse *Ald., Per., Pi., Steph., Iun., Delr., Merc., Scriv., GS* | ipse sese *Klu.* | saucius] *om. ed. 1476*[Klu], *Pi.* | ipse in terram *Du.* – *Crit. in app.*: ipse séd *non probavit Ri.*

CS ipse in se terram *Barthius vol. 27* (*1624*) *1286, ut v. constet* | is sese *Baehrens* (*1872a*) *841* | ipse se *vel* ipse sed *Strzelecki* (*1948/49*) *147–149* : *ad* ipsus *cf. Lindsay* (*1922*) *177.* – *Interpr.*: *Wa. haec verba de Agamemnone dicta esse putavit, Waszink* (*1972*) *892 nuntium aliquem loqui propos. Sec. Terzaghi* (*1924/25*) *et Aricò* (*1979*) *verba fort. ad mortuum Aegisthum referenda sunt. Spalt. Cassandrae caedem Agamemnonis praedicenti tribuenda esse censuit* – *Metr.*: *Sec. Strzelecki loc. cit. hic versus "dimeter creticus cum dimetro trochaico catalectico coniunctus" est* (*non approbante Waszink loc. cit.*). *Ri., Li., Kl., Tra. ia*$^6$ *statuerunt.*

CP *Sen. Ag. 901sqq., quo loco Agamemnon trucidatur.*

## 4

(10–11 Ri.$_{2-3}$, Kl.; 9–10 Wa.; 10–11 Len.)

*Non. p. 127,32–35 Merc. = 185 Li.* (*Li.*): i u x t i m pro iuxta … [*33*] Livius Aegistho:

<⏑ –> in sedes conlocat se regias, (*ia*$^6$)
Clytaemestra iuxtim, tertias natae occupant.

CC (*codd. potiores*: *Bamb.* β γ δ *E F G H L Lugd. Montepess. Oxon. P P7665 P7666*)
**Ed. *Li.*:** –
**Edd. rel.:** **2** Clytemestra *codd.*[Qui,Ri] : Clitemestra (*L H*)[Mu] (*F H L P G E P7579*)[On] | nate *codd.*[Qui,Ri] (*L H G*)[Mu] (*F H L P G E P7579*)[On]

CE **1** conlocat] *Li., Ri., Wa., Kl.* : collocat *Ald., Pi., Steph., Iun., Delr., Merc., Du., Klu., Qui.* | *post* regias *Tra. posuit semicolum* | **2** Clytemnestra *Ald., Pi., Iun.* : Clytaemnestra *Steph., Delr.* : Clytemnaestra *Qui.* : Clytemestra *Merc., Scriv., GS, Klu., Mu., On., Ri.*$_3$, *Di.* : Clutemestra *Ri., Ern., Tra.* : Clutaemestra *Wa.* | natae] *Ald.*[Ri] : notae *Steph.* : nate *GS* – *Interpunctio*: *post* Clytaemestra *dist. Pi. duobus punctis* : *post* iuxtim *Iun., Scriv. pos. semicolon.*

*CS* **1** <ut rex> *lacunam suppl. Brakman* (*1935*) *55* | **2** Clytemestra *Ritschl vol. 2* (*1868*) *498, cf. 502. 517sq.; ad orthographiam* Clytaemestra *vocis cf. Bergk* (*1874*) *264* (= *Id. 1884, 333*) | nata occupat *Vossius* (*1620*) *102* – *Interpr.*: *Sec. Waszink* (*1972*) *892 haec verba de Agamemnone dicta sunt, Wa. et Spalt. Cassandrae caedem Agamemnonis describenti tribuenda esse censuerunt. Cf. et Aricò* (*1979*). – *Metr.*: *Geppert* (*1858*) *102* (*cf. et 111*), *Lindsay* (*1922*) *44, Len., Spalt. mensi sunt* Clytaĕmestra *per correptionem iamb. Ri., Li., Kl., Tra.* *ia*$^{6}$ *statuerunt.*

*CP* *Sen. Ag. 872sqq., quo loco caedes Agamemnonis obversatur ante oculos Cassandrae.*

## 5

(7 Ri.$_{2\text{–}3}$, Kl.; 14 Wa.; 7 Len.)

(a) *Non. p. 132,29–30 Merc. = 192 Li.* (*Li.*): laetare et laetiscere laetificare. Livius[7] Aegistho: 'iamne oculos specie laetavisti optabili?'

(b) *Non. p. 386,28–29 Merc. = 617 Li.* (*Li.*): species dicitur effigies, facies. Livius Aegistho: 'iamne oculos specie laetavisti optabili?'

iamne oculos specie laetavisti optabili? (*ia*$^{6}$)

*CC* – ***ad a*** (*codd. potiores*: *Bamb.* β γ δ *E F G H L Lugd. Montepess. Oxon. P P7665 P7666*)
**Ed. *Li.*:** letavisto *L*$^{1}$
**Edd. rel.:** speciae *H*[Qui] *H*$^{2}$[On] : spectie *H*$^{1}$[Mu] : spectiae *H*$^{1}$[On] : spetie *Bamb.*[Ri,Mu,On] : spetiae *F*$^{1}$[On] | laetavisti] *E*[On] *codd.*[Kl] : latavisti *Bamb.*[Ri] *E*[On] : letavisti (*L*$^{2}$ *H Bamb.*)[Mu] (*F H L*$^{2}$ *P G*)[On] : letavisto *L*$^{1}$[Mu,On] | obtabili *P7666*[Qui,On] *L*$^{1}$[On]
– ***ad b*** (*codd. potiores*: α *B* β *Bern.347 Cant.* δ *E G Gen. H L Montepess. Oxon. P*)
**Ed. *Li.*:** laetaviri (*vel* letaviri) *codd.* | obtabilis δ
**Edd. rel.:** spetie latavisti *Bamb.*[Ri] | laetaviri (*vel* letaviri) *codd.*[Ri.3,Mu,Len,Kl] (*H L G*)[Qui] (*H L P*$^{2}$*G P7665 Montepess.*)[On] : -viri *add. s.l.* *P*$^{2}$[Qui] *om.* *P*$^{1}$[On] | obtabilis *Montepess.*[Qui] (*Bern.347/357 Montepess.*)[Mu]

*CE* iam'ne *Ald.* (*ad a*) | oculis *Pi.* (*ad b*), *Ald.* (*ad b*), *Iun.* (*ad b*) | laeta viri *Pi.* (*ad b*), *Ald.* (*ad b*), *Iun.* (*ad b*), *edd. ante Merc.*[Qui], *GS* (*ad b*) : laeta viro *ed. 1471*[Klu] (*ad b*) | laetavere *Mu.* | spetie laetavisti *Per.* | optabile *ed. 1471*[Klu] (*ad b*), *Merc.*$_{1}$ (*ad b*)

---

7 Livius] Lucilius *Bamb.* : Livius *Lugd.* (*Ri. p. IX*)

*CS* laetasti *Grilli* (*1965*) *141 – Interpr.*: *Sec. Wa. haec verba de Agamemnone mortuo dicta sunt, sec. Antonelli* (*1982*) *verba Electrae ad Clytemnestram. Cf. et La Ville de Mirmont* (*1903*) *148, Sanford* (*1922/23*), *Aricó* (*1979*), *Spalt. ad loc. – Metr.*: *Ri., Li., Kl.* $ia^6$ *statuerunt.*

## 6

(5–6 Ri.2–3, Kl.; 5–6 Wa.; 5–6 Len.)

(a) *Non. p. 158,31–35 Merc. = 233 Li.* (*Li.*): pecus non solum quadrupes animal, verum omnia animalia pecudes dicuntur … [*34*] Livius Aegistho[8]:

tum autem lascivum Nerei simum pecus (*$ia^6$*)

(b) *Non. p. 335,26–30 Merc. = 528–529 Li.* (*Li.*): lustrare est circumire … [*28*] Livius Aegistho[9]:

tum autem lascivum *Nerei* simum pecus
ludens ad cantum classem lustratur <⏑ ×>

**1** Nerei *e* rei *resp.* nereis *corr. Bentin.*

*CC* – ***ad a*** (*codd. potiores*: *Bamb.* β γ δ *E F G H L Lugd. Montepess. Oxon. P P7665 P7666*)

**Ed. *Li.*:** Nerei] rei *codd.* | simum] *codd.*

**Edd. rel.:** lascivum] *P7577*[Qui] lascivium *rell.*[Qui] *G*[On] | Nerei] rei *codd.*[Ri,Qui,Mu,Len,Kl] (*F H L P G E P7579*)[On] : reis *P7577*[Qui] | simum] *codd.*[Ri,Mu,Len] (*F H L P G E P7579*)[On]

– ***ad b*** (*codd. potiores*: α *B* β *Bern.347 Cant.* δ *E G Gen. H L Montepess. Oxon. P*)

**Ed. *Li.*: 1** autem] *om. codd.* | Nerei] nereis *codd.* | simum] *codd.* | **2** cantem α : cantu *E* : gantum $L^1$ | classem] α : classum *L* β

**Edd. rel.: 1** autem] *om. codd.*[Ri,Mu,Len,Kl] | lacivium *B*[Mu] | Nerei] nereis *codd.*[Ri,Mu,On,Len,Kl] (*H P*)[Qui] | simum] *codd.*[Ri,Mu,Len] | **2** cantem *Gen.*[Ri,Qui,Mu] (‘*Basil.*’ *per errorem?*)[Ri] (*P B*)[Qui] (*B* $H^1$)[Mu] α[Len] : cantu *E*[Len] : gantum $L^1$[Len] *L*[Mu] | classem] *Gen.*[Ri,Qui,Mu] (‘*Basil.*’ *per errorem?*)[Ri] (*P B*)[Qui] *H*[Ri.3] $H^1$[Mu] α[Kl,Tra] : classum *rell.*[Ri] (*L* $H^2$ *G*)[Mu] (*L* β)[Kl,Tra] : navem *B, sed supra scripsit* $B^2$ classem[Mu] : classem *vel* classum codd.[Len] | lustratur] *codd.*[Wa]

---

8 Livius Aegistho] Nevius in aegystho *Pi.* (*ad b*); *sed* Livius in egistho *Pi.* (*ad a*) | Naevius *ed. Ven. 1471*[Klu], *ed. 1476*[Klu], *Ald.*[Klu], *Iun.*[Klu], *edd. ante Merc.*[Qui], *Scal.*[Klu,Qui], *quod Vossius sec. Qui. non approbavit.*

9 Livius Aegistho] Naevius in Aegistho *Goth.*

*CE* **1** tum autem] autem *om.* (*ad b*) *Pi., Ald., Li., GS* | lascium *Pi.* (*ad b*) : lascivium rei (*ad a*), lascivum Nereis (*ad b*) *GS* | Nerei simum] *Bentin.*[GL,Ri,Qui,Mu,Len,Strzelecki,1957/58,190] : reissimum *ed. 1476*[Du,Qui] (*ad a*), *Ald.* (*ad a*), *Pi.* (*ad a*) : ne reissimum *ed. 1476*[Du], *Pi.* (*ad b*), *Ald.* (*ad b*), *vett. edd.*[Qui] | **2** classem] *om. Steph. p. 217* : classum *Merc.* (*cf. adn. ad loc.*), *Scriv., GS* : clausum *ed. 1476*[Klu], *Pi., Ald., Iun., Merc.*$_1$, *edd. ante Merc.*[Qui] | classem lustratur …] classem lustrat navium *Klu.* : classum lustratur <vias> *Mu.* | ludens … lustratur] *non apud Delr.*
– *Crit. in app.*: cantum] cautem *dubitanter Len.* | classem] classum *vel* classium *vel* classicum *Iun. i.m.* | classem *eqs.*] classem lustratur <choro> *Ri.* : classem lustratur <citam> *Qui.* : classem lustratur <salo> *vel* <freto> *Len.* (*cf. Sen. Ag. 449*) : classem lustratur <virum> *Tra.*

*CS* **1–2** tum lascivum, sinum Nerei pecus ludens ad cautem, classem *Turnebus lib. 29* (*1573*) *cap. 28*[Goth]) | tum autem lascivum Nerei simum pecus / ludens ad cantum classium lustratur *Scaliger* (*1565*) *36, qui cum Goth. et al. veteribus edd. et codd. Naevium pro Laevio legit. Hermann versus Livio trib. et sic continuavit*: sirenes citis [*falso pro* Sirenocirce] / delphino iunctis vehiculis, hippocampisque asperis [*cf. Laev. 21 FPL*$_4$], *quod Bo. non approbavit* | Nerei sinum *Vossius* (*1620*) *102* | **2** classem] classium *Scaliger* (*1565*) *loc. cit., Passerat*[Qui], classûm *Vossius*[Klu,Qui] | classium lustrat <rates> *Buech.*[Ri,Wa,Len,Kl,Tra] (*cf. Ri. p. IX*) | lustrat *G. Hermann*[Ri] | *Spalt. omnia versus supplementa repudiavit et pro certo habuit post* lustratur *inchoavisse sententiam novam.* – *Interpr.*: *Sanford* (*1922/23*) *282 putavit haec verba* (*item F 9*) *fort. praeconis esse, qui adventum Agamemnonis nuntiaret. Idem Spalt. sensit. Len. arbitratus est classem de una tantum nave olim dictam esse. Cf. et Brussich* (*1976*). – *Metr.*: *Ri., Li., Kl., Tra.* *ia*$^6$ *statuerunt.*

*CP* *Eur. El. 432–441*: κλειναὶ νᾶες, αἵ ποτ’ ἔβατε Τροίαν / τοῖς ἀμετρήτοις ἐρετμοῖς / πέμπουσαι χορεύματα Νηρήιδων, / ἵν’ ὁ φίλαυλος ἔπαλλε δελ- / φὶς πρώιραις κυανεμβόλοι- / σιν εἱλισσόμενος, / πορεύων τὸν τᾶς Θέτιδος / κοῦφον ἅλμα ποδῶν Ἀχιλῆ / σὺν Ἀγαμέμνονι Τρωίας / ἐπὶ Σιμουντίδας ἀκτάς • *Arion, hym. 5–12*: θῆρες χορεύουσι κύκλωι / κούφοισι ποδῶν ῥίμμασιν / ἐλάφρ’ ἀναπαλλόμενοι, σιμοί, / φριξαύχενες, ὠκύδρομοι σκύλακες, φιλόμουσοι / δελφῖνες, ἔναλα θρέμματα / κουρᾶν Νηρεΐδων θεᾶν / … (*Anthologia Lyrica Graeca, ed. E. Diehl, Leipzig* $^2$*1940, vol. 2, fasc. V, p. 5, l. 5–12*) • *Pac. trag. 408 Ri.*: Nerei … pecus. • *Sen. Ag. 449–451*: tunc qui iacente reciprocus ludit salo / tumidumque pando transilit dorso mare / Tyrrhenus omni piscis exultat freto • *Sen. Ag. 454sq.*: nunc prima tangens rostra lascivit chorus, / Millesimam nunc ambit et lustrat ratem • *Verg. Aen. 7,391*: te lustrare choro …

## 7

(8 Ri.$_{2-3}$, Kl.; 7 Wa.; 8 Len.)

*Non. p. 166,23–26 Merc. = 245 Li.* (*Li.*): ruminari[10] dictum in memoriam revocare … [*25*] Livius Aegistho:

nemo haece vostrum ruminetur mulieri. (*$ia^6$*)

*CC* (*codd. potiores*: *Bamb.* β γ δ *E F G H L Lugd. Montepess. Oxon. P P7665 P7666*)
**Ed. *Li.*:** vostrum] voster *codd.*
**Edd. rel.:** haece] haec *codd.*[Ri,Wa] (*L H G*)[Mu] (*F H L P G E P7579*)[On] : baec *$L^1$*[Mu,On] | vostrum] voster *codd.*[Ri,Wa,Len,Kl,Tra] (*L H G*)[Mu] (*L F H G*)[On] : voster ** *E*[On]

*CE* haece] *Ri.*, *Mu.*, *Wa.* : haec *Ald.*, *Steph.* | <–> nemo hoc *Du.* | vostrum] *Klu.*, *Ri.*, *Mu.*, *Wa.*, *Tra.* : vostrorum *On.*, *Li.*, *Kl.* : noster *ed. 1476*[Klu], *Pi.*, *vett. edd.*[Del] : voster *Ald.*, *Iun.*, *Delr.*, *Merc.*, *Scriv.*, *GS*, *Bo.* : vester *Goth.* : nostrae *Per.*, *Steph.*, *Du.* : vestrorum *Qui.* | ruminabitur *Per.*, *Ald.*, *Pi.*, *Steph.*, *Iun.*, *Delr.*, *edd. ante Merc.*[Ri], *Du.*, *qui post* ruminabitur *versum dividit* | rumitabit *Klu.*
– *Crit. in app.*: nostrum] nostrae *Delr. p. 161* | vostrae ruminetur *Iun. i.m.* : vostrum *vel* nostrae *vel* vostrae ruminabitur *Scriv. i.m.*

*CS* haece] *L. Mueller* (*1861*) *442, ut senarium expleat, et Kruschwitz* (*2009*) *159–161, qui etiam* vostrum *pos.* | haec vostrorum *def. Spalt.* | nostri *vel* vostri *Vossius* (*1620*) *102* : vostrum] *D. Heinsius*[Ri,Mu,Li,Len,Wa], *Almeloveenus*[Klu,Ri] : voster *def. Spengel* (*1899*) *386* | haece vostrum] *La Ville de Mirmont* (*1903*) *151* | ruminabitur mulieri commendavit *Hermann*[Ri] | rumitabit *Klussmann* (*1848*) *479* – *Interpr.*: *Wa. hunc versum ab Agamemnone dictum esse opinatus est, qui imperat, ne quis Troiam in memoriam Cassandrae redigat. Sec. Terzaghi* (*1924/25*) *668sqq. verba sunt fort. Electrae vel Orestis. Idem sensit Aricò* (*1979*). *Sec. Spalt. Agamemnon de Cassandra ad chorum verba fecit.* – *Metr.*: *Ri.*, *Li.*, *Kl.*, *Tra. $ia^6$ statuerunt.*

*CP* *Sen. Ag. 800–801, quo loco Agamemnon curat, ut Cassandra a famulis retineatur, dum insaniat.*

## 8

(9 Ri.$_{2-3}$, Kl.; 8 Wa.; 9 Len.)

*Non. p. 176,12–13 Merc. = 259 Li.* (*Li.*): sollemnitus pro sollemniter. Livius[11] Aegistho:

---

10 ruminari] ruminare *Pi.*, *Iun.*, *Merc.*, *corr. Vossius*[Li]

sollemnitusque †adeo ditali† laudet lubens (*ia*$^6$)

*CC* (*codd. potiores*: *Bamb.* β γ δ *E F G H L Lugd. Montepess. Oxon. P P7665 P7666*)
**Ed. *Li.*:** adeo ditali] (*F*$^3$ β)[Li] : adconditali *L*
**Edd. rel.:** adeo ditali] *codd.*[Qui,Ri,Wa,Len,Tra] (*H G*)[Mu] : adconditali *L*[Qui,Ri,Mu,Wa,Len] *F*[Ri.3] : a conditali *mss. apud Vossium*[Qui] : a declitali *mss. apud Vossium*[Qui] | †adeo ditali† laudet] (*F*$^3$ *H G E*)[On] : adconditali laudet (*F*$^1$ *L*)[On] | laudet lubens] *codd.*[Ri,Wa]

*CE* sollemnitusque] solennitus *Ald., Steph., Iun., Delr., Scriv., Bo.* : sollennitusque *Per., Merc., Qui.* | adeo †ditali] eum *Per.* : a declitali *Pi., Ald., Steph., Iun., Delr., Scriv.* : adeo ditem *Merc.*$_1$ : adeo litali *Merc.* | laudent *Per.* | †adeo ... lubens] adeo attuli laudem et lubens *Bo.* : adeo litato audit lubens *Du.* : adeo ditat laude illubens *Klu.* : adeo inclita dilaudet lubens *Qui.* : deo litat laudem lubens *Ri., Spalt.* : deo dicat laudes lubens *Mu.* : deo litat laudem et lubens *Wa.* (*non approbante Spalt.*) | laudet lubens] laudet iubent *Steph.*
– *Crit. in app.*: adcantitat laudes ... *Ri. p. IX dubitanter* : laudem *vel* laudes *Ri.*$_3$ | †adeo ditali† laudet lubens] adeo ditem ... *Iun. i.m.* : adytali deo laudet lubens *Li. dubitanter* | ... dis talis laudes libens / <agam> *Tra.* | ditali†] dictavi *Wa.*

*CS* solennitus adeo laeta te laudet *Scal.*[Qui] : sollennitusque a dea tali lauder *Vossius* (*1620*) *102* : sollennitusque adeo illicita ille audet lubens *Bothe* (*1837*) *269* | accedit iam tandem et lubens *vel* dedicat laudem et lubens *G. Hermann*[Ri,Mu,Wa] : adoret ac laudet lubens *Buech. dubitanter*[Ri.3,Wa,Len] (*cf. Ri. p. IX*) | [...] sollemnitusque adeo <a>dyta, li<bato ago> laudes lubens *Strzelecki* (*1965*) *337–339, qui e Verg. Aen. 4,56*: delubra adeunt, *et e Plaut. Tri. 821–822 versum Livi restituit, quod prob. Waszink* (*1972*) *892sq.* | ade [*i.e.* adde] Opituli laudes lubens *Baehrens* (*1872*) *621* | *sec. Ri.* (*1873*) *p. CVIII locutio* dicare laudem *usu non satis est comprobata* | laetus lubens *Spengel* (*1899*) *386* (*cf. Plaut. Trin. 821*)[12] – *Interpr.*: *Sec. Spengel loc. cit. et Wa. his verbis Agamemnon deo gratias agere videtur. Sanford* (*1922/23*) *282 arbitrata est haec verba a choro cantari. Spalt. verba Cassandrae deo plenae esse suspicatus est.* – *Metr.*: *Spalt.* deŏ *postulavit. Ri., Kl. ia*$^6$ *statuerunt.*

*CP* *Plaut. Trin. 820–821*: Neptuno laetu' lubens laudis ago et gratis gratiasque habeo • *Sen. Ag. 802sqq., quo loco Agamemnon deum invocat* • *Sen. Ag. 875, quo loco a Clytaemnestra sacrificium instituitur* (*cf. Waszink 1972*).

---

11 Livius] *Bentin.*[Qui,Ri,Li,Wa,Len,Kl], *Iun., Merc.*$_1$*, Merc.;* Lucilius *codd.*[Qui,Li,Wa,Kl], *Per.* : Luc. in *P7577*[Qui]; Accius *Urbin.308*[Ri,Wa], *Pi.*

12 laetus *habere etiam Mu. rettulit Kl., nescimus quo loco.*

**9**

(2–4 Ri.$_{2-3}$, Kl.; 2–4 Wa.; 2–4 Len.)

*Non. p. 512,31–40 Merc. = 824–825 Li.* (*Li.*): aequiter pro aeque … [*37*] Livius Aegistho:

<⏑ – ⏑ – ⏑ – ⏑ –> nam ut Pergama (*ia*$^6$)
accensa et praeda per participes aequiter
partita est

CC (*codd. potiores*: α *Bamb.* β γ δ *E G H L Lugd. Montepess. Oxon. P P7665 P7666*)
**Ed. *Li.*: 1** Pergama] pergam *codd.* | **2** praedam *codd.*
**Edd. rel.: 1** Pergama] pergam *codd.*[Mu] (*P H P7666*)[Qui] | **2** praedam *codd.*[Ri,Mu,Len,Kl] *P7666*[Qui] | participes] parucipes *P*[Qui] | equiter *codd.*[Ri] *codd. praeter H*[Mu]

*CE* **1** Pergama] *Ri., Len., Kl., Wa.* : pergam *Pi., Ald., Steph., Iun., edd. ante Merc.*[Qui] | **2** et] ac *Pi.* | praedam *Pi., Ald., Steph., Iun., GS* | per] inter *Klu.* (*cf. Plaut. Pers. 757*)
– *Crit. in app.*: **1** Pergama] *Iun. i.m.* | **2** praeda] *Iun. i.m.*

*CS* *Cf. Mariotti* (*1952*) *40sq.* (= *Id. 1986, 30*) *et infra ad F 23.* – *Interpr.*: *Sanford* (*1922/23*) *281 putavit haec verba* (*item F 6*) *fort. praeconis esse, qui paulo ante adventum Agamemnonis de Troiae casu nuntiat. Item Spalt.* – *Metr.*: *apud Delr. post* participes *finem versus. Ri., Li., Kl., Tra. ia*$^6$ *statuerunt.*

*CP* *Sen. Ag. 421sq.*: ut Pergamum omne Dorica cecidit face, / divisa praeda est, maria properantes petunt • *Plaut. Pers. 757*: inter participes dividam praedam et participabo.

## *Aiax Mastigophorus*

*Cognomines tragoedias* (*Aiax*) *scripserunt Sophocles, Carcinus II* (*TrGF 70 F 1a*)*, Theodectas* (*TrGF 72 F 1*)*, Astydamas II* (*TrGF 60 F 1a; T 1* [Αἴας μαινόμενος])*, Ennius* (*F 9–11 et T 33 TrRF*)*; de materia cf. etiam Thressas Aischyli* (*TrGF F 83–85*)*, Armorum iudicium Pacuvi* (*trag. 21–42 Ri.*) *Accique* (*trag. 145-163 Ri.*)*, Ov. met. 13,1–398.*
*Haud dubie Livi Aiax ex Aiace Sophocleo expressus est* (*cf. Wa. et Tra. ad loc., Waszink 1972, 893sq., Mariotti 1952, 52sq.* (= *Id. 1986, 38sq.*)*, Fucarino 1986/87, 173sq., Lennartz 1994, 95–99, Spalt., 73–76*)*. Sec. Jebb* (*1896*) *LIV Sophoclis tragoedia ab Alexandrinis inscripta est* Αἴας μαστιγοφόρος. *Cf. et T 1.*

## 10

(15 Ri.$_{2-3}$, Kl.; 15 Wa.; 15 Len.)

*Non. p. 127,13–21 Merc. = 184 Li.* (*Li.*): iamdiu pro olim … [*20*] Livius Aiace:

mirum videtur, quod sit factum iam diu (*$ia^6$*)

*CC* (*codd. potiores*: *Bamb.* β γ δ *E F G H L Lugd. Montepess. Oxon. P P7665 P7666*)
**Ed. *Li.*:** –
**Edd. rel.:** quid *Urbin.307*[Ri]

*CE* quid *Pi.* | iandiu *Ald.*, *Pi.*, *Iun.* | … iamdiu / <oblitos> esse? *Tra.* – *Interpunctio*: *notam interrogationis post* diu *Klu.*, *Ri.*, *Li.*, *Wa.*, *Kl.*

*CS* quid *Grotius* (*1828*) *157* | … iam diu / <oblitos esse?> *Ribbeck* (*1875*) *26* (*non approbante Spalt.*) | <mortalibus> mirum … *Leo* (*1913*) *70 adn. 3.* – *Interpr.*: *Ri. p. X et Wa. haec verba de Achillis facinoribus esse dicta censuerunt. Ribbeck* (*1875*) *26 putavit hunc versum pendere ex oratione Aiacis Sophoclei* (*cf. Soph. Ai. 646sqq.*), *quo loco Aias questus est Graecos non iam memores esse maximi sui facinoris. Leo loc. cit. coll. Soph. Ai. 1266sqq. deliberavit, Teucerne hoc loco orationem habeat. Spalt. verba aliquo Aiacis adversario tribuere maluit, e.g. Agamemnoni vel Menelao.* – *Metr.*: *Ri.*, *Li.*, *Kl.*, *Tra. $ia^6$ statuerunt.*

*CP* *Soph. Ai. 1266-1267*: φεῦ, τοῦ θανόντος ὡς ταχεῖά τις βροτοῖς / χάρις διαρρεῖ καὶ προδοῦς' ἁλίσκεται.

## 11

(16–17 Ri.$_{2-3}$, Kl.; 16–17 Wa.; 16–17 Len.)

*Non. p. 207,32–34 Merc. = 306 Li.* (*Li.*): gelu neutri generis [Titus] Livius †pisi† Aiace Mastigophoro[13]:

praestatur virtuti laus, set gelu multo ocius
vento tabescit.

13 Titus Livius] *codd.*[Wa] : [Titus] *secl. Iun.*[Qui,Li,Wa,Len,Kl] : Titinius … *propos. Kl.* | †pisi† Aiace Mastigophoro] *Li.* : pisi adtacematico (*H L G*)[Qui] : pisiadtacematico *codd.*[Merc,adn.] *Vict.*[Qui] : in aiace mastigho foro *Urbin.308*[Ri] : Pisia diacematico *Ald.*[Qui] : Pisia diacematiceiatico foro *Iun.* : Pis. anatemaico *ms. Jun.*[Qui] : Pisiadtacematico foro *Merc.*, *rell.*[Ri] : Pisis diadematico foro *Turnebus*[Merc,Qui], *sec. Merc. fort. recte* : Pisae Panathenaico *coni. Jun.*[Qui] | †pisi†] *codd.*[Wa] : *corr. ex* ipsi *G*[Ri] : bis in *vel* posuit *propos. Li. in app.* : pisi *sec. Kl. fortasse ad titulum fabulae Titinianae pertinet. Cf. ad titulum Jebb* (*1896*) *LIV*, *et Waszink* (*1972*) *893.*

*CC* (*codd. potiores*: *Bamb.* β γ δ *E F G H L Lugd. Montepess. Oxon. P P7665 P7666*)
**Ed. *Li.*: 2** vento] $F^3$ : venio *L* β
**Edd. rel.: 1–2** praestatur virtuti laus gelu set multo ocius venio tabescit *codd.*[Ri,Wa] (*L H G*)[Mu] | **1** praestatur virtuti laus gelu (*F H L P G E P7579, sed* genu *G*)[On] | laus gelu set *codd.*[Len,Kl] (*H L*)[Qui] : laus genu sed *G*[Qui,Ri] | set] *L*[Mu,On] : sed (*H G*)[Mu] | gelu] (*L H*)[Mu] : genu *G*[Mu,On] | ocius] (*L H G*)[Mu] ($F^1$ $H^2$ *L G E*)[On] : otius $H^1$[Mu,On] $F^2$[On] | **2** vento] $H^1$[Mu,On] *E*[On] $F^3$[On,Wa,Len,Kl,Tra] : venio (*L H G*)[Mu] ($F^1$ $H^2$ *L*)[On] (*L* β)[Kl] *pler. codd.*[Len]

*CE* **1–2** praestatur laus virtuti, sed multo ocius / verno gelu tabescit *Ri.* (*Buechelerum secutus*), *Wa., Ern., Tra.* : virtuti laus praestatur, set multo ocius / senio tabescit <quam> gelu *Mu.* : praéstatur virtúti, sed multo ócius / vérno laus gelú tabescit *On.* | **1** laus, set gelu] *transp. Li.* : laus gelu, sed (set) *Iun., Merc., GS* | sed *Di.* | ocyus *Iun.* | **2** vento] *Bentin.*[Qui] (*at* ventu *Bentin.*[Ri][14]) *Iun., Merc., Len., Spalt.* : venio *GS* : verno *Iun., Merc. adn. ad loc., Buecheler*[Ri,Li]
– *Crit. in app.*: **1** praestat *vel* praestat vero *Li.* : <heu> praestatur *Len.* (*cf. Soph. Ai. 1266sq.*: φεῦ) (*non approbante Spalt.*) | laus] lacus *Qui., qui hoc frg. Titi Livi esse arbitratur.*

*CS* **1–2** praestatur laus virtuti, sed multo ocius / verno gelu tabescit *Vahlen* (*1908*) *p. 230* [*= 1896/97, p. 16*], *Leo* (*1912*) *92, La Ville de Mirmont* (*1903*) *156* : virtute laus praestatur, set multo ocius / vento et gelu tabescit *Ri.* (*1855*) *p. XVIII* : praestatur virtuti laus, gelu set multo / ocius vento … tabescit *Ellis* (*1872*) *177sqq., quod Ri. se accepisse sero doluit* (*cf. Ri. 1873, pp. CXsq.*) : praestat virtuti laus gelu sed multo ocius Verno tabescit *Havet* (*1880*) *108* : <heu> praestatur laus virtuti, set gelu multo ocius verno t. *Mariotti* (*1952*) *53sq. cum adn. 1* (*= Id. 1986, 39sq. cum adn. 57*) | **1** vento] *Lennartz* (*1994*) *95* : verno *Buecheler*[Ri,Len,Kl], verno *coni. Iun.*[Qui] : senio *Turnebus*[Qui,Mu] – *Interpr.*: *Fort. Teucer Achille mortuo his verbis queritur memoriam heroum mortuorum brevem esse* (*cf. Wa. et Spalt. ad loc., Kruschwitz 2002, 56*). *Cf. et Leo* (*1912*) *92sq., Ziegler* (*1937*) *RE VI A, 1985sq., Waszink* (*1972*) *894.* – *Metr.*: *Hunc versum esse septenarium troch. Len. et Di. interpretati sunt. Ri.* $ia^6$, *Tra., Li.* $tr^7$ *statuerunt.*

*CP* *Soph. Ai. 1266-1267*: φεῦ, τοῦ θανόντος ὡς ταχεῖά τις βροτοῖς / χάρις διαρρεῖ καὶ προδοῦς’ ἁλίσκεται.

## *Andromeda*

*Cognomines tragoedias* (*Andromeda*) *scripserunt Euripides* (*TrGF F 114–156*), *Phrynichus II* (*TrGF 212 T 1*), *Lycophron* (*TrGF 100 F 1c et T 3*), *Ennius* (*F 34–41 TrRF*), *Accius* (*trag. 100–118 Ri.*); *cf. etiam Sophocleam fabulam satyricam*

14 *Ri.* ventu *pro* vento *per errorem?* (*cf. Ri. 1855, p. XVIII, 33*)

*eodem nomine; his de tragoediis cf. Klimek-Winter (1993); de materia cf. etiam Ov. met. 4,663–764, Varro Men. 406 B.*: Andromeda vincta et proposita ceto non debuit patri suo, homini stupidissimo, in os expuere vitam?
*Praeterea cf. Apollod. 2,43–44 = 2,4,3*: παραγενόμενος δὲ εἰς Αἰθιοπίαν, ἧς ἐβασίλευε Κηφεύς, εὗρε τὴν τούτου θυγατέρα Ἀνδρομέδαν παρακειμένην βορὰν θαλασσίῳ κήτει. Κασσιέπεια γὰρ ἡ Κηφέως γυνὴ Νηρηίσιν ἤρισε περὶ κάλλους, καὶ πασῶν εἶναι κρείσσων ηὔχησεν· ὅθεν αἱ Νηρηίδες ἐμήνισαν, καὶ Ποσειδῶν αὐταῖς συνοργισθεὶς πλήμμυράν τε ἐπὶ τὴν χώραν ἔπεμψε καὶ κῆτος. Ἄμμωνος δὲ χρήσαντος τὴν ἀπαλλαγὴν τῆς συμφορᾶς, ἐὰν ἡ Κασσιεπείας θυγάτηρ Ἀνδρομέδα προτεθῇ τῷ κήτει βορά, τοῦτο ἀναγκασθεὶς ὁ Κηφεὺς ὑπὸ τῶν Αἰθιόπων ἔπραξε, καὶ προσέδησε τὴν θυγατέρα πέτρᾳ. ταύτην θεασάμενος ὁ Περσεὺς καὶ ἐρασθεὶς ἀναιρήσειν ὑπέσχετο Κηφεῖ τὸ κῆτος, εἰ μέλλει σωθεῖσαν αὐτὴν αὐτῷ δώσειν γυναῖκα. ἐπὶ τούτοις γενομένων ὅρκων, ὑποστὰς τὸ κῆτος ἔκτεινε καὶ τὴν Ἀνδρομέδαν ἔλυσεν. ἐπιβουλεύοντος δὲ αὐτῷ Φινέως, ὃς ἦν ἀδελφὸς τοῦ Κηφέως ἐγγεγυημένος πρῶτος τὴν Ἀνδρομέδαν, μαθὼν τὴν ἐπιβουλήν, τὴν Γοργόνα δείξας μετὰ τῶν συνεπιβουλευόντων αὐτὸν ἐλίθωσε παραχρῆμα. • *Hyg. fab. 64 (Andromeda)*: *Cassiope filiae suae Andromedae formam Nereidibus anteposuit. ob id Neptunus expostulavit ut Andromeda Cephei filia ceto obiceretur. quae cum esset obiecta, Perseus Mercurii talaribus volans eo dicitur venisse et eam liberasse a periculo; quam cum abducere vellet, Cepheus pater cum Agenore, cuius sponsa fuit, Perseum clam interficere voluerunt. ille cognita re caput Gorgonis eis ostendit omnesque ab humana specie sunt informati in saxum. Perseus cum Andromeda in patriam redit. Polydectes <ut> vidit Perseum tantam virtutem habere, pertimuit eumque per dolum interficere voluit; qua re cognita Perseus caput Gorgonis ei ostendit et is ab humana specie est immutatus in lapidem.* • *Eratosth. catast. 17, p. 21 (Olivieri)*: αὕτη κεῖται ἐν τοῖς ἄστροις διὰ τὴν Ἀθηνᾶν, τῶν Περσέως ἄθλων ὑπόμνημα, διατεταμένη τὰς χεῖρας, ὡς καὶ προετέθη τῷ κήτει· ἀνθ' ὧν σωθεῖσα ὑπὸ τοῦ Περσέως οὐχ εἵλετο τῷ πατρὶ συμμένειν οὐδὲ τῇ μητρί ἀλλ' αὐθαίρετος εἰς τὸ Ἄργος ἀπῆλθε μετ' ἐκείνου, εὐγενές τι φρονήσασα. λέγει δὲ καὶ Εὐριπίδης σαφῶς ἐν τῷ περὶ αὐτῆς γεγραμμένῳ δράματι. • *Hyg. astr. 2,9 (Cepheus)*: Hunc Euripides cum ceteris Phoenicis filium, Aethiopum regem esse demonstravit, Andromedae patrem, quam ceto propositam notissimae historiae dixerunt; hanc autem Persea a periculo liberatam uxorem duxisse; itaque, ut totum genus eorum perpetuo maneret, ipsum quoque Cephea inter sidera superiores numerasse. … [*2,11, Andromeda*]: haec dicitur Minervae beneficio inter astra collocata propter Persei virtutem, quod eam ceto propositam periculo liberarat. nec enim ab ea minorem animi benevolentiam pro beneficio accepit; nam neque pater Cepheus neque Cassiepia mater ab ea potuerunt impetrare quin parentes ac patriam relinquens Persea sequeretur. sed de hac Euripides hoc eodem nomine fabulam commodissime scribit. • *Schol. Germ. Bas. 184*: Ut Euripides dicit, hic Aethiopum rex pater Andromedae, cuius filia obiecta ceto a Perseo servata eiusque causa et ipse pater sit astris inlatus beneficio Minervae. […] [*192*]: hanc refert Sofocles praeposuisse formam suam Nereidibus, ob quod ira Neptuni ceto inmisso vastabatur eorum terra, expostulatamque Andromedam et ceto propositam. […] [*201*]: haec quoque in sideribus recepta dicitur beneficio Minervae, ut labor Persei aeternus pareret, manibus eius

passis quem ad modum ceto fuit proposita. quae cum a Perseo esset liberata neque patri neque matri voluit commorari, sed continuo cum Perseo Argis est profecta, ita autem Euripides profert.

## 12

(18 Ri.$_{2-3}$, Kl.; 18 Wa.; 18 Len.)

*Non. p. 62,15–17 Merc. = 86 Li.* (*Li.*): confluges[15] loca in quae rivi diversi confluant. Livius Andromeda[16]:

confluges ubi conventu campum totum inumigant. (*tr*$^7$)

CC (*codd. potiores*: *Bamb.* β γ δ *E F G H L Lugd. Montepess. Oxon. P P7665 P7666*)
**Ed. *Li.*:** confluges] $F^3$ : confluge *L* β | conventum *codd.*
**Edd. rel.:** confluges] ($F^1$ $H^1$)[On] (*F H*)[On,Ri.3] $F^3$[On,Kl,Wa,Len,Kl] *Lugd.*[Ri] *H*[Qui,Mu] : conflugae *G*[Ri,Qui,Mu,On] : confluge (*L Urbin.307*)[Ri] (*P L*)[Qui] (*L H ex corr.*)[Mu] ($F^2$ $H^2$ *L P E*)[On] (*L* β)[Klim] (*L G*)[Wa] *pler. codd.*[Len] | ubi] *codd.*[Ri,Wa] | conventum *codd.*[Qui,Ri,Wa,Len,Kl,Tra] (*L H G*)[Mu] (*F H L P G E P7579*)[On] | inumigant] *codd.*[Qui]

CE confluges] *Ri.*$_1$, *Ri.*$_3$ : confluge *Ald.*, *Pi.* : conflugae *Ri.* | ubi] rivi *Ri.*$_1$ : cubi *Ri.* (*cf. et Ri. p. X*) | conventum *Ald.*, *Pi.*, *Steph.*, *Iun.*, *GS*, *vett. edd.*[Qui] : circumventum *Klu.* | inhumigant *Ald.*, *Steph.* | *Du. post* confluges *versum dividit.*
– *Crit. in app.*: conventu] *Iun. i.m.*

CS conflugae *Buecheler* (*1868*) *11sq.* (= *Id. 1915, 637*), *quod Bergk* (*1874*) *280* (= *Id. 1884, 348*), *Solmsen* (*1894*) *128 adn. 1, Waszink* (*1972*) *895 repudiverunt* : confluges *non iam approbavit Ri.* (*1873*) *p. CVIII, sed cf. Ri.*$_3$*; et Spalt. maluit* confluges | confluges ubi] conflug<a>e subi<to> *Havet* (*1884*) *805* | ubi] ubi <rivi> *Ribbeck* (*1875*) *31 adn. 22* : ubi (*i.e.* ubei) *sec. Buecheler* (*1868*) *12* (= *Id. 1915, 637*) *iambus est. Cf. de forma* cubi *Bergk* (*1874*) *250, Ritschl* (*1870*) *306sq.* | conventu] cum vento *propos. Grotius* (*1828*) *155*: "*non improbo. Si* cum vento *malis, interpretandum de aquis vento propulsis in campos, ut fieri solet.*" – *Interpr.*: *Du. p. 41 verba e prologo Andromedae miseriam suam querentis desumpta esse propos., quod Spalt. propter metrum repudiavit. Sec. Wa. et Spalt. haec verba de fluctibus dicuntur, quos Neptunus in Aethiopicam oram misit. Spalt. verba fort. ex oratione alicuius nuntii esse propos.* – *Metr.*: *sec. Ri.*$_3$ cubi *hiatum tollit, quam emendationem Spalt. repudiavit. De hiatu post lectionem* conflugae *cf. Kl. p. 16, Ax* (*1917*) *8, Deufert* (*2002*) *371. Ri., Li., Kl., Tra. tr*$^7$ *statuerunt.*

---

15 confluges] *Lugd. sec. Ri. p. X* : confluge *G* (*sec. Waszink 1972, 895*)
16 Livius Andromeda] Livius in andro. *Pi.*

CP *Hic versus vix cum fragmentis Graecis comparandus est, quae ad Sophoclis Euripidisve Andromedam spectant* (*cf. Waszink 1972, 896 et Klim.*). *Cf. praeterea Paul. Fest. 35,21 Li.* (*Li.*): conflages (*codd.*[Li], *ubi legendum est* confluges : confrages *sec. Li. codd. Isidori Etym. 14,8,27*) loca dicuntur, in quae (qua *L E I*[Li]) undique confluunt venti. *Cf. Bergk* (*1874*) *280, Waszink loc. cit. 895 adn. 30, Mariotti* (*1952*) *44 adn. 1* (*= Id. 1986, 33 adn. 46*).

## ***Danae***

*Cognomines tragoedias scripserunt Sophocles* (*TrGF F 165–170*)*, Euripides* (*TrGF F 316–330a*)*, Naevius* (*F 2–12 TrRF*)*; de materia cf. etiam Aischyli* Δικτυουλκούς (*TrGF F 47–49*)*; Hor. carm. 3,16,1–8.*

*Praeterea cf. Apollod. 2,34–35 = 2,4,1*: Ἀκρισίῳ δὲ περὶ παίδων γενέσεως ἀρρένων χρηστηριαζομένῳ ὁ θεὸς ἔφη γενέσθαι παῖδα ἐκ τῆς θυγατρός, ὅς αὐτὸν ἀποκτενεῖ. δείσας δὲ ο Ἀκρίσιος τοῦτο, ὑπὸ γῆν θάλαμον κατασκευάσας χάλκεον τὴν Δανάην ἐφρούρει. ταύτην μέν, ὡς ἔνιοι λέγουσιν, ἔφθειρε Προῖτος, ὅθεν αὐτοῖς καὶ ἡ στάσις ἐκινήθη· ὡς δὲ ἐνιοί φασι, Ζεὺς μεταμορφωθεὶς εἰς χρυςὸν καὶ διὰ τῆς ὀροφῆς εἰς τοὺς Δανάης εἰσρυεὶς κόλπους συνῆλθεν. αἰσθόμενος δὲ Ἀκρίσιος ὕστερον ἐξ αὐτῆς γεγεννημένον Περσέα, μὴ πιστεύσας ὑπὸ Διὸς ἐφθάρθαι, τὴν θυγατέρα μετὰ τοῦ παιδὸς εἰς λάρνακα βαλὼν ἔρριψεν εἰς θάλασσαν. προσενεχθείσης δὲ τῆς λάρνακος Σερίφῳ Δίκτυς ἄρας ἀνέθρεψε τοῦτον. • *Hyg. fab. 63* (*Danae*): Danae Acrisii et Aganippes filia. huic fuit fatum ut quod peperisset Acrisium interficeret; quod timens Acrisius, eam in muro lapideo praeclusit. Iovis autem in imbrem aureum conversus cum Danae concubuit, ex quo compressu natus est Perseus. quam pater ob stuprum inclusam in arca cum Perseo in mare deiecit. ea voluntate Iovis delata est in insulam Seriphum, quam piscator Dictys cum invenisset, effracta <arca> vidit mulierem cum infante, quos ad regem Polydectem perduxit, qui eam in coniugio habuit et Perseum educavit in templo Minervae. quod cum Acrisius rescisset eos ad Polydectem morari, repetitum eos profectus est; quo cum venisset, Polydectes pro eis deprecatus est, Perseus Acrisio avo suo fidem dedit se eum numquam interfecturum. qui cum tempestate retineretur, Polydectes moritur; cui cum funebres ludos facerent, Perseus disco misso, quem ventus distulit in caput Acrisii, eum interfecit. ita quod voluntate sua noluit, deorum factum est; sepulto autem eo Argos profectus est regnaque avita possedit. • *Serv. Aen. 7,372*: Danae, Acrisii regis Argivorum filia, postquam est a Iove vitiata, pater eam intra arcam inclusam praecipitavit in mare. quae delata ad Italiam, inventa est a piscatore cum Perseo, quem illic enixa fuerat, et oblata regi, qui eam sibi fecit uxorem, cum qua etiam Ardeam condidit. • *Serv. Aen. 8,345*: Alii Danaen cum duobus filiis Argo et Argeo, quos de Phineo habuit, venisse in Italiam et locum ubi nunc Roma est tenuisse, ibique Argum Aboriginum insidiis interfectum loco nomen dedisse.

*Non liquet, utrum F 13 ad Sophoclis an Euripidis Danaen pertineat; nonnulli Aischyli* Δικτυουλκούς *fontem Livi propos., cf. Lo Cascio* (*1892*) *82, Waszink* (*1972*) *895. Grimal* (*1978*) *deliberavit, nonne et F 30 forsan Danaes sit.*

## 13

(19 Ri.$_{2-3}$, Kl.; 19 Wa.; 19 Len.)

*Non. p. 473,26–27 Merc. = 759 Li.* (*Li.*): minitas pro minitaris.[17] Livius Danae[18]:

<– ⏑> etiam minitas? mitte ea, quae tua sunt magis quam
[mea. (*tr*$^7$)

*CC* (*codd. potiores*: α *Bamb.* β γ δ *E G H L Lugd. Montepess. Oxon. P P7665 P7666*)
**Ed. *Li.*:** mitte aequae *L*$^1$
**Edd. rel.:** etiaminites mittea *P*[Qui] | mitte aequae *L*$^1$[Mu] : mitte aquae *H*$^1$[Mu] | magis *omnes*[Qui]

*CE* <haec> etiam minitas <mi> *Tra.* | mitte] mutae unitae *Pi.* | mage *Qui.* : magi' *Mu., Li.* | mitte ea, quaeso, quae mea sunt magi' quam tu *Mu.* : mitte ea quae mea sunt magis quam tua *Tra.*
– *Crit. in app.*: ea] vitia *coni. Buecheler*[Ri.3,Kl]

*CS* ea] tute *Brakman* (*1935*) *55* | quae mea sunt magis quam tua *aut* quae tua sunt minus quam mea *L. Mueller* (*1861*) *441* (*non approbante Spalt.*); *cf. et Havet* (*1880*) *108, Waszink* (*1972*) *894.* – *Interpr.*: *F 13 ad Naevi Danaen adscripserunt Ald. et Qui. Etiam Wa. deliberavit, hocne frg. fort. Danaes Naevianae sit. Sec. Welcker* (*1841*) *1371 sapit F 13 comoediam. Ribbeck* (*1875*) *32 cogitavit de sermone Proeti Acrisique fratrum* (*non approbante Spalt.*), *sec. Ri.*$_3$ *apertum est mutua opprobria esse iacta. Spalt. propos. haec verba esse Acrisi ad Danaen quaerentem.* – *Metr.*: *Buecheler arbitratus est latere in* ea *vocabulum, quo septenarii ante diaeresin lacuna explicetur, velut* vitia; *anapaestos propos. Li.; Spalt.* magis *pyrrhichium dimensus tr*$^7$ *statuit. Ri., Li., Kl., Tra. tr*$^7$ *statuerunt.*

## *Equus Troianus*

*Cognominem tragoediam* (*Equus Troianus*) *scripsit Naevius* (*F 13 TrRF*) *et fort. Anonymus* (*adesp. F 4 TrRF*); *de materia cf. etiam Pseudo-Homericam cycli epici Iliupersin, Sophoclis Sinon* (*TrGF F 542–544*), *Verg. Aen. 2,57–198. 234–267. Praeterea cf. Hyg. fab. 108* (*Equus Troianus*): Achivi cum per decem annos Troiam capere non possent, Epeus monitu Minervae equum mirae magnitudinis ligneum fecit, eoque sunt collecti Menelaus Ulysses Diomedes Thessander Sthenelus Acamas Thoas Machaon Neoptolemus; et in equo scripserunt DANAI

---

17 minitaris] *corr.* α[Li,Kl] (*ex* minaris)

18 Livius Danae] lius … *P*[Qui] : … danae *Lugd.* (*sec. Ri. p. X*) : … danea *codd.* (*meliores*)[Qui,Ri.3] : … Danea *GS* : … dariae *Bamb.*[Ri] : Naevius Danae *Pi.*[Li,Wa], *Ald., Iun., Merc., Qui.*

MINERVAE DONO DANT, castraque transtulerunt Tenedo. id Troiani cum viderunt arbitrati sunt hostes abisse; Priamus equum in arcem Minervae duci imperavit, feriatique magno opere ut essent edixit; id vates Cassandra cum vociferaretur inesse hostes, fides ei habita non est. quem in arcem cum statuissent et ipsi noctu lusu atque vino lassi obdormissent, Achivi ex equo aperto a Sinone exierunt et portarum custodes occiderunt, sociosque signo dato receperunt et Troia sunt potiti.

*Qua ex fabula Livius Equum Troianum expresserit, ambiguum est: Sinonem Sophoclis propos. Waszink (1972) 896, Epeium Euripidis Tolkiehn (1896), fabulam iisdem fere temporibus Livianis conscriptam Lenchantin (1913) 407sq., Rostagni (1916), Terzaghi (1925) 662. Lallier (1884) putavit Livi fabulam ex Agathonis, Iophonis, Nicomachi tragoediis commixtam et Sinonem inscriptam esse, quod La Ville de Mirmont (1903) 105sqq. et Waszink loc. cit. repudiaverunt. Sec. Wa. ad loc. omnia frgg., quae ad Equum Troianum spectant, fortasse unius fabulae sunt aut a Livio aut a Naevio conscriptae. Cf. et Erskine (1998).*

## 14

(20–22 Ri.$_{2-3}$, Kl.; 20–22 Wa.; 20–22 Len.)

*Non. p. 475,10–12 Merc. = 762 Li. (Li.)*: opitula Livius Equo Troiano:

da mihi hasce opes, (*$tr^3$ cat. vel $cr^2$*)
quas peto, quas precor, (*$cr^2$*)
*po*rrige, opitula. (*$tr^3$ cat.*)

**3** porrige *e* corrige *corr. Scaliger*

*CC* (*codd. potiores*: α *Bamb.* β γ δ *E G H L Lugd. Montepess. Oxon. P P7665 P7666*)
**Ed. *Li.*: 1** asce *$L^1$* | **3** porrige] *cod. Fabri* : corrige *rell.*
**Edd. rel.: 1** asce *$L^1$*[Mu] | **3** porrige] '*Vatic.*'[Qui,Ri], *cod. Fabri*[Scaliger,Qui,Ri,Mu,Wa,Len,Kl,Tra] : corrige *rell.*[Ri,Wa,Len,Kl,Tra]

*CE* **1–3** da mihi / hasce … porrige / opitula *GS, Ri.$_1$, Wa., Spalt.* : da … opes / quas … opitula *Qui., Mu, Li., Len.* | porrige, opitula] age opitula *Di.* | da mihi hasce opes, quas peto, opitula *Du.* | **3** corrige *Pi., Ald., Steph., Iun., Delr., Merc., GS* : porrige] *Scriv., Bo., Qui.* | *vett. edd. hoc. frg. non in versus diviserunt. – Interpunctio: post* peto *dist. Pi. duobus punctis : Delr. pos. haec verba una in linea* | *post* precor *Ri. pos. duo puncta, Kl. semicolon.*

*CS* **1–3** da mi hasce opes quas peto quas precor age opitula *Leo (1910) 13 restituens senarium, qui a Fraenkel (1922) 345 adn. 4 omnino et a Strzelecki (1948/49) 148 adn. 3 repudiatus et Kl. ad loc. alienus generi dicendi esse visus est* : dá mihi / hasce opes, quás peto, quás precor, pórrige / ópitula *Merul.* (*1595*) *205, Hermann* (*1816*) *205, Osann* (*1816*) *7, La Ville de Mirmont* (*1903*) *163–165, Mette* (*1964*) *48* : da ... opes / quas ... precor: / porrige ... *Grilli* (*1965*) *142 et De Rosalia* (*1983*) *54* | – ᴗ –, – ᴗ –, da ... opes / quas ... opitula *Spengel* (*1882*) *68sq.* | **3** porrige] *coni.* Scaliger (*cf. Nettleship 1893, 78*) *et Gebhard* (*cf. Schminck 1717*)*, quod probaverunt Hermann* (*1816*) *205, Osann loc. cit., Dübner*[Qui] | [has] porrige *Leo* (*1885*) *166* $tr^7$ *restituens – Interpr.*: *Sec. Ribbeck* (*1875*) *27, Wa., Waszink* (*1972*)*, Spalt. hoc loco Cassandra loqui videtur, quae Apollinem invocat et sperat deo adiuvante se prohibituram esse Troianos, ne equum in oppidum trahant. Sec.* $Mu._a$ *p. 40sq. fort. Agamemnon Athenae auxilium implorat* (*non approbante Spalt.*)*. Spalt. et deliberavit, necne Laocoon his verbis invocet Neptunum. – Metr.*: *De numeris cf. Jachmann* (*1916*) *65 adn. 2 et Ed. Fraenkel* (*1922*) *344* (*cf. Id. 1960, 328*)*, qui dimetrum creticum defenderunt approbante Waszink* (*1972*) *896. Qui. creticos statuit, nisi* opitula *in alium versum excurreret; Ri. numeros a Bergkio commendatos recepit idque dimetrum creticum inter duas tripodias troch. cat., item Ed. Fraenkel loc. cit. 344sq. et Len. et dubitanter Kl., de hiatu post* mihi *cf. Kl. p. 17. Gentile* (*1979*) *40* da mihi hasce opes *hypochmium dimetrum interpretatus. Cf. praeterea disputationem metricam horum versuum apud Hurka* (*2008*) *793–796. Cf. et Jachmann* (*1916*) *65 adn. 2 et Mette* (*1964*) *47sq. Spalt. cr statuit. Ri., Kl.* $tr^3$ / $cr^2$ / $tr^3$ *statuerunt.*

## ***Hermiona***

*Cognomines tragoedias* (*Hermiona*) *scripserunt Sophocles* (*TrGF F 202sq.*)*, Pacuvius* (*trag. 161–190 Ri.*)*, Philoclis I* (*TrGF 24 F 2*)*, Theodorus* (*TrGF 134 F 1*)*; de materia cf. etiam Euripidis Andromacham, Apollod. epit. 6,14; Ov. epist. 8* (*Hermione Oresti*)*. Praeterea cf. Hyg. fab. 123* (*Neoptolemus*): Neoptolemus Achillis et Deidamiae filius ex Andromacha Eetionis filia captiva procreavit Amphialum. sed postquam audivit Hermionen sponsam suam Oresti esse datam in coniugium, Lacedaemonem venit et a Menelao sponsam suam petit. cui ille fidem suam infirmare noluit, Hermionenque ab Oreste adduxit et Neoptolemo dedit. Orestes iniuria accepta Neoptolemum Delphis sacrificantem occidit et Hermionen recuperavit; cuius ossa per fines Ambraciae sparsa sunt, quae est in Epiri regionibus.

*Non liquet, cuius Hermionam Livius reddat; Sophoclis Hermionam propos. Leo, quod Waszink* (*1972*) *897 non approbavit, qui deliberavit, Liviusne Hermionam ex Antiphonis aut Theognidis Andromacha aut e Philoclis aut Theognidis Hermiona sumeret; Ribbeck* (*1875*) *31 et Waszink loc. cit. negaverunt Livium de Euripidis Hermiona exemplum sumpsisse. Sec. Spalt. Livium fort. Euripidis Andromacham quamvis Ancialo nomine usus ante oculos habuit.*

**15**

(23 Ri.$_{2-3}$, Kl.; 23 Wa.; 23 Len.)

*Non. p. 111,7–14 Merc. = 159 Li.* (*Li.*): fuam sim vel fiam ... [*13*] Livius Hermiona:

obsecro te, Anciale, matri ne quid tuae advorsus fuas. (*tr*$^7$)

CC (*codd. potiores*: *Bamb.* β γ δ *E F G H L Lugd. Montepess. Oxon. P P7665 P7666*)
**Ed. *Li.***: obsecra te *L*
**Edd. rel.**: obsecro te] $G_2$ (o *s.l. scribens*)[Qui,Ri,Mu] (α β γ)[Kl] : obsecra te *L*[Qui,Ri,Mu,On,Len,Kl] *G*[Ri] (*H*$^1$ *G*$^1$)[Mu] (*F H*$^1$ *G*$^1$)[On] | anciale *codd.*[Qui,Ri]

CE obsecro te] obsecrato *Mu.* | mater *Pi.* | ne qui *Pi.* | adversus *Ald.*, *Pi.*, *Steph.*, *Klu.* | fuat *Mu.* | Anticilae *Ald.* : Anticile *Steph.*, *Iun.*, *Delr.*, *Scriv.* : Anchiale *Merc.*, *Klu.*, *Qui.*, *Kl.*
– *Crit. in app.*: Anchiale *Iun. i.m.* : Anciale *vel* Anchiale *Scriv. i.m.* | obsecra tu *Mu.* – *Interpunctio*: *post* mater *dist. Pi. duobus punctis.*

CS obsecra te *La Ville de Mirmont* (*1903*) *167* | o. / te, Amphiale, m. nequid a. t. / f. *vel* o. / ted, A., m. n. a. t. f. *Vossius* (*1620*) *103, ut fiat metrum troch.* | *Vossi* Amphiale *prob. Bo.*; *cf. ad orthographiam et Bergk* (*1874*) *264* (= *Id. 1884, 332*) – *Interpr.*: *Sec. Vossius loc. cit.*, *Bo.*, *Wa.*, *Waszink* (*1972*) *897, Spalt. hoc loco Andromacha appellat Anchialum* (*Amphialum*) *filium, cum eum occultare velit, ut sit tutus a Menelai et Hermionae insidiis.* – *Metr.*: *Sec. Len.* tuae *cum sequenti* ad- *per synaliphen coalescit* (*cf. Lindsay 1922, 61*), *quod Spalt. non aprrobavit, qui* tu(ae) ad- *pyrrhichium dimetiri maluit. Ri.*, *Li.*, *Kl.*, *Tra. tr*$^7$ *statuerunt.*

## *Ino*

*Cognomines tragoedias* (*Ino*) *scripserunt Sophocles* (*TrGF F 732*), *Euripides* (*TrGF F 398–423*), *fort. TrGF DID A 12a; de materia cf. etiam Aischyli et Acci Athamantem* (*cf. Ribbeck 1875, 526–528*), *Ov. fast. 6,499–548, Ov. met. 4,481–542. Praeterea cf. Apollod. 3,27–28 = 3,4,3*: ἀποθανούσης δὲ Σεμέλης, αἱ λοιπαὶ Κάδμου θυγατέρες διήνεγκαν λόγον, συνηυνῆσθαι θνητῷ τινι Σεμέλην καὶ καταψεύσασθαι Διός, καὶ <ὅτι> διὰ τοῦτο ἐκεραυνώθη. κατὰ δὲ τὸν χρόνον τὸν καθήκοντα Διόνυσον γεννᾷ Ζεὺς λύσας τὰ ῥάμματα, καὶ δίδωσιν Ἑρμῇ. ὁ δὲ κομίζει πρὸς Ἰνὼ καὶ Ἀθάμαντα καὶ πείθει τρέφειν ὡς κόρην. ἀγανακτήσασα δὲ Ἥρα μανίαν αὐτοῖς ἐνέβαλε, καὶ Ἀθάμας μὲν τὸν πρεσβύτερον παῖδα Λέαρχον ὡς ἔλαφον θηρεύσας ἀπέκτεινεν, Ἰνὼ δὲ τὸν Μελικέρτην εἰς πεπυρωμένον λέβητα ῥίψασα, εἶτα βαστάσασα μετὰ νεκροῦ τοῦ παιδὸς ἥλατο κατὰ βυθοῦ. • *Hyg. fab. 2* (*Ino*): Ino Cadmi et Harmoniae filia, cum Phrixum et Hellen ex Nebula natos interficere voluisset, init consilium cum totius generis matronis et coniuravit ut fruges in sementem quas darent torrerent, ne nascerentur; ita ut,

cum sterilitas et penuria frugum esset, civitas tota partim fame, partim morbo interiret. de ea re Delphos mittit Athamas satellitem, cui Ino praecepit ut falsum responsum ita referret: si Phrixum immolasset Iovi, pestilentiae fore finem. quod cum Athamas se facturum abnuisset, Phrixus ultro ac libens pollicetur se unum civitatem aerumna liberaturum. itaque cum ad aram cum infulis esset adductus et pater Iovem comprecari vellet, satelles misericordia adulescentis Inus Athamanti consilium patefecit; rex facinore cognito, uxorem suam Ino et filium eius Melicerten Phrixo dedidit necandos. quos cum ad supplicium duceret. Liber pater ei caliginem iniecit et Ino suam nutricem eripuit. Athamas postea, ab Iunone insania obiecta, Learchum filium interfecit. at Ino cum Melicerte filio suo in mare se praecipitavit; quam Liber Leucotheam voluit appellari, nos Matrem Matutam dicimus, Melicerten autem deum Palaemonem, quem nos Portunum dicimus. huic quinto quoque anno ludi gymnici fiunt, qui appellantur Ἴσθμια.
*Athamas Aischyli magis Livio exemplo fuisse videtur quam Ino Euripidis vel Athamas Sophoclis. Cf. et Soubiran (1984) 92, Waszink (1972) 899, Mette (1964) 49sq.*

**16**

(p. 4 Ri.$_2$; p. 4–5 Ri.$_3$; Spur.? 41a–d Wa.; 29a Len.; p. 27–28 Kl.)

(a) *Ter. Maur. 1931–1938 Keil (Keil)*:

Livius ille vetus Graio cognomine suae
inserit Inoni versus, puto, tale docimen:
praemisso heroo subiungit namque miuron,
hymnum quando chorus festo canit ore Triviae.
et iam purpureo suras include cothurno,
balteus et revocet volucres in pectore sinus,
pressaque iam gravida crepitent tibi terga pharetra
derige odorisequos ad certa cubilia canes.

(b) *Mar. Victorin. GL VI 67,31–68,8 Keil (Keil)*: at cum Livius Andronicus praemisso hexametro huius modi subnectat versus per ordinem iambo terminatos, novam potius hanc speciem quam miuron existimant versum et teliambon appellant. nam in hymno Dianae apud eundem ita inveniuntur in fabula Inone:

sed iam purpureo suras include cothurno,
balteus et revocet volucres in pectore sinus,
pressaque iam gravida crepitent tibi terga pharetra
derige odorisequos ad certa cubilia canes.

*CC* – ***ad a*** (*ed. potior*: *ed. Med.*)
**Ed. *Keil*:** –
– ***ad b*** (*codd. potiores*: *A B Val.*)
**Ed. *Keil*: 6** balteus] (*B* $A_1$ *Val.*)[Keil] : barteus *A*[Keil] | **8** derige] *A*[Keil] : dirige *B*[Keil] | odorisequos] (*B* $A^1$ *Val.*)[Keil] : odoriseques *A*[Keil]
**Edd. rel.: 5** sed *Mar. Vict.* : et *Ter.*[Court,2003,509]

*CE* **2** Inoni versus] in omni versu *ed. Med.* : Inonis versu *Ald. inst. gramm. p. 362* (*Keil 1874*), *Lenn.* | **5** et iam] *Ri.* : set iam $Ri._3$ : sed iam *Kl.*, *Court. loc. cit.* | **6** balteus] *Cam.* : baltheus *Steph.* | et revocet volucres in pectore balteu(s) sinus *Baehr.*, *Court.* (*item La Ville de Mirmont 1903, 275*) | **8** dirige *Cam.*, *Steph.* | odorisequos] *Cam.* | ad certa] ad caeca *Delr.*[Keil,Baehr,Buech] : operta *Baehr.*, *Giffen*[Keil,Buech], *sed iam Mar. Victorin. legit* certa : *non in Livi frgg. posuit Wa.*

*CS* **8** certa] caeca *Giffen* (*1565*) *in conlectaneis s.v. caecum*[Keil,Buech], *sed iam Mar. Victorin. legit* certa : tecta *Watt* (*1998*) – *Interpr.*: *versus 1935–1938 non esse Livi primi Merul.* (*1595*) *354 et Scaliger* (*1597*) *129 viderunt, cf. et Hermann* (*1852*) *127sq.; Haupt* (*1841*) *43 demonstravit haec verba a Terentiano esse ficta, quod Leo* (*1910*) *201 et* (*1913*) *71 adn. 2 approbavit; Ri. in app. ad loc. putavit eos versus a Caesio Basso transformatos, Laevio tribuerunt Scaliger loc. cit. 128, Weich.* (*1830*), *Hermann loc. cit., Havet* (*1891*) *10sq., La Ville de Mirmont* (*1903*) *273–278, Marconi* (*1963*) *131, Court.* (*1993*) *128–130, Spalt. Spurios Livi versus suspicatus Wa., in dubiis Laevi fragmentis praebuit* $FPL_4$ *p. 140. Len. pp. XXsq. verba esse Livi putavit, quod Waszink* (*1972*) *899 non omnino negavit. Hoc ex testimonio plerique concesserunt Livium conscripsisse Inonem, cf. Kl. ad loc., Lanowski* (*1961*) *74 cum adn. 12. Cf. praeterea Ribbeck* (*1875*) *34 adn. 30, qui de venatorum choro cogitavit, Schenkl* (*1894*), *qui virginum chorum propos., Knapp* (*1911*) *15, Mariotti* (*1952*) *68 adn. 2* (= *Id. 1986, 49sq. adn. 81*), *Traglia* (*1961*) *87, Spalt., qui de hymno Dianae cogitavit aut omnino dubitavit, an F 16 e tragoedia sumptum esse, et propos. de Inone epyllium. Grimal* (*1978*) *arbitratus etiam F 30 Inoni tribuendum esse, Carratello* (*1986*) *131sq. omnino negavit Inonem fabulam Livi fuisse.* – *Metr.*: *De dactylicis numeris in fabula cf. Sen. Oed. 403sqq.* (*cf. Waszink 1972*)*; propter hoc "miurum metrum" et Spalt. Livium poetam excludere maluit.*

*CP* *Verg. Aen. 1,337*: purpureoque alte suras vincire cothurno • *Verg. ecl. 7,32.*: puniceo stabis suras evincta coturno.

## *Tereus*

*Cognomines tragoedias* (*Tereus*) *scripserunt Sophocles* (*TrGF F 581–595*) *et Accius* (*trag. 634–650 Ri.*)*; olim fuerunt, qui Livi Tereum comoediam fuisse putaverant: cf. e.g. Welcker* (*1841*) *1368 et Geppert* (*1858*) *111; de materia cf. etiam Philocleam Pandionem tetralogiam, cuius erat* Τερεὺς ἢ Ἔποψ *fabula fort. quarta* (*TrGF 24 post F 1*), *Ov. met. 6,412–674. Praetera cf. Apollod.*

*3,193–195 = 3,14,8*: Πανδίων δὲ γήμας Ζευξίππην τῆς μητρὸς τὴν ἀδελφὴν θυγατέρας μὲν ἐτέκνωσε Πρόκνην καὶ Φιλομήλαν, παῖδας δὲ διδύμους Ἐρεχθέα καὶ Βούτην. πολέμου δὲ ἐξαναστάντος πρὸς Λάβδακον περὶ γῆς ὅρων ἐπεκαλέσατο βοηθὸν ἐκ Θρᾴκης Τηρέα τὸν Ἄρεος, καὶ τὸν πόλεμον σὺν αὐτῷ κατορθώσας ἔδωκε Τηρεῖ πρὸς γάμον τὴν ἑαυτοῦ θυγατέρα Πρόκνην. ὁ δὲ ἐκ ταύτης γεννήσας παῖδα Ἴτυν, καὶ Φιλομήλας ἐρασθεὶς ἔφθειρε καὶ ταύτην, εἰπὼν τεθνάναι Πρόκνην, κρύπτων ἐπὶ τῶν χωρίων. αὖθις δὲ γήμας Φιλομήλαν συνηυνάζετο, καὶ τὴν γλῶσσαν ἐξέτεμεν αὐτῆς. ἡ δὲ ὑφήνασα ἐν πέπλῳ γράμματα διὰ τούτων ἐμήνυσε Πρόκνῃ τὰς ἰδίας συμφοράς. ἡ δὲ ἀναζητήσασα τὴν ἀδελφὴν κτείνει τὸν παῖδα Ἴτυν, καὶ καθεψήσασα Τηρεῖ δεῖπνον ἀγνοοῦντι παρατίθησι· καὶ μετὰ τῆς ἀδελφῆς διὰ τάχους ἔφυγε. Τηρεὺς δὲ αἰσθόμενος, ἁρπάσας τέλεκυν ἐδίωκεν. αἱ δὲ ἐν Δαυλίᾳ τῆς Φωκίδος γινόμεναι περικατάληπτοι θεοῖς εὔχονται ἀπορνεωθῆναι, καὶ Πρόκνη μὲν γίνεται ἀηδών, Φιλομήλα δὲ χελιδών· ἀπορνεοῦται δὲ καὶ Τηρεύς, καὶ γίνεται ἔποψ. • *Hyg. fab. 45 (Philomela, quae fabula aliter est ac Ovidiana; cf. Ribbeck 1875, 37sq.)*: Tereus Martis filius Thrax cum Prognen Pandionis filiam in coniugium haberet, Athenas ad Pandionem socerum venit rogatum ut Philomelam alteram filiam sibi in coniugium daret, Prognen suum diem obisse dicit. Pandion ei veniam dedit, Philomelamque et custodes cum ea misit; quos Tereus in mare iecit, Philomelamque inventam in monte compressit. postquam autem in Thraciam redit, Philomelam mandat ad Lynceum regem, cuius uxor Lathusa, quod Progne fuit familiaris, statim pellicem ad eam deduxit. Progne cognita sorore et Terei impium facinus, pari consilio machinari coeperunt regi talem gratiam referre. interim Tereo ostendebatur in prodigiis Ity filio eius mortem a propinqua manu adesse; quo responso audito cum arbitraretur Dryantem fratrem suum filio suo mortem machinari, fratrem Dryantem insontem occidit. Progne autem filium Itym ex se et Tereo natum occidit, patrique in epulis apposuit et cum sorore profugit. Tereus facinore cognito fugientes cum insequeretur, deorum misericordia factum est ut Progne in hirundinem commutaretur, Philomela in lusciniam; Tereum autem accipitrem factum dicunt.

## 17

(26–27 $Ri._{2-3}$, Kl.; 27–28 Wa.; 26–27 Len.)

*Non. p. 153,22–29 Merc. = 225 Li. (Li.)*: perbitere[19] perire … [*27*] Livius Tereo[20]:

ego puerum interea ancillae subdam lactantem meae, (*tr*[7])
ne fame perbitat.

---

19 perbitere] pernicere *Pi.*
20 Livius Tereo] Nevius in tereo *Pi.*

*CC* (*codd. potiores*: *Bamb.* β γ δ *E F G H L Lugd. Montepess. Oxon. P P7665 P7666*)
**Ed. *Li.*: 1** lactantem] *F* : laetantem *rell.*
**Edd. rel.: 1** puerum] (*F H L P G E P7579*)[On] | interea] *codd.*[Ri,Wa] | ancille (*F L G*)[On] | lactantem] (*E F*)[On,Ri.3] *F*[Wa,Kl] *codd.*[Len] : laetantem *rell.*[Ri,Wa,Kl] (*H G*)[Mu,On] : letantem *L*[Mu,On]

*CE* **1** ego puerum indam ancillae lactentem meae *Du.* | ergo *Qui.* : <at> ego *Di., Tra.* | puerum] puerum meum *Pi.* : puerulum *Mu.* : puellum *On.* | interead *coni. Ri.* (*approbante Spalt.;* interea *Ri.*$_3$), *Wa.* | anciliae *Pi.* | lactentem *Bo.*[Qui], *Qui., Mu.* : lactanti *On.* : laetantem *Ald., Steph., Iun., Delr., GS, Klu.* | **2** perbitat] perbitet *Iun., Delr.* : pervitet *Ald., Steph.* : perniciet *Pi.*
– *Crit. in app.*: **1** lactentem *Scriv. in suis animadvertendis Livi testimoniis praemissis.*

*CS* **1** <at> ego *Buecheler*[Ri.3,Len,Kl,Tra] : egomet *Brakman* (*1935*) *55* | puerum] puellum *propos. Anonymus sec. Ri.* (*1873*) *p. CVIII* | ancillai *Bothe* (*1837*) *269* | lactantem] *Palmerius*[Qui,Ri,Wa], *Badius*[Qui] : lactentem *Bongars*[Qui,Ri,Mu,Li,Wa,Len,Kl], *Bothe loc. cit.* : lactentem *vel* lactanti *Vossius* (*1620*) *104* : lactanti *Mueller* (*1869*) *593sq.* : lactandum *Heinsius*[Ri,Wa,Len] : lactandem *Heinsius* (*teste Kl. per errorem pro* lactandum; *cf. Strzelecki 1957/58, 190*) – *Interpr.*: *Sec. Ribbeck* (*1875*) *40, qui etiam de Laethusa cogitavit, Wa., Waszink* (*1972*) *900, Spalt. Procne hoc loco de filio suo Itye loquitur.* – *Metr.*: *Sec. Du. p. 78 Vossius versum post* puerum *et post* meae *dividit. Ambiguum est, utrum post* puerum *an ante* ancillae *sit statuendus hiatus* (*cf. Ax 1917, 9sq. 81. 97, qui hiatum post* puerum *statuit, Mueller loc. cit., Kl. p. 16 cum adn. 2*). *Spalt.* interead *propos., ut hiatus tollatur. Ri., Li., Kl., Tra. tr*$^7$ *statuerunt.*

## 18

(28–29 Ri.$_{2-3}$, Kl.; 25–26 Wa.; 28–29 Len.)

*Non. pp. 333,36–334,10 Merc. = 525–526 Li.* (*Li.*): limare[21] exquirere et delinire, secundum consuetudinem, a lima dictum … [*334,2*] limare etiam dicitur coniungere … [*334,8*] Livius Tereo:

[…] credito,
cum illos †soli† mea voluntate numquam limavit caput.

*CC* (*codd. potiores*: α *B* β *Bern.347 Cant.* δ *E G Gen. H L Montepess. Oxon. P*)

21 limare] limari *codd., corr. E*[Li] *Iun., sed Merc.* limari | limare secundum consuetudinem exquirere et delinire *Mu. in app.*

**Ed. *Li.*:** **1** cretico *L* | **2** illos †soli† mea] illos solim ex α : illos olim ex *B* | volutate α

**Edd. rel.:** **1** cretico *L*[Mu] | **2** illos †soli† mea] illos soli m (*cum signo mendi*) *P*[Qui] : illos solim ex α[Kl] (*Gen. H*)[Mu,Ri.3] : illos olim ex *B*[Qui,Mu,Ri.3] (‘*Basil.*’ *per errorem?*)[Ri] : illos soli *rell.*[Mu,Ri] *codd.*[Qui,Wa] : illos solim *vel* soli *codd. praeter B, qui* olim *habet*[Len] | mea] ex (*B* α)[Len] | volutate (*Gen. H*)[Mu] | limavit] *codd.*[Wa] : limavi *supra scripsit* t *P*[Qui]

*CE* **2** quum *Merc.* | illos †soli† mea] illos soli mea *Ald., Merc., Iun.* : illos sol in ea *ed. 1471*[Du,Qui], *ed. 1476*[Du,Qui], *Pi.* : illis soli mea *Steph.* : illo soror mea *Delr., Merc. adn. ad loc., Du., Klu., Qui., qui post* soror *versum dividit, Wa.* : illo sola mea *Bo.*[Ri,Qui,Wa], *Ri.*$_1$ : illoc olli mea *coni. Ri.* (*cf. Id. p. X*) : illo †soli mea *Di.* : illoc olim mea *Len., Tra.* | cum illo Philomela ex voluntate *Mu.* | credito, / cum illo † solim ea voluntate numquam limavit / caput *Kl.* (*approbante Spalt.*) | nunquam *Pi., Steph., Iun., Delr., Scriv., Klu., Qui.* | limavi *Delr., Merc., Bo.*[Qui], *Du., Qui.* : limavi[t] *Tra.* – *Crit. in app.*: cum illo Filomela ex voluntate *Mu.* : cum illo soror olim ex *GS* : cum illoc olim mea *Li. dubitanter* | olli (*cf.* *ollic*) *pro adverbio* illic *interpretatur Ri. p. X; hoc loco Ri. etiam* homine *in mentem venit.*

*CS* **2** cum illo sola mea *Buecheler*[Wa] | illos] ollis *Mariotti* (*1950*) | cum illo soror mea ... limavi *Vossius* (*1620*) *104* | *de genetivo* soli *cogitavit Buecheler* (*sec. Ri. p. X*). – *Interpr.*: *Se. Merc. adn. ad loc. haec sunt verba Philomelae intexta vestibus, quibus indicavit sorori facinus Terei. Welcker et Geppert* (*1858*) *111 putaverunt F 18 comoediae esse. Wa. suspicatus est Procnen loqui cum Laethusa, Waszink* (*1972*) *901 custodem Philomelae cum Tereo. Cf. et Giovini* (*2004*). *Cf. et Spalt., qui Procnen hoc loco loqui censuit.* – *Metr.*: *Haec verba Delr. pos. una in linea. Len.* (*non approbante Spalt.*) *metitur* -lim me ⏑ ⏑ *et* voluntate ⏑ ⏑ – ⏑. *Spalt. in* soror *et in* voluntate *correptionem iamb. postulavit et tr*[7] *statuit. Ri., Li., Kl. tr*[7], *Tra. ia*[8] *statuerunt.*

*CP* *Plaut. Poen. 292*: at vide sis, cum illac numquam limavi caput. *Cf. ad eandem Livi atque Plauti locutionem Ritschl* (*1845*) *168sq. et Wa. ad loc., qui putavit* limavit *vim ancipitem habere.*

## 19

(25 Ri.$_{2-3}$, Kl.; 29 Wa.; 25 Len.)

*Non. p. 475,34–37 Merc. = 763 Li.* (*Li.*): praestolat pro praestolatur[22] ... [*36*] Livius Tereo[23]:

nimis pol inprudenter servus praestolaras

22 praestolatur] prestolaretur *L*[Li]
23 Livius Tereo] Liv. terero *P*[Qui]

CC (*codd. potiores*: α *Bamb.* β γ δ *E G H L Lugd. Montepess. Oxon. P P7665 P7666*)
**Ed. *Li.*:** imprudentem *E*[1] *P*
**Edd. rel.:** inprudenter] *codd.*[*Ri, Wa, Kl, Tra*] : imprudentem *P*[*Qui*] | servus] *codd.*[*Qui, Ri, Wa, Tra*] : servas *codd.*[*Kl, Waszink*] (*per errorem pro* servus; *cf. Strzelecki 1957/58, 190*) | praestolaras] *Bamb.*[*Ri, Mu*] *codd.*[Wa] : prestolaras *rell.*[*Ri*]

CE nimi' *Qui., Mu., Li.* | imprudenter *Pi., Ald., Iun., Delr., Merc., Scriv., Du., Klu., Qui.* : inpudenter *Ri.* (*cf. Plaut. Rud. 393–394*), *Kl.* | servus] suis *Pi., Ald., Iun., Delr., edd. ante Merc.*[*Qui*] : servus *Merc., GS* : servus† *Mu.* : servis *Scriv., Du., Klu., Ri., Kl., Tra.* : servos *Qui.* | praestolaras] *Ri.*$_3$ : praestolares *ed. princ.*[*Qui*] : praestoleris *Pi.* : praestolaveras *Qui.* : praestolabas *Ri.* : praestolas *Ri.*$_1$ : praestolat *Tra.*
– *Crit. in app.*: servis *Iun. i.m.* : servum *Ald.*[*Scriv*] : servos *Scriv. i.m.* | servu's praestolares *Li. dubitanter.* | inprudenter usque prestolaras *Mu. suspicans* ser *ex praecedente* ter *ortum esse* | *signo interrogationis versum concludunt Ri., Kl.*

CS servus] serus *Mähly* (*1857*) *286* : servos *Spengel* (*1899*) *387* | praestolarat *Buecheler*[*Ri.p.X, Wa*] – *Interpr.*: *Wa. censuit Tereum dicere haec verba, quod Spalt. repudiavit.* – *Metr.*: nimi(s) pol *Len. et Spalt. dimensi sunt* ⏑ ⏑ –. *Spalt. initium septenarii troch. statuit. Ri., Li., Kl., Tra. troch. statuerunt.*

## 20

(24 Ri.$_{2-3}$, Kl.; 24 Wa.; 24 Len.)

*Non. p. 515,24–34 Merc. = 829 Li.* (*Li.*): r a r e n t e r ... [*33*] Livius Tereo:

rarenter venito

CC (*codd. potiores*: α *Bamb.* β γ δ *E G H L Lugd. Montepess. Oxon. P P7665 P7666*)
**Ed. *Li.*:** rare *G* | venito] α : vento *L*[1] venio β *Lugd. Bamb.* : venit *P7666* γ
**Edd. rel.:** venito] *P*[*Qui*] α[*Len, Kl*] (*H P E*)[*Wa*] *H*[*Ri.3*] : vento *L*[*1*][*Ri.3, Mu, Wa, Len, Kl*], *corr. s.l.* i *L*[*2*][*Qui*] : venio (*G Lugd. Bamb. H*[2])[*Wa*] β[*Kl*] *rell.*[*Mu*] *pler. codd.*[*Len*] : venit *P7666*[*Wa*] : venio *vel* venit γ[*Len, Kl*]

CE venio *Pi., Ald., Iun., Delr., Pi., Scriv., Du., GS, Klu., Ri., Kl., Tra.*
– *Crit. in app.*: vento *Ri.*$_3$, venito *Wa. fortasse recte videtur.*

CS venio *La Ville de Mirmont* (*1903*) *170, quod etiam Waszink* (*1972*) *900 maluit.* : venio *vel* vento *Spalt.* – *Interpr.*: *Sec. Klu. hoc loco fort. Laethusa Procnam alloquitur, sec. Wa. fort. Laethusa* (*cf. Hyg. fab. 45*), *quod Waszink loc. cit. non negavit, aut Philomela cum Procna loquitur. Sec. Spalt. verba nuntii vel nuntiae alicuius esse, qui / quae vestem Philomelae ad regiam tulisse, aut verba Procnae, quae Tereum certiorem facit se ad Bacchanalia proficisci.* – *Metr.*: *Spalt., si* venio *legitur, frustulum iamb.*

*vel troch. statuit, si* venito, *initium septenarii troch. Ri., Kl. iamb., Li. troch. statuerunt.*

## Incerta

### 21

(30 Ri.$_{2-3}$, Kl.; 31 Wa.; 30 Len.)

*Paul. Fest. p. 10,16–17 Li.* (*Li.*): anclare[24] haurire a Graeco [*sc.* ἀντλεῖν, *cf. Mue. ad loc.*] descendit. Livius:

florem anclabant Liberi ex carchesiis (*ia*$^6$)

*CC* (*codd. potiores*: *M P T L E G I R*)
**Ed. *Li.*:** anclabant] anhelabant *T*| charchesiis *M P T E G R*
**Edd. rel.:** anclabant] *codd.*[*Ri, Wa, Len, Kl*]

*CE* anculabant *Ri., Di., Wa., Kl., Ern.* : antlabant *Ald., Steph., Scriv.* | florem<que> antlabant *Dac.*[*Lindem, Mue*]
– *Crit. in app.*: anclabant *i.e.* anculabant *Scriv. i.m.* (*Aldus*)

*CS* anculabant *Scaliger*[*Lindem, Mue, Ri, Wa, Kl, Tra*] : anclabant] *Class. Auct. Vat. VIII* (*1836*) *26* | *Cf. ad* anclare *vocem Casaceli* (*1976*) *31sq.* – *Interpr.*: *Wa. ad loc. arbitratus est vocem* anclare *hoc in frg. non haurire, sed idem significare quod exanclare, i.e. ministrare* (*cf. Paul. Fest. 19,17*), *cum Mue. ad loc. putavisset ex hoc significatu utrumque usum deduci posse. Spalt. p. 137 hoc loco de cena agi opinatus est. Idcirco frustum Hermionae vel Tereo tribuere voluit.* – *Metr.*: *vocem* anculabant *probabiliter recte esse putavit Mue., nisi prima syllaba senarii desit.* anclabant *Len. servat hiatu cum* florem *constituto. Versum iamb. trimetrum statuit Lindem. 315. Spalt. ia*$^6$ *vel potius, si* anclabant *legitur, mancum tr*$^7$ *statuit. Ri., Kl., Tra. ia*$^6$ *statuerunt.*

*CP* *Paul. Fest. 18,17*: antiqui anculare dicebant pro ministrare. • *Cf. praeterea Non. 107,21, ubi refertur* exanclare *pro* perpeti *vel* superare, *et cf. Non. 292,2, ubi* exanclare *pro* exaurire *dici.* • *Cf. et Class. Auct. Vat. VIII* (*1836*) *26*: anclo, as, avi, are, atum, tu ·i· haurire verbum activum; unde Livius; florem anclabant Liberi ex carchesiis.

---

24 Anclare] Andare *G*[*1*][*Li*]

## 22

(39 Ri.$_{2-3}$; 37 Wa.; Od. 32 Len.; Kl. p. 29)

*Paul. Fest. p. 59,3–4 Li.* (*Li.*):

dusmo in loco

apud Livium significat dumosum locum. antiqui enim interserebant s litteram, et dicebant 'cosmittere' pro committere et 'Casmenae' pro Camenae.

*CC* (*codd. potiores*: *M L E G I R*)
**Ed. *Li.***: in locum *M*[Li] | domosum (*M L E*)[Li] : domisum (*G I*)[Li] : donisum *R*[Li] | S *om. L*[Li] :
**Edd. rel.**: in locum *M*[Bläns]

*CE* dusmoso *Ald., Scriv., Lindem., vulg.*[Ri,Baehr,Wa]
– *Crit. in app.*: dusmom locom *Li.*$_a$ *p. 177 dubitanter*

*CS* dusmo] *Barthius*[O.Mue] | *Ursin. propos.* dusmosum locum[Lindem.397] – *Interpr.*: *Ern., Kl. F 22 ad Livi Odusiam rettulerunt, Baehr. hoc frustulum in Odusiae frgg. pos.* (*ibid. Liv. Andr. 35*), *item FPL*$_4$ *Liv. Andr. 33, Len. p. 23. Cf. et Fraenkel* (*1931*) *605, Büchner* (*1979*) *55sq. cum adn. 26, Cappelletto* (*1984*). – *Metr.*: *Spalt. p. 154 finem ia*$^6$ *vel tr*$^7$ *statuit., Ri. iamb. suspicatus est.*

*CP* *Hom. Od. 4,335 et 17,126*: ἐν ξυλόχῳ • *Hom. Od. 5,471*: θάμνοις ἐν πυκινοῖσι • *Hom. Od. 19,439*: ἐν λόχμῃ πυκινῇ κατέκειτο μέγας σῦς • *Gloss. Placidi, pp. 59 et 177*: dusmum: incultum, dumosum vel squalidum (*cf. Class. Auct. Vat. III 1831, 452*).

## 23

(38 Ri.$_{2-3}$, Kl.; 38 Wa.; 38 Len.)

(a) *Fest. p. 156,26–30 Li.* (*Li.*): <nefrendes> … [*27*] Ateius <Capito infantes esse nondum fre>ndentes, id est, <frangentes. unde Livius[25] dixi>t[26]: 'quem ego non <frendem alui lacteam inmulgen>s opem.'

---

25 Livius] Naevius *Class. Auct. Vat. I* (*1828*) *378* (*sec. Ri. in app.*), *sed p. 214* Livius

26 Ateius …t] *verba suppleta sunt ex Pauli Epitoma et Glossis Placidi* (*cf. Li.*$_a$ *pp. 68 et 279sq.*). | Livius … t] Livius in Odyssea veteri *habent et Mue. 386, Ursin. et Scal.* (*cf. Lindem., 176. 521*) *coll. Hom. Od. 15,450, quod Mue. non approbavit, quia apparet versum non Saturnium, sed iambicum esse.* dixi>t: quem ego non] […] ri quem ego ne *apud F*$^{ar}$ *invenies*: *Mue. visi sunt litterae* ri *nomini alicuius fabulae esse tribuendae.*

(b) *Paul. Fest. p. 157,9–12 Li.* (*Li.*): n e f r e n d e s[27]... [*10*] alii dicunt nefrendes infantes esse nondum frendentes, id est frangentes. Livius: 'quem ego nefrendem alui lacteam inmulgens opem.'

quem ego nefrendem alui lacteam inmulgens opem. (*ia*$^6$)

*CC* – ***ad a*** (*cod. F*)
**Ed. *Li.*:** *linea 30 suppletus ex Paul.* | ... >t: quem ego non] t quem ego non (ñ) ($F^{ab}$ $F^{l}$) : ut quem ego ne $F^{u[Li]}$ : ri quem ego ne $F^{ar}$ : tego non (ñ) $F^{k}$, *sec. Li. compendio* ñ *significatur* 'non', *nullo modo* 'ne'.
– ***ad b*** (*codd. potiores*: *M L E G I R*)
**Ed. *Li.*:** –

*CE* quem ego nefrendem] *vulg. edd. praeter Len., qui praetulit*: quem ego non frendem : quem ego ñ ... *Thew.* | <púeri>, quem ego nefréndem olim alui, lácteam immulgéns opem? *Mu.*$_a$ | *Ursin., Scal.*[O.Mue] *F 23 Livi Odusiae tribuerunt.*
– *Crit. in app.*: ... nefrendem alui educavi lacteam ... *Ri., ut septenarium fiat.*

*CS* nefrendem] non frendem *Spalt. p. 155* – *Interpr.*: *Sec. Du. p. 89 haec verba nutricis esse videntur. Ribbeck* (*1875*) *40 trib. F 23 Tereo non approbante Spalt. Sec. Barigazzi* (*1950*) *Livius de Aischyli Choephoris exemplum sumpsisse. Waszink* (*1972*) *892 et Barigazzi* (*1950*) *425sq. pro certo habuerunt haec verba Clytaemnestram exclamare ipsam ante caedem. F 23 Livi Aegistho fabulae tribuerunt Terzaghi* (*1925*), *Barigazzi loc. cit., Antonelli* (*1982*); *Agamemnonem fabulam, cui hoc frg. sit tribuendum, postulavit Waszink* (*1972*); *sec. Spalt. p. 23 F 23 fort. Livi Achilli tribuendum est. cf. etiam La Ville de Mirmont* (*1903*) *154sq. et Stackmann* (*1950*). – *Metr.*: *Lindem. statuit iambicum senarium*: quem ego néfrendem alui lácteam immulgéns opem. *Item Mue. At sec. L. Mueller* (*1861*) *429* (*cf. Id. 1894, 550*) *potius scandendum est*: quem egó nefrendem *eqs., quod Ri.* (*cf. et Ri. p. X et Id. 1869, 12sq. et 46sq.*) *et L. Mueller* (*1894*) *550 repudiaverunt. Ri., Kl., Tra. ia*$^6$ *statuerunt.*

*CP* *Cf. Class. Auct. Vat. VIII* (*1836*) *378sq.*: Neuphresis, is, feminino genere dicitur dolor laterum; inde nephreticus, a, um, qui illum dolorem habet; unde Macer de viribus herbarum: idem neuphreticis elixum sumere iussit. Hinc etiam secundum quosdam dicimus neufrendes, inum ·i· teneros infantes, qui hunc dolorem saepius patiuntur. alii autem dicunt nefrendes infantes quasi nondum frendentes ·i· nondum dentibus concutientes; unde Naevius: quem ego nefrendem alui, lacteam inmulgens opem. • *Class. Auct. Vat. VIII* (*1836*) *214*: Frendeo, es, dui, verbum neutrum, et caret supino ·i· concutere; inde phren nomen indeclinabile ·i· quaedam exagitatio furoris a cerebro descendens; et inde phreneticus, a, um, et haec phrenesis, is ·i· ipsa rabies, et fresus,a,um ·i· concussus; unda et fabam fresam

27 nefrendes] nefendes $R^{[Li]}$

dicimus ·i· concussam, et tritam. Et per compositionem hic nefrens, dis ·i· infans quasi nondum frendens ·i· nondum dentibus concutiens; unde Livius: quem ego nefrendem alui, lacteam immulgens opem. item a frendo, frendesco, is, et frendo, dis ·i· frenare, et hoc frenum, ni, eo quod equi dentibus concutiatur; et inde per compositionem effrenus, a, um ·i· sine freno … (*cf. et Strzelecki 1957/58, 189*) • *Cf. etiam Varro rust. 2,4,17*: Amisso nomine lactantes (*sc. porculi*) dicuntur nefrendes ab eo, quod nondum fabam frendere possunt, id est frangere. • *Cf. praeterea Isid. orig. 20,16,1; Scaur. gramm. VII, 12, 3 K. Cf. etiam Eur. Or. 526sqq., El. 1207sqq.*

## 24–27

*Fest. p. 192,1–7 Li.* (*Li.*): ocrem antiqui, ut Ateius Philologus in libro Glosematorum[28] refert, montem confragosum vocabant, ut aput Livium: [*F 24*] … et: [*F 25*] … <et>: [*F 26*] … et [*F 27*] …

## 24

(31 $Ri._{2-3}$, Kl.; 32 Wa.; 31 Len.)

sed qui sunt hi, qui ascendunt altum ocrim?

*CC* (*cod.: F*)
**Ed. *Li.*:** –

*CE* set *Du.* | ascendent] *Li.*[29] : ascendunt *Ald., Steph., Scriv., Lindem., Mue., Ri., Thew., Wa., Len., Kl., Ern., Tra.* | hi] ii *Ald.* | *Wa. ad loc. secum reputavit, an F 24 rectius Livi Odusiae sit tribuendum.*
– *Crit. in app.*: sed qui sunt hice (*vel* hisce), quis ascendunt altum ocrim *temptavit Ri. p. X, ut versum senarium restituat* (*non approbante Spalt.*), *Len. propos.* sed qui sunt hi<ce> qui ascendunt *eqs., hiatu inter* qui *et* ascendunt *admisso.*

*CS* *Interpr.*: *Sec. Ribbeck* (*1875*) *32 et Spalt. p. 143 versus fort. Andromedae et verba Perseo tribuenda sunt. Spalt. p. 149 deliberavit, an F 24 fort. ex eadem fabula desumptum sit ac F 26. Vox* ocris *sec. Mue. est Sabina vel Umbrica, quod ex variis nominibus locorum intellegitur* (*cf.* Interocrii), *sed etiam Graeca est* (*cf.* ὄκρις, *cf. et Lindem., 544*). – *Metr.*: *Spalt.* $ia^6$ *mancum in initio vel finem* $tr^7$, *Ri., Tra.* $ia^6$ *statuerunt.*

*CP* *Hom. Od. 5,411–412* (*si F 24 Odusiae sit, Homeri versus conferendi sunt*) • *Eur. Andromeda* (*TrGF F 125*): ἔα· τίν’ ὄχθον τόνδ’ ὁρῶ περίρρυτον /

28 Glosematorum] Glossematorum *Mue.* : †Gloiematorum† *Thew.*
29 ascendent *lectionem notavit Li. per errorem, quam ipse corr.* (*vid. Corrigenda et Addenda ap. Lindsay, 1978, ed. Fest. et Paul., p. 574*).

ἀφρῷ θαλάσσης παρθένον τ' εἰκώ τινα / ἐξ αὐτομόρφων λαίνων τυκισμάτων, / σοφῆς ἄγαλμα χειρός; (*cf. Ribbeck 1875, 32 et La Ville de Mirmont 1903, 159–161*).

## 25

(32–33 Ri.$_{2-3}$, Kl.; 33–34 Wa.; 32–33 Len.)

celsosque ocris arvaque putria et mare magnum

*CC* (*cod.*: *F*)
**Ed. *Li.*:** –

*CE* celsosque <in> ocris / arvaque ... *Ri.*, *Kl.*, *Tra. duos senarios restituentes* : celsos ocris, arvaque patria / ... *Scriv.* | celsosque ocres / arvaque *Wa. hoc frg. cum sequente coniungens* | putria] patria *Ursin.*[Mue], *Steph.*, *Scriv.* : petraea *Bo.* | arvaque patria et mare magnum atque Tainari celsos / ocris *Du. F 25 et F 26 in unum congerens.*
– *Crit. in app.*: putria] patria *dubitanter Lindem. i.m.* | *Mue. metri causa pro* arvaque *propos.* et arva, *ut Saturnius fiat*: celsósque ocris et árva pútria, ét mare mágnum.

*CS* putria] *Ursin.* : petrita *Scaliger* (*1565*) *56sq.* (*cf. Merul. 1595, 591 et Hermann 1816, 622*) | celsosque ocris arvaque patria, mare magnum namque Tainari celsos ocris *Osann* (*1836*) *969sq. F 25 cum F 26 coniungens – Interpr.*: *Non liquet, utrum versus Saturnius an tragicus sit*: *de Saturniis numeris Hermann loc. cit. et Mue., de heroicis Bo. cogitaverunt. Sec. Mor. 15sq. et Len. verisimile est versum fuisse tragicum, quia apud Festum inter tragicos laudatur. Spalt. p. 146 verba* (*anapaestica*) *choro tribui propos. – Metr.*: *Leo* (*1905*) *44 adn. 6. opinatus est et numeros Saturnios et colon iamb. subiunctum cum anapaestico restitui posse. Spalt. anapaestos temptavit. Ri., Kl., Tra. an*$^2$ *statuerunt versum post* ocris *dispescentes.*

*CP* *Verg. georg. 1,44*: putris ... gleba • *georg. 1,215sq.*: putres / ... sulci • *georg. 2,204*: putre solum • *Aen. 8,596*: putrem ... campum (*cf. Mue. ad loc.*) • *Scal. et Lindem. conferunt Hom. Od. 5,411–412, sed iure Leo* (*1905*) *44 adn. 6 et Mor. p. 15 et Len. interrogaverunt, quorsum apud Homerum tandem* arva putria *spectarent.*

## 26

(34 Ri.$_{2-3}$, Kl.; 35 Wa.; 34 Len.)

<⏑ – ⏑> namque Taenari celsos ocris (*ia*$^{6}$)

*CC* (*cod.*: *F*)
**Ed. *Li.***: tenari *F*
*CE* nempe *Klu.* | †Tenari† *Thew.* | ocres *Wa., qui F 24–26 coniunxit.*
*CS* *Interpr.*: *Flores* (*1983*) *F 26 ad hymnum Arionis spectare et Aegistho tribuendum esse putavit* (*non approbante Spalt.*). *Sec. Spalt. p. 149 verba fort. ex eadem fabula desumpta sunt ac F 24.* – *Metr.*: *Ri., Kl., Tra. ia*$^{6}$ *statuerunt.*
*CP* *Arion, hym. 12*: οἵ μ' εἰς Πέλοπος γᾶν ἐπὶ Ταιναρίαν ἀκτάν (*Anthologia Lyrica Graeca, ed. E. Diehl* $^{2}$*1940, Leipzig, vol. 2, fasc. V, p. 5, l. 12*).

## 27

(35 Ri.$_{2-3}$, Kl.; 30 Wa.; 35 Len.)

haut ut quem Chiro in Pelio docuit ocri. (*ia*$^{6}$)

*CC* (*cod.*: *F*)
**Ed. *Li.***: ocriae *F*
*CS* *Interpr.*: *Hoc frg. sec. Osann* (*1836*) *973 fort. ad Livi Centaurum, sec. Ri., Id.* (*1875*) *25, Spalt. p. 132 ad Achillem pertinere videtur, item Bickel* (*1937a*), *Wa., Waszink* (*1972*) *891.* – *Metr.*: *Spalt.* docuit *anapaestum esse statuit coll. Plaut. Poen. 1059. Ri., Kl., Tra. ia*$^{6}$ *statuerunt.*

## 28

(41 Ri.$_{2-3}$; 40 Wa.; 41 Len.; 40 Kl.)

(a) *Fest. p. 306,8–12 Li.* (*Li.*): quinquertium vocabant antiqui, quem Graeci πένταθλον; ut indicat versus hic [*cf. adesp. F 112 TrRF*]: ... [*11*] Livius quoque ipsos athletas sic nominat: 'quinquertiones praeco in medium vocat.'

(b) *Paul. Fest. p. 307,1–3 Li.* (*Li.*): quinquertium ... ipsos quoque athletas Livius 'quinquertiones' appellat.

quinquertiones praeco in medium vocat (*ia*$^{6}$)

*CC* – ***ad a*** (*cod. F*)
**Ed. *Li.*:** –
– ***ad b*** (*codd. potiores*: *M L E G I R*)
**Ed. *Li.*:** –
**Edd. rel.:** preco *cod.*[Ri] : praeco *codd.*[Len] | vocat *cod.*[Ri, Wa]

*CE* preco *Lindem.* : †preco† *Mue.* : †pco† *Thew.* : prae<di>co *Li.*$_a$ *p. 362, quam coniecturam approbavit Strzelecki 1957/58, 190* | provocat *Ri., Wa., Ern., Tra., Spalt.*

*CS* *Buecheler* (*ap. Ri.*$_3$, *Len., Kl., Tra.*) vocat *def.* praeco *trisyllabum* (praevoco) *metiens* (*non approbante Spalt. p. 163*), *ut hiatus tollatur. – Interpr.*: *Du. p. 90 et Ri. p. XI dubitaverunt, utrum hoc frg. tragoediae crepidatae tribuendum sit an praetextae. Cf. et Ribbeck* (*1875*) *41 et Timpanaro* (*1996*) *37 adn. 1. Sec. Spalt. p. 166 et F 28 et adesp. F 112 fort. Livi Achilli vel Aiaci tribuenda sunt et hoc loco de certamine agitur. – Metr.*: *Ri.*$_1$ *hunc versum olim inter saturnios reliquit, Mue. versum senarium statuit, si* praeco in *non contraherentur. Ri. tr*$^7$, *Tra. ia*$^6$ *suspicati sunt. De hiatu post* praeco *cf. Kl. p. 15 et Ax* (*1917*) *17. 82, qui* praeco *tuetur hiatu inter* -co et in *constituto. Cf. et Mariotti* (*1952*) *27sq. cum adn. 4* (= *Id. 1986, 21sq. cum adn. 18*).

## 29

(37 Ri.$_{2-3}$, Kl.; 36 Wa.; 37 Len.)

*Fest. p. 408,25–31 Li.* (*Li.*): struices antiqui dicebant extructiones omnium rerum … [*29*] et Livius:

quo Castalia per struices saxeas lapsu accidit (*tr*$^7$)

*CS* (*cod.*: *F*)
**Ed. *Li.*:** –

*CE* quo Castalia] qua Castalia *Scriv.* : Castalia *Bo. p. 11, qui hoc frg. Equo Troiano Livi tribuit.* : Castolia *Steph.*

*CS* Livius: quo] Livius quarto quo *Ald.* : *etiam Merul.* (*1595*) *217* Livius libro quarto *vel* quinto (*Erotopaegnion*) *vel* Livius equo *voluit et versum inchoavit a voce* Castalia, *quod Mue. ad loc. propter metrum repudiavit* (*cf. et Lindem., 680sq.*). *Bergk* (*1842*) *239 hoc frg. Laevio tribuendum censuit. – Interpr.*: *Di Salvo* (*1979*) *90 hoc loco ad opera aliqua Castaliam fontem circumdata alludi putavit, Spalt. p. 150 suspicatus est versum fort. ad Danaen adscribendum esse. – Metr.*: *Osann* (*1836*) *969, Mue., Ri., Kl., Tra. tr*$^7$ *statuerunt.*

## 30

(– Ri.$_{2-3}$; – Wa.; 43 Lech; 41 Kl.)

*Fest. p. 412,13–21 Li.* (*Li.*): stir<pem hominum in masculino gene>re[30] antiqui <usurparunt pro eo quod est fe>mina meta<phorico vocabuli usu>[31] quae nunc in <feminino profertur gene>re. Livius tr<ahens de Graeco>[32] <quo>rundam Rom<anorum>[33] <nomina et ipsam> conditam Romam <testis est. nam sic ait Li> vius[34]:

o Strymon <unde nomen Romani trahunt, (*ia*$^6$)
ex> Graio stirpe exo<rti>

*CC* (*cod.*: *F*)
**Ed. *Li.*:** exo] $F^{c[Li]}$ (o *minus certe*)

*CE* Ostrymon *Lindem., Mue., Thew.* : O Strumon *Tra.* | o Strymon … exo<rti>] *supplet Li.*$_a$ *p. 409* | ex<ortum> *Mue.* | *Ursini* (*1583*) *122 supplementa fuerunt olim haec* (*Lindem. pp. 248sq. et Mue. p. 408 utroque non approbante*): Livius tr<adunt familias quo>rundam Rom<anorum, Troiano stirpe ante> conditam Rom<am procreatas. Idem Li>vius: O strymon <quendam memorant> Graio stirpe ex<titisse> : […] Ostrumón quendam memoránt Graioo / stirpe éxstitisse *Du. p. 93*

*CS* *De textu restituendo cf. Grimal* (*1878*) *159, qui, quae Li.*$_a$ *suppl., defendit approbante Spalt. p. 177. Lindem. p. 683 et Mue. p. 312 repudiaverunt, quae Ursin. et Dac. quondam de Annalibus vel de Historiis quibusdam a Livio Andronico conscriptis cogitaverant. Itaque supplementa Ursini sunt concepta oratione soluta. Etiam Osann* (*1836*) *974 putavit e Festi verbis minime versus eliciendi sunt* (*cf. et Id. 1816, 32*). *– Interpr.*: *Delr., Bo., Klu., Ri., Mu.*$_a$*, Wa. F 30 non Livianum esse censuerunt, sed Du. loc. cit., Len., Kl., Tra. trib. Livio. Grimal loc. cit. propos. F 30 ad Danaen vel potius Inonem Livi adscribi, quod Carratello* (*1986*) *131sq. et Spalt. repudiaverunt. Propter materiam Romanam Spalt. de fabula praetexta cogitavit. Id. p. 178 et verba antecedentia versus fabulae praetextae duxit*: tradunt familias quorundam Romanorum / Troiano stirpe ante conditam Romam / procreatas […] – *Metr.*: *Kl. ia*$^6$ *statuit.*

---

30 stir] ($F^k$ $F^c$)$^{[Li]}$ (*sec. Li.* r *littera minus certe*) | stir<pem … gene>re] *suppl. Ursin.*$^{[Li]}$ hominum *suppl. Li.*$_a$ : stirpem hunc non hanc de arbore *propos. Li.*$_a$ *in app. p. 409.*

31 antiqui] ($F^u$ : antiqu $F^{ab}$ : antiq $F^k$)$^{[Li]}$ | meta] $F^{c[Li]}$ (*sec. Li.* a *littera minus certe*) | <usurparunt … fe> … <phorico … usu>] *suppl. post Ursin. Mue.* | ut alia quoque plantarum nomina metaphoricos ad homines tracta *suppl. e glossis Li.*$_a$ *p. 409*

32 tr] ($F^c$ $F^k$)$^{[Li]}$ | tr<ahens de Graeco>] *e glossis Li.*$_a$ *p. 409*

33 <quo>rundam Rom<anorum>] *Ursin.*$^{[Li]}$

34 Romam] $F^{c[Li]}$ (*sec. Li.* ma *minus certe*) | <nomina et ipsam> … <testis … Li>] *suppl. Li.*$_a$ *p. 409.*

## 31

(36 Ri.$_{2\text{–}3}$, Kl.; 39 Wa.; 36 Len.)

*Non. p. 197,28–30 Merc. = 290 Li.* (*Li.*): quis[35] et generi feminino adtribui posse veterum auctoritas voluit. Livius:

mulier, quisquis es, te volumus.

*CC* (*codd. potiores*: *Bamb.* β γ δ *E F G H L Lugd. Montepess. Oxon. P P7665 P7666*)
**Ed. *Li.*:** –

*CS* *Spalt. p. 161 secutus Du. et de comoedia cogitavit. De* quisquis *forma femininco genere cf. Hartung* (*1831*) *143.* *Metr.*: *Ri., Mu., On., Li., Spalt. troch. statuerunt.*

## 32

(40 Ri.$_{2\text{–}3}$; 41 Wa.; 40 Len.; 39 Kl.)

*Prisc. GL II 231,1–12 Keil* (*Her.*): puer pueri, cuius femininum puera dicebant antiquissimi … [*9*] Livius in Odyssia: mea puera, quid verbi ex tuo ore supera fugit. idem alibi:

puerarum manibus confectum pulcerrime (*ia*$^6$)

*CC* (*codd. potiores*: *R P B D H A G L K*)
**Ed. *Her.*:** puerarum *K*$^2$ : puera *K* | pulcherrimae *R* : pulcerrime *K*
**Edd. rel.:** pulcerrime *K*[*Ri*] : pulcherrime *rell.*[*Ri*] : pulcherrimae *Reg.*[*Ri*]

*CE* pulcerrime] *Ri.* : pulcherrime *Steph., Scriv., Keil, Wa., Kl.*

*CS* *Buecheler* (*1863*) *331 hunc versum senarium, non Saturnium esse demonstravit, quod prob. Havet* (*1880*), *375 adn. 3. Qua de causa hic versus senarius iamb. inter Livi tragoedias numerandus sit. Terzaghi* (*1925*) *660 trib. F 32 Equo Troiano, quod Spalt. p. 167 approbavit. – Metr.*: *Ri., Kl., Tra. ia*$^6$ *statuerunt.*

*CP* *Prisciani excerptum Bernensis cod. nr. 207*: possumus dicere pueram sicut puerum … unde probabis? Livius dicit: puerarum manibus (*cf. Hag. 1870, 26 et Havet 1880, 374sqq.*).

35 quis] (*L*$^1$ *Q*)[*Qui*] : cuis (*H G L*)[*Qui*] *Merc.*[*Qui*], *Mu.* : quisquis *Ald.*[*Qui*], *Iun.*[*Qui*]

# 3. Cn. Naevius

## 3.1 Testimonia

*Collectiones testimoniorum: Scriv. sine paginis in initio voluminis; Bo. pp. 79–82; Kl. pp. 19–22; Suerbaum (2002) 104sq. 107. 109. – De vita Naevi cf. Klu. pp. 4–25; Marm. 1–181; Suerbaum (2002) 104–119 (cum bibl.); Boyle (2006) 36–51.*

### T 1

*Ter. Andr. 15–19* (*Kauer / Lindsay / Skutsch 1958*):

id isti vituperant factum atque in eo disputant
contaminari non decere fabulas.
faciuntne intellegendo ut nil intellegant?
qui quom hunc accusant, Naevium Plautum Ennium
accusant quos hic noster auctores habet.

### T 2

*Cic. fam. 7,1,2* (*Shackleton Bailey 1985*): quid enim delectationis habent sescenti muli in 'Clytaemestra' (*sc. Acci*) aut in 'Equo Troiano' (*sc. Naevi*) creterrarum tria milia aut armatura varia peditatus et equitatus in aliqua pugna?

### T 3

*Cic. rep. 4,11* (*Ziegler 1969*): (*sc.* Periclen) violari versibus et eos agi in scaena non plus decuit, quam si Plautus, inquit, noster voluisset aut Naevius Publio et Gnaeo Scipioni aut Caecilius Marco Catoni maledicere.

### T 4

*Cic. leg. 2,39* (*Powell 2006*): illud quidem <video>: quae solebant quondam compleri severitate iucunda Livianis et Naevianis modis, nunc ut eadem exsultent <et cavea> (*add. Ziegler*) […] (*lacunam statuit Ziegler*) cervices oculosque pariter cum modorum flexionibus torqueant (*alii edd.*: solebant … exultent, *sc.* theatra).

**T 5**

*Cic. Brut. 60* (*Malcovati* $^{2}$*1970*): illius autem aetatis (*sc. Belli Punici secundi*) qui sermo fuerit ex Naevianis scriptis intellegi potest. his enim consulibus (*sc. M. Cornelio Cethego, P. Sempronio Tuditano, 204 a. C.*), ut in veteribus commentariis scriptum est, Naevius est mortuus; quamquam Varro noster diligentissimus investigator antiquitatis putat in hoc erratum vitamque Naevi producit longius.

**T 6**

*Cic. Cato 49–50* (*Powell 2006*): [...] nihil est otiosa senectute iucundius [...] [*50*] [...] quid in levioribus studiis, sed tamen acutis, quam gaudebat Bello suo Punico Naevius, quam Truculento Plautus, quam Pseudolo?

**T 7**

*Ps. Ascon. Verr. p. 215,16–21* (*Stangl 1912*) *zu Cic. Verr. I 29, 16–21*: dictum facete et contumeliose in Metellos antiquum Naevii est: 'fato Metelli Romae fiunt consules.' cui tunc Metellus consul iratus versu responderat senario hypercatalecto, qui et Saturnius dicitur: 'dabunt malum Metelli Naevio poetae.' *Cf. Bass. GL VI 266,4–7* (*Keil*): sed ex omnibus istis, qui sunt asperrimi et ad demonstrandum minime accomodati, optimus est quem Metelli proposuerunt de Naevio aliquotiens ab eo verso lacessiti, malum dabunt Metelli Naevio poetae.

**T 8**

*Gell. 1,24,1–2* (*Marshall 1968*): tria epigrammata trium veterum poetarum, Naevii, Plauti, Pacuvii, quae facta ab ipsis sepulcris eorum incisa sunt. trium poetarum inlustrium epigrammata, Cn. Naevii, Plauti, M. Pacuvii, quae ipsi fecerunt et incidenda sepulcro suo reliquerunt, nobilitatis eorum gratia et venustatis scribenda in his commentariis esse duxi. epigramma Naevi plenum superbiae Campanae, quod testimonium iustum esse potuisset, nisi ab ipso dictum esset:

> inmortales mortales si foret fas flere,
> flerent divae Camenae Naevium poetam.
> itaque postquam est Orcho traditus thesauro,
> obliti sunt Romae loquier lingua Latina.

### T 9

*Gell. 3,3,15* (*Marshall 1968*): sicuti de Naevio quoque accepimus fabulas eum in carcere duas scripsisse, Hariolum et Leontem, cum ob assiduam maledicentiam et probra in principes civitatis de Graecorum poetarum more dicta in vincula Romae a triumviris coniectus esset. unde post a tribunis plebis exemptus est, cum in his, quas supra dixi, fabulis delicta sua et petulantias dictorum, quibus multos ante laeserat, diluisset.

### T 10

*Gell. 7,8,5–6* (*Marshall 1968*): nos satis habebimus, quod ex historia est, id dicere: Scipionem istum, verone an falso incertum, fama tamen, cum esset adulescens, haud sincera fuisse et propemodum constitisse hosce versus a Cn. Naevio poeta in eum scriptos esse (*cf. Naev. com. 108–110 Ri.*):

> etiam qui res magnas manu saepe gessit gloriose,
> cuius facta viva nunc vigent, qui apud gentes solus praestat,
> eum suus pater cum pallio uno ab amica abduxit.

his ego versibus (*sc. Cn. Naevii*) credo adductum Valerium Antiatem (*cf. frg. 25 Peter* $^{2}$*1914.*) adversus ceteros omnis scriptores de Scipionis moribus sensisse *eqs.*

### T 11

*Gell. 15,24* (*Marshall 1968*): Sedigitus (*sc. Volcacius S.*) in libro, quem scripsit *de poetis*, … his versibus suis demonstrat:

> …
> Caecilio palmam Statio do comico.
> Plautus secundus facile exuperat ceteros.
> dein Naevius, qui fervet, pretio in tertiost.
> …

### T 12

*Gell. 17,21,45* (*Marshall 1968*): Eodemque anno (*sc. a. 235 a. C. sec. Suerbaum 2002, 104*; *at sec. Leuze 1911, p. 263, a. 263 a. C., sec. D'Anna 1955, a. 231 a. C.*) Cn. Naevius poeta (*primum add. Teuffel*) fabulas apud populum dedit, quem M. Varro in libro de poetis primo stipendia fecisse ait Bello Poenico primo idque ipsum Naevium dicere in eo carmine, quod de eodem bello scripsit.

**T 13**

*Don. Ter. Ad. 537* (*Wessner 1963*): nam falsum est, quod dicitur intervenisse lupum Naevianae fabulae Alimonio Remi et Romuli, dum in theatro ageretur.

**T 14**

*Hier. chron. a. Abr. 1816* (= *201 a. C.*) (*Helm 1956, p. 135*): Naevius comicus Uticae moritur pulsus Roma factione nobilium ac praecipue Metelli.

**T 15**

*Paul. Fest. 32,15–16* (*Lindsay*): barbari dicebantur antiquitus omnes gentes, exceptis Graecis. unde Plautus [*sc. Plaut. Mil. 211–212*] Naevium poetam Latinum barbarum dixit.

## 3.2 Quomodo editiones et Naevi et auctorum qui fragmenta tradunt in huius editionis apparatu critico adhibeantur

*Editionum, quae nostro in apparatu laudantur, tres ordines distinximus*:

(a) *Editiones, e quibus non solum omnes lectiones, quae in textibus receptae sunt* (*cf.* CE), *sed etiam omnes codices, qui in apparatibus appellantur* (*cf.* CC), *nostro in apparatu commemorantur*:

*Naevi editiones* (*vid. bibl. 6.2.3*): ***Marm***. (*Marmorale* ²*1950*); ***Sa***. (*Di Salvo 1972*)

*Collectiones fragmentorum* (*vid. bibl. 6.2.1*): ***Kl***. (*Klotz 1953*); ***Ri***. (*Ribbeck* ²*1871; TRF*); ***Ri.₃*** (*Ribbeck* ³*1897; TRF*); ***Tra***. (*Traglia 1986*); ***Wa***. (*Warmington 1936*)

*Festi editiones* (*vid. bibl. 6.2.4.9a*): ***Li***. (*Lindsay 1913*)

*Noni editiones* (*vid. bibl. 6.2.4.22a*): ***Li***. (*Lindsay 1903*); ***Mu***. (*L. Mueller 1888*); ***On.*** (*Onions 1895*)

*Editiones reliquorum auctorum qui fragmenta tradunt* (*vid. bibl. 6.2.4*): ***Giust***. (*Giusta 1984; Cic. Tusc.*); ***GS*** (*Goetz / Schoell 1910; Varro ling.*); ***Her.*** (*Hertz 1855; Prisc.*); ***Kas.*** (*Kaster 2011; Macr. Sat.*); ***Ke***. (*Kent* ²*1951; Varro ling.*); ***Li.*** (*Lindsay 1911; Isid. orig.*); ***R.*** (*Reis 1932; Cic. orat.*); ***West.*** (*Westman 1980; Cic. orat.*); ***ST*** (*Stocker / Travis 1965; Serv. Aen.*); ***Thil***. (*Thilo 1881 / 1887; Serv. Aen., georg.*); ***Will***. (*Willis* ²*1970; Macr. Sat.*); ***Yo***. (*Yon 1964; Cic. orat.*)

(b) *Editiones, e quibus omnes lectiones, quae in textibus receptae sunt* (*cf.* CE), *et nonullae notae selectae* (*cf.* CC) *nostro in apparatu commemorantur*:

*Naevi editiones* (*vid. bibl. 6.2.3*): ***Klu***. (*Klussmann 1843*)

*Collectiones fragmentorum* (*vid. bibl. 6.2.1*): ***Bo***. (*Bothe 1823*); ***Delr***. (*Delrius 1593*); ***Di***. (*Diehl 1911*); ***Ern***. (*Ernout* ²*1957*); ***Scriv***. (*Scriverius 1620*); ***Steph***. (*Stephanus 1564*)

*Festi editiones* (*vid. bibl. 6.2.4.9a*): ***Ald.*** (*Aldus 1513*); ***Thew***. (*Thewrewk de Ponor 1889*)

*Noni editiones* (*vid. bibl. 6.2.4.22a*): ***Ald.*** (*Aldus 1513*); ***Iun.*** (*Iunius 1565*); ***Merc***. (*Mercerus 1614*); ***Qui***. (*Quicherat 1872*)

(c) *Editiones, e quibus tantum selectio lectionum* (*cf.* CE) *et codicum* (*cf.* CC) *nostro in apparatu affertur*:

*Collectiones fragmentorum* (*vid. bibl. 6.2.1 et 6.2.3*): ***Frass***. (*Frassinetti 1967; Atellanae*); ***Mu.ₐ*** (*L. Mueller 1885; Liv. Andr., Naev.*); ***Ri.₁*** (*Ribbeck* ¹*1852; TRF*)

*Festi editiones* (*vid. bibl. 6.2.4.9a*): ***Li.ₐ*** (*Lindsay 1930; Fest.*); ***Per***. (*Perotti 1489sqq.*); ***Scal.*** (*Ios. Scaliger 1575; Fest.*)

*Noni editiones* (*vid. bibl. 6.2.4.22a*): ***Pi.*** (*Pius 1511*); ***GR*** (*Gerlach / Roth 1842*)

*Editiones reliquorum auctorum qui fragmenta tradunt* (*vid. bibl. 6.2.4 et 6.2.5*): ***Dan.*** (*Daniel 1600; Serv.*); ***Lach.*** (*Lachmann* [4]*1871; Lucr.*); ***Rhol.*** (*Rholandelli 1475; Varro ling.*); ***Merul.*** (*Merula 1595; Enn.*)

## 3.3 Fragmenta tragoediarum

*De Naevi fabularum materiis cf. imprimis Welcker (1839–1841) passim et (1841) 1369–1372, Ribbeck (1875) 44–62, Marm. pp. 143–151. – De studiis in Naevi fragmentis cf. Mette (1964) 50–54, Waszink (1972) 924sq., De Rosalia (1989) 87–95, Manuwald (2001 [2004]) 101–111.*

*In codicibus et editionibus veteribus fragmenta Naevi, Laevi, Novique saepe confusa sunt (cf. Vossius 1620, 122). Et Laevio tributa sunt: Naev. F 17–40 (Lycurgus). Singulis in fragmentis recensendis viri docti dissenserunt, tragoediae sint an comoediae. Idcirco etiam ad comoediam adscripta sunt: Naev. F 1, F 17–40 (Lycurgus), F 43, F 44, F 45, F 47, F 50, F 51. Etiam Ennio tributa sunt: Naev. F 14–15 (Hector proficiscens). Sunt qui etiam haec fragmenta Naevio tribuerint: Liv. Andr. F 13 TrRF; adesp. F 27, F 29, F 30, F 37, F 38, F 39, F 42, F 106, F 117, F 140 TrRF. Vid. ad loc.*

### *Andromacha*

*De materia cf. cognomines tragoedias Euripidis, Antiphonis (TrGF 55 F 1), Enni (cf. T 17, 25, 27, 31 TrRF). Cf. etiam Euripidis Hecubam Troiadesque.*

**1**

(1–2 Ri.$_2$; – Ri.$_3$; 1–2 Wa.; p. 185 Marm.; – Kl.)

*Serv. georg. 1,266,17–21 (Thil.)*: f i s c i n a genus est vasis, id est corbulae brevis, quas perferunt, qui arbusta vindemiant … [*19*] Naevius[36] in Andromacha

quod tu, mi gnate, quaeso ut in pectus tuum (*ia*$^6$)
demittas tamquam in fiscinam vindemitor.

*CC* (*codd.: Carolir. L P R V*)
**Ed. *Thil.*:** quod tum ignate (e *cum hamulo*) *L*[*Thil*] | uidemiator *L*[*Thil*]

*CE* tanquam *Bo.* (*1824*) *p. 42* | vindemiator *Dan.*[*Thil,Marm*] | in fiscinam vindemitor] *Bo.* (*1824*) *p. 42* : vindemiator in fiscinam *Klu., Thil.*

*CS* in fiscinam vindemitor] *Munk* (*1840*) *166. – Interpr.*: *Bo.* (*1824*) *loc. cit., Mu.$_a$ p. 72, Ri.* (*1898*) *p. 308, Di. 154, Frass.* (*1967*) *72 hoc frg. Novio tribuerunt; quamvis et Ri.* (*secus ac Ri. 1898*), *Marm. p. 145 adn. 4. et Wa. de Novio cogitaverunt, tamen F 1 in tragicorum frgg. pos.; et Munk loc. cit. et Suerbaum* (*2002*) *109 hoc frg. Novio tribuerunt, quod Ri.$_3$ probavit* (*cf. Ri. 1898 loc. cit.*); *Welcker* (*1841*) *1370sq. et Ribbeck* (*1875*)

36 Naevius] Novius *L*[*Thil*] *codd.*[*Wa*] : Naevius *Commelinus*[*Thil,Wa*]

*50 de comoedia deliberaverunt. Duentzer (1838) 47 putavit hoc frg. imitari Eur. Androm. 415–418, quod Klu. ad loc. et Welcker loc. cit. repudiaverunt. Klu. p. 93 Andromacham et Hectorem Proficiscentem easdem fabulas Naevi esse arbitratus est. – Metr.: Klu. loc. cit. censuit vocem* vindemiator *esse quattuor syllabarum propter Hor. serm. 1,7,29*: vindemiator et invictus, cui saepe viator. *Ri., Ri. (1898) p. 308 et Marm. statuerunt ia*$^6$.

*CP* *Eur. Androm. 415–418*: μέμνησο μητρός, οἷα τλᾶς' ἀπωλόμην, / καὶ πατρὶ τῶι σῶι διὰ φιλημάτων ἰὼν / δάκρυά τε λείβων καὶ περιπτύσσων χέρας / λέγ' οἷ' ἔπραξα. πᾶσι δ' ἀνθρώποις ἄρ' ἦν • *cf. et Novi fabulam, quae est* Vindemiatores *inscripta (Ri. 1873, p. 269, item Ri. 1898, pp. 326sq.)* • *cf. praeterea*: *Ov. fast. 3,407*: at non effugiet Vindemitor. • *Plin. 18,309*: stella quae Vindemitor appellatur.

## *Danae*

*De materia cf. cognomines tragoedias Sophoclis (TrGF F 165–170), Euripidis (TrGF F 316–330a), Livi Andronici (F 13 TrRF, quod nonnulli Naevio adsignant, vid. ad loc.). Cf. etiam Aischyli Diktyulkos (TrGF F 46–49), Sophoclis Acrisium (TrGF F 60–76; non liquet, utrum Sophoclis Danae et Acrisius fabulae sint eaedem necne), adesp. F 46 et F 50 TrRF (an sint ad Danaen adscribenda, quidam deliberaverunt), Hor. carm. 3,16,1–8.*

*Praeterea cf. Apollod. 2,4,1,3*: Ἀκρισίῳ δὲ περὶ παίδων γενέσεως ἀρρένων χρηστηριαζομένῳ ὁ θεὸς ἔφη γενέσθαι παῖδα ἐκ τῆς θυγατρός, ὅς αὐτὸν ἀποκτενεῖ. δείσας δὲ ο Ἀκρίσιος τοῦτο, ὑπὸ γῆν θάλαμον κατασκευάσας χάλκεον τὴν Δανάην ἐφρούρει. ταύτην μέν, ὡς ἔνιοι λέγουσιν, ἔφθειρε Προῖτος, ὅθεν αὐτοῖς καὶ ἡ στάσις ἐκινήθη· ὡς δὲ ἐνιοί φασι, Ζεὺς μεταμορφωθεὶς εἰς χρυςὸν καὶ διὰ τῆς ὀροφῆς εἰς τοὺς Δανάης εἰσρυεὶς κόλπους συνῆλθεν. αἰσθόμενος δὲ Ἀκρίσιος ὕστερον ἐξ αὐτῆς γεγεννημένον Περσέα, μὴ πιστεύσας ὑπὸ Διὸς ἐφθάρθαι, τὴν θυγατέρα μετὰ τοῦ παιδὸς εἰς λάρνακα βαλὼν ἔρριψεν εἰς θάλασσαν. προσενεχθείσης δὲ τῆς λάρνακος Σερίφῳ Δίκτυς ἄρας ἀνέθρεψε τοῦτον. • *Hyg. fab. 63 (Danae)*: Danae Acrisii et Aganippes filia. huic fuit fatum ut quod peperisset Acrisium interficeret; quod timens Acrisius, eam in muro lapideo praeclusit. Iovis autem in imbrem aureum conversus cum Danae concubuit, ex quo compressu natus est Perseus. quam pater ob stuprum inclusam in arca cum Perseo in mare deiecit. ea voluntate Iovis delata est in insulam Seriphum, quam piscator Dictys cum invenisset, effracta <arca> vidit mulierem cum infante, quos ad regem Polydectem perduxit, qui eam in coniugio habuit et Perseum educavit in templo Minervae. quod cum Acrisius rescisset eos ad Polydectem morari, repetitum eos profectus est; quo cum venisset, Polydectes pro eis deprecatus est, Perseus Acrisio avo suo fidem dedit se eum numquam interfecturum. qui cum tempestate retineretur, Polydectes moritur; cui cum funebres ludos facerent, Perseus disco misso, quem ventus distulit in caput Acrisii, eum interfecit. ita quod voluntate sua noluit, deorum factum est; sepulto autem eo Argos profectus est regnaque avita possedit. • *Serv. Aen. 7,372*: Danae,

Acrisii regis Argivorum filia, postquam est a Iove vitiata, pater eam intra arcam inclusam praecipitavit in mare. quae delata ad Italiam, inventa est a piscatore cum Perseo, quem illic enixa fuerat, et oblata regi, qui eam sibi fecit uxorem, cum qua etiam Ardeam condidit. • *Serv. Aen. 8,345*: alii Danaen cum duobus filiis Argo et Argeo, quos de Phineo habuit, venisse in Italiam et locum ubi nunc Roma est tenuisse, ibique Argum Aboriginum insidiis interfectum loco nomen dedisse.

*De restituenda Naevi fabula cf. Welcker (1841) 1371, qui frgg. comoediae statuit, Ribbeck (1875) 53–55, Marm. pp. 146sq., Morelli (1974); Di Salvo (1972) 61, cuius opusculo quasi editio frgg. Danaes inest, propos. locum actionis non Argos sed Seriphum insulam esse (cf. Hyg. fab. 63), quod De Rosalia (1989) 90 probavit, et praeterea putavit Naevi Danaen (itemque fabulam pseudo-Euripideam; cf. Vaticanus Palatinus Gr. 287 [P]) de aliqua fabula Sophoclis vel potius Euripidis tractam esse, quod intellegi possit ex F 12, quo loco Danae Iovem aureum imbrem sibi visum esse referat, quod argumentum alicubi non reperias. Welcker (1841) 1371 non putavit Danaen tragoediam fuisse. Sec. Ribbeck (1875) 62 Naevius fort. Sophocleum Acrisium et Euripideam Danaen sua in fabula contexuit. Flores (1974) 30 Graecam fabulam in regionem Latinam fort. translatam esse censuit. Lefèvre (2000) et Dangel (2001) demonstraverunt, quem ad modum haec fabula omnino ad res Romanas pertineret. Cf. Plin. nat. hist. 3,56*: Ardea a Danae Persei matre condita • *Serv. Aen. 7,372.*

**2**

(13 Ri.$_2$; 12 Ri.$_3$; 8 Wa.; p. 189 Marm.; 13 Kl.)

*Non. p. 110,19–21 Merc. = 157 Li. (Li.)*: fulgorivit[37] fulgorem fecit vel fulmine afflavit. Naevius Danae[38]:

suo sonitu claro fulgorivit Iuppiter (*ia*$^6$)

*CC* (*codd. potiores*: *Bamb.* β γ δ *E F G H L Lugd. Montepess. Oxon. P P7665 P7666*)
**Ed. *Li.*:** –
**Edd. rel.:** fulgorivit] (*L F* $H^2$ *G P E*)[On,Sa] : fulgoravit $H^1$[Mu,On,Ri.3,Sa] : fulgurivit (*L G* $H^2$)[Mu] | Iuppiter] *G*[On] (*G P E*)[Sa] : Iupiter *L*[Klu] (*L F*)[Sa] : iuppiter *G*[On] | *deest in* (γ δ)[Sa]

*CE* suo sonitu] *Merul.* (*1595*) *45* : sane a suo sonitu *Steph.*, *Bo.* | a suo sonitu *Klu.*| folgurivit *Merul. loc. cit.* : fulgoreivit *Mu.* : fulgurivit *Scriv.*, *Qui.* |

---

37 fulgorivit] fulgoravit, et fulgurivit *propos. Onions* (*1882*) *92.*

38 Naevius] Nevius (*L H*)[Mu] (*F H L P G E P7579*)[On] | Danae suo] *Iun.*[Qui,Ri,Li,Kl] : sane a suo *codd.*[Qui,Li,Kl] (*L G H*)[Mu] (*F H L P G E P7579*)[On] *Ald.* : Sanga suo *Merul.* (*1595*) *45* : sane suo *Merula*[Qui] : Sanea suo *GR*

Iupiter *Ald., Bo., Qui., Mu., Li., Sa.* | *Bo. p. 94 et Klu. p. 185 hoc frg. sicut Naevio adscripserunt, ita in tragoediis nominum incertis numeraverunt.* – *Crit. in app.*: sane a summo sonitu *eqs. Bo. troch. tetrametrum catalectum restituens.*

*CS* fulgoravit Jupiter *Onions* (*1882*) *92 Noni lemma augens* – *Interpr.*: *Sec. Ribbeck* (*1875*) *54 Iuppiter fort. prodigium ad Danaen implorantem affert. Marm. et Tra. frustulum* (*fort. cum F 3sq.*) *aliqua ex enarratione suspicatus est. Sa. putavit his verbis finem fabulae fuisse, quia claro i.e. secundo sonitu Iovis voluntas significatur.* – *Metr.*: *Ri., Li., Marm., Kl., Ern., Sa., Tra. statuerunt* $ia^6$.

## 3

(11 Ri.$_2$; 10 Ri.$_3$; 9 Wa.; p. 189 Marm.; 10 Kl.)

*Non. pp. 123,33–124,16 Merc. = 178–179 Li.* (*Li.*): icit significat percutit, ab ictu … [*124,15*] Naevius[39] Danae:

[…] quae quondam fulmine icit Iuppiter. ($ia^6$)

*CC* (*codd. potiores*: *Bamb.* β γ δ *E F G H L Lugd. Montepess. Oxon. P P7665 P7666*)
**Ed. *Li.***: quondam] $F^3$ : quandam *L* β
**Edd. rel.**: quae] (*L H G*)[Mu] *codd.*[Ri, Wa, Kl] (*L* $F^1$ $F^3$ $H^1$ $H^2$ *G E*)[On] (*L F G E*)[Sa] *om.* *P*[On, Sa] : Danae *P*[Qui] | quondam] $F^3$[On, Wa, Kl] $H^1$[On, Ri. 3] ($F^2$ $H^2$)[Sa] : quandam *codd.*[Ri, Wa] *codd. praeter* $H^1$[Mu] (*L* β)[Kl] (*L* $F^1$ *G P*)[On, Sa] (*E* $H^1$)[Sa] (*E* $H^2$)[On] | flumine *G*[Mu, Ri, On] | Iuppiter] (*L F G P E*)[Sa] | *deest in* (γ δ)[Sa]

*CE* […] quae] quam *Delr., Bo., Qui., Mu.* (*sc. Semelen*), *Tra.* : quamne *Ri.* : quae *Ri.*$_3$ : quem *Scriv.* | quondam *Iun.*[Ri] : quandam *Ald., Steph.* | Iupiter *Ald., Bo., Sa.* (*ex Non. 110,21*) : <summus> Iuppiter *Tra.*
– *Crit. in app.*: ossa Pelion quae … *vel* ossa et Pelion quae … *supplere Sa. conatur.*

*CS* […] quae] Semela quam *Bergk* (*1835*) *74* : <ne>que ea, quam quondam *Id.* (*1874*) *258* (*= Id. 1884, 327*)*; priorem emendationem Klu. probavit*: *Acrisius enim miratur Danaen quamvis Iove gavisam tamen esse vivam, cum Semele, cui idem contigisset, combusta sit.* : summus, quae *Brakman* (*1935*) *55, ut senarium expleat.* | nequaquam Danaam *Buecheler*[Ri]. – *Interpr.*: *Ribbeck* (*1875*) *54 suspectus est Danaen irrisam et cum Semele comparatam esse. Etiam Tra. exemplum Semeles fulmine ictae comparandum attulit. Sec. Wa. Acrisius his verbis fort. omen Iovis neglegit, sec. Marm. Danae Iovem testem suae innocentiae invocat. Sa. emendationem* quam *lectioni traditae* quae *anteponere non voluit, cum*

39 Naevius] nevius *H*[Mu] : inequius *L*[Klu, Mu, Ri, On, Li] $F^1$[On]

*etiam inanima velut saxa fulminibus iciantur. – Metr.: Ri. et Li. ia*$^6$ *vel tr*$^7$, *Kl.* (⏑ – quae *eqs.*) *et Tra.* (summus *supplens*) *statuerunt ia*$^6$, *Marm. et Sa. tr*$^7$ (– × – × – quae *eqs.*).

**4**

(12 Ri.$_2$; 11 Ri.$_3$; 6–7 Wa.; p. 189 Marm.; 11–12 Kl.)

*Non. p. 138,13–15 Merc. = 201 Li.* (*Li.*): manubias[40] manus exuvias[41]. Naevius Danae:

[...] manubias subpetat
pro me [...]

*CC* (*codd. potiores*: *Bamb.* β γ δ *E F G H L Lugd. Montepess. Oxon. P P7665 P7666*)
**Ed. *Li.*:** –
**Edd. rel.:** manubias subpetat pro me] *codd.*[Ri, Wa] | manubias] (*L H G praeter L*$^1$)[Mu] (*F G P E*)[Sa] : manuuias *L*$^{1}$[On] : manu hias *L*[Sa] | subpetat] *L*$^{1}$[Mu, On] *L*[Sa] : suppetat (*L H G*)[Mu] (*F G P E*)[Sa] | pro me] *L*[Sa] : pro me (*F G P*)[Sa] : preme *E*[Sa]

*CE* manubias suppetiat prone *Ri.* : manubias suppetat pro me *Ald., Steph., Merc., Scriv., Bo., Klu., Qui., Ri.*$_3$ : manuvias subpetias prome *Mu.* : manubias / subpetat pro me *On.* : manubias suppetat / pro me *Kl.* : manubiae / subpetant pro me *Wa.* : manubias / suppetant pro me *Sa.* : manubias subpetant pro me *Tra.*
– *Crit. in app.*: manubiae / subpetant pro me *vel* manubiae subpetiant pro me *Wa.* | manubias síbi petat / pro mé *rettulit Ri. p. XI verba Persei de Acrisio pronuntiata suspicatus.*

*CS* subpetiat prone *Ribbeck* (*1875*) *54, qui suspectus est Danaen his verbis Iovem invocare testem* : suppedita pro me *Spengel* (*1899*) | … manubias [*sc. nominativus*] / subpetant pro me *Mariotti* (*1950a*) *129–131.* – *Interpr.*: *Sec. Klu., Mu. et Wa. Danae his verbis Iovem invocat testem. Marm. putavit Danaen ab Iove signum petere, ut sua innocentia probetur. Tra. hanc Danae invocationem cum F 3 coniunxit. Manubiae vulgo fulmina Iovis habentur* (*sic Ribbeck loc. cit., Marm.*), *cf. Fest. 114,5–14*: manubiae Iovis tres creduntur esse, quarum unae sint minimae, quae moneant placataeque sint, alterae … tertiae … (*cf. etiam Sen. nat. quaest. 2,41,1; Plin. nat. hist. 2,138*). *Secus Mariotti* (*1950a*) *129, qui ex Noni*

40 manubias] (*L F G P E* γ δ)[Sa] : manubies *P7666*[Sa] : manubiae (*H E G P E i.m.*)[Sa] *et Wa.*

41 exuvias] *Qui.* : exubiae *codd.*[Mu, Li, On] (*L F E H G P E i.m.* γ δ)[Sa] *P7666*[Sa] : exube *G*$^{1}$[On, Sa] : exubie *G*$^{2}$[Sa] *P*[On, Sa] : exuvias *Qui.* : exubias *Mu.* : exuviae *Wa.* | manus] *secl. Mu.* | *cf. omnes fere lectiones ad Noni lemma Sa. ad loc.*

*lemmate* (*i.e. manus exuviae*) *locum explicat et lectionem* manubias (*i.e. nominativus pluralis*) *conservavit probantibus Sa. et Tra. – Metr.*: *Marm. ia*$^{6}$ (⏑ – manubias subpetat pro me ⏑ –), *Ri., Li., Mariotti* (*1950a*) *131, Sa. tr*$^{7}$ *statuerunt.*

## 5

(3 Ri.$_{2}$; 2 Ri.$_{3}$; 4 Wa.; p. 186 Marm.; 2 Kl.)

*Non. p. 186,24–25 Merc. = 274 Li.* (*Li.*): v a l e n t i a fortitudo. Naevius Danae[42]:

omnes formidant homines eius valentiam (*ia*$^{6}$)

*CC* (*codd. potiores*: *Bamb.* β γ δ *E F G H L Lugd. Montepess. Oxon. P P7665 P7666*)
**Ed. *Li.*:** hominis *codd.* | eius] *codd.*
**Edd. rel.:** hominis *codd.*[Ri,Kl] (*L H G*)[Mu] (*L F G E*)[Sa] | eius] *L*[Ri,Sa] *F*[Ri.3,Sa] $G^{2}$[Sa] *E*[Sa] : et $G^{1}$[Ri,Mu,On,Sa] : ius *superscripsit* $G^{2}$[Ri] | valentiam] *G*[Ri,Sa] (*F E*)[Sa] : vollentiam $L^{1}$[Mu,On,Sa] : volentiam *L*[Ri] $F^{1}$[Ri.3,On] $L^{2}$[Mu,On,Sa]

*CE* homines] *Scriv. i.m.* : hominīs *Ald., Bentin.* (*1526*) *1295, Merc., Steph., Scriv., Klu., On., Marm., Sa.*

*CS* homines] *Vossius* (*1620*) *118, qui haec verba de valentia Iovis dicta esse putavit* : hominis *Welcker* (*1841*) *1371, qui haec de Acrisio dicta esse arbitratus est* (*probante Klu.*). *– Interpr.*: *Wa. et Kl. suspicati sunt haec* (*fort. a Danae*) *de Iovis potestate dicta, Marm.* (*et similiter Tra.*) *haec de Acrisio nuntiata esse ad Danaen ab una ex mulierum choro. Sec. Sa. ad loc. vocabulum* valentia *magis homines quam deos decet. Ribbeck* (*1875*) *55 putavit Danaen ipsam hoc loco cum Iove vel cum Mercurio colloqui et haec verba de Iove vel potius de Amore dicta esse. – Metr.*: *Ri., Li., Marm., Kl., Sa., Tra. statuerunt ia*$^{6}$.

---

42 Naevius] Nevius (*H G*)[Qui] | Danae] Damne *L*[Ri] : damne *L*[Qui] (*L* $H^{1}$)[Mu] : dane (*H G*)[Qui] *rell.*[Mu] : Danae *Bentin. Sec. Ri.*$_{3}$ *in titulis inveniuntur et* Dane *et* Danea. *Sec. Qui.* (*ad Non. 110,18*) *codd. saepius habent* dane, *non autem* danae. *Item habent edd. vet., e.g. Ald., plerumque* dane.

## 6

(5 Ri.$_2$; 4 Ri.$_3$; 5 Wa.; p. 187 Marm.; 4 Kl.)

*Non. p. 262,24–28 Merc. = 401 Li.* (*Li.*): confidentia constantia ... [*26*] Naevius in Danae[43]:

excidit orationis omnis confidentia (*tr*$^7$)

*CC* (*codd. potiores*: α *B* β *Bern.347 Cant.* δ *E G Gen. H L Montepess. Oxon. P*)
**Ed. *Li.*:** –
**Edd. rel.:** excidit] (*L*$^2$ *E G Gen.*)[*Sa*] : excidito *L*$^1$[*Sa*] | orationis] (*L E G*$^2$ *Gen.*)[*Sa*] : orationes *G*$^1$[*Sa*] | confidentia] (*L E P H*$^2$ *G Gen. Cant.*)[*Sa*] : condentia *H*$^1$[*Mu,Sa*] | *deest in* (*B* δ)[*Sa*]

*CS* excedit *Welcker* (*1841*) *1371* – *Interpr.*: *Sec. Klu. haec verba sunt Acrisii increduli, qui putet Danaen fabulam de aurea pluvia esse ementitam. Ribbeck* (*1875*) *54 hoc frg. ad pluviae aureae arcana pertinere arbitratus est, quae nunc Danae secum reputavit vel choro mulierum enarrat. Sec. Wa. haec verba dicta sunt, cum Danae reperta sit mater* (*similiter Welcker 1841, 1371*: "*wie Gretchen* [*sc. in Goethae Fausto*] *... am Brunnen*"); *Marm. et Tra. putaverunt hoc loco Acrisium cum filia colloqui de graviditate modo notata, quod Sa. repudiavit, qui haec verba ad Danaen adscripsit, quae quippe apud Aischylum mortem sibi petat* (*cf. Dictyol. TrGF 14 F 47a*). – *Metr.*: *Qui. post* excidit *novum versum inchoavit; Ri., Li., Marm., Kl., Sa., Tra. tr*$^7$ *statuerunt, cum ultimam syllabam in* excidit *longam dimensi sunt* (*i.e. locus Iacobsohnianus*).

## 7

(10 Ri.$_2$; 9 Ri.$_3$; 14 Wa.; p. 188 Marm.; 9 Kl.)

*Non. pp. 290,31–291,7 Merc. = 449 Li.* (*Li.*): exigere est excludere ... [*291,6*] Naevius Danae[44]:

[...] indigne exigor patria innocens (*ia*$^6$)

*CC* (*codd. potiores*: α *B* β *Bern.347 Cant.* δ *E G Gen. H L Montepess. Oxon. P*)
**Ed. *Li.*:** –
**Edd. rel.:** *deest in Bern.347 et Montepess.*[*Sa*]

43 Naevius] nevius (*L H Gen.*)[*Mu*] | Danae] *Gen.*[*Mu*] : Dane *H*$^1$[*Mu*] : Dana (*L H*$^2$)[*Mu*]
44 dane (*B H*)[*Mu*]

*CE* *Crit. in app.*: *Sec. Mu. incertum, utrum ante* indigne *an post versus pars sit hausta.*

*CS* *Interpr.*: *Sec. Klu., Ribbeck* (*1875*) *53, Wa., Marm., Sa., Tra. Danae hoc loco queritur de sua poena indigna; cf. etiam Bergk* (*1835*) *74.* – *Metr.*: *Ri., Li. exitum iamb. vel troch., Kl., Tra. statuerunt* $ia^6$ (⏑ – ⏑ indigne *eqs.*), *Marm. et Sa.* $tr^7$ (– × – × – indigne *eqs.*).

## 8

(8 Ri.$_2$; 7 Ri.$_3$; 12 Wa.; p. 188 Marm.; 7 Kl.)

(a) *Non. pp. 305,23–306,7 Merc. = 475–476 Li.* (*Li.*): fama est rursus infamia … [*306,6*] Naevius: ‘desubito famam tollunt, siquam solam videre in via.’

(b) *Non. pp. 517,10–518,2 Merc. = 832–833 Li.* (*Li.*): desubito … [*518,1*] Naevius Danae[45]: ‘desubito famam tollunt, siquam solam videre in via.’

desubito famam tollunt, siquam solam videre in via. ($ia^8$)

*CC* – ***ad a*** (*codd. potiores*: α *B* β *Bern.347 Cant.* δ *E G Gen. H L Montepess. Oxon. P*)
**Ed. *Li.*:** videre] videmus *codd.*
**Edd. rel.:** famam] (*L G* α)[Sa] : fama *E*[Sa] | tollent *E*[Sa] | siquam] (*L E* α)[Sa] | solam] sola *G*[Sa] | videre] videmus *codd.*[Qui,Ri,Wa,Kl] (*L E G* α)[Sa] | in via] (*L E G P*$^2$ α)[Sa] : in vi *P*$^1$[Sa]
– ***ad b*** (*codd. potiores*: α *Bamb.* β γ δ *E G H L Lugd. Montepess. Oxon. P P7665 P7666*)
**Ed. *Li.*:** –
**Edd. rel.:** famam] (*L H E G* γ)[Sa] | tollunt] (*L H E G* γ)[Sa] | siquam] (*L H E G*$^2$ γ)[Sa] : siquamm *G*$^1$[Sa] | solam] (*L H E G Lugd.*$^2$ *P7666*)[Sa] : solant *Lugd.*$^1$[Sa] | videre] *codd.*[Wa,Kl] (*L H E G* γ)[Sa] | in via] (*H E G* γ)[Sa] | *deest in* δ[Sa]

*CE* videre] videmus *Ald.*
– *Crit. in app.*: viderunt *Iun. i.m.*[Qui]

*CS* *Interpr.*: *Klu. et Ribbeck* (*1875*) *55 verba Acrisi esse arbitrati sunt, qui feminarum levitatem et fallaciam vituperaret* (*cf. TrGF Eur. F 320*). *Marm. propos. aut Acrisium haec verba dicere, ut poenam filiae populo probaret* (*similiter Tra.*), *aut transposito in priore loco fragmento aliquem ex choro. Sa. haec verba Acrisio tribuit, qui in alio versu*

45 Naevius] Nevius *codd.*[Mu] | Danae] Dane *Bamb.*[Ri,Mu] *P*[Qui] *H*[Mu]

(*adesp. F 9 TrRF*) *Danaen accusaverat.* – *Metr.*: *Ri., Li., Kl., Sa., Tra. statuerunt ia*$^8$, *Marm. tr*$^7$.

*CP* *Cf. Enni Achillem F 8 TrRF*: male volentes {enim} famam tollunt.

**9**

(9 Ri.$_2$; 8 Ri.$_3$; 13 Wa.; p. 188 Marm.; 8 Kl.)

*Non. p. 366,1–4 Merc.* = *581 Li.* (*Li.*): pretium pro praemio ... [*3*] Naevius Danae[46]:

quin ut quisque est meritus, praesens pretium pro factis [ſerat. (*tr*$^7$)

*CC* (*codd. potiores*: α *B* β *Bern.347 Cant.* δ *E G Gen. H L Montepess. Oxon. P*)
**Ed.** ***Li.***: –
**Edd. rel.:** quin] (*L E G* α)[*Sa*] | praesens] *per lemma L*[*1*][*Mu*] (*L E G* α)[*Sa*] | *deest in* δ[*Sa*]

*CE* quin] quia *Per.*[*Sa*], *Ald., Steph., Scriv.* | quisquest *Mu.* | feras *Kl.* (*per errorem pro* ferat; *cf. Strzelecki 1957/58, 191*)
– *Crit. in app.*: quia *pro* quin *Klu. non omnino repudiavit* | praesens] prae se sibi *Iun. i.m.*[*Sa*]

*CS* *Metricis ex causis Vossius* (*1620*) *118 voluit* quin *pro* quia *vel verbis transpositis* quia quisque, est ut meritus, *eqs.* – *Interpr.*: *Sec. Klu., Ribbeck* (*1875*) *53, Wa., Marm., Tra. Acrisius haec verba dicit, cum Danae et Perseus in mari exponantur. Secus Sa., qui hoc loco non de poena Danaes, sed de condicione humana disputari putavit, quoniam haec vocabula* (pretium, factum, mereri) *voces mediae sint*: *suum cuique i.e. praesentibus praemium aut poenam tributum iri. Itaque* praesens *coniunxit cum* quisque, *non cum* pretium. – *Metr.*: *Ri., Li., Marm., Kl., Sa., Tra. statuerunt tr*$^7$.

46 Naevius] Nevius *codd.*[*Mu*] | dane *L*[*Mu*] : dane *per* e *caudatum* (*B H*)[*Mu*]

## 10

(6 Ri.$_2$; 5 Ri.$_3$; 10–11 Wa.; p. 187 Marm.; 5 Kl.)

*Non. p. 456,20–25 Merc. = 731 Li.* (*Li.*): compotem in bonam partem solum accipi putatur, cum et in malam positum sit … [*23*] Naevius Danae:[47]

[…] eam nunc esse inventam probris (*tr*$^7$)
compotem scis […]

CC (*codd. potiores*: α *Bamb.* β γ δ *E G H L Lugd. Montepess. Oxon. P P7665 P7666*)
**Ed. *Li.*: 1** propris *L*$^1$ : propriis *rell.*
**Edd. rel.: 1** propris *L*$^1$[Ri,Mu,Wa,Sa] : propriis (*G Bamb. Merceri mss.*)[Ri] (*L*$^2$ *G Bamb.*)[Mu] *rell.*[Wa] (*L*$^2$ *H E G* γ)[Sa] : propris *rell.*[Ri] : propris *vel* propriis *codd.*[Ri.3,Marm] | **2** compotem] *Bamb.*[Ri,Mu] (*Bamb. E G P7666*)[Sa] : conpotem (*L H*)[Sa] : competem *Lugd.*[Mu,Sa] | eam nunc esse inventam p. c. scis *codd.*[Ri,Mu] (*L H E G* γ)[Sa] | *deest in* δ[Sa]

CE **1** probris] opprobiis *Ald., Merc.*$_1$, *Ri.*$_3$ : probri *Merc.* (*cf. et adn. ad loc.*)., *Klu., Qui., Ri., Sa.* : opprobriis *Per.*[Sa], *Ald.*[Qui], *Steph., Iun., Scriv.* | **2** conpotem *Li., Wa.* | eam nunc scis esse inventam probri compotem *Qui. secutus Bo.* : eam nunc probris scis esse inventam conpotem *Mu.* : eam compotem scis nunc esse inventam probri *Ri., sed Ri.*$_3$ *nostrum ordinem habuit* : … eam nunc esse inventam probris conpotem / scis *Wa., quem ordinem etiam habet Klu. post* probri compotem *item versum dispescens.* – *Crit. in app.*: **1** probri *Scriv.* | eam nunc scis esse inventam pr. c. *Bo.* | **1–2** eam nunc e. i. probri scis compotem *Ri.* | scis compotem *Kl.*

CS **1–2** … probri compotem / scis *Welcker* (*1841*) *1371* | opprobrii *Vossius* (*1620*) *118* | eam compotem scis nunc esse inventam probris *Ribbeck* (*1875*) *53* : eam nunc esse inventam propriis conpotem scis <noxsiis> *Vahlen* (*1877*) *193.* – *Interpr.*: *Ribbeck loc. cit., Mu., Wa., Marm., Tra. pro certo habuerunt Acrisium his verbis Danaen compellere. Sec. Klu. loquitur nutrix, quae cum viro concubuisse Danaen narrat* (*cf. Mariotti 1950a, 181*). – *Metr.*: *bacch*$^4$ *disposuit Buecheler* (*ap. Ri.*$_3$, *Marm.*), *quem Ri.*$_3$, *Di., Fraenkel* (*1935*) *633, Marm., Tra. secuti sunt* (*cf. Leo 1910, 13*); *Ri.*$_1$, *Li., Sa. tr*$^7$, *Ri., Mu., Kl. ia*$^6$ *temptaverunt; Kl. senarium plus uno modo restitui putavit; Wa., qui initium versus deesse suspicatus est, finem versus post* conpotem *postulavit.*

47 Naevius] Nevius (*H Bamb.*)[Mu] | Dane *codd.*[Mu] : Danae] *Lugd.*[Mu]

## 11

(4 Ri.$_{2}$; 3 Ri.$_{3}$; 3 Wa.; p. 186 Marm.; 3 Kl.)

*Non. pp. 469,34–470,1 Merc. = 753 Li.* (*Li.*): contempla ... [*37*] Naevius Danae[48]:

contemplo placide formam et faciem virginis (*ia*$^{6}$)

*CC* (*codd. potiores*: α *Bamb.* β γ δ *E G H L Lugd. Montepess. Oxon. P P7665 P7666*)
**Ed. *Li.*:** –
**Edd. rel.:** contemplo] *codd.*[Ri,Wa,Marm,Kl] (*L H E G* γ)[Sa] | *deest in* δ[Sa]

*CE* contempla *Ri., Marm., Sa., Tra.* | faciem] speciem *Qui.*
– *Crit. in app.*: placitae *ex vetusto* placitai *propos. Qui. secutus Merul.* (*1595*) *59, quod Klu. repudiavit.* | contempla *Mu. propter adverbium* placide *non probavit.*

*CS* contemplo] *Welcker* (*1841*) *1371* | placitae *Vossius* (*1620*) *118 et Klu., quod Merul. loc. cit. in Guilielmi Forneri* (*sc. Guillaume Fournier*) *glossis legi affirmavit, et frg. continuaverunt sic*: virginis / duellae *id est* bellae. *At istas glossas a Merul. fictas esse nunc sat apertum est, cf. Klu.* (*1843*) *35, Lawicki* (*1852*) *ad hoc frg. p. 34, Rowell* (*1947*) *22, Sk.* (*1985*) *pp. 794sq.* – *Interpr.*: *Vossius, Welcker, Klu. loc. cit., Mu. haec verba Iovi Danaen spectanti tribuerunt, Ribbeck* (*1875*) *55 ad Iovem vel Mercurium, Wa. ad Danaen cum patre colloquentem vel Iovem, Marm. ad asseclam Acrisi aliquem vel ad unam ex choro mulierum vel ad Acrisium ipsum, qui Danaen conspexit, adscripserunt. Sec. Tra. lectio* contempla *ad Acrisium, lectio* contemplo *ad Iovem pertinet.* – *Metr.*: *Ri., Li., Marm., Kl., Sa., Tra. statuerunt ia*$^{6}$.

## 12

(7 Ri.$_{2}$; 6 Ri.$_{3}$; 15 Wa.; p. 187 Marm.; 6 Kl.)

*Non. pp. 503,38–504,3 Merc. = 809–810 Li.* (*Li.*): lavit pro lavat ... [*504,2*] lavere[49] inde tractum est. Naevius Danae[50]:

[...] auri rubeo fonte lavere <me> memini manum. (*tr*$^{7}$)

---

48 Naevius] Nevius *Bamb.*[Ri,Mu] *H*[Mu] *P*[Qui] | Danae] Danea *Bamb.*[Ri] : danea (*L P Bamb.*)[Mu] *P*[Qui] : Dane *G* (*Mu. sec. collationem Schneiderianam*) : danaea (*secunda manu* danae *pro* ae *caudatum* e *usa*) *H* (*Mu. sec. collationem Siversianam*).

49 lavere] (*L H E G* γ δ)[Sa] : lavare (*H i.m.*)[Sa]

50 Naevius] Nevius (*H Bamb.*)[Mu] | Dane (*L G*)[Mu]

*CC* (*codd. potiores*: α *Bamb.* β γ δ *E G H L Lugd. Montepess. Oxon. P P7665 P7666*)

**Ed. *Li.*:** –

**Edd. rel.:** [...] auri rubeo] animi iubeo *codd.*[*Ri,Mu,Wa,Marm,Kl*] (*L H E G* γ)[*Sa*] | fonte] *codd.*[*Mu*] (*L H E G* γ)[*Sa*] | labere *Bamb.*[*Ri,Mu*] (*L H*)[*Mu*] (*L H E G* γ)[*Sa*] | <me> memini] memini *codd.*[*Ri,Wa*] (*L H E G* γ)[*Sa*] | manum] *codd.*[*Mu*] (*L H E G* γ)[*Sa*] | *deest in* δ[*Sa*]

*CE* ... auri iubeo lavere homini (nemini *in textu p. 108*) manum *Delr. p. 168, Ri.*$_3$ | auri] amnis *Ri., Wa.* : animi *Ald., Steph., Merc., Scriv., Bo., Klu., Qui., Sa.* | rubeo] *Ri.*$_3$ : iubeo *Ald., Steph., Delr., Merc., Scriv., Bo., Klu., Qui.* : niveo *Ri.* : iugi eo (*vel* iugis) *Wa.* | <me> memini] nemini *Steph., Scriv., Bo., Klu.* : memini *Ald., Merc., Qui.* | ... auri vivom fontem lavere memini mei (*pro mihi*) sinum *Mu.*[51]

– *Crit. in app.*: auri] amici (*Iun. i.m.*)[*Sa*] | animi iubeo fonte lavere nunc minumo malum *Bo.* : auri vivo fonte lavere me memini manum *Mu.*

*CS* eí mihi! <iam> vitreo fonte lavere me memini manum *Baehrens* (*1872*) *621* | auri] nimis *vel* nimi' *Spengel* (*1899*) *389* | rubeo] niveo *Ribbeck* (*1875*) *55* | auri rubeo] auri fulvo *Grotius* (*1828*) *161* : eam niveo *Buecheler*[*Ri,Wa*] : enim rubeo *Buecheler*[*Ri.3,Li,Wa,Sa,Tra*] : –́ ⏑ amnis níveo *Ribbeck* (*1875*) *55* | <me>] *add. Grotius* (*1828*) *161, Morelli* (*1974*) | iubeo te fonte lavere neminis manum *Bergk* (*1835*) *74 et Welcker* (*1841*) *1371* | lávere <mé> meminí manum] *Luchs* (*1873*) *72* – *Interpr.*: *Bergk et Welcker loc. cit. his verbis Acrisium filiae aqua ignique interdicere putaverunt, cf. Aischyl. Choeph. 294* (*West 1991*): οὔτε συλλύειν τινά. *Klu. verba sanissima esse tradita* (animi iubeo fonte lavere nemini manum) *contendit et Acrisio tribui propos. ita interpretanda*: *Nemini iubeo manum suam animi eius fonte lavere, ut quisquam eius* [*sc. Danaes*] *sanguine polluatur, sed Danaen exponendam curabo. Ribbeck* (*1875*) *55 de somnio Danaes cogitavit. Sec. Marm. et Sa. hoc loco Danae patri enarravit se manus immersisse illi imbri Iovis aureo* (*cf. Morelli 1974, 97*)*; sec. Wa. Danae cogitavit de periculis in mari passis.* – *Metr.*: *Ri., Li., Marm., Kl., Sa., Tra. statuerunt tr*$^7$*, cui deest pes primus* (– ⏑).

## *Equus Troianus*

*De materia cf. cognominem tragoediam* (*Equus Troianus*) *Livi Andronici* (*F 14 TrRF*)*; cf. etiam Sophoclis Sinonem, Verg. Aen. 2,57–198. 234–267, Hyg. fab. 108* (*Equus Troianus*): Achivi cum per decem annos Troiam capere non possent, Epeus monitu Minervae equum mirae magnitudinis ligneum fecit, eoque sunt collecti Menelaus Ulysses Diomedes Thessander Sthenelus Acamas Thoas Machaon Neoptolemus; et in equo scripserunt DANAI MINERVAE DONO DANT, castraque transtulerunt Tenedo. id Troiani cum viderunt arbitrati sunt

---

51 *Per errorem rettulit Ri.*$_3$ *Mu.* vivo *habere, praeterea accusativum fontem suppressit.*

hostes abisse; Priamus equum in arcem Minervae duci imperavit, feriatique magno opere ut essent edixit; id vates Cassandra cum vociferaretur inesse hostes, fides ei habita non est. quem in arcem cum statuissent et ipsi noctu lusu atque vino lassi obdormissent, Achivi ex equo aperto a Sinone exierunt et portarum custodes occiderunt, sociosque signo dato receperunt et Troia sunt potiti.

*Recepimus quattuor frgg. nomine Equi Troiani tradita, quorum unum Livio, alterum Naevio, reliqua Anonymo tribui solent. Sed quaerendum est, an potius unius fabulae sint (cf. de materia Livi Equum Troianum F 14 TrRF). Wa. in Plaut. Bacch. 933 fort. versum Naevi laudari putavit*: O Troia, o patria, o Pergamum, o Priame periisti senex (*cf. etiam Ribbeck 1875, 48*). *Sec. Kl. et Zillinger (1911) 22sq. Cicero (fam. 7,1,2) hanc Naevi fabulam commemorat. Sunt qui Naevi Equo Troiano et adesp. F 27, F 29, F 30 TrRF tribui propos. Cf. et Suerbaum (2000).*

## 13

(14–15 Ri.$_2$; 13 Ri.$_3$; 16 Wa.; p. 189 Marm.; 14–15 Kl.)

*Macr. Sat. 6,1,38 (Will.)*: numquam hodie effugies, veniam quocumque vocaris. Naevius in equo Troiano[52]:

numquam hodie effugies, quin mea manu moriare. (*ia*$^6$)

*CC* (*codd. potiores: N P T R F A*)
**Ed. *Will.*:** –
**Edd. rel.:** mea manu moriare] *codd.*[*Ri, Wa, Marm*]

*CE* nunquam *Steph., Klu.* | mea moriaris manu *Ri., Wa.* : manu moriare] *Will.*

*CS* mea moriaris manu *Grilli (1965) 151 – Interpr.: Sec. Klu. his verbis Aeneas Helenam, sec. Ribbeck (1875) 48 Menelaus Helenam vel Neoptolemus Priamum comminatur. Terzaghi (1925) 662 Priamum a Neoptolemo (cf. Aen. 2,526) advocari putavit, Marm. Neoptolemum a Polite, Priami filio. – Metr.: Ri. transp. verba tradita, ut ia*$^6$ *evadat. Sec. Ri.*$_3$ *ordo verborum traditus (sc.* manu moriare) *servari potest, si quis octonarium in fine mutilum aut post* manu *dispescens duorum versuum frusta dimetiri velit. Kl. ordine servato post* mea *versum novum inchoavit, ut duo ia*$^6$ *fiant (non approbante Strzelecki 1957/58, 192, qui cum Lindsay 1922, 279 adn. 2 potius integrum versum Reizianum statuere maluit; cf. Id. 1947, 27sq.). Cf. et Luchs (1873) 55. Marm. statuit ia.*$^6$*, Di. ia*$^8$ *in initio, Tra. ia*$^8$ *in fine mutilum.*

*CP* *Initium versus laudat Verg. ecl. 3,49*: numquam hodie effugies; veniam quocumque vocaris.

52 Naevius] Nevius (*T R F A*)[*Will*] | in equo Troiano] *om. T*[*Will*]

## *Hector Proficiscens*

*De materia cf. cognominem tragoediam (Hector) Astydamantis (TrGF Astydamas II 60 F 1h–2a). Cf. etiam Hom. Il. 6,390–495.*
*Qua e fabula Graeca Naevius suum Hectorem Proficiscentem sumpserit, non apertum. Welcker (1841) 1059 (sed cf. etiam 1370), Klu., Ribbeck (1875) 47 suspicantur Hectorem Astydamantis, qui tragoedus etiam heroen in proelium proficiscentem et uxorem cum filio valere iubentem fecerit. Klu. (1843) 93 Andromacha et Hector eaedem fabulae Naevi esse videntur. Bo. utrumque frg. tribuit Enni fabulae, quae Hectoris Lytra vocatur (cf. Bo. p. 45).*

### 14

(17 $Ri._2$; 15 $Ri._3$; 17 Wa.; p. 190 Marm.; 17 Kl.)

*Cic. Tusc. 4,31,67 (Giust.)*: aliter enim Naevianus ille gaudet Hector[53] ...

laetus sum laudari me abs te, pater, a laudato viro (*$tr^7$*)

*CC* (*codd. potiores*: *F G K R V*)
**Ed. *Giust.*:** –
**Edd. rel.:** me] *om. p*[Ri] '*cod. Oxon.*'[Klu] | a] *om. cod. Monac.*[Klu]

*CE* a *om. Scriv.* | laetus sum, pater, laudari me abs te, laudato viro *Bo. p. 45, qui frg. Ennio tribuit.*

*CS* laetu' sum, laudari me, pater, abs te, laudato viro *vel* abs te laudato, pater, viro *Vossius (1620) 118, ut troch. fiat. – Interpr.: Sec. Vossius loc. cit., Klu., Ribbeck (1875) 46, Ern., Wa., Marm., Tra. Hector Priamum patrem alloquitur. Cf. et Aricò (1997) 66. – Metr.: Ri., Ern., Kl., Marm., Tra. $tr^7$ statuerunt.*

*CP* *Frusta huius versus saepius apud veteres laudari videntur*: *Cic. fam. 5,12,7*: placet enim Hector ille mihi Naevianus, qui non tantum 'laudari' se laetatur, sed addit etiam 'a laudato viro' • *Cic. fam. 15,6,1*: 'laetus sum laudari me', inquit Hector, opinor apud Naevium, 'abs te, pater, a laudato viro'; ea est enim profecto iucunda laus, quae ab iis proficiscitur, qui ipsi in laude vixerunt • *Sen. epist. 17,2,16*: cum tragicus ille apud nos ait magnificum esse 'laudari a laudato viro', laude digno ait • *Symm. epist. 1,31,1*: 'laudari quippe a laudato viro' rara est messis ingenii • *Symm. epist. 9,110*: 'laudari a laudato viro' vetus est dictum.

53 Hector] (*R $V^2$*)[Giust] : haector (*G K*)[Giust] : hoctor *V*[Giust]

## 15

(16 $Ri._2$; 14 $Ri._3$; 18 Wa.; p. 190 Marm.; 16 Kl.)

*Prisc. GL II 399,22–400,4 Keil* (*Her.*): ... composita tam deponentia quam neutra reperiuntur: a d o r i o r et a d o r i o ... Naevius in Hectore[54] proficiscente:

tunc ipsos adoriant, ne qui hinc Spartam referat nuntium.(*$tr^7$*)

*CC* (*codd. potiores*: *R P B D H A G L K*)
**Ed. *Her.*:** adoriant] adorant *D* | qui] quis *codd.* | refferat *G* : referant *Darmst.*[b]
**Edd. rel.:** qui] quis *codd.*[Ri,Wa,Marm] | referant *Darmst.*[b][Ri]

*CE* tunc] proficiscente tunc *Scriv.* : tum *Bo.* | adoriam *Mu.*[Ri.3] | nequis *Scriv.*, *Klu.*, *Kl.* | hinc] *istinc Bo.* | nuncium *Scriv.*, *Klu.*

*CS* proficiscentes tum ipsos adoriant *Vossius* (*1620*) *121 de titulo dubitans* | qui *Hermann* (*1816*) *633, quod Klu. repudiavit $tr^4$ cat. statuens* | referant *D'Orville*[Her,Ri], *Bondamus* (*1759*) *313*[Her]. – *Interpr.*: *Sec. Marm., Wa., Tra. his verbis Troiani impetum in Graecos facere ab Hectore iubentur*: *Ne quis Graecorum superstes sit, ut cladem Spartam* (*i.e. Graeciam*) *nuntiet.* – *Metr.*: *Ri., Kl., Marm., Tra. $tr^7$ statuerunt.*

## *Iphigenia*

*Cognomines tragoedias* (*Iphigenia*) *scripserunt Aischylus* (*TrGF F 94*), *Sophocles* (*TrGF F 305–312*), *Euripides* (*Iphigenia Taurica et Iphigenia Aulidensis*), *Polyidus* (*TrGF 78 F 1–2* [Ἰφιγένεια ἡ ἐν Ταύροις?]), *Ennius* (*F 82–88 TrRF*). *De materia cf. etiam Lucr. 1,84–101; Procl. Chrestom. 135sqq.*
*Praeterea cf. Pseudo-Homerica cycli epici Cypria* (*Severyns*): καὶ τὸ δεύτερον ἠθροισμένου τοῦ στόλου ἐν Αὐλίδι Ἀγαμέμνων ἐπὶ θήρας βαλὼν ἔλαφον ὑπερβάλλειν ἔφησε καὶ τὴν Ἄρτεμιν. μηνίσασα δὲ ἡ θεὸς ἐπέσχεν αὐτοὺς τοῦ πλοῦ χειμῶνας ἐπιπέμπουσα. Κάλχαντος δὲ εἰπόντος τὴν τῆς θεοῦ μῆνιν καὶ Ἰφιγένειαν κελεύσαντος θύειν τῇ Ἀρτέμιδι, ὡς ἐπὶ γάμον αὐτὴν Ἀχιλλεῖ μεταπεμψάμενοι θύειν ἐπιχειροῦσιν. Ἄρτεμις δὲ αὐτὴν ἐξαρπάσασα εἰς Ταύρους μετακομίζει καὶ ἀθάνατον ποιεῖ, ἔλαφον δὲ ἀντὶ τῆς κόρης παρίστησι τῷ βωμῷ.

---

54 Naevius] Nevius *codd.*[Her] | in Hectore] haectore (*R B H*)[Her] : iniectore *G*[Her] (*sed* in- *incertum*): hiectore (*L K*)[Her] : in II haectore *D*[Her] (II *cum linea superscripta et punctis additis*) : in III hectore *Darmst.*[ab][Her,Ri] (haectore *Darmst.*[b]), *Caroliruh. alt.*[Her,Ri] | *Sec. Klu.* (*1843*) *93 fere omnes Prisciani codd.* Naevius in III. Hectore proficiscente *exhibent, cum cod. Zwiccav. et edit. Venet. 1476 numerum* III. *omittant. Quem numerum Klu.* (*1843*) *109 ad tertiam partem trilogiae refert, quae apud Astydamantem* Hector *inscripta est quamque Naevius Latine convertit* (*cf. etiam Welcker 1841, 1204; vide praeterea ad lectionem* Lycurgo II *infra notam 26*). *An cogitandum de dittographia* IN IN, *e qua facile* in III. *evadere potuerit?*

• *Apollod. epit. 3,21–22*: ἄπλοια οὖν κατεῖχε τὸν στόλον. Κάλχας δὲ ἔφη οὐκ ἄλλως δύνασθαι πλεῖν αὐτούς, εἰ μὴ τῶν Ἀγαμέμνονος θυγατέρων ἡ κρατισεύουσα κάλλει σφάγιον Ἀρτέμιδι παραστῇ· ἔλεγε γὰρ μηνίσαι Ἀγαμέμνονι τὴν θεόν, κατὰ μέν τινας ἐπεὶ κατὰ θήραν ἐν Ἰκαρίῳ βαλὼν ἔλαφον εἶπεν οὐ δύνασθαι σωτηρίας αὐτὴν τυχεῖν οὐδ Ἀρτέμιδος θελούσης, κατὰ δέ τινας ὅτι τὴν χρυσῆν ἄρνα οὐκ ἔθυσεν αὐτῇ Ἀτρεύς. τοῦ δὲ χρησμοῦ τούτου γενομένου, πέμψας Ἀγαμέμνον πρὸς Κλυταιμνήστραν Ὀδυσσέα καὶ Ταλθύβιον Ἰφιγένειαν ᾔτει, λέγων ὑπεσχῆσθαι δώσειν αὐτὴν Ἀχιλλεῖ γυναῖκα μισθὸν τῆς στρατείας. πεμψάσης δὲ ἐκείνης Ἀγαμέμνων τῷ βωμῷ παραστήσας ἔμελλε σφάζειν, Ἄρτεμις δὲ αὐτὴν ἁρπάσασα εἰς Ταύρους ἱέρειαν αὐτῆς κατέστησεν, ἔλαφον ἀντ' αὐτῆς παραστήσασα τῷ βωμῷ· ὡς δὲ ἔνιοι λέγουσιν, ἀθάνατον αὐτὴν ἐποίησεν. • *Hyg. fab. 98*: Agamemnon cum Menelao fratre Asiae delectis ducibus Helenam uxorem Menelai, quam Alexander Paris avexerat, repetitum ad Troiam cum irent, in Aulide tempestas eos ira Dianae retinebat, quod Agamemnon in venando cervam eius violavit superbiusque in Dianam est locutus. is cum haruspices convocasset et Calchas se respondisset aliter expiari non posse nisi Iphigeniam filiam Agamemnonis immolasset, re audita Agamemnon recusare coepit. tunc Ulixes eum consiliis ad rem pulchram transtulit; idem Ulixes cum Diomede ad Iphigeniam missus est adducendam, qui cum ad Clytaemnestram matrem eius venissent, ementitur Ulixes eam Achilli in coniugium dari. quam cum in Aulidem adduxisset et parens eam immolare vellet, Diana virginem miserata est et caliginem eis obiecit cervamque pro ea supposuit, Iphigeniamque per nubis in terram Tauricam detulit ibique templi sui sacerdotem fecit.

## 16

(19 $Ri._2$; 16 $Ri._3$; 21 Wa.; p. 191 Marm.; 18 Kl.)

*Non. p. 370,19–24 Merc. = 589 Li.* (*Li.*): p a s s u m extensum, patens … [*23*] Naevius Iphigenia[55]:

passo velo vicinum, Aquilo, me hinc in portum fer foras.

(*tr*[7])

*CC* (*codd. potiores*: α *B* β *Bern.347 Cant.* δ *E G Gen. H L Montepess. Oxon. P*)
**Ed. *Li.*:** velo] vel hoc *codd.*
**Edd. rel.:** velo] vel hoc *codd.*[*Mu,Kl*] | passo vel hoc vicinum aquilone hortum fer foras *codd.*[*Ri,Wa,Wistrand,1946,9,Marm*] | aquilone *codd.*[*Mu,Tra*] : aquolone *Gen.*[*1*][*Mu*] | hortum *codd.*[*Mu*] : ortum *B*[*Mu,Ri.3*]

*CE* p. velo v. Aquilone horiam fert foras *Iun.*[*Klu*] : p. velo v. Aquilo in portum fert orias *Merc. adn. ad loc.* : p. vel hoc v. aquilone hortum fer foras *Ald., Steph., Merc., Scriv.* : […] p. velo v. aquilo in portum oras ferat *Ri.*$_1$ :

55 Naevius] nevius (*B H G Gen.*)[*Mu*] | efigenia *codd.*[*Mu*] : ephigenia *Ald.*

passo velod vicinum, Aquilo, med in portum fer foras *Ri.* : passo velo vicinum, Aquilo, Orestem in portum fer foras *Ri.*$_3$ : p. v. v. aquilone [in] portum fer orias *Qui.* : p. v. v. aquilonei hanc (*sc. Iphigeniam*) in portum fer foras *Mu.* : p. v. v. aquilone †hortum fer foras *Li.* : p. v. v. Aquilone ortum fer ferociter *Di.* : p. v. v., Aquilo, me hinc in portum fer foras] *Wa.* (*probante Wistrand 1946, 9*) : p. v. v. Aquilone hortum fer foras *Kl.* : p. velod v., A., me in portum fer foras *Marm.* : passo velod hinc vivum, Aquilo, <Orestem> in portum perferas *Tra.*
– *Crit. in app.*: p. velod hanc vicinum aquiloni portum perferas *Bo.* : navem <Orestis>, Aquilo, e portu fer foras *Kl., qui et deliberavit, an* Euxinum *in voce* vicinum *lateat.*

*CS* p. velo v. Aquilone orto fer foras *Lipsius* : p. velo ob (*pro* ad) vicinum aquilone portum fer foras *Vossius* (*1620*) *118 ia*$^8$ *brachycat. statuens aut tr*$^8$, *si versui* et *vel* te *praemiseris* : pásso velo mé vicinum aquilo ín portum ferát foras *Mähly* (*1857*) *286* : passo velo hinc i nunc, aquilo, Orestem e portu fer foras *Havet* (*1884*) *813* (*non approbante Wistrand 1946, 9*) : p. v. hinc navem, aquilo, e portu fer foras *Spengel* (*1899*) *389* | passo velo evectum aquilo e portu fert foras *Buecheler senarium statuens* (*ap. Ri. pp. XIsq.*) | Aquilo, med (*vel* nos) in portum *vel* aquilo longe a portu *Ri. p. XI* | in portum perferas *Skutsch* (*1951*) *147* | ... Aquilone ortum fer ferociter *Leo* (*1910*) *6sq., quoniam* Aquilone *sit genetivus* (*cf. e.g.* suscipione *in Plaut. Merc. 795*) : aquilone hortum fer foras *Grilli* (*1965*) *148* – *Interpr.*: *Bo. haec verba Dianae esse putavit, quae nautam quendam orat, ut Iphigeniam ad Taurica litora perferat. Ri. haec verba ab Iphigenia, Wa. ab Oreste apud Tauros dici visa sunt. Addidit Ri. p. XI, quod F 16 ad Agamemnonem Troiam petentem non pertinere possit, quia Aquilo Troiam navigantibus adversus sit. Ribbeck* (*1875*) *50–53, qui nonnulla de fabula restituenda exposuit, F 41, F 47, F 48, F 51 et adesp. F 106, F 140 TrRF, Wa. p. 120 F 48 et F 51, Marm. p. 150 F 41, F 42, F 48, F 51 et duos versus e Bello Punico* (*i.e. apud Marm. p. 201 frgg. Naevi incerta 13 et 14 = FPL*$_4$ *Naev. frgg. 62 et 64*) *Iphigeniae fabulae tribuerunt* (*plura infra ad loc.*). – *Metr. Ri., Li., Marm. tr*$^7$ *statuerunt.*

*CP* *Attulerunt locos comparandos Ri. p. XII. Eurip. Iph. T. 1086, Wa. Eurip. Iph. T. 1487, Marm. Eurip. Iph. T. 1487sq.*: ἴτ', ὦ πνοαί, ναυσθλοῦτε τὸν Ἀγαμέμνονος / παῖδ' εἰς Ἀθήνας.

## *Lycurgus*

*De materia cf. cognominem tragoediam* (*Lycurgus*) *Euripidis* (*TrGF F 473–479*) *et tetralogias Aischyli* (*TrGF T 67 et F 123b*) *et Polyphrasmonis* (*TrGF 7 F 1*), *quarum utraque* Λυκούργεια *inscripta, et* Λυκοῦργον Σατυρικόν *Timoclis* (*TrGF 86 T 2*). *Cf. etiam Hom. Il. 6,129–135, Europiam Eumeli* (*cf. Ribbeck 1875, 55sq.*), *Bacchas Euripidis, Stasiastas Acci* (*trag. 604–608 Ri., cf. Marm. pp. 150sq.*), *Ov. trist. 5,3,39, Serv. Aen. 3,14–15, Diodor. Sic. 3,65.*

*Praeterea cf. Apollod. 3,35 = 3,5,1*: αὖθις δὲ αἱ Βάκχαι ἐλύθησαν ἐξαίφνης, Λυκούργῳ δὲ μανίαν ἐνεποίησε Διόνυσος. ὁ δὲ μεμηνὼς Δρύαντα τὸν παῖδα, ἀμπέλου νομίζων κλῆμα κόπτειν, πελέκει πλήξας ἀπέκτεινε, καὶ ἀκρωτηριάσας αὐτὸν ἐσωφρόνησε. τῆς δὲ γῆς ἀκάρπου μενούσης, ἔχρησεν ὁ θεὸς καρποφορήσειν αὐτήν, ἂν θανατωθῇ Λυκοῦργος. Ἠδωνοὶ δὲ ἀκούσαντες εἰς τὸ Παγγαῖον αὐτὸν ἀπαγαγόντες ὄρος ἔδησαν, κἀκεῖ κατὰ Διονύσου βούλησιν ὑπὸ ἵππων διαφθαρεὶς ἀπέθανε. • *Hyg. fab. 132* (*Lycurgus*): Lycurgus Dryantis filius Liberum de regno fugavit; quem cum negaret deum esse vinumque bibisset et ebrius matrem suam violare voluisset, tunc vites excidere est conatus, quod diceret illud malum medicamentum esse quod mentes immutaret. qui insania ab Libero obiecta uxorem suam et filium interfecit, ipsumque Lycurgum Liber patheris obiecit in Rhodope, qui mons est Thraciae, cuius imperium habuit. hic traditur unum pedem sibi pro vitibus excidisse.

*Non apertum est, qua e fabula Graeca Naevi Lycurgus expressus sit, fort. e recentiori quadem* (*Ribbeck 1875, 57; cf. et Marm. 1950, pp. 150sq.*). *Bruhn* (*1891*) *28sq., qui Eur. Bacch. 434sqq. ad Aischyli Edonos refert, Deichgräber* (*1939*) *256sqq., Dodds* (*1960*) *XXXI-XXXIII, Ferrin Sutton* (*1971*) *387sqq. coniciunt Naevium e prima fabula Lycurgiae tetralogiae Aischyleae* (*i.e. Edoni, cf. TrGF F 57–67*) *materiam sumpsisse; Klu.* (*1843*) *p. 109 secunda de fabula cogitavit* (*cf. nostram adn. 76*). *De fabula refingenda et de vetustioribus in Lycurgo studiis cf. Duentzer* (*1837 et 1838*), *Klu. p. 107sqq., Ribbeck* (*1875*) *55–61. Du., Osann* (*1836*) *972sq. frgg. Lycurgi comoediae* (*vel potius carmini mixto*) *Laevi, Welcker* (*1841*) *1371* (*vix recte*) *comoediae Naevi tribuerunt, quod Klu. p. 107–110 vehementer repudiavit, Bo., ut nunc plerique editores, tragoediae Naevi. San. et adesp. F 42 TrRF Naevi Lycurgo tribui propos. Sec. Ribbeck* (*1875*) *61 specula Praenestina* (*sexto saec. ineunte a. C.*) *imagine Lycurgi ornata exstitit, quod fort. ad fabulam Romanam pertineat*: *ea in pictura Lycurgus ad aram fugitivus gladium intendit in puerum, ut videtur, obsidem. Ad orthographiam* Lycurgus *vocis cf. Bergk* (*1874*) *264* (*= Id. 1884, 333*). *Cf. praeterea Lattanzi* (*1994*) *et Suerbaum* (*2000*).

## 17

(53 Ri.$_2$; 50 Ri.$_3$; 57 Wa.; p. 192 Marm.; 50 Kl.)

*Fest. p. 208,29–36 Li.* (*Li.*): o b s t i n a t o obfirmato perseveranti, ut tenere possit … [*35*] Naevius in Lycurgo:

vos qui astatis obstinati [...] (*tr*$^7$)

*CC* (*cod. F*)
**Ed. *Li.*:** astati *X*: obstinati *W*

*CE* adstatis *Steph., Scriv., Bo.*

*CS* *Interpr.*: *Sec. Bo. verba sunt Bacchi ad Thraces, cum in eum invaserint duce Lycurgo, sec. Duentzer* (*1837*) *441 Sileni, cum a rege se converterit* *ad eos, qui adstabant. Utriusque sententiam non probavit Klu., qui verba Lycurgi esse iudicavit ad suos satellitos terrore Panico impetum in Bacchas negantes. Sec. Ribbeck (1875) 61 his verbis Thraces ad deditionem vocantur Lycurgo punito. Similiter Wa. putavit hoc loco custodes Lycurgi se dedentes describi. Marm. et Tra. haec verba, quae quo fabulae loco ponenda sint ignoraverunt, oratore ab aliquo ante homines dici suspicati sunt. – Metr.: Ri., Marm., Tra. tr*$^{7}$ *statuerunt.*

## 18

(29–31 Ri.$_{2}$; 26–28 Ri.$_{3}$; 30–32 Wa.; p. 193 Marm.; 29–30 Kl.)

*Non. p. 6,15 17 Merc. = 10 Li.* (*Li.*): inlicire[56] est proprie inlaqueare. Naevius Lycurgo[57]:

> […] alis sublime alios saltus
> inlicite, ubi bipedes volucres lino linquant lumina

*CC* (*codd. potiores*: *Bamb.* β γ δ *E F G H L Lugd. Montepess. Oxon. P P7665 P7666*)
**Ed. *Li.*: 1** sublime] subumem *L*$^{1}$ : sublimen *rell.* | **2** liquant *L*
**Edd. rel.: 1** alis] *codd.*[Ri,Wa,Marm] *Bamb.*[Mu] : aliis *F*$^{1}$[Ri.3] *F*$^{3}$[Tra] | sublime] *codd.*[Marm] : subumem *L*$^{1}$[On,Wa] : sublimem *L*$^{1}$ (n *suprascripsit secunda manus*)[Ri,Mu] : sublimen *rell.*[Ri,Wa] (*L*$^{2}$ *H G Bamb.*)[Mu] *codd.*[Kl] | alios] *codd.*[Ri,Wa,Marm] (*L H G Bamb.*)[Mu] | alis sublimen alios (*F*$^{2}$ *H L P G E Bamb. Lugd. P7666*)[On] : aliis sublimen alios *F*$^{1}$[On] | saltus] (*L H G Bamb.*)[Mu] *codd.*[Marm] : saltos *F*$^{1}$[On,Ri.3] | **2** illicite *codd. praeter Bamb.*[Ri] (*H G*)[Mu,On] *F*[On] : inlicite] *Bamb.*[Mu] (*Bamb. Lugd. P7666*)[On] : inlicitae *L*$^{1}$[Mu,On] *E*[On] : illicitae *L*$^{2}$[Mu,On] *P*[On] | ubipedes *G*$^{1}$ [On] | volucres] (*F H L P G E Bamb. Lugd. P7666 P7579*)[On] | liquant *L*[Mu,On] *H*$^{1}$[Mu,On] *F*[On]

*CE* **1** alii *Scriv.* | sublimen *Kl.* | **2** illicite *Steph., Merc., Scriv., Bo.* | **1–2** <alias> alis / sublime in altos (sublimen altos *Ri.*$_{3}$) saltus inlicite <invios>, / ubi bipedes *eqs. Ri.* : alii subli<mi> Maenalios / saltus illicite, u<t i>bi bipedes / volucres lino linquant lumina *Qui.* : alii / sublime in altos saltus inlicite […] / ubi bipedes *eqs. Wa. post* inlicite *lacunam statuens* : alís in alios sáltus inlicite <ilico>, / ubi bipedes volucres líno linquont lúmina *Mu.* : sublímen altos sáltus inlicíte, ubi / bipedés volantes líno *eqs. On.* : – ⌣ – ⌣ – alis sublimes saltus alites / inlicite, ubi bipedes *eqs. Marm.* : <earum vos> alis sublimen altos saltus <illico> / inlicite, ubi bipedes *eqs. Tra.*

---

56 inlicere *codd.*[Li,Kl] *Bamb.*[Ri,Mu] (*L*$^{1}$ *Montepess.*)[Mu] : illicere (*L*$^{2}$ *H G*)[Mu] : inlicire *corr. On.*

57 Naevius] Nevius (*L*$^{2}$ *H*)[Mu] : Novius *Ald.* | Lycurgo] Lygurco *H*$^{1}$[Mu] : Lycurco *H*$^{2}$[Mu]

– *Crit. in app.*: *Bo. om.* alios *et sic versum restitui putavit*: alis sublimes saltus inlicited, ubi *eqs.* | *Sec. Mu. illud* sublimen *ex sequente* ubi *ortum videtur, quod delatum in locum alienum facile labem potuit trahere praecedente* s *et sequente* in | alis] *Wa. deliberavit, an rectius* alius.

*CS* **1** alii *Scaliger* (*1565*) *196, qui F 18 coniunctum cum F 19, F 20, F 34 praebuit, Vossius* (*1620*) *119 maluit* alis : alius *pro* alis *interpretatus Lipsius* (*1600*) *194, quod Ri. probavit.* | alis sublimen alios saltus *Grilli* (*1965*) *148* | **2** illicite *Scaliger loc. cit.*, illicit *legit Lipsius loc. cit.* | **1–2** alis inlicite saltus sublimes *Bothe* (*1837*) *270* (*cf. Klu. p. 126*) : ális sublimés saltus illícite, ubi *eqs. Duentzer* (*1837*) *434* | alis sublime in altos (*vel* alios) inlicit *Buecheler* (*ap. Ri., Wa.*) : alis sublimen altos saltus inlicit *Buecheler alio loco* (*ap. Ri., Li., Kl., Marm.*) : alios sublimen saltus illicite <ilico> *Havet* (*1884*) *812* | indolicite, ubi / duípedes *Ri. pp. XIIsq.* : alis sublimen alios saltus inlicit{e} / ubi *eqs. Birt* (*1928*) *209sqq.* – *Interpr.*: *Ri. ibid. Bacchas cum avibus comparari putavit* (*item Ribbeck 1875, 58; similiter Birt loc. cit., Marm. et Tra. ad loc.; cf. Eur. Bacch. 748sqq.*). *Klu. de Furiis alis praeditis cogitavit, quae Lycurgum vexent. Brakman* (*1935*) *55 pro* alias, *quod* $Ri._3$ *coni.*, alites *maluit*: <alites> alis / sublimen altos saltus inlicite <invios>, / ubi etc. – *Metr.*: *Scriv. et Bo. post* ubi *dispescentes duo* $ia^6$ *statuerunt, Marm. et Tra. versus sic restituerunt, ut* $tr^7$ *evadat, apud Marm. in initio mutilum. Ri.* $ia^6$, *Li.* $tr^7$ *statuerunt alius aliter versus dispescentes.*

*CP* *Eur. Bacch. 748sqq.*

## 19

(27–28 $Ri._2$; 24–25 $Ri._3$; 46–47 Wa.; p. 193 Marm.; 27–28 Kl.)

*Non. p. 9,16–19 Merc. = 14 Li.* (*Li.*): m u t u s[58] onomatopoeia[59] est incertae vocis, quasi mugitus. nam mutus sonus[60] est proprie, qui intellectum non habet. Naevius Lycurgo[61]:

> [...] ducite (*$ia^6$*)
> eo cum argutis linguis mutas quadrupedis.

58 mutus] *sec. Mu. nullum lemma in H* : mutas *Marm. per errorem typographicum.*

59 onomatopoeia] (*$H^2$ G*)[*On*] : onomato poeta (*L $H^1$ Bamb.*)[*Mu*] (*F $H^1$ L Bamb. Lugd. P7666*)[*On*] (*L* γ)[*Li*] : onomato poetia (*P E*)[*On*]

60 mutus sonus] *codd.*[*Mu*] (*F H L P G E $Bamb.^2$ P7579*)[*On*] β[*Li*] : mutos sonus *$L^1$*[*Mu,On,Li*] : mutu sonus (*$Bamb.^1$ Lugd. P7666*)[*On*] γ[*Li*] : mu sonus *coni.* $Goth._1$ (*cf. Qui., Mu., Li., Kl.*), *quem Qui. et Mu. sequuntur* | *Lindsay* (*1891*) *10 pro* nam mutus *legendum putavit* nam muttus (*i.e.* μῦθος), *quod Nettleship* (*1896*) *226 improbavit.*

61 Naevius] Nevius Licurgo *Bamb.*[*Ri,Mu*] (*L H*)[*Mu*] : Novius Lycurgo *Ald.*

*CC* (*codd. potiores*: *Bamb.* β γ δ *E F G H L Lugd. Montepess. Oxon. P P7665 P7666*)
**Ed. *Li.*: 2** cum] tum *codd.*
**Edd. rel.: 1** ducite] ducito *Bamb.*[*Ri,Mu,On*] : ducite (*F H L P G E Lugd. P7579 P7666*)[*On*] | **2** cum] tum *codd.*[*Ri,Mu,Wa,Marm,Kl*] | eo tum (*F H L P G E Lugd. P7579 P7666*)[*On*] | argutus lingis *Lugd.*[*On*]

*CE* **2** cum] *Ald.*[*Li,Marm,Wa*], *Merc.* : tum *Marm.* | †eo tum† *On.* | linguas *Tra. per errorem typographicum* | quadrupedes *Ald., Steph., Scriv., Bo., Klu., Qui., Mu., Kl.*
– *Crit. in app.*: **1–2** ducite eo argutilinguis *Bo., ut antiqua vox et metrum restituantur, quod Klu. repudiavit* | ducito cito *Ri.*$_3$ *septenarium temptans.*

*CS* *Scaliger* (*1565*) *196, qui F 19 coniunctum cum F 18, F 20, F 34 praebuit, versum inchoavit* ducite eo argutis *eqs. et om.* cum | [...] ducíte eo argutilíngues mutas quádrupedes *Duentzer* (*1837*) *438* | tum *secl. Havet* (*1884*) *807sq., ut senarius fiat* (*cf. et Nettleship 1896, 226*) | quadrupedes *Scaliger loc. cit. Cf. ad* quadrupes *vocem Casaceli* (*1976*) *28. – Interpr.*: *Sec. Marm. et Wa. Lycurgus custodes adloqui pergit. Similiter Welcker* (*1826*) *110 et Klu. etiam Wa. et Tra. propos. hoc loco Bacchas cum grege pecorum mugientum comparari* (*cf. TrGF Aischyli Hedonos F 57,8*: ταυρόφθογγοι δ' ὑπομυκῶνται), *quae vinclis constrictis deducatur* (*cf. Eur. Bacch. 444. 509*). *Alio loco Bacchae* pecua (*i.e. pecus*) *vocari videntur* (*cf. Naev. F 27; cf. et F 18*: bipedes volucres). *Duentzer* (*1837*) *438 de vocibus pardorum vel leaenarum cogitavit, quod Klu. non probavit. Klu. et Welcker putaverunt voces Satyrorum equorum hinnitui et haedorum balatui fuisse similes, qua de causa haedi vocentur. Sec. autem Ribbeck* (*1875*) *59sq., qui negavit hoc loco clamorem Baccharum cum animalium mugitu conferri* (*cf. adn. 58*), *Bacchae manibus cum pedibus colligatis in vincla coniectae quasi quadrupedes et mutae factae sunt. – Metr.*: *Qui. F 19 uno versu praebuit. Klu. metrum troch. sanissimum cognovit quamvis in fine mutilum. Item Marm. unum versum* $tr^7$ *mutilum in fine cretico* (quadrupedis ⏑ –) *statuit. Ut olim Vossius* (*1620*) *119 etiam Ri., Li., Kl., Ern., Tra. post* ducite *dispescentes* $ia^6$ *dimensi sunt. Ri. in app. etiam septenarium primo pede mancum propos.*

*CP* *Casaceli* (*1976*) *105 contulit Acc. trag. 315 Ri.*: item ac maestitiam mutam infantum quadrupedum. • *Hor. serm. 1,3,100*: mutum et turpe pecus • *ibid. 2,3,219*: pro muta devovet agna.

## 20

(32–33 Ri.$_2$; 29–30 Ri.$_3$; 37–38 Wa.; p. 194 Marm.; 31–32 Kl.)

*Non. p. 14,15–19 Merc. = 21 Li.* (*Li.*): vitulantes veteres gaudentes dixerunt … [*17*] Naevius[62] Lycurgo:

ut in venatu vitulantis ex suis (*ia*$^6$)
locis nos mittant poenis decoratas feris

CC (*codd. potiores*: *Bamb.* β γ δ *E F G H L Lugd. Montepess. Oxon. P P7665 P7666*)
**Ed. *Li.*:** –
**Edd. rel.:** **1** ut in] *codd.*[*Wa,Marm,Kl*] | vitulantis] vitulantes (*L P*)[*On*] | suis] *codd.*[*Wa*] | **2** locis *codd.*[*Ri,Mu,Wa,Kl*] | decoratas] decoratus *codd.*[*Ri,Wa,Kl*] (*L H*$^2$ *G*)[*Mu*] (*F H L P G E P7579*)[*On*] : decoratis *H*$^1$[*Mu,On,Ri.3*] : detoratus *E*[*On*] | *frg. in Bamb. deest*[*Ri*].

CE **1** vitulantes *Steph., Merc., Bo., Qui., Wa.* | utin *Ri.*$_3$*, Di., Kl.* | poenis] *Merc.* : pennis *Merc. adn. ad loc., Scriv., Qui.* : Poenis (*i.e.* Punicis) *Delr.*[*Klu*] | suis] aviis *Scriv.* | **2** locis] *Merc., Bo., Ri.*$_3$: lucis *Merc. adn. ad loc., Ri., Qui., Mu., Kl.* | mittant] *Ri.*$_3$ : mittat *Ri.* | decoratas] *Ri.* : decoratos *Steph., Merc., Scriv., Bo., Qui.* : decoratus *Ald.* : laceratos *Mu.* | *Ri.*$_3$*, Di., Kl., Marm. signum interrogationis his verbis addiderunt.*
– *Crit. in app.*: ex feris locis nos mittant pennis decoratos suis *propos. Bo., cum in codd. verba* ferus *et* suus *similia esse soleant.*

CS **1** ut in] uti venatu vitulantis *Buecheler* (*ap. Ri. p. XIII, Wa., Marm.*) | suis] aviis *Scaliger* (*1565*) *196, qui F 20 coniunctum cum F 18, F 19, F 34 praebuit. Quem ut Scriv. secutus est, sic Vossius* (*1620*) *119 iure vituperavit* | exsuis (*i.e.* exuviis) *Havet*[*Ri.3*] | **1–2** ut in venatu vitulantes ex suis locis / nos mittant Poenis decoratos feris *Rostius vol. 1* (*1836*) *176* : ut ín venatu vítulantes éx feris / locís nos mittant pénnis decoratós suis *Duentzer* (*1837*) *434* | **2** Poenis] *quam vocem Scaliger*[*Ri,Wa*]*, Delr. et Rostius loc. cit., Buecheler* (*ap. Ri.*$_3$*, Kl.*) *interpretati sunt* Puniceis : *Vossius loc. cit. maluit* pennis, *quoniam de avibus sermonem esse suspiceretur; secus Klu.* Poenis *pro* Punicis *agnovit et de pellibus ferorum Punicorum velut leonum cogitavit; porro deliberavit, an Naevius ambiguis verbis ad Bellum Punicum allusisset* | lucis *voluit Vossius loc. cit. propter Naev. F 34,2, ubi* lucos *legit* | decoratos *Gulielmus* (*1583*) *6* (*ad. Plaut. Amph. I 1*)*;* poenis feris decorari *explicavit Klu. sic*: *Bacchas pellibus ferorum Punicorum indutas irrideri a Lycurgo, qui se feris poenis eas decoraturum esse minetur.* – *Interpr.*: *Wa. et Tra. putaverunt Bacchas certiores de poenis Lycurgi factas commiserari, quod eis immineat. Similiter sec. Klu. Bacchae apud deum suum de minis Lycurgi queruntur et sec. Ribbeck* (*1875*) *59 Maenadum alia aliam monet, ut caveat regis*

62 Naevius] Nevius (*L H*)[*Mu*] : Novius *Ald.*

*dolum. Sec. Marm. Bacchae his verbis e Lycurgo quaerunt, qua de causa captae sint. – Metr.: Ri., Li., Marm., Kl., Tra. ia$^6$ statuerunt.*

## 21

(38 Ri.$_2$; 35 Ri.$_3$; 49 Wa.; p. 195 Marm.; 35 Kl. p. 38)

*Non. p. 73,16–17 Merc. = 102 Li.* (*Li.*): a c r i m o n i a est animi vivacitas. Naevius Lycurgo[63]:

ne ille mei feri ingeni atque animi acrem acrimoniam

*CC* (*codd. potiores: Bamb.* β γ δ *E F G H L Lugd. Montepess. Oxon. P P7665 P7666*)
**Ed. *Li.*:** acrem] agrem *$L^1$* : aerem γ δ
**Edd. rel.:** feri] (*L G $H^2$*)[*Mu*] fieri *$H^1$*[*Mu,On*] | ingeni] (*L G $H^2$*)[*Mu*] (*$H^2$ L P G E Bamb.*)[*On*] : ingenii *$H^1$*[*Mu*] (*F $H^1$ Montepess. Oxon.*)[*On*] | atque] (*L G H*)[*Mu*] | acrem] agrem *$L^1$*[*Mu,On*] : *Bamb.*[*Mu,Ri*] (*Bamb. Lugd. Oxon. Montepess. P7665 P7666*)[*On*] : arrem *$H^1$*[*Mu*]

*CE* nae *Scriv.* | ne ille mei feret ingenui aeque animi *eqs. Mu.* | ingenii *Ald., Steph., Merc., Scriv., Qui.* : íngeni <iram> *Ri., Kl. hiatum tollentes* : ingenium *On.*
*– Crit. in app.: Sec. Wa.* ne *particula verba sequentia affirmat*: "*Yes, he shall feel ...*". *Item intellexit Marm.* ne *ut Graece* νή. *Scriv.* (*et alii veteres ut Bongars*) fert *pro* feri *scripsit verbum desiderans, quod Vossius* (*1620*) *120 repudiavit.* | nae limet *vel* elimet (*quae vox pro* purget *sive* diminuat *dici vult*) feri ingenid *coni. Bo. propter hiatum, quod Klu. non approbavit.*

*CS* ingeni <iram> *Grilli* (*1965*) *148 – Interpr.: Sec. Wa. Lycurgus loquitur. Marm. et Tra. Lycurgum, forsan erga aliquem asseclarum, Dionyso absenti vel praesenti minas iactare putaverunt. Similiter iam Duentzer* (*1837*) *440 et Klu.* ille *de Baccho dici suspicati sunt. Ribbeck* (*1875*) *60 Lycurgum his verbis in deum invehere putavit, quem ipse adesse* (*ut Pentheus Euripideus*) *non sentiat: F 21 tum verba dei ad minas respondentis reddere. Vossius autem propos. haec verba Lycurgi esse respondentis ad F 33*: ille *igitur esse Liberum deum. – Metr.: Bo. tr$^4$ cat., Ri., Li., Marm., Kl., Tra. tr$^7$ statuerunt. Hiatum* ingeni atque, *quem Ri. et Kl. hoc loco vitaverant, defendit Ax* (*1917*) *19.*

*CP* *Casaceli* (*1976*) *106 contulit Acc. trag. 468 Ri.*: vim ferociam, animi atrocitatem, iram acrimoniam. • *De Lycurgi acrimonia cf. etiam Verg. Aen. 3,14*: acri quondam regnata Lycurgo.

---

63 Naevius] Nevius (*L H G*)[*Mu*] | Lycurgo] Licurgo *Bamb.*[*Ri*] *$H^1$*[*Mu*] | Lecurgo *$L^1$*[*Mu*]

## 22

(44–45 Ri.$_2$; 41–42 Ri.$_3$; 41–42 Wa.; p. 196 Marm.; 41–42 Kl.)

(a) *Non. p. 84,12–13 Merc. = 119 Li.* (*Li.*): <creterra. Naevius Lycurgo>[64]: '<cret>terris [studere fecisset][65] sumere aquam ex fonte.'

(b) *Non. p. 547,23–25 Merc. = 878 Li.* (*Li.*): creterra[66] est quam nunc situlam vocant. Naevius Lycurgo: 'namque ut ludere laetantis inter sese vidimus praeter amnem aquam creterris sumere ex fonte.'

namque ut ludere laetantis inter sese vidimus (*tr*$^7$)
praeter amnem aquam creterris sumere ex fonte [...]

CC – ***ad a*** (*codd. potiores*: *Bamb.* β γ δ *E F G H L Lugd. Montepess. Oxon. P P7665 P7666*)
**Ed. *Li.*: 2** creterris] terris *codd.*
**Edd. rel.: 2** terris studere fecisset sumere aquam ex fonte *codd.*[Mu,Wa] | sumere aquam ex fonte] *codd.*[Ri] | terris studere (*F H L P G E Bamb. Lugd. Montepess. Oxon. P7579 P7665 P7666*)[On] | fontem *Bamb.*[Mu,On] | **1–2** nam ut (ve *nonnulli codd.*) ludere laetantis inter se vidimus praeter amnem creterris sumere aquam ex fonte *consensus codicum*[Strzelecki, 1954, 93]
– ***ad b*** (*codd. potiores*: α *Bamb.* β γ δ *E G H L Lugd. Montepess. Oxon. P P7665 P7666*)
**Ed. *Li.*: 1** namque ut ludere] nam vel ludere *P7666* : nam ve ludere *Lugd. Bamb.* : nam ve(l) ludere γ | inter sese] in se α | **2** creterris] α β : creteris $L^1$ γ | ex fonte] α : ex ponte β : ex sponte $L^1$ γ
**Edd. rel.: 1** namque ut ludere] (*L H G*)[Mu] *rell.*[Ri,Kl] : nam ve ludere *Bamb.*[Ri,Mu] : nam ve(l) ludere *codd.*[Marm] | nam ve(l) (*Lugd. Bamb. P7666*)[Wa] γ[Kl] : nam ut *rell.*[Wa] | ludere] *codd.*[On] | se *codd.*[Ri,Marm] | inter sese] *rell.*[Wa] : in se $H^1$[Mu] α[Tra] (*H E P*)[Wa] | **2** praeter] *codd.*[Ri,Mu,Wa,Marm,Tra] | creterris] creter(r)is *codd.*[Wa] : creteris *Bamb.*[Ri,Mu,On] $L^1$[Mu] ($L^1$ $G^1$ *P7666*)[On] | summere *P*[On] | ex fonte] (*H P*)[Ri.3] $H^1$[Mu] ($H^1$ *P*)[On] (*H E P*)[Wa] : ex ponte ($H^2$ $L^2$ *G*)[Mu,On] : ex sponte ($L^1$ *Bamb.*)[Ri,Mu,On] *P7666*[On] : ex (s)ponte *rell.*[Wa] | aquam creterris sumere ex fonte] creterris sumere aquam ex ponte *plerique codd.*[Ri,Mu]

CE – ***ad a*) 1–2** *Sec. Ri. olim haec verba apud Nonium laudantur*: Laberius in Virgine: si quidem mea colustra fretus terris studere fecisset sumere aquam ex fonte, *in quibus* [cre]terris sumere aquam ex fonte *verba ex alia de* creterris *glossa, quae sequeretur, illata esse. Li. lemma in 84,12–13*

64 *Addidit Ri. consentientibus fere omnibus.*

65 studere fecisset] *etiam habet Ald.* : *om. codd. Non. p. 547*

66 creterra] (*L H* β)[Li] : craetera δ[Li] : craterra E[Li] : cartera *P*[Li] : creterra *vel* cratera α[Li] : cretera *Bamb.*[Mu] (*Lugd. Bamb.*)[Li] : caetera *P7666*[Li] : (cretera *vel* caetera) γ[Li]

*aut secludendum aut cum 84,31–85,9 collocandum esse censuit* (*cf.* *et Lindsay 1901, 40 adn. l*), *cum illud* studere fecisset *in fine v. 84,11 collocandum et corrigendum sit sic*: si quidem mea colustra fretus tua e re fecisset. | **2** studere fecisset] *secl. Mu., Li.* : ludere fecisset *On.* | … aquám creterris súmere ex fonte *Mu.* : Laberius in Virgine: Si quidem mea colustra fretus terris studere / fecisset … sumere aquam ex fonte *Qui.* (*ut veteres*), *qui Ri. assensus est in eo, quod in versu sic tradito, qui nec sensum nec metrum exhibet, verba Naevi insunt.*
– ***ad b*)** **1–2** nam ut ludere laetantis invidimus praeter amnem creterris summere ex ponte *Merc.* | **1** namque ut ludere] namque ludere ut *Ri., Mu., Marm., Tra.* : nam ut ludere *Ald., Merc., Scriv., Bo., Klu., Qui., Li., Wa.* | laetantes *Ald., Scriv., Bo., Klu., Qui., Wa., Marm., Tra.* | inter sese] inter se *Ald., Scriv., Bo., Klu., Qui., Li., Wa.* | **2** praeter] propter *Iun., Scriv., Bo., Ri., Mu., Marm., Tra.* : †praeter *Li.* | cretérris sumere aquam éx fonte *Iun., Bo., Li., Wa.* : *eundem ordinem verborum habuerunt Ald., Scriv., Klu., Qui., sed pro* fonte *pos. in textu* ponte | craterris *Ald.*
– *Crit. in app.*: **1** namque ut] *fort.* nemut *Wa.* | **1–2** nam ut lúdere propter ámnem inter se vídimus / laetántes et cretérris aquolam súmere / ex fonte *Bo. ia⁶ restituens* | **2** *fort.* amnem praeter *Li.* | crateris *et* fonte *Scriv. i.m.*
CS nam ut lúdere laetantés inter se vídimus / amném propter cretérris sumere aquam éx ponto *Duentzer* (*1837*) *436* : nam ut ludere laetantis inter se vidimus amnem praeter / creterris sumere aquam es fonte *Strzelecki* (*1954*) *93* : nam ut ludere laetantis inter se vidimus propter <amoenum> amnem *Grilli* (*1965*) *150 secutus Mariotti. Cf. et Onions* (*1882*) *89.*
– *Interpr.*: *Ald. F 22 Novio trib. Ribbeck* (*1875*) *59, Marm., Tra. militem aliquem referre putaverunt, quomodo Bacchae apud ripam* (*Strymonis*) *consederint et vitam cottidianam degant. Sec. Bo. et Klu. paulo post Lycurgi milites eas agressi sunt* (*cf. Eur. Bacch. 761–768*). *Marm.* propter *pro* praeter *e* prope *derivatum et* creterram *pro* cratera *dictam esse interpretatus est.* – *Metr.*: namque ludere ut laetantes inter sese vidimus / propter amnem, crateris aquam de ponte sumere *Vossius* (*1620*) *120 trochaeos restituens, quod sec. Wa. fort. recte. Illud* ludere ut *Vossi Kl. praeter necessitatem putavit, quia "ante amphibrachyn diaeresi antecedentem hiatus et syllaba anceps tolerabilis" sit* (*non approbante Strzelecki 1957/58, 192*) : … nam ut ludere / laetantes, se inter, propter amnem vidimus, crateris sumere aquam ex ponte, *quod Vossius ibid. maluit iambicos refingens. Notat idem* aqua *trisyllabum esse* (*item Bergk 1874, 277 et Di.*) : num … (*cf. Bo. in app.*) creterris fontem sumere *Bothe* (*1837*) *271* : nam ut lúdere laetantís inter se vídimus, ut petere ámnem, / cretérris sumere aquam éx fontei *Buecheler* (*ap. Ri. p. XIV, cf. et Li., Wa.*), *ut septenarium anapaestum constituat, quod Bergk* (*1874*) *276sq.* (*= Id. 1884, 341*) *repudiavit et propos. hunc octonarium iamb.*: nam lúdere ut laetantis praeter amnem inter se vidimus, / cretérris sumere aquam ex fonte. *Li. rursus anapaestos* (*post* vídimus *locum perditum statuens*) *suspectus est. Ri. p. XIV autem, qui F 38–40 eaedem orationi tribuit* (*similiter Marm. et Tra.*), *loc. cit. anapaestos ad narrationen non*

*quadrare putavit et tr*[7] *accipi commendavit. Klu. tetrametrum troch., Wa. metrum incertum, Ri., Marm., Tra. tr*[7] *in fine mutilum statuerunt.*

CP *Eur. Bacch. 761–768 • De voce cf. Apul. flor. 20,1*: prima … creterra ad sitim pertinet.

## 23

(49–50 Ri.$_2$; 46–47 Ri.$_3$; 55–56 Wa.; p. 198 Marm.; 46–47 Kl.)

*Non. p. 84,31–34 Merc. = 120 Li.* (*Li.*): cette significat dicite vel date ab eo quod cedo. Naevius Lycurgo[67]:

proinde huc Dryante regem prognatum patre, (*ia*[6])
Lycurgum cette

CC (*codd. potiores*: *Bamb.* β γ δ *E F G H L Lugd. Montepess. Oxon. P P7665 P7666*)

**Ed. *Li.*: 1** proinde huc Dryante] proindustriantte *vel* proin dustriant te *codd.*

**Edd. rel.: 1** proinde huc Dryante] proindustriantte *vel* proin dustriant te *codd.*[Ri, Wa,Marm,Kl] (*L H G*)[Mu][68] (*F H L P G E P7579*)[On] | patre] patrem *G*[Mu,Ri] *G*[1][On]

CE **1** Dryante] Triante *Di., Kl.* : Druante *Tra.* | proinde huc Dryante] pro industria ne te *Ald., Steph.* : proin Dryante *Iun. probante Vossio* (*1620*) *119, Merc., Scriv., Bo., Klu., Qui.*

CS **1** Triante *Leo* (*1910*) *22, Grilli* (*1965*) *148* | proín Dryante *Duentzer* (*1837*) *435* : proin Dysdryante (*vel* Dusdriante) *Bergk* (*1874*) *281* (*= Id. 1884, 348*) : proin dis Dryante *Spengel* (*1899*) *392. – Interpr.*: *Spengel loc. cit. putavit his verbis postulari, ut Lycurgus deis tradatur. Sec. Duentzer loc. cit. chorus Lycurgum a venatione redientem salutat. Bo. et Klu. putaverunt haec verba esse Bacchi, qui regem, ut videtur, ad supplicium poscat* (*cf. Apollod. 3,5; Diodor. Sic. 3,65*). *Ribbeck* (*1875*) *58 frg. in initio fabulae posuit putavitque his verbis nuntium regem petere, ut de adventu Baccharum referat. Sec. Wa. hoc loco Dionysus victor Lycurgum afferri iubet. Similiter Marm. et Tra. adverbium* cette (*cuius singularis forma est* ‘*cedo*’) *e* cedate *ortum* (*cf. Marm. et Tra. ad loc.*) *– Metr.*: *Ri., Li., Marm., Kl., Ern., Tra. ia*[6] *statuerunt.*

CP *De Lycurgi patre cf. Hom. Il. 6,130* (*West 1998*): οὐδὲ γὰρ οὐδὲ Δρύαντος υἱός, κρατερὸς Λυκόοργος

67 Lycurgo] Licurco *L*[1][Mu] : Licurgo (*L*[2] *H*)[Mu]

68 *Sec. Mu. Guelferbitani codicis* (*G*) *collatio Schneideriana habet*: pro industriam te.

## 24

(48 $Ri._2$; 45 $Ri._3$; 52–53 Wa.; p. 197 Marm.; 45 Kl.)

*Non. p. 109,22–23 Merc. = 156 Li.* (*Li.*): <Naevius Lycurgo ... f l o r a.> Naevius Lycurgo[69]:

[...] ut videam Vulcani opera haec flammis flora fieri (*$tr^7$*)

*CC* (*codd. potiores*: *Bamb.* β γ δ *E F G H L Lugd. Montepess. Oxon. P P7665 P7666*)
**Ed. *Li.*:** Vulcani] vulgani $L^1$
**Edd. rel.:** Vulcani] vulgani $L^{1[Mu,On]}$ $H^{1[Mu]}$ $(F^1\ H^1)^{[On]}$ | haec] $(L\ H\ G)^{[Mu]}$ | fieri flora *codd.*$^{[Ri.3,Marm]}$ $(L\ H\ G)^{[Mu]}$

*CE* Volcani *Scriv., Bo., Ri., Mu., Wa., Marm., Tra.* | haec opere *Qui.* : opera haece *Mu.* | flaminis fieri flora *Ald., Steph.* : fimbriis fieri florida *Iun. non probante Vossio* (*1620*) *120* | fieri flora *Steph., Merc., Scriv., Bo., Ri., Li., Wa.* : fieri / flora – ⏑ – *Kl.* : fíeri flora <férvidis> *On. $ia^8$ dimetiens.* – *Crit. in app.*: Volcani haec opera flammis flora fieri *Bo., ut habeat $tr^4$ cat.* | utinam videam Volcani haec *temptat Mu.*

*CS* haec ut videam Volcani opera flammis flora fieri *Ri. p. XIV et idem* (*1875*) *61 septenarium efficiens.* : [...] út videám Volcáni operá haec flámmis fíeri flóra *Strzelecki* (*1954*) *99 $an^7$ in initio mutilum restituens* : ut videam Volcani opera haec flammis fieri flora [...] *Grilli* (*1965*) *148* – *Interpr.*: *Vossius* (*1620*) *120 propos. haec verba fort. a Lycurgo dici, qui omnia facibus Baccharum illuminata esse videat. Bo. verba Lycurgo tribuit castra Baccharum incendi iubenti. Alia Klu. his verbis elicuit*: "*vites igni comburi iubet Lycurgus, ut Volcani opera flammis illa loca florea fieri videat.*" *Sec. Ribbeck* (*1875*) *61, qui* Vulcani opera *interpretatur 'fulmine Iovis', et sec. Wa., Marm. his verbis Dionysus optat, ut Lycurgi scilicet domus flammis pereat.* flora *neutrum plurale cum* haec *coniungendum* (*cf. Marm.*). – *Metr.*: *post* videam *dispescens Duentzer* (*1837*) *437 $ia^6$, Ri. $tr^7$, $Ri._3$ $ia^7$, Marm. et Tra. $tr^7$ primo pede mutilum statuerunt.*

*CP* *Voces* flori crines *invenies et apud Acc. trag. 255 Ri., Pac. trag. 19 Ri.* • *Verg. Aen. 12,605* • *cf. et Lucr. 4,452*: bina lucernarum florentia lumina flammis.

---

69 *Hoc loco Noni lemmata sic restituenda*: fimbriae sunt omnis extremitas. <Naevius Lycurgo ... flora>. Naevius Lycurgo. *Merc. lacunam cognovit et coniecit versum Naevianum ad* fimbriae *lemma pertinentem intercedisse* (*probantibus Li., Wa. et aliis; cf. Lindsay 1901, 44*). *Sec. Kl. plura lacuna intercedisse poterant* | Naevius] uenius $F^{1[On]}$ | Lycurgo] Ligurgo $(L\ H^1)^{[Mu]}$ : Licurgo $H^{2[Mu]}$

## 25

(36 Ri.$_2$ ; 33 Ri.$_3$; 36 Wa.; p. 194 Marm.; 35 Kl. p. 37)

(a) *Non. p. 124,31–32 Merc. = 180 Li.* (*Li.*): ignotae id est insciae. Naevius Lycurgo: 'ignotae iteris sumus, tute scis.'

(b) *Non. p. 485,3–5 Merc. = 778 Li.* (*Li.*): iteris positum pro itineris ... Naevius Lycurgo: 'ignotae iteris sumus, tute scis.'

(c) *Prisc. GL II 229,1–5 Keil* (*Her.*): antiqui et hoc iter iteris et hoc itiner itineris dixerunt ... Naevius in Lycurgo[70]: 'ignotae iteris sumus, tute scis.'

ignotae iteris sumus, tute scis

*CC* – ***ad a*** (*codd. potiores*: *Bamb.* β γ δ *E F G H L Lugd. Montepess. Oxon. P P7665 P7666*)
**Ed. *Li.*:** ignotae] ignoti *codd.*
**Edd. rel.:** ignotae] *Non.*[*Keil*] : ignotae (-te) *codd.*[*Mu,Wa,Marm,Tra*] *codd. plerique*[*Ri*] (*F H L P G E P7579*)[*On*] : ignote *G*[*Ri,On*]
– ***ad b*** (*codd. potiores*: α *Bamb.* β γ δ *E G H L Lugd. Montepess. Oxon. P P7665 P7666*)
**Ed. *Li.*:** ignotae] ignotae (-te) *codd.* : igoniti *L*[1]
**Edd. rel.:** ignotae] ignoti *codd.*[*Ri,Mu,Marm,Wa,On,Tra*] : igniti *Bamb.*[*Ri,Mu*] : igoniti *L*[1][*Mu*]
– ***ad c*** (*codd. potiores*: *R P B D H A G L K*)
**Ed. *Her.*:** tutescis *B*
**Edd. rel.:** ignotae] ignoti *codd.*[*Klu,Ri,Li,Wa,Marm,Tra*]

*CE* ignotae iteris sumus / tute scis *Ald.* (*ad a*), *Merc.*, *Kl.* : ignoti iteris sumus / tute scis *Ald.* (*ad b*), *On.* : ignotae <hic> iteris sumus <si> tute scis [...] *Ri.*$_3$ (*cf. Ri. p. 13*) | ignoteis (*ad a*), *sed* ignotis (*ad b*) *Mu.* : ignotae (*ad a*), *sed* ignotei (*ad b*) *Li.* : ignoti *Steph.*, *Marm.* | sumu' *utr. loc. Qui.*, *Mu.* | iteri' sumu' *Li. utr. loc.* | *signum interrogationis post* tute scis *habent Mu.*, *Li.*, *Ern.*
– *Crit. in app.*: ignoti *vel fort.* ignotei *Wa.*, *cum chorus etiam e satyris constare possit.*

*CS* ignoti iteris sumu' [...] *Vossius* (*1620*) *119, qui et versum post* sumus *dispesci propos., ut fiat finis ac initium trochaei.* : ignotae <hic> iteris sumus <si> *vel* <an> tute scis *coni. Ri. p. XIII, ut anapaestum secundi pedis evitaret* : ignotae iteris sumus, at tute scis *sive* ignotae iteris sumus, / tute scis *Buecheler* (*ap. Ri. p. XIII*), *ut troch. evadant, quos Ri. loc. cit. repudiavit; item mensionem creticam non approbavit.* | ignotei iteris

70 Lycurgo] lugurco (*c littera suprascripta g*) *Reg.*[*Ri.3*] : Loecurgo *vel* legurgo *G*[*Ri.3*]

sumus *Lindsay* (*1902*) *48* | ignoti *Class. Auct. Vat. VIII* (*1836*) *127. 194* (*cf. et in addendis Klu. p. 230*). | *Cf. de* iteris *forma et Casaceli* (*1976*) *9 adn. 5. – Interpr.*: *Ald. F 25 Novio trib. Klu. verba Satyris ac Bacchis tribuit, qui duce Baccho egere profitentur. Sec. Ribbeck* (*1875*) *59 chorus se tradit vel Libero vel Lycurgo ducibus. Apud Wa. haec verba chori sunt. Marm. et Tra. frg. cum antecedente coniungentes putaverunt Bacchas ad Dionysi adhortationem nunc ad Lycurgum petere et deum implorare, ut se eo ducat. – Metr.*: *Ri. iamb. suspicatus est. Sec. Marm. metrum frusti non iam restitui potest, sec. Tra. iamb. Cf. et Duckett* (*1915*) *56sq.*

*CP* *Class. Auct. Vat. VIII* (*1836*) *127*: Clino, as quod non est in usu; sed inde dicitur per compositionem hoc triclinium, nii ·i· domus convivantium trina sessione ordinata; unde per compositionem, hic architriclinus, ni ·i· princeps residentium in illa domo, et interclinus, a, um; unde Ambrosius super Hegesippum: civitas praerupta undique proprie erat interclina rupibus. Item a clino per compositionem hoc diversiclinium, nii ·i· locus ubi diverse coniunguntur, quod aliter dicitur hoc heteroclinium, nii unde Plautus: ignoti itineris sumus, tut scis quae sint heteroclita.

## 26

(40–41 Ri.$_2$; 38–39 Ri.$_3$; 50–51 Wa.; p. 195 Marm.; 37–38 Kl.)

*Non. p. 124,33–35 Merc. = 180 Li.* (*Li.*): i n i u r i e[71] dictum pro iniuriose. Naevius Lycurgo[72]:

> oderunt di homines iniuros. : : egone an ille iniurie facimus? (*tr*$^7$)

*CC* (*codd. potiores*: *Bamb.* β γ δ *E F G H L Lugd. Montepess. Oxon. P P7665 P7666*)
**Ed. *Li.*: 1** di] i dii *L*
**Edd. rel.: 1** oderunti ($L^2$ $H^1$)$^{[Mu]}$ : oderunte *fcrt.* $L^{1[Mu]}$ | di] i dii (*F* $H^1$ *L*)$^{[On]}$ : dii *codd.*$^{[Ri]}$ (*L G H*)$^{[Mu]}$ | homines] *codd.*$^{[Ri]}$ *codd.*$^{[On]}$ | iniuros] iniuriose *codd.*$^{[Ri,Wa,Kl]}$ *rell.*$^{[Mu]}$ (*F H L P G E P7579*)$^{[On]}$ *plerique codd.*$^{[Marm]}$ : iniuriosae $H^{1[Mu]}$ ($H^1$ $L^1$)$^{[On]}$ (*H L*)$^{[Ri.3]}$ : iniuniosae *fort.* $L^{1[Mu]}$ | egone] *codd.*$^{[Kl]}$ | homines iniuriose dictum pro iniuriose egone $P^{[On]}$ | iniurie] iniuriae $L^{1[Mu]}$ ($L^1$ $G^1$)$^{[On]}$

*CE* **1** di homines iniuros] *primus corr. Bo. personas distinguens, nunc vulgo* : dii homines iniurios *Merc., Scriv., Klu.* : dii homines. iniuriose *Steph.* : di homines †iniuriose *Li.* | iniurie] iniure *Mu., Tra.*

---

71 iniuriae $H^1$ $L^1$ *O* $^{[On]}$ : iniurie] (*F H L P G E Bamb. Lugd. Montepess. Oxon. P7579 P7665 P7666*)$^{[On]}$

72 Lycurgo] Ligcurgo $L^{1[Mu]}$ : Licurgo ($L^2$ $H^1$)$^{[Mu]}$ : Ligurgo $H^{2[Mu]}$

– *Crit. in app.*: **1–2** odérunt di homines: égone an illi iniúrie / facimus [...] *Ri.₁ propos.*

*CS* **1** iniuros] *non probavit Klu., cum vox dubiae fidei sit (sed cf. Plaut. Pers. 408)* : iniustos *Havet (1886a) 282.* – *Interpr.*: *Duentzer (1837) 439 F 26 cum F 33 coniunxit. Ribbeck (1875) 60, Wa., Marm., Tra. hoc loco Dionysum (priorem dicentem) cum Lycurgo colloqui putaverunt, quem captum esse Klu. pp. 114 et 118 negavit. Cf. Tra. p. 33, quo loco amplius de F 26 disputavit et Lycurgum cum Pentheo (Eur. Bacch.) comparavit.* – *Metr.*: *Ri., Li., Marm., Kl., Tra. tr⁷ statuerunt.*

## 27

(47 Ri.₂; 44 Ri.₃; 45 Wa.; p. 197 Marm.; 44 Kl.)

*Non. p. 159,5–9 Merc. = 234 Li. (Li.)*: pecua et pecuda ita ut pecora veteres dixerunt. Naevius[73] Gymnastico ... [*8*] idem (*sc. Naevius*) Lycurgo:

sine ferro pecua manibus ut ad mortem meant. (*ia⁶*)

Accius Astyanacte [*Acc. trag. 177sq. Ri.*]: ... idem Medea [*Acc. trag. 409sq. Ri.*]: ...

*CC* (*codd. potiores*: *Bamb.* β γ δ *E F G H L Lugd. Montepess. Oxon. P P7665 P7666*)
**Ed. *Li.*:** pecua] pecora *codd.*
**Edd. rel.:** pecua] pecora *codd.*[On,Marm,Kl] | ferro] *codd.*[Wa] | sine ferro pecora manibus ut *codd.*[Ri] | pecora manibus ut ad (*L H G*)[Mu] (*F H L P G E P7579*)[On] | pecora manibus ut ad m. m. *codd.*[Wa]

*CE* sine terrore *Ri., quod non approbavit Bergk (1874) 258 (= Id. 1884, 328)* | pecua] *Merc. non approbante Vossio (1620) 119* : pecuda *ed. 1476*[Mu], *Ald., Steph.* | ut] *secl. Qui., On.* | ut pecua manibus ad *Wa.* : manibus pecua ut ad *Mu.* | sic sine ferro pecua manibus sueta ut ad mortem meant *Ri.₃ tr⁷ restituens* : sic sine ferro ut pecua manibus sueta ad mortem meant *Tra.*
– *Crit. in app.*: p. m. ad (ut *om.*) *quidam apud Iun. i.m.* | ut pecua manibus ad *vel* ut pecuda Maenades, ad *maluit Bo., qui suam priorem emendationem ita explicavit, ut inermes Maenades manibus Lycurgi Thracumque ad mortem duci dicantur, posteriorem, ut Tharops haec Baccho praedixerit* | mansueta *pro* manibus *sec. Wa. fort. recte, sec. Marm. fort. cum* manibus *coniungendum.*

---

73 Naevius] Nevius (*L G H*)[Mu,On] (*F P E P7579*)[On]

*CS* sine férro, pecua ut, mánibus eant *Duentzer* (*1837*) *438 illud* ad mortem *glossema secludens* : sine ferro manibus (*i.e. vi*), pecua ut ad mortem meant *Bergk* (*1835*) *75* (*cf. Id. 1874, 258* = *Id. 1884, 328*), *qui his verbis referri putavit Maenades manibus inermibus boves laceravisse, et Grauert* (*1833*) *102, qui F 27 cum F 19 coniunxit et verba esse Lycurgi mortem iubentis putavit* | meent *Grauert loc. cit.* | síne terrore pécua manibus ductae (*vel* dúctae manibus pécua) ut ad mortém meant *Ri. p. XIV propos., ut septenarius fiat.* : sic sine ferro, pecua manibus suéta ut ad mortém meant *Ribbeck* (*1875*) *59* : sine férro pecua mánsueta ad mortem meant *Mu. in app. senarium redigens, qui verba satellitibus patientiam Bacchi eiusque comitum mirantibus tribuit, et* (*testibus Ri. p. XIV, Wa.*) *Buecheler, qui hoc loco* ferro *significari catenas putavit probante Ri. loc. cit.* (*coll. Eur. Bacch. 435sqq.*), *sed non probante Bergk loc. cit. Wa., Marm., Tra. satellitum* (*vel militis cuiusdam*) *enarrationem de Bacchis captis continuari arbitrati sunt. Tra. Bacchas non invitas invadere, quod deo suo confidant, Bo. in app. amicitiam simulantes putaverunt. Secus Klu. amicitiam quamvis simulatam acrimoniae Lycurgi* (*cf. F 21*) *non convenire censuit et verba Lycurgo de Bacchiis inermibus more pecudum* (*cf. F 19*) *ad mortem meantibus gaudenti tribuit. Sed mox milites Lycurgi, ut Klu. interpretatus, subito terrore affecti fugient* (*cf. F 38*). – *Metr.*: *Ri., Tra.* $tr^7$, *Li., Marm.* $ia^6$ *statuerunt. Cf. et Geppert* (*1858*) *111.*

## 28

(21 Ri.$_2$; 18 Ri.$_3$; 25 Wa.; p. 191 Marm.; 20 Kl.)

*Non. p. 191,12–18 Merc.* = *281 Li.* (*Li.*): angues masculino genere … [*17*] Naevius Lycurgo[74]:

alte iubatos angues in sese gerunt ($ia^6$)

*CC* (*codd. potiores*: *Bamb.* β γ δ *E F G H L Lugd. Montepess. Oxon. P P7665 P7666*)
**Ed. *Li.*:** iubatos] iugatos | in sese] *codd.*
**Edd. rel.:** iubatos] iugatos *codd.*[Ri,Kl,Tra] (*L H G*)[Mu] (*F H L P G E P7579*)[On] | in sese] (*L H G*)[Mu] *codd.*[On,Wa,Marm,Ri.3]

*CE* iugatos *Ald., Steph., Iun., Merc., Scriv., Bo., Klu., Qui., Marm.* | in sese] *Ald.* : in se *Steph.* : in sinu *Scriv. i.m., quod Vossius non probavit* : inlaesae *Bo., Mu., Ri.$_3$, Kl., Tra.*
– *Crit. in app.*: iubatos] *Iun. i.m.*[Ri,Mu,Li,Marm,Tra] *et Scriv., Bo.*

---

74 Naevius] Novius *Ald.* | Lycurgo] lucurgo *L*[1[Mu]] : lygurgo *H*[1[Mu]] : lycurgo *rell.*[Mu] | Lucurgo *Mu. in textu habet.*

*CS* *Sec. Mu. fuerunt, qui* aliae (*sic Ribbeck 1875, adn. 31*) *vel* aliei *pro* alte *conicerent.* | iubatos *pro* iugatos *et* infestae *pro* in sese *coni. Vossius* (*1620*) *119.* : iugatos *Duentzer* (*1837*) *436* | in sese] inlaesae *Buecheler* (*ap. Ri. p. XII; cf. Ri. 1873, p. CXII et Bergk 1874, 262 = Id. 1884, 331*), *Grilli* (*1965*) *149* | aliae iubatos angues inplexae gerunt *Bergk loc. cit.* – *Interpr.*: *Sec. Ribbeck* (*1875*) *58 et Tra. nuntius Lycurgo agmen Maenadum describit. Klu., Wa., Marm. hoc loco fort. de Baccharum gestu ornatuque agi censuerunt* (*cf. Hor. carm. 2,19,18sqq.*). *Klu, qui* alte iugatus *retinendum putavit, versus sic explicavit*: "*excelse, sublime in collo gerunt*" (*coll. Cic. div. 2,67*: sublime fixa). – *Metr.*: *Ri., Li., Marm., Tra., Lattanzi* (*1994*) *204 statuerunt ia*[6].

*CP* *Plaut. Amph. 1108*: devolant angues iubati. • *Hor. carm. 2,19,18sqq.*

## 29

(42 $Ri._2$; 39 $Ri._3$; 58 Wa.; p. 196 Marm.; 39 Kl.)

*Non. pp. 191,31–192,1 Merc. = 282 Li.* (*Li.*): amnem masculino genere appellamus … [*36*] Naevius Lycurgo[75]:

sic quasi amnis cita rapit sed tamen inflexu flectitur (*tr*[7])

*CC* (*codd. potiores*: *Bamb.* β γ δ *E F G H L Lugd. Montepess. Oxon. P P7665 P7666*)
**Ed. *Li.***: –
**Edd. rel.:** sic] sed *codd.*[Ri, Wa, Kl, Marm] (*L H G*)[Mu] | quasi] quando *Urbin.308*[Ri] | cita rapit] cis rapit *codd.*[Ri, Wa, Kl, Marm] (*L H G*)[Mu] (*F H L P G E P7579*)[On] | inflexu] *codd.*[Wa] (*L H G*)[Mu] (*F H L P G E P7579*)[On] : inflexa *codd. sec. Vossius* (*1620*) *119*

*CE* sic] *Ri.* : sed *Ald., Steph., Merc., Scriv., Qui., On., Li., Kl., Marm.* : se *Wa., Tra.* | cita] celeris *Ri., Wa.* : vi *Qui.* : cis *Ald., Steph., Merc., Scriv., Bo., crucibus adiectis Li.* | rapida *Merc. adn. ad loc., Klu.* | rapit sed tamen] *Ri., Wa., Kl.* : ruit, sed tamen *Mu.* : rapit se, tamen *Qui., On.* | inflexa *Ald., Steph., Iun., Scriv., Qui.* : in fluxu *Merc. adn. ad loc., Mu.* : in flexus *On.*
– *Crit. in app.*: amnis cita rapit] amnis rapida *Scriv. i.m.* | in flexu *Scriv. i.m.* | sic quasi amnis res rapit, sed tamen implexa flectitur *Bo.*

*CS* […] sed quasi / amnis cum rapida'st, tamen in fluxu flectitur *sive* […] sed, quasi amnis rapida, tamen in fluxu flectitur *Vossius* (*1620*) *119, qui fort. recte* cis *ex* cum *et* sed *vel* set *ex* 'st *explicavit.* : sed quasi amnis rapida tamen implexu flectitur rapit se tamen implexu *Bothe* (*1837*) *270* : séd quasi amnis cís rapida est, sed tamen in flexu fléctitur *Duentzer* (*1837*) *440* : sed quasi amnis cita rapit se, tamen *eqs. coni. Buecheler*

75 Lycurgo] lucurgo *L*[Ri.3] *L*[1[Mu]] *vel* lacurgo *L*[1[Mu]] : lygurgo *H*[1[Mu]] : lycurgo *rell.*[Mu]

(*ap. Ri.*$_3$, *Li.*, *Wa.*, *Marm.*), *quod Ri. p. XIII probavit.* : [...] sed quasi amnis <obii>ces / rupit, sed<ata> tamen *eqs. Bergk* (*1874*) *254* (= *Id. 1884, 324*) | se *pro* sed *iterato emendavit Büchner*[Tra] | sed quasi amnis cita (*vel* acris *vel* celeris) rapit, sed tamen inflexu flectitur, / <incidit si in firmam rupem,> *eqs. Mariotti* (*1974*) *23* – *Interpr.*: *Sec. Ribbeck* (*1875*) *60 Dionysus minatur Lycurgo, cum Ri. p. XIII imagine rapidi amnis iram sive Lycurgi sive Liberi pingi opinatus sit. Sec. Marm. his verbis Dionysus Bacchis pronuntiat se Lycurgum quamvis ira furentem puniturum esse. Similiter Tra. haec verba a Dionyso de incepto regis dicta esse putavit, Wa. ignoravit, quis loquatur. Olim Klu. propos. versum non uni personae tribuendum esse: priorem dicere aliquem, qui Lycurgum prohibeat, ne Bacchum quasi amnem serpentem sequatur, deinde ipsum Lycurgum, qui respondeat etiam flumen ultra ripas progressum instar Maeandri cursum tenere cogendum esse. Mariotti coll. Hom. Il. 17,492 putavit hunc versum non agere de Bacchis saltantibus, sed de proelio aliquo. Cf. et Aricò* (*1997*) *73sq. Marm. in adhibenda figura ethymologica sermonem popularem cognovit, cf.*: inflexu flectitur *similiter ac* acrem acrimoniam (*F 21*). – *Metr.*: *Ri.*, *Li.*, *Marm.*, *Kl.*, *Tr.* $tr^7$ *statuerunt.*

*CP* *Mariotti attulit Hom. Il. 11,494sqq.*: πολλὰς ... δρῦς ἀζαλέας, πολλάς δέ τε πεύκας ἐσφέρεται (*i.e. secum rapit*). • *de genere feminineo cf. Plaut. Merc. 859*: ulla ... amnis.

## 30

(22 Ri.$_2$; 19 Ri.$_3$; 26 Wa.; p. 192 Marm.; 21 Kl.)

*Non. p. 192,29–32 Merc.* = *283 Li.* (*Li.*): arva neutri sunt generis ... [*31*] feminino Naevius Lycurgo[76]:

[...] quaque incedunt, omnis arvas opterunt (*ia*$^6$)

*CC* (*codd. potiores*: *Bamb.* β γ δ *E F G H L Lugd. Montepess. Oxon. P P7665 P7666*)
**Ed. *Li.*:** –
**Edd. rel.:** [...] quaque] lib. II quaque *codd.*[Ri, Wa] | lib. II *codd.*[Marm, Kl, Tra] (*L H G*)[Mu] | lyc. libro II (*F H L P G E P7579*)[On] | quaque] (*L H G*)[Mu] : quaquae *H*$^1$[Mu] (*F H*$^1$ *E*)[On] | incaedunt *F*$^1$[On]

76 Naevius] Nevius (*L H G*)[Mu] | Lycurgo] *H*$^1$[Mu] : lyc. (*F H L P G E P7579*)[On] | *Quaerendum est, unde frg. incipiat. Tradita haec ferme verba videntur*: Naevius Lycurgo lib. II quaque *eqs. An rectius cum Klu.* (*1843*) *109 ita legendum est*: *Naevius Lycurgo II., i.e. in secunda trilogiae fabula Aischylea, e qua Naevius materiam hausit* (*cf. supra nostram notam 54*). *Cf. etiam Lattanzi* (*1994*) *207–210.*

CE [...] quaque] *lacunam sic statuit Wa.* : lib. ii quaeque *Ald.* : Liberi quaqua *Merc. adn. ad loc., Klu.* : Liberi, quaquad *Bo.* : ii quaqua *Qui.* : Liberi sunt, quaque *Ri., Ri.*$_3$*, Tra.* : <famulae> Liberi, / quacumque *Ri.*$_1$ : liberi, / quaquomque *Mu.* : i quaque *On., Li.* : i quaque *Marm.* : hi quaque *Kl.* | omnes a. obterunt *Ald., Bo., Qui., Klu.*
– *Crit. in app.*: quacunque *Scriv. i.m., qui Merc. secutus* Liberi quaqua *scribendum esse putavit* | Liberi: / i quaque *Ri.*$_3$ *senarium constituens.*

CS *Illud apud Nonium traditum* lib. II (*cf. nostram adn. 76*) *pro* Liberi *habet et in Naevi frg. traxit iam Muretus* (*1586*)[Marm]. Liberi, quacunque i., o. a. obterunt *etiam Vossius* (*1620*) *119, ut tr fiat. Similiter Duentzer* (*1837*) *439, qui autem* quaqua *legit. Praeterea* arvas *i.e. vineas cum* Liberi *coniungendum esse putavit. Naevium enim dicere*: "*Quaqua iter est, vineta omnia excisa fuisse ex mandato Lycurgi.*" *Ribbeck* (*1875*) *58* (*cum adn. 32*) *verba sic restituit*: <sunt> Liberi: / <ut *vel* qui *vel* quae *vel* i *i.e.* ei> quaque incedunt *eqs. Praeterea propos.* liberi *pro adiectivo habere, quia in Baccharum agmine etiam sint viri* (βάκχοι). *Item Mu.* liberi *pro adiectivo habuit.* Libero secundo: quaque incedunt, omnis arvas opterunt [...] *Strzelecki* (*1947*) *24sq.* – *Interpr.*: *Ri., Marm., Wa. fere idem senserunt*: *nuntius Bacchas et Satyros, qui* liberi *perinde ac* Liberi (*i.e. Bacchi*) *sunt et rura vastant, perscribere pergit* (*cf. F 33*). – *Metr.*: *Ri. suppl.* Liberi sunt, *ut tr*$^7$ *evadat, Li., Marm., Kl., Tra. ia*$^6$ *statuerunt.*

## 31

(23 Ri.$_2$; 20 Ri.$_3$; 35 Wa.; p. 192 Marm.; 23 Kl.)

*Non. p. 213,10–11 Merc. = 314 Li.* (*Li.*): melos genere neutro. Naevius Lycurgo[77]:

[...] suavisonum melos (*ia*$^6$)

CC (*codd. potiores*: *Bamb.* β γ δ *E F G H L Lugd. Montepess. Oxon. P P7665 P7666*)
**Ed. *Li.*:** suavisonum] suave summum *codd.*
**Edd. rel.:** suavisonum] suave summum *codd.*[Ri,Kl,Wa,Marm,Tra] (*L H G*)[Mu] (*F H L P G E P7579*)[On]

CE suave summum *Ald., Steph., Merc., Scriv.* : suavissumum *Qui.* | melus *Mu.*
– *Crit. in app.*: suavisonum vel suavissimum *Scriv i.m.* : suave sumam (*i.e. incipiam*) melos *vel* suave sume [summe *error typographicus videtur* (*cf. Duentzer 1837, 442*)] melos *Bo.* | *ut Nonium* melos, *sic Naevium* melus (*cf. pelagus*) *habuisse Mu. putavit, quoniam* "*graecanica flexione tali tam vetus poeta uti*" *non potuerit.*

---

77 Lycurgo] lecurgo *L*$^{1}$[Mu] : lig. *H*$^{1}$[Mu] : lic. *H*$^{2}$[Mu]

*CS* suavissimum *vel potius* suavisonum *Vossius* (*1620*) *120* : suavisonum *primus legit Gulielmus vol. 3* (*1582*) *83* (= *in Grutero 1605, V, 306*), *Scaliger*[Ri.3,Marm] : suavissimum *Leo* (*1910*) *13.* | *Cf. ad* suavisonum melos *vocem et Innocenti Pierini* (*1980*) *103sq. et 123. – Interpr.*: *Duentzer loc. cit. et Marm. hoc loco de canticis Bacchanalibus dici putaverunt. – Metr.*: *Ri. iamb. vel troch., Li., Marm.* $ia^6$ *statuerunt.*

*CP* *Casaceli* (*1976*) *26 et 107sq. contulit Acc. trag. 572 Ri.*: excita saxis suavisona echo.

## 32

(34–35 Ri.$_2$; 31–32 Ri.$_3$; 33–34 Wa.; p. 194 Marm.; 33–34 Kl.)

*Non. pp. 224,37–225,4 Merc. = 333 Li.* (*Li.*): schema … [*225,2*] neutro Naevius Lycurgo[78]:

> [...] pergite,
> thyrsigerae Bacchae modo, Bacchico cum schemate

*CC* (*codd. potiores*: *Bamb.* β γ δ *E F G H L Lugd. Montepess. Oxon. P P7665 P7666*)
**Ed. *Li.*: 2** Bacchae] brehcae *codd.*
**Edd. rel.: 2** thyrsigerae] tyrsigere *codd.*[Ri] (*L G*)[Mu] (*F L E*)[On] : tyrsygere *G*[On] : tirsigere *H*[Mu,On] | Bacchae] brehcae *codd.*[Ri,Wa,Kl] (*L H G*)[Mu,On] (*F P E P7579*)[On] | modo bacchico] *codd.*[Ri] (*L H G*)[Mu,On] (*F P E P7579*)[On] | schemate] ($H^2$ *G E*)[On] : scemate (*F* $H^1$ *L*)[On]

*CE* **2** thyrsigerae Bacchae] *ed. 1526*[Ri] : thyrsigere breche *Ald.* : Tyrsigerae Bacchae *Ri., On.* : tursigerae Baccae *Tra.* | modo] *om. Ri., On., Wa., Tra.* | modo Bacchico] commodo *Mu.* | scemate *Mu., Ri.*$_3$*, On.*

*CS* **2** Bacchae] *corr. Bentinus* (*1526*) *ad loc.* | modo Bacchiaco *Bergk* (*1835*) *75, quod Klu. non approbavit. Cf. ad* Bacchicus *vocem Soubiran* (*1984*) *89* | [...] pergite, / thýrsigerae Bacchae, modo / Bacchico cum schemate *Leo* (*1910*) *13 dimetros trochaicos cat. restituens.* | *Cf. ad* thyrsiger *vocem Casaceli* (*1976*) *31. – Interpr.*: *Ribbeck* (*1875*) *59 suspectus est his verbis chorum ad saltandum incitari. Sec. Wa. hoc loco chorus cantat. Klu., Marm., Tra. Dionysum his verbis animum comitum confirmare putaverunt, ut in Lycurgum invehant* (*cf. Eur. Bacch. 733. 763sqq.*)*. – Metr.*: *Vossius* (*1620*) *119 troch. quadratus cat., Bo. Vossio obloquens dactylos statuit, sed* cum schema *feminini generis maluit Bothe* (*1837*) *270* $da^4$ *cum cret. diminuto refingens. Duentzer* (*1837*) *441 post* thyrsigerae *dispescens priorem versum dact. cat., alterum dact. cum dimetro iamb. cat. dimensus est. Klu. duo versus anapaesticos postulavit, unum a*

---

78 Lycurgo] Legurgo $L^1$[Mu] : Lygurgo *rell. praeter* $H^2$[Mu] (*L G*)[Qui]

*clausula incipientem, alterum in fine mutilum. Cf. et Duckett (1915) 56. Kl. post* modo *dividens* $da^4$ *et* $tr^4$ *cat. dimetitur. Di. et post* pergite *et post* modo *dispescens troch., Ri., Mu., Tra.* $ia^6$, *Marm.* $tr^7$ *statuerunt.*

## 33

(39 Ri.$_2$; 36 Ri.$_3$; 48 Wa.; p. 195 Marm.; 36 Kl.)

*Non. pp. 258,38–259,6 Merc. = 395 Li.* (*Li.*): contendere significat conparare … [*259,6*] Naevius in Lycurgo:

cave sis tuam contendas iram contra cum ira Liberi (*$tr^7$*)

*CC* (*codd. potiores*: α *B* β *Bern.347 Cant.* δ *E G Gen. H L Montepess. Oxon. P*)
**Ed. *Li.*:** contendas iram] contenda syram *$L^2$* α
**Edd. rel.:** contendas iram] contenda syram (*L P Gen.*)[*Qui*] (*H Gen.*)[*Mu*] (*L Gen.*)[*Ri*] | yram *etiam* *L*[2][*Mu*]

*CS* sis *i.e.* si vis *ut in comicis et sermone cottidiano* (*cf. Lattanzi 1994, 246 cum studd. in adn. 349*). – *Interpr.*: *Duentzer* (*1837*) *439 F 33 cum F 26 coniunxit. Sec. Wa., Marm., Tra. Dionysus loquitur, quod Klu. non pro certo habuit. Bo. regem ab amico aliquo admoneri opinatus est. Marm. deliberavit, an deus Lycurgum ipsum vel custodes eius vel Bacchas adloquatur. Quo modo haec verba ad F 21 pertineant, cf. supra ad loc.* – *Metr.*: *Scriv.* (*Vossio 1620, 120 non approbante*), *Bo.* (*in app. et de troch. iamb. cogitavit*), *Klu. post* tuam *dispescentes* $ia^6$, *Ri., Li., Marm.* (cave *dimetiendum* ⏑ ⏑ *per correptionem iamb. commemoravit*), *Kl., Tra., Lattanzi loc. cit.* $tr^7$ *statuerunt.*

## 34

(24–26 Ri.$_2$; 21–23 Ri.$_3$; 27–29 Wa.; p. 192 Marm.; 24–26 Kl.)

*Non. pp. 322,35–323,3 Merc. = 506 Li.* (*Li.*): ingenio veteres dixerunt et sua sponte vel natura. Naevius Lycurgo[79]:

vos qui regalis corporis custodias (*$ia^6$*)
agitatis, ite actutum in frundiferos locos
ingenio arbusta ubi nata sunt, non obsitu

79 Naevius] Nevius *Bamb.*[*Ri*] *codd.*[*Mu*] | Licurgo *Bamb.*[*Ri*] (*B H Gen.*)[*Mu*]

*CC* (*codd. potiores*: α *B* β *Bern.347 Cant.* δ *E G Gen. H L Montepess. Oxon. P*)

**Ed. *Li.*:** **1** regalis] *H*$^{3}$ : regali *L* β : regari α | **2** agitatis] *E* α : agitis *L* β | actutum] actuum *L*$^{1}$ α | **3** arbusta] *B* : arvustu *vel* arvusta α : arvustu *Gen.*$^{1}$ : arvusta *Gen.*$^{2}$ : arvusto *L*$^{1}$ : arbusto β | ubi nata] vineta *codd.* | obsitu] α : obstutas *L* β (*fortasse pro* obstu *vel* obsta sall.*; vox enim* Sallustius *sequitur*)

**Edd. rel.:** **1** regalis] *H*$^{3}$[Kl] *H*$^{2}$[Mu,Ri.3] : regali (*L G*)[Mu,Ri.3] *codd. plerique*[Ri,Kl] : regari *Basil.*[Ri] (*B H*$^{1}$ *Gen.*)[Mu] | custodias] *om.* *B*[Mu] | **2** agitatis] *Gen.*[Mu,Ri] (*B H*$^{1}$)[Mu] (*B H*)[Ri.3] α[Kl] : agitis (*L* β)[Kl] *rell.*[Ri,Mu] | inte *P*[Qui] | actutum] actuum (*L Gen.*$^{1}$)[Mu] | frondiferos *P*[Qui] (*B H*$^{1}$ *Gen.*$^{2}$)[Mu] : frudiferos *L*[Mu] : frondifluos *Palat.483*[Mu,Ri] | locos] (*B L H Gen.*)[Mu] : lucos *codd.*[Ri] | **3** arbusta] *B*[Mu] *Gen.*$^{2}$[Mu] : arvustu *Gen.*$^{1}$[Mu] : arvusta *H*$^{1}$[Mu] : arvusto *L*$^{1}$[Mu] : arbusto *codd.*[Ri,Wa] (*H*$^{2}$ *L Gen.*)[Mu,Ri.3] | ubi nata] vineta *codd.*[Mu,Ri,Wa,Marm,Kl] | obsitu] α[Marm,Kl] *Gen.*[Mu,Ri,Wa] (*B H*)[Mu,Ri.3] *B*[Wa] : obstutas *codd.*[Merc] *rell.*[Ri,Wa] (*H i.m. L G*)[Mu,Ri.3] (*L* β)[Kl]

*CE* **1** regaleis *Ald.* : regales *Ald., Steph.* : regali' *Kl.* | custodiam *Iun.* | **2** agitis *Ald., Steph., Delr., Scriv.* : agiti' *Klu.* | in] indu *Bo.* | frondiferos *Ald., Steph., Iun., Delr., Qui., Ri.*$_{3}$*, Di., Marm., Ern.* : frondifluos *ed. 1476*[Qui], *Pi.* | locos] lucos ubi *Delr., Scriv., Klu.* : lucos *Pi., Ald., Steph., Merc.* | **3** ingenium *Ald.* | ubi nata] *Merc. adn. ad loc.* : vineta *Ald., Steph., Merc.* : nata *Scriv., Klu.* : vinata *Pi.* : innata *Delr., Merc. adn. ad Non. p. 14,19* | obsitu] obscuritas *Pi., Ald., Steph.* : obsita *Delr., Scriv., Merc.* (*cf. et adn. ad loc.*)*, Bo., Klu., Qui., Ri., Di., Tra.*

– *Crit. in app.*: agetis *Iun. i.m.* | obstita *Iun. i.m.*

*CS* **2** agiti' ite *Vossius* (*1620*) *119* : agítis, ite, ite *Duentzer* (*1837*) *433* | **2–3** *Id.* ubi, *velut in alienum locum aberratum, post* lucos *reduxit* (*item Scriv.*)*, quod Klu. 120sq. probavit* | lucos, ubi / ingenio arbusta innata sunt *Scaliger* (*1565*) *196, qui F 34 coniunctum cum F 18, F 19, F 20 praebuit* | **3** ubi nata] ut nata *Baehrens* (*1872*) *621* (*cf. Mu. in app, qui* ut *pro* ubi *positum esse propos.*) : innata *Mette* (*1964*) *52* | obsita *Scaliger loc. cit., Duentzer loc. cit.* : obsitu *def. Spengel* (*1899*) *390* – *Interpr.*: *Klu. Bacchum ipsum, qui Lycurgi satellites doceat, loqui arbitratus est. Ribbeck* (*1875*) *58, Wa., Marm., Tra. Lycurgum his verbis custodibus imperare putaverunt, ut arceant advenas.* – *Metr.*: *Ri., Li., Ern., Marm., Kl., Mette* (*1964*) *52 ia*$^{6}$ *statuerunt.*

*CP* *Plaut. Rud. 858*: agitato hic custodiam.

## 35

(51 Ri.$_2$; 48 Ri.$_3$; 59 Wa.; p. 198 Marm.; 48 Kl.)

*Non. p. 334,25–37 Merc. = 526–527 Li.* (*Li.*): liquidum rursum significat molle et fluxum … [*36*] Naevius Lycurgo[80]:

iam solis aestu candor cum liquesceret (*ia*$^6$)

*CC* (*codd. potiores*: α *B* β *Bern.347 Cant.* δ *E G Gen. H L Montepess. Oxon. P*)
**Ed. *Li.*:** solis] soli α
**Edd. rel.:** solis] soli (*B Gen. H*$^1$)$^{[Mu]}$ | calor *B*$^{[Mu]}$ | cum] cui *codd.*$^{[Ri.3,Mu,Wa,Marm,Kl]}$ *B*$^{[Klu]}$ | calor cui liquescerit *Basil.*$^{[Ri]}$ *B*$^{[Qui]}$ | liquesceret] *L*$^{1[Mu]}$

*CE* cum] *ed. 1480*$^{[Mu,Ri.3,Li,Marm]}$ : quum *ed. 1480*$^{[Wa,Kl]}$, *Steph., Merc., Qui., Wa.* : cui *Marm.*
– *Crit. in app.*: caro colliquesceret *coni. GR* | candor *corruptum, fort.* caldo *Mu. afferens Lucr. e.g. 1,647*: calidum … ignem

*CS* iam solis axe candor cum liquesceret *Bothe* (*1837*) *270.* – *Interpr.*: *Duentzer* (*1837*) *441 hoc loco ver describi putavit* candorem *interpretatus* glaciem. *Quod repudiavit Klu., cum nusquam haec vocis significatio tradita sit. Sec. Klu.* candor *pro* calor *positum est et hoc loco de tempore postmeridiano vel vespertino dicitur idque a nuntio, qui capto Baccho omnia referat* (*coll. Eur. Bacch. 434sqq.*). *Ribbeck* (*1875*) *61, Marm. et Tra. de die hilaro vel de meridie aestuoso* (*cf. Eur. Bacch. 678 de sole matutino*), *Marm. etiam de cera sole liquescente cogitaverunt; non liquet, quo fabulae loco frg. sit ponendum.* – *Metr.*: *Bo., Ri., Li., Marm., Kl., Tra. ia*$^6$ *statuerunt.*

## 36

(20 Ri.$_2$; 17 Ri.$_3$; 24 Wa.; p. 191 Marm.; 19 Kl.)

*Non. p. 476,6–10 Merc. = 763 Li.* (*Li.*): tutant … [*9*] Naevius Lycurgo[81]:

tuos qui celsos terminos tutant […]

*CC* (*codd. potiores*: α *Bamb.* β γ δ *E G H L Lugd. Montepess. Oxon. P P7665 P7666*)
**Ed. *Li.*:** –

80 Naevius] nevius *codd.*$^{[Mu]}$ : necvius *L*$^{1[Mu]}$ | licurgo (*B H*$^1$)$^{[Mu]}$
81 Naevius] Nevius *Bamb.*$^{[Ri,Mu]}$ *H*$^{[Mu]}$ | Licurgo *Bamb.*$^{[Ri,Mu]}$ : Lecurgo *L*$^{1[Mu]}$ *L*$^{[Ri.3]}$

**Edd. rel.:** tuos qui] evos qui $P^{[Qui]}$

CE tuos qui] tuosque *Scriv. i.m.*

CS *Interpr.*: *Duentzer* (*1837*) *437 F 36 cum F 39 coniungens putavit utrumque versum ad Bacchi adventum pertinere. Sec. Klu., Ribbeck* (*1875*) *58, Marm., Wa., Tra. nuntius Lycurgum regem de Bacchi Maenadumque adventu, quem vigiles observaverant, certiorem facit. – Metr.*: *Qui. post* terminos *novum versum inchoavit. Ri., Li., Marm., Tra., Lattanzi* (*1994*) *202 statuerunt* $ia^6$ *mutilum in fine.*

## 37

(37 Ri.$_2$; 34 Ri.$_3$; 44 Wa.; p. 195 Marm.; 34 Kl.)

*Non. p. 481,23–29 Merc. = 772 Li.* (*Li.*): sic potior illam rem pro illa re potior … [*28*] Naevius Lycurgo:

dic, quo pacto eum potiti: pugnan an dolis? ($ia^6$)

CC (*codd. potiores*: α *Bamb.* β γ δ *E G H L Lugd. Montepess. Oxon. P P7665 P7666*)

**Ed. *Li.*:** pugnan an] pugna an *codd.*

**Edd. rel.:** pacto eo $P^{[Qui]}$ | pugnan an] pugna an *codd.*$^{[Ri,Mu,Wa,Marm]}$ : pugnan $H^{1[Mu]}$ $H^{[Ri.3]}$

CE potiti] potiti <sitis> *Mu.* | pugna an *Ald., Steph., Merc., Scriv.* : pugnad an *Bo., ut vitetur hiatus* : pugna, - an *Klu.* : pugna<ne> *Qui.* – *Crit. in app.*: sitis *post* potiti *inseri propos. Ri., ut* $tr^7$ *fiat. Quem sequitur Mu. integro quamvis versu iambico, quia verba ad narrationem de Baccho capto pertinent, quae e trochaicis constiterit septenariis.*

CS potiti eum *Vossius* (*1620*) *120 metri causa* : potítu's *vel* potíti <éstis> *Becker* (*1873*) *151* | pugna án *Duentzer* (*1837*) *439* : pugnan' an *Bothe* (*1837*) *270, quod sec. Qui. et iam Guyetus coni.* : pugna*? Grilli* (*1965*) *148 – Interpr.*: *Ald. trib. F 37 Novio. Sec. Bo., Klu., Ribbeck* (*1875*) *60, Wa., Marm. his verbis Lycurgus e custodibus quaerit, quomodo deum ceperint. Klu. deum neque pugna neque dolo captum sponte se dedisse custodibus Lycurgi suspectus est* (*cf. Eur. Bacch.*). *– Metr.*: *Bo., Ri., Li., Marm., Tra.* $ia^6$ *statuerunt.*

**38**

(43 Ri.$_2$; 40 Ri.$_3$; 40 Wa.; p. 196 Marm.; 40 Kl.)

*Non. p. 487,6–10 Merc. = 782 Li.* (*Li.*): vapor et vapos et timor et timos et labor et labos ita sunt ut color et colos ... [*9*] Naevius Lycurgo[82]:

iam ibi nos dublicat advenientis timos, pavos (*ia*$^6$)

CC (*codd. potiores*: α *Bamb.* β γ δ *E G H L Lugd. Montepess. Oxon. P P7665 P7666*)
**Ed. *Li.*:** pavos] *om.* δ[*Li*]
**Edd. rel.:** ibi nos] *codd.*[*Mu*] | timos pavos] *codd.*[*Qui,Ri.3*]

CE *lacunam statuerunt Ri., Wa., Kl. post* advenientis : advenientis Liberi timos pavos *Wa.* | dublicant *Ald., Steph.* | pavos] *delevit Ri.$_3$ et Kl.* | advenientes *Qui.* pavos *glossema secludens* | iam víris duplicat flámmae advenientís timos *Mu.* pavos *secludens* | timos, vaposque *Ald., Steph., Scriv.* (*ut alii edd. vet. ante Merc. corr. Iun.*) : timos vapos *Bo.*
– *Crit. in app.*: advenientis maximus timos *suppl. Ri.* : advenientis anxiae mentis timos *Ri. pp. XIIIsq. et Ri.$_3$ in app.* | iam ibi advenientis duplicat nos timos, vapos *Bo. verbis transpositis, ut ia$^6$ fiat.* | timos Panos *Iun. i.m., ut signetur timor Panicus.*

CS tum ibi advenientes duplicabit non pavos *Bothe* (*1837*) *370sq.* | iam binos: duplicat *Buecheler* (*ap. Ri. p. XIII*), *quod Ri. ibid. continuavit*: anxiae mentis pavos | *Ri. loc. cit. alia propos., quibus lacuna suppleri potest*: intimos animos *vel* intimas mentis *vel* mentis turbatos *vel* animi sollicitos, *cum librarius* animi *vel* mentis *vocem omiserit* | timos pavos] *Buecheler* (*ap. Ri.$_3$, Marm., Tra.*) : timos pavósque *Gulielmus vol. 3* (*1582*) *83* (*= in Grutero 1605, vol. 3, 306*) : timos. Vapos: Attius (*i.e. Accius*) *coni. Passerat*[*Qui*] vapos *lemma sequenti Accii versui tribuens* | iam vim in nos duplicat adveniens ignis vapos *H. Grotius*[*Bo,Ri*], *ut Lycurgus a Furiis persecutus haec verba proferat. Cf. Duentzer* (*1837*) *440 et Bruno* (*1980*) *50.* – *Interpr.*: *Ut Bo.* (*in app.*) *vituperavit sic Vossius* (*1620*) *120 probavit Groti emendationem, quod verba Lycurgo tribuenda esse videantur, qui a Furiis infectus de fumo facium Furiarum dicit. Klu. putavit haec verba esse regis satellitum, qui Bacchas denuo aggredi nolunt, quippe cum iam antea Panico terrore coacti fugerint. Item Bothe* (*1837*) *271. Ribbeck* (*1875*) *59, Wa., Marm., Tra. coniecerunt haec verba dici a custode quodam, qui enarrat, qualis metus propter adventum et conspectum Bacchi vel Baccharum custodes invaserit. Marm. interpretatur* dublicat *pro* flectit. – *Metr.*: *Ri. tr$^7$, Li., Marm. et Tra. statuerunt ia$^6$.*

CP *Cf. Pac. trag. 53* (*Ri.*): formido pavor (*cf. Ri. p. XIII*).

---

82 Naevius] Nevius *codd.*[*Mu*] | Licurgo *Bamb.*[*Ri*]

**39**

(52 $Ri._2$; 49 $Ri._3$; 54 Wa.; p. 198 Marm.; 49 Kl.)

*Non. p. 503,16–27 Merc. = 808 Li.* (*Li.*): ab eo quod est fervit breviato accentu fervere facit ut spernit spernere ... [*26*] Naevius Lycurgo[83]:

late longeque trans †nostros fervere

*CC* (*codd. potiores*: α *Bamb.* β γ δ *E G H L Lugd. Montepess. Oxon. P P7665 P7666*)
**Ed. *Li.*:** trans] *codd.*
**Edd. rel.:** trans] *codd.*[Ri,Mu,Wa,Marm,Kl] | nostros *codd.*[Ri,Wa] : nostras *P*[Qui]

*CE* longe lateque *Scriv., Bo., Klu., Marm. verbis transpositis* | trans] transtros *Ri., Wa.* : Thraces *Mu., Li., Marm.* : Traces *Kl., Tra.* | transtra nostris *Qui.* – *Crit. in app.*: longe lateque Thraces trans nostros fervere *Bo. probante Duentzer* (*1837*) *437.*

*CS* Thracas nostros *Grotius* (*1828*) *161* : Thraciā nostros *H. Grotius*[Vossius,1620,119,Bo,Ri,Mu,Wa], *cuius synizesin in ablativo* (Thracia *pro dissyllabo*) *Vossius loc. cit. probavit, Mu. autem repudiavit.* : Traces nostros *Grilli* (*1965*) *149* – *Interpr.*: *Duentzer* (*1837*) *437 F 39 cum F 36 coniungens putavit utrumque versum ad Bacchi adventum pertinere. Klu. substituenda* fines *vel* terminos *censuit, quae nomina maiore intervallo a* nostros *distantia Nonius non addiderit, et verba nuntio tribuit, qui de tumultu Baccharum* trans *Lycurgi regnum grassante referat. Vossius et Bo. haec a Lycurgo dicta esse opinati sunt. Ribbeck* (*1875*) *61 verba nuntio, Wa. Lycurgo tribuerunt, qui aedes ardentes* (*cf.* transtros; *cf. Eur. Bacch. 594*) *queratur. Sed* transtros *repudiavit Bergk* (*1874*) *270* (*= Id. 1884, 338*) *vehementer. Etiam sec. Kl.* longe lateque *parum huic interpretationi convenit. Marm. et Tra., qui cuius verba sint nescierunt, motum plebis post Lycurgi mortem describi putaverunt, Marm. etiam festum vel ritum Baccharum describi censuit.* – *Metr.*: *Klu. dimetrum creticum cum monometro troch. hypercat., Ri., Li., Marm., Kl., Tra.* $ia^6$ *statuerunt.*

*CP* *Eur. Bacch. 594*

83 Naevius Lycurgo] Nevius Licurgo *Bamb.*[Ri] | Nevius (*H Bamb.*)[Mu]

## 40

(46 Ri.$_2$; 43 Ri.$_3$; 39 Wa.; p. 197 Marm.; 43 Kl.)

(a) *Non. p. 540,3–7 Merc. = 866 Li.* (*Li.*): patagium aureus clavus, qui pretiosis vestibus inmitti solet … [*6*] Naevius Lycurgo[84]: 'pallis patagiis crocotis malacis mortualibus'.

(b) *Non. p. 548,24–32 Merc. = 880 Li.* (*Li.*): caltulam et crocotulam. Utrumque a generibus florum translatum, a calta et a croco … [*31*] Naevius Lycurgo[85]: 'pallis patagiis crocotis malacis mortualibus'.

pallis patagiis crocotis malacis mortualibus (*tr*[7])

*CC* – ***ad a et b*** (*codd. potiores*: α *Bamb.* β γ δ *E G H L Lugd. Montepess. Oxon. P P7665 P7666*)
**Ed. *Li.*: *ad a*)** patagis *codd.* | malacis] *L* α γ : malicis β | ***ad b*)** malacis] malaciis γ : malatiis *L* β *G* : malitiis α | mortualibus] mortalibus *codd.*
**Edd. rel.: *ad a*)** patagis *codd.*[*Mu*] | malacis] *codd. plerique*[*Ri,Mu*] : malicis *H*[2][*Mu*] *G*[*Ri,Mu*] | mortualibus] *codd.*[*Mu*] | ***ad b*)** malacis] malaciis *Bamb.*[*Mu,Ri*] : malatiis (*L H G*)[*Mu*][86] *rell.*[*Ri*] | mortualibus] mortalibus *codd.*[*Mu,Ri*]

*CE* palliis *Tra.* | crocatis malacis *ed. 1480 p. 540*[*Klu*] | malaciis mortalibus *ed. 1496*[*Vossius,1620,Bo*] | malacis] manicis *Pi., Ald.* (*ad a*), *sed* malachis *Pi.* : malatiis *Ald.* (*ad b*), *Steph., Merc.* (*ad b*), *Scriv.* : malaciis *Bo., Mu.* : malicis *Merc.* (*ad a*) | mortualibus] moneilibus *Mu.*

*CS* manicis *Bothe* (*1837*) *271* : malaciis *Osann* (*1836*) *972 cum adn. et Duentzer* (*1837*) *435* | malaciis monilibus *Bergk*[*Mu,Ri.3*] – *Interpr.*: *Klu., ut olim Scaliger* (*1565*), *hoc frg. cum F 43 et Naev. com. 120 Ri. coniunxit verbaque Lycurgo tribuit, qui mollitiem capti dei effeminatam in ludibrium vertit. Bothe* (*1837*) *271 his verbis vestes a fugientibus Bacchis relictas* mortuales *vocari putavit, quia Bacchis immineat mors. Sec. Ribbeck* (*1875*) *59, Wa., Marm. militem quondam de vestibus Baccharum dicit. Wa. propos.* mortualibus *hoc loco non vestes lugentium, sed colorem vestium quondam fuscum significari.* – *Metr.*: *Ri., Li., Marm., Kl., Tra. statuerunt tr*[7].

---

84 Nevius *p. 540* (*H Bamb.*)[*Mu*] : Novius *Ald.* | Licurgo *p. 540* (*Bamb. L*[*1*])[*Mu*]

85 Naevius] Nevius *p. 548* (*H Bamb.*)[*Mu*] : Novius *Ald.* | lycurco *p. 548 L*[*Mu*] : lygurco *L*[2][*Mu*] | Nevius Licurgo *loc. utr. Bamb.*[*Ri*]

86 *Sec. Mu. Harleiani codicis collatio Onionsiana habet i.m.* malachium.

## Incerta

*Recte iam Vossius (1620) 122 commemoravit: "Ubi operis nomen omittitur, quid cuiusque sit, distinguere [est] perdifficile." Ri.$_3$ p. 15 monet his ex incertis quaedam licere etiam comoediae adscribi. Sec. Leo (1912) 94 (cum nota 1) non liquet, utrum F 43, 44, 45, 46, 47 tragoediae sint an comoediae. Praeterea virorum doctorum alius aliter fragmenta incerta certis fabulis tribuere temptavit.*

### 41

(65 Ri.$_2$; 62 Ri.$_3$; Iph. 23 Wa.; p. 201 Marm.; 62 Kl.)

*Cic. orat. 152 (West.)*: nobis ne si cupiamus, quidem distrahere voces conceditur. ... incidant omnes poetae praeter eos qui, ut versum facerent, saepe hiabant, ut Naevius[87]:

vos qui adcolitis Histrum fluvium atque algidam (*ia*$^6$)

*CC* (*codd. potiores*: *A L* [= *F P O U B H N S K R W J E Q V T Bud.*] Σ Δ Θ Φ Ξ)
**Ed. *West.***: algidam] *L* : halcidam *Q* : ęgidam *A* : egidam Σ Δ Θ Φ Ξ : egidiam *J*
**Edd. rel.**: qui] *codd.*[Ri,Wa] | algidam] *L*[Se] (*F P O*)[Yo,Sa] : aegidam *A*[R,Se,Yo,Sa]

*CE* qui] ques *Ri.* : qui *cett. edd.*

*CS* qui] ques *vel* queis *vel* quis *Ritschl dubitans de hiatu, quem Hermann (1852) 35 et Lach. (ad Lucr. 3,374) toleraverunt. Secus Ritschl (1849) p. CXCVII. Kl., cum in senario iambico hiatus non ferendus sit, metrum troch. temptavit. Sec. Wa. et Kl. p. 14 apud Ciceronem certe fuit* qui, *apud autem Naevium* ques *vel* queis *invenieris.* | fluvium atque Algidum *Merul. (1595) 300, Klotz (1947) 340* : fluvium adalgidum *Klussmann (1846) 135 (cf. Fronto epist. Caes. p. 69 Fracof.). – Interpr.: Ribbeck (1875) 52, qui supplevit* algidam oram (*quod iam improbavit Klussmann loc. cit.*), *hoc frg. Iphigeniae fabulae (cf. F 16) et verba Thoanti Scytharum regi tribuit locum comparandum coll. Eur. Iph. T. 1422–1424: Hoc loco Thoas Thrax omnibus sui regni civibus imperat, ut fugientes persequantur. Item arbitrati sunt Wa., Marm., Tra. Cf. et Aretz (1999) 240. – Metr.: De hiatu cf. Klotz (1947) 340 et Deufert (2002) 364. Ri., Marm., Kl., Tra. statuerunt ia$^6$.*

*CP* *Eur. Iph. T. 1422–1424*: ὦ πάντες ἀστοὶ τῆσδε βαρβάρου χθονός / οὐκ εἶα πώλοις ἐμβαλόντες ἡνίας / παράκτιοι δραμεῖσθε κἀκβολὰς νεὼς.

---

87 Naevius] nenius *P*[West]

**42**

(64 Ri.$_2$; 61 Ri.$_3$; inc. 33 Wa. p. 150; p. 201 Marm.; 61 Kl.)

*Cic. orat. 152* (*West.*): nobis ne si cupiamus, quidem distrahere voces conceditur. ... incidant omnes poetae praeter eos qui, ut versum facerent, saepe hiabant, ut Naevius [*Naev. F 41*] ... et ibidem:

quam numquam vobis Grai atque barbari (*ia*$^6$)

*CC* (*codd. potiores*: *A L* [= *F P O U B H N S K R W J E Q V T Bud.*] Σ Δ Θ Φ Ξ)
**Ed. *West.*:** numquam] *A F* : nunquam *L* : unquam *J V* | nobis *E V Bud.* | Grai] grati *A* : greci *J V* Σ Δ Θ Φ Ξ : graia *F*$^1$ : gai *R* (Φ *non liquet*)
**Edd. rel.:** grai *L*[Se] (*F P O*)[Yo] : grati *A*[Ri.3,R,Wa,Se,Yo,Sa] : graia (a *incertum*) *F*[Ri.3,Wa,Sa] : Grai *vel* Graii *codd.*[Ri,Wa]

*CE* nobis *Ald.* | Graieis *Ri.* : Grai *cett. edd.*

*CS* Graieis *propos. Ritschl* (*1857*). *Idem* (*1849*) *p. CXCVIII verba transposuit*: Graii vobis. – *Interpr.*: *Marm. dubitanter F 42 Naevi Iphigeniae tribui propos. His verbis fort. Scytharum terra describitur.* – *Metr.*: *Ri., Marm., Kl., Tra. statuerunt ia*$^6$. *De hiatu in semiseptenaria caesura senarii* Grai atque *cf. Kl. p. 15 et Deufert* (*2002*) *364.*

**43**

(57 Ri.$_2$; 54 Ri.$_3$; Lyc. 43 Wa.; p. 199 Marm.; 54 Kl.)

*Varro ling. 7,53* (*GS*): apud N<a>evium[88] [*Naev. com. 120 Ri.*]: ... idem: 'diabathra in pedibus habebat, erat amictus epicroco'. utrumque vocabulum Graecum.

diabathra in pedibus habebat, erat amictus epicroco (*tr*$^7$)

*CC* (*cod. potior*: *F*)
**Ed. *GS*:** dyabathra *F* | pecudibus *F* | epycroco *F*
**Edd. rel.:** dyabathra *F*[Ri] | pecudibus *codd.*[Ri,Marm,Kl] | erat] (*F G H a*)[Ri] : et erat *b*[Ri] : *om. rell.*[Ri] | epycroco *F*[Ri]

*CE* diabatra *Tra.* | pedibus] *Rhol.*[Ri.3,GS,Marm,Ke,Kl,Tra], *vulgo*[Ri] | erat] et erat *Scriv.* | in] indu *Bo.* | epicroco similis *Rhol.*[Klu]

*CS* *Ri. pp. XIVsq. maluit* pedibús *quam* pedíbus (*cf. autem Ri.*$_3$: pedíbus) *aut* ín pedibus diábathra habebat *transpositis verbis* | habebat] gerebat *propos. Di et quidam apud Ri. in app.* | erat] et érat *Duentzer* (*1837*) *435*

88 Naevium] nevium] *F*[Ri,GS] : naevium (*a et b*)[Ri] : Ennium *codd. dett.*[Ri.3] (*G H*)[Klu,Ri]

– *Interpr.*: *Ri.* (*1875*) *59, Marm., Kl. haec de Baccho in Lycurgo dicta esse putaverunt, cui fabulae etiam Bo. et Wa. hoc frg. inseruerunt verbaque satellitibus dederunt. Scaliger* (*1565*) *208, quem Bo. sequitur, coniunxit haec verba cum Naev. com. 120 Ri.*: [...] risi egomet, casabundum ire ebrium / diabathra *eqs. Item Duentzer loc. cit. et Klu. p. 116, qui his verbis ultro F 40 addiderunt, et Bergk* (*1874*) *281* (= *Id. 1884, 349*). *Tra. de comoedia cogitavit.* – *Metr.*: *Ri., Marm., Kl., Tra. statuerunt* $tr^{7}$.

*CP* *Paul. Fest. p. 65,13*: diabathra genus solearum Graecanicarum • *Paul. Fest. p. 72,17*: epicrocum genus amiculi croco tinctum, tenue et perlucidum.

## 44

(59 Ri.$_2$; 56 Ri.$_3$; 35 Wa.; p. 200 Marm.; 56 Kl.)

*Varro ling. 7,92* (*GS*): apud N<a>evium[89]: 'circumvenire video ferme iniuria'. ferme dicitur quod nunc fere; utrumque dictum a ferendo, quod id quod fertur est in motu atque adventat.

circumvenire video ferme iniuria (*ia*$^{6}$)

*CC* (*cod. potior*: *F*)
**Ed. *GS*:** circum] ciccum *F*
**Edd. rel.:** circum *b*[Ri, Wa] : ciccum (*F G H a*)[Ri] *codd. meliores*[Ri.3] *rell.*[Wa]

*CE* eccum ire video ferme iniuria *Steph.* | eccum *Bo., vulgo*[Ri, Wa] | circumveniri videor *Tra.*
– *Crit. in app.*: eccum venire video. ferme iniuria est *Bo.* | circumveniri video<r> *propos. Ri.* | eccum venire *fort. recte Wa.*

*CS* *Interpr.*: *Sec. Marm. verba fort. cuiusdam sunt, qui iniurias queratur. Tra. non discernendum esse iudicavit, fueritne frg. tragoediae an comoediae.* – *Metr.*: *Ri., Marm., Kl., Tra. statuerunt ia*$^{6}$.

*CP* *Enn. F 12,1 TrRF*: multis sum modis circumventus, morbo, exilio atque inopia.

89 Naevium] nevium *F*[Ri, GS]

## 45

(61 Ri.$_2$: 58 Ri.$_3$; 41 Wa.; p. 200 Marm.; 58 Kl.)

*Fest. pp. 172,16–174,1 Li.* (*Li.*): nume<ro> [...] <pro nimium diceba>nt[90] ... [*172,35*] apud Naevium: 'neminem vidi, qui numero sciret, quicquid scito opus', id est nimium sciret.

neminem vidi, qui numero sciret, quicquid scito opus (*tr*[7])

*CC* (*cod.*: *F*)
**Ed. *Li.*:** quicquid scito opus] qui quod scit id est opus (id est)[91] *F*
**Edd. rel.:** quicquid] quiquod *cod.*[Ri.3,Wa,Kl,Marm] | scito opus] scit id est opus *cod.*[Ri,Wa,Kl] (*sec. Ri.*$_3$ id *pronomen in codice linea transversa affectum est* (id̶), *ut sit legendum* id est) | opus] id est opus *cod.*[Wa] | opus] *cod.*[Ri.3,Marm,Tra]

*CE* quicquid scito opus] quique scit id est opus *Ald., Steph., Scriv.* : quicquid scit, id est opus *Scal.* (*1575*) *ad Fest. p. 128* : quod scito est opus *Bo., Klu.* | quique (quicquid *Ri.*$_3$) scito opust *Ri.* | qui quod scit, id (*cum linea transversa*) opus† *Thew.* | quicquid scito opust *Marm.* : quicquid scitost / opus *Kl.* | quicquid scito opus est *Wa., Tra.*
– *Crit. in app.*: quod cito est opus *vel* quod scitu est opus *Scriv. i.m.* : qui scitod opust *Bo.*

*CS* quicquid] *corr. Buecheler* (*ap. Ri., Li., Wa., Tra.*) : quod *Scaliger*[Ri] | scito] *corr. Scaliger*[Ri,Li,Wa,Marm,Tra] | quae scire est opus *vel* quod scito est opus *vel* quae quaesito opu'st *propos. Vossius* (*1620*) *120* : quo scitu est opus *Mähly* (*1857*) *286* : qum [*sic*] scito est opus *vel* qum [*sic*] quo scito opust *L. Mueller* (*1868*) *426* | opust *Scaliger*[Li,Wa,Tra] | *de adverbii* numero *usu quaedam exposuit Ri. pp. XVsq.* | *sec. Ri.*$_3$ *et Marm. F 45 fort. comoediae est.* – *Interpr.*: *Klu. p. 192 hoc frg. in comicis incertis Naevianis posuit.* – *Metr.*: *Ri., Marm., Kl., Ern., Tra. statuerunt tr*[7].

*CP* *Sex. Turpil. 34 Ri.*: numquam nimis numero quemquam vidi facere, quom facto est opus (*cf. L. Mueller loc. cit.*). • *Cf. et locos comparandos, quae Li.*$_a$ *p. 287 attulit.*

90 *Li. e Paul. supplevit.*
91 (id est) *rursus sunt verba Festi.*

## 46

(54 Ri.$_2$; 51 Ri.$_3$; 38 Wa.; p. 198 Marm.; 51 Kl.)

*Paul. Fest. p. 248,20–21 Li.* (*Li.*): p a r t u s et pro nascendo ponitur et pro parato[92]. Naevius[93]:

male parta male dilabuntur

*CC* (*codd. potiores*: *M L E G I R*)
**Ed. *Li.*:** male male parta delabuntur *codd.* | male male parta male delabuntur *E* | malem (*pro primo* male) *R*
**Edd. rel.:** male male parta delabuntur *codd.*[Wa] | male male parta male delabuntur *E*[Wa]

*CE* *Klu. 193 frg. in nominum incertis comicis ducit.*

*CS* *Interpr.*: *Sec. Ribbeck* (*1875*) *54 frg. fort. Danaes fuisse fabulae. His e verbis apud veteres proverbium factum est, cf. Cic. Phil. 2,27,66*: sed ut est apud poetam nescio quem: male parta male dilabuntur. *Ex Ciceronis verbis Klu. conclusit versum non Ennii assignandum, quoniam si ita esset, Cicero poetae meminisset. – Metr.*: *Ri. troch., Tra. iamb. statuerunt.*

*CP* *Pseudoacro ad Hor. carm. 3,24,61*: Haec, inquit, per scelus quae adquiruntur, congreganti nihil prosunt, dum relicta indignis heredibus per luxuriam consumuntur, ut: 'male parta male dilabuntur' • *Plaut. Poen. 834*: male partum male disperit. • *Cf. Germanice*: 'Wie gewonnen, so zerronnen.'

## 47

(63 Ri.$_2$; 60 Ri.$_3$; 34 Wa.; p. 200 Marm.; 60 Kl.)

*Fest. p. 384,16–19 Li.* (*Li.*): <s u m m>u s s i[94] dicebantur <murmuratores.>[95] Naevius:

odi <summussos pro>inde aperte dice, <quid sit> <quod> [times (*ia*$^8$)

*CC* (*cod.*: *F; codd. potiores ap. Paul. Fest.*: *M P T L E G I R*)
**Ed. *Li.*:** times] *om. Paul.* | sumussos] ussi (*F*$^c$*;* u *minus certe*)[Li] (*M P*)[Li] | dice] dicere (*T I; non Basil.*)[Li] | sit] fit (*E ante corr., ut videtur*)[Li]

---

92 pro parato] properato *G*[Li]
93 Naevius] *codd.*[Klu] : Ennius *Aug. i.m.*[Klu]
94 summussi (*G I*)[Li] : summissi *T*[Li]
95 *Li. e Paul. supplevit.*

*CE* <summussos pro> … <quid sit>] *Li. suppl. e Paul.* | summissos *Scriv.* | dice aperte *Scriv.* | sit] siet *Scriv.* | proin *Bo., quod Klu. non approbavit, cum sit* proinde *bisyllabum.* | quod times] *om. Ald., Steph.*

*CS* <quod> *add. Scaliger*[Li,Wa,Marm,Tra] *et Ursin.* (*1583*) *107, om. Thew.* | dice id quid sit *Becker* (*1873*) *174.* – *Interpr.*: *Ribbeck* (*1875*) *51 frg. ad Naevi Iphigeniam* (*cf. F 16*) *referre temptavit et haec verba Thoanti regi tribuit, qui Iphigeniam piaculum simulaturam monet, ut aperte dicat, cf. Eur. Iph. T. 1162. Klu. frg. in Naevi comicis incertis posuit, item Marm. et Tra. F 47 fort. comoediae esse putaverunt.* – *Metr.*: *Ri., Marm., Ern., Tra. statuerunt ia*$^8$.

*CP* *Eur. Iph. T. 1162*: τί φροιμιάζηι νεοχμόν; ἐξαύδα σαφῶς.

## 48

(56 Ri.$_2$; 53 Ri.$_3$; Iph. 22 Wa.; p. 199 Marm.; 53 Kl.)

*Non. p. 205,23–28 Merc.* = *302 Li.* (*Li.*): fretum neutri tantum generis esse volumus … [*25*] masculini … [*27*] Naevius[96]:

dubii faventem per fretum introcúrrimus […] (*ia*$^6$)

*CC* (*codd. potiores*: *Bamb.* β γ δ *E F G H L Lugd. Montepess. Oxon. P P7665 P7666*)
**Ed. *Li.*:** –

*CE* dubiis *Ald., Steph.* | faventem] furentem *Qui. in app.* : ferventem *On.*[Ri.3,Di,Kl] | intro currimus *Ri.*$_3$*, Marm., Ern., Tra.* | *Ald. hoc frg. Novio, Klu. p. 200 incertis comicis, Wa. pp. 120sq. Iphigeniae Naevi* (*cf. F 16*) *trib.*

*CS* *Interpr.*: *Sec. Ribbeck* (*1875*) *51, quem Wa., Marm., Tra. sequuntur, nuntius his verbis Thoantem regem de fuga Orestis Iphigeniaeque certiorem facit et verba Orestis proficiscentis refert; iidem* faventem […] fretum *interpretati sunt Pontum Euxinum* (*item Kl.*)*, cuius in exitu Symplegades* introcurrentibus *immineant, et attulerunt testimonium Eur. Iph. T. 1388sq.* – *Metr.*: *Ri., Li., Marm., Kl., Ern., Tra. statuerunt ia*$^6$.

*CP* *Eur. Iph. T. 1388sq.*: ἔχομεν γὰρ ὧνπερ οὕνεκ' ἄξενον (*codd.* εὔξεινον *L.*) πόρον / Συμπληγάδων ἔσωθεν εἰσεπλεύσαμεν.

96 Naevius] *Merc.* : Nevius *codd.*[Qui] (*L H G*)[Mu] : Novius *Ald.*

**49**

(60 Ri.$_2$; 57 Ri.$_3$; 36 Wa.; p. 200 Marm.; 57 Kl.)

*Serv. Verg. Aen. 4,267* (*Thil.*): exstruis a struice. Plautus in Menaechmis [*Men. 102*] 'tantas struices concinnat patinarias'. Naevius nominativo singulari[97]:

struix malorum

*CC* (*codd. potiores*: *Ambros. C F G T*)
**Ed. *Thil.*:** Nevius struix malos dixit *Ambros.*
**Edd. rel.:** struix malorum] (*G Ambros.*)[ST]
*CE* *Edd. omnes eundem textum habent. – Metr.*: *Ri. iamb. statuit.*
*CP* *Cf. Liv. Andr. F 29 TrRF; Plaut. Men. 101–102*: ... mensas exstruit, / tantas struices concinnat patinarias.

**50**

(55 Ri.$_2$; 52 Ri.$_3$; 39 Wa.; p. 199 Marm.; 52 Kl.)

*Isid. orig. 5,26,17* (*Li.*): nam praepositionem inter pro e ponebant. Naevius[98] 'mare interbibere'; et Plautus [*frg. 87*] 'interluere mare'.

mare interbibere (*ia?*)

*CS* (*codd. potiores*: *B C K T*)
**Ed. *Li.*:** –
*CE* *Edd. omnes haec verba sine criticis obtulerunt.*
*CS* *Interpr.*: *Klu. pp. 198sq. versum quasi socco incedentem alicui comoediae Naevi assignat. Ri. hoc frustum fort. ad Naevi Danaen* (*cf. F 2–12*) *referri suspectus est, Kl., quamquam hoc frg. inter tragica incerta praebuit, ad comoediam, Marm. et Tra. ad "adynaton" quoddam rettulerunt. – Metr.*: *Ri., Tra. iamb. statuerunt.*

---

97 exstruis ... singulari 'struix malorum' *G*[ST] | nevius 'struix malorum' dixit *Ambros.*[ST] | struici (*F G*)[ST] : struice *T*[Thil,ST]
98 Naevius] neus *T*[Li] : ne huius *K*[Li]

## 51

(62 Ri.$_2$; 59 Ri.$_3$; Iph. 20 Wa.; p. 200 Marm.; 59 Kl.)

*Isid. orig. 12,1,30* (*Li.*): bovem Graeci βοῦν dicunt. hunc Latini trionem vocant[99], eo quod terram terat, quasi terionem[100]. Naevius:

[...] trionum hic moderator rusticus (*ia*$^6$)

CC (*codd. potiores*: *A B C K T*)
**Ed. *Li.*:** trionem (*B G O ante corr.*, *non F P*) | hinc (*T*, *non U*) | moderatur (*G* $K^1$ *T U*, *non F*) : demoratur *M* : moderantur (*O P*)[Li]
**Edd. rel.:** trionum] (*K Par.13027 Mon.*$^1$)[Ri] (*T U V W X C D H Y K*)[And] : trionem (*Par.10291*)[Ri] (*B G*)[And] | hic] (*U V W D B H Y K*)[And] : hinc (*T X*)[And] | moderator] (*E B H Y K*)[And] : moderatur (*T U V W X C D G*)[And] : moderantur (*O P*)[Li]

CE trionem *Scriv.*, *Bo.* | ést *post* hic *add. Ri.*, *om. Ri.*$_3$ | moderatur *Scriv.*, *Bo.*, *Kl.*
– *Crit. in app.*: ... trionum] meorum trionum *propos. Ri.*

CS trionum <huc venit> hic moderatur rusticus *propos. Ribbeck* (*1875*) *51* – *Interpr.*: *Id. loc. cit. F 51 Naevi Iphigeniae* (*cf. F 16*) *tribuit explicavitque verba chori mulierum captivarum esse de rustico aliquo, qui ad Iphigeniam duos iuvenes* (*sc. Pyladem Orestemque*) *advenisse referret. Quam interpretationem Wa. et Marm. et, ut videtur, Tra. probaverunt; Ri. p. XVI "propter ambages verborum" F 51 noluit comoediae tribuere.* – *Metr.*: *Ri. exitum iamb. vel troch., Kl. p. 15 hiatum statuit in semiquinaria caesura senarii primo pede carentis. Sec. Marm. metrum incertum.*

CP *Ri. attulit Eur. Iph. T. 236sq.*: καὶ μὴν ὅδ' ἀκτὰς ἐκλιπὼν θαλασσίους / βουφορβὸς ἥκει σημανῶν τί σοι νέον.

## 52

(58 Ri.$_2$; 55 Ri.$_3$; Naev. inc. 40 Wa.; p. 199 Marm.; 55 Kl.)

*Isid. orig. 14,8,27* (*Li.*): confrages loca, in qua undique venti currunt ac sese frangunt. ut Naevius[101] ait:

[...] in montes ubi venti frangebant locum (*ia*$^6$)

---

99 trionem] (*T U V W X C D B H Y*)[And] : plionem (*omittens* vocant) *K*[Li,And]

100 terionem] *G*[And] : terraeonem *H*[And] : terronem *K*[Li,And] : terrionem (*B T*)[Li] (*T V W D B Y*)[And] : terriorem *X*[And]

101 Naevius] nivius *K*[Li]

*CC* (*codd. potiores*: *B C K T*)
**Ed. *Li.*:** montem *C, non Mon.*
**Edd. rel.:** <confrages>] *om. Isid. cum schol.*[Wa] | frangebant] *codd.*[Marm]

*CE* in montes <confragos> *Ri. verba reliqua secludens* : <confrages> [...] in montes ubi venti frangebant locum *Wa. plura e glossa accipiens* : in montes <confrages> / ubi venti frangebant locum *Kl., item Tra. sed* confragos *addens* | confrangebant *Marm.*
– *Crit. in app.*: <confrages>] conflages *propos. Wa.*

*CS* in montes ubi se venti frangebant loci *Bergk* (*1884*) *348 nota 42* : ín montes, <cava convalle> ubi venti frangebant locum *Buecheler tr*[7] *restituens* (*ap.* $Ri._3$, *Kl.*). – *Metr.*: *Ri. exitum troch. vel iamb. statuit, Marm. ia*[6], *Tra. dimidia duorum senariorum iambicorum.*

*CP* *Schol. ad Lucan. 6,126*: confraga sunt loca ... • *Paul. Fest. p. 35,21 Li.* (*Li.*): c o n f l a g e s loca dicuntur, in quae undique confluunt venti • *cf. etiam Liv. Andr. F 12 TrRF*: ubi conventu campum totum inumigant.

# 4. Poetae Tragici Minores

*De tragicis minoribus cf. Ribbeck (1875) 608–626. Cf. et testimonia in tragicorum reliquorum nomenclatore sec. P. Scriverium ap. Bo. p. 254–274. Cf. et addenda apud Kl. pp. 369–371. – De studiis in tragicorum minorum fragmentis cf. Pociña Pérez (1974) et Manuwald (2001 [2004]) 225.*

*Sunt qui etiam haec fragmenta singulis Tragicis minoribus tribuerint: Vario Rufo adesp. F 96 TrRF, Graccho adesp. F 96 TrRF, Pomponio adesp. F 100 TrRF, Atilio adesp. F 112 TrRF. Scaev. Mem. F 1 TrRF etiam Pacuvio tributum est.*

*Bibl.:* ***Atilius****: Ribbeck (1875) 608–610, Suerbaum (2002) 256;* ***Bassus****: Lana (1958/59) 340–341, Mette (1964) 194;* ***Cassius Parmensis****: Weichert (1836), La Penna (1970/71);* ***Curiatius Maternus****: Frank (1937), Manuwald (2001a), Lana (1958/59) 336–340, Mette (1964) 194;* ***Gracchus****: Lana (1958/59);* ***C. Iulius Caesar****: Ribbeck (1875) 625;* ***Iulius Caesar Strabo****: Ribbeck (1875) 610–612. 614–616, Bickel (1957) imprimis 34sqq., Suerbaum (2002) 167sq.;* ***Lappa****: Lana (1958/59) 340–341, Mette (1964) 194;* ***Ovidius Medea****: Ribbeck (1875a), Heinze (1997) 223–252, Schmitzer (2003);* ***Pompilius****: Bergk (1851) 231, Manuwald (2001 [2004]) 225, Suerbaum (2002) 166sq.;* ***Pomponius****: Schmidt (1861), Lana (1958/59) 332–335;* ***Pupius****: Dahlmann (1982) 48–53;* ***Santra****: Schmidt (1861), Ribbeck (1875) 685, Buecheler (1885) 148 (= Id. 1930, 61), Wilamowitz (1899) 229, Pociña (1987) 718sq.;* ***Scaevus Memor****: Strzelecki (1952/53);* ***Titius****: Ribbeck (1875) 612–614, Suerbaum (2002) 152;* ***L. Varius Rufus****: Schneidewin (1842), L. Mueller (1893), Housman (1917), Lindsay (1922a), Lefèvre (1976), La Penna (1970/71) 289. 291, Heubner (1979), Wimmel (1983), Coffey (1986).*

## 4.1 Quomodo editiones et Tragicorum minorum et auctorum qui fragmenta tradunt in huius editionis apparatu critico adhibeantur.

*Editionum, quae nostro in apparatu laudantur, tres ordines distinximus:*

(a) *Editiones, e quibus non solum omnes lectiones, quae in textibus receptae sunt (cf. CE), sed etiam omnes codices, qui in apparatibus appellantur (cf. CC), nostro in apparatu commemorantur:*

*Collectiones fragmentorum (vid. bibl. 6.2.1 et 6.2.5):* ***Kl.*** *(Klotz 1953);* ***Ri.*** *(Ribbeck* $^{2}$*1871; TRF);* ***Ri.***$_{3}$ *(Ribbeck* $^{3}$*1897; TRF);* ***Va.***$_{2}$ *(Vahlen 1928; Enn.);* ***Wa.*** *(Warmington 1936)*

*Festi editiones (vid. bibl. 6.2.4.9a):* ***Li.*** *(Lindsay 1913);* ***Mue.*** *(Odofredus Mueller 1839)*

*Noni editiones (vid. bibl. 6.2.4.22a):* ***Ald.*** *(Aldus 1513; Fest., Non.);* ***Li.*** *(Lindsay 1903; Non.);* ***Mu.*** *(L. Mueller 1888);* ***On.*** *(Onions 1895)*

*Editiones reliquorum auctorum, qui fragmenta tradunt (vid. bibl. 6.2.4):* ***Ed.*** *(Edward 1928; Sen. suas.);* ***GS*** *(Goetz / Schoell 1910; Varro ling.);* ***Hag.*** *(Hagen 1902; Philarg. Verg. ecl.);* ***Håk.*** *(Håkanson 1989; Sen. suas.);* ***Helm*** *(Helm / Préaux 1898; Fulg.);* ***Her.*** *(Hertz 1855; Prisc.);* ***Kas.*** *(Kaster 2011; Macr.);* ***Keil*** *(Keil 1864; Serg. gramm.);* ***Keil*** *(Keil 1874; Mar. Victorin. gramm.; Ter. Maur.);* ***Kies.*** *(Kiessling 1872; Sen. suas.);* ***Li.*** *(Lindsay 1911; Isid. orig.);* ***Merc.*** *(Mercerus* $^{2}$*1614; Fulg.);* ***Mori.*** *(Moricca 1951; Cic. Att.);* ***SB*** *(Shackleton Bailey 1987,* ***SB***$_{1}$ $^{1}$*1961; Cic. Att.);* ***Rad.*** *(Radermacher 1959; Quint.);* ***Wi.*** *(Winterbottom 1970; Quint.);* ***Wi.*** *(Winterbottom 1974; Sen. contr.);* ***Will.*** *(Willis* $^{2}$*1970; Macr. Sat.)*

(b) *Editiones, e quibus omnes lectiones, quae in textibus receptae sunt (cf. CE), et nonullae notae selectae (cf. CC) nostro in apparatu commemorantur:*

*Collectiones fragmentorum (vid. bibl. 6.2.1):* ***Bo.*** *(Bothe 1823);* ***Delr.*** *(Delrius 1593, pp. 151sq.);* ***Di.*** *(Diehl 1911);* ***Scriv.*** *(Scriverius 1620, pp. 156–159);* ***Steph.*** *(Stephanus 1564)*

*Noni editiones (vid. bibl. 6.2.4.22a):* ***Iun.*** *(Iunius 1565);* ***Merc.*** *(Mercerus 1614);* ***Qui.*** *(Quicherat 1872)*

(c) *Editiones, e quibus tantum selectio lectionum (cf. CE) et codicum (cf. CC) nostro in apparatu affertur:*

*Collectiones fragmentorum (vid. bibl. 6.2.1):* ***FPL***$_{4}$ *(Blänsdorf 1995; FPL);* ***Du.*** *(Duentzer 1835);* ***Ri.***$_{1}$ *(Ribbeck* $^{1}$*1852; TRF);* ***Ri. 1873*** *(Ribbeck* $^{2}$*1873; CRF);* ***Ri. 1898*** *(Ribbeck* $^{3}$*1898; CRF)*

## 4.2 Fragmenta tragoediarum

### Pompilius

### T 1

*Varro Men. 356* (*Astbury 1985*): Pacui discipulus dicor; porro is fuit Enni. / Ennius Musarum. Pompilius clueor. (*Cf. p. 75 FPL₄; p. 51 Court.*)

### F 1

(p. 227 Ri.₂; p. 263 Ri.₃; p. 303 Kl.)

*Varro ling. 7,93* (*GS*): apud Plautum: euax … apud Ennium: hehae … apud Ennium: heu … apud Pompilium:

heu, qua me causa, Fortuna, infeste premis? (*ia⁶*)

*CC* (*cod. potior*: *F*)
**Ed. *GS*:** premis] pmis *F*
*CE* – *Crit. in app.*: promis *Kent*
*CS* *De* heu *particula cf. Richter* (*1873*) *565. – Metr.*: *Ri., Kl. ia⁶ statuerunt.*

## C. Iulius Caesar Strabo

### T 1

*Inscr. It. XIII 3,6* (*CIL $I^2$ p. 198*): C. Iulius L. f. Caesar Strabo, aed. cur., q., tr. mil. bis, X vir agr. dand. adtr. iud., pontif.

### T 2

*Cic. de orat. 3,30* (*Kumaniecki 1969*): quid, noster hic Caesar nonne novam quandam rationem attulit orationis et dicendi genus induxit prope singulare? quis umquam res, praeter hunc, tragicas paene comice, tristis remisse, severas hilare, forenses scaenica prope venustate tractavit atque ita, ut neque iocus magnitudine rerum excluderetur nec gravitas facetiis minueretur?

### T 3

*Cic. Brut. 177* (*Malcovati $^2$1970*): festivitate igitur et facetiis, inquam, C. Iulius L. f. et superioribus et aequalibus suis omnibus praestitit oratorque fuit minime ille quidem vehemens, sed nemo unquam urbanitate, nemo lepore, nemo suavitate conditior. sunt eius aliquot orationes, ex quibus sicut ex eiusdem tragoediis lenitas eius [non *add. Friedrich*] sine nervis perspici potest. (*Cf. et Cic. de orat. 2,98, Tusc. 5,55, off. 1,108. 133*)

### T 4

*Cic. Brut. 207* (*Malcovati $^2$1970*): horum (*sc.* Antoni et Crassi), qui neutrum habebat, confugiebat ad Philippum fere aut ad Caesarem; Cotta <tum et> Sulpicius expetebantur. ita ab his sex patronis causae inlustres agebantur. (*Cf. et ib. 301; Vell. 2,9,2*)

### T 5

*Cic. Brut. 305* (*Malcovati $^2$1970*): C. etiam Iulius aedilis curulis cotidie fere accuratas contiones habebat.

### T 6

*Val. Max. 3,7,11* (*Briscoe 1998*): magno spatio divisus est a senatu ad poetam Accium transitus. ceterum ut ab eo decentius ad externa transeamus, producatur in medium. is Iulio Caesari amplissimo ac florentissimo viro in conlegium poetarum venienti nunquam adsurrexit, non maiestatis eius immemor, sed quod in comparatione communium studiorum aliquanto se superiorem esse confideret.

### T 7

*Ascon. Scaur. p. 26* (*Stangl 1912*): Iulios autem cum dicit, duos Caesares fratres C. et L. significat: ex quibus Lucius et consul et censor fuit, Gaius aedilicius quidem occisus est, sed tantum in civitate potuit, ut causa belli civilis contentio eius cum Sulpicio tr. fuerit. nam et sperabat et id agebat Caesar, ut omissa praetura consul fieret: cui cum primis temporibus iure Sulpicius resisteret, postea nimia contentione ad ferrum et ad arma processit. idem inter primos temporis sui oratores et tragicus poeta bonus admodum habitus est; huius sunt enim tragoediae, quae inscribuntur Iuli.

### T 8
### (Alcumena et Tecmessa)

*Mar. Victorin. GL VI 8,6–8,10 Keil* (*Keil 1874*): iuxta autem non ponebant cm: inde nec Alcmenam dicebant nec Tecmessam, sed Alcumenam <et Tecumesam>; inde Alcumeo et Alcumena <et Tecumesa> tragoediae, donec Iulius Caesar, qui Vopiscus et Strabo et Sesquiculus dictus est, primus Tecmessam inscripsit tragoediam suam, et <ita> in scena pronuntiari iussit.

## *Adrastus*

### F 1

(p. 227 Ri.$_2$; p. 263 Ri.$_3$; p. 304 Kl.)

*Fest. 254,9–12 Li.* (*Li.*): p r o p h e t a s in Adrasto Iulius nominat antistites fanorum, oraculorumque interpretes:

cum capita viridi lauro velare imperant (*ia*$^6$)
prophetae *sancti, caste* qui purant sacra.

**2** sancti caste *corr. ex* sancta ita caste *Kiessling*

CC (*cod. F*)
**Ed.** ***Li.***: –
**Edd. rel.**: **2** sancti, caste] sancta ita caste *cod.*[Ri]

CE **1** inperant *Li.* | **2** sancti, caste] *Ri.*$_3$ : sancta ita caste *Ald.* : sancta caste *Delr.*, *Scriv.*, *Bo.* : sancta ibi caste *Mue.* : sancti casta *Ri.* : casta caste *Ri. in app.* : sancta ita caste *Li.*, *Kl.* | purant] putant *Ald.*

CS **1** profetae *Delr.* | sancti, caste] *Kiessling* (*sec. Ri.*, *Li.*, *Kl.*), *Bickel* (*1957*) *35* : sancta caste *Delr.*, *Scriv.* : sancte casta *Bergk* (*1842*) *238* : sancti casta *Ribbeck* (*1875*) *614* | **2** purant] curant *Bergk* (*sec. Ri. et Kl. fort. recte*) *et Bickel loc. cit.* | sacra] loca *Delr.* – *Metr.*: *Ri.*, *Li.*, *Kl.* *ia*$^6$ *statuerunt*

## *Teuthras*

### F 2

(p. 228 Ri.$_2$; p. 263 Ri.$_3$; p. 305 Kl.)

*Macr. Sat. 6,4,19* (*Will.*): et quod dixit, [...] nec lucidus aethra siderea polus, [...] Ennius prior dixerat in sexto decimo [*Enn. ann. 434 Va.*$_2$] ... et Iulius[102] in Teuthrante[103]:

flammeam per aethram late fervidam ferri facem. (*tr*$^7$)

CC (*codd. potiores*: *N P T R F A*)
**Ed.** ***Will.***: aetram *N* | late] alte *codd.*
**Edd. rel.**: late] alte ω[Ri,Kl,Kas]

CE per aethram *Delr.*, *Scriv.* : per aethera *Scriv.* (*teste Ri.*) | late *Scriv. i.m. p. 155* | altè *Delr.*, *Scriv.*

CS flámmeam / per áitram alte férvidam feréi facem *Du. p. 85, ut ia*$^6$ *fiat* (*cum hiatu post* aethram) | late] alte *Welcker* (*1841*) *1399.* – *Interpr.*: *Du. frg. Livio trib.*, *Klu.*, *Ri.*, *Kl. Straboni.* | "*ad Etymologiam Olympi alludit*" (*Delr. p. 185*). *Cf. et Ribbeck* (*1875*) *616* – *Metr.*: *Ri.*, *Li.*, *Kl.* *tr*$^7$ *statuerunt.*

---

102 Iulius] *edd.*[Ri], *Bo.*[Will], *apud quem C. Iulius Caesar Strabo* (*p. 272*) *et C. Iulius* (*p. 271*) *non sunt iidem* : Ilius *Delr.*, *Scriv.* : illius *S*[Ri] : illic *T*[Will] : ilius *rell.*[Ri,Will] : ilius ω[Kas]

103 Teuthrante] in teutrante *P*[Ri,Will] : inter uthrante *F*[Will]

## Incertum

### F 3

(– Ri.$_2$; p. 264 Ri.$_3$; p. 305 Kl.)

*Isid. orig. 4,12,7 Li.* (*Li.*): unguenta autem quaedam dicuntur a locis, ut telinum, cuius Iulius Caesar meminit, dicens:

corpusque suavi telino unguimus.

Hoc conficiebatur in insula Telo, quae est una ex Cycladibus.

*CC* (*codd. potiores B C K T*)
**Ed. *Li.*:** suabi *M T U V* : suatita *B* | teli non *U* (*non V X*) | unguemus *K* (*non L*) : unguinus *M*

*CS* teleni unguine *Grialius, ut fiat senarius* (*sec. Ri.*$_3$)*; Grialius F 3 Iulio Caesari Straboni tribuit* (*sec. Ri.*$_3$)*. Cf. Buecheler* (*1884*) *113sq., qui senarium fere perfectum statuit.*

## Pupius

(– $Ri._{2-3}$; p. 305 Kl.; p. 110 $FPL_4$)

### T 1

*Hor. epist. 1,1,67* (*Klingner* [3]*1959*): ut propius spectes lacrimosa poemata Pupi …

### T 2

*Schol. Hor. epist. 1,1,67* (*Keller 1902*): Pupius tragoediographus ita adfectus spectantium movit, ut eos compelleret ad lacrimas, unde distichon fecit: ‘flebunt amici et bene noti mortem meam; / nam populus in me vivo lacrimavit satis’.

## Santra

### *Nuptiae Bacchi*[104]

#### F 1

(p. 228 $Ri._2$; p. 264 $Ri._3$; 305sq. Kl.)

*Non. 78,26–29 Merc. = 110 Li.* (*Li.*): nam et quidquid vehementius commovetur, bacchari voluerunt. Santra Nuptiis Bacchiis[105]:

[...] ita o*bple*tum sono (*$ia^6$*)
furenter ab omni parte bacchatur nemus.

**1** opbletum *corr. ex* obsoletum *Gulielmus*

*CC* (*codd. potiores*: *Bamb.* β γ δ *E F G H L Lugd. Montepess. Oxon. P P7665 P7666*)
**Ed. *Li.*: 1** obsoletum *codd.* | **2** furenter] $F^3$ β : ferenter *L* | nemus] $F^3$ : nemes *L* β
**Edd. rel.: 1** obsoletum *codd.*[Ri,Mu,Kl] *vulgo*[Qui] (*F H L P G E P7579*)[On] | **2** furenter] (*G* $H^2$)[Mu] ($F^3$ $H^2$ *P G E*)[On] : perenter ω[Kl] : ferenter *L*[Ri,Mu] ($F^1$ *L*)[On] : fuerenter $H^1$[Mu,On] | ab omni *codd.*[Ri] | bacchato $H^1$[Mu,On] | nemus] $F^3$[On,Ri.3] : nemes *codd.*[Ri] (*G H L*)[Mu] ($F^1$ $H^2$ *L P G E*)[On] : nemens $H^1$[Mu,On] : mens at nemes *Urbin.*[Ri]

*CE* **1** obpletúm *Ri., Li., Kl.* : oppletum *Qui.* : obspletúm *Mu.* : obsoletum *Ald.* | **2** furénter omni a párte *Ri.* | furenter] ferentur *Ald.* : furéntum *Mu.* : furente *Kl.* | nemus] *Ald.*[Ri]
– *Crit. in app.*: *Mu.*: "furentum *vel* furentei, *quod ad illud* sono *referendum.*"

*CS* **1** obpletum] *Gulielmus in Cistell. cap. 4* (*sec. Qui., Mu., Ri., Li.*) : oppletum *Bergk* (*1874*) *251* (= *Id. 1884, 321 adn. 5*) | **2** furente ab omni *Buecheler* (*sec. Ri., Mu., Li., Kl.*) : furentum ab omni *Bergk loc. cit.* – *Interpr.*: *cf. Ribbeck* (*1875*) *617. Cf. et Soubiran* (*1984*) *88.* – *Metr.*: *Ri., Li., Kl.* *$ia^6$ statuerunt.*

---

104 Nuptiae Bacchi *Ri. in titulo* : Nuptiae Bacchiae *Kl. in titulo*

105 Nuptiis] *Urbin.307*[Ri,Kl] *Ri.* : nuntiis *rell.*[Ri] ω[Kl] *Mu., On., Li.* | Bacchiis] *Gulielmius*[Qui,Mu,Li,Kl], *Mu., Kl., Li.* : baccis *vel* bacchis ω[Ri,Mu,Li,Kl] : baccis $L^1$[Mu,On] : Bacchis *On.* : Bacchi *Ri.* : Baccheis *vel* Bacchicis *propos. Ri. in app.*

## F 2

(p. 228 Ri.$_2$; p. 264 Ri.$_3$; p. 306 Kl.)

*Non. 104,13–18 Merc. = 148 Li.* (*Li.*): e x p e r g o pro expergefacio. Accius [*trag. 140 Ri.*] … [*16*] Santra Nuptiis Bacchiis[106]:

> [...] extemplo excita evadit quie (*$ia^6$*)
> genetrix et omnis vocis expergit sono.

*CC* (*codd. potiores*: *Bamb.* β γ δ *E F G H L Lugd. Montepess. Oxon. P P7665 P7666*)
**Ed. *Li.*:** **1** exemplo *codd.* : extemplo *$L^2$* | excita] excitev. *codd.*, *corr. Pontanus* | **2** quie] qua *codd.*
**Edd. rel.:** **1** exemplo *G*[Ri,Qui] (*G $H^2$ $L^1$*)[Mu] (*$H^2$ $L^1$ $P^2$ G E*)[On] *codd.*[Kl] : extemplo (*P expuncto t, H L*)[Qui] *$L^2$*[Kl] | excita] excit *codd.*[Ri,Kl] *corr. Pontanus*)[Ri.3,Kl] : exite *P*[Qui] : excite *$P^2$*[Qui] : exit *H*[Qui] | excit evadit (*G $H^2$ $L^1$*)[Mu] : excite vadit *P*[Qui] (*F H L G E*)[On] | quie] qua *codd.*[Ri,Qui,Kl] (*G $H^2$ $L^1$*)[Mu] (*F H L P G E P7579*)[On] (*G $H^2$ L*)[Ri.3] | **2** expargit *Urbin.*[Ri]

*CE* **1** extemplo] *Ald.*, *Iun.*, *Merc.* : ex templo *Ri.* : exemplo *ed. 1476*[Qui] | exit *Ald.*[Ri] | excita] exit *Ald.*, *Iun.*, *Merc.* : excite *Iun. i.m.* : excit *GL* | excitae vadit *ed. 1476*[Qui,Mu] : excite vadit *Ald.*, *Iun.* | quie] *Mu.* : pia *Ri.* : quies *Ri.$_1$*, *quod non approbavit Bergk* (*1874*) *251sq.* (= *Id. 1884, 320sq.*) : tua *Merc.* : *del. On.*
– *Crit. in app.*: quie] quia *propos. Ri.* : *Mu. servavit* quie *coll. Laevio*: complexa somno corpora / operientur ac suavi quie / dicantur (*Laev. 15 FPL$_4$ p. 135; Laev. frg. 15 Court. p. 132*)

*CS* **1** excita evadit *Pontanus*[Qui,Mu] | quie] pia *Gulielmus*[Ri,Qui,Li,Kl] : quaque *Pontanus*[Qui] – *Interpr.*: *cf. Ribbeck* (*1875*) *617. Cf. et Soubiran* (*1984*) *88.* – *Metr.*: *Ri. et Kl. $ia^6$ statuerunt.*

---

106 Santra] Satra *G*[Ri] (*H P G*)[Qui] (*G H L*)[Mu] (*F H L P G E P7579*)[On], *Ald.* : Santra *L*[Qui], *edd. vet.*[Qui], *Bentin.*, *Iun.*, *Merc.* | Nuptiis] nuntiis *codd.*[Kl], *Ri.*, *Mu.*, *On.*, *Li.* | Bacchiis] *Gulielmus*[Qui,Li,Kl], *Mu.*, *Kl.*, *Li.* : Bacchis *codd.*[Qui,Mu,Li,Kl], *On.*, *Ri.*

## Atilius

### T 1
### (Electra)

*Cic. fin. 1,5* (*Moreschini 2005*): a quibus tantum dissentio ut, cum Sophocles vel optime scripserit Electram, tamen male conversam Atili[107] mihi legendam putem, de quo Licin[i]us[108]: ‘ferreum scriptorem’: verum, opinor, scriptorem tamen, ut legendus sit.

### T 2
### (Electra)

*Suet. Iul. 84,2* (*Ihm 1907*): inter ludos cantata sunt quaedam ad miserationem et invidiam caedis eius accommodata, ex Pacuvi Armorum iudicio [*Pac. trag. 40 Ri.*]: ‘men servasse, ut essent qui me perderent?’ et ex Electra Acili[109] ad similem sententiam.

### T 3

*Cic. Tusc. 4,25* (*Giusta 1984*): quae autem sunt his contraria, ea nasci putantur a metu, ut odium mulierum, quale in Μισογύνῳ Atili est, ut in hominum universum genus, quod accepimus de Timone qui Μισάνθρωπος appellatur, ut inhospitalitas est.

### T 4

*Varro ling. 7,90* (*Goetz / Schöll 1910*): apud Atilium [*com. 3 Ri.*]: ‘cape, c<a>ede, Lyde, come, conde.’

### T 5

*Varro frg. 40* (*Funaioli 1969 = Char. GL I 241,28 Keil*): πάθη vero Trabea Atilius Caecilius facile moverunt.

---

107 Atili] atilii (*A M O S*)[*Rey*] : acilii (*B E*)[*Rey*] : atrilii *R*[*Rey*] : aulii *P*[*Rey*]

108 Licinus *Muel., Rey.* : licinius *codd.*[*Kl*] ($A^2$ *M O S B E*)[*Rey*] : lucinius *sive* litinius *codd.* : Lucilius *Detlefsen, Philologus 42* (*1881*) *182 et Schi.*

109 acili] *codd.*[*Kl*], *Ihm* : Atilii *codd. rec.*[*Ihm*] : Atili *Kl.*

## T 6

*Volcac. carm. frg. 1,9* (*$FPL_4$*): post insequi Licinium facio Atilium.

## Incertum

### F 1

(p. 32 Ri. com. 1873; p. 306 Kl.)

*Cic. Att. 14,20,3* (*SB*):

suam cuique sponsam, mihi meam; suum cuique
amorem, mihi meum.

non scite; hoc enim Atilius, poeta durissimus.

*CC* (*codd. potiores*: *E V R P F M b d m s*)
**Ed. *SB*: 1** cuique] quoque (*bis*) *M*[1] : cuique (*bis*) *E R b d m s* | mihi meam] *om. d s*[SB1] | **2** amorem] morem (*b m*)[SB1]
**Edd. rel.: 1** cuique] quoque (*bis*) *M* (*sed delet.*)[Mori] : cuique (*bis*) *rell.*[Mori] | mihi meam] *om. d*[Mori]

*CE* **1** quoique (*bis*) *Mori., SB* : cuique (*bis*) *edd. vet.*[Mori], *Kl.* | **1–2** suam quoíque sponsam, míhi meam; suum / quoíque amorem, mihi meum *Mori. distinxit.*

*CP* *Mori. attulit etiam Petrarcam, epist. fam. XII, 6, 5, v. praef., p. XXXIII, n. XXXIII.*

## C. Titius

### T 1

*Cic. Brut. 167* (*Malcovati* [2]*1970*): eiusdem fere temporis fuit eques Romanus C. Titius, qui meo iudicio eo pervenisse videtur, quo potuit fere Latinus orator sine Graecis litteris et sine multo usu pervenire. huius orationes tantum argutiarum tantum exemplorum tantum urbanitatis habent, ut paene Attico stilo scriptae esse videantur. easdem argutias in tragoedias satis ille quidem acute sed parum tragice transtulit. quem studebat imitari L. Afranius poeta, homo perargutus, in fabulis quidem etiam, ut scitis, disertus.

### T 2

*Non. 455,12–14 Merc. = 729 Li.* (*Li.*): Novius Paedio: nec umquam / vidit rostrum {in} tragoedia tantum Titi [...]

### T 3

### (Prothesilaus)

*Anton. Volsc. arg. Ov. Her. 13*: Pacuvius et Titius [*cf. p. 116 Ri.;* Titius *coni. C. Dilthey, De Callimachi Cydippa, 1863, 59 adn. 1*] Prothesilaum tragoediam ediderunt: ex qua multum in hanc epistolam Ovidius transtulit.

## C. Iulius Caesar

### T 1

*Suet. Iul. 56,7* (*Ihm 1907*): feruntur et †aitvero† ab adulescentulo quaedam scripta, ut Laudes Herculis, tragoedia Oedipus, item Dicta collectanea: quos omnis libellos vetuit Augustus publicari in epistula, quam brevem admodum ac simplicem ad Pompeium Macrum, cui ordinandas bibliothecas delegaverat, misit.

## Q. Tullius Cicero

### T 1

*Cic. ad Q. fr. 2,16,3* (*Shackleton Bailey 1988*): Συνδείπνους Σοφοκλέους, quamquam a te <f>actam fabellam video esse festive, nullo modo probavi.

### T 2

### (Erigona)

*Cic. ad Q. fr. 3,1,13* (*Shackleton Bailey 1988*): quarta epistula mihi reddita est Id. Sept., quam a. d. IIII Id. Sext. ex Britannia dederas. in ea nihil sane erat novi praeter Erigonam.

### T 3

*Cic. ad Q. fr. 3,5,7* (*Shackleton Bailey 1988*): quattuor tragoedias sedecim diebus absolvisse cum scribas, tu quicquam ab alio mutuaris? et †πλεος† quaeris, cum Electram et Troades scripseris? cessator esse noli et illud γνῶθι σεαυτόν noli putare ad adrogantiam minuendam solum esse dictum verum etiam ut bona nostra norimus. sed et istas et Erigonam mihi velim mittas. habe <ad> duas epistulas proximas.

## Volnius

### T 1

*Varro ling. 5,55* (*Goetz / Schoell 1910*): ager Romanus primum divisus in partis tris, a quo tribus appellata Titiensium, Ramnium, Lucerum. nominatae, ut ait Ennius, Titienses ab Tatio, Ramnenses ab Romulo, Luceres, ut Iunius, ab Lucumone; sed omnia haec vocabula Tusca, ut Volnius, qui tragoedias Tuscas scripsit, dicebat.

## C. Cassius Parmensis

### T 1

*Hor. epist. 1,4,1–3* (*Klingner [3]1959*): Albi, nostrorum sermonum candide iudex, / quid nunc te dicam facere in regione Pedana? / scribere quod Cassi Parmensis opuscula vincat …

### T 2

*Porph. Hor. epist. 1,4,3* (*Holder 1894*): hic est Cassius, qui partibus Cassi et Bruti cum Horatio tribunus militum militavit. quibus victis Athenas se contulit. Quintus Varius ab Augusto missus, ut eum interficeret, studentem repperit et perempto eo scrinium cum libris tulit. unde multi crediderunt Thyesten Cassi Parmensis fuisse. scripserat enim multas alias tragoedias Cassius.

### T 3

*Hor. sat. 1,10,61–64* (*Klingner [3]1959*): … Etrusci / quale fuit Cassi rapido ferventius amni / ingenium, capsis quem fama est esse librisque / ambustum propriis.

### T 4

*Porph. Hor. sat. 1,10,62* (*Holder 1894*): Cassi Etrusci Parmensis dicit, cuius tragoedia Thyestes exstat.

## C. Asinius Pollio

### T 1

*Verg. ecl. 8,9* (*Mynors 1969*): en erit ut liceat totum mihi ferre per orbem / sola Sophocleo tua carmina digna coturno?

### T 2

*Serv. ecl. 3,84* (*Thilo*): blanditur iam Pollioni patrono, quem et tragoediarum et historiarum scriptorem Horatius fuisse testatur.

### T 3

*Serv. auct. ecl. 8,10* (*Thilo*): alii ideo hoc de Pollione dictum volunt, quod et ipse utriusque linguae tragoediarum scriptor fuit. cothurnus autem calciamentum tragicum, cuius usum quidam Sophoclem primum scaenae intulisse volunt.

### T 4

*Hor. sat. 1,10,42* (*Klingner $^{3}$1959*): Pollio regum / facta canit pede ter percusso.

### T 5

*Porph. Hor. sat. 1,10,42* (*Holder 1894*): Pollionem tragoediam, quae trimetris versibus fere texitur.

### T 6

*Schol. Hor. sat. 1,10,42* (*Keller 1904*): Pollio tragoediam scribit trimetro, quia trimetri dicuntur versus tragoediarum esse.

### T 7

*Hor. carm. 2,1,9* (*Klingner $^{3}$1959*): paulum severae Musa tragoediae / desit theatris: mox ubi publicas / res ordinaris, grande munus / Cecropio repetes coturno (*cf. Schol. ad loc. T 8*).

**T 8**

*Schol. Hor. carm. 2,1,9* (*Keller 1902*): ut deposito tragico stilo Pollio cautius c<o>epta describeret; uno enim tempore et tragoediam et historiam scribebat, idest non cantetur edita a te in theatris tragoedia, dum occuparis historia actus publicos referendo.

**T 9**

*Tac. dial. 21,7* (*Heubner 1983*): Asinius quoque, quamquam propioribus temporibus natus sit, videtur mihi inter Menenios et Appios studuisse. Pacuvium certe et Accium (*sc.* Asinius) non solum tragoediis sed etiam orationibus suis expressit; adeo durus et siccus est.

## Caesar Augustus

### (*Aiax*)

### T 1

*Suet. Aug. 85,2* (*Ihm 1907*): nam tragoediam magno impetu exorsus, non succedenti stilo, abolevit quaerentibusque amicis, quidnam Aiax ageret, respondit Aiacem suum in spongiam incubuisse.

### T 2

*Macr. Sat. 2,4,1sq.* (*Willis* [2]*1970*): et ille: Augustus inquam Caesar adfectavit iocos, salvo tamen maiestatis pudorisque respectu, nec ut caderet in scurram. Aiacem tragoediam scripserat eandemque quod sibi displicuisset deleverat. postea L. Varius tragoediarum scriptor interrogabat eum quid ageret Aiax suus. et ille: in spongiam, inquit, incubuit.

### T 3

*Lyd. mens. 4,112* (*Wuensch 1898*): ὅτι Αὔγουστος τὸν τοῦ Σοφοκλέους Αἴαντα εἰς τὴν πάτριον φωνὴν μετήνεγκεν· εἶτα ἀκμαζούσης αὐτῷ μετὰ τὴν πρακτικὴν καὶ τῆς ἐκ λόγων ἀρετῆς, ὡς ἀναξίαν ἐκ παραβολῆς πρὸς Σοφοκλέα τὴν ἑαυτοῦ διεγίνωσκε τραγῳδίαν, ταύτην ἐξήλειψεν. εἶτα ἐρωτηθεὶς πρὸς τοῦ Κικέρωνος, παρ' ᾧ μετὰ σπουδῆς ἐπαιδεύετο· 'ποῦ τυγχάνει ὁ παρὰ σοῦ γραφόμενος Αἴας;' ἀστείως ἅμα καὶ νουνεχῶς ἀπεκρίνατο, σπόγγῳ τὸν ἑαυτοῦ Αἴαντα, καθάπερ σιδήρῳ τὸν τοῦ Σοφοκλέους, ἐπιπεσεῖν.

### T 4

*Suda s.v.* Αὔγουστος (*Adler 1928*): περὶ τοῦ βίου καὶ τῶν πράξεων βιβλία ιγ', καὶ τραγῳδίαν Αἴαντός τε καὶ Ἀχιλλέως.

## L. Varius Rufus

### T 1

*Ov. Pont. 4,16,31* (*Richmond 1990*): cum Varius (varus *B l e* : variis *C* : varius $B^3$ *e bl*) Graccusque ($B^2$ : gracusque *bl* : gratusque *C le e*) darent fera dicta tyrannis […].

### T 2

*Quint. inst. 10,1,98* (*Winterbottom 1970*): iam Vari Thyestes cuilibet Graecarum comparari potest.

### T 3

*Tac. dial. 12,6* (*Heubner 1983*): nec ullus Asini aut Messallae liber tam inlustris est quam Medea Ovidi aut Vari Thyestes.

### T 4

*Mart. 8,18,5* (*Shackleton Bailey 1990*): sic Maro nec Calabri temptavit carmina Flacci, / Pindaricos nosset cum superare modos, / et Vario cessit Romani laude cothurni, / cum posset tragico fortius ore loqui.

### T 5

*Laus Pis. 238* (*Seel 1969*): Maecenas tragico quatientem pulpita gestu / erexit Varium […]

### T 6

*Porph. Hor. carm. 1,6,1* (*Holder 1894*): fuit autem L. Varius et epici carminis et tragoediarum et elegiorum auctor, Vergilii contubernalis.

### T 7

*Hier. chron. a. Abr. 2000* (*17 a. C.*) (*Helm 1956, p. 166*): Varius et Tucca, Vergilii et Horatii contubernales, poetae habentur inlustres.

## T 8

**(*Thyestes*)**

*Didascalia servata est in cod. Paris. 7530 s. VIII et Casin. 1086*: incipit Thyestes Varii. Lucius Varius cognomento Rufus Thyesten tragoediam magna cura absolutam post Actiacam victoriam Augusti ludis eius (*sc. a. 29 a. C.*) in scaena edidit. pro qua fabula sestertium deciens accepit. (*cf. de hoc scholio* $Ri._1$ *1852, p. 347 et Lindsay 1922, 180*).

## *Thyestes*

## F 1

(p. 229 $Ri._2$; p. 265 $Ri._3$; p. 309 Kl.)

*Quint. inst. 3,8,44–45* (*Wi.*): neque enim quisquam est tam malus ut videri velit … sic Atreus[110] apud Varium: 'iam fero' inquit 'infandissima, iam facere cogor'.

> […] iam fero infandissima, (*ia*$^6$)
> iam facere cogor.

*CC* (*codd. potiores*: *A B Bg*)
**Ed.:** ***Wi.*:** –
**Edd. rel.: 1** iam vero *Guelf.*[*[Ri]*]
*CE* **1** fero] ferre *Delr., Scriv.* : fero *Scriv. i.m.* (*Aldus*)
*CS* *Interpr.*: *Steph. p. 426 frg. Vari Thyestae trib. Sec. Bo., Ri., Kl. hoc loco Atreus loquitur. Cf. et Lefèvre* (*1976*) *9* – *Metr.*: *Ri., Kl. ia*$^6$ *statuit.*

## Incerta

## F 2

(p. 229 $Ri._2$; p. 265 $Ri._3$; pp. 309sq. Kl.)

*Mar. Victorin. GL VI 60,14–60,19 Keil* (*Keil*): concentum mundi cursumque imitans chorus canebat … de qua re Varius sic tradidit:

> […] primum huic
> nervis septem est intenta fides
> variique a*pt*i vocum mo*dul*i,

---

110 Atreus] "atreus *in ras. minoris spatii Ambros.* = *A*" (*Ri.*)

[…]
ad quos mundi resonat canor in
vestigia se sua volventis.

**3** apti *corr. ex* addita *Schneidewin* | moduli *e* modi *corr. Bo.* | **5** *hunc verborum ordinem statuit Buecheler* (*ap. Ri.*)

*CC* (*codd. potiores*: *A B Val*)
**Ed.** ***Keil*:** **3** apti] addita *A B* : modi *A B* | **4–5** resonat canor sua se volventis in vestigia *A B*
**Edd. rel.:** **3** apti] addita '*Reg.*'[Ri] (*A B*)[Ri.3] *codd.*[Kl] : additi *rell.*[Ri] | modi *codd.*[Ri,Kl] | **4–5** sua se volventis in vestigia *codd.*[Ri,Kl]

*CE* **3** apti] additi *Cam.*[Keil,Ri.3] : dati *Bo.* | modi *Cam.*[Keil] : moduli *Bo., Ri., Keil, Kl.* | **4–5** resonat tenor sua se volventis in vestigia *Cam.*[Keil] | resonat tenor in / sua volventis se vestigia *Bo.* : resonat canor in / sua se vestigia volventis *Keil* : resonat canor in / vestigia se sua volventis *Ri., Kl.*

*CS* **3** apti] *Schneidewin* (*1842*) *112* | modi *Rutgers* (*1699*) *247* | variique modi vocum … *vel* variique apti vocum cantus *Buecheler* (*ap. Ri.*) *vel* variique adii vocum motus *Buecheler* (*ap. Ri.*$_{3}$) | **4–5** tradita … dati vocum modi … canor sua se in vestigia volvens *Bergk* (*1884*) *355* | resonare tenor / volventis sua / se in vestigia *Rutgers loc. cit.* | resonat canor in / sua se vestigia volventis *Schneidewin loc. cit.* – *Interpr.*: *Rutgers* (*1699*) *246, Bo., Weichert* (*1836*) *101, Schneidewin* (*1842*) *loc. cit. hos versus Vari Thyestae trib., Ri. et Kl. in Vari frgg. incertis posuerunt* – *Metr.*: *Cf. de metro restituendo Lefèvre* (*1976*) *10sq. Rutgers an*$^{2}$*, Bo., Ri., Kl. an*$^{4}$ *statuerunt. Ri. et Kl. post* moduli *lacunam postulaverunt, ut hiatus vitaretur* (*cf. Ri. pp. LXIIIsq.*).

## F 3

(p. 229 Ri.$_{2}$; p. 266 Ri.$_{3}$; p. 310 Kl.)

*Philarg. Verg. ecl. 2,70*: (a) (*explanatio I*): frondosa vitis idest de qua si quis biberit, furit. sic Varus[111]: 'et frondosam, inquit, et semiputatam queritur vitem.' (b) (*explanatio II*): 'semiputata tibi et frondosa vitis idest mentes sanas non habent, qui ex semiputata et frondosa vite vinum bibunt.'

[…] et frondosam, (*an*$^{4}$)
semiputatam queritur vitem. […]

111 Varus] *Phil.*[Hag] : Varius *Weichert* (*1836*) *102* : avarus *codd.*[Hag,Kl]

*CC* (*codd. potiores*: *L N P*)
**Ed. *Hag.*: explanatio I: 2** et] *codd.* : *om. Phil.* | semiputatam] semi potatam *codd.* | quaeritur *L N* | vitem] ta vitē *N* : vitam *P* | **explanatio II:** exemī et frondosa *L* : exemi (s *supra* ex) et frondosa (potata *suprascr.*), s *et ///// m. rec. N* : ex semi et semipotata frondosa *P*

*CS* *Interpr.*: *Weichert* (*1836*) *102 trib. F 3 L. Varii Thyestae, "quandoquidem alia melici generis carmina, nisi quae in illa tragoedia essent, scripta ab eo esse non constat."* (*cf. Bergk 1833, 13*) – *Metr.*: *Anapaestos restituit Rutgers vol. 6* (*1618*) *cap. 15 p. 549. Kl. an*$^4$ *statuit.*

## Mamercus Aemilius Scaurus

### T 1

*Cass. Dio 58,24,3*: Μάμερκος δὲ δὴ Αἰμίλιος Σκαῦρος … ἑάλω τε διὰ τραγῳδίαν [*sc.* ὑπὸ Τιβερίου] καὶ παθήματι δεινοτέρῳ οὗ συνέγραψε περιέπεσεν. Ἀτρεὺς μὲν τὸ ποίημα ἦν, παρῄνει δὲ τῶν ἀρχομένων τινὶ ὑπ' αὐτοῦ, κατὰ τὸν Εὐριπίδην, ἵνα τὴν τοῦ κρατοῦντος ἀβουλίαν φέρῃ. μαθὼν οὖν τοῦτο ὁ Τιβέριος ἐφ' ἑαυτῷ τε τὸ ἔπος εἰρῆσθαι ἔφη, Ἀτρεὺς εἶναι διὰ τὴν μιαιφονίαν προσποιησάμενος, καὶ ὑπειπὼν ὅτι καὶ ἐγὼ οὖν Αἴαντα αὐτὸν ποιήσω, ἀνάγκην οἱ προσήγαγεν αὐτοεντεὶ ἀπολέσθαι.

## Gracchus

### T 1

*Ov. Pont. 4,16,31* (*Richmond 1990*): cum Varius (varus *B l e* : variis *C* : varius $B^3$ *e bl*) Graccusque ($B^2$ : gracusque *bl* : gratusque *C le e*) darent fera dicta tyrannis [...].

### *Atalanta*

### F 1

(p. 230 Ri.$_2$; p. 266 Ri.$_3$; p. 310 Kl.)

*Prisc. gramm. GL II 206,10–206,13 Keil* (*Her.*): 'hic cardo cardinis' – quidam tamen veterum etiam feminino genere hoc protulerunt. Gracchus in Atalanta[112]:

o grata cardo, regium egressum indicans. (*ia*[6])

CC (*codd. potiores*: *R P B D H A G L K*)
**Ed. *Her.***: egresum *G*

CS *De* o *particula cf. Richter* (*1873*) *591. – Metr.*: *Ri., Kl. ia*[6] *statuerunt.*

### *Peliades*

### F 2

(p. 230 Ri.$_2$; p. 266 Ri.$_3$; p. 310 Kl.)

*Non. 202,15–18 Merc. = 297sq. Li.* (*Li.*): cardo generis masculini. Vergilius ... [*17*] feminino Gracchus in Peliadibus[113]:

sonat impulsu regia cardo. (*an*[4])

CC (*codd. potiores*: *Bamb.* β γ δ *E F G H L Lugd. Montepess. Oxon. P P7665 P7666*)

---

112 Gracchus] '*Veneta 1*'[Ri] : (*R B H Grut.*)[Ri] : gracus *Caruliruh.*[Ri] : grachus (*A B G*)[Ri] | Atalanta] atalenta (*R D*)[Her] : athlanta (*G L*)[Her] : atalanto (*B K*)[Her]

113 Gracchus] *Scriv., Lange* (*1822*) *10 probante Weich.* : C. Granius *Iun., Delr., Scriv., Bo.* : graius *vulgo*[Qui] (*L $H^2$ G*)[Mu] (*F $H^2$ L G E*)[On] *codd.*[Li,Kl], *Ald.* : graus $H^1$[Mu,Ri.3,On] : caius *Urbin.307*[Ri] *Urbin.308*[Mu] | in Peliadibus] inpeli[.] adibus $F^1$[On]

**Ed. *Li.*:** –
**Edd. rel.:** inpulsa *codd.*[Ri,Kl] *$L^1$*[On] : impulsa (*F H L P G E P7579*)[On]
*CE* sonat ímpulsa / regía cardo *Ald., Merc., Scriv., Mu., On., Li.* | impulsu *Delr., Scriv. i.m., Bo., Weich., Ri.*
*CS* *Metr.*: *Mu. hoc loco potius monometra anapaesta quam dimetra suspicatus est* (*cf. de monometrorum usu Id. 1861, 93sq. et 106 et Id. 1894, 104sq.*). *Ri. et Kl. $an^4$ statuerunt.*

## *Thyestes*

### F 3

(p. 230 Ri.$_2$; p. 266 Ri.$_3$; p. 310 Kl.)

*Prisc. gramm. GL II 269,5–269,9 Keil* (*Her.*): 'humus humi': hoc etiam neutrum in 'um' desinens invenitur apud veteres, secundum quod oportune hanc declinationem servavit Laevius … [*8*] Gracchus in Thyeste[114]:

mersit sequentis humidum plantas humum. (*$ia^6$*)

*CC* (*codd. potiores*: *R P B D H A G L K*)
**Ed. *Her.*:** in Thyeste mersit] in tithes temer sit *L* : in tithestener. sit *G* : inthithes temersit *K* | humidum] *$R^2$ $H^2$* : humidumdum *R H K*
**Edd. rel.:** Thyeste mersit] thieste mersit *R*[Ri] : tithes temer sit *L*[Ri] : tithestener. sit *G*[Ri] : thithes temersit *K*[Ri] | humidum] (*$R^2$ $H^2$*)[Ri] | plantis ω[Ri.3,Kl] | mersit … humidum] *om.* *$R^1$*[Ri]
*CE* humidam *Delr.* : umidum *Ri.* | plantas] *Ri., Kl.* : plantis *Delr.* (*cf. et p. 186*), *Scriv., Bo., Her.*
*CS* plantas] *Bentley* (*ad Hor. ars 260*): "*ita legendum arbitror, non plantis. Humum nominativus est, generis neutrius.*" *Bentley loc. cit. praeterea affirmavit Gracchum* "*exactissime*" *servavisse leges metricas Graecorum. Cf. et Weichert* (*1836*) *170sq.* – *Metr.*: *Ri., Kl. $ia^6$ statuerunt.*

---

114 Gracchus] *om.* *$R^1$*[Ri] : Graccus (*$R^2$ $H^2$*)[Her,Ri] : gracus *H*[Her,Ri] : gratus (*B D G L K*)[Her,Ri] : grachus *A*[Her,Ri] | in Thyeste] *om.* *$R^1$*[Ri] : in tithes (*L G*)[Her,Ri] : inthithes *K*[Her,Ri] : thieste *R*[Her,Ri]

## Incertum

### F 4

(p. 230 $Ri._2$; p. 266 $Ri._3$; p. 311 Kl.)

*Dub. Nom. gramm. GL V 577,30 Keil* (*Keil*): diadema generis neutri, ut Gracchus[115]:

purpura*m* et diadema

purpuram *Haupt*

CC (*codd. potiores*: *M V L*)
**Ed. *Keil*:** –
**Edd. rel.:** purpura *codd.*[Ri]

CE purpuram] *Ri., Kl.* : purpura *Keil*

CS purpuram *coni. Haupt*[Keil] – *Interpr.*: *Ri. nescivit, utrum verba poetae an oratoris sint. Sec. Kl. verba fort. Thyestae fabulae tribuendum sunt.*

---

115 Gracchus] gracus (*M V L*)[Keil] : *codd.*[Ri]

## Turranius

### T 1

*Ov. Pont. 4,16,29* (*Richmond 1990*): Musaque Turrani tragicis innixa cothurnis.

## P. Ovidius Naso

### (*Medea*)

### T 1

*Ov. trist. 2,553* (*Hall 1995*): et dedimus tragicis sceptrum regale tyrannis, / quaeque gravis debet verba cothurnus habet;

### T 2

*Quint. inst. 10,1,98* (*Winterbottom 1970*): Ovidi Medea videtur mihi ostendere quantum ille vir praestare potuerit si ingenio suo imperare quam indulgere maluisset.

### T 3

*Tac. dial. 12,6* (*Heubner 1983*): nec ullus Asini aut Messallae liber tam inlustris est quam Medea Ovidi aut Vari Thyestes.

### T 4

*Epistula Valerii ad Rufinum ne uxorem ducat PL 30, 261–269* (*L. Mueller 1867, 496*): sed ut maiorum testimonio mihi fides habeatur, lege aureolum libellem Theophrasti et Medeam Nasonis et vix pauca invenies impossibilia mulieri.

### T 5

*L. Caecilius Minutianus Apuleius, de orthographia frg. 18* (*Osann 1826*): Vulcanus cum duplici uu. . praecipitatus est a Iove de coelo, quia matri in auxilium ferre voluerit. Homero in primo [...] et [...] sed et Valerius in Argonauticis. at Ovidius in Medea a Iunone. (*cf. P. L. Gatti, qui sua in dissertatione nondum emissa, quae Poeta per saecula inscribitur, scilicet recte putavit se Apuleium verum auctorem antiquum approbavisse et illud supra oblatum novum testimonium de Ovidi Medea invenisse.*)

## *Medea*

### F 1

(p. 230 Ri.$_2$; p. 267 Ri.$_3$; p. 311 Kl.)

*Quint. inst. 8,5,6* (*Wi.*): sed maiorem vim accipiunt et mutatione figurae ... et translatione a communi ad proprium. nam cum sit rectum 'nocere facile est, prodesse difficile', vehementius apud Ovidium Medea dicit:

servare potui: perdere an possim rogas? (*ia*$^6$)

*CC* (*codd. potiores*: *A B Bg*)
**Ed. *Wi.*:** –
**Edd. rel.:** possis '*Monac.*'$^{[Ri]}$ *Bg*$^{[Ri.3]}$ | translatione ... rogas] *nihil excerptum est in E*$^{[Rad]}$
*CE* possum *Scriv.*
*CS* *Metr.*: *Ri. et Kl. ia*$^6$ *statuerunt*

### F 2

(p. 230 Ri.$_2$; p. 267 Ri.$_3$; pp. 311sq. Kl.)

*Sen. suas. 3,7* (*Håk.*): hoc autem [*sc.* plena deo] dicebat Gallio Nasoni suo valde placuisse; itaque fecisse illum, quod in multis aliis versibus Vergilii fecerat, non subripiendi causa sed palam mutuandi, hoc animo ut vellet agnosci. esse autem in tragoedia eius:

feror huc illuc ut plena deo. (*an*$^4$)

*CC* (*codd. potiores*: *A B V D L T*))
**Ed. *Håk.*:** ut] ve *A B V* | plena] *B*$^2$ : plane *B*
**Edd. rel.:** ut] ve ω$^{[Ri.3,Kl]}$ | veplena *A*$^{[Ri]}$ (*A S T*)$^{[Kiess]}$ : veplane *B*$^{[Kies,Ri]}$
*CE* ut] *vulgo*$^{[Ri.3,Kl]}$, *Kiess., Kl.* : vae *Ri., Ed., Håk.*
– *Crit. in app.*: ut plena] volo plena *sec. Ri. fort. latet*
*CS* ut] ceu *Wissowa*$^{[Ri.3,Håk]}$ : vae *ex* ne *codicum illicuit Ribbeck* (*1875a*) *627 adn. 1* | *de pronominum usu cf. Bach* (*1891*) *321.* – *Interpr.*: *Sec. Håk. vulgo versus Ovidi Medeae tribuitur.* – *Metr.*: *Ri. et Kl. an*$^4$ *statuerunt.*

## P. Pomponius Secundus

### T 1

*Quint. inst. 10,1,98* (*Winterbottom 1970*): eorum, quos viderim longe princeps Pomponius Secundus, quem senes {quem} parum tragicum putabant, eruditione ac nitore praestare confitebantur.

### T 2

*Tac. ann. 11,13,1* (*Wellesley 1986*): at Claudius ... theatralem populi lasciviam severis edictis increpuit, quod in Publium Pomponium consularem (is carmina scaenae dabat) inque feminas inlustres probra iecerat.

### T 3

*Plin. epist. 7,17,11* (*Mynors 1963*): itaque Pomponius Secundus (hic scriptor tragoediarum), si quid forte familiarior amicus tollendum, ipse retinendum arbitraretur, dicere solebat: 'ad populum provoco'.

### T 4

*Char. gramm. GL I 137,23–137,26 Keil* (*Keil*) = *p. 174,18–174,24* (*Barwick*): monteis. licet Pomponius Secundus poeta, ut refert Plinius (*p. 27,7 Beck*), propter homonymum nominativi accusativo casu omnes non putet dici sed 'omneis', tamen idem Plinius in eodem permanet dicens omnes tunc demum posse dici accusativo, ut canes, quando genetivus pluralis horum canum ante um i non habet.

## *Atreus*

### F 1

(p. 231 Ri.$_2$; pp. 267sq. Ri.$_3$; p. 312 Kl.)

*Non. 144,21–23 Merc. = 210 Li.* (*Li.*): notificem, notam faciam. Pomponius Atreo[116]:

Atreus

[...] nunc te obsecro, (*$tr^7$*)
stirpem ut evolvas meorum <rem>que notifices mihi.

**2** rem *suppl. Mu.*

*CC* (*codd. potiores*: *Bamb.* β γ δ *E F G H L Lugd. Montepess. Oxon. P P7665 P7666*)
**Ed. *Li.*:** –
**Edd. rel.: 2** evolves *H*[1][Mu,Ri.3] | e. meorumque *codd.*[Ri] (*L H G*)[Mu] (*F H L P G E P7579*)[On]

*CE* meorum <rem>que] meorum genus *Steph., Iun., Scriv.* : meorumque *Ald.* : meorum quaeque *Bo. in app.* : genusque meorem *Bo. com. p. 105* : meorumque nómen *Ri.$_1$* : meorum <meque> *Ri. probante Buecheler et Kl.* : meorum <at>que *Qui.*
– *Crit. in app.*: stirpem ut] *sec. Qui.* ut *abesse possit.*

*CS* stírpem ut evolvás meorum iámque (*vel et* meorum et quaeque) notificés mihi *Schmidt* (*1861*) *597* | meorum <rem>que] *Lana* (*1958/59*) *334* : meorum eumque *Hertz* (*1869*) *4* : meorum <me que> *Mugellesi Christillin* (*1979*) *1051* – *Interpr.*: *Schmidt* (*1861*) *596 adn. 1 dubitavit, haec an verba Pomponi sint, Mu.* (*1861*) *26 et 93 omnino hos versus a Pomponio abiudicavit, Hertz loc. cit. putavit posse Atreum quoque fuisse Atellanam. Ri. autem propter colorem versus et tragoediae et Pomponio trib. Cf. et Lana* (*1958/59*) *332–335 et Della Casa* (*1961*). – *Metr.*: *Ri. et Kl. $tr^7$ statuerunt.*

*CP* *Ri.$_3$ contulit Sen. Oed. 27*: cuncta expavesco meque non credo mihi.

---

116 Pomponius Atreo] *Ald.* : Pomponius [...] Accius Atreo *Mu. et Kl., qui ex Pomponi Atellana primum frustula, deinde Acci nomen excidisse putaverunt non approbante Ri.$_3$* : Pomponius [...] <Attius> Atreo *On.* : Pomp. Patruo *propos. Li. in app.*

## Incerta

### F 2

(p. 231 Ri.$_2$; p. 268 Ri.$_3$; pp. 312sq. Kl.)

(a) *Ter. Maur. GL VI 384,1957–384,1968 Keil* (*Keil*): cum vero heptameres fuerit divisio versus, / in tragicis plerumque choris deprenditur unus / insertus multis non una lege creatis / … [*1965*] inserit haec aeque Pomponius in choricis sic: / 'Rhoeteis procul a terris', mox dispare versu / subiecto, 'Priamique aras damnare pias': tunc / 'obrue nos Danaosque simul' parilem dedit illi.

(b) *Mar. Victorin. GL VI 121,16–121,26 Keil* (*Keil*): nec minus hephthemimeres tome subdito sibi versu trimetro catalectico, qui ex pyrrichio spondeo et iambo subsistat, aptum tragicis choris metrum praestabit, velut [*Verg. Aen. 1,5*] 'multa quoque et ebllo passus', dehinc, 'obrue nos Danaosque simul', †'aras[117] Priamique damnato pias tunc'. quo genere metri et Euripides in Oreste et Pomponius[118] noster in <choricis>[119] suis usi noscuntur.

Rhoeteis procul a terris
[…]
Priamique aras damnate pias
[…]
obrue nos Danaosque simul.

*CC* – ***ad a*** (*ed. potior*: *ed. Med. 1497*)
**Ed. *Keil*:** –
– ***ad b*** (*codd. potiores*: *A B Val*)
**Ed. *Keil*:**
**Edd. rel.: 2** damnato *B*[*Ri*] : damnare *Ter. Maur.*[*Ri,Kl*]

*CE* **2** damnare] *Scriv., Bo., Keil* (*ad a*) : damnate *Cam., Ri., Kl.*

*CS* *Interpr.*: *Sec. Ri. et Kl. hoc loco chorus cantat. Keil de Victorino Terentianum recipiente adnotavit* (*ad b*): "obrue] *Terent. 1965 inserit* haec aeque Pomponius in choricis sic, 'Rhoeteis procul a terris', mox dispare versu subiecto 'Priamique aras damnare pias': tunc 'Obrue nos Danaosque simul' parilem dedit ille. *Terentiani verbis non intellectis Victorinus trimetrum iambicum catalecticum ex pyrrichiis spondeis et iambis subsistentem finxisse videtur,* Priamique aras damnato pias tunc." – *Metr.*: *Ri. da*$^4$ *statuit.*

---

117 aras] *A*[*Keil*], *Cam.* : acras *B*[*Keil*]
118 Pomponius] pontiponius *B*[*Keil,Ri*]
119 <choricis>] *om.* (*A B*)[*Keil*], *Cam.* : *add. Keil*

## F 3

(pp. 231sq. Ri.$_2$; pp. 268sq. Ri.$_3$; pp. 313 Kl.)

(a) *Ter. Maur. GL VI 389,2135–389,2141* (*cf. 2144–2147*) *Keil* (*Keil*): in tragicis iunxere choris hunc saepe diserti / Annaeus Seneca et Pomponius ante Secundus. tale dedit nobis Pomponius, / 'pendeat ex umeris dulcis chelys / et numeros edat varios, quibus / adsonet omne virens late nemus, / et tortis errans qui flexibus'.

(b) *Mar. Victorin. GL VI 115,13–115,17* (*cf. 115,20–115,22*) *Keil* (*Keil*): hi tetrametri tragicis choris a plerisque miscentur et continuati non numquam choros explicant, ut apud Pomponium reperimus: 'pendeat ex umeris dulcis chelys / et numeros edat varios, quibus / adsonet omne virens late nemus'.

(c) *Aug. mus. 4,31* (*Migne*): alia [*sc.* metra] nec tota immobilia nec tota mobilia, ut 'pendeat ex umeris dulcis chelys / et numeros edat varios, quibus / adsonet omne virens late nemus et tortis errans qui flexibus'. vides hic enim ubique et spondeos et dactylos poni posse praeter ultimum pedem, quem metri auctor semper esse dactylum voluit.

pendeat ex umeris dulcis chelys
et numeros edat varios, quibus
adsonet omne virens late nemus,
et tortis errans qui flexibus.

*CC* – ***ad a*** (*ed. potior: ed. Med. 1497*)
**Ed. *Keil*:** –
– ***ad b*** (*codd. potiores: A B Val*)
**Ed. *Keil*: 2** edat] *B* : edit *A* | **3** atsonet *A*

*CE* **1** humeris *ed. Med.*[Keil,Ri] (*ad a*), *Scriv.* | chelys <apta choreis> *suppl. Bo.* | **2** edat] *Cam.* | quibus <ecce! propinquum> *Bo.* | **3** nemus <, arvaque iuxta> *Bo.* | **4** flexibus <effugit amnis> *Bo.* | **4–5** flexibus / udis *Delr., Scriv., qui in uncis notavit*: "τὸ *Udis non habet Terentianus, aut Victorinus.*"

*CS* *Interpr.: Sec. Steph. p. 272, Ri., Kl. hoc loco chorus cantat. Cf. Mueller (1894) 86 et Boyle (2006) 186. – Metr.: Bo. hos versus mutilos duxit et praebuit integros sec. Mar. Victorin. 115,20–115,22 statuens da$^6$. Ri. et Kl. da$^4$ statuerunt.*

## M. Annaeus Lucanus

### T 1

*Suet. vita Lucani p. 78* (*Reifferscheid 1860*): reliqui enim VII belli civilis libri … exstant eius complures et alii, ut Iliacon Saturnalia Catachthonion Silvarum X tragoedia Medea inperfecta salticae fabulae XIIII epigrammata …

## Scaevus Memor

### T 1

*Mart. 11,9* (*Shackleton Bailey 1990*): clarus fronde Iovis (*sc. Victoria in Capitolino agone reportata*), Romani fama cothurni, / spirat Apellea redditus arte Memor (*cf. etiam 11,10*).

### T 2

*Schol. Iuv. I,20* (*Wessner 1931*): Lucilium dicit, ut sit Aurunca pro Italia synecdochicos posita, vel, ut Probus exponit, Turnum dicit Scaevi Memoris tragici poetae fratrem.

### F 1

(p. 232 Ri.₂; p. 269 Ri.₃; p. 314 Kl.)

*Serg. gramm. GL IV 537,15–537,19 Keil* (*Keil*): filia <Cissei> Cisseis, id est Hecuba, Cissei filia, Priami[120] regis uxor: Vergilius [*Verg. Aen. 10,705*] 'Cisseis regina Parim creat'; Scaevus[121] in tragoedia:

scindimus atras veteri planctu (*an*$^4$)
Cissei genas.

id est Hecuba filia Cissei.

*CC* (*cod. potior*: *L*)
**Ed. *Keil*: 1–2** veteri palanctus (planctus *L*$^2$) chisseis genas *L*
*CE* **2** Cissei] *Ri., Kl.* : Cisseis *Keil verba uno versu praebens*
*CS* **1–2** scindidimus / atratas veteri planctu, Cisseis *olim Ribbeck* (*teste Keil ad loc.; cf. Ri.₃*) | scindímus acri tenerás planctu / Cisséi, genas *Bergk* (*1870*) *832* (*cf. Ri. p. LXIV*) | atras] aspras *propos. L. Mueller* (*1866*) *568* | **2** Cissei *Mueller loc. cit. sive vocativum Graecum sive elisionem* s *litterae statuens* – *Interpr.*: *Keil versus Pacuvio trib. coll. Serv. Verg. Aen. 7,320*: regina Hecuba filia secundum Euripidem Cissei, quem Ennius et Pacuvius et Vergilius sequuntur. *Hertz* (*1869*) *7 agnovit Scaevum poetam. Ri. versus a Suei poesi alienos habuit* (*hoc de poeta cf. L. Mueller 1869*). *L.*

---

120 filia <Cissei> Cisseis, id est Hecuba, Cissei filia, Priami] filia chisseis id est becuba chissei filia primi *L*$^{[Keil]}$

121 Scaevus] scaeüus *L*$^{[Keil,Ri]}$

*Mueller loc. cit. et Ri. putaverunt hoc loco chorum Troadum captivarum ante Hecubam cantare. Ri.*$_3$ atras *vocem, quam Mueller olim offenderat, sic explicavit*: "atras *pulvere sc. infuso, luctu et inluvie diuturna squalidas*". – *Metr.*: *Ri. iambos, Mueller loc. cit. anapaestos, Kl. an*[4] *statuerunt.*

*CP* *Eur. Hec. 905sqq. et Sen. Tro. 1235sq.*

**F 2**

(– Ri.$_{2-3}$; p. 314 Kl.)

*Fulg. serm. ant. 25* (*Helm*): suppetias dicimus auxilium; unde et Memos[122] in tragoedia Herculis ait[123]:

ferte suppetias, optimi comites.

*CC* (*codd. potiores*: *P R B E*)
**Ed. *Helm*:** obtimi *Parisin.242 Parisin.7581*

*CS* *Bo. p. 271 et Strzelecki* (*1952/53*) *119 frg. ad Herculem fabulam aliquam rettulerunt. Sec. Strzelecki loc. cit. 118 frg. Scaevo Memori tragico certe tribuendum est. Kl. tamen frg. dubium notavit.* – *Metr.*: "*Herculis illius fragmentum eodem metro conscriptum est, quo Senecae Oedip. 473 sequ. eqs.*" (*Bo. loc. cit.*). *Cf. de metro Strzelecki loc. cit. 117.*

---

122 Memos] (*P R Harleian.2682*)[*Helm*] *Merc. p. 563, fere* ω[*Kl*] : memmos *Parisin.3088*[*Helm*] : memmus (*B E*)[*Helm*] : memmas *Parisin.242*[*Helm*] : nemos *Parisin.7581*[*Helm*] : Memor *Schopen*[*Kl*], *Kl.* : Mummius *Delr. p. 185; Cf. de Memore nomine et Strzelecki* (*1952/53*) *114–116.*

123 Herculis ait] ait herculis (*G L*)[*Helm*] : ait ferculis *Parisin.3088*[*Helm*]

## Curiatius Maternus

### T 1

### (*Medea*)

*Tac. dial. 3,4* (*Heubner 1983*): 'adeo te tragoediae istae non satiant', inquit Aper, 'quo minus omissis orationum et causarum studiis omne tempus modo circa Medeam, ecce nunc circa Thyesten consumas …'.

### T 2

### (*Thyestes*)

*Tac. dial. 3,3* (*Heubner 1983*): quod si qua omisit Cato, sequenti recitatione Thyestes dicet; hanc enim tragoediam disposui iam et intra me ipse formavi. atque ideo maturare libri huius editionem festino, ut dimissa priore cura novae cogitationi toto pectore incumbam.

## Canius Rufus

### T 1

*Mart. 3,20,1–7* (*Shackleton Bailey 1990*): dic, Musa, quid agat Canius meus Rufus: / utrumne chartis tradit ille victuris / legenda temporum acta Claudianorum? … [*7*] an in cothurnis horridus Sophocleis?

## Varro

### T 1

*Mart. 5,30,1* (*Shackleton Bailey 1990*): Varro, Sophocleo non infitiande cothurno.

## Bassus

### T 1

*Mart. 5,53,1* (*Shackleton Bailey 1990*): Colchida quid scribis, quid scribis, amice, Thyesten? / quo tibi vel Nioben, Basse, vel Andromachen?

## Cordus

### (*Theseus*)

### T 1

*Iuv. 1,1* (*Willis 1997*): semper ego auditor tantum? numquamne reponam / vexatus toties rauci Theseide Cordi?

### T 2

*Schol. Iuv. 2,1* (*Wessner 1931*): Cordus hic poeta fuit vitiosus, qui tragoediam [fabulam] Thesei scripsit.

## Paccius et Faustus

### T 1

*Iuv. 7,10* (*Willis 1997*): … auctio vendit / stantibus, oenophorum, tripodes, armaria, cistas, / Alcithoen Pacci, Thebas et Terea Fausti.

## Rubrenus Lappa

### T 1

*Iuv. 7,72–73* (*Willis 1997*): non minor antiquo Rubrenus Lappa coturno, / cuius et alveolus et laenam pignerat Atreus. / cuius et alveolos et laenam pignerat Atreus.

## Lambridius Burdigalensis

### T 1

*Sidon. epist. 8,11 carm. 26* (*Luetjohann 1887*): et nunc inflat epos tragoediarum, / nunc comoedia temperat iocosa.

# 5. Fragmenta Adespota

*De fragmentis incerti auctoris cf. Ribbeck (1875) passim et 626–631. De studiis in his fragmentis cf. Manuwald (2001 [2004]) 226–228.*

*Viri docti etiam atque etiam temptaverunt singula fragmenta incerta certis auctoribus vel fabulis vel generibus tribuere:*

***Livius:*** *F 149; Odusia: F 167*

***Naevius:*** *F 37, F 38, F 39, F 117; Equus Troianus: F 27, F 29, F 30; Iphigenia: F 106, F 140; Lycurgus: F 42*

***Ennius:*** *F 19, F 37, F 38, F 39, F 55, F 96, F 167; Aiax: F 21, F 61; Alexander: F 68, F 76, F 77, F 107, F 127; Andromacha Aechmalotis: F 54; Chresphontes: F 5, F 92; Erechtheus: F 69; Eumenides: F 52, F 77, F 109; Hecuba: F 20, F 38, F 50, F 51; Iliona: F 152; Iphigenia: F 10, F 68, F 79, F 124; Meda (exul): F 6, F 25, F 31, F 33, F 34, F 45, F 71, F 72, F 74, F 105, F 136; Penthesilea: F 4; Phoenix: F 132; Telamon: F 16, F 58, F 59, F 159, F 161; Telephus: F 18, F 98, F 120, F 141, F 146; Thyestes: F 55, F 129, F 137; Annales: F 163*

***Pacuvius:*** *Antiopa: F 43, F 86, F 108, F 149, F 171; Armorum Iudicium: F 8, F 16, F 82, F 134, F 155; Atalanta: F 144; Chryses: F 1, F 23, F 48, F 101, F 119; Dulorestes: F 48, F 75, F 119, F 145, F 150, F 163; Hermiona: F 92, F 146; Iliona: F 26, F 113, F 151, F 152; Medus: F 2, F 7, F 11, F 52, F 62, F 104, F 122, F 123; Niptra: F 64, F 168, F 169, F 170; Teucer: F 16, F 58, F 66, F 75, F 99, F 133, F 161*

***Accius:*** *F 44, F 84, F 96, F 100; Amphitruo: F 43; Andromeda: F 92; Antigona: F 20; Armorum Iudicium: F 8, F 19, F 20, F 82, F 134, F 155; Athamas: F 17, F 85, F 93; Atreus: F 65, F 83, F 87, F 97, F 106; Brutus: F 40; Clytaemnestra: F 24, (F 27), F 78, F 84; Epigoni: F 12, F 44; Eurysaces: F 59; Hecuba: F 76; Heraclidae: F 156; Iliona: F 151; Medea: F 74, F 136; Meleager: F 54, F 79; Myrmidones: F 13, F 111; Neoptolemus: F 114, F 115; Oenomaus: F 162; Pelopidae: F 40, F 83, F 129, F 139; Philocteta: F 16, F 35, F 70, F 103, F 140; Phinidae: F 14, F 175; Phoenissae: F 40; Prometheus: F 14, F 15, F 81, F 122; Telephus: F 46; Tereus F 125, F 176; Troades: F 76*

***Atilius:*** *Electra: F 112;* ***Caecilius:*** *F 118; Plocium: F 42;* ***Gracchus:*** *F 96;* ***Lucilius:*** *F 54, F 146;* ***Novius:*** *Pacuius: F 178;* ***Plautus:*** *F 79;* ***Pomponius Secundus:*** *F 100;* ***Varius Rufus:*** *Thyestes: F 96*

***Fabulae incerti auctoris:*** *Amphiaraus: F 44; Chryses: F 1; Equus Troianus: F 27; Hercules: F 156; Iphigenia: F 10; Laomedon: F 2; Medus: F 3; Penthesilea: F 4; Thyestae: F 40*

***Comoediae:*** *F 5, F 6, F 23, F 36, F 118, F 157, F 171, F 174*

***Praetextae:*** *F 40, F 101, F 147, F 178*

## 5.1 Quomodo editiones et fragmentorum adespotum et auctorum qui fragmenta tradunt in huius editionis apparatu critico adhibeantur

*Editionum, quae nostro in apparatu laudantur, tres ordines distinximus:*

(a) *Editiones, e quibus non solum omnes lectiones, quae in textibus receptae sunt (cf. CE), sed etiam omnes codices, qui in apparatibus appellantur (cf. CC), nostro in apparatu commemorantur:*

*Collectiones fragmentorum (vid. bibl. 6.2.1 et 6.2.5):* ***Fra.*** *(Franchella 1968);* ***Joc.*** *(Jocelyn 1967; Enn.);* ***Kl.*** *(Klotz 1953);* ***Ri.*** *(Ribbeck ²1871; TRF);* ***Ri.₃*** *(Ribbeck ³1897; TRF);* ***Va.₂*** *(Vahlen 1928; Enn.);* ***Wa.*** *(Warmington 1936)*

*Festi editiones (vid. bibl. 6.2.4.9a):* ***Li.*** *(Lindsay 1913);* ***Mue.*** *(C. Odofredus Mueller 1839)*

*Noni editiones (vid. bibl. 6.2.4.22a):* ***Ald.*** *(Aldus 1513; Fest., Non.);* ***Li.*** *(Lindsay 1903; Non.);* ***Mu.*** *(L. Mueller 1888);* ***On.*** *(Onions 1895)*

*Editiones reliquorum auctorum qui fragmenta tradunt (vid. bibl. 6.2.4):* ***Ach.*** *(Achard 1989; Rhet. Her.);* ***Ach.*** *(Achard 1994; Cic. inv.);* ***Atz.*** *(Atzert ⁴1963; Cic. off.);* ***Ax*** *(Ax 1933; Cic. nat. deor.);* ***Bar.*** *(Barwick ²1964; Char.);* ***Bas.*** *(Baschera 1999; Schol. Verg. Veron.);* ***Brisc.*** *(Briscoe 1998; Val. Max.);* ***En.*** *(Enk 1953; Plaut.);* ***Fe.*** *(Fedeli 1986; Cic. Phil.);* ***GC*** *(Giomini / Celentano 1980; Iul. Vict.);* ***Gio.*** *(Giomini 1975; Cic. div.);* ***Giust.*** *(Giusta 1984; Cic. Tusc.);* ***GS*** *(Goetz / Schoell 1910; Varro ling.);* ***Hag.*** *(Hagen 1867; Schol. Verg. Bern.);* ***Hag.*** *(Hagen 1902; Schol. Verg. Veron.);* ***Håk.*** *(Håkanson 1989; Sen. contr.);* ***Hal.*** *(Halm 1863; Iul. Ruf. rhet.);* ***Hal.*** *(Halm 1863; Mar. Victorin. rhet.);* ***Hel.*** *(Helm 1959; Apul. flor.);* ***Hilb.*** *(Hilberg 1910; Hier. epist.);* ***Hou.*** *(Hout 1988; Fronto);* ***Kast.*** *(Kasten 1972; Cic. Mur.);* ***Keil*** *(Keil 1857; Char.);* ***Keil*** *(Keil 1848; Schol. Verg. Veron.);* ***Keil*** *(Keil 1857; Diom.);* ***Keil*** *(Keil 1864; Don. gramm.);* ***Keil*** *(Keil 1874; Sacerd. gramm.);* ***Keil*** *(Keil 1864; Serg. / Serg. gramm.);* ***Keil*** *(Keil 1868; Pomp. gramm.);* ***Keil*** *(Keil 1874; Ps. Cens.);* ***Keil*** *(Keil 1874; Mar. Victorin. gramm.);* ***Kell.*** *(Keller 1902; Ps. Acro Hor.);* ***Ke.*** *(Kempf ²1888; Val. Max.);* ***Kies.*** *(Kiessling 1872; Sen. contr.);* ***Kl.*** *(Klotz ²1933; ad Deiot.);* ***Ku.*** *(Kumaniecki 1969; Cic. de orat.);* ***Leo*** *(Leo 1896; Plaut.);* ***Li.*** *(Lindsay 1905; Plaut.);* ***Ma.*** *(Marshall 1968; Gell.);* ***Mai*** *(Mai 1835; Schol. Verg. Veron.);* ***Mar.*** *(Marache 1967; Gell.);* ***Mar.*** *(Marx 1964; Rhet. Her.);* ***Mar.*** *(Di Maria 1975; Cic. top.);* ***Mas.*** *(Maslowski 1981; Cic. har. resp.);* ***Mas.*** *(Maslowski 1986; Cic. Sest.);* ***Mor.*** *(Moreschini 2005; Cic. fin.);* ***Mue.*** *(C. Odofredus Mueller 1833; Varro ling.);* ***Ni.*** *(Niedermann 1937; Consent.);* ***Ol.*** *(Olechowska 1981; Cic. Rab. Post.);* ***Ol.*** *(Olechowska 1984; Cic. Scaur.);* ***Pla.*** *(Plasberg 1922; Cic. ac.);* ***Rad.*** *(Radermacher 1959; Quint. inst.);* ***Rey.*** *(Reynolds 1965; Sen epist.);* ***Rey.*** *(Reynolds 1977; Sen. dial.);* ***Rey.*** *(Reynolds 1998; Cic. fin.);* ***Sa.*** *(Sallmann 1983; Ps. Cens.);* ***SB*** *(Shackleton Bailey 1988; Cic. ad Q. fr.);* ***SB*** *(Shackleton Bailey 1987;* ***SB₁*** *¹1961; Cic. Att.);* ***SB*** *(Shackleton Bailey 1988; Cic. fam.);*

***Schi.*** (*Schiche 1915; Cic. fin.*); ***Sp.*** (*Spengel 1885; Varro*); ***Stroe.*** (*Stroebel 1915; Cic. inv.*); ***Uss.*** (*Ussing 1886; Plaut.*); ***Val.*** (*Vallette 1971; Apul. flor.*); ***Wat.*** (*Watt 1958; Cic. ad Q. fr.*); ***Wat.*** (*Watt 1965; Cic. Att.*); ***West.*** (*Westman 1980; Cic. orat.*); ***Wi.*** (*Winterbottom 1970; Quint. inst.*); ***Wi.*** (*Winterbottom 1974; Sen. contr.*); ***Wi.*** (*Winterbottom 1994; Cic. off.*)

(b) *Editiones, e quibus omnes lectiones, quae in textibus receptae sunt* (*cf.* CE), *et nonullae notae selectae* (*cf.* CC) *nostro in apparatu commemorantur*:

*Collectiones fragmentorum* (*vid. bibl. 6.2.1 et 6.2.5 et 6.2.6*): ***Bo.*** (*Bothe 1823*); ***D'A.*** (*D'Anna 1967; Pac.*); ***Delr.*** (*Delrius 1593*); ***Di.*** (*Diehl 1911*); ***Ern.*** (*Ernout 1957*); ***Schierl*** (*Schierl 2006; Pac.*); ***Scriv.*** (*Scriverius 1620*); ***Steph.*** (*Stephanus 1564, cf. pp. 367–389*)

*Festi editiones* (*vid. bibl. 6.2.4.9a*): ***Lindem.*** (*Lindemann 1832*)

*Noni editiones* (*vid. bibl. 6.2.4.22a*): ***Du.*** (*Duentzer 1835*); ***Merc.*** (*Mercerus 1614*); ***Qui.*** (*Quicherat 1872*)

*Editiones reliquorum auctorum qui fragmenta tradunt* (*vid. bibl. 6.2.4*): ***Ax*** (*Ax 1938; Cic. div.*); ***Bru.*** (*Bruwaene 1970 / 1978 / 1981; Cic. nat. deor.*); ***Cal.*** (*Calboli [2]1993; Rhet. Her.*); ***Grill.*** (*Grilli 1987; Tusc. 2*); ***Her.*** (*Hertz 1883; Gell.*); ***Herr.*** (*Herrmann 1868 / 69; Schol. Verg. Veron.*); ***Heer.*** (*Heerdegen 1884; Cic. orat.*); ***Hold.*** (*Holden 1899; Cic. off.*); ***Hold.*** (*Holden 1903; Cic. Sest.*); ***Hos.*** (*Hosius 1903; Gell.*); ***Hu.*** (*Hultsch 1867; Ps. Cens.*); ***Kro.*** (*Kroll 1913; Cic. orat.*); ***Mad.*** (*Madvig [3]1876; Cic. fin.*); ***Mey.*** (*Meyer 1827; Cic. orat.*); ***Mori.*** (*Moricca 1949; Cic. fam.*); ***Mori.*** (*Moricca 1951; Cic. Att.*); ***Mori.*** (*Moricca 1955; Cic. ad Q. fr.*); ***Peas.*** (*Pease 1920 / 1923; Cic. div.*); ***Peas.*** (*Pease 1955 / 1958; Cic. nat. deor.*); ***Pohl.*** (*Pohlenz 1918; Cic. Tusc.*); ***Rein.*** (*Reinhardt 2003; Cic. top.*); ***San.*** (*Sandy 1885; Cic. orat.*); ***Wilk.*** (*Wilkins 1903; Cic. de orat., top.*)

(c) *Editiones, e quibus tantum selectio lectionum* (*cf.* CE) *et codicum* (*cf.* CC) *nostro in apparatu affertur*:

*Collectiones fragmentorum* (*vid. bibl. 6.2.1 et 6.2.2 et 6.2.5*): ***Baehr.*** (*Baehrens 1886; FPR*); ***Du.*** (*Duentzer 1835; Liv. Andr.*); ***$FPL_4$*** (*Blänsdorf 1995; FPL*); ***Buech.*** (*Buecheler 1895; CLE*); ***$Ri._1$*** (*Ribbeck [1]1852; TRF*); ***Ri. 1873*** (*Ribbeck [2]1873; CRF*); ***Ri. 1898*** (*Ribbeck [3]1898; CRF*); ***Spalt.*** (*Spaltenstein 2008; Liv. Andr.*); ***$Va._1$*** (*Vahlen 1854; Enn.*)

*Noni editiones* (*vid. bibl. 6.2.4.22a*): ***GR*** (*Gerlach / Roth 1842*); ***Pi.*** (*Pius 1511*)

*Editiones reliquorum auctorum qui fragmenta tradunt* (*vid. bibl. 6.2.4 et 6.2.5*): ***Ad.*** (*Adler 1878; Cic. de orat.*); ***Bei.*** (*Beier 1825; Cic.*); ***Butt.*** (*Buttmann 1817; Consent. gramm.*); ***Carr.*** (*Carrio 1583; Ps. Cens.*); ***Ci.*** (*Cima 1886–1900; Cic.*); ***Co.*** (*Courbaud [3]1959; Cic. orat.*); ***Col.*** (*Colonna 1590; Enn.*); *Davis.* (*Davisius 1730; Tusc.*); ***Davis.*** (*Davisius 1728 / 1741; Cic. fin.*); ***Dre.*** (*Drexler 1964; Cic. Tusc.*); ***Ell.*** (*Ellendt 1840; Cic. de orat.*); ***Fab.*** (*Fabricius 1551; Char.*); ***Goe.*** (*Goeller 1838; Cic. orat.*); ***Gnes.*** (*Gnesotto [2]1919; Cic. Tusc.*); ***Graev.*** (*Graevius 1698; Cic.*); ***Kays.*** (*Kayser 1860; Cic.*); ***Hal.*** (*Halm

*1863; Iul. Vict.);* ***Ja.*** *(Jahn 1845; Ps. Cens.);* ***Ja.*** *(Jahn* $^{3}$*1869 /* $^{2}$*1859; Cic. orat.);* ***Iun.*** *(1565);* ***Lach.*** *(Lachmann* $^{4}$*1871; Lucr.);* ***Lindem.*** *(Lindemann 1840; Char.);* ***Mai*** *(Mai 1823; Iul. Vict. rhet.);* ***Marth.*** *(Martha 1928; Cic. fin.);* ***May.*** *(Mayor 1880–1885; Cic. nat. deor.);* ***Mend.*** *(Mendelssohn 1893; Cic. fam.);* ***Mos.*** *(Moser 1836; Cic. Tusc.);* ***Muel.*** *(C.F.W. Mueller; Cic.);* ***Or.*** *(Cic.);* ***Or. / Bait.*** *(Orelli / Baiter 1845; Cic. Rhetorica);* ***Or. / Hal.*** *(Orelli / Halm 1856; Cic. Orationes);* ***Pe.*** *(Pearce 1771; Cic. de orat.);* ***Putsch.*** *(Putschen 1605; Char.);* ***R. Kl.*** *(Reinhold Klotz 1835; Cic. Tusc.);* ***Rich.*** *(Richard 1932; Cic. de orat.);* ***Ra.*** *(Rackham 1933; Cic nat. deor.);* ***Schue.*** *(Schuetz 1814sqq.; Cic.);* ***So.*** *(Sorof 1875; Cic. de orat.);* ***Spald.*** *(Spalding 1803; Quint.);* ***Wilk.*** *(Wilkins 1892 ; Cic. de orat.)*

# 5.2 Fragmenta tragoediarum

## 5.2.1 Fragmenta ex certis incertorum tragoediis

### *Chryses*

**1**

(Pac. Chryses 80–82 Ri.$_{2-3}$, Kl.; Pac. Chryses 101–103 Wa.; Chryses 128–130 D'A.; Pac. Chruyses frg. 76 Schierl, p. 226)

*Cic. orat. 155* (*West.*): at ille alter in Chryse[124] non solum: 'cives, antiqui amici maiorum meum', quod erat usitatum, sed durius etiam: 'consilium socii, augurium atque extum interpretes'; idemque pergit: 'postquam prodigium horriferum, portentum pavos'.

cives, antiqui amici maiorum meum, (*ia*$^6$)
consilium socii, augurium atque extum interpretes,
postquam prodigium horriferum, portentum pavos

*CC* (*codd. potiores*: *A L* [= *F P O U B H N S K R W J E Q V T Bud.*] Σ Δ Θ Φ Ξ)
**Ed. *West.*:** **1** ciuis *A* Σ Δ Θ Φ Ξ | **2** soci *F U R* : socium *A J* | extum] exitum *W* : exitium *A J V* | **3** portentum] Θ *B J* $T^2$ (*al.*) : portentu *A* μ $T^1$ *L* (port- *Bud.*) : portenta *U* | pavos] pavox *F* $O^1$ *N S* $K^2$ *R E Q V* : panox $P^1$ : pavor *A* μ $P^2$ $O^2$ (*al.*) *U B H W J T Bud.*
**Edd. rel.:** **2** socii] sociū *A*[San] | **3** pavos] '*Gud. b*'[Ri] : pavor *rell.*[Ri] : pauox (*F* $P^1$ $O^1$ 'r' *superscr.* $P^2$ *al.* pauor *in marg.* $O^2$)[Heer] : pavor *vel* pavox *codd.*[Wa]

*CE* horriferum] horrificum *Kl., D'A.* | pavos] *edd.*[West], *vulgo*[Wa] : pavor *San.*

*CS* *Interpr.*: *San., Wa. F 1 Pacuvi Chrysei trib., qui a fabula Sophoclea cognomini deducta sit* (*cf. Welcker 1839, p. 210–215*). *Wa. propos. verba a Chrysa sacerdote esse dicta Thoanti regi de tuendo Oreste. – Metr.*: *Ri., Kl. ia*$^6$ *statuerunt.*

---

124 Chryse] (*F* $P^2$)[San] : Cryse (*O* $P^1$)[San] : chryse *A*[San]

### *Laomedon*

**2**

(Inc. 1 Laomedon Ri.$_2$ ; Inc. 1$^a$ Laomedon Ri.$_3$; – Wa.; p. 316 Kl.)

*Schol. Verg. Veron. Aen. 2,81* (*Hag.*): [fando] [...]us[125] in Laomedonte

memora volvenda, at quae fama [...]

et Pacuvius in Teucro ...

*CC* (*cod. potior*: *V*)
**Ed. *Hag.*:** –
**Edd. rel.:** memora] *cod.*[Ri] | adque *cod.*[Ri]

*CE* **0–2** fando ...et Pacuvius in Teucro *Mai* : * et Pacuvius in Teucro *Keil* | memória volvenda átque fama *Ri.* | at quae] *Herr., Hag. non probante Ri.* – *Crit. in app.*: "*post* fama *haud dubie* fando *vel simile supplendum est.*" *ed. Bas.*

*CS* mẹmoria *propos. Buecheler* (*1864*) *640* | at quae] *Hermann*[Ri] – *Interpr.*: *Sec. Ribbeck* (*1875*) *626 haec verba fort. de Laomedontis perfidi fama dicta sunt.* – *Metr.*: *Ri. sc. ia*$^6$ *statuit.*

### *Medus*

**3**

(Pac. Medus 243 Ri.$_{2-3}$, Kl.; – Wa.; Medus 288 D'A.; Pac. Medus frg. 189 Schierl, p. 385)

*Fest. p. 256, 19–21 Li.* (*Li.*): <profundum dicitur id quod> altum est ac fundum <longe habet. Pacuvius> in Medo: 'neque [...] <profundum [...]'
*Cf. Paul. 257,12 Li.* (*Li.*): profundum quod longe habet fundum.

neque [...] <profundum>

*CC* (*cod.*: *F*)
**Ed. *Li.*:** neque] $F^u$ (ue *non liquet*)

*CS* *Schierl* (*2006*) *385 trib. F 3 Pacuvi Medo, cum Medus tantum huius poetae traderetur. Profundum fort. ad mare pertinendum est.*

---

125 [fando] *cum Maio suppl. Hag.* | [...]us] Ennius *suppl. Herr. et Buecheler* (*1864*) *640;* "*In hoc fragmento* fando *vel simile quid scriptum fuisse sententiarum conexus clamat.*" (*Hag. in app.*)

## *Penthesilea*

### 4

(Inc. Penthesilea 6 Ri.$_{2-3}$; – Wa.; p. 316 Kl.)

*Fest. p. 206,1–3 Li.* (*Li.*): obiurare <iureiurando obstringere> ut est in […][126] Penthesilea

formidabant obiurare

*CC* (*cod.*: *F*)
**Ed.** ***Li.***: –

*CS* *Welcker (1841) 1343 putavit Penthesileam huius incerti auctoris ad Chaeremonis Achilleum Thersitoctonum (TrGF 71 F 1–3) spectavisse, quod Morelli (1990) repudiavit. Bergk (1844) p. XVI rettulit F 4 ad Ennium. Cf. et Id. (1842) 219 et Ribbeck (1875) 627. – Metr.: Ri. troch. statuit.*

126 *Post* in *lacunam 19 litterarum exhibet* $W^{[Li]}$.

## 5.2.2 Fragmenta ex incertis incertorum tragoediis

### 5a–c

(Enn. Cresphont. 114–117 Ri.$_{2-3}$, Kl.; – Wa.; 125–131 Joc.)

*Rhet. Her. 2,24,38* (*Ach.*): utuntur igitur studiosi in confirmanda ratione duplici conclusione hoc modo:

### 5a

iniuria abs te adficior indigna pater; (*ia*$^6$)
nam si inprobum esse Crespontem existimas,
cur me huic locabas nuptiis? sin est probus,
cur talem invitam invitum cogis linquere?

*CC* (*codd. potiores*: *H P B C V F A* α *c* β *h*)
**Ed. *Ach.*:** **1** abs te adficior indigna] iniuria abs te afficior *h* | adficior] *M* : afficior *V F a* α *c* β *h* | indigna] indigne *V*$^1$ *F* | **2** inprobum] *H P a c h* : improbum *B C V F* β | Crespontem] Crhesponthem β : Trespontem (Threspontem *V*$^2$ *h*) *V*$^2$ *a*$^2$ *c h* : Chrespontem *B C V*$^1$ *F* : Chresponthem (Chresponthe *H*) *H P* : Cherespontem *a*$^1$ | existimas] *H P B C F* : existimabas *V a* α *c* β *h* | **3** huic] *H P*$^1$ *B V*$^2$ *c h* : huius *P*$^2$ *C V*$^1$ *F a* β | sin est] sine si *H P*$^1$ | **4** cogis] cogis me *c*$^2$ | linguere] *B C V*$^1$ *h* : liquere *H P*$^1$ : relinquere *P*$^2$ *V*$^2$ *F a c* β
**Edd. rel.:** **1** adficior] *W*[Ri] : afficior *vulgo*[Ri] | indigne (*a F*)[Ri] | esse] *om. vulgo*[Ri] | **2** crespontem *O*[Ri] : chresponthe *H*[Ri,Mar] : chrespontem (*a F P*)[Ri] (*B C*)[Mar] : chresphontem (*b Er. T Z*)[Ri] : chresponthem (*P* Π)[Mar] : threspontem (*b l*)[Mar] | existimas] (*M l*)[Mar] : existimabas (*b Er. T Z*)[Ri] (*b d*)[Mar] : existimaveras *vulgo*[Ri] | **3** huic] huius (*F P*$^2$ *Z*)[Ri] | locasti *T*[Ri] | sin est] (*b l C*)[Mar] : sine. si *Er.*[Ri] (*H P*)[Mar] : sinesi *H*[Ri] | **4** linquere] (Π *B C*)[Mar] : liquere (*b O P H*$^1$)[Ri] (*H P*)[Mar] : relinquere (*F P*$^2$ *T Z*)[Ri] (*b l*)[Mar]

*CE* **2** Crespontem] *Kl., Ach.* : Cressipontem *Ri.* : Cresphontem hominem *Va.* : Chresponten *Mar.* | aestumaveras *Kays.* | **4** linquere] *Ri., Kl.*
– *Crit. in app.*: **2** *Mar. monuit* existimare *verbum non convenire ad tragoediam neque ad omnem graviorem poesin.*

*CS* Cresphontem *Fleckeisen*[Ri] : Ctesiphontem *Wilamowitz 154sq. adn. 5* (*probante Kl.*) *et comoediam statuit.* | existimas] existumaveras *Mueller* (*1869*) *302* – *Metr.*: *Ri., Kl. ia*$^6$ *statuerunt.*

quae hoc modo concludentur, aut ex contrario convertentur aut ex simplici parte reprehendentur. ex contrario hoc modo:

**5b**

nulla te indigna, nata, adficio iniuria.
si probus est, collocavi. sin est inprobus,
divortio te liberabo incommodis.

*CC* **Ed.** ***Ach.*****:** **1** te] tenus *H* | nata] $P^2$ *B C V a* α *c* β *h*: o nata *F* : nuta *H* $P^1$ | adficio *H P B l C* : afficio $B^2$ α *V F* $a^2$ *c* β *h* : officio $a^1$ | **2** est] $P^2$ *B* $C^2$ *V F a* α *c* β *h* : es *H* $P^1$ $C^1$ | collocavi (conlocavi $P^2$) sin] $P^2$ *B C V F* $a^1$ : conlocabis in *H* : conlocabis sin $P^1$ : locavi sin *c* $β^1$ *h* : bn (*sc.* bene*?*) locavi (collocavi $a^2$) sin $a^2$ $β^2$ | est *M V* $a^1$ *h* : autem est $V^2$ *F* $a^2$ *c* β | inprobus] *C F c* : improbus *rell.* | **3** divortio] divortii $P^2$ $B^1$ *C* | te liberabo] liberabo te *V c h* : libero te *M F a* β | incommodis] incomodis *a*
**Edd. rel.:** **1** te] ter *H*[Ri] | o *om.* (*Er. O P H*)[Ri] | nuta adficio *H*[Ri] : iniuria afficio *B corr. man. pr.*[Ri] | nata] nuta (*H P*)[Mar] | **2** *pr.* est] es (*Er. H*)[Ri] | collocavi] (*a F T Z*)[Ri] : locavi (*b O*)[Ri] : conlocavi *P*[Ri] | sin es *Er.*[Ri] : sin autem est (*b F O Z*)[Ri] : sin aut *T*[Ri] | est locavi sin (sin autem *b l*) (*b l*)[Mar] [*sic*] : es collocabisin (*H P*)[Mar] | collocabis inest *H*[Ri] | **3** divortii *Er.*[Ri] | te libero *Er.*[Ri] : libero te (*a F P H*)[Ri] (*H P*)[Mar] : liberabo te (*b T Z*)[Ri] (*b l*)[Mar] | ab incommodis *T*[Ri]

*CE* **1** o nata *Ri.* | **2** collocavi] bene locavi *Ald.*[Ri], *Ri.* : bene collocavi *Cauchius*[Ri] : <te> locavi *Oudendorp*[Mar,Ach], *Mar.*, *Kl.*, *Ach.*

*CS* *Interpr.*: *Ri. F 5b Rhetoris non poetae esse censuit. Sec. Kl. Mar. p. 132*: "*omnes illos versus satis frigidos ex Graecis censeo translatos et profectos esse ex rhetoris cuiusdam Graeci officina, qui discipulos suos ad Euripidis Cresphontem exerceret.*" – *Metr.*: *Ri., Kl.* $ia^6$ *statuerunt.*

ex simplici parte reprehendetur, sei ex duplici conclusione alterutra pars diluitur, hoc modo:

**5c**

nam si inprobum esse Chresponten existimas,
cur me huic locabas nuptiis? duxi probum,
erravi. post cognovi, et fugio cognitum.

*CC* **1** esse chrespontem (*H P*)[Mar] : threspontem esse (*b l*)[Mar] | existimas (*H P l*)[Mar] : existimabas (*b d*)[Mar] | **2** huic (*H P*)[Mar] : huius (*C d*)[Mar] : *his* (*b l*)[Mar] | **3** errare *F*[Ri] | fugio nunc cognitum (*B O T*)[Ri] (*b l*)[Mar]

*CS* *Ri. et Kl. tantum* duxi … cognitum *poetae trib. et post F 5a addiderunt.* – *Metr.*: *Ri., Kl.* $ia^6$ *statuerunt.*

## 6

(162 Ri.$_{2-3}$, Kl.; 139 Wa.)

*Rhet. Her. 2,25,39* (*Ach.*): item vitiosum est, quod vel in alium vel <in> eum ipsum, qui dicit – quod in adversarium dicit – potest convenire, hoc modo:

miseri sunt, qui uxores ducunt. : : At tu duxisti alteram. (*$tr^7$*)

*CC* (*codd. potiores*: *H P B C V F A* α *c* β *h*)
**Ed. *Ach.*:** qui] *$P^2$ C V F A* α *c* β *h* : si *H $P^1$ B* | at] *B C V F A* α *c* β *h* : aut *H P* | alteram uxorem $β^2$
**Edd. rel.:** qui] (*$P^2$ C a l d*)[Ri.3] (*C b l*)[Kl,Mar] : si (*P Er*)[Ri] (*H B* '*Parr.*')[Ri.3] (*H P*)[Kl,Mar] | at] (*C b l*)[Kl,Mar] : aut (*H P*)[Kl,Mar]

*CE* qui] si *Mar., Kl., Cal.*

*CS* *Personas distinxit primus Lambin.*[Ri] | m. s. qui uxores ducunt.At tu d. a. *Brakman* (*1935*) *61 – Interpr.*: *Ri. de altercatione Iasonis et Medeae in Enni Medea, Wa. de comoedia cogitavit. Cf. praeterea Oltramare* (*1926*) *78 – Metr.*: *Ri., Kl. $tr^7$ statuerunt.*

## 7

(186–188 Ri.$_{2-3}$; Pac. Medus 261–263 Wa.; 185–187 Kl.; Pac. Med. 281–283 D'A.; Pac. Medus frg. 186 Schierl, p. 382)

(a) *Rhet. Her. 2,25,40* (*Ach.*): Item vitiosum est, quom id, quod in aperto delicto positum est, tamen aliqua tegitur defensione, hoc modo: 'cum te expetebant omnes, florentissimo / regno reliqui: nunc desertum ab omnibus / summo periclo sola ut restituam paro.'

(b) *Cic. inv. 1,90* (*Ach.*): Leve est quod … perspicue turpem rem levi tegere vult defensione, hoc modo: 'cum te expetebant omnes, florentissimo / regno, reliqui: nunc desertum ab omnibus / summo periclo sola ut restituam paro'.

cum te expetebant omnes, florentissimo (*$ia^6$*)
regno reliqui: nunc desertum ab omnibus
summo peri*c*l*o* sola ut restituam paro.

**3** periclo *Ald. et Lambin.*

CC – ***ad a*** (*codd. potiores*: *H P B C V F A* α *c* β *h*)

**Ed. *Ach.*:** **1** expetebant] *P*[2] *C V c h* : expectebant β : expectabant *F A* : expectabam *H P*[1] *B* | **2** regno] *M V*[1] *F A* β : in regno *V*[2] *B h* : sunt in regnum *c* | nunc] *C*[1] *V F A h* : hunc *H P*[1] *B* : nunc cum *C*[2] *P*[2] *c* β | desertum] *B* : desertus *H P*[1] *V* ? : desertus es *P*[2] *C c* β *h* : es desertus *F A*[2] | **3** periclo] *h* : periculo *rel. codd.* | sola ut] solam̂ ut *c* : sola *H P*[1] : solut ut *B*[1] : solus *P*[2] *B*[2] *C F A* : solus ut *V* β *h* | restituam] *B V c* β *h* : restitutio *H P*[1] : restitutionem *P*[2] *F A* : restituere *C*

**Edd. rel.:** expetebant] (*a F T*)[Ri] (*b d C*)[Mar] : expectabam *P*[1][Ri] (*H P*)[Ri.3,Mar] (*B* Π)[Ri.3] : exspectabant (*a F T*)[Ri] : expectarent *l*[Ri.3,Mar] | **2** in regno *T*[Ri] (*b l*)[Mar] | nunc] (*b l C*[2])[Mar] : hunc (*H P*)[Mar] | desertum] (*B d*)[Mar] : desertus *P*[1][Ri] (*H P*)[Ri.3,Mar] : es desertus (*a F Z*)[Ri]: desertus es *T*[Ri] *C*[Mar] : cum desertus es (*P*[2] *b*)[Ri] (*b l*)[Ri.3,Mar] *C*[2][Ri.3] | **3** periculo *codd.*[Ri] | periculo sola (*H P*)[Mar] | sola] *P*[1][Ri] (*H P*)[Kl,Mar] : solus (*C l d*)[Mar] (*b l*)[Kl] : solat *B*[Ri.3] : solut *B*[Mar] : solamen *b*[Ri] : solam̂ *b*[Ri.3,Mar] | ut] *om.* (*P a F T*)[Ri] (*C H*)[Ri.3] | ut restituam] (*b l B*)[Mar] (*b l*)[Kl] : restitutio (*H P*)[Ri.3,Mar,Kl] : restituere *C*[Mar] | restitutio paro P[1][Ri] : restitutionem paro (*P*[2] *a F T*)[Ri] : restituere comparo (*μ Er.*)[Ri] *C*[Ri.3]

– ***ad b*** (*codd. potiores*: *V H P S m f h*)

**Ed. *Ach.*:** **1** expetebant] *H V P*[2] *S*[2] *m f h* : expectebant *P*[1] *S*[1] | **3** periculo *V H P S m f h* | solā *H*[1] *V P*[1] : solus *H*[2] *P*[2] *S m f h*

**Edd. rel.:** **3** exspectabant *Z*[Ri] | es desertus *Z*[Ri] | **3** periculo *codd.*[Ri] (*H P S L et plerique codd. integri*)[Stroe] | sola] *P*[Ri] *Cic.*[Kl] *codd.*[Stroe] : solum (*Z supra versum*)[Ri] : solus *rel. codd.*[Ri] (*H P S L et codd. integri*)[Stroe] : solā (*H*[1] *P*[1])[Stroe]

CE **1** cum] quum *Steph.* | **3** sola ut] *edd.*[Ach] | periclo *Ald.* (*testibus Ri.*$_3$, *Stro.*, *Mar.*), *Steph.*, *Scriv.*, *Lambin.*[Ri]

– *Crit. in app.*: expetebant] expectabunt *Scriv. i.m.* (*Aldus*)

CS *Interpr.*: *Wa. F 7 in frgg. Pacuviani Medi posuit; Ladewig*[Kl] *et Wa. verba Medeae in Medo trib. De interpretatione plura invenies ap. Schierl p. 382. – Metr.*: *Ri.*, *Kl. ia*[6] *statuerunt.*

## 8

(49–54 Ri.$_{2-3}$, Kl.; Acc. Arm. Iud. 103–108 Wa.)

*Rhet. Her. 2,26,42* (*Ach.*): Item vitiosum est, cum id, de quo summa controversia est, parum expeditur et, quasi transactum sit, relinquitur, hoc modo:

aperte fatur dictio, si intellegas: (*ia*[6])
tali dari arma, qualis qui gessit fuit,
iubet, potiri si studeamus Pergamum.
quem ego me profiteor esse: me est aecum frui

fraternis armis mihique adiudicarier,
vel quod propinquus vel quod virtute aemulus.

CC (*codd. potiores*: *H P B C V F A* α *c* β *h*)

**Ed. *Ach.*:** **1** si] *P*$^2$ *C V F A* α *c* β *h* : se *H P*$^1$ *B* | intellegas] *C V F* β : intellegat *H* : intelligas *P B A c h* | **2** dari … gessit] *om. H P B C V*$^1$ *F*$^1$ | tali] talis *P*$^2$ *B*$^2$ *C V F* | arma] arma me *β* | qui gessit fuit] fuit qui gessit *a* | **3** pergamum] *H P*$^1$ *B* : pergamo *b l C P*$^2$ *V F* | **4** quem] quam *P C V F* | quem ego me] *H P B C* : quae ego *b l F* : quam ego met *V* | profitear *V* | **4–5** me est aecum frui fraternis] mea est cum frustra ternis *H* : mea (meam *V F*) est ecum (equum *P*$^2$ *B*$^2$ *C*) frui fraternis *P B C V F* | **5** armis] *b l* : *om. codd. mutili H P B C V F* | **6** quod] *H P B C V F A* : quia *c* β *h* | propinquus] *H P B C V F A c* β *h* | quod virtute] *H B C* : quia virtute *c*: quod virtutis *V F a* β *h* | aemulus] *F A*$^1$ : aemulus sum *V A*$^2$ *c* β *h* : remulus *H P B?* : romulus *C*

**Edd. rel.:** **1** aperte aiax fatur *b*[Ri] | fatur] aiax fatur *b*[Mar] | si] (*C b l*)[Mar] : se (*H P B*)[Ri.3] (*H P*)[Mar] | intellegas] (Π *C*)[Mar] : intellegat *H*[Mar] : intelligas (*P B b l*)[Mar] | **2** tali fuit (*P*$^1$ *Er.*)[Ri] (*P*$^1$ *B*$^1$)[Ri.3] (*b l*)[Mar] : talis fuit (*a*$^1$ *F P*$^2$ *C*)[Ri] | dari … gessit] *om.* (*H P*)[Kl] | talis fuit iubet tali dari arma qualis qui gessit fuit (*a F*$^2$)[Ri] : tali dari arma qualis ille qui gessit talis fuit *Z*[Ri] | tali dari arma, qualis qui gessit fuit] tali fuit (*P B*)[Mar] : talis fuit (Π *C*)[Mar] : tali *H*[Mar] | **3** *om. a*$^1$[Ri] | pergamum] (*P*$^1$ *H Er.*)[Ri] (*H P*)[Ri,Mar] : pergamo *rell.*[Ri] (*b l*)[Kl,Mar] *C*[Mar] | **4** quem ego me profiteor esse mea aequam frui *Er.*[Ri] | quem e. m. p. ēē meācū frustra ternis *H*[Ri] : quam e. m. p. e. meam est ecum frui *P*[Ri] : quae e. m. p. e. mea est equum frui *a*[Ri] : quae ego profiteor esse mea. me enim est equum frui *b*[Ri] : quae ego profiteor esse meam est aequum frui *F*[Ri] : quae profiteor esse mea. me enim est aequum frui *T*[Ri] : quae ego mea profiteor esse me est equum frui *Z*[Ri] | quem ego me] (*H P*)[Mar] : quae ego (*b l*)[Mar] | **4–5** me est aecum frui fraternis] meaest ecum frui fraternis (*P* Π *B*)[Mar] : mea est cum frustra ternis *H*[Mar] : mea est equum frui fraternis *C*[Mar] : mea me enim est equum frui fraternis (*b l*)[Mar] | **5** armis] *om. codd. mutili*[Ri.3] (*Z F Er.*)[Ri] (*H P*)[Ri,Kl,Mar] | adiudicariei *H*[Ri] | **6** quod] (*H P*)[Kl,Mar] *l*[Ri.3,Mar] : quia *b*[Ri] (*b l*)[Kl,Mar] (*b d*)[Ri.3,Mar] | propinquus] *b*[Ri] | virtute] (*P Er.*)[Ri] (*H P*)[Mar] : virtutis (*a b F T*)[Ri] (*l d*)[Ri.3] (*b l*)[Kl] (Π *b l*)[Mar] : virtutum *Z*[Ri] | aemulus] emulus sum (*b l d*)[Ri.3] (*b l*)[Mar] (*b T*)[Ri,Wa] : remulus (*P*$^1$ *Er.*)[Ri] *C*[Ri.3] (*H P*)[Ri.3,Mar] *B?*[Ri.3] : romulus *P*$^2$[Ri]

CE **1** si] sei *Mar.* | **3** Pergamo *Steph., Bo.* | **4** quae ego profiteor esse mea, nam me aequum est frui *Steph.* : quae ego profiteor esse mea. me aequm est frui *Scriv.* : quae ego mea profiteor esse: nam me aequom est frui *Bo.* | **4–5** me est aecum frui fraternis] *edd.*[Ach] | mest *Di., Ern.* | **6** virtutis *Scriv.* : virtuti *Ri.* | virtuti aemulus […] *Wa.*

– *Crit. in app.*: **1** apertae *Scriv. i.m.* (*Memmius*) | **3** Pergamo *Scriv.* | **4** me enim (*vel* med) aecúmst frui *Ri.* | **5** fraternis] paternis *Scriv. i.m.* (*Auratus*) | **6** aemulus sum *an recte suspicatus Wa.*

*CS* **3** Pergamo *Hermann vol. 7* (*1839*) *p. 369* | **4** quae méa profiteor ésse: nam me aequum ést frui *Hermann loc. cit.* (*cf. Bo. ad loc.*) : quem ego profiteor esse. me, me aequum est frui *Oudendorpius*[Ri] | **6** virtute *Hermann loc. cit.* | emulus sum *cf. Bergk* (*1851*) *231 – Interpr.*: *Sec. Ri. et Ribbeck* (*1875*) *370 locus e Acci Armorum Iudicio et verba fort. Aiacis sunt* (*cf. in v. 1 lectionem* Aiax *ap. cod. b*)*. Bo. p. 180 et Wa. p. 362sq. F 8 in Acciani Armorum Iudici frgg. posuerunt, Pacuvio trib. Mar., qui Accium ab auctore non laudatum esse monet. – Metr.*: *Ri., Kl.* $ia^6$ *statuerunt.*

## 9

(176–181 Ri.$_{2\text{–}3}$; 82–87 Wa.; 177–181 Kl.)

(a) *Rhet. Her. 2,26,42* (*Ach.*): item vitiosum est ipsum sibi in sua oratione dissentire et contra atque <an>te dixerit dicere, hoc modo: 'qua causa accusem hunc?' tum id 'exputando exvolvere: nam si veretur, quid eum accuses, qui est probus? sin inverecundum animi ingenium possidet, quid autem eum accuses, qui id parvi auditum aestimet?' Non incommoda ratione videtur sibi ostendisse, quare non accusaret. Quid postea? quid ait?: 'nunc ego te ab summo iam detexam exordio'.

(b) *Cic. inv. 1,83* (*Ach.*): sin falsa (*sc.* est comprehensio), duobus modis, aut conversione aut alterius partis infirmatione [conversione], hoc modo: 'nam si veretur, quid eum accuses, qui est probus? / sin inverecundum animi ingenium possidet, / quid autem eum accuses, qui id parvi auditum aestimet?' Hic, sive vereri dixeris sive non vereri, concedendum hoc putat ut neges esse accusandum. Quod conversione sic reprehendetur: 'Immo vero accusandus est. nam, si veretur, accuses; non enim parvi auditum aestimabit. Sin inverecundum animi ingenium possidet, tamen accuses; non enim probus est'.

(c) *Iul. Vict. rhet. p. 57,17* (*GC*): conversione hoc modo: 'nam si veretur, quid eum accuses, qui est probus? / sin inverecundum animi ingenium possidet, / quid eum accuses, qui id parvi auditum aestimet?'

[...]
qua causa accusem hunc exputando evolvere. ($ia^6$)
nam si veretur, quid eum accuses, qui est probus?
sin inverecundum animi ingenium possidet,
quid autem eum accuses, qui id parvi auditum aestimet?
[...]
nunc ego te ab summo iam detexam exordio.

CC – ***ad a*** (*codd. potiores*: *H P B C V F A α c β h*)

**Ed. *Ach*.: 1** causa accusem] accusem causam *H* $P^1$ | hunc] tum id $P^2$ *C V F c β h* : cum id *H* $P^1$ : tum cum id *B* : id tum *A* | exputando] *H* $P^1$ $V^2$ $F^2$ *c β h* : ex disputando $P^2$ *B C* $A^1$*?* : exponendo $V^1$ : ex (*om.* $F^1$ $A^2$) disponendo *F* $A^2$ | evolvere] vo—e *H* | **2** accuses] *H* $P^1$ *B A* : accusem $P^2$ *C V F A α c β h* | est probus] probus est *A* | **3** inverecundum] *V F A α c β h* : verecundum *H P B C* | **4** autem] *H P* : autem *om. B C V F A α c β h* | accuses] *H* $P^1$ *B* $A^1$ : accusem $P^2$ *C V F* $A^2$ *c β h* | qui id] $P^2$ *V F A α c β h* : quid *H* $P^1$ *B* : qui *C* | aestimet] existimet *P B C V F A α c β h* : existimes *H*

**Edd. rel.: 1** qua causa accusem hunc nequeo mecum id (*b in marg.*)[Ri] : qua causa accusem causā hunc cū id *H*[Ri] : qua causa accusem hunc tum id *rell.*[Ri] | causa accusem causam (*H* $P^1$)[Ri.3] | accusem causam hunc (*H P*)[Mar] | hunc] tum (*b l C*)[Mar] : cum (*H P*)[Mar] | exputando] ($P^1$ *H*)[Ri] : exponendo *Er.*[Ri] : exponendo *vel* exputando $F^2$[Ri] : disputando *vel* exputando *T*[Ri] : disputando ($P^2$ *b in marg.*)[Ri] : disponendo (*a F*)[Ri] | volvere *H*[Ri] | **2** eum] *codd. plerique*[Ri] : cum *Z*[Ri] | accuses] (*Er. H* $a^2$)[Ri] (*H P*)[Mar] : accusem (*C b l*)[Ri.3,Mar] | qui] quod *T*[Ri] | **3** sin] *codd. rhet. Her.*[Ach] | inverecundum] ($C^2$ *b l*)[Mar] : verecundum (*H P*)[Kl,Mar] : sinverecundum (*Er. P*)[Ri] : si inverecundum (*a F Z*)[Ri] | **4** autem] *om.* (*Er.* $a^2$ *d*)[Ri] (*B C b l*)[Ri.3,Kl] : autem eum (*H P*)[Mar] $P^1$[Ri] *codd. rhet. Her.*[Ach] : eum (*C b l*)[Mar] : eum *om. H*[Ri] | eum accusem *rell.*[Ri] : accusem eum (*F Z T*)[Ri] | accuses] $P^1$[Ri] (*H P*)[Mar] : accusem (*C b l*)[Mar] | qui id] : cum id *T*[Ri] : (*b l*)[Kl,Mar] : quid (*H P*)[Kl,Mar] *B*[Kl] | auditum] (*Er. P Z*)[Ri] (*H P*)[Mar] : auditu (*b l*)[Ri.3,Mar] *d*[Ri] *rell.*[Ri] | aestimet] estimet *T*[Ri] : existimes *H*[Ri,Mar] : existimet *rel. codd.*[Ri.3,Mar]

– ***ad b*** (*codd. potiores*: *V H P S m f h*)

**Ed. *Ach*.: 2** eum] $P^2$ *S m f h* : enim *H V* $P^1$ | **3** sin] si *V H P S m f h* | **4** autem] *om. V H P S m f h* | qui id] $P^2$ *m f* : quid *H V* $P^1$ : qui *S h* | auditum] *m h* : auditu *V H P S f* | aestimet] aestimetur $H^2$

**Edd. rel.: 2** eum] *plerique codd. integri*[Stroe] : enim (*H P S L*)[Stroe] ($P^1$ *H*)[Ri] | accuses] (*A Z T 'Erlang.'* $H^2$)[Ri] : accusses *P*[Ri] : accusem *rell.*[Ri] | **3** sin] si (*H P S L plerique codd. integri*)[Stroe] (*P A Z T*)[Ri] | **4** quid autem] quid eum (*H P S L plerique codd. integri*)[Stroe] (*P A Z T H*)[Ri] | qui id] *Cic.*[Kl] : qui '*Erl.*'[Ri] : quid ($P^1$ *H*)[Ri] | auditū *S*[Stroe] : auditu (*H P S L plerique codd. integri*)[Stroe] | aestimet] (*P A Z*)[Ri] : estimet ('*Erl.*' *H*)[Ri] : existimet *rell.*[Ri]

– ***ad c*** (*codd. potiores*: *O P M*)

**Ed. *GC*: 3** si] *O*

**Edd. rel.: 3** sin] si *Iul. Vict.*[Ach] *Mar. Victorini lemmata*[Ach] | **4** qui id] qui *Mar. Victorini lemmata*[Ach] | auditum] *Mar. Victorini lemmata* (*cod. F*)[GC,Ach] : auditu *Mar. Victorini lemmata* (*codd. D B*)[Ach] *Iul. Vict.*[Ach] | aestimat *Mar. Victorini lemmata*[Ach]

CE **0–2** nequeo […] / qua causa … evolvere. Nam *Ri., Wa.* : qua causa accusem hunc? […] / nam *Kl.,* $Ri._3$ | **1** qua causa accusem hunc nequeo exponendo (exputando *Scriv.*) evolvere *Steph., Delr., Scriv.* : quare

accusem hunc, nequeo *Lambin.*[Ri], *Bo.* | hunc e. e.] tum id exputando evolvere *Kays., Mar., Ach. haec verba non versibus tribuentes* | **2** accusem *Steph., Scriv., Bo.* | **4** quid autem eum accuses] *Ri.*$_3$ : quid eum accusem *Delr., Steph., Scriv., Bo.* : quid aútem accuses *Kays., Ri., Wa., Kl.* : quid eum accuses *GC* | qui id] id qui *Bo.* | auditu *Delr., Scriv., Bo., GC* | existimet *Steph., Scriv., Bo.*
– *Crit. in app.*: **1** quare *Scriv. i.m.* (*Aldus*) | quid tandem eum accuses *Ri. propos.* | **4** accuses q. i. p. a. aestimet *Scriv. i.m.* (*Aldus*)

*CS* **1** *haec verba tantum* qua causa accusem hunc *poetae trib. Kays.* tum id exputando evolvere *a rhetore interposita esse statuens* | qua caúsa accusem, me éxputando evólvere *Sauppe* (*1896*) *549–551* (= *Id. 1867/68, p. 13*) | **4** quid <tu> eum accuses *Sauppe loc. cit.* | auditum] *Fleckeisen*[Ri] *et Halm* (*1852*) *fasc. 1, p. 18* | **5** *Sec. Wa. in v. 5 dicitur*: "*volo omnia de te exponere*". – *Interpr.*: *Bo. p. 179 F 9 et in Acciani Armorum Iudici frgg.* (*secutus Scriv.*) *et p. 275 in incertorum incertis frgg. posuit.* – *Metr.*: *Ri., Kl.* $ia^6$ *statuerunt.*

## 10

(26 Ri.$_{2-3}$, Kl.; 49 Wa.)

*Rhet. Her. 3,21,34* (*Ach.*): Cum verborum similitudines imaginibus exprimere volemus, plus negotii suscipiemus et magis ingenium nostrum exercebimus. Id nos hoc modo facere oportebit[127]:

[...] iam domum itionem reges Atridae parant. ($ia^6$)

<uno>[128] in loco constituere oportet manus ad caelum tollentem Domitium, cum a Regibus Marciis loris caedatur: hoc erit 'iam domum itionem[129] reges'; in altero loco Aesopum et Cimbrum subornari, ut <agant>[130] Ephigeniam, in Agamemnonem et Menelaum[131]: hoc erit 'Atridae parant' . hoc modo omnia verba erunt expressa.

127 *Ach. post* oportebit *fort. lacunam esse coni., quam sic expleri propos.*: <versus hic erit exemplo>.

128 *Mar. et Ach. post* parant *fort. lacunam esse coni., quam Ach. sic expleri propos.*: <hunc versum meminisse si volemus conveniet primo>. | <uno> *add. Ach.* : in primo *Schue.*

129 domum itionem] *edd.*[Ach] : domultionem *codd.*[Kl] : domum ultionem (ultiones *H* $P^1$)[Ach] (*H* $P^1$ *B c*)[Ach] : domi ultionem (ultiones *C*)[Ach] ($P^2$ *C V F a* β)[Ach] : Domiti ultionem *h*[Ach]

130 <agant> *Kroll* (*1934*) *82, Kl.* : ad *Mar., Ach.*

131 subornari ut ad ephigeniam in agamemnonem et (agamen ñem it *H*)[Ri] menelaum (menelam *F*) ('*Par.*' *H a F*)[Ri] *codd. mutili*[Ri.3] : subornari ut vel vagantem ephigeniam (*ceteris omissis*) (*b l*)[Ri,Ri.3] : subornari ut ephygeniam advagantem agamem-

*CC* (*codd. potiores*: *H P B C V F A* α *c* β *h*)
**Ed. *Ach.*:** domum itionem] $\beta^2$ : domi ultionem *H P B* $C^2$ *V F a* $\beta^1$ : domui ultionem $C^1$ : domum ultionem *c* : Domitii ultionem *h*
**Edd. rel.:** domum itionem] $p^{2}$[Mar] $\beta^{2}$[Mar] : domi ultionem *codd.*[Ri] (Π $l^2$ *b d p*)[Mar] : domumitionem ς[Kl] : domultionem *codd.*[Kl] : domu ultionem *l*[Mar] : domui ultionem $C^{1}$[Mar]

*CE* iam dómum itionem réges <et> Atridaé parant *Ri.*, *quod non approbavit Bergk* (*1874*) *250* (= *Id. 1884, 320 adn. 5*) : iam dómum itionem réges Atreidaé parant *Ri.*$_3$ : iam dómuitionem réges Atridaé parant *Di.* : iam domutionem r. A. p. *Wa.* : i. domumitionem r. A. p. *Kl.*

*CS* domuitionem *Victorius*[Ri,Kl,Mar] : domitionem *L. Mueller* (*1861*) *419sq.* (= *Id. 1894, 533sq.*), *qui p. 429 versum a rhetore confictum esse putavit* | iam domuitionem <e caede> reges Atridae parant *suppl. Lapini* (*1996*). *Cf. ad* domitio *vocem et F 146 et Giomini* (*1961*) *329 et Schierl* (*2006*) *292sq.* (*ad Pac. trag. 173 Ri.*). – *Interpr.*: *Va.*$_1$ *posuit F 10 in Ennianae Iphigeniae frgg.* (*non ap. Va.*$_2$)*; sec. Bergk* (*1884*)*, 229–231, Wa., Lapini loc. cit. versus fort. aliqua ex Iphigenia sumptus est. Sec. Loewenstein Drabkin* (*1937*) *16 incertum est, cuius poetae frustulum fuerit. Cf. et Aretz* (*1999*) *282sq.* – *Metr.*: *Ri., Kl. ia*$^6$ *statuerunt.*

*CP* *Acc. trag. 173 Ri.*: … nec me ab domum itione arceret obsceno omine. • *Ach. contulit Apul. met. 3,19* • *Non. 96,1.*

## 11

(Pac. inc. 397 Ri.$_{2\text{–}3}$, Kl.; Pac. Medus 242 Wa.; Pac. Medus 260 D'A.; Pac. Medus frg. 171 Schierl, p. 366)

(a) *Cic. inv. 1,27* (*Ach.*): Ea quae in negotiorum expositione posita est tres habet partes: fabulam, historiam, argumentum. Fabula est in qua nec verae nec veri similes res continentur, cuiusmodi est: 'angues ingentes alites iuncti iugo …'

(b) *Mar. Victorin. rhet. 1,19 p. 202,11* (*Hal.*): fabulam dicit esse, quae nihil veri nec veri simile continet, et dat exemplum: 'angues ingentes alites iuncti iugo'.

---

nonem et menelaum *T*[Ri] : subornari ut ephigeniam vagantem (*ceteris omissis*) *Z*[Ri] : subornare vagam iphigeniam (reliquis omissis) *Opitz*[Ri] : subornari in Iphigeniam (*sc. immolandam*) a Calchante Agamemnonem et Menelaum *Orelli*[Ri] : subornari ut ad Iphigeniam Ag. et Men. *Buecheler* (*ap. Ri.*$_3$) : subornari, ut Ephigeniam, in Agamemnonem et Menelaum *Mar.* : subornare Aesopum et Cimbrum in Iphigenia agentes Agamemnonem et Menelaum "*post Schuetzium Bergkius* (*1844*) *15, qui ex Enni Iphigenia sumpta esse coniecit. Confictum esse v. ne Marxius quidem* (*p. 132*) *persuasit.*" *Ri.*$_3$ *ad loc.* (*cf. Ri. pp. LXIVsq.*)

(c) *Aug. soliloq. 2,15,29*: A.: non enim, cum dicitur iunctis alitibus anguibus Medeam volasse, ulla ex parte res ista verum imitatur, quippe quae nulla sit nec imitari aliquid possit ea res, quae omnino non sit … non ergo dicemus illud de Medea nescio quod monstrum falsum esse? R.: non utique; nam si factum est, quomodo falsum est, si non est factum, quomodo monstrum est? A.: miram rem video. itane tandem cum audio: ‘angues ingentes alites iuncti iugo’, non dico falso?

angues ingentes alites iuncti iugo (*ia*$^6$)

*CC* – ***ad a*** (*codd. potiores*: *H V P S m f h*)
**Ed. *Ach.*:** iuncti iugo] *H P f* : iugo iuncti *S m h* : iuncte iugo *V*
– ***ad b*** (*codd. potiores ap. Hal.*: *B D F* )
**Ed. *Hal.*:** iunctiugo *D*
– ***ad c*** (*codd. potiores*: *B C D F G H J K N O Q R T W*))
**Ed. *Hörm.*:** anges *J* : angus *G* | ingentes] ingens *K G, add.* dracones atque *J* | alites] aliter *F* : alitibus *R* | iunctos *Q p*$^2$ *Rouen469*

*CE* iunctos (*edd. A. E. L. M.*)[*Hörm*]

*CS* *Interpr.*: *Sec. Ri., Wa., Kl., D’A., Schierl hoc frg. Pacuviani Medi est, item Ri., qui suspicatus est Pac. trag. 398sq. Ri. eodem pertinere. Sec. Wa. et Schierl (2006) 367 fort. nuntius de Medeae adventu dicit. – Metr.*: *Kl. ia*$^6$ *statuit.*

*CP* *Ri. attulit hos locos*: *Cic. rep. 3,14*: nunc autem, si quis illo Pacuviano ‘invehens alitum anguium curru’ multas et varias gentis et urbes despicere et oculis conlustrare possit. • *Aug. epist. 7,4*: ego enim mihi ut libet atque ut occurrit animo, Aeneae faciem fingo, ego Medeae cum suis anguibus alitibus iunctis iugo, ego Chremetis et alicuius Parmenonis. • *Aug. conf. 3,6*: volantem autem Medeam etsi cantabam, non asserebam, et si cantari audiebam, non credebam. • *Non. 451,16*: raedam pro curru Varro Marcipore: dixe / regi Medeam advectam per aera in reda anguibus (*Ri. et Li. hoc loco versus iamb. agnoverunt*).

## 12

(143–144 Ri.$_{2-3}$; 25–26 Wa.; 144 Kl.)

(a) *Cic. inv. 1,94* (*Ach.*): Si non ad id quod instituitur accommodabitur aliqua pars argumentationis, horum aliquo in vitio reperietur … si, cum totum debebit ostendere, de parte aliqua loquatur, hoc modo: ‘mulierum genus avarum est; nam Eriphyla auro viri vitam vendidit’.

(b) *Iul. Vict. rhet. p. 60,19* (*GC*): Vitiosum est argumentum, si plurima in partitione pollicitus pauciora demonstret; aut cum, si totum debet ostendere, de parte aliqua loquatur, hoc modo: 'mulierum genus avarum est; nam Eriphyla auro viri vitam vendidit'.

mulierum genus
avarum est; […] auro vendidit vitam viri.

*CC* – ***ad a*** (*codd. potiores*: *H V P S m f h*)
**Ed.** ***Ach.***: **2** eriphila auro *H P S m f h* : erripila *V* | viri] virum *fort. S*[1]
**Edd. rel.**: mulierum genus avarum est] *codd.*[Ri] | vitam vendidit viri *A*[Ri] : vitam viri vendidit *T*[Ri] : viri vitam vendidit *rel. codd.*[Ri] *codd.*[Kl]
– ***ad b*** (*codd. potiores.*: *O P M*)
**Ed.** ***GC***: –
**Edd. rel.**: viri vitam vendidit codd. *Iul. Vict.*[Ri.3,Kl]

*CE* nam Eriyphyla auro viri vitam vendidit *hunc ordinem verborum praebuerunt Stroe., Ach., GC* (*et rel. edd. Ciceronis et Victoris*) *ia*[7] *metientes, quod Luchs* (*1873*) *71 non approbavit* | […] avárum est mulierúm genus / […] / […] auro véndidit vitám viri *Ri. in restituendo primo versu Valckenarium sequens* : […] génus avarumst múlierum. / auro *eqs. Ri.*$_3$ : mulierum / genus avarum est; nam Eriphyla auro vendidit vitam viri *Kl., Fra.*

*CS* genus avarumst mulierum / nam Eriphyla auro viri / vendidit vitam *Leo* (*1897*) *11, versus troch. restituens, quod Kl. non repudiavit. – Interpr.*: *haec fort. de Eriphyla dicta est, quam Cicero proxime laudaverat. Sec. Kl. Valckenar primus "tragicum colorem" loci intellexit; Ri. transposuit verba, ut versum fieret. Ribbeck* (*1875*) *492 et Wa. propos. frg. Epigonis Acci tribui. – Metr.*: *Ri. exitum ia vel tr, Kl. tr*[7] *statuerunt.*

## 13

(45–46 Ri.$_{2\text{–}3}$, Kl.; 34 Wa.)

(a) *Cic. Mur. 60* (*Kast.*): 'non multa peccas' inquit ille fortissimo viro senior magister, 'sed peccas; te regere possum'.

(b) *Quint. inst. 8,6,30* (*Wi.*): 'eversorem' quoque 'Carthaginis et Numantiae' pro Scipione et 'Romanae eloquentiae principem' pro Cicerone posuisse non dubitent. Ipse certe usus est hac libertate: 'non multa peccas, inquit ille fortissimo viro senior magister': neutrum enim nomen est positum et utrumque intellegitur.

non multa peccas, sed peccas te regere possum.

CC – ***ad a*** (*codd. potiores*: *V B A* π φ χ ψ)
**Ed. *Kast.*:** sed peccas] sed si peccas ψ
**Edd. rel.:** sed] (*om.* si) (‘*codd. Parr.1, 4, 7, codd. Oxonn. C* χ’)[Ri] *codd.*[Ri.3, Wa]
– ***ad b*** (*codd. potiores*: *A B Bg*)
**Ed. *Wi.*:** –

CE non] [...] non *Ri.* | sed si peccas *ed. R.*[Kast], *Asc.*[Ri], *qui eam lectionem propter rationem accentuum repudiavit* : sín peccas *Ri. tr*$^8$ *metiens, Wa.* | [...] non múlta peccas, séd <tamen / sí> peccas, te régere possum *Ri.*$_3$ : ⏑ – non multa peccas, sed peccas <tamen>. / te regere possum. *Kl. et Fra. ia*$^6$ *restituentes*
– *Crit. in app.*: regere te / póssum *olim frustra Ri., ut ipse ad loc. dixit* | non múlta peccas, séd si quid peccás, te regere póssum *Ri. ia*$^7$ *restituens*

CS non múlta peccas, sét tamen / peccás. te regere possum *Buecheler* (*cf. Ri. p. LXV*). – *Interpr.*: *Cic. verba Phoenici tribuit, Ladewig* (*1848*) *3 Phoenici in Acci Myrmidonibus. Sec. Wa. frg. fort. Acci est. Cf. et Consolino* (*1985*) *55sq.* – *Metr.*: ⏑ ⏑ ⏑ ⏑ ⏑ ⏑ non multa péccas: set si péccas, / Te régere possum *Fleckeisen ia*$^7$ *metiens*[Ri]. *Ri. tr*$^8$ (*cum lacuna ante* non) *vel ia*$^7$ (*cf. conspectus metrorum Ri. p. 367*), *Ri.*$_3$ *tr*$^7$, *Buecheler* (*cf. Ri. p. LXV*), *Kl. ia*$^6$ *statuerunt.*

## 14

(153 Ri.$_2$; 152 Ri.$_3$; 105 Wa.; 152 Kl.)

*Cic. Att. 1,18,1* (*SB*): Nihil mihi nunc scito tam deesse quam hominem eum quocum omnia quae me cura aliqua adficiunt una communicem, qui me amet, qui sapiat, quicum ego cum loquar nihil fingam, nihil dissimulem, nihil obtegam. abest enim frater ἀφελέστατος et amantissimus. †Metellus† non homo sed[132]:

litus atque aër et solitudo me<r>a (*cr*$^4$)

me<r>a *SB*

CC (*codd. potiores*: *E G N V R P F M b d m s*; Ω = *cons. codd.*)
**Ed. *SB*:** mera] ς : mea Ω *C*
**Edd. rel.:** mea *M*[Ri] ω[Kl] (Ω *pr. m, C*)[Mori, Wat] : *om. m*[Mori]

CE me<r>a] *ed. V.* (*1470*)[Mori, Wat], *Asc.* (*1522*)[Mori] : *om. ed. R.*[Ri], *Ri., Kl., vulgo*[Ri, Kl], *SB*

---

132 †Metellus†] metellus *codd.*[Ri] : Visellius *Corradus*[SB] : mei. Tullius *Madvig*[SB] : Camillus *temptaverunt SB in app.* | amantissimus. †Metellus† non homo, sed] amantissimus mei: alius non homo, sed *Ri.*$_2$ *secutus H.A. Koch* | amantissimus meus. Non *A. Augustinus*[Ri.1] | mei *Malaspina*[Ri.1] | non homo] *fort.* nemo *Ri.*

*CS* [...] non hómo, sed littus átque aer / et sólitudo méra *Duentzer* (*1838*) *46* | me tellus! non homo est sed litus atque aer / et solitudo mera [...] *Wesenberg* (*1873*) *86* : amantissimus mei. solus sum: 'nón homo est sed litus et aer, solitudo hic est mera' *Peerlkampus* (*testibus Ri. et Vahlen 1907, pp. 97sq.* [= *1879/80, p. 11*], *qui ibidem coniecturam disputavit*) | aër et] aeres *Sternkopf* (*1889*) *19, ut cretici fierent. – Interpr.*: *Hoc loco Prometheus apud Accium sic loqui potuisse coni. Ri. Sed. cf. etiam Id.* (*1875*) *542, quo loco haec verba a Phinidis Accianis dici potuisse arbitratus est. Duentzer loc. cit. et Wesenberg* (*1873*) *et Tandoi* (*1984*) *rettulerunt F 14 ad Acci Philoctetem. Cf. praeterea Jocelyn* (*1966*) *149sq. – Metr.*: *Ri., Kl.* $cr^4$ *statuerunt.*

## 15

(115–118 Ri.$_{2-3}$; 125–127 Wa.; 115–117 Kl.)

(a) *Cic. Att. 2,19,3* (*SB*): Populi sensus maxime theatro et spectaculis perspectus est. nam gladiatoribus qua dominus qua advocati sibilis conscissi, ludis Apollinaribus Diphilus tragoedus in nostrum Pompeium petulanter invectus est: 'nostra miseria tu es magnus' miliens coactus est dicere. 'eandem virtutem istam veniet tempus cum graviter gemes' totius theatri clamore dixit itemque cetera. nam eius modi sunt ii versus ut in tempus ab inimico Pompei scripti esse videantur. 'si neque leges neque mores cogunt' et cetera magno cum fremitu et clamore sunt dicta.

(b) *Val. Max. 6,2,9* (*Brisc.*): Diphilus tragoedus, cum Apollinaribus ludis inter actum ad eum versum venisset in quo haec sententia continetur 'miseria nostra magnus est', derectis in Pompeium Magnum manibus pronuntiavit, revocatusque aliquotiens a populo sine ulla cunctatione nimiae illum et intolerabilis potentiae reum gestu perseveranter egit. eadem petulantia usus est in ea quoque parte 'virtutem istam veniet tempus, cum graviter gemes'.

nostra miseria tu es magnus [...] (*$tr^7$*)
[...]
eandem virtutem istam veniet tempus, cum graviter gemes
(*$ia^8$ vel $tr^7$*)
[...]
si neque leges neque mores cogunt (*?*)

*CC* – ***ad a*** (*codd. potiores*: *E G N V R P F M b d m s; Ω = cons. codd.*)
**Ed. *SB*: 2** gemes] Ω
– ***ad b*** (*codd. potiores*: *A L G P N Land.*)
**Ed. *Brisc.*: 1** es] est *A L G P* | **2** cum] *A L G* : dum *P* | gemes] *P* : gemas *A L G*
**Edd. rel.: 1** miseria nostra magnus est *codd.*[Ri] | tu es magnus] magnus est *Valerius Max.*[SB] | es] est (*A L P*)[Ke] | **2** cum] dum *P*[Ke] | gemes] *P*[Ke,SB] : gemas *A*[Ri,Ke,SB]

*CE* **3** sí neque leges <té> neque mores cógunt ⏑ ⏑ ⏑ ⏑ ⏑ *Ri.*
– *Crit. in app.*: leges te *propos. Ri., ut fiat troch.*

*CS* *Sec. Cic. Diphilus tragoedus his verbis Pompeium Magnum vituperavit. – Interpr.: Ribbeck (1875) 545sq., qui Iovem tyrannum ad Pompeium referendum esse propos., et Wa. de versibus ex Acci Prometheo sumptis cogitaverunt (cf. CP). Cf. et Lipsius Var. lect. vol. 1, 11 et Firnhaber (1851) 372sq. – Metr.:* **1–3** *Ri., Kl. $tr^7$ et $ia^8$ vel $tr^7$ statuerunt.* | **3** si *mutatum* sic *Ciceroni tribui, cetera* néque leges neque móres cogunt *septenari hemistichium haberi voluit Buecheler (ap. Ri.$_2$) : $ia^8$ Buecheler habuit (ap. Ri.$_3$)*

*CP* *Aesch. Prom. 907. 939. 955sqq. • Acc. Prom.*

## 16

(– Ri.$_{2\text{–}3}$; – Wa.; – Kl.; inc. auct. frg. 25 D'A.; frg. inc. auct. 1 Schierl p. 572)

*Cic. Sest. 45* (*Mas.*): Unum enim mihi restabat illud quod forsitan non nemo vir fortis et acris animi magnique dixerit:

restitisses, rep<p>ugnasses, mortem pugnans oppetisses (*$tr^8$*)

rep<p>ugnasses *Wunder*

*CC* (*codd. potiores*: *P B G E H V N S*)
**Ed. *Mas.*:** pugnans] *P G V* : pugnam *H*
**Edd. rel.:** repugnasses *codd.*[D'A]

*CS* *Wunder*[D'A], *Halm*[Hold], *Friedrich (1941) 117sq., Schierl (2006) 572 scripserunt* reppugnasses, *ut $tr^8$ restituatur. – Interpr.: Friedrich de Pacuvi Teucro vel de Armorum Iudicio vel Enni Telamone cogitavit. – Metr.: Kl. $ia^6$, Friedrich et Schierl loc. cit. $tr^8$ statuerunt.*

## 17

(– Ri.$_{2-3}$; – Wa.; 265 Kl.)

*Cic. har. resp. 39* (*Mas.*): denique ipsum corpus tenuissima de causa saepe conficitur;

deorum tela in impiorum mentibus (*ia*$^6$)
figuntur.

CC (*codd. potiores*: *P G E H*)
**Ed. *Mas.*:** finguntur *P*$^1$

CS *Versum tragicum intellexit Havet* (*1897*) *159, qui hunc versum Acci Athamanti tribuit* (*cf. Ri. 1898, p. VII*). *– Metr.*: *Havet loc. cit. senarium, Kl. ia*$^6$ *statuit.*

## 18

(30–31 Ri.$_{2-3}$, Kl.; 98–99 Wa.)

*Cic. de orat. 3,102* (*Ku.*): numquam agit hunc versum Roscius eo gestu quo potest: Nam … petit, sed abicit prorsus, ut in proximo{s}: set … sacras, indicat, aspiciat, admiretur, stupescat.

Nam sapiens virtuti honorem praemium, haud praedam petit. (*tr*$^7$)
sed quid video? ferro saeptus possidet sedis sacras.

CC (*codd. potiores*: *V O P U R*)
**Ed. *Ku.*:** **1** honorum *R* | **2** ecquid *Lagom.14* | saeptus] *P U* : septus *O R* : scaeptus *V*
**Edd. rel.:** **2** sed] set *Erl.*$^{[Kl]}$ : et ψ$^{[Kl]}$ | ecquid (*Lagom.14, 'Gud. b' = sc.* γ)$^{[Ri]}$ : et quid *codd. pler.*$^{[Ri]}$

CE **2** sed quid] *Kl., Ku.* : et quid *Wa.* : set quid *Ri., Di., Ku.* : ecquid *edd. ab Ald. usque ad Ell.*$^{[Ku]}$, *Scriv., Ell.* : hei, quid *Bo.* | sedis] *Ell., Ri., Wa., Kl.* : sedes *Bo., Ku.*
*– Crit. in app.*: **2** sed quid] at quid *Ell.*

CS *Interpr.*: *Sec. Ri. F 18 fort. Enni Telepho tribuendum est* (*cf. CS ad F 146*). *Wa.* ferro saeptus *simpliciter 'gladio armatus' interpretatus est. – Metr.*: *Ri., Kl. tr*$^7$ *statuerunt*

## 19

(114 Ri.$_{2-3}$, Kl.; 129 Wa.)

(a) *Cic. de orat. 3,154* (*Ku.*): novantur autem verba, quae ab eo qui dicit ipso gignuntur ac fiunt, vel coniungendis verbis ut haec [*Enn. F 12 TrRF*][133]: ‘tum pavor sapientiam omnem mi exanimato expectorat’ ‘num non vis huius me versutiloquas malitias’ videtis enim et ‘versutiloquias’ et ‘expectorat’ ex coniunctione facta esse verba, non nata;

(b) *Cic. orat. 164* (*West.*): quare bonitate potius nostrorum verborum utamur quam splendore Graecorum, nisi forte sic loqui paenitet [*adesp. F 26*]: ‘qua tempestate Paris Helenam’ et quae secuntur. immo vero ista sequamur asperitatemque fugiamus [*adesp. F 42*]: ‘habeo ego istam perterricrepam’, itemque: ‘versutiloquas malitias’.

(c) *Non. p. 189,5–6 Merc. = 277 Li.* (*Li.*): versutiloquas[134]. Cicero de oratore lib. III: ‘num non vis huius me versutiloquas malitias’.

num non vis huius me versutiloquas malitias (*ia*$^6$)

*CC* – ***ad a*** (*codd. potiores*: *$A^2$ H V O P U R*)
**Ed. *Ku.*:** num non vis**]** *$A^2$ H V O P U R*
**Edd. rel.:** num non vis huius] ω[Ri,Mu,On,Kl] : num vero me vis *Pal.9*[Ri] | me huius *Lagom.20*[Ri] : me (*om. Lagom.3 6 15 67 84*)[Ri] | huius me versutiloquas malitias] ω[Ri,Mu,On] | versituloquas *A*[Ri] | milicias *e*[Ri] | locus deest in *E*[Ri]
– ***ad b*** (*codd. potiores*: *A L* [= *F P O U B H N S K R W J E Q V T Bud.*] Σ Δ Θ Φ Ξ)
**Ed. *West.*:** versutiloquax *$F^1$ N Bud.* : vertiloquas *$U^1$*
**Edd. rel.:** num non vis] ω[Kl] | versutiloquas] *$F^2$*[Heer]
– ***ad c*** (*codd. potiores*: *Bamb.* β γ δ *E F G H L Lugd. Montepess. Oxon. P P7665 P7666*)
**Ed. *Li.*:** annum novis *codd.* | versutiloquax *codd.* | malitia *codd.*
**Edd. rel.:** annum novis huius me versutiloquax malitia *codd.*[Ri,Wa] | annum novis (novum *corr.* novis *E*)[On] huius *codd.*[Qui] (*F H L P G E P7579*)[On] (huius *om.* *$F^1$*)[On] | annum novis (*H L G*)[Mu] : annum non vis ω[Kl] | versutiloquax malitia (*H L G*)[Mu] (*F H L P G E P7579*)[On] | versuatiloquax *$F^1$*[On] | malitia *codd.*[Qui]

---

133 *Cf. Cic. Tusc. 4,18–19, quo loco Cicero nomen Enni commemorat.*

134 versutiloquax *codd.*[Li]

*CE* nam non vis huius me v. m. *Scriv.* : non novisse huius me v. m. *Bo., Kl.* : num vis me huius v. m. *Schue.* (*teste Goe. p. 353*) (*ad a*) | num non vis] *Bentin.*[Qui], *Jun., Ri.* : an num non vis *Ald., Steph.* : num vero vis *Lambin.* : an num nos vis *Merc.* : num vis *Schue.* : non nóvisse *Kl., Ri.*$_3$ : an nón nosse *Mu.* : an nónvis *On.* | annon novisti huius v. m. *Ri.*$_1$ : an non nosse *Mu.* | malitias *Bentin.*[Qui], *Jun., Merc.* : malitias [...] *Wa.* | *Bo. p. 286 praebuit tantum* versutiloquas malitias

– *Crit. in app.*: non nóvisse h. m. v. m. *Bo. p. 75* | annon novisti huius v. m. *propos. Ri.*

*CS* ánne non novísti huiusce vérsutiloquas málitias? *Bei.* (*1825*) *p. XVI* : núm nevis huius ver. me malitias fallere? *temptavit Kiessling*[Ri]. *Cf. et Osann* (*1816*) *139.* – *Interpr.*: *Bo. p. 75 F 19 et in Enni incertis frgg. et p. 286 in incertorum incertis frgg. posuit. Sec. Schue., Bei., San. verba fort. Aiacis de Ulixe sunt, sec. Mu. fort. recte doctos F 19 Acci Armorum Iudicio adscripsisse. Wa. de versibus Enni cogitavit, quem Cic. modo commemorat.* – *Metr.*: *Ri., Kl.* $ia^6$ *statuerunt.*

*CP* *Acc. trag. 694 Ri.*: fallaciloquae malitiae.

## 20

(113 Ri.$_{2-3}$, Kl.; 130 Wa.)

*Cic. de orat. 3,158* (*Ku.*): aut quo significetur magis res tota sive facti alicuius sive consilii, ut ille, qui occultantem consulto, ne id quod ageretur intellegi posset, duobus translatis verbis similitudine ipsa indicat:

quandoquidem is se circum vestit dictis, saepit sedulo. (*tr*$^7$)

*CC* (*codd. potiores*: *A*$^2$ *H V O P U R*)
**Ed. *Ku.*:** quandoquidem] *O*$^v$ : quando quid *O*$^1$ | is se] ς : iste *A*$^2$ *H V O P U R* | vestit] *V O P U R* : vestet *A*$^2$ *H* | saepit] *V O P U R* : saepe *A*$^2$ *H* | sedulo] *A*$^2$ *H V O P U R*
**Edd. rel.:** is se] (‘*Gudd. b et c*’ *Lagom.2 13 32*)[Ri] ς[Kl] : iste *rell.*[Ri] ω[Kl] | saepe (*A e*)[Ri] | sedulo] ω[Kl]

*CE* is se] *Pe., Ri., Di., Kl.* : ista *ed. Med., Asc.*[Ku] : iste *Delr., Scriv.* | sedulo] *Delr., Scriv., Pi., Ad., Fr., Ku., Ri., Wa.* : se dolo *Kays., So., Ci., Wilk., Co., Ra., Kl. secuti Osann*

*CS* se dolo *Osann* (*1837*) *59, Buecheler* (*1927*) *398, Bergk*[Ri] – *Interpr.*: *Hermann F 20 Enni Hecubae trib. non approbante Osann* (*1816*) *139. Sec. Ku. frg. fort. ex Acci Armorum iudicio aut Antigona laudatum est* (*cf. Ra.*). – *Metr.*: *Ri., Kl.* $tr^7$ *statuerunt.*

*CP* *Soph. Ant. 241*: εὖ γε στοχάζῃ κἀποφραγνύσαι κύκλῳ / τὸ πρᾶγμα.

## 21

(47–48 Ri.$_{2-3}$ , Kl.; 58–59 Wa.)

(a) *Cic. de orat. 3,162* (*Ku.*): quo in genere primum est fugienda dissimilitudo: “caeli ingentes fornices”. quamvis sphaeram in scaenam, ut dicitur, attulerit Ennius, tamen in sphaera fornicis similitudo inesse non potest. ‘video te, video: vive, Ulixes, dum licet; / oculis postremum lumen radiatum rape!’ Non dixit ‘cape’ non ‘pete’, – haberet enim moram sperantis diutius esse victurum –, sed ‘rape’. hoc verbum est ad id aptatum, quod ante dixerat, ‘dum licet’.

(b) *Cic. ac. 2,89* (*Pla.*): Quid loquar de insanis ... quid ille qui ‘video video te: vive Ulixes dum licet’ nonne etiam bis exclamavit se videre, cum omnino non videret.

video te, video: vive, Ulixes, dum licet; (*$ia^6$*)
oculis postremum lumen radiatum rape!

*CC* – ***ad a*** (*codd. potiores*: *$A^2$ H V O P U R*)
**Ed. *Ku.*:** 1 vive] *$A^2$ H V O P U R* | **2** radiatum] *$A^2$ H V O P U R* | rape] *V O P U R*
**Edd. rel.:** **1** video video te *codd.*[Ri,Kl] | vive] *codd.*[Ri,Kl,Wa] | 2 rape] *om.* (*A Lagom.4*)[Ri] : cape *Lagom.2*[Ri]
– ***ad b*** (*codd. potiores*: *A V B*)
**Ed. *Pla.*:** **1** vivum *A $V^2$ B*
**Edd. rel.:** **1** vivum ω[Ri,Kl] *codd.*[Wa] | licet] dicet *$V^{A}$*[Ri] | *Ri.*: “*verba ‘quid ille ... vivum’ in loco eraso habet Vindob.* [= *V*]”

*CE* (*ad b*) **1** video te, video] *Bo., Kl.* : video video te *Delr., Scriv., Di., Pla., Wa.* | vive] vivum *Delr., Bo.* | Ulyxes *Delr.*
– *Crit. in app.*: **2** rape] cape *Scriv. i.m.* (*Aldus*), *quod Scriv. non probavit.*

*CS* **2** radiantis (*sc.* solis) *Muretus vol. 11* (*1559*) *9,294sq.* | rape *def. Bergk* (*1835*) *87 – Interpr.*: *Ri., Wa. versus, qui sec. Ribbeck* (*1875*) *132 et Ku. fort. e Aiace Enni sunt, ipso de Aiace furente dictos esse putaverunt. – Metr.*: *Ri., Kl. $ia^6$ statuerunt.*

*CP* *Casaceli* (*1976*) *106 contulit ad v. 2*: *Acc. trag. 507 Ri.*: atque hanc postremo solis usuram cape. • *Acc. trag. 584 Ri.*: Tebis [Thebis *Casaceli*] radiatum lumen ostentas tuum [...]?

## 22

(Enn. Thyest. 306 Ri.$_{2-3}$, Kl.; Enn. Thyest. 352 Va.$_{2}$; Enn. Thyest. 361 Wa.; 290 Joc.)

*Cic. de orat. 3,164* (*Ku.*): Nolo esse verbum angustius id, quod translatum sit, quam fuisset illud proprium ac suum:

quidnam est, obsecro, quid te adiri abnutas? (*$b^2$+Reiz*)

CC (*codd. potiores*: *$A^2$ H V O P U R*)
**Ed. *Ku.*:** quid nam est] *V O P U* : quidnamst *$A^2$ H* : quidnam esset *R* | quid te] *V O P U $R^v$* : quod te *$A^2$ H* | adiri] *V O P U R* : abire *$A^2$*
**Edd. rel.:** quid] (*A e*)[*Ri*] : quod (*Lagom. aliq.*)[*Ri*] | adiri] *pler. codd.*[*Ri*] : abire (*A e*)[*Ri*] | adiri (*vel* abire) abnutas *codd.*[*Ri.3*]

CE adirier *Va.$_1$* : adiri tam *Ri.$_1$* | quid te adiri tam abnutas *Ri.$_1$* : quid te adirier abnutas *Ri.* : quid te adíri abnutas *Ri.$_3$* : quod te adiri abnutas *Va.$_2$, Wa., Joc.* : quid te adirier abnutas *Ku.*
– *Crit. in app.*: quid te abnutas adiri *Ri.*

CS quid te abnútas adíre *Ribbeck* (*1875*) *202* | adiri renutas *Bentley* (*1738*), *ut fieret $ba^4$* (*cf. Joc. ad loc.*). – *Interpr.*: *Sec. Ribbeck loc. cit., qui F 22 post F 56 posuit, et Wa. his verbis chorus Thyesten alloquitur.* – *Metr.*: *Sec. Ri.$_3$* ‘*bacchei clausula iambica excipiuntur*’, *Kl. $ba^2$+Reiz statuit.*

## 23

(139–140 Ri.$_{2-3}$, Kl.; 159–160 Wa.)

(a) *Cic. de orat. 3,166* (*Ku.*): modus autem nullus est florentior in singulis verbis neque qui plus luminis adferat orationi. nam illud, quod ex hoc genere profluit, non est in uno verbo translato, sed ex pluribus continuatis conectitur, ut aliud dicatur, aliud intellegendum sit: ‘neque me patiar / iterum ad unum scopulum, ut olim, classem Achivom offendere’.

(b) *Iul. Vict. rhet. p. 83,20–84,2* (*GC*): est translatio non in uno verbo, sed in pluribus continuatis, ut aliud dicas et aliud intellegendum sit, ut est: ‘neque me patiar iterum ad unum scopulum ut olim classem offendere’ et [*adesp. F 24*] ‘imperii insistent iugo’.

[…] neque me patiar (*$tr^7$*)
iterum ad unum scopulum, *ut olim*, classem Achivom [offendere,

**2** ut olim *Ri.*

*CC* – ***ad a*** (*codd. potiores*: *A*[2] *H V O P U R*)
**Ed. *Ku.*: 1** neque me patior *V O*[v] *P U R* : ne quem patior *O*[1] | **2** iterum] *V O P U R, om. A*[2] *H* | ad unum] *A*[2] *H V O P U R* | ut olim] et telum *A*[2] *H V O P U R* : et caelum *P*[2al] | classem] *V O*[v] *P U R* | Achivom] *A*[2] *H* : Achivum *V O P U R*
**Edd. rel.: 1** patior (*Lagom pler.* '*Gud. a et b*')[*Ri*] | **2** iterum] *om.* (*A e Lagom.2 4 13 32*)[*Ri*] (*M sc.* = *A H E*)[*Kl*] | ad unum] *codd.*[*Ri*] | ut olim] ut (*vel* et) telum *e*[*Ri*] ω[*Kl*] *codd. pler.*[GC] : et alium '*Gud. a*'[*Ri*] : ut celum *E*[*Ri*] : et celum *Lagom.4*[*Ri*] : et coelum *Lagom.81*[*Ri*] : et telum *rell.*[*Ri*] *pler. codd.*[*Wa*] *codd. Cic.*[GC] | classem] *codd. Cic.*[GC] | Achivom] *codd. Cic.*[GC] (*A Lagom.2 m. pr. 13 32 corr.* '*Gud.c*')[*Ri*] : Achivum *vel* Achium *rell.*[*Ri*]
– ***ad b*** (*codd. potiores*: *O P M*)
**Ed. *GC*: 2** iterum] *exp. O* | ut olim] iterum *O ex* iterum *praecedente* | classem] crasse *O* | Achivom] *om. codd. Iul. Vict.*
**Edd. rel.:** ad unum scopulum iterum crasse offendere *codd. Iul. Vict.*[*Ri,Kl*] | neque me patiar] (*M P*[2])[*Ku*] | patior *Vict.*[*Ri*] | iterum] *om. M*[*Ku*] | ut olim] iterum *codd.*[*Ku*] | classem] Crasse *codd.*[*Ku*] | Achivom] *om. codd.*[*Ku*]

*CE* […] neque me patiar (patior *Steph., Delr.*) iterum / ad unum scopulum et telum classem Achivum offendere *Steph., Delr., Scriv.* | […] neque me patiar / iterum *dispescit Bo.* | néque me patiar íterum ad unum scópulum classem offéndere *Bei.* (*1825*) *p. XVI septenarium restituens* (*ad a*) : neque me patiar ad unum scopulum iterum †crasse offendere *Mai* (*1823*) *p. 99, Or., Hal.* (*ad b*) | ad unum] ad uncum *Ri.*$_{1}$*, quod Ri.*$_{2\text{-}3}$ *non iam praebuit* | ut olim] *Ri.* : et telum *Bo., Rich.*

*CS* […] neque patiar / iterum a. u. s. et telum classem Achivum o. *Grotius* (*1828*) *177* | néque nunc patiar iterum ad unum sc. aut ocrem classem Achivom offendere *Bergk* (*1855*) *294, ut fieret tr*[5]*, repudians, quod Ri.*$_{1}$ *propos.* (*cf. Bergk 1874, 309sq.* = *Id. 1884, 374sq.*) | patiar] pati *Buecheler* (*teste Ri.*) – *Interpr.*: *Ri. dubitavit, an frg. e comoedia sumptum esset, Wa., an hoc loco Agamemnon vel alia persona tragica loquatur. Pi. et So. frg. e Pacuvi Chryse sumptum esse putaverunt.* – *Metr.*: *Ri., Kl. tr*[7] *statuerunt.*

## 24

(125–126 Ri.$_{2\text{-}3}$, Kl.; 23–24 Wa.)

(a) *Cic. de orat. 3,166* (*Ku.*): modus autem nullus est florentior in singulis verbis neque qui plus luminis adferat orationi. nam illud, quod ex hoc genere profluit, non est in uno verbo translato, sed ex pluribus continuatis conectitur, ut aliud dicatur, aliud intellegendum sit: [*adesp. F 23*] 'neque me patiar iterum ad unum scopulum, ut olim, classem Achivom offendere'. Atque illud: 'erras, erras; nam exultantem te et praefidentem tibi repriment validae legum habenae atque imperi insistent iugo'.

(b) *Iul. Vict. rhet. p. 83,20-84,2* (*GC*): est translatio non in uno verbo, sed in pluribus continuatis, ut aliud dicas et aliud intellegendum sit, ut est: ‘neque me patiar iterum ad unum scopulum ut olim classem offendere’ et ‘imperii insistent iugo’.

erras, erras; nam exultantem te et praefidentem tibi (*$tr^7$*)
repriment validae legum habenae atque imperi insistent
[iugo.

CC – ***ad a*** (*codd. potiores*: *$A^2$ H V O P U R*)
**Ed. *Ku.*:** **1** erras, erras] *V O P U R* : erras *$A^2$ H* | nam] *$A^2$ H V O P R* : non *U* | nam exultantem te] *V O P U R* : nam et vidente te *$A^2$* : nam et vidente me *H* | praefidentem] *V $O^v$ U* : praesidentem *O P R* : praefidente *$A^2$ H* | **2** repriment] *$A^2$ H V $O^v$ P U R* : reprimunt *$O^1$* | validae] *$A^2$ H R* : valide *V O P U* | legum habenae] *$A^2$ H om. $V^v$* (*suppl. $V^m$*) *O* (*suppl. $O^{a1}$*) *$P^1$* (*suppl. $P^2$*) *R ‘legum habenae’ non est in veteri $R^V$* | atque] *$A^2$ H V O P U R* | imperi] *$A^2$ H* : imperii *V O P U R*
**Edd. rel.:** **1** erras, erras] *semel om.* (*Gud.a Gud.c Lagom. praeter 17 omnes*)[Ri] (*A E*)[Ri,Kl] | nam et vidente te et praefidente (praesidente *e*[Ri]) tibi (*A e*)[Ri] : nam et vidente et praesidente tibi *E*[Ri] | exultantem] ψ[Kl] : et vidente (*A E*)[Kl] | praefidentem] ψ[Kl] : praesidente (*A E*)[Kl] | **2** insistant *Lagom.4*[Ri] | imperii insistent *Cic.*[GC]
– ***ad b*** (*codd. potiores*: *O P M*)
**Ed. *GC*:** **2** imperi insistent] iam perii insistente *O*
**Edd. rel.:** **1** erras, erras] *semel om. Vict.*[Ri] | nam et vidente te et praesidentē tibi *O*[Ri] | **2** atque] *Iul. Vict.*[Ku]

CE **1** exsultantem *Delr., Bo.* : violentem *Di.* | **2** imperi insistent iugo] iam perii insistente iugo *Mai* (*1823*) *p. 99* (*ad b*), *Or.* (*ad b*) | imperii *Steph., Delr., Scriv., Wa.*

CS **1** exultantem] et violentem *Buecheler e* vidente, *quod habent $A^2$ H, deducere voluit* (*testibus Ri., Kl., Ku.*) | **2** sistent *Kiessling*[Ri,GC,Kl,Ku]*; non in Kiessling 1863, 789* – *Interpr.*: *Sec. Ri. et Wa. F 24 fort. Clytaemnestrae Accianae est et Aegisthus his verbis Electram monet.* – *Metr.*: *Ri., Kl. $tr^7$ statuerunt.*

CP *Aischyl. Ag. 1639–41*: τὸν δὲ μὴ πειθάνορα / ζεύξω βαρείας οὔτι μοι σειραφόρον / κριθῶντα πῶλον.

## 25

(Enn. Medea exul 231–232 Ri.$_{2-3}$; 276–277 Va.$_{2}$; Enn. Medea 284–285 Wa.; 217–218 Joc.; Enn. Medea exul 232 Kl.)

*Cic. de orat. 3,217* (*Ku.*): aliud enim vocis genus iracundia sibi sumat, acutum, incitatum, crebro incidens … aliud miseratio ac maeror, flexibile, plenum, interruptum, flebili voce:

quo nunc me vortam? quod iter incipiam ingredi? (*$ia^6$*)
domum paternamne? anne ad Peliae filias?

*CC* (*codd. potiores*: *A H E V O P U R*)
**Ed. *Ku.***: **1** vortam] *A H V O P U R* : vertam *E* | **2** paternamne] *A H E* : paternam *V O P U R* | ad Peliae filias] *V O P U R* : appellare filias *A H E*
**Edd. rel.**: **1** vortam] *A*[Ri] *H*[Va.2] : vertam *rell.*[Ri,Va.2] | **2** paternam domumne (*$E^c$ e*)[Ri] | paternam *codd. integri*[Va.2] (*L = sc. V O P U R*)[Kl] | ad Peliae] appellare (*cum aliis A e*)[Or,Ri] *codd. mutili*[Va.2]

*CE* **1** vertam *Or.* | **2** d. paternamne anne a. P. f.? *Ri.*, *Kl.*, *Wa.*
– *Crit. in app.*: **2** paternam *fort. recte Kl.*

*CS* *Interpr.*: *Col. F 25 Enni Medeae tribuit probante Ri. Verba ipsa a Medea dicta esse Wa. coni. Col., Va.$_2$, Joc. haec verba e Eur. Med. 465–519 sumpta esse intellexerunt, quo loco Medea reprehendit Iasonem. Va.$_2$ suspicatus est Ciceronem non plena Enni verba attulisse et, quod post* domum paternamne *responsum fuisset, interceptum esse.* – *Metr.*: *Ri., Kl. $ia^6$ statuerunt.*

*CP* *Eur. Med. 502–504*: νῦν ποῖ τράπωμαι; πότερα πρὸς πατρὸς δόμους, / οὓς σοὶ προδοῦσα καὶ πάτραν ἀφικόμην; / ἢ πρὸς ταλαίνας Πελιάδας; • *Cf. praeterea Catull. 64,177–181, Cic. de orat. 3,214, Quint. 11,115, Cic. Mur. 88, quibus in locis Ariadna vel Gracchus vel ipse Cic. hoc genus querendi imitantur* (*cf. Schauer 2002, 232–233*).

## 26

(80–82 Ri.$_{2-3}$, Kl.; Pac. Iliona 215–217 Wa.; Pac. Iliona 236–238 D'A.; Pac. Iliona frg. 150 Schierl, p. 330)

(a) *Cic. de orat. 3,219* (*Ku.*): aliud (*sc.* vocis genus sibi sumit) molestia, sine commiseratione grave quoddam et uno pressu ac sono obductum: 'qua tempestate Helenam Paris innuptis iunxit nuptiis / ego tum gravida expletis iam fere ad pariendum mensibus; / per idem tempus Polydorum Hecuba partu postremo parit.'

(b) *Cic. orat. 164* (*West.*): quare bonitate potius nostrorum verborum utamur quam splendore Graecorum, nisi forte sic loqui poenitet: 'qua tempestate Helenam Paris' et quae secuntur.

qua *tempestate Helenam Paris* innuptis iunxit nuptiis ($tr^7$)
ego tum gravida expletis iam fere ad pariendum mensibus;
per idem tempus Polydorum Hecuba partu postremo parit.

**1** tempestate Helenam Paris *hunc ordinem verborum restituit Lachmann*

*CC* – ***ad a*** (*codd. potiores*: *A H E V O P U R*)
**Ed. *Ku.*:** **1** qua] *H V O P U R* : quam *A E* : qua in *Lagom.2, 13, 36* | tempestate Paris Helenam *A H E V O P U R* | innuptis] ς : innuptiis *A H E* : in nuptiis *V O P U R* | nuptiis] nuptias *A H E* : nuptis *V O P U R* | **2** fere] *A H E V O P U R* | **3** Hecuba] *O U R* : Haecuba *V P* : haec ubi *A H E*
**Edd. rel.:** **1** qua in (*Lagom.2, 13, 36*)[Ri] : quam (*Lagom.32 corr.*)[Ri] | tempestate Paris Helenam *codd.*[Ri,Wa,Kl] | innuptiis] (*A et plerique codd.*)[Ri] : nuptias (*A e Lagom. aliq.* '*Gud. a et c*')[Ri] | **2** fere] *codd.*[Ri,Wa,Kl] | **3** Hecuba] haec ubi *e*[Or,Ri]
– ***ad b*** (*codd. potiores*: *A L* [= *F P O U B H N S K R W J E Q V T Bud.*] Σ Δ Θ Φ Ξ)
**Ed. *West.*:** –
**Edd. rel.:** tempestate Paris Helenam *codd.*[Schierl]

*CE* **1** qua tempestate Paris Helenam *Steph., Scriv., Or., Di.* | Paris Helenam *ad b, at* Helenam Paris *ad a habet Kays.* | Helenam Paris] parens Helenam *Delr.* | innuptis iunxit ] innuptis <sibi> iunxit *Delr., Scriv.* | nuptiis] *Crat.* : nuptias *ed. R.*[Or] | qua Paris tempestate Helenam *Bo.* | qua in *Ell.* | **2** gravida <fui> *Lambin.*[Ku], *Delr., Scriv.* | fere] fui *Bo.* | **3** per idem tempus] per idem <propè> tempus *Delr., Scriv.*

*CS* **1** tempestate Helenam Paris] *Lachmann*[Ja,Ri,Heer.,Wa,Kl,Ku,West] *et inde edd.* | **2** fere] fere <eram> *Halm*[Ri,Kl,Ku]*; sed cf. ad hanc usitatam ellipsin Ri. p. XXI* [*ad Enn. v. 91*]) | **3** parit] pari *pro* parii *aut* parivi *Grotius* (*1828*) *177 – Interpr.*: *Wa. pp. 242sq. F 26, ut olim Welcker* (*1841*) *1154, in frgg. Pacuvi Ilionae posuit; Kl. non dubitavit, quin F 26, quamvis in frgg. incertis posuisset, Pacuvi Ilionae esset. Item Ku. de Pacuvi Iliona cogitavit. Cf. praeterea Zillinger* (*1911*) *128 adn. 3 et Artigas* (*1990*) *187. Plura invenies ap. Schierl* (*2006*) *330.– Metr.*: *Ri., Kl.* $tr^7$ *statuerunt.*

*CP* *Soph. Oed. T. 1214*: ἄγαμον γάμον • *Eur. Hel. 690.*

## 27

(Inc. Equus Troianus 8 Ri.$_{2-3}$; – Wa.; p. 317 Kl.)

*Cic. fam. 7,1,2* (*SB*): omnino, si quaeris, ludi apparatissimi, sed non tui stomachi; coniecturam enim facio de meo. nam primum honoris causa in scaenam redierant ii quos ego honoris causa de scaena decessisse arbitrabar. deliciae vero tuae, noster Aesopus, eius modi fuit ut ei desinere per omnis homines liceret. is iurare cum coepisset, vox eum defecit in illo loco

si sciens fallo.

Quid tibi ego alia narrem? nosti enim reliquos ludos; qui ne id quidem leporis habuerunt, quod solent mediocres ludi. apparatus enim spectatio tollebat omnem hilaritatem; quo quidem apparatu non dubito quin animo aequissimo carueris. quid enim delectationis habent sescenti muli in Clytaemestra aut in Equo Troiano creterrarum tria milia aut armatura varia peditatus et equitatus in aliqua pugna?

*CC* (*codd. potiores*: *M P G R*)
**Ed. *SB*:** –

*CS* *Ribbeck* (*1875*) *49 tribuit F 27 et F 29 et F 30 Equo Troiano fabulae, fort. Naevi, Kl. Equo Troiano incertis auctoris. Ceterum Clytaemestra fabula, quae a Cicerone infra laudatur, fort. Acci est. – Metr.*: *Ri. troch. statuit.*

## 28

(40–41 Ri.$_{2-3}$, Kl.; 100–101 Wa.)

*Cic. ad Q. fr. 2,11,3* (*SB*): multa dixi in ignobilem regem, quibus totus est explosus. quo genere commotus, ut dixi, Appius totum me amplexatur. nihil est enim facilius quam reliqua discutere. sed non faciam ut illum offendam, ne

[...] implorat fidem (*ia*$^6$)
Iovis Hospitalis, Graios omnes convocat.

per quos mecum in gratiam rediit.

*CC* (*codd. potiores*: *E G H N V O R P M b d m s*)
**Ed. *SB*: 1** imploret *b d m s* : implorem *E G N V R M*
**Edd. rel.:** 1 imploret *codd.*[SB] | **1–2** ne imploret ... convocet *Cic.*[Wa]

*CE* **1** implorat] inplorat *Ri., Di., Wa.* : ne imploret *Mori., Wat., SB* ne *ad frg. trahentes* | **2** convocet *Mori., Wat., SB*

*CS* **1–2** inplorat … convocat *Haupt* (*1869*) *338 et Buecheler* (*1868*) *18sq.* (= *Id. 1915, 645*), *qui excluso e versu* ne *vocabulo indicativos verborum restituit. – Interpr.*: *Buecheler F 28 de Hecuba sive de Telepho, Haupt de Menelao dici potuisse loc. cit. suspicati sunt. – Metr.*: *Ri., Kl. statuerunt* $ia^6$.

## 29

(Inc. Equus Troianus 7 $Ri._2$; p. 271 $Ri._3$; – Wa.; p. 317 Kl.)

(a) *Cic. fam. 7,16,1* (*SB*): in Equo Troiano scis esse in extremo ‘sero sapiunt’. tu tamen, mi vetule, non sero.

(b) *Fest. pp. 460,36–462,2 Li.* (*Li.*): ‘sero sapiunt Phryges’. proverbium est natum a Troianis qui decimo denique anno velle coeperant Helenam, quaeque cum ea erant rapta, reddere Achivis.

sero sapiunt Phryges

*CC* – ***ad a*** (*codd. potiores*: *M P G R*)
**Ed. *SB*:** –
– ***ad b*** (*cod.*: *F*)
**Ed. *Li.*:** –

*CS* séro sapiunt núnc Phryges *Ribbeck* (*1875*) *49* (*item* $Ri._{2-3}$ *p. 271 in app.*), *quo loco F 27 et F 29 et F 30 Equo Troiano fabulae fort. Naevi tribuit. – Interpr.*: *De proverbio cf. et Beroaldum in Grutero vol. 1* (*1602*) *313sq.*

*CP* *Cf. Livi Equum Troianum.*

## 30

(78 $Ri._{2-3}$, Kl.; 142 Wa.)

*Cic. fam. 7,16,1* (*SB*): in Equo Troiano scis esse in extremo [*adesp. F 29*] ‘sero sapiunt’. tu tamen, mi vetule, non sero … itaque te commovere non curas. ‘usquequaque sapere oportet; id erit telum acerrimum’.

usque quaque sapere oportet; id erit telum acerrimum (*$tr^7$*)

*CC* (*codd. potiores*: *M P G R*)
**Ed. *SB*:** –

*CS* *Interpr.*: *Ribbeck* (*1875*) *49 tribuit F 27 et F 29 et F 30 Equo Troiano fabulae fort. Naevi. Sec. Wa. Cicero fort. versum ex eodem Equo Troiano incerti auctoris sumpsit, ex quo paulo ante proverbium laudaverat* (*cf. F 29*) *– Metr.*: *Ri., Kl. tr*[7] *statuerunt.*

**31**

(149 Ri.$_{2-3}$; 128 Wa.; 148a Kl.; cf. Joc. p. 349)

*Cic. Rab. Post. 28* (*Ol.*): ergo aderat 'vis' ut ait poeta ille noster 'quae summas frangit infirmatque opes'.

vis, quae summas frangit infirmatque opes

*CC* (*cod. potior*: *Vat.*)
*CE* vis, quae] quae *Or.* / *Hal.* | vis, quae … opes *Kl.*
*CS* *Terzaghi* (*1925a*) *16 versum Enni Medeae trib. – Metr.*: *Ri. tr*[7] *statuit.*

**32–33**

(156–158 Ri.$_{2-3}$, Kl.; 2–3 Wa.)

*Cic. Rab. Post. 29* (*Ol.*): regum autem sunt haec imperia:

**32**

animadverte ac dicto pare (*tr*[7] ?)

et

**33**

praeter rogitatum si quid

et illae minae [*adesp. F 34*] 'si te secundo lumine hic offendero, / moriere'; quae non ut delectemur solum legere et spectare debemus, sed ut cavere etiam et effugere discamus.

*CC* (*cod. potior*: *Vat.*)
**Ed. *Ol.*: F 32** ac] *dett.* : ad *Vat.* | **F 33** si quid] sit pie *Vat.*
**Edd. rel.: F 32** animadverte ac dicto (*vel* addicto) pare *codd.*[Ri] | **F 33** si pie (*vel* piae) (*M V U codd. Oxonn. quattuor*)[Ri] ω[Ri.3,Kl] : sit pie (*S G codd.* '*Oxonn. T* ψ')[Ri] ω[Kl]

*CE* **F 32** animadverte] animum advorte *Or. / Hal., Bo., Ri., Wa.* | ac] et *Ald.*[Ol] : *om. Bo.* | **F 33** si quid] *Or. / Hal.* : si querare *P. Manut.*[Ol], *Delr., Scriv., Graev.* (*1698*) *p. 55, Or. cum Iuntina*[Or/Hal,Ri], *Ri.*$_1$ : ne loquere *Lambin.*[Graev] : si loquare *ex Hotomani cod. suspecto Lambin.*[Ri] : is [*sic*] loquare *F. Hotman et Lambin.*[Ol] : si plus *Clark*[Ol]; *cf. Cic. Flacc. 10* : si quippiam *Angeli*[Ol], *Asc.*[Ri] : si quidpiam *Bo.* : si hisces *Ri.* : si †pie† *Wa.* : sile *Kl. Luterbach sequens*
– *Crit. in app.*: si quid] si loquare *Graev.*

*CS* **F 32–33** animum advorte ac dicto pare, et praeter rogitatum sile *uno versu Buecheler* (*testibus Ri., Kl.*), *quod Bergk* (*1874*) *310* (= *Id. 1884, 375*) *et Kl. repudiaverunt, quoniam propter Ciceronis* imperia *plus una adhortatione opus sit.* | **F 32** animadverte] animum advorte et dicto pare *Scaliger* (*1565*) *110* | **F 33** si quid] ne querare *Scaliger* (*1565*) *110* : sile *Luterbacher* (*1887*) *230* : si sapies *Bergk loc. cit.* : supple *Palmerius*[Ri.3]
– *Interpr.*: *Sec. Scaliger loc. cit. F 32 Graeca verba haec reddit*: μὴ λόγους λέγε (*Eur. Med. 321*). *Bo. p. 53 F 33 in Ennianae Medeae frgg. posuit. Et sec. Wa. p. 600 hoc frg. fort. Enni Medeae, sec. Joc. p. 349, qui utrumque frustulum eidem fabulae loco trib., fort. Creoni vel alteri regi tragico dedendum est.* – *Metr.*: *Ri., Kl. ad F 32* $tr^7$ *suspicati, Ri. ad F 33* $ia^6$.

*CP* *Eur. Med. 321*: μὴ λόγους λέγε.

## 34

(Enn. Medea exul 224–225 Ri.$_{2\text{–}3}$, Kl.; 264–265 Va.$_2$; Enn. Medea 272–273 Wa.; cf. p. 349 Joc.)

(a) *Cic. Rab. Post. 29* (*Ol.*): regum autem sunt haec imperia: [*adesp. F 32*] ‘animadverte ac dicto pare’ et [*adesp. F 33*] ‘praeter rogitatum si quid’ et illae minae: ‘si te secundo lumine hic offendero, / moriere’. quae non ut delectemur solum legere et spectare debemus, sed ut cavere etiam et effugere discamus.

(b) *Cic. Att. 7,26,1* (*SB*): omnia erant facta hoc biduo laetiora. itaque fuga quae parabatur repressa est; Caesaris interdicta, ‘si te secundo lumine hic offendero’ respuuntur; bona de Domitio, praeclara de Afranio fama est.

si te secundo lumine hic offendero, (*ia*$^6$)
moriere

*CC* – ***ad a*** (*cod. potior*: *Vat.*)
**Ed. *Ol.*:** **1** hic] hoc *Vat.*
**Edd. rel.:** hic] hoc *codd.*[Ri] *Cic.*[Kl]

– ***ad b*** (*codd. potiores*: *E G N V R P F M b d m s*)
**Ed. *SB*:** –
**Edd. rel.:** **1** hic] *Cic.*[Kl,Ol]

*CE* **1** hic] huc *Crat.* (*ad a*) : hic *Crat.* (*ad b*) – *Interpr.*: *Ri. trib. F 34 Enni Medeae et verba Creoni dedit.*

*CS* *Scaliger* (*1565*) *110 et Mori. rettulerunt F 34 ad Eur. Med. 352, quod Va.*$_2$ *non approbavit.* – *Metr.*: *Ri. et Kl. ia*$^6$ *statuerunt.*

*CP* Eur. Med. 352–355: εἴ σ' ἡ 'πιοῦσα λαμπὰς ὄψεται θεοῦ / καὶ παῖδας ἐντὸς τῆσδε τερμόνων χθονός, / θανῇ.

## 35

(67–68 Ri.$_{2-3}$; 56–57 Wa.; 66–67 Kl.)

*Cic. Scaur. 3,3* (*Ol.*): quid? in omnibus monumentis Graeciae, quae sunt verbis ornatiora quam rebus, quis invenitur, quom ab Aiace fabulisque discesseris, qui tamen ipse 'ignominiae dolore' ut ait poeta 'victor insolens / se victum non potuit pati', praeter Atheniensem Themistoclem, qui se ipsum morte multarit.

ignominiae dolore victor insolens
se victum non potuit pati.

*CC* (*codd. potiores*: *A T*)
**Ed. *Ol.*:** –
**Edd. rel.:** ignominiae dolore victor insolens se victum non potuit pati] *Cic.*[Ri]

*CE* *ordinem verborum supra a nobis oblatum praebuit Kl.* | victor ínsolens / ígnominiae sé dolore víctum non potuít pati *Ri.*$_{2\text{-}3}$*, Wa., Fra.*

*CS* ignominiae novae / dolore victor insolens se victum non potuit pati *Buecheler ia*$^8$ *restituens* (*teste Ri. p. LXV, qui illi non approbavit*) | ignominiae dolore *Ciceroni trib. Spengel* (*1899*) *414, quod Kl. non omnino repudiavit.* – *Interpr.*: *Sec. Ribbeck* (*1875*) *385 adn. 26, Wa., Kl. versus fort. e Philocteta Acci sunt et de Aiace agunt.* – *Metr.*: *Ri. senarii* ignominiae d. v. i. / [...] se v. n. p. p. *non placuerunt et verbis transpositis* (*cf. CE*) *tr*$^7$ *restituit. Ri. et Wa. vv. aliter dispescentes tr*$^7$ *statuerunt.*

### 36

(259 Ri.$_{2-3}$, Kl.; – Wa.)

*Cic. Att. 6,9,5* (*SB*): quaeso, quid nobis futurum est?

in arce Athenis statio mea nunc placet (*ia*$^6$)

*CC* (*codd. potiores*: *E G N V R P F M b d m s*)
**Ed. *SB*:** –
**Edd. rel.:** in arce] (*H N P* $M^c$ *s* $Z^1$)[*Wat*] : marce (*R* Δ)[*Wat*] | statio mea] scaptio mea *R*[*Mori*] : mea statio '*r*'[*Mori*]

*CE* <mihi> placet *Ri.*$_{2-3}$*, ut senarius fieret.*
– *Crit. in app.*: mea nunc] mi mea nunc *vel* mea mi nunc *propos. Ri.*

*CS* *Ri. dubitavit, unde verba sumpta sint, Ri.*$_3$ *et de comoedia cogitavit. Kl. e tragoedia esse suspicatus. Wat. et SB versum non cognoverunt. – Metr.: Ri. ia*$^6$ *statuit.*

### 37–39

(213$^1$ / 213$^2$ / 213 Ri.$_{2-3}$; Enn. 208 Va.$_2$; Enn. Hec. 215 Wa.; 213, 213a, 213b Kl.; cf. Joc. p. 305)

*Cic. orat. 153* (*West.*): sine vocalibus saepe brevitatis causa contrahebant, ut ita dicerent: 'multi' modis'[135], 'in vas' argenteis', 'palm' crinibus', 'tecti' fractis'

### 37

in vas' argenteis

### 38

palm' et crinibus

### 39

tecti' fractis

*CC* (*codd. potiores*: *A L* [= *F P O U B H N S K R W J E Q V T Bud.*] Σ Δ Θ Φ Ξ)
**Ed. *West.*:** **F 37** in vas] iuuas $O^1$ *E* : uiuas *L* $O^2$ (*al.*) $T^1$ : uincis *H* : uias *Bud.* | **F 39** tecti' fractis] *sive uno verbo* (*sicut A J*) *codd.* : recti fractis *B N Q* : recti fractus *Bud.*

135 *Cf. Pac. trag. 307 Ri.; cf. multimodis in Plaut. Haut. 320 et Klotz* (*1926*) *99.*

**Edd. rel.: F 37** in vas'] uiuas (*F P O*$^2$)[Heer,Ri.3] : iuuas *O*$^1$[Heer,Ri.3] : muas *L*[Wilk] | uiuas argenteis *L*[Klotz,1926] : et vas argenti *A*[Heer,Ri.3,Klotz,1926] | **F 38** palm' et crinibus] *codd.*[Or/Bait,Ri] : pass' et crinibus *E*[Or/Bait] | palma et (*F P O*)[San] *codd. integri*[Va.2] *L*[Heer,Wilk,Klotz,1926] : palmet *A*[Heer,Wilk,Va.2] | crinibus] trinibus (*P*$^1$ *corr. P*$^2$)[Heer]

*CE* **F 37** vas' argénteis *Mey., Ri., San.* : in vas(is) argenteis *Kl.* | **F 38** palmi' crínibus *Ri., Heer., Wilk.* : palm' et crinibus *Mey.* : palm(is) et crinibus *Kl.* | **F 39** tecti(s) fractis *Kl.*

*CS* **F 37** in vas' *Heer.* | **F 38** passi' crinibus *Lambin.*[Goe,Or/Bait,Ri], *quod Goe. repudiavit* | **F 39** tectecfractis (= tectis ecfractis) *Havet* (*1904*) *220. De sermone contracto* (vas *pro* vasis, palm *pro* alma, tecti *pro* tectis) *cf. Goe.* (*1838*) *330, Birt* (*1896*) *248, Leo* (*1912*) *326, Klotz* (*1926*) *99sq. – Interpr.*: *Or. / Bait. et Ribbeck* (*1875*) *145, qui Eur. Hec. 837 attulerant, Jahn*[Kl], *Va.*$_2$, *qui et Eur. El. 334 laudaverat, assignaverunt F 38 Enni Hecubae, quod Leo* (*1912*) *298sq., qui de sermone cotidiano cogitaverat, non approbavit. Buecheler* (*1866a*) *66 suspicatus est F 37–39 Enni vel Naevi esse; cf. et Joc. p. 305. – Metr.*: *Ri. in F 37 et F 38 tr vel ia, in F 39 initium tr statuit.*

*CP* *Eur. Hec. 837*: καὶ χερσί καὶ κόμαισι (*cf. Acc. Phoen. et Eur. Phoen. 323*) • *Eur. Hec. 836sq.*: εἴ μοι γένοιτο φθόγγος ἐν βραχίοσιν / καὶ χερσὶ καὶ κόμαισι καὶ ποδῶν βάσει κτλ. • *Verg. Aen. 3,263*: passis de litore palmis.

## 40

(194–195 Ri.$_{2-3}$, Kl.; 123–124 Wa.)

*Cic. orat. 157* (*West.*): sie<n>t plenum est, sint imminutum; licet utare utroque. ergo ibidem[136]:

quam cara sint quae post carendo intellegunt, (*ia*$^6$)
quamque attinendi magni dominatus sient.

*CC* (*codd. potiores*: *A L* [= *F P O U B H N S K R W J E Q V T Bud.*] Σ Δ Θ Φ Ξ)
**Ed. *West.*: 1** carendo] *L T*$^1$ : carendi *A* Σ : carenda μ *T*$^2$ (*al.*) γ | intelligunt *P U*$^1$ *B H J E Q V Bud.* : intelligent *U*$^2$ | **2** quamque] *A H W V T*$^1$ : quam quae *Bud.* : quam quem *L T*$^2$ (*al.*) : quanquam μ *U K J* : quam quidem *B N Q de* Σ *non liquet* | sient] *L* Δ : si*t* Θ : scient *A* Σ Φ Ξ *P H W V T Bud.* : scierit *J*
**Edd. rel.: 1** sint quae post] *E?*[Or/Bait] : sintque, post (ε *b L*)[Or/Bait] | quam cara sint quae] *codd.*[Ri,Wa] | carendi *A*[San,Ri.3,Kl] : carenda *codd. interpol.*[Ri.3] | 2 quamque] quāq. *A*[Heer]

136 *Ante* ibidem *nomen poetae excidisse suspicatus est Ja. et fort. Heer., San.;* alibi *rectius Stangl*[Wilk].

*CE* **1** sint quae] *Asc.*[Goe] : sint que *ed. R.*[Or/Bait] : sintque *Crat., Mey., Or. / Bait.* : sint qui *Schue.* | quae quám sint cara póst carendo intéllegunt *Ri., Wilk., Wa.* : quam cara sint quae] *Goe., Ri.*$_3$ | carenda *San.* | intelligunt *Mey., Goe., Or. / Bait.* | **2** sient] fient *Mey.*

*CS* **1** quam cara sint quae p. carenda i. *Lachmann*[Ri, San, Wilk, West]

*Interpr.: Bei. et Or. ap. Goe. p. 338 verba de imperiis attinendis dicta suspectus vel de Tarquinio superbo in Acci Bruto vel e Thyeste vel e Pelopidis vel e Phoenissis vel alia e fabula esse sumpta. – Metr.: Ri., Kl.* $ia^6$ *statuerunt.*

## 41

### (163–164 Ri.$_{2-3}$, Kl.; 90–91 Wa.)

*Cic. orat. 163* (*West.*): verba … legenda sunt potissimum bene sonantia, sed ea non, ut poetae, exquisita ad sonum, sed sumpta de medio: ‘qua pontus Helles supera Tmolum ac Tauricos’: locorum splendidis nominibus inluminatus est versus, sed proximus inquinatus insuavissima littera: ‘finis frugifera et efferta arva Asiae tenet’.

qua pontus Helles *supera Tmolum* ac Tauricos (*ia*$^6$)
finis frugifera et *efferta* arva Asiae tenet

supera (= supra) *Baehrens* | Tmolum *Baehrens* | efferta *Lachmann*

*CC* (*codd. potiores*: *A L* [= *F P O U B H N S K R W J E Q V T Bud.*] Σ Δ Θ Φ Ξ)

**Ed. *West.*: 1** helles] *A U B W Q T* : helle *K*$^1$ *ut videtur* : heles *Bud.* : helleus *H* : hellus *F P O K*$^2$ *R J* : helus *V* : bellus *S E ut videtur* : *om. N* | supera] super ad- *A* Σ : superat *L* Δ Θ Ξ : semper ad- Φ | tmolum] *F U H R* ε : tinolum *K f* : timolum *P T M* : tumolum *W* : thinolum *O* : thmolum *V* : thimolum *Bud.* : emolum *E* : molum *A* Σ *B N S Q* : modum Δ Φ Ξ : modum ut Θ | ac Tauricos (locorom *vid. Cic.*)] ac tauricos locorum *P M* : at tauricos locorum *L* (thau- *Q*) *O*$^1$ *K*$^2$ *T*$^1$ : ad tauricos locorom *U* : adauricos locorum *A J* : at auratus aries colorum *K*$^1$ : at auratus aries colchorum *O*$^2$ (*al.*) *T*$^2$ (*al.; -co-*) | **2** finis] *L T*$^2$ (*al.*) : finitus *A U B H W T*$^1$ *Bud.* | efferta] ferta *L A ex corr.* (*cf. We. 1967, 160*) : feria *A*$^1$ : referta *N* | Asiae] *A T*$^2$ (*al.*) : asia *L T*$^1$ | Asia tenet *transposuit B*

**Edd. rel.: 1** superadmolu adauricos *A*[Baehrens, 1884] | superat timolum (*f D*)[Mey] : superadmolum *A*[Kl] : superat tmolum ψ[Kl] | ac] *P*[Kl] : at aut *f*[Mey] : at *D*[Mey] : ad ψ[Kl] | auricos locorum ‘*Gudd. a c*’[Ri] : tauricos locorum (*f D*)[Mey] ‘*Gud. b*’[Ri] : alles boleorum ‘*Erl. b*’[Ri] : (t)auricos locorum *vel* alles boleorum *vel similiter codd.*[Wa] | at auratus aries colchorum (*O*$^2$ *in marg.*)[Kl] | **2** efferta] ferta ω[Ri, Kl] | Asiae] ‘*Erl. b*’[Ri] : Asia (*f* ε ‘*Mon.*’ ‘*Gudd. a et b*’)[Ri] : Asias ‘*Gryph.*’[Ri]

*CE* **1** qua pontus bellis superat timolū. At tauricos locorū *ed. Norimb.* : qua pontus Helles – superat modum. at – Auratus aries Colchorum *Scriv.* : qua ponto ab Helles – superat modum. at – auratus (auratos *Bo.*) aries Colchorum *Bo., Mey., Goe., Or.* / *Bait.* at superat modum *Ciceroni dedentes* : qua póntus Helles – superat modum, at – Tmolus aúri fons liquórum *Ja., San.* (*secuti Lachmann in ed. Ja.*$_{2}$*, p. 170*) *et item parenthesin Ciceroni dedens* | qua pontus Hellis *ed. V. 1485*[Mey] | hellies *Tulich. in marg.*[Mey] | superat timolum *ed. V. 1485 et ed. Med. 1490*[Mey] : superat tmolum *ed. 1492, Tulich.*[Mey] | Tmolo auri fons liquorum exoritur, Lydiae / finis *Ja.*[Ri] | tauricos locorum *edd. V. ed. R.*[Ri]*, 1485 et 1492, Tulich.*[Mey]*, ed. Norimb.* : auratus aries Colchorum *Gruter. et Ernest. et Schue.* : auricomus Colcorum [...] / finis *Ri.* (*Ri.*$_{3}$ *praebuit fere text. supra a nobis oblatum*) : aries auricomus Colchorum [...] / [...] frugifera et ferta arva Asiae tenet *suppl. Wa., uterque trahens* locorum *vocem, quem Kl. et West. Ciceroni tribuerunt, ad versum tragicum* | † superat Timolum ac Tauricos *Heer.* | **2** finis frugifera & ferta Asia arva tenet *ed. Norimb.* : frugifera et ferta arva Asiae tenet *Scriv., Bo.* : † finitus: frugifera et ferta arva Asia [Asias *Mey.*] tenet *Mey., Or.* / *Bait.* finitus *Ciceroni dedentes* | efferta] *Lach.* (*ad Lucr. 6,258*)*, Ja.*$_{2\text{-}3}$*, Ri., San., Kro.* : ecferta *Ri.*$_{3}$ : fertilia *Heer., Kl.* | Asia *ed. R.*[Ri]

– *Crit. in app.*: qua pontus helles superat Tmolum: ac tauricos *Goe.* | *vel* ecferta *Ri.*

*CS* <inde ab hoc tractu, fremit> / qua p. H. supera Tmolum ac Doricos / f. f. et uberta arva Asia tenet *Baehrens* (*1884*) *841sq.* (supera *probante Kro.*). *Cf. et Heer.* (*1884*) *p. XXXVI* | qua ponto ab Helles superat Tmolum et Taurios *Madvig vol. 3* (*1873*) *p. 99* | auratus aries Colchorum et qua Lydiae finis *eqs. Lach.* (*ad Lucr. 6,258*) *e.g. supplevit* | auri colos liquorum *Buecheler auriferum flumen ut Pactolum suspicens* (*testibus Ri., San.*) – *Interpr.*: *Sec. Wa.* taura *est vitulus vel bos infertilis*: "*a cow-calf born with a bull-calf; or a barren cow of hybrid breed, a free-martin*". *Cf. etiam CS ad F 97 de quaestione, an F 41 et F 97 eundem locum referendum esse necne.* – *Metr.*: *Ri., Kl.* $ia^6$ *statuerunt.*

*CP* supera] *cf. Sen. ep. 80,7* (*cf. F 97*).

## 42

(142 Ri.$_{2\text{-}3}$; 163 Wa.; 143 Kl.)

*Cic. orat. 164* (*West.*): immo vero ista sequamur asperitatemque fugiamus: 'habeo istam ego perterricrepam'. itemque [*adesp. F 19*]: 'versutiloquas malitias'.

habeo istam ego perterricrepam

CC (*codd. potiores*: *A L* [= *F P O U B H N S K R W J E Q V T Bud.*] Σ Δ Θ Φ Ξ)
**Ed. *West.*:** istam ego] (ergo *B*) *L* : ego istam Δ Ξ *J* : ego ista A Θ *V* : ego ita Σ *de* Φ *non liquet*
**Edd. rel.:** istam] *codd.*[Ri] | istam ego] *L*[Heer] (*F O P*)[Ri.3] : ego ista *A*[Heer,San,Ri.3] | terricrepam *A* p *superscr.*[Heer,San]

CE istam ego] ego istam *Scriv., Bo., Heer., West.* : istanc ego *Ri.*$_{2-3}$, *Wilk., Wa.*
– *Crit. in app.*: habeo] paveo *Ri.*

CS habeo ístam echo pérterricrepam *propos. Buecheler anapaestos restituens* (*teste San.*) – *Interpr.*: *San. de Naevi Lycurgo cogitavit et attulit TrGF Aischyl. F 55. Sec. Wa. haec sunt fort. verba Crobyles e Caecili Plocio laudata.* – *Metr.*: *Ri. troch. statuit, fort. tr*$^7$.

CP *Aischyl. Frg. 55*: τυπάνου δ εἰκὼν ὥσθ ὑπογαίου βροντῆς φέρεται βαρυταρβής (*cf. Labbaei glossema*: terricrepus βαρύβρομος) • *Lucr. 6,129*: perterricrepo sonitu.

## 43

(200–202 Ri.$_{2-3}$, Kl.; 136–138 Wa.)

(a) *Cic. orat. 165sq.* (*West.*): … ut … intellegamus non quaesitum esse numerum, sed secutum. quod fit item in referundis contrariis, ut illa sunt quibus non modo numerosa oratio sed etiam versus efficitur: 'eam quam nihil accusas, damnas' – ('condemnas' diceret qui versum effugere vellet) – 'bene quam meritam esse autumas {dicis} / male merere? id quod scis, prodest nihil; id quod nescis, obest?' versum efficit ipsa relatio contrariorum.

(b) *Cic. top. 55* (*Mar.*): Eius generis (*sc. enthymematum*) haec sunt [*adesp. F 67*] 'Hoc metuere, alterum in metu non ponere'! / 'eam quam nihil accusas, damnas, bene quam meritam esse autumas / male merere? id quod scis prodest nihil; id quod nescis, obest?'

eam quam nihil accusas, damnas, bene quam meritam esse [*autumas* {*dicis*} (*tr*$^7$)
male merere? id quod scis, prodest nihil; id quod nescis, [obest?

**1** autumas *Stangl* dicis *glossema tollens*

CC – ***ad a*** (*codd. potiores*: *A L* [= *F P O U B H N S K R W J E Q V T Bud.*] Σ Δ Θ Φ Ξ)
**Ed. *West.*: 1** autumas] autumas dicis *A H V* $Q^1$ $T^1$ *f* : autumas pro autimas dicis *L* $Q^2$ $T^2$ | **2** mereri *A* $P^2$ $U^1$ *W J* $T^2$ (*al.*) *M*
**Edd. rel.: 1** autumas] autumas dicis (*A F P O*)[*Ri.3*] *Cic. orat.*[*Kl*] | **2** merere] (*F P* $O^1$)[*Heer,San,Ri.3*] *L*[*Kl*] : mereri (*A* $P^2$)[*Heer,San*] *A*[*Ri.3,Kl*]
– ***ad b*** (*codd. potiores*: $B_A$ *a e* $V_2$ $B_{1a}$ $B_{1b}$ *C F O; γ = consensus aliquot codd.* [*vid. nostra subsidia in fine editionis*])
**Ed. *Mar.*: 1** autumas] aestumas $B_A$ *a* : estimas *e C F O* | merere] $a^{ac}$ : mereri $B_A$ $a^{pc}$ *e γ C F O* | prodest] *superscr.* non $B_A^1$
**Edd. rel.: 1** autumas] ψ[*Ri*] *Cic. top.*[*Kl*] | **2** merere *a*[*Ri.3*] : mereri φ[*Ri.3*]

CE **1–2** [*frg. CVII Ri.*] eam … autumas, / dicis male mereri […] / [*frg. CVIII Ri.*] id … obest *Ri.versus in dua frgg. dividens* | **2** male merere] *Kl.* : dicis male mereri *Mey.*, *Ri.* (*cf. hoc de errore Rein. p. 319 ad loc.*; *Ri.*$_3$ *quidem praebuit textum supra a nobis oblatum*), *Wa.* : male mereri *Rein.*
– *Crit. in app.*: *Ri. putavit illud* id quod scis *et* id quod nescis *potius a Cicerone scriptum esse.*

CS **1** autumas {dicis}] *Stangl* (*1882*) *248 glossema sustulit.* | **1–2** […] eam quam nil accusas, damnas, / […] bene quam meritam esse autumas / dicis male mereri. […] / id quod scis *eqs. Or., San. vv. dimensi sunt.* | **2** nil *Lach.* (*ad Lucr. 1,159*) | **2** quod scís nil prodest, íd quod nescis múltum obest *Kiessling*[*Ri*] – *Interpr.* : *Ri. et Wa. dispescuerunt* eam… autumas / dicis … mereri *et statuerunt verba* id quod … obest *novum versum et aliud frg. esse; aliter sensit Heer.* (*1884*) *p. XXXVII versus coniungens. Ri. versum primum non alienum esse ab Acci Amphitruonis argumento, versum alterum fort. Pacuvi Antiopae esse, et quidem verba a Seto in Amphionem esse dicta coniecit.* – *Metr.*: *Ri. et Wa. versus aliter ac nos dispescentes* $tr^7$ *et* $ia^6$, *Ri.*$_3$, *Kl.*, *Rein.* $tr^7$ *statuerunt.*

## 44

(145–146 Ri.$_{2–3}$; 27–28 Wa.; 145 Kl.)

*Cic. fam. 6,6,6* (*SB*): itaque vel officio vel fama bonorum vel pudore victus ut in fabulis Amphiaraus sic ego

prudens et sciens
ad pestem ante oculos positam

sum profectus. quo in bello nihil adversi accidit non praedicente me.

CC (*codd. potiores*: *M P G R*)
**Ed. *SB*:** –

CE *Crit. in app.*: prudens sciens *Ri. coll. Ter. Eun. 72.* : prudens et sciens *Ciceroni trib. Mend.* | prudens ... positam *poetae trib. Wesenberg*[Mend] | sum profectus *poetae trib. Fra.*

CS *Interpr.*: *Ribbeck* (*1875*) *492sq. trib. F 44 Acci Epigonis. Sec. Wa. frg. fort. Accianum est. Scilicet illud ad Amphiaraum pertinet.* – *Metr.*: *Ri. ia*$^6$ *suspicatus.*

## 45

(159 Ri.$_{2-3}$, Kl.; 4 Wa.; cf. Joc. p. 349)

*Cic. Deiot. 25* (*Kl.*): de Domitio dixit versum Graecum eadem sententia qua etiam nos habemus Latinum:

pereant amici, dum inimici una intercidant. (*ia*$^6$)

CC (*codd. potiores*: *C A H V B D E L*)
**Ed. *Kl.*:** –
**Edd. rel.:** una inimici *codd. det.*[Ri] | intereant *codd. det.*[Ri.]

CE una inimici intereant *Mu.*[Ri.3]

CS *Interpr.*: *Ladewig* (*1848*) *17, cui Joc. assensus est, putavit F 45 a Enni Medea choro dictum esse, qui eam a scelere prohibere temptat. Sec. Wa. p. 600 hoc frg. fort. Medeae Enni tribuendum est.* – *Metr.*: *Ri., Kl. ia*$^6$ *statuerunt.*

CP *Eur. Med. 816sqq.; adesp. Trag. 362* (*Nauck* $^2$*1889*): ἐρρέτω φίλος σὺν ἐχθρῷ. • *Sec. Ri. et Kl. fort. Aug. c. Faust. 21,16* (*CSEL 25.1 588,29*) *versum e Cicerone laudavit*: sicut est illa notissima et quarundam litterarum memoriae commendata furiosa sententia: pereant *eqs.*

## 46

(32–33 Ri.$_{2-3}$, Kl.; 39–40 Wa.)

*Cic. fin. 2,18* (*Mor.*): aut enim eam voluptatem tueretur quam Aristippus ... quam etiam pecudes, si loqui possent, appellarent voluptatem, aut, si magis placeret suo more loqui quam ut

omnes Danai *atque* Mycenenses, (*an*$^4$)
Attica pubes

**1** atque *ex* aut *corr. Grotius et Lambin.*

reliquique Graeci, qui hoc anapaesto citantur, hoc non dolere solum voluptatis nomine appellaret, illud Aristippeum contemneret.

*CC* (*codd. potiores*: *A M O S R P B E*)
**Ed. *Mor.*: 1** atque] aut *codd. corr. Lambin.*
**Edd. rel.: 1** atque] *Eliens. teste Davis.*[Ri] : aut *codd.*[Kl,Rey] *codd. opt.*[Ri] : ā *E*[Schi] | **2** Attica] aut artica *B*[Or,Ri] : ut artica *E*[Mad,Ri]
*CE* **1** atque] *Lambin.*[Ri,Kl,Rey,Mor], *Davis., Scaliger maior*[Ri] : aut *Steph., Scriv.*
*CS* atque] *Grotius (1828) 178 et Lambin. Ri. F 46 ex eodem fort. cantico esse suspicatus, ex quo versus Acciani Telephi* (*Acc. trag. 610sq. Ri.*) *reliquum est. – Metr.*: *Ri., Kl. an*[4] *statuerunt.*

## 47

(147 $Ri._{2-3}$, Kl.; 141 Wa.)

*Cic. fin. 2,71* (*Mor.*): nam nec vir bonus ac iustus haberi debet qui, ne malum habeat, abstinet se ab iniuria. Nosti, credo, illud:

nemo pius est qui pietatem

cave putes quicquam esse verius. Nec enim, dum metuit, iustus est, et certe, si metuere destiterit, non erit.

*CC* (*codd. potiores*: *A B E R Pa. P L S Y M N V*)
**Ed. *Mor.*:** –
**Edd. rel.:** pietate (*E* '*Spir.*')[Ri] | pietatem colet *codd. det.*[Ri]
*CE* pietatem <colit infortuni metu> *suppl. Bo.* | pietatem <cavet> *Delr., Scriv. p. 164* (*cf. autem Id. p. 174*: pietatem […]) : pietatem <colit> *suppl. Wa. – Crit. in app.*: pietatem <colit infortuni metu> *suppl. Bo. e.g.* : pietatem <metu colit> *suppl. Mad. e.g.; cf. Grotius (1828) 177*
*CS* *Cf. Vahlen (1907) p. 90 (= 1879/80, p. 5) – Metr.*: *Ri. troch. suspicatus.*

## 48

(Pac. inc. 365[1–3] $Ri._2$; 365[1–4] $Ri._3$; – Wa.; Pac. Chryses 118–121 D'A.; Pac. Chryses frg. 69 Schierl, p. 218)

*Cic. fin. 5,63* (*Mor.*): qui clamores vulgi atque imperitorum excitantur in theatris, cum illa dicuntur: 'ego sum Orestes', contraque ab altero: 'immo enimvero ego sum, inquam, Orestes!' Cum autem etiam exitus ab utroque datur conturbato errantique regi, 'Ambo ergo †sunaneganum† precamur'.

ego sum Orestes : : immo enimvero ego sum, inquam,
[Orestes! (*tr*[7])
ambo ergo †sunaneganum† precamur

*CC* (*codd. potiores*: *A B E R Pa. P L S Y M N V*)
**Ed. *Mor.*: 2** sibi unam necem imprecantur *P in marg.* : una vivere precamur *P L S Y* $N^2$ : negancium una vivere precamur *V* : sunaneganum precamur *R B E* : negamum precamur *M, N erasum*
**Edd. rel.:** ambo ergo (igitur '*Vind.*'[Ri]) sunaneganum (*B E*, sunaniganum *vel* summa negarim *rell.*) precamur *codd.*[Ri,Wa] | sunaneganum ω[Kl] (*B E*)[Schi,Rey] : sunanegamum *R*[Schi,Rey] : negamum (*M O*)[Rey] : negamur *S*[Rey] : una vivere $P^1$[Rey] : sibi unam necem *P in marg.*[Rey] | una vivere precamur (*ab alterius manu in rasura sub* a *et* u *litterae inferior pars* g *erasae cognosci potest*) *N*[Schi]

*CE* **2** †ambos ergo una vivere precamur *Or.* : […] ámbo ergo igitur símul una enicárier / cómprecamur *Ri.* | se una necari cum precantur *Schi.* : <cum> ambo {ergo} sibi unam necem imprecantur *Mor. uterque verba Ciceronis tribuens* | ambo ergo una necarier / precamur (comprecamur *D'A.*) *versus metri causa restituentes Mad., Marth., Wa., Kl., D'A., quod Rey. non prob.*

*CS* **2** ambo sic una enicarier precamur *Stieglitz* (*1826*) *108–113* (*cf. Goer. 1813, ad loc.*) : ambo ergo sic una enicarier / comprecamur *G. Hermann vel* precamur *in medio versu*[Ri,Kl] : ámbos ergo uná neca *aut* ambo érgo nos una neca / precamur *Buecheler* (*teste Ri.*) – *Interpr.*: *Scriv. F 48 in incertis Pacuvi frgg. posuit, quod ab aliis saepe Pacuvi Duloresti tribuitur. Jahn* (*1867*) *233 de Chryse Pacuviana cogitavit.* | *Pylades*: égo sum Orestes. *Orestes*: ímmo enim vero ego sum ínquam Orestes. *Thoas*: ámbo ergo una / necámini? *Orestes una cum Pylade*: précamur *Bergk* (*1864*) *605 versus disposuit. Sec. Ri., Kl., Wa. Pylades et Orestes inter se de moriendo aemulantes colloqui videntur ac quidem Pylades primus, dein Orestes, denique – ita Ri. – uterque* (*cf. Schierl 2006, p. 219*). *Plura de restituendo textu cf. Artigas* (*1990*) *147sqq.* – *Metr.*: *Ri., Wa., Kl., D'A.* ego sum Orestes … Orestes *duobus versibus trib., Schierl propos. unum* $tr^7$ *antilaben suspicans.*

*CP* *Cic. fin. 2,79*: aut, Pylades cum sis, dices te esse Orestem, ut moriare pro amico? aut, si esses Orestes, Pyladem refelleres, te indicares et, si id non probares, quominus ambo una necaremini non precarere? • *Cic. Lael. 24*: qui clamores tota cavea nuper in hospitis et amici mei M. Pacuvi nova fabula! cum ignorante rege, uter Orestes esset, Pylades Orestem se esse diceret, ut pro illo necaretur, Orestes autem, ita ut erat, Orestem se esse perseveraret. stantes plaudebant in re ficta. • *Aug. conf. 4,6,11*: nam quamvis eam mutare vellem, nollem tamen amittere magis quam illum, et nescio an vellem vel pro illo, sicut de Oreste et Pylade traditur, si non fingitur, qui vellent pro invicem vel simul mori, quia morte peius eis erat non simul vivere.

## 49

(111 Ri.$_{2-3}$, Kl.; 67 Wa.)

(a) *Cic. Tusc. 1,10* (*Giust.*): num te illa terrent, triceps apud inferos Cerberus, Cocyti fremitus, travectio Acherontis, 'mento summam aquam attingens enectus siti' Tantalus[137]?

(b) *Non. p. 401,29–30 Merc. = 645 Li.* (*Li.*): summum, proximum. Cicero Tusculanarum lib. I 'summam aquam attingens enectus siti' Tantalus.

(c) *Prisc. GL II 470,14–470,20 Her.* (*Her.*): necatus a necavi et nectus a necui facit. Horatius … Livius … Cicero Tusculanarum I: 'enectus siti' Tantalus[138].

mento summam aquam attingens enectus siti (*ia*$^6$)

*CC* – ***ad a*** (*codd. potiores*: *F G K R V*)
**Ed. *Giust.*:** mento summam aquam] *F G K R V* | enectus siti] *F G K R V*
**Edd. rel.:** attingens, enectus *Cic.*[*Mu*] | aquam] ω[*Kl*] *codd.*[*Ri*] | enectus siti] *codd. optimi*[*Ri*] *R*[*Her*] : siti enectus *codd. det.*[*Ri*] *rell.*[*Her*]
– ***ad b*** (*codd. potiores*: α *B* β *Bern.347 Cant.* δ *E G Gen. H L Montepess. Oxon. P*)
**Ed. *Li.*:** summam quam $L^1$ α | adtinget (*vel* attinget) *codd.* : -it δ | senextus $L^1$ α
**Edd. rel.:** aquam] quam ($L^1$ *Gen.*$^1$)[*Mu*] ($L^1$ α)[*Pohl*] | adtinget (attinget *L*) senextus (*Gen.*$^1$ $L^1$)[*Mu*] : adtinget (attinget *L*) enectus (*Gen.*$^2$ *L ex corr. H*)[*Mu*] : attinget eiectus *B*[*Mu*] : adtingit enectus (*Bern.347*)[*Mu*] | attinget *Non.*[*Ri*] (*B* $G^2$ $L^2$)[*Ri.3*] : attingets [*sic*] ($G^1$ $L^1$)[*Ri.3*] : adtinget (*vel* -it) ($L^1$ α)[*Pohl*] *Non.*[*Giust*] | senextus ($L^1$ α)[*Pohl*] | senectus siti *Non.*[*Ri*] *codd.*[*Qui*] : enectus siti *Non.*[*Giust*] | sitit antulus *H*[*Qui,Mu*] | tantulus (*B Gen., non Bern.347*)[*Mu*]
– ***ad c*** (*codd. potiores*: *R P B D H A G L K*)
**Ed. *Her.*:** tantulus *B H* | *post* Tantalus: quare necatus et quare nectus (nectus sit *B*) *add. B D H G L K*
**Edd. rel.:** enectus siti *Prisc.*[*Ri*]

*CE* mento] *om. Ald., Merc.* | […] 'summam acuam attíngens enectús siti' *Li.* | summam aquam attingens] summam amnem attíngens *Ri.* : […] summam aquam adtinges *Mu.* | attingens *Iun., Merc.* | attinget senectus *GR* | siti enectus *ed. Jens.* | Tantalus *poetae trib. edd. ante Schi.*[*Giust*], *Ald., Merc., Keil, Qui., Mu., ut septenarium fiat, secus Ri.*

---

137 Tantalus] (*P M B K* [*manus rec.*] $V^3$, *codd. plerique Noni et Prisciani*)[*Giust*] : tantulus (*G R*)[*Ri*] (*G* $V^1$ *R, pars Noni et Prisciani codicum*)[*Giust*]

138 Tantalus] tantulus (*B H*)[*Keil,Ri*]

– *Crit. in app.*: mento summum laticem a. e. s. *Ri.* | *Sec. Mu. fort. olim fuit*: mentó labrisque súmmam aquam iam attíngens, enectús siti *vel* mentó summam attingéns aquam, siti énecatus Tántalus *dubitans utrum* Tantalus *poetae sit necne*.

*CS* mentó summam aqüam attíngens, enectús siti *Lach.* (*ad Lucr. 6,552*) aquam *trisyllabum metiens, quod Ritschl* (*1853*) *154sq.* (= *Id. 1868, vol. 2, 604sq.*) *et Spengel* (*1895*) *repudiaverunt* (*cf. et Schroeder 1873, 21 et L. Mueller 1894, 308sq.*); "*post* aquam *priore iambici octonarii parte finem habente hiatum esse potuisse observavit A. Spengel, etsi dubitavit, an poetica haec essent.*" (*Giust.*); *Spengel* (*1899*) *386 omnino negavit F 49 esse versum* : ménto summam aquám <nitenti> *Ritschl loc. cit.* (*cf. Id. 1850, 598sq.*), *Ri.*$_1$ : mentó summam amnem *Buecheler* (*testibus. Ri., Mu., Pohl., Kl., Giust.*) *feminino genere statuens* (*cf. Non. 191,34sq.*) | siti enecatus <Tantalus> *Wolf*[Mu], *ut fieret tr*$^7$ : *similiter* enectus Tantalus siti *H. Sauppe*[Bait/Hal,Ri] – *Interpr.*: *Sec. Wa. hoc loco de Tantali laboribus dicitur. Cf. de quaestione, an* Tantulus *poetae tribuendus sit necne, et Fleckeisen* (*1852*) *207* – *Metr.*: *Li., Ri., Kl. ia*$^6$ *statuerunt.*

## 50

(73–75 Ri.$_{2-3}$, Kl.; 15–17 Wa.)

(a) *Cic. Tusc. 1,36sq.* (*Giust.*): in terram enim cadentibus corporibus isque humo tectis, (e quo dictum est humari), sub terra censebant reliquam vitam agi mortuorum. Quam eorum opinionem magni errores consecuti sunt, quos auxerunt poetae. Frequens enim consessus theatri, in quo sunt mulierculae et pueri, movetur audiens tam grande carmen: 'adsum atque advenio <ab> Acherunte vix via alta atque ardua / per speluncas saxis structas asperis pendentibus / maxumis, ubi rigida constat crassa caligo inferum', tantumque valuit error …

(b) *Non. p. 272,34–40 Merc.* = *418 Li.* (*Li.*): constitit, erectus est … [*39*] Cicero Tusculanarum lib. I: […] 'ubi rigida constat crassa caligo inferum'.

adsum atque advenio <ab> *Acherunte* vix via alta atque ardua (*tr*$^7$)
per speluncas saxis structas asperis pendentibus
maxumis, ubi rigida constat crassa caligo inferum.

**1** <ab> Acherunte *add. ed. princ.*

*CC* – ***ad a*** (*codd. potiores*: *F G K R V*)
**Ed. *Giust.*:** **1** acheronte $K^1$ (*corr.* $K^3$) | **3** crassa] *om.* $K^1$ (*corr.* $K^2$)
– ***ad b*** (*codd. potiores*: *α B β Bern.347 Cant. δ E G Gen. H L Montepess. Oxon. P*)
**Ed. *Li.*:** –

*CE* **1** <ab> Acherunte] ab *om. Davis., Bo., Di., Pohl., Wa., Kl., Ern.* : Acheronte *Steph., Delr., Scriv. om.* ab : Accherunte *Ern. om.* ab
– *Crit. in app.*: <ab> Acherunte] *propos. Ri., Wa.*

*CS* *Interpr.*: *Qui. F 50 Enni Hecubae trib., Bo. p. 48 in Ennianae Hecubae frgg. posuit. Wa. F 50 cum sequente F 51 coniunxit.* – *Metr.*: *Ri. p. XX et Giust. admonuerunt poetas tragicos constantissime* ăcheruns *habuisse, quoniam* <ab> *recte addendum. Cf. praeterea Vahlen* (*1907*) *p. 407* (*= 1888/89, p. 8*) *et ad* saxum *vocem Di Salvo* (*1979*) *100. Ri., Kl.* $tr^7$ *statuerunt.*

## 51

(76–77 Ri.$_{2-3}$, Kl.; 18–19 Wa.)

*Cic. Tusc. 1,37* (*Giust.*): … tantumque valuit error … ut, corpora cremata cum scirent, tamen ea fieri apud inferos fingerent, quae sine corporibus nec fieri possent nec intellegi … Inde Homeri tota νέκυια, inde ea quae meus amicus Appius ψυχομαντεῖα faciebat, inde in vicinia nostra Averni lacus,

> unde animae excitantur obscura umbra opertae, imagines
> mortuorum, alto ostio Acheruntis, salso sanguine

has tamen imagines loqui volunt.

*CC* (*codd. potiores*: *F G K R V*)
**Ed. *Giust.*:** **1** opertae] $V^2$ (o- *in ras.*) $K^3$ : apertae *G R* : aperte $K^1$ : aperto *P* | **1–2** mortuorum imagines *codd. det.* | **2** alto] $V^2$ $K^2$ : altae $K^1$ : alte *G R* $V^1$ *ut videtur* : alti $P^3$ | ostio] *B* : hostio *G K R V* | accheruntis $V^1$ *ut videtur* : acherontis $V^2$ *K* | salso] *codd. rel.* : falso *P*
**Edd. rel.:** **1** obscura umbra opertae ostio *B*[Ri] : o. u. apertae hostio (*G R*)[Ri] | opertae ($V^C$ $K^2$)[Kl] | **1–2** imagines mortuorum] *codd. optimi*[Ri] : mortuorum imagines *Eliens.*[Ri] | apertae hostio alte acheruntis salso sanguine mortuorum imagines *codd.*[Kl] | **2** alto] *B*[Ri] : alte (*G R*)[Ri] | salso] (*R G B*)[Ri]

*CE* **1–2** *F 51 supra a nobis oblatum reddit textum ap. Pohl., Kl. secuti Leo (1910) 21* : unde animae excitantur obscura umbra (umbra obscura *Osann 1816, 132*) aperto (adaperto *Osann loc. cit.*) ostio (-que ostio *G. I. Vossius* : et ostio *Bouhier* : ex ostio *Grotefend, Madvig*[Ri]) *edd. vet.* (*cf. Pohl. et Giust.*), *Steph., Delr., Scriv.* | obscura umbra opertae ostio *Davis.* | alti Acheruntis (Acherontis *Steph., Delr., Scriv.*) falso sanguine (sanguine falso *Grotefend*) imagines mortuorum (mortuorum imagines *P. Manut.*) *edd. vet.* (*cf. et Giust.*), *Steph., Delr., Scriv.* : altae Acheruntis, falso sanguine, mortuorum imagines *R., Kl.* | obscura umbra aperto alti ostio Acheruntis falso sanguine *Bo.* | unde animae excitantur obscura umbra apertae ostio / altae Acheruntis salso sanguine <elingues> imagines *Lundström* : [...] obscura úmbra opertae ex óstio / [...] alti Acheruntis [...] salso sánguine *Ri.*$_{1}$ : unde animae excitantur obscura umbra opertae ex ostio / altae Acheruntis salso sanguine [...] *Ri.* : unde animae excitantur obscura umbra opertae ex ostio / alto Acheruntis salso sanguine [...] *Wa.* : [...] óstium altae Acherúntis, salso sánguine / únde animae excitántur obscura úmbra opertae imágines / mórtuorum *transpos. Giust. ea de causa*: "*neque ex Averni lacu animae excitabantur, sed ex Acherunte* (*cf. p. 27,20* [*i.e. F 50*] *et Post reditum in senatu 25*: ex Acheronte excitatos) *ad Averni lacum* (*cf. Max. Tyr. VIII 2 Hobein*), *neque* salso sanguine *ab* excitantur *tam longe abesse potuit.*" | **2** alto] cassae *prop. Or., def. Seyffert*[Ri] | salso] *Davis.* : fuso *ed. R.* (*1471*), *Bentley* (1829) 240 : hausto *Mos.* (*1836*) *p. 360* : falsae *Reiske*[Giust]

– *Crit. in app.*: **0–1** unde animae excitantur, obscurae umbrae, aperto ostio / alti Acherontis, fuso sanguine, mortuorum imagines *Bentley* (*1829*) *240 et locum sic explicavit*: "umbrae *sunt ipsae animae; ut Virgilius* [*Verg. Aen. 6,401*], exsangues territat [*sc.* terreat] umbras: fuso *autem* sanguine *non cum Vossio ad* imagines *refero, sed ad* excitantur. Unde, *inquit,* excitantur fuso sanguine. *Scis, opinor, haec omnia ex Homeri* Νεκυίᾳ *Odyss.* λ' *esse desumpta*: *ubi animae mortuorum ad sanguinem fusum advolabant.*" : inferum, unde animae excitantur obscura umbra, aperto alti ostio / Acheruntis falso sanguine, mortuorum imagines *G. Hermann* (*ad Eur. Hec. 1*) *F 50 cum F 51 coniungens* | **1** unde animae excitantur] *Ri. dubitavit, utrum verba Ciceronis an poetae sint* | **1–2** imagines mortuorum] *haec verba sec. Ri. non poetae tribuenda, sed potius e margine illata sunt.*

*CS* *Cf. de vetustioribus in textu restituendo studiis excursum uberius ad id frg. ap. Mos.* (*1836*) *pp. 358–361* – *Interpr.*: *Bo. p. 49 F 51 in Ennianae Hecubae frgg. posuit. Hoc frg. cum antecedente coniunxit Wa., qui et deliberavit utrumque fort. Enni esse.* | unde] *Sec. Wa. fort. de Acherunte dicitur.* – *Metr.*: *Ri. versibus aliter restitutis tr*$^{7}$ *metitus est.*

*CP* *TrGF Soph. F 523*: ἀκτὰς ἀπαίωνάς τε καὶ μελαμβαθεῖς / λιποῦσα λίμνης ἦλθον, ἠχούσης γόους / Ἀχέροντος ὀξυπλῆγος ἄρσενας χοάς.

## 52

(133–137 Ri.$_{2-3}$, Kl.; 151–155 Va.$_2$; Enn. Eumenides 157–161 Wa.)

(a) *Cic. Tusc. 1,68sq.* (*Giust.*): cum videmus … tum globum terrae eminentem e mari … duabus oris distantibus habitabilem et cultum, quarum altera, quam nos incolimus [*Acc. trag. 566sq. Ri.*] ‘sub axe posita ad stellas septem, unde horrifer, / Aquilonis stridor gelidas molitur nives’, altera australis … quam vocant Graeci ἀντίχθονα, ceteras partis incultas, quod aut frigore rigeant aut urantur calore; hic autem, ubi habitamus, non intermittit suo tempore ‘caelum nitescere, arbores frondescere, / vites laetificae pampinis pubescere, / rami bacarum ubertate incurviscere, / segetes largiri fruges, florere omnia, / fontes scatere, herbis prata convestirier’.

(b) *Cic. de orat. 3,154* (*Ku.*): sed saepe vel sine coniunctione verba novantur, ut ille ‘senius desertus’, ut ‘di genitales’ ut ‘bacarum ubertate incurvescere’.

(c) *Non. p. 122,16–17 Merc. = 176 Li.* (*Li.*): incurviscere. Cicero de oratore lib. III: ut ‘[…] bacarum ubertate incurviscere’. ita et in Tusculanis, lib. I.

caelum nitescere, arbores frondescere, *(ia$^6$)*
vites laetificae pampinis pubescere,
rami bacarum ubertate incurvescere,
segetes largiri fruges, florere omnia,
fontes scatere, herbis prata convestirier.

*CC* – ***ad a*** (*codd. potiores*: *F G K R V*)

**Ed. *Giust.*:** **1** mitescere *codd. det.* | **2** laetificae] *G V* : laetificare *R* $K^{1c}$ : loetificare $K^1$ | **3** inuruescere $K^1$ (c *litteram add.* $K^{1c}$) | **5** scatescere *K* | conuertirier $K^1$ (*corr.* $K^3$)

**Edd. rel.:** **2** laetificare *Par.*[Va.2] *H*[Pohl] *R*[Ri] | **3** incurvescere] *codd. opt.*[Ri] : incurviscere *Balliol.*[Ri] : incurvascere *codd. aliq.*[Ri]

– ***ad b*** (*codd. potiores*: $A^2$ *H V O P U R*)

**Ed. *Ku.*:** **3** bacarum] *V U R* : baccarum *O P* : vacarum $A^2$ *H* | incurvescere] (*V O P U R* $N^v$) : incurbescere $A^2$ : incurvascere *H* : incurgescere *N*

**Edd. rel.:** **2** laetificae] laetiscere ‘*Pal. a*’ [Ri] | **3** vacarum *A*[Ri] : vaccarum *e*[Ri] | incurvescere] *e*[Ri] : incurbescere *A*[Ri, Va.2] : incurvascere *H*[Va.2] : incurvesceret *E*[Ri] : inturgescere (‘*Gud. b*’ *aliq. Lagom.*)[Ri]

– ***ad c*** (*codd. potiores*: *Bamb.* β γ δ *E F G H L Lugd. Montepess. Oxon. P P7665 P7666*)
**Ed. *Li.*:** **3** ubertatem *codd.*
**Edd. rel.:** **3** bacarum ubertate incurviscere (*$L^1$ P7666*)[On] | bacarum] *Bamb.*[Ri] *$L^1$*[Mu] : baccarum (*H P*)[Qui] (*L ex corr., H Bamb.*)[Mu] (*F H L P G E P7579 Bamb.*)[On] : baccharum (*$P^1$ P7665 Montepess. Oxon.*)[On] | ubertatem (*H L G cod. Danielis*)[Qui] *codd.*[Mu,Ri.3] (*F H L P G E P7579 Bamb. P7666 Lugd. P7665 Montepess. Oxon.*)[On] | incurviscere *Non.*[Ri,Va.2,Ku,Giust]

*CE* **1** mitescere *Scriv.* | **2** laetificae] *Steph., Delr., Davis.* : latescere *Scriv.* | **3** bacarum] *Davis., GR* : baccarum *Steph., Delr., Scriv., Merc., Bo., Qui.* | incurvescere] *Davis., Wa., Kl., $Va._2$, Pohl.* : incurviscere *Ald.* (*ad c*), *Lambin.*[Ku], *Delr., Merc., Bo., Schue., Or., Ell.*[Ku], *Ri., Mu., On.* | *non apud Joc.*
– *Crit. in app.*: **3** ubertatei *propos. Mu.*

*CS* **0–1** <suo non intermittat tempore> caelum *Hermann vol. 3* (*1828*) *128 verbis Ciceronis transpositis coll. Aischyl. Eum. 894 alium versum restituens. Cf. eo de loco et Duentzer* (*1838*) *65* | **1** mitescere *Gebhard*[Giust] | **2** laetificae] *Bentley* (*1829*) *247* | **5** fontes scatere, prata convestirier / herbis *Naeke ap. Schopen* (*1847*) *43* | *Cf. de horum versuum sermone tragico Gualandri* (*1965*) *102. 110.* – *Interpr.*: *Hermann*[Mu,Kl], *$Va._2$, Ri., Wa., Kl. trib. F 52 Enni Eumenidibus manifesto ex Aischyl. Eum. 904sqq. sumptum, quo loco Minerva loquitur. Cf. et Traglia* (*1980*) *65sq. et Tra. p. 54.* – *Metr.*: *Ri., Kl. $ia^6$ statuerunt.*

*CP* *Aischyl. Eum. 904-909*: καὶ ταῦτα γῆθεν ἔκ τε ποντίας δρόσου / ἐξ οὐρανοῦ τε κἀνέμων ἀήματα εὐηλίως πνέοντ’ ἐπιστείχειν χθόνα, / καρπόν τε γαίας καὶ βοτῶν ἐπίρρυτον ἀστοῖσιν εὐθενοῦντα μὴ κάμνειν χρόνῳ / καὶ τῶν βροτείων σπερμάτων σωτηρίαν.

## 53

(209 $Ri._{2\text{–}3}$, Kl.; 115 Wa.)

*Cic. Tusc. 2,34* (*Giust.*): Spartae vero pueri ad aram sic verberibus accipiuntur

ut multus e visceribus sanguis exeat (*$ia^6$*)

*CC* (*codd. potiores*: *F G K R V*)

*CE* **Ed. *Giust.*:** multus] multis *Bg*
**Edd. rel.:** multis *B*[Ri] | exeat *V in fine verbi rasuram exhibens*[Pohl]
– *Crit. in app.*: multus e v. s. exit *propos. Wa.*

*CS* *Versum tragicum intellexit Lach.* (*ad Lucr. 5,993*). – *Metr.*: *Ri., Kl., Grill. $ia^6$ statuerunt.*

## 54

(205–208 Ri.$_{2\text{–}3}$, Kl.; 29–32 Wa.)

*Cic. Tusc. 2,36* (*Giust.*): itaque illi, qui Graeciae formam rerum publicarum dederunt, corpora iuvenum firmari labore voluerunt. quod Spartiatae etiam in feminas transtulerunt, quae ceteris in urbibus mollissimo cultu '[...] parietum umbris occuluntur' illi autem voluerunt 'nihil horum simile esse apud Lacaenas virgines, / quibus magis palaestra Eurota sol pulvis labor / militia studio est quam fertilitas barbara'.

[...] *parietum umbris occuluntur* (*ia*$^6$)
*nihil horum simile* est apud Lacaenas virgines
quibus magis palaestra Eurota sol pulvis labor
militia studio est quam fertilitas barbara.

**1** parietum umbris occuluntur *Ri. transpos.* | **2** nihil horum simile *versibus tribuit Ios. Scaliger*

*CC* (*codd. potiores*: *F G K R V*)
**Ed. *Giust.*:** **2** orum *V*$^1$ (h *add. V*$^2$) | lacenas *V K* | **3** quibus] *G K R V* | palestra *V G*$^{1c}$ | Eurota] seurota *R*$^3$ : eurotas *P*$^4$ | **4** militia in *G K R V* | fertilitas] *G K R V*
**Edd. rel.:** **1** parietum umbris occuluntur] *Cic.*[Ri] | **4** studio] *aliq. Oxonn.*[Ri] : in studio *rell.*[Ri] | facilitas (*Leid. Balliol.*)[Ri]

*CE* **1** umbris ócculuntur párietum *Ri., ut senarii finis fieret.* | parietum umbris occuluntur [...] / nihil *Wa.* | **2** nihil horum simile *Delr., Scriv., Bo. om.* est : nihil horum simile esse *Davis.* | [...] / nihil hórum similest *Ri. maiorem lacunam statuens ante* nihil, *et Di.* | simile apud *Scal. in sua ed. Varronis* (*1581*) *105* | **3** quibus] quis *Scal. loc. cit.* : queis *Delr., Scriv., Bo.* | magis] mage *Bo.* | Eurotas *edd.*[Ri.3], *Bo.* | polvis *Bo.* | labos *Scriv., Bo.* | **1–4** 'párietum umbris ócculuntur' illi autem voluerunt nihil horum simile esse '[...] ápud Lacaenas vírgines / quibus *eqs.*' *Pohl., Giust., Fra., Grill. versus verbis Ciceronis intermissos esse opinati.* | **4** militia] *Lambin.* in *tollens*[Ri,Pohl,Giust]; *cf. Lach. ad Lucr. 4,283* : militiae et *Seyffert*[Ri,Giust] : duritia *Bentley* (*1829*) *268* : militia in *Delr., Scriv., Bo., Pohl., Kl., Giust., Grill.* | studio] *Lambin.*[Ri] : in studio *Davis., Kl.* | fertilitas] futilitas *Bentley loc. cit.* : flebilitas *Scheller*[Giust]

*CS* **2** nihil horum simile] *verba poetica esse intellexerat Scal. loc. cit., quem secutus Ri.* | **2–4** nihil horum similest apud / Lacaenas virgines, / quibus magis palaestra Eu- / rota sol pulvis labor / Agilitas studiost quam mol- / litia barbara *Bergk* (*1884a*) *683* | **3** palaestra Eurota] *cf. Lach.* (*ad Lucr. 4,1169*) | **3** Eurotas *Wesenberg*[Ri] | **4** militia] militiae *Bouhier* (*1737*) *450 et Wesenberg*[Ri] | *de lectione* in studio *cf. Lach.* (*ad Lucr. 4,283*) | fertilitas] teneritas *Bouhier* (*1737*) *451* (*cf. eius corrigenda in initio libri*) : festivitas *Wolf* (*1829*) *380* : vernilitas *Orelli eodem loco ac Wolf* (*1829*)

– *Interpr.*: *Ribbeck (1875) 508, Wa., Grill. suspicati versus Acci Meleagro esse tribuendos, Cichorius (1922) 73–77, qui frg. ab* apud *vel ab* Lacaenas (*vel* -ae) *coepisse putavit (cf. adn. 2), ad Lucili satiras iambicas referendos; Terzaghi (1925a) 16-17 versus ad Peleum in Eur. Andr. 595 rettulit et idcirco Enni Andromachae Aechmalotidi trib.* – *Metr.*: *Ri., Kl., Grill.* $ia^6$ *statuerunt.*

## 55–56

(108–109 Ri.$_{2-3}$, Kl.; 357–359 Va.$_2$; Enn. Thyest. 356–357 Wa.; 291–292 Joc.)
(Enn. Thyest. 303–305 Ri.$_{2-3}$, Kl.; 349–351 Va.$_2$; Enn. Thyest. 358–360 Wa.; 293–295 Joc.)

(a) *Cic. Tusc. 3,26 (Giust.)*: qualis enim tibi ille videtur:

### 55

Tantalo prognatus, Pelope natus, qui quondam a *socru* ($tr^7$)
Oenomao rege Hippodameam raptis nanctus nuptiis.

**1** socru *Bentley*

Iovis iste quidem pronepos.[139] tamne ergo abiectus tamque fractus.

### 56

nolite hospites ad me adire, ilico istic! ($ba^4$)
ne contagio mea bonis umbrave obsit! ($ba^4$)
<meo> tanta vis sceleris in corpore haeret! ($cr^4$)

**3** <meo> *add. Bentley (1829) 275 et Davis.*

(b) *Cic. de orat. 3,164 (Ku.)*: nolo esse verbum angustius id, quod translatum sit, quam fuisset illud proprium ac suum [*adesp. F 22*] 'quidnam est, obsecro, quid te adiri abnutas?' melius esset 'vetas, prohibes, absterres'; quoniam ille dixerat:

[...] illico istic
ne contagio mea bonis umbrave obsit [...].

139 Iovis iste quidem pronepos] *poetae trib. Davis., Bentley*[Ri,Pohl,Giust]*, cf. Ri.*$_3$: "*numeros constituit Bentleius, quem tamen sequentia etiam* Iovis iste quidem pronepos *minus recte poetae dedisse intellexit post Davisium Wolfius.*"

*CC* – ***ad a*** (*codd. potiores*: *F G K R V*)
**Ed. *Giust.*: F 55,1** condam *K* | socero *G K R V* : socro *codd. det.* | **F 55,2** hippodamiam $R^3$ | raptu *codd. det.* | nanctus] *G V* $R^1$ : nactus $R^2$ *K* : nactus est *p* | **F 56,1** adiri $G^2$ *duabus litteris erasis* | ilico] *R* $G^2$ $V^2$ : illico $G^1$ $V^1$ *K* | istic] *G K R V* : istinc *P* | **F 56,3** haeret] *R K* $V^2$ : heret *G* $V^1$
**Edd. rel.: F 55,1** socero *codd.*[Ri, Wa, Kl] | **F 55,2** raptis] (*G R b et alii codd. Davisii*)[Ri] : raptus *et supra lineam* ruptis *Rehd.*[Ri] : ractis *Marb.*[Ri] : raptus (*Rehd.*$^1$ *p Balliol.*)[Ri] | nanctus] (*G R*)[Ri] : nactus est *p*[Ri] : nactis *Rehd.*$^1$[Ri] : vactus *Marb.*[Ri] : nactus *B cum rell.*[Ri] | nuptiis] nutis *R*[Ri] | **F 56,1** adire] *G in rasura*[Ri] | ilico] (*Lagom.3 13 35 36 93*)[Ri] : illico *G* (*eadem manu conpunctum*)[Ri] : illico *vulgo*[Ri] | istic] (*G b R B*)[Ri] : isti (*M p*)[Ri] : ista *tres Oxonn.*[Ri] : istinc *duo Oxonn.* ‘*Gud. b*’[Ri]
– ***ad b*** (*codd. potiores*: $A^2$ *H V O P U R*)
**Ed. *Ku.*: F 56,1** istic] $A^2$ *H V O P U R* | **F 56,2** contagio mea] *M P U R* : contagio me a *V* $O_v$ : contagione a $O^1$
**Edd. rel.: F 56,1** istic] (*A E*)[Ri]

*CE* **F 55,1** socro *Kl.*, *R. Kl. secutus* | Iovis iste (*vel* ego *propos. Va.*$_2$) quidem pronepos] *Va.*$_2$ *et haec verba Ennio trib. secutus Bentley* | **F 55,2** nactu’st *Davis.* : nanctust *Ri.* | **F 56,1** : adire ad me *Steph.*, *Delr.*, *Scriv.*, *Bo.* | illico istic *Steph.*, *Davis.* : ilico isthic *Delr.* : illico istim *Bo.* : ilico isti *Ri.* | **F 56,3** <meo> tanta vis] <vobis / > tanta vis *Seyff.*, *sed sec. Giust. a* tanta *cretici incipere videntur* : tanta vis *Steph.*, *Delr.*, *Scriv.*, *Pohl.*, *Ri.*, *Va.*$_2$, *Kl.* | tanta vis sceleris <meo> in<du> corpere haeret *Bo. tr restituens* | haeret <meo> *add. olim Ri.*$_1$, *ut cr*$^4$ *fieret* (*sed cf. Ri. pp. XXXIIIsq.*).
– *Crit. in app.*: *De supplemendo versu F 56,3 monuit Ri.*: “*sed fortasse nullo opus est additamento, si quidem post creticum dimetrum ditrochaeum posuit poeta.*”

*CS* **F 55,1** socru] *Bentley* (*1829*) *274* : socero *al.*[Pohl] | **F 55,2** raptu nactu’st *Bentley loc. cit.*, *quod Pohl. et Dre. repudiaverunt.* : nanctust *Tregderus*[Ri] | **F 56,1** istic] istim *Muretus vol. 12* (*1559*) *p. 11*, *Wolf* (*1829*) *395*, *Bouhier*[Ri], *Bergk* (*1835*) *85* : istinc *Wesenberg*[Ri] | **F 56,3** <meo> tanta vis] *Bentley loc. cit.*, *ut bacch. expleatur, approbante Wesenberg*[Ri] : <stetis> tanta vis *Lach.* (*ad Lucr. 3,880*) – *Interpr.*: *Grotius* (*1828*) *177 putavit F 55,1 esse ex Orestae Euripidis initio. Wa.*, *Va.*$_2$ *F 55 Thyestae Enniano tribuerunt, etiam sec. Ri.*, *qui p. 59 ad F 55 adiunxit F 22, et Kl. verisimile est versus ex Enni Thyeste esse sumptos. Wa.*, *qui F 55 cum F 56 coniunxerat, Ri.*, *Pohl.*, *Va.*$_2$ *explicaverunt hoc loco Thyestem suam progeniem enarrare. F 56 ap. pler. edd. Enni Thyestae tributum.* – *Metr.*: **F 55** *Ri.*, *Kl. tr*$^7$ *statuerunt.* **F 56** *Bentley loc. cit. ba*$^4$ *statuit, Kl. ba*$^4$ *et cr*$^4$.

*CP* *De materia cf. Hyg. fab. 86. 87* • *Ad F 56,1 cf. Plaut. Merc. 912*: atque istic sta ilico. • *Ad F 56,3 cf. Cic. Verr. II 1,81*: tanta vis sceleris. • *Non. p. 223,21–23 Merc. = 330 Li.* (*Li.*) [*Naev. com. 66 Ri.*]: socrus et masculino genere veteres dici posse voluerunt. Naevius Pellice: desíne socru tuo, frátri patruelí meo.

## 57

(189–192 Ri.$_{2\text{–}3}$, Kl.; Pac. Medus 253–256 Wa.; Pac. Medus 271–274 D'A.; Pac. Medus frg. 181 Schierl, p. 376)

*Cic. Tusc. 3,26* (*Giust.*): quid? illum filium Solis nonne patris ipsius luce indignum putas?

refugere oculi; corpus macie extabuit. (*ia*$^{6}$)
lacrimae peredere umore exanguis genas,
*situm inter oris* barba paedore horrida atque
intonsa infuscat pectus inluvie scabrum.

**3** situm inter oris] *Lachmann*

Haec mala, o stultissime Aeeta, ipse tibi addidisti (non <enim> inerant in is quae tibi casus invexerat) et quidem inveterato malo, cum tumor animi resedisset; est autem aegritudo, ut docebo, in opinione mali recentis. sed maeres videlicet regni desiderio, non filiae. illam enim oderas et iure fortasse, regno non aequo animo care{ba}s.

*CC* (*codd. potiores*: *F G K R V*)
**Ed. *Giust.*: 1** occuli *K* | maciae $K^{1}$ (corr. $K^{1c}$) | extabuit] *K* $V^{2}$ $R^{3}$ : extabunt $R^{1}$ $G^{2}$ ($V^{1}$?) : extabant $G^{1}$ | **2** humore $M^{2}$ : umorem *R* $V^{1}$ $K^{2}$ : humorem *G* $V^{2}$ $K^{3}$ : utmorem $K^{1}$ | **3** situm inter oris] situ (sit $V^{2}$ : situs $R^{3}$) nitoris (nidoris $V^{3}$) *G K R V* | pedore *G K R V* | atque] *V R K* $G^{2}$ : adque $G^{1}$ | **4** inluvie] *V* : illuvie $R^{2}$ : inluviae $R^{1}$ *G* : illuviae *K*
**Edd. rel.: 1** extabunt *R* (*littera* n *expuncta*)[Ri] : extaba$^{u}$nt *G*[Ri] | **2** umorem (*R p*)[Ri] : humorem (*G B*)[Ri] | exanguis] *G*[Ri] : exangues (*R p cum rell.*)[Ri] | **3** situm inter oris] situ nitoris *corr.* $V^{2?}$[Pohl] *codd. opt.*[Ri, Wa] : situ intoris ω[Kl] (*Mon. b*)[Ri, Wa] : situ mucoris *vel* situ indecoris *vel* situ victoris *rel. Oxonn.*[Ri] *codd. rel.*[Wa] | situ liventes *nonnulli codd. ap. Turnebus loc. infra cit. et cod. Ursini*[Ri] : situ nidoris *alii*[Ri] | pedore (*G R p*)[Ri] | horrida adque $G^{1}$[Ri] : horrida atque] *codd. rel.*[Ri]

*CE* **2** lacrumae peredere humore exsangueis *Scriv.* : lacrumae (lacrymae *Steph., Delr.*) peredere humore exsangues *Steph., Delr., Bo.* | exsanguis *Davis., Wa., Ern.* | **3** situst in ore *Davis.* : situ maeroris *Gnes.* | situ nidoris barba *Steph., Delr., Scriv., Davis., Bo.* | pedore *Bo., Ri., Wa., Ern.* : poedore *Scriv.* | horrida {atque} *Bo., Ri., Wa., quod non approbavit Kl.* (*cf. infra CS*) : horrida atque] *Ri.*$_{3}$*, Kl.* : horrida / atque *Steph., Scriv.* | **4** illuvie *Steph.*
– *Crit. in app.*: situ'st in ore *Davis.* (*1738*) *84* : situm vide oris *Bo.*

*CS* **3** situm inter oris] *Lach.* (*ad Lucr. 2,118*) : situ liventes *Turnebus lib. 27* (*1604*) *6,580, ut ad genas referatur quam lectionem* : titinnit auris *Bentley*[Ri] | situ nidoris *Welcker* (*1841*) *1212* : situ nigroris *Vahlen vol. 1* (*1907*) *56* : situ macoris *Pascal* (*1934*)[Giust] | *de* pedore *scriptura servanda cf. Fleckeisen* (*1861*) *574* | horrida atque / intonsa] atque *del. Grotius* (*1828*) *177 et Bergk* (*1884*) *359* (= *Id. 1874, 295*). *Hermann vol. 2* (*1827*) *275, Vahlen vol. 1* (*1907*) *56* (= *Id. 1878, 6*) *affirmaverunt senarios adhaesione sive elisione inter se coniungendos* (*cf. et Lach. ad Lucr. 2,118*). – *Interpr.*: *Welcker loc. cit. trib. F 57 Pacuvi Medo., Wa. in frgg. Medi posuit. Cf. et Ribbeck* (*1849*) *25* | *sec. Wa.* filium Solis *est Aeetes* – *Metr.*: *Bo., Ri., Kl. ia*$^6$ *statuerunt.*

## 58

(85–87 Ri.$_{2-3}$, Kl.; 312–314 Va.$_2$; Enn. Telamo 319–322 Wa.; cf. p. 394 Joc.)

(a) *Cic. Tusc. 3,28* (*Giust.*): videntur enim omnia repentina graviora. ex hoc et illa iure laudantur: ‘ego cum genui, tum morituros scivi et ei rei sustuli. / praeterea ad Troiam cum misi ob defendendam Graeciam, / scibam me in mortiferum bellum, non in epulas mittere.’

(b) *Cic. Tusc. 3,58* (*Giust.*): atque hoc idem et Telamo ille declarat: ‘ego cum genui’.

(c) *Sen. dial. 11,11,2sq.* (*Rey.*): quanto ille iustior qui nuntiata filii morte dignam magno viro vocem emisit: ‘ego cum genui, tum moriturum scivi’. prorsus non miseris ex hoc natum esse qui fortiter mori posset. non accepit tamquam novum nuntium filii mortem; quid enim est novi hominem mori, cuius tota vita nihil aliud quam ad mortem iter est? ‘ego cum genui, tum moriturum scivi’. deinde adiecit rem maioris et prudentiae et animi: ‘et huic rei sustuli’.

(d) *Fronto p. 220,7 Hou.* (*Hou.*): an cunctetur de militibus nostris Mars pater illa dicere? ‘ego cum genui, tum morituros scivi et ei rei sustuli; / praeterea, cum ob terrae orbem missi ob defendendum imperium, / scibam me in mortifera bella, non in epulas mittere.’ praeterea, cum ob terrae orbem missi ob defendendum imperium, “scibam me in mortifera bella, non in epulas mittere”. haec verba Telamo Troiano bello de suis liberis semel elocutus est; Mars de Romanis saepe multisque in bellis hoc carmine usus est.

(e) *Hier. epist. 60,5,1* (*Hilb.*): Ubi illud ab infantia studium litterarum, et Anaxagorae, ac Telamonis semper laudata sententia: 'sciebam me genuisse mortalem'.

ego cum genui, tum morituros scivi et ei rei sustuli. ($tr^7$)
praeterea ad Troiam cum misi ob defendendam Graeciam,
scibam me in mortiferum bellum, non in epulas mittere.

*CC* – ***ad a*** (*codd. potiores*: *F G K R V*)
**Ed. *Giust.***: **1** morituros] *G K R V* : moriturum ς | **2** praeterea] -ae- *in ras.* $V^2$ | ad troiam cum] *G V R* $K^{1c}$ : atro iam cum $K^1$ | ob] *G K R V* : *ad* $P^1$ $M^1$ | defendendam graeciam] (greciam *K* : gretiam *R K*) *G K R V* | **3** sciebam *G K R V* | mortiferum bellum] *G K R V* | aepulas *V R*
**Edd. rel.**: **1** moriturum *codd. det.*[Ri,Hou] | ei] *Cic.*[Kl] | **3** sciebam *codd.*[Ri,Kl] *Cic.*[Hou] | mortiferum bellum] *Cic.*[Hou]
– ***ad b*** (*codd. potiores*: *F G K R V*)
**Ed. *Giust.***: **1** *post* genui *add.* tum morituros scivi et ei rei sustuli $R^2$, *add.* moriturum scivi $V^3$
**Edd. rel.**: **1** moriturum *codd. det.*[Ri,Hou] | ei] *Cic.*[Kl] | **3** sciebam *codd.* [Ri,Kl] *Cic.*[Hou] | mortiferum bellum] *Cic.*[Hou] | *de integritate huius versus scripsit Ri.*: "*reliqua* [*sc. verba post* genui] *huius versus m. rec. addita in Reg.* [= *R*]*; totum versum exhibent Marb. Duisb. Oxon. unus* [= *Balliol.*]. ego cum genui moriturum scivi *Vindd.* [= *W*] *Mon. b* [= *M*] *Rehd. et additis m. alt.* moriturum scivi *Bern.* [= *b*]"
– ***ad c*** (*codd. potiores*: *A C B P Q R V*)
**Ed. *Rey.***: **1** ego cum] ex quo cum *R V* | genui] geniti *P Q et C vel B* | morituros *Enn. loco priori, posteriori P Q et C vel B* | et huic] ei *Enn.*
**Edd. rel.**: **1** moriturum *Sen.*[Ri,Kl,Giust,Hou] | ei] huic *Sen.*[Ri,Kl,Giust,Hou]
– ***ad d*** (*cod. A*)
**Ed. *Hou.***: **1** sustuli] *A* (*auctore Maio et auctore Nabero*) : sistuli *A* (*auctore Haulero*) | **2** (*vid. text. ap. Frontonem*) ob] in *coni. Mai in ed. princ.* | terrae $A^2$ : terra $A^1$ : terrarum *coni. Mai in ed. princ.*
**Edd.: rel.**: **1** morituros] *Fronto*[Giust] | **2** ad troiam cum] cum ob terrae orbem *Fronto*[Giust] | missi *codd.*[Kl] *Fronto*[Ri] | ob] *Fronto*[Giust] | defendendum imperium *Fronto*[Giust] | **3** scibam] *Fronto*[Ri,Kl,Giust] | mortifera bella *Fronto*[Giust]
– ***ad e*** (*cod. potior*: Γ)
**Ed. *Hilb.***: sciebam me genuisse mortalem] Γ | sciebam enim *G*
**Edd. rel.**: **3** sciebam *Hier.*[Hou]

*CE* **1** ego] <liberos> / ego *Wa.* | moriturum *Steph., Delr.,* Scriv., *Davis.* | **1–2** cum] quum *bis Steph.*
– *Crit. in app.*: **1** morituros *Scriv. i.m.* (*Aldus*) | **2** missi *prior* s *fort. del. sec. Hou.*

*CS* *Interpr.*: *Bo. p. 62 F 58 in Enniani Telamonis frgg. posuit. Et Hermann*[Ri] *F 58 Ennio trib. Sec. Va.*$_2$, *Wa., Kl. fere certum est frg. ex Enni Telamone esse sumptum. Tamen Joc. p. 394 maluit F 58 Pacuvi Teucro tribuere non approbante McHugh (1970) 270. – Metr.: Ri., Kl. tr*$^7$ *statuerunt.*

*CP* *Hist. Aug. Gall. 17,1*: ubi de Valeriano patre comperit quod captus esset, id quod philosophorum op<t>imus de filio amisso, dixisse fertur: 'sciebam me genuisse mortalem' [*cf. Cic. Tusc. 3,30*], [nec defuit an ille si<c> dixit: 'sciebam patrem meum esse mortalem'][140]

## 59

(93–95 Ri.$_{2-3}$, Kl.; 60–62 Wa.)

(a) *Cic. Tusc. 3,39sq.* (*Giust.*): quid ergo? huiusne vitae propositio et cogitatio aut Thyestem levare poterit aut Aeetam … aut Telamonem pulsum patria, exulantem atque egentem? in quo haec admiratio fiebat: 'hicine est ille Telamon, modo quem gloria ad caelum extulit, / quem aspectabant, cuius ob os Grai ora obvertebant sua?' [quodsi cui, ut ait idem: 'simul animus cum re concidit', a gravibus illis antiquis philosophis petenda medicina est, {si} non ab his voluptariis.

(b) *Cic. fam. 9,26,2* (*SB*): in eo igitur, inquis, convivio Cicero ille 'quem aspectabant, cuius ob os Grai ora obvertebant sua?'

hicine est ille Telamon, modo quem gloria ad caelum
[extulit, (*tr*$^7$)
quem aspectabant, cuius ob os Grai ora obvertebant sua?
[…]
[…] simul animus cum re concidit

*CC* – ***ad a*** (*codd. potiores*: *F G K R V*)
**Ed. *Giust.*: 1** hicine] *B* $M^2$ : Hiccine *P* $R^3$ : Haecine *G K R V* | Telamo ς | celum *K* | **2** grai ora] $G^2$ $R^3$ $K^c$ : graiora *G K R V* : Graii ora ς | **4** animus] (-mus *in fine versus additum*) | cum (*in ras.*) re (rem $V^1$) concidit $V^2$ : animus rem condidit *G R K*
**Edd. rel.: 1** hicine] *B*[Ri] : haecine (*R G p*)[Ri] : hiccine *vulgo*[Ri] | est ille Telamo *b*[Ri] : est ille Telamon] *codd. opt.*[Ri] : est Telamo ille *rell.*[Ri] | **2** Grai ora] (*R G B p*)[Ri] : Graii ora *vulgo*[Ri] | **3** cum re concidit] *codd. det.* | re concidit (*b in marg., Marb.*)[Ri] : rem concidit (*R G B p*)[Ri] | animus rem concidit *pars codd.*[Kl]

---

140 [nec defuit … patrem meum esse mortalem] *del. Hohl (1913) 404 non approbante Klotz, qui (1929) 276 locum sic restituit*: 'sciebam me genuisse mortalem', ille sic dixit: 'sciebam patrem meum esse mortalem'.

– ***ad b*** (*codd. potiores*: *M P V H D*)
**Ed. *SB*:** aspectabant] ς : aspectabam *M V H D*[1]: expectabam *D* | ora *D*[c] : lora *M V D H*
**Edd. rel.: 2** aspectabam (*M V H D*[1])[*Mori*] *M*[*Ri*] (*D H*)[*Ri.3*] : expectabam *D*[1] *in marg.*[*Mori*] | Grai lora *M*[*Ri*]

*CE* **1** hicine] *Lambin.*[*Ri*] | hícine ille est Télamo *Ri.*, *Fra.*: hiccine est Telamon (Telamo *Bo.*) ille *Steph.*, *Delr.*, *Bo.* : hicine est Telamo ille *Scriv.*, *Wa.* : hicine est ille Telamo (Telamon *Kl.*) *Davis.*, *Di.*, *Kl.* | **2** spectabant *ed. Jens.* | Graii *Steph.*, *Delr.*, *Scriv.*, *Davis.*, *Bo.*

*CS* **1** Telamo *Turnebus lib. 26* (*1573*) *6,89, Bach* (*1891*) *295, Stangl* (*1888*), *quod Ströbel* (*1890*) *64 et Kl. repudiaverunt, cum Accius forma Graeca usus esset* : Telamon *servavit Wesenberg* (*ad Tusc. 1,116*)[*Ri*] | **2** Graj ora *Lach.* (*ad Lucr. 3,374*) | hícine ille est Télamo *Geppert* (*1858*) *114, quod Bach loc. cit. non approbavit. Cf. de mensura* hicine *et Studemund* (*1876*) *70* | **4** animus re cum concidit *Davis.* (*1738*) *ad loc.* | cum re concidit *Bentley* (*1829*) *276 coll. Ter. Eun. 241*: simul consilium cum re amisti? – *Interpr.*: *Bo. p. 62 F 59 in Enniani Telamonis frgg. posuit. Sec. Ri.*$_1$ *pp. 329sq.*, *Wa.*, *Kl. versus fort. Eurysacis Acci sunt. Cf. et Coppola* (*1940*) *63sq. et Rosellini* (*1996*) *118 adn. 2.* – *Metr.*: *Ri.*, *Kl.*, *Giust. tr*$^7$ *statuerunt, Ri. in v. 3 tr*$^7$ *vel ia*$^6$ *suspicatus.*

## 60

(110 Ri.$_{2–3}$, Kl.; 66 Wa.)

(a) *Cic. Tusc. 4,35* (*Giust.*): quam vim mali significantes poetae impendere apud inferos saxum Tantalo faciunt 'ob scelera animique inpotentiam et superbiloquentiam', <at> ea communis poena stultitiae est.

(b) *Non. p. 175,31–32 Merc. = 258 Li.* (*Li.*): superbiloquentia. Cicero Tusculanarum lib. IV: 'animique inpotentiam et superbiloquentiam'.

ob scelera animique inpotentiam et superbiloquentiam (*tr*$^7$)

*CC* – ***ad a*** (*codd. potiores*: *F G K R V*)
**Ed. *Giust.*:** scelere *G*[1] (*corr. G*[1c])
**Edd. rel.:** ob scelera animique] *Cic.*[*Mu*]
– ***ad b*** (*codd. potiores*: *Bamb.* β γ δ *E F G H L Lugd. Montepess. Oxon. P P7665 P7666*)
**Ed. *Li.*:** superbusloquentiam *L*
**Edd. rel.:** animoque *F*[1][*On*] | inp. (*L*[1] *E*)[*On*] | superbisloquentiam *H*[1][*Mu,On*] : superbusloquentiam *L*[1][*Mu*] (*F*[1] *L*)[*On*]

*CS* *Metr.*: *Li.*, *Ri.*, *Kl.*, *Giust. tr*$^7$ *statuerunt.*

# 61

(64–66 Ri.$_{2-3}$, Kl.; 53–55 Wa.)

*Cic. Tusc. 4,52sq.* (*Giust.*): semper Aiax fortis, fortissimus tamen in furore; nam:

[...] facinus fecit maximum, (*ia*[8])
cum Danais inclinantibus summam rem perfecit manu.

[*53*] proelium restituit insaniens.[141]

*CC* (*codd. potiores*: *F G K R V*)
**Ed. *Giust.*:** **1** maxumum *K*[2] | **2** summam rem perfecit] ς | summam rem perficit manus *G K R V*
**Edd. rel.:** **1** nam facinus *vulgo*[[Ri]] | **1–2** cum in acie facit fecit maximum / nam Danais inclinantibus *M*[[Ri]] | **2** rem perficit manus proelium restituit insaniens (insaniem *R*) (*R p G B*)[[Ri]] : rem perfecit manus p. r. i. *b*[[Ri]] : perfecit rem manus p. r. i. *Rehd.*[[Ri]] : perficit Marius p. r. i. *Marb.*[[Ri]] : perfecit rem man, r. p. i. *codd. pler.*[[Ri]]

*CE* **1–2** nam facinus fecit maxumum, cum, D. i., / summam rem erexit, proelium cum restituit insaniens *Delr.* : nam facinus fecit maxumum, cum, D. i., / summam rem perfecit manus, proelium restituit insaniens *Scriv., Davis. verba Ciceronis et in initio et in fine verba poetae trib.* : nam facinus fecit maximum, cum, D. i., / summam rem perfecit manu, restituit proelium insaniens *Bo.* : [...] fácinus f. máximum, cum Dánais inclinántibus / summám perfecit rém, manu <suá> restituit proélium / insániens *Ri., Wa. tria proxima verba* p. r. i. *non Ciceroni, sed tragico tribuentes* | fácinus fecit máximum, cum Dánais inclinántibus / summám rem perfecít manu [...] *Pohl. tr statuens* : f. f. m. / c. D. i. summam rem perfecit manu] *Kl.* p. r. i. *Ciceroni tribuens* : f. f. m. / c. D. i. †summam rem perfecit manus† *Giust.* p. r. i. *Ciceroni tribuens* | **2** insaniens] *Kays. Ciceroni trib.*
– *Crit. in app.*: summa in re perfuruit manens *propos. Giust.*

*CS* **1–2** nam fácinus fecit máximum, quum Dánais inclinántibus / summám rem perfecít, manu <suá> restituit proélium / insániens *Hermann vol. 7* (*1839*) *p. 385 complura Ciceronis verba poetae tribuens* | [...] fácinus fecit máximum / cum Dánais inclinántibus summám perfecít manu *Spengel* (*1899*) *414, qui cum Plasberg* (*1900*) *224 verba* proelium r. insaniens *Ciceroni trib. probantibus Pohl. et Kl.* | **1** facinus] vel facinus *Brakman* (*1935*) *60, quia superlativus* maximum *sequitur.* | **2** summam rem perfecit manu, rem restituit insaniens *Bentley* (*1829*) *285* | rem erexit, proelium

141 proelium restituit insaniens] *del. Petrus Crassus teste Ursino* | insaniem (*K R*)[[Pohl]]

restituit manus insaniens *Grotius* (*1828*) *178sq.* | summam rem perfecit manu] *P. Manut.* (*1543*) *ad loc. et Turnebus lib. 7* (*1581*) *18,225, quod Giust. non approbavit, cum* fecit *et* perfecit *essent inepta repetitio neque Aiax* fortissimus in furore *ostenderetur* | summam rem erexit, proelium cum restituit insaniens *Lambin. proxima verba poetae tribuens*[Ri,Giust] : summam refecit rem, manu restituit proelium insaniens *Seyffert*[Ri,Giust] – *Interpr.*: *Sec. Ciceronem de Aiace furente agitur, Bentley loc. cit. censuit versus e comico quodam esse productos* (*probante Ri.*$_3$), *Kl. F 61 fort. ex Enni Aiace esse coni. – Metr.* : *Ri., Kl. ia*$^8$ *statuerunt, Pohl. tr.*

## 62

(174–175 Ri.$_{2\text{–}3}$; Pac. Medus 260 Wa.; 174–176 Kl.; Pac. Medus 279sq. D'A.; Pac. Medus frg. 185 Schierl, p. 381 )

*Cic. Tusc. 4,69* (*Giust.*): atque ea tamen apud alium poetam (*sc. praeter Ennium*) patri dicere audet se 'coniugem' habuisse 'illum, Amor quem dederat, qui plus pollet potiorque est patre'.

[…] coniugem
illum, Amor quem dederat, qui plus pollet potiorque est [patre

*CC* (*codd. potiores*: *F G K R V*)
**Ed. *Giust.*: 2** est] *V R K G*$^2$ : haec *G*$^1$ (*del. G*$^{1c}$)
**Edd. rel.: 2** est] haec *G*[Ri], *corr. eadem manus in* est

*CE* illum Amor quem dederat … *Bo., Wa. vocem* coniugem *Ciceroni tribuentes* | coniugem / <habui> illum *Kl., D'A., Schierl ex* habuisse *Ciceronis*

*CS* *Interpr.*: *Ri.*: "*ad Pacuvii Medum olim revocaverunt.*" *Bo. p. 131 et Wa. F 62 in frgg. Pacuviani Medi posuerunt, quod Kl. approbavit. Ri. et Fraenkel* (*1922*) *360sq. verba a Medea dicta putaverunt. – Metr.*: *Ri. tr*$^7$, *Kl. ia*$^8$ *statuerunt.*

## 63

(Enn. Iph. 191–192 Ri.$_{2\text{–}3}$, Kl.; Enn. Iph. 222–223 Va.$_2$; Enn. Iph. 229–230 Wa.; cf. p. 321 Joc.)

*Cic. Tusc. 4,77* (*Giust.*): ira vero, quae quamdiu perturbat animum dubitationem insaniae non habet. cuius inpulsu existit etiam inter frates tale iurgium:

Quis homo te exsuperavit *us*quam gentium impudentia? (*tr*[7]) : : quis aútem malitia te?

**1** usquam *Bentley et Davis.*

*CC* (*codd. potiores*: *F G K R V*)
**Ed. *Giust.*:** exsuperavit] *G K R V* | umquam *G K R V* | **2** quis] *G K R V*
**Edd. rel.:** **1** usquam] *Oxonn. aliq.*[*Ri*] : umquam *rell.*[*Ri*] ω[*Kl*] | **2** quis autem malitia te] *codd.*[*Ri*]

*CE* **1–2** quis] qui *bis Davis.* | **1** exsuperabit *Giust.* : exuperavit *Steph.* | usquam] *Davis., Giust.* : unquam *Steph., Delr., Scriv.* : umquam *Kl. secutus Skutsch* | inpudentiam *Giust.* | **2** quís ted (tete *Ri.*$_1$) autem málitiam *Ri.* | quis] quis <vir> *Giust.*
– *Crit. in app.*: **2** quis mailitia autem te *Bo.*

*CS* **1–2** quis] qui *bis Bentley* (*1829*) *288* | **1** usquam] *Bentley loc. cit.* : umquam *Skutsch* (*1914*) *305* | **2** quis te autem malitia *Bouhier* (*1737*)[*Ri,Giust*] : qui autem malitia te *Bentley loc. cit.* : quis <item> malitia te *Fleckeisen* (*1864*) *probante Ri. p. XXVII* : quis malitia autem te *Mueller* (*1869*) *387 non approbante Ri.* : <ecquis> autem malitia te *Bergk* (*cf. Skutsch 1906, 615*) – *Interpr.*: *Hoc loco Agamemnon cum Menelao certat. Cf. et Duentzer* (*1837*) *444 et Bergk loc. cit.* – *Metr.*: *Giust.* quis <vir> *suppl. metri causa, quia "alternis versibus parum convenire videtur mutatio metri". Kl., Giust. tr*[7] *statuerunt.*

## 64

(Pac. Niptra 247 Ri.$_{2-3}$, Kl.; Pac. Niptra 269 Wa.; Pac. Niptra 293 D'A.; Pac. Niptra frg. 191 Schierl, p. 402 )

(a) *Cic. Tusc. 5,46* (*Giust.*): haec … tamen bona dicantur necesse est, candiduli dentes, venusti oculi, color suavis et ea quae Anticlea[142] <laudat>[143] Ulixi pedes abluens: 'lenitudo orationis, mollitudo corporis'. ea si bona ducamus, quid erit in philosophi gravitate quam in volgi opinione stultorumque turba quod dicatur aut gravius aut grandius?

(b) *Non. p. 132,1–6 Merc. = 191 Li.* (*Li.*): l e n i t u d i n e pro lenitate … Cicero Tusculanarum lib. V: 'lenitudo orationis, mollitudo corporis'. ea si bona ducemus, quid erit in philosophi gravitate?

142 Anticlea] (*G K R V*)[*Giust*] : Anticlia *p*[*Ri*] : Euryclia (*Oxonn. aliq. et ed. V. 1481*)[*Ri*] *et Berold.* (*1496*) *107, cui Giust. approbavit et hoc loco ipsum Ciceronem errasse et nomina mutasse putavit; cf. Giust. p. XXXI adn. 1.*

143 <laudat> *suppl.* ς[*Giust*]

'lenitudo orationis, mollitudo corporis' (*tr*$^7$)

*CC* – ***ad a*** (*codd. potiores*: *F G K R V*)
**Ed.*Giust.*:** –
– ***ad b*** (*codd. potiores*: *Bamb.* β γ δ *E F G H L Lugd. Montepess. Oxon. P P7665 P7666*)
**Ed. *Li.*:** –

*CS* *Interpr.*: *Ri. F 64 probante Mu. Pacuvi Niptris trib.; Wa. et Giust. Ciceronem non de Ulixis matre Anticlea, sed de eius nutrice Euryclea dicere suspicati* (*cf. de Anticlea nomine in Pacuvi Niptris Schierl 2006, 396sq.*). *Ribbeck* (*1875*) *274, Wa., Schierl loc. cit. 403 hoc loco de Ulixis pulchritudine dici vel ex ea Ulixes ipse cognosci putaverunt* (*cf. Hom. Od. 19,474sq.*) – *Metr.*: *Ri., Kl., Giust. tr*$^7$ *statuerunt.*

## 65

(112 Ri.$_{2-3}$, Kl.; 72 Wa.)

*Cic. Tusc. 5,52* (*Giust.*): ergo ut idem vincatur interdum nec putet ad se praeceptum illud Atrei pertinere:

proinde ita parent se in vita, ut vinci nesciant. (*ia*$^6$)

*CC* (*codd. potiores*: *F G K R V*)
**Ed. *Giust.*:** vici *V*$^1$ : vicini *V*$^{1c}$ (*vel* vinci *V*$^3$)

*CE* proin ita *Steph., Bo.* : proinde ita *Delr.*

*CS* *Interpr.*: *Cic. laudat praeceptum Atrei, qua de causa Welcker* (*1839*) *363 trib. F 65 Acci Atreo. Bo. p. 184 F 65 in Acciani Atrei frgg. posuit. Cf. et Lana* (*1958/59*) *365* – *Metr.*: *Ri., Kl., Giust. ia*$^6$ *statuerunt.*

## 66

(92 Ri.$_{2-3}$, Kl.; Pac. Teucer 380 Wa.; Pac. Teucer 391 D'A.; Pac. Teucer frg. 250 Schierl, p. 508)

*Cic. Tusc. 5,108* (*Giust.*): itaque ad omnem rationem Teucri vox accommodari potest:

patria est, ubicumque est bene

*CC* (*codd. potiores*: *F G K R V*)
**Ed. *Giust.*:** baene *G*

CS *Hermann vol. 7 (1839) 386, Bo. p. 147 atque Wa. pp. 302sq., qui F 66 in frgg. Teucri Pacuviani posuerunt, Teucrum his verbis Salamina relinquere putaverunt. Et sec. Ri. et Kl. verisimillimum est frg. ad hanc fabulam pertinere. De Rosalia (1986) 22 contulit Aristoph. Plut. 1151. – Metr.: Ri. et Wa. lacunam ante* patria *et ia$^6$ suspicati sunt.*

## 67

(204 Ri.$_{2\text{–}3}$, Kl.; 114 Wa.)

(a) *Cic. Att. 12,51,3 (SB)*: de Caerellia quid tibi placeret Tiro mihi narravit: debere non esse dignitatis meae, perscriptionem tibi placere: 'hoc metuere, alterum in metu non ponere!'

(b) *Cic. Att. 14,21,3 (SB)*: mihi autem non est dubium quin res spectet ad castra. acta enim illa res est animo virili, consilio puerili. quis enim hoc non vidit, <regem sublatum>, regni heredem relictum? quid autem absurdius? 'hoc metuere, alterum in metu non ponere!'

(c) *Cic. top. 55 (Mar.)*: eius generis (*sc. enthymematum*) haec sunt: 'Hoc metuere, alterum in metu non ponere'! / [*adesp. F 43*] 'eam quam nihil accusas, damnas, bene quam meritam esse autumas {dicis} / male merere? id quod scis prodest nihil; id quod nescis, obest?'

hoc metuere, alterum in metu non ponere (*ia*$^6$)

CC – ***ad a et b*** (*codd. potiores: E V R P F M b d m s*)
**Ed. *SB*:** –
– ***ad c*** (*codd. potiores:* $B_A$ *a e* $V_2$ $B_{1a}$ $B_{1b}$ *C F O;* γ *= consensus aliquot codd.* [*vid. nostra subsidia in fine editionis*])
**Ed. *Mar.*:** hoc] $B_{1b}^{2}$ *ut videtur* : hunc $B_A^{1}$ *supra lineam,* γ *C, om.* $B_A$ | metu] metum *O*
**Edd. rel.:** hunc *codd.* (*exceptis a f et altero cod. ap. Lambin.*)[Ri]

CE non] *om. ed.* R[Mori]

CS *Cf. Boeth. Comm. ad Cic. top. 55. – Metr.: Ri., Kl., Rein. ia$^6$ statuerunt.*

## 68

(23–24 Ri.$_{2-3}$, Kl.; 230–231 Va.$_2$; Enn. Iph. 237–238 Wa.; cf. pp. 321–322 Joc.)

(a) *Cic. Att. 13,47,1* (*SB*): 'postea quam abs te, Agamemno' non 'ut venirem' (nam id quoque fecissem nisi Torquatus esset) sed ut scriberem 'tetigit auris nuntius extemplo' instituta omisi; ea quae in manibus habebam abieci, quod iusseras edolavi.

(b) *Non. p. 263,3–5 Merc. = 402 Li.* (*Li.*): Varro in epistula Iuli Caesaris: 'quem simul ac Romam venisse mi adtigit auris nuntius, / extemplo rus in curriculum contuli propere pedes'.

postquam abs te, Agamemno, ut venirem tetigit auris [nuntius
*extemplo <rus in curriculum contuli propere pedes>.* (*tr*[7])

**2** *versum e Nonio suppl. Buecheler et Li.*

*CC* – ***ad a*** (*codd. potiores*: *E V R P F M b d m s*; Ω = *cons. codd*)
**Ed. *SB*: 0–2** 'auris nuntius extemplo' instituta *C Z*[1(b)] : *om.* Ω | tetigit] ([egit *b ex corr.*] omisi [*mediis verbis omissis*] Ω)[SB1]
**Edd. rel.: 1** posteaquam ω[Kl] | Agamemnon *s*[Mori] | 'aures ...' instituta *om. Med.*[Ri]
– ***ad b*** (*codd. potiores*: α *B* β *Bern.347 Cant.* δ *E G Gen. H L Montepess. Oxon. P*)
**Ed. *Li.*: 1** venisse] venissem *L* β | **2** extemplo] exemplo β | rus] eas *codd.*
**Edd. rel.: 1** postea quam *codd.*[Kl] | venisse] (*Gen. B*)[Mu] : venissem (*L H G*)[Mu] | mihi attigit (adt. *Gen.*) (*B G H L Gen.*)[Mu] | **2** extemplo] (*P L Gen.*)[Qui] *B*[Mu] : exemplo (*H G*)[Qui] (*G Gen.*[1] *H*[2])[Mu] | rus] eas *codd.*[Qui,Mu]

*CE* **1–2** pósteaquam abs té, A., tétigit aures núntius / éxtemplo edolávi iussum *Ri.*$_1$ *non probante Buecheler loc. infra cit.* : quém simul ac Romám venisse tétigit mi (mi attigit *Qui.*) auris núntius / éxtemplo meos ín curriculum cóntuli properé pedes *Qui., Mu.* (*ad b*) : póstquam ... núntius / éxtemplo institúta omisi – ᴗ – ᴗ – ᴗ – / – ᴗ – ᴗ – ᴗ – ᴗ – ᴗ – quae iússeras / édolavi *Di.* | **1** postquam] *Ri., Wa., Kl.* | Agamemnon *ed. R.*[Mori] | aures *Wa.* | **2** extemplo <...>] extemplo *Ald.* : extemplo [...] *Ri., Wa., Kl.* : exemplo *Iun., Merc.* | venisse mi adtigit *Li.* (*ad b*) | rus] *On.* (*ad b*) *ex* eas, *Li.* : eas *Ald.* (*ad b*)
– *Crit. in app.*: póstquam abs te, Ágamemno, út venirem tétigit, aures núntius, extemplo *iam proposuit Ri.*$_1$ *probantibus Meineke* (*Ri.*$_1$ *p. XV, Ri. ad loc.*), *Buecheler loc. infra cit., Mu. in app.* (*ad b*) | *vel* simul abs te, Agamemno, ut venirem *propos. Mu.* (*ad b*).

CS **1** postquam] *Ritschl vol. 2* (*1868*) *271 et 547 voluit, quoniam* postea quam *a sermone tragico abhorreret. Sec. Ri. et Va. et* edolavi *vox fort. poetae tragico tribuenda est, quod Buecheler* (*1859*) *449* (= *Id. 1915, 194sq.*) *vehementer repudiavit* | posteaquam abs ted, A., tetigit aures nuncius *Gulielmius* (*1583*) *130sq.* (= *in Grutero 1605, vol. 5, p. 380*), *qui versus tragicos agnoverat, et Mu. in app.* (*ad b*) | **2** rus] meos *Gulielmus loc. cit. et Guyet*[Qui] (*non satis approbante Buecheler loc. cit.*; eas *habent codd.*) | éxtemplo [...] cóncitum tetulí gradum *F 130 inserens Ribbeck* (*1875*) *98* | *Buecheler loc. cit. attulit Non. 402,4sq.* (*Ri. et Kl. probantibus*), *quibus e verbis Varronis alterum* (*supra oblatum*) $tr^7$ *restituit, aliter Wa., qui post* exemplo *finis fragmenti statuit.* | *Strzelecki* (*1951*) *347 versus restituit* (*cf. Di.*): postquam ... nuntius / extemplo instituta omisi – ⏑ – quae iusseras / edolavi <atque> in curriculum contuli propere pedes. *Cf. his de quaestionibus et Dahlmann* (*1950*), *Grilli* (*1965*) *205 et Traina* (*1964*) *134.* – *Interpr.*: *Mu.* (*ad b*) *Varronem imitatum esse Iphigeniae Ennianae versus ap. Cic. traditos opinatus explicavit*: "*hos versus utrum Varro iocosa recordatione Ennii ductus interposuerit pedestribus an saepius poemata epistulis eodem modo inseruerit, quo usus est in saturis, propter paucitatem reliquiarum decerni nequit.*" *Ribbeck, qui olim verba ad Cassandrae in Enni Alexandro orationem rettulerat* (*ut Ri. ipse ad loc. dixit*), *postea* (*1875*) *98 et Wa. pp. 306sq., ut iam Ladewig* (*1848*) *15, Clytaemnestrae trib., quae in Enni Iphigenia Agamemnonem salutaret. Cf. et Strzelecki* (*1951*) *344sq., Verdière* (*1971*), *Traglia* (*1986*) *134, Aretz* (*1999*) *263sqq.* – *Metr.*: *Ri., Li. transpositis verbis* (*cf. CE*), *Kl.* $tr^7$ *statuerunt.*

*CP* *Contulit Ladewig loc. cit. Eur. Iph. A. 633sq.*: ὦ σέβας ἐμοὶ μέγιστον Ἀγαμέμνων ἄναξ, / ἥκομεν, ἐφετμαῖς οὐκ ἀπιστοῦσαι σέθεν.

## 69

(43 Ri.$_{2\text{-}3}$, Kl.; 92 Wa.)

*Cic. nat. deor. 1,119* (*Ax*): omitto Eleusinem sanctam illam et augustam,

ubi initiantur gentes orarum ultimae (*$ia^6$*)

*CC* (*codd. potiores*: *A H P V B*)
**Ed.** ***Ax*****:** –
**Edd. rel.:** orarum] horarum (*A* $H^1$)[Ri] (*A* $H^1$ *G N O M*)[Peas]

*CS* orarum] orai *Bentley in Hor. carm. 1,35,29*[Ri] – *Interpr.*: ubi *ad Eleusinem pertinendum est. Ri. de Erechthei Enniani prologo cogitavit. Sec. Ri. et Wa. probante Kl. verba fort. ex Erechtheo Enni est.* – *Metr.*: *Ri., Kl.* $ia^6$ *statuerunt.*

## 70

(71–72 Ri.$_{2-3}$, Kl.; Acc. Phil. 531–532 Wa.)

*Cic. nat. deor. 1,119* (*Ax*): praetereo Samothraciam eaque quae Lemni:

nocturno aditu occulta coluntur (*an*$^4$)
silvestribus saepibus densa. (*an*$^4$ *cat.*)

*CC* (*codd. potiores*: *A H P V B*)
**Ed.** ***Ax*****:** –
**Edd. rel.: 1** occulta coluntur aditu *H* (*notis transponendi additis*)[*Ri*] | **2** saepibus] *om.* *H*[*Peas*]

*CE* quae Lemni *etiam poetae tragico trib. Bru.*

*CS* *Wa., Kl., Peas. F 70 in secundo frg. Acci Philoctetae post v. 528 Acc. trag.* (*Ri.*) *inserendum esse putaverunt secuti C. Beier et G. Hermann vol. 3* (*1828*) *120 et Leo* (*1913*) *396 adn. 2.* (*cf. et Bo. pp. 232sq.*) *Cf. et Coppola* (*1940*) *23sq. adn. 1 – Metr.*: *Ri., Kl., Peas. an*$^4$ *et an*$^4$ *cat. statuerunt.*

## 71

(Enn. Medea exul 226–227 Ri.$_{2-3}$, Kl.; 266–268 Va.$_2$; Enn. Medea 274–276 Wa.; 225–227 Joc.)

*Cic. nat. deor. 3,65* (*Ax*): sed […][144]

nequaquam istuc istac ibit; magna inest certatio. (*tr*$^7$)
nam ut ego illi supplicarem tanta blandiloquentia,
ni ob rem?

parumne ratiocinari videtur et sibi ipsa nefariam pestem machinari. illud vero quam callida ratione [*sequitur adesp. F 72*].

*CC* (*codd. potiores*: *A H P V B*)
**Ed.** ***Ax*****: 1** ista *A* *V*$^1$ *B*$^2$ : isthaec *V*$^2$ | is tacebit *H* : ista cibit *P* | **2** illi] illis *A V B* | **3** ni ob rem] niobem *A V* : niobe *B*

144 *Codd. hoc loco maiorem lacunam habent. De archetypo Ri. haec notavit*: "*interpolata haec in archetypo codicum optimorum videtur quaestio* 'an Niobe?' *nam addunt* niobe *Leid. B* [= *B*] niobem *Leid. A* [= *A*] *Erlang.* [= *Erl.*] An iobem *Pal.* In iovem, *superscr.* niobem *Leid. C* [= *H*] ni orbem *Vindob.* [= *V*], *om. Glogaviensis.*"

**Edd. rel.:** **1** istac] *$B^{1}$*[Peas] : isthaec *in marg.* *$V^{2}$*[Peas] *in marg.* *V*[Ri] : ista (*A V $B^{2}$ F*)[Peas] : istuc ista istec *N*[Peas] | is tacebit *H*[Ri,Peas] : his tacebit *G*[Peas] : ista cibit *P*[Peas] : ista . ibit (*una litt. eras.*) *B*[Ri] : ista ibit (*A V*)[Ri] | **2** illi] illis ω[Ri,Kl,Peas] | subplicarem *A*[Peas] | blandiloquenti (*A P V N B F*)[Peas] | **3** ni ob rem] niobem (*vel* -be) ω[Wa,Kl] (*A G P V N*)[Peas] : a niobe (*B F*)[Peas] : an iobem *P*[Peas] : in iovem *$H^{1}$*[Peas] : ni orbem *vel* obem *vel sim. codd.*[Wa]

*CE* **1–2** nequaquam … certatio. / […] / nam … blandiloquentia –? *Ri.* (*$Ri._3$ addit et* ni ob rem *et text. supra oblatum praebuit*) | **2** nam ut ego illi] nam ut illis *Steph.*, *Delr.*, *Scriv.* | **3** ni ob rem] *May.*, *$Va._2$*, *Joc.*, *Ax*, *Ra.*, *Peas.*, *Joc.* : *om. Steph.*, *Delr.* : Niobe *Bru. hoc nomen proximae Ciceronis sententiae trahens sic*: Niobe parumne ratiocinari videtur *eqs.* (*Cic. nat. deor. 3,66*).

*CS* **1–2** nequaquam istuc sic abibit: magna inest certatio. / egone ut illis supplicarem tanta blandiloquentia? *Grotius* (*1828*) *177* | **1-3** nequaquam … certatio. / nam … blandiloquentia, / ni *Vahlen* (*1907*) *41* (= *1877, 9*) | **2** blandiloquentia] *est hapax legomenon tragoediae republicana* (*cf. Joc. ad loc.*) | **3** ni ob rem] *Vahlen loc. cit. 34 sqq.* | *Skutsch* (*1956*) *112 post* ni ob rem *F 72 et post* illud *F 73 inseruit.* – *Interpr.*: *Vahlen loc. cit. F 71 coniunxit cum F 73. Ut plerique et Ri.*, *Havet* (*1879*) *80*, *Wa.*, *$Va._2$ F 71 Enni Medeae trib. Sec. Wa. et Kl. Medea loquitur. Sec. Peas.* illi *ad Creonem regem Corinthi pertinet.* – *Metr.*: *Ri.*, *Kl.*, *Peas. $tr^7$ statuerunt.*

*CP* *Sec. Joc. F 71–73 pertinent ad Eur. Med. 364–375 et 399–400, cf.* nequaquam istuc istac *cum v. 365*: οὔτι ταύτῃ ταῦτα, nam … ni ob rem *cum vv. 368sq.*: δοκεῖς γὰρ ἄν με τόνδε θωπεῦσαί ποτε, / εἰ μή τι κερδαίνουσαν ἢ τεχνωμένην.

## 72

(161 $Ri._{2\text{–}3}$, Kl.; 269 $Va._2$; Enn. Medea 277 Wa.)

*Cic. nat. deor. 3,66* (*Ax*): parumne ratiocinari videtur et sibi ipsa nefariam pestem machinari? illud vero quam callida ratione:

qui volt quod volt, ita dat se res ut operam dabit

qui est versus omnium seminator malorum. [*sequitur adesp. F 73*]

*CC* (*codd. potiores*: *A H P V B*)
**Ed.** ***Ax*:** –
**Edd. rel.:** qui volt esse *codd. det.*[Va.2] | qui vult esse quod vult *codd. det.*[Peas] | ita dat] ut adat *$V^{1}$*[Peas] | volt quod volt] (*A B H Erl.*)[Ri] : volt esse quod volt (*P V*)[Ri]

*CE* qui vult esse quod vult *Davis.*[Peas] | ita dabit se res utid operam dabit *Bo.* | quí volt esse quod vólt, ita dant se rés ei *Ri.*$_1$, "*cum et variari accentum verbi* volt *cuperem et dativo ei aegre carerem.*" (*Ri.*$_2$ *in app.; cf. Ter. Hec. 380*) | qui <ésse> volt quod vólt <ei> ita dat sé re *coni. Ri. propter accentus* | qui volt quod volt ita dabit sese res *Or. / Hal.* | qui volt <esse> *Va., Wa., Peas., ut fieret tr., quod Joc. repudiavit.*
– *Crit. in app.*: se] semper se *propos. Joc. p. 366.*

*CS* se res] res se *Grotius* (*1828*) *177, ut senarium fiat* | qui volt ésse quód volt, ita da<n>t se rés <ei>, ut operám dabit *Geppert* (*1858*) *114 et C.F.W. Mueller* (*1869*) *303* | qui volt esse *Vahlen* (*1907*) *p. 41* (*= 1877, p. 9*) *et Va.*$_2$ (*Enn. frg. 269*)*, quibus locis F 72 coniunxit cum F 73. Skutsch* (*1956*) *112 coniunxit F 72 cum F 71 et F 73* (*cf. Timpanaro 1968, 668sq.*) – *Interpr.*: *Sec. Bo. haec sunt "Niobae verba divinum honorem affectantis". Ri., qui F 72 inter F 71,1 et F 71,2* (*post* certatio *ante* nam ut) *inserendum esse coni., Wa., Va.*$_2$ *trib. F 72 Enni Medeae.* – *Metr.*: *Ri. F 72 aliter ac nos praebens* $tr^7$ *restituit.*

*CP* *Sec. Joc. F 71–73 pertinent ad Eur. Med. 364–375 et 399–400.* • *Cf. praeterea Plaut. Epid. 554*: memini id quod memini, *Most. 1100*: quod agas id agas, *Trin. 242*: qui amat quod amat (*cf. Merc. 744*)*, Poen. 874*: qui homo eum norit norit (*cf. Joc. ad loc. adn. 2–3*).

## 73

(Enn. Medea exul 228–230 Ri.$_{2-3}$; 270–272 Va.$_2$; Enn. Medea 278–280 Wa.; Enn. Medea exul 229–231 Kl.; 229–231 Joc.)

*Cic. nat. deor. 3,66* (*Ax*):

ille traversa mente mi hodie tradidit repagula,
quibus ego iram omnem recludam atque illi perniciem dabo,
mihi maerores, illi luctum, exitium illi, exilium mihi.

*CC* (*codd. potiores*: *A H P V B*)
**Ed. *Ax*: 2** perniciem] $V^2$ : pernitiem $A^2$ $B^2$ : permiiem (*an* permitem) $A^1$ $V^1$ $B^1$ | **3** exitium] $V^2$ $B^2$ : exitum *A* $V^1$ $B^1$
**Edd. rel.: 1** transversa] traversa *codd.*[Ri] (*P* $V^2$)[Peas] | mentem *B*[Peas,Bru] : *om. N*[Peas,Bru] | **2** perniciem] $V^2$[Ri,Peas] : permiciem *V*[Ri] : permitiem ($A^1$ $V^1$ $B^1$)[Kl] : perniciem *vel* pernitiem ($A^2$ $V^2$ $B^2$)[Kl] : pernitiem *A*[Ri] ($A^2$ $B^2$)[Peas] : permilem *fort.* ($A^1$ $V^1$ $B^1$)[Peas] | **3** maerores] merores *ex* memores *F*[Peas] | exitium] ($V^2$ $B^2$)[Kl] : exitum (*A H P* $V^1$)[Ri] ($A^1$ *V* $B^1$)[Kl] (*A H P* $V^1$ $B^1$)[Peas,Bru]

*CE* **1** transvorsa *Scriv.* : transversa *Steph., Delr., vulgo*[Ri], *Kl.* | mi] mihi *Steph., Scriv., vulgo*[Ri], *Ax, Peas.* | **2** perniciem] *Ri., Wa.* : permitiem *Kl.*
– *Crit. in app.*: permitiem *propos. Ax*

*CS* 1 is transversa *Geppert* (*1858*) *114* | mi] *Osann* (*1816*) *118* | **2** permitiem *H.A. Koch*[Ri,Kl]; *cf. hac de forma Don. gramm. GL IV 392,16sq.*: per inmutationem ... syllabae, ut permities pro pernicies. (*cf. Bergk 1855, 300 et Id. 1884, 154sqq. et Corsenus ap. Ri.*) | post dabo *Joc. p. 368 de lacuna cogitavit, quippe cum Jason non interficiatur. – Interpr.*: *Sec. Wa. et Kl. Medea loquitur. – Metr.*: *Ri., Kl. tr*[7] *statuerunt.*

*CP* *Sec. Joc. F 71–73 pertinent ad Eur. Med. 364–375 et 399–400, cf.* ille ... mente *cum v. 371*: ὁ δ' ἐς τοσοῦτον μωρίας ἀφίκετο, mi hodie ... recludam *cum vv. 373sq.*: ... τήνδ' ἀφῆκεν ἡμέραν / μεῖναί μ', ἐν ᾗ ..., atque illi ... exilium mihi *cum vv. 374sq. 399*: τρεῖς τῶν ἐμῶν ἐχθρῶν νεκροὺς θήσω, / πατέρα τε καὶ κόρην πόσιν τ' ἐμόν ... πικροὺς δ' ἐγώ σφιν.

## 74

(165–171 Ri.$_{2\text{–}3}$, Kl.; 5–11 Wa.; cf. Joc. p. 120)

*Cic. nat. deor. 3,67* (*Ax*): atque eadem Medea[145] patrem patriamque fugiens:

[...] postquam pater (*tr*[7])
adpropinquat iamque paene ut conprehendatur parat,
puerum interea obtruncat membraque articulatim dividit
perque agros passim dispergit corpus: id ea gratia
ut, dum nati dissipatos artus captaret parens,
ipsa interea effugeret, illum ut maeror tardaret sequi,
sibi salutem ut familiari pareret parricidio.

huic ut scelus sic ne ratio quidem defuit.

*CC* (*codd. potiores*: *A H P V B*)
**Ed. *Ax*: 1** posquam *A* : pquā *P* (p *littera unco affecta*)
**Edd. rel.: 1** posquam *A*[Ri,Kl,Joc] (*A P*)[Peas,Bru] : postquam *rell.*[Ri] ψ[Kl] | **2** iamquae *B*[Peas] | conpraendatur *A*[Peas] | **3** optruncat *A*[Peas] | **4** perque] (*ex* peraque *corr.*) $V^2$[Ri] : peraque $V^1$[Ri,Peas] : perque *ex* perquae *B*[Peas] : parque *Erl.*[Ri] | agros] egros $B^1$[Peas] | **5** dissipatos] *rell.*[Ri] : disputatos *H*[Ri,Peas] | artus] arcus *P*[Peas] | parens] illum ... pareret *in marg. N*[Peas] | **6** ut] et *P*[Peas]

*CE* **1** posquam *Ri., Di., Kl., Ern.* | **3** optruncat *Ri.* | **5** dissupatos *Scriv., Ri., Di., Wa., Ern.* | **6** ipsa] ipse *Wa.* | effugeret] fugeret *Wa.*
*– Crit. in app.*: **5** captaret] artaret *Ri.*

---

145 Medea] Media ($A^1$ *V* $B^1$)[Joc]

*CS* **5** captaret] aptaret *Kiessling*[Ri] – *Interpr.*: *Sec. Ciceronem hi versus dicuntur a Medea patrem patriamque relinquente;* pater (*v. 1*) *i.e. Aeetes, pater Medeae. Bo. p. 55 F 74 in Ennianae Medeae frgg. posuit. Osann* (*1816*) *125 tribuit F 74 Medeae Enni, Wa. Enni vel alterius poetae, Ribbeck* (*1875*) *535 et Bru. et de Acci Medea cogitaverunt. Cf. praeterea de Sophoclis Scythis Pearson* (*1917*) *p. 187 et Mattiacci* (*1994*) *60–62.* – *Metr.*: *Ri., Kl.* $tr^7$ *statuerunt.*

*CP* *Cic. Manil. 22*: … ut ex eodem Ponto Medea illa quondam fugisse dicitur, quam praedicant in fuga fratris sui membra in eis locis, qua se parens persequeretur, dissipavisse, ut eorum conlectio dispersa, maerorque patrius, celeritatem consequendi retardaret. • *Ov. trist. 3 et 9,27–34*: at cito divellit divulsaque membra per agros / dissipat in multis invenienda locis. / neu pater ignoret, scopulo proponit in alto / pallentesque manus sanguineumque caput, / ut genitor luctuque novo tardetur et, artus / dum legat extinctos, triste moretur iter. / inde Tomis locus hic dictus, quia fertur in illo / membra sui fratris consecuisse soror. • *Ov. epist. 6,129sq.*: Spargere quae fratris potuit [*sc. Medea*] lacerata per agros / corpora, pignoribus parceret illa meis? • *Apollod. 1,9,24. De materia cf. et locos comparandos ap. Peas. ad Cic. nat. deor. 3,67.*

## 75

(88–89 Ri.$_{2-3}$, Kl., 21–22 Wa.)

*Cic. div. 1,29* (*Gio.*): ut P. Claudius, Appi Caeci filius, eiusque collega L. Iunius classis maxumas perdiderunt, cum vitio navigassent. quod eodem modo evenit Agamemnoni; qui, cum Achivi coepissent

> […] inter se strepere aperteque artem obterere extispicum, ($tr^7$)
> solvere imperat secundo rumore adversaque avi.

*CC* (*codd. potiores*: *A V B R F P H M*)
**Ed. *Gio.*: 1** extispiscium (*ex* –picum *V*) *H P V* | **2** rumore *ex* ore *M* : ruore *corr. in* rumore *V*
**Edd. rel.: 1** extis piscium *V*2[Ax] : extispicium *H*[Ri]

*CE* **1** […] inter] inter *Scriv., Gio.* | inter se] inter sese *Davis.* : <illi> inter se *Stieglitz* (*1826*) *126* | inter se strepitare *Moser 1828*[Peas.] | exstispicum] *Peas., Wa.* : extis piscium *Asc.*[Ax] | **2** aversaque *ed. R.*[Gio], *Steph.*

*CS* *Cf. ad* extispex *vocem Casaceli* (*1976*) *106* – *Interpr.*: […] inter] isti inter *Brakman* (*1935*) *60, qui putat sermonem esse de reditu Graecorum e Troia et Calchantem frustra profectioni adversari; idcirco add.* isti. *Bergk*[Ri, Kl] *frg. Pacuvi Teucro trib. Sec. Wa. fort. hoc frg. Dulorestis Pacuviani est* (*sed cf. D'A. p. 152*). – *Metr.*: *Ri., Kl.* $tr^7$ *statuerunt.*

CP *Casaceli loc. cit. contulit Acc. trag. 419 Ri.*: principio extispicium ex prodigiis congruens ars te arguit.

## 76

(5–16 Ri.$_{2-3}$, Kl.; 35–46 Va.$_2$; Enn. Alex. 38–49 Wa.; 50–61 Joc.)

*Cic. div. 1,42* (*Gio.*): haec, etiamsi ficta sunt a poeta (*sc.* Ennius), non absunt tamen a consuetudine somniorum. sit sane etiam illud commenticium, quo Priamus est conturbatus, quia

[…] mater gravida parere se ardentem facem (*ia*$^6$)
visa est in somnis Hecuba; quo facto pater
rex ipse Priamus somnio, mentis metu
perculsus, curis sumptus suspirantibus,
exsacrificabat hostiis balantibus.
tum coniecturam postulat pacem petens,
ut se edoceret obsecrans Apollinem,
quo sese vertant tantae sortes somnium.
ibi ex oraclo voce divina edidit
Apollo, puerum, primus Priamo qui foret
postilla natus, temperaret tollere:
eum esse exitium Troiae, pestem Pergamo.

CC (*codd. potiores*: *A V B R F P H M*)
**Ed. *Gio.*:** **1** parere se] (*om. H*) *codd.* | **4** sumptis *P* | **5** et sacrificabat *H* | **6** coniecturum *O* | **7** doceret *V* | obsecrans] *ex* -as *A* | **8** sese] *corr. in* se *F* | sorores *corr. in* -is *F* | **9** ibi] ubi *B F* : sibi, s *del. H* | ibi enim ex *P* | divinae *A* | vocem divinam *cod. Eliensis teste Davis.* | ededit *corr. in* edidit *V* | **10** prius *V* | **11** temperaret tollere] *corr. in* tempora extollere *V*$^2$ | temptaret *H* | **10–12** *vv. 10–12 continuos scripsit F* : *vv. 11–12 una eademque linea continet A*
**Edd. rel.:** **1** se] *om. H*[Ri,Joc] | **2** facto *codd.*[Ri,Kl] | **3** mentis] *codd.*[Kl] | **5** et sacrificabat *H*[Ri,Ax,Kl,Joc,Gio] : exsacrificabat *rell.*[Ri] | **6** coniecturam] (*A B H*)[Ri] : coniecturum (*Erl. V*)[Ri] : coniectorem *rell.*[Ri] | **7** doceret *V*[Joc] (*V codd. aliq. Orellii*)[Ri] | obsecras *A*$^1$[Ri] | apollonem *Erl.*[Ri] | **8** somniorum *Erl.*[Ri] | **9** ibi] ib *A*$^1$[Ri] : ubi *B*[Ri,Va.2,Ax,Joc] : sibi *H*$^1$[Ri] | oraculo *Erl.*[Ri] | vocem divinam *ex Eliensi Davisius*[Ri] | divinae dedit *A*[Ri] (*A*$^1$ *V*)[Va.2] | **10** primus] prius *V*[Ri] | **11** temperaret tollere] (*Voss. V*$^1$)[Ri] : *om.* '*cod. S. Victoris*'[Ri] : temptaret tollere (*H Palat.b Erl.*)[Ri] *H*[Joc] : tempora extollere *V*$^2$[Ri,Ax,Joc] : tempora et tollere *rell.*[Ri] | **12** exitium] exitum *H*[Ri]

*CE* **1** mater] quia mater *Steph.*, *Delr.*, *Scriv.*, *Bo.*, *Kl. secutus Zillinger* (*cf. Tra. 1986 pp. 127sq.*) | parere <ex> *Peas.*, *Ri.*$_3$, *Ax* | **2** quo fato *Ri.* | mentis] mortis *Bo.* (perculsus mentis *ut Liv. 1,58*: aeger animi) *non approbante Peas.* | **5** exsacrificabat] ecsacrificabat *Or.*, *Ri. Christium secutus* | **6** coniectorem *plerique edd. vet.*[Gio], *Steph.*, *Delr.*, *Scriv.*, *Bo.* | **7** ut se edoceret] uti se edoceat *Bo.* | Apóllonem *Ri.*$_3$ | **10** primum *Marsus in ed. Ven. 1508*[Gio] | primus Priamo qui foret] primus qui Priamo foret *Delr.*, *Scriv.* | **11** post illa natus tempora, hunc si tolleret *Steph.*, *Delr.*, *vulgo*[Ri] – *Crit. in app.*: **1** mea mater *Va.*$_2$, *Wa.* | **4** sumptus] *pro* consumptus *Scriv. i.m.* | **5** Dis sacrificabat *Va.*$_2$ | **6** coniecturam *Scriv. i.m.* (*Aldus*)

*CS* **1** quia mater *Zillinger* (*1911*) *109 adn. 4, qui particulam ad Ciceronis verba male aptam esse putavit, quod Snell* (*1937*) *4 et Kl. prob.* : ut mater *Brakman* (*1933*) *378* : nam mater *Grilli* (*1965*) *183* | se] ex se *Buecheler* (*testibus Ri.*, *Kl.*, *Gio.*), *quod Kl. et Joc. repudiaverunt afferentes Ov. epist. 16,237* (*vid. infra*) | **2** facto] fato *Heinsius*[Ri,Kl,Gio], *Ribbeck* (*1875*) *82* : tactus *Bergk* (*1884*) *373* | **3** mentis] mentem *Lambin.*[Ri,Ax,Gio] *non approbantibus Peas.*, *Ax*, *Joc.*, *cf. et Förtsch* (*1846*) *16* | **4** suspirantibus] aestuantibus *propos. Ribbeck* (*1875*) *82 adn. 15* | **5** ecsacrificabat *Ribbeck* (*1875*) *82* | **7** Apollonem *Ribbeck loc. cit.* | **8** vortant *Ribbeck loc. cit.*, *qui Ritschl vol. 2* (*1868*) *494sq. laudavit* | **11** postilla] *coniungendum est sec. Ritschl loc. cit. 271. De* postilla *adverbio cf. Bach* (*1891*) *321* – *Interpr.*: *Grotius Acci Alexandro trib. hunc locum, cf. eius interpretatione ap. Burman / Santen* (*1780*) *631sq.* (*ad Prop. 3,63*). *Bo. F 76 Acci Hecubae vel Troadibus trib. Hartung vol. 2* (*1844*) *234sq. et Snell loc. cit. 22sq. et 32sq. trib. F 76 Enni Alexandro ex Euripidis cognomini fabula pendenti; quos secuti Ri.*, *Va.*$_2$, *Wa.*, *Kl. verba* (*fort.*) *Cassandrae, Ribbeck* (*1875*) *83, Wardle* (*2006*) *215 Veneris esse, alii verba Hecubae vel satellitis aliquius esse putaverunt* (*cf. Joc. p. 221*). *Cf. praeterea Duentzer* (*1838*) *62sq.*, *Snell* (*1937*) *4, Coppola* (*1940*) *51.* – *Metr.*: *Ri.*, *Kl.* $ia^6$ *statuerunt.*

*CP* *Eur. Troad. 920–922*: ἀπώλεσε / Τροίαν τε κἄμ' ὁ πρέσβυς οὐ κτανὼν βρέφος / δαλοῦ πικρὸν μίμημ' Ἀλέξανδρόν ποτε. • *Apollod. 3,12,5* • *Prop. 2,26,1*: vidi te in somnis (*cf. v. 2*). • *Ov. epist. 17,237*: fax quoque me terret, quam se peperisse cruentam / ante diem partus est tua visa parens. • *Hyg. fab. 91*: Priamus Laomedontis filius cum complures liberos haberet ex concubitu Hecubae Cissei sive Dymantis filiae, uxor eius praegnans in quiete vidit se facem ardentem parere, ex qua serpentes plurimos exisse. Id visum omnibus coniectoribus cum narratum esset, imperant, quicquid pareret, necaret, ne id patriae exitio foret *eqs.* • *Dict. Cret. 3,26* • *Ad v. 12 cf. Eur. Andr. 298*: μεγάλαν Πριάμου πόλεως λώβαν (*cf. ibid. 291*) • *De materia cf. et ceteros locos comparandos ap. Joc. p. 222 et Snell* (*1937*).

## 77

(18–19 Ri.$_{2-3}$, Kl.; 13–14 Wa.)

(a) *Cic. div. 2,112–115* (*Gio.*): at multi saepe vera vaticinati, ut Cassandra [*Enn. F 151,12 TrRF*]: … eademque paulo post [*Enn. F 151,16 TrRF*]: … [*115*] sed iam ad te venio, 'o sancte Apollo, qui umbilicum certum terrarum optines / unde superstitiosa primum saeva evasit vox foras'.

(b) *Varro ling. 7,17* (*GS*): 'o sancte Apollo, qui umbilicum certum terrarum optines'. umbilicum dictum aiunt ab umbilico nostro, quod is medius locus sit terrarum, ut umbilicus in nobis.

o sancte Apollo, qui umbilicum certum terrarum optines, ($ia^8$)
unde superstitiosa primum saeva evasit vox *foras*. ($tr^7$)

**2** foras *corr. Gruterus*

*CC* – ***ad a*** (*codd. potiores*: *A V B R F P H M*)
**Ed. *Gio.*:** –
**Edd. rel.: 1** o sancte] *codd.*[Ri] | optines] obsides *Cic.*[Sp,GS] '*Cic.* ψ'[Kl] *rell.*[Ri] | **2** foras] fera *codd.*[Ri,Wa,Kl] *corr. Gruterus*
– ***ad b*** (*cod. potior*: *F*)
**Ed. *GS*: 1** o sce (*cum linea supra tres litteras*) *F*
**Edd. rel.: 1** o sancte] *codd.*[Ri] : o sce (*cum linea supra tres litteras*) *F*[Sp] | optines] *Varro*[Ax,Kl,Gio] : obtines (optines *F*) *Varro*[Ri]

*CE* **1** o *del. Gruter.*[Ri,Kl,Gio], *Bo., Or., Ri. $tr^7$ restituentes non approbante Ax* : o *rursus add. Ri.$_3$, ut $ia^8$ evaderet.* | o Apollo *Delr., Scriv.* | umbelicum *Scriv.* | optines] *Ursin.*[Ri,Kl] : obsides *Steph., Delr., Scriv., Bo., Peas., Ax, Gio.* | **2** unde haec *Lambin.*[Ri,Gio], *ut fierent vv. eiusdem metri* | superstitiosi *Scriv.* | foras] *Gruter.*[Ri,Wa,Kl] : fera *Steph., Delr., Scriv., Bo., Peas., Ax, Di., Gio.*

*CS* **1** optines] obsides *Scaliger* (*1565*) *131, Snell* (*1937*) *7* | **2** primum evasit vox fera *Scaliger loc. cit. et Timpanaro* (*1996*) *63 – Interpr.*: *Cicero proxime laudavit versus e Alexandro Enniano, qua de causa sec. Ri., Snell loc. cit. 32sq., Kl. adscribitur F 77 vulgo Ennio.* "*De eis quae apud Varronem antecedunt*" (*Ri.*) *cf. Mommsen* (*1861*) *285. Cf. et Timpanaro* (*1996*) *63–66 et La Bua* (*1998*), *qui F 77 Enni Eumenidibus coll. Eur. Or. 591sq. tribuendum esse opinatus est. – Metr.*: *Ri.$_3$, Kl. $ia^8$ et $tr^7$ statuerunt.*

*CP* *Eur. Or. 591sq.*: ὁρᾷς δ' Ἀπόλλων', ὃς μεσομφάλους ἕδρας / ναίων βροτοῖσι στόμα νέμει σαφέστατον (*cf. Peas.*)

**78**

(36–37 $Ri._{2-3}$, Kl.; Acc. Clyt. 239–240 Wa.)

*Cic. top. 60sq.* (*Mar.*): cum autem erit talis causa, ut in ea non sit efficiendi necessitas, necessaria conclusio non sequitur. … [*61*] at cum in Aiacis navim

crispisulcans igneum
fulmen

iniectum est, inflammatur navis necessario.

*CC* (*codd. potiores*: $B_A$ *a e* $V_2$ $B_{1a}$ $B_{1b}$ *C F O*)
**Ed. *Mar.*:** –
*CE* *Crit. in app.*: cr. f. i. *propos. Kl.*
*CS* *Ribbeck* (*1875*) *463 hoc frg. cum Acc. trag. 34sq.* (*Ri.*) *coniunxit*: críspisulcans igneum / péctore incohátam fulmen flámmam ostentabát Iovis | *Wa. hoc frg. in frgg. Clytaemnestrae Acci posuit* (*trag. 239sq. Ri.*). *Cf. praeterea De Rosalia* (*1981*) *241sq. adn. 33* – *Metr.*: *Ri.* $tr^7$ *suspicatus est.*
*CP* *Acc. trag. 35 Ri.* • *Sen. Ag. 528sqq.*

**79**

(210 $Ri._{2-3}$, Kl.; 33 Wa.)

*Cic. off. 1,61* (*Wi.*): itaque in probris maxime in promptu est si quid tale dici potest:

vos enim iuvenes animum geritis muliebrem, illa virgo viri. ($tr^7$)

et si quid eius modi [*Enn. F 162 TrRF*]: 'Salmacida spolia sine sudore et sanguine'.

*CC* (*codd. potiores*: *B P V L c*)
**Ed. *Wi.*:** –
**Edd. rel.:** vos et enim (*p ς*)[*Atz*] *a*[*Ri*] | animos geritis muliebres (*Oehl. Gu.3 5 Bern.d*)[*Ri*] | virago *codd. det.*[*Ri*]
*CE* etenim *et* virago *edd. vet.*, *ut e septenario fieret heroicus* (*cf. Hold. ad loc.*) | illa autem viri *Muel.*

*CS* illa] *del. Spengel* (*1899*) *416 non approbante Kl.* : ea *Geppert* (*1858*) *112. 114* | *de* ille *vocis prosodia cf. Muel.* (*1869*) *330sqq.* (*vid. ad F 79 p. 339*), *sed etiam cf. Skutsch* (*1892*) *122 – Interpr.*: *Sec. Wa. frg. fort. Acci est, sec. Ri. et Kl. Acci Meleagro tribuendum. Fra. creticos pro trochaeis* vos enim *et* illa vir- *mensus F 79 Plauto potius vel Ennio tribuere maluit, Pelosi* (*1988*) *Enni Iphigeniae dandum esse propos.*, *quod Aretz* (*1999*) *284 non approbavit. – Metr.*: *Lach.* (*ad Lucr. 4, 211*), *Ri.*, *Kl.* $tr^7$ *statuerunt* (*cf. de prosodia Skutsch 1892, 122 et Lach. ad Lucr. 4,211*).

## 80

(184–185 $Ri._{2-3}$; 143–144 Wa.; 184 Kl.)

(a) *Cic. off. 1,139* (*Wi.*): aliter ampla domus dedecori saepe domino est, si est in ea solitudo ... odiosum est enim cum a praetereuntibus dicitur: '[...] o domus antiqua heu quam dispari / dominare domino [...]'; quod quidem his temporibus in multis licet dicere.

(b) *Cic. Phil. 2,104* (*Fe.*): o tecta ipsa misera, 'quam dispari domino'. – quamquam quo modo iste dominus – sed tamen quam ab dispari tenebantur!

o domus antiqua heu quam dispari
dominare domino

*CC* – ***ad a*** (*codd. potiores*: *B P V L c*)
**Ed. *Wi.*:** et heu *Monac. 13095, om. p*
**Edd. rel.: 1** heu] ς[Atz] *vulgo*[Kl] : *om.* (*Oehl. B Bamb.b Goth. Gu.3 4*)[Ri] : et (*a b c Bern.d Gu.1 B H*)[Ri] *codd.*[Kl], (*Q B H V P b L c*)[Atz], *om. p* : et heu *rell.*[Ri] | dispari] dispare *Gu.3*[Ri] : a dispari *Gu.4*[Ri] | **2** dominaris domino (*Gu.2 4*)[Ri] : domino dominare *Gu.3*[Ri] : domino dominaris *Gu.5*[Ri] : donare domino *H*[Ri]
– ***ad b*** (*codd. potiores*: *V b c n s t v*)
**Ed. *Fe.*:** –

*CE* 'o dominus antiqua' et 'quam dispari dominare domino' *Atz.* et *Ciceroni tribuens* | heu] *vulgo*[Kl,Atz], *Hold.*

*CS* *Metr.*: *Ri.* $ia^6$ *statuit.*

## 81

(154 $Ri._{2-3}$; 37 Wa.; 153 Kl.)

*Cic. off. 2,13* (*Wi.*): eademque ratione nec lapides ex terra exciderentur ad usum nostrum necessarii, nec 'ferrum aes aurum argentum' effoderetur 'penitus abditum' sine hominum labore et manu.

⏑ ferrum aes aurum argentum penitus abditum (*ia*[6])

CC (*codd. potiores*: *B P V L c*)
**Ed. *Wi.*:** –
**Edd. rel.:** aes aurum argentum] (*B H b c*)[Ri] : aes argentum aurum "*sed signis transpositionis eadem m.*" *add. a*[Ri] : aurum aes argentum *Bern.e*[Ri]

CE aurum aes argentum *ed. R.*[Ri] | [...] férrum aes argentum aúrum penitus ábditum *Ri.* | aurum] *om. vulgo*[Ri]
– *Crit. in app.*: "*in septenario* repperi *e. c. suppleri licet.*" (*Ri.*$_3$)

CS ferrum, aés, argentum effódimus penitus ábditum *Mähly* (*1857*) *288 verbum effodere poetae trib.* : <ut> ferrum aes argentum aurum penitus abditum *Brakman* (*1935*) *61, qui priorem partem comparationis statuit, cuius altera pars* sic *coniunctione sit secuta.* – *Interpr.*: *Gruterum secutus Lange* (*1822*) *36 versum in verbis Ciceronis abditum effodit coll. Aischyl. Prom. 500sq. Itaque ille et Ribbeck* (*1875*) *544 et Wa. et Kl. censuerunt F 81 esse fort. e Prometheo Acci.* – *Metr.*: *Ri. verbis transpositis tr*[7] *temptavit, Kl. ia*[6] *statuit.*

CP *Aischyl. Prom. 501–503*: κεκρυμμέν' ἀνθρώποισιν ὠφελήματα / χαλκὸν σίδηρον ἄργυρον χρυσόν τε τίς / φήσειεν ἂν πάροιθεν ἐξευρεῖν ἐμοῦ. • *Cic. nat. deor. 2,151*: nos e terrae cavernis ferrum elicimus rem ad colendos agros necessariam, nos aeris argenti auri venas penitus abditas invenimus et ad usum aptas et ad ornatum decoras.

## 82

(55–60 $Ri._{2-3}$, Kl.; Acc. Arm. Iud. 109–114 Wa.)

*Cic. off. 3,97sq.* (*Wi.*): utile videbatur Ulixi, ut quidem poetae tragici prodiderunt ... sed insimulant eum tragoediae simulatione insaniae militiam subterfugere voluisse ... [*98*] quid enim auditurum putas fuisse Ulixem si in illa simulatione perseverasset? qui cum maximas res gesserit in bello, tamen haec audiat ab Aiace:

cuius ipse princeps iuris iurandi fuit, ($ia^6$)
quod omnes scitis, solus neglexit fidem.
furere adsimulare, ne coiret, institit.
quod ni Palamedi perspicax prudentia
istius percepset malitiosam audaciam,
fide sacratae ius perpetuo falleret.

*CC* (*codd. potiores*: *B P V M c*)
**Ed. *Wi.*:** **3** assimulare *M c* : adsimulavit (*vel similiter*) *B P V* | **4** Palamedis (*vel similiter*) *P c p* | **5** percepset] percepisset *B P V M c* | **6** sacrata *B P V* : sacratum *M c fort. recte*
**Edd. rel.:** **1** cui *B*[Ri] | iusiurandi *Oehl.*[Ri] | **2** neglexerit (*B Oehl.*)[Ri] *B*[Atz] | **3** assimulare *c*[Ri,Atz] : adsimilavit *B*[Ri,Atz] : adsimulavit (*H Gu.1, sed* ad *eras. et* se *suprascript.*)[Ri] *V*[Atz] : assimulavit (*codd. pler. A a b*)[Ri] *P*[Atz] : insimulavit *Oehl.*[Ri] (*p ς*)[Atz] | ne quo iret (*Gu.1 unus Oxon.*)[Ri] | **4** nisi *c*[Atz] | Palamedi] (*B H*)[Ri] (*B V*)[Atz] : Palamedis *rell.*[Ri] ($P^{\varphi}$ *c p T*)[Atz] | **5** percepset] percepisset *codd.*[Ri,Hold,Wa,Kl,Atz] *fort.* i *littera erasa est in B*[Ri,Atz] | audaciam] *codd.*[Wa] : astutiam *Gu.1*[Ri,Wa] | **6** fide] (*A B H c Bern.e Oehl.*)[Ri] (*B V c p*)[Atz] : ei de (*a b*)[Ri] *P*[Atz] | sacratae] (*Bern.e et pler. codd. Fabricii*)[Ri] : sacrata *vel* sacratum *codd.*[Kl] : sacrata (*A B H a b Oehl.*)[Ri] (*Q B H V P b φ*)[Atz] : sacratum *c*[Ri] (*c p T ς*)[Atz]

*CE* **3** adsimulavit *Bo.* | ne coiret] ne quò iret *Steph.* | **4** Palamedis *Steph.*, *Delr.*, *Scriv.*, *Bo.* | **5** istius] illius *Steph.* | percepset] *edd.*[Ri,Wa,Kl,Atz], *Vict.*[Wi] : perspexet *Ri.*, *Muel.*, *Hold.*, *Klotz*[Ri,Wi] | **6** sacratae] *edd.*[Kl], *Ald.*[Wi], *Scriv.* : sacratum *Bo.* | perpetuum *Delr.*

*CS* **3** assimulavit *Scriv.* | **4** percepset] *Madvig vol. 2* (*1834*) *69 formam in dubitationem vocavit, sed def. Koch*[Ri.3]*; hac de forma cf. et Turnebum lib. 8* (*1604*) *3,138 et Hermann* (*1844*) *7* | **5** astutiam *Wakefield* (*ad Lucr. 1,234*) | **6** fide] *est Genitivus ex* ei *contractus* (*cf. Hold. ad loc.*). : fides *Hermann*[Ri] – *Interpr.*: *Hold. Pacuvi, Wa. pp. 362sq. F 82 Acci Armorum Iudicio trib. Item Bo., Bach* (*1873*) *257, Ribbeck* (*1875*) *370 trib. F 82 Acci Armorum Iudicio et Aiacem haec verba apud principes Graecos dicere censuerunt* (istius *est Ulixis*). – *Metr.*: *Sec. Hold. et Fra.* cuius (*v. 1*) *vox est monosyllaba,* istius (*v. 5*) *dactylica* s *elidente in fine aut disyllaba. Ri., Kl.* $ia^6$ *statuerunt.*

## 83

(119 $Ri._{2-3}$; 73 Wa.; 118 Kl.)

(a) *Cic. Att. 14,12,2* (*SB*): itaque exire aveo 'ubi nec Pelopidarum'

(b) *Cic. Att. 15,11,3* (*SB*): itaque etsi ne antea quidem dubitavi, tamen nunc eo minus, evolare hinc idque quam primum, 'ubi nec Pelopidarum facta neque famam audiam.'

(c) *Cic. fam. 7,30,1* (*SB*): quin hinc ipse evolare cupio et aliquo pervenire 'ubi nec Pelopidarum nomen nec facta audiam.'

(d) *Cic. fam. 7,28,2* (*SB*): sed quod tu, cui licebat, pedibus es consecutus, ut ibi esses 'ubi nec Pelopidarum' (nosti cetera) nos idem prope modum consequimur alia ratione.

(e) *Cic. Phil. 13,49* (*Fe.*): moveri sedibus huic urbi melius est atque in alias, si fieri possit, terras demigrare, unde Antoniorum 'nec facta nec nomen audiat'.

– ⏑ ubi nec Pelopidarum facta neque famam audiam (*tr*$^7$)

*CC* – ***ad a*** (*codd. potiores*: *E V R P F M b d m s*)
**Ed. *SB*:** ubi nec Pelopidarum *eqs. om.* *E R P* | pelopidarum] (*b s*$^2$)[*SB1*] : pelopi clarum (*M b d m s*)[*SB1*]
**Edd. rel.:** Pelopiclarum (*M D S*) *sed* pelopi clarum *s*$^1$, *corr.* pelopidarum *s*$^2$)[*Mori*]
– ***ad b*** (*codd. potiores*: *E V R P F M b d m s*)
**Ed. *SB*:** – (*SB*$_1$: –)
**Edd. rel.:** Pelopidarum] polidarum *d*[*Mori*]
– ***ad c et d*** (*codd. potiores*: *M P G R*)
**Ed. *SB*:** –
– ***ad e*** (*codd. potiores*: *V b c n s t v*)
**Ed. *Fe.*:** –

*CE* Pelopiclarum *ed. V.*[*Mori*] | évolem, / úbi nec Pelopidárum nomen néc facta aut famam aúdiam. *Ri.*$_1$ : úbi nec Pelopidárum nomen néc facta aut famam aúdiam *Ri.*$_2$ : [...] ubi nec Pélopidarum fácta neque famam aúdiam *Ri.*$_3$, *Wa.*, *Kl.* : úbi nec Pelopidárum nomen néc facta aut famam aúdiam *Bo.*[*Ri.3*] : évolem ubi n. P. f. n. f. a. *Bo.*[*Ri.2*] | nomen nec facta *Mori.* (*ad c*), *SB* (*ad c*)

CS *verba poetae intellexit Muret.*[Fe] *– Interpr.: Bo. p. 229 F 83 in Acci Pelopidarum frgg. posuit. Ribbeck (1875) 455 adscripsit F 83 Acci Atreo, Mori. Acci Pelopidis. Cf. et Lange (1822) 34 – Metr.: Ri., Kl. tr*[7] *sta-tuerunt.*

CB *Cf. ad* Pelopidarum *Vahlen (1908) 450sq. (= 1902/03, p. 5).*

## 84–86

(127–131 Ri.$_{2-3}$, Kl.; 131–135 Wa.)

*Cic. fam. 9,22,1 (SB)*: si quod sit in obscenitate flagitium, id aut in re esse aut in verbo; nihil esse tertium. in re non est. itaque non modo in comoediis res ipsa narratur …, sed etiam in tragoediis. quid est enim illud: 'quae mulier una', quid, inquam, est 'usurpat duplex cubile'? quid 'huius †ferei† / hic cubile inire est ausus'? quid est 'virginem me quondam invitam per vim violat Iuppiter'? bene violat: atqui idem significat: sed alterum nemo tulisset.

## 84

quae mulier una
usurpat duplex cubile

CC (*codd. potiores: M P V H D*)
**Ed. *SB*: 2** usurpat] *D H* : usurpato *M* : usurpar *V*
**Edd. rel.: 2** usurpat] (*D H*)[Ri,Mori] : usurpato *M*[Ri,Mori] : usurpar *V*[Mori]

CE […] quae mulier una […] / u. d. c. […] *Wa.* | usurpat] *Crat. i.m.*[Ri]

CS **1–2** quae mulier una duum virum / usurpat duplex cubile *Bergk (1884a) 683 (coll. Acc. trag. 656 Ri.) tribuens F 84 Accio (sed. cf. Ri. 1873, p. CXXVIII)* | una usurpavit duplex / cubile *Buecheler (teste Ri.)* | **2** usurpat] *Nobb*[Ri] *– Interpr.: Wa. F 84 fort. ex Acci Clytaemnestra esse censuit, Ri. ex eiusdem fabula Electra matrem obiurgante. – Metr.: Ri. troch. statuit.*

## 85

huius †ferei†
hic cubile inire est ausus

CC (*codd. potiores: M P V H D*)
**Ed. *SB*: 1** ferei *M* : feret *V D H*
**Edd. rel.: 1** ferei ω[Kl] *M*[Ri,Mori] : feret (*D H*)[Ri] (*V D H*)[Mori]

CE **1** †ferei†] Pheraei *Ernest.*[Ri,Mori], *Kl.* : Phere *Ri.*, *Wa.*
*– Crit. in app.*: †ferei†] filiae *SB* : miseri *vel* miserae *Watt*[SB]

*CS* **1** ferei *prob. Buecheler de Atreo vel Thyeste dictum putans* (*testibus Ri. et Kl.*) – *Interpr.*: *Ribbeck* (*1875*) *527 adn. 2 et Wa. de Acci Athamante cogitaverunt. – Metr.*: *Ri. troch. suspicatus.*

## 86

virginem me quondam invitam per vim violat Iuppiter (*tr*[7])

*CC* (*codd. potiores*: *M P V H D*)
**Ed. *SB*:** –

*CS* *Ri. et Wa. de Pacuvi Antiopa cogitaverunt. – Metr.*: *Ri., Kl. tr*[7] *statuerunt.*

## 87

(155 $\text{Ri.}_{2\text{–}3}$, Kl.; – Wa.)

*Cic. Phil. 13,49* (*Fe.*):

prius und*is* flamma{m}

undis flamma *e* undas flammam *corr. Ferrarius*

ut ait poeta nescio quis, prius denique omnia quam aut cum Antoniis res publica aut cum re publica Antonii redeant in gratiam.

*CC* (*codd. potiores*: *V b c n s t v*)
**Ed. *Fe.*:** undas flammam *b s c s t v corr. cod. P. Laeti*
**Edd. rel.:** undas flammam *codd. pler.*[Ri] ω[Kl] : undis flamma *codd. recentiores Ferrarii*[Ri] *codd. det.*[Ri.3] : cum undis flamma '*Gryph.*'[Ri]

*CE* [...] prius undis flamma *Kl.* : prius úndis flamma [...] *Ri.* | undas flammamque *edd. vet.*[Ri] | *Non ap. Wa.*

*CS* prius undis flamma *Ferrarius* (*1552*) *164 probavit e recentioribus libris – Interpr.*: *Ribbeck* (*1875*) *545 de Prometheo cogitavit, Alfonsi* (*1976*) *Acci Atreum propos. coll. Sen. Thy. 476–482. – Metr.*: *Ri. ia*[6] *suspicatus est.*

*CP* *Cass. Dio 55,13*: θᾶσσον ... πῦρ ὕδατι μιχθήσεσθαι. • *Sen. Thy. 480–482*: ... ante cum flammis aquae, cum morte vita, cum mari ventus fidem foedusque iungent.

## 88

(227 Ri.$_{2-3}$; – Wa.; Kl. omisit 227 numerum et per errorem 267 scripsit)

*Varro ling. 6,11* (*GS*): aevum ab aetate omnium annorum (hinc aeviternum, quod factum est aeternum): quod Graeci, αἰῶνα, id ait Chrysippus [*163 Arn.*] esse <ἀ> ε<ἰ> ὄν, ab eo Plautus [*Truc. 22*] 'non omnis aetas ad perdiscendum est satis', hinc poetae:

aeterna templa caeli

{a} naturali discrimini[146] civilia vocabula dierum accesserunt.

*CC* (*cod. potior*: *F*)
**Ed. *GS*:** *alterum* caeli *vel* celi *del. F*[v]
**Edd. rel.:** caeli] caeli celi *vel* celi caeli *codd.*[Sp]
*CE* *alterum* caeli *vel* celi *del. Laet.*[Sp,GS] | caeli. a caeli naturali *vulgo*[Sp] : ad caeli naturalia discrimina *Sciopp.*[Sp]
*CS* *Cf. Enn. F 142 TrRF*: qui templa caeli summa sonitu concutit.

## 89

(1 Ri.$_{2-3}$, Kl.; 45 Wa.)

*Varro ling. 6,60* (*GS*): nuncupare nominare valere apparet in legibus … item in choro[147] in quo est:

Aenea! quis enim est, qui meum nomen nuncupat?

*CC* (*cod. potior*: *F*)
**Ed. *GS*:** –
**Edd. rel.:** enim] *add. H*[Ri,Mue,Sp] : *om. rell.*[Ri,Mue]
*CE* quis enim est, qui] quis est qui *Delr., Scriv., Sp., GS, Kl.* : quis is est qui *Bo.*
*CS* quis enim est] quis is est *Grotius* (*1828*) *179 senarium opinatus. – Metr.*: *Ri.* $ia^6$ *statuit.*

---

146 a *del. LSp.* | a naturali discrimine *codd.*[Sp]
147 choro] *rell.*[Ri] : coro *H*[Ri] : *om. F*[Ri] : Hectore *vel* Equo Troiano *propos. Ri.*

## 90

(233 Ri.$_{2-3}$, Kl.; – Wa.)

*Varro ling. 6,67* (*GS*): fremere, gemere, clamare, crepare ab similitudine vocis sonitus dicta. hinc illa:

arma sonant, fremor oritur

*CC* (*cod. potior*: *F*)
**Ed. *GS*:** –
*CE* fremor óritur] *Ri. verba* arma sonant *tamquam dactylica secludens*
*CS* *Metr.*: "*si versus hexametri initium fuit, scrib.* Arma sonant, fremor ortus *vel cum Christio* oritur fremor." (*Sp.*)

## 91

(234 Ri.$_{2-3}$, Kl.; – Wa.)

*Varro ling. 6,67* (*GS*): fremere, gemere, clamare, crepare ab similitudine vocis sonitus dicta. hinc illa [*adesp. F 90*] 'arma sonant, fremor oritur'; hinc:

ni{c}hil me increpitando commoves (*ia*$^4$)

*CC* (*cod. potior*: *F*)
**Ed. *GS*:** –
**Edd. rel.:** nihil *codd.*[Ri,Sp] : nichil *F*[Sp] '*Med.*'[Ri]
*CE* [...] nil me íncrepitando cómmoves *Ri.*
*CS* *Metr.*: *Ri. exitum ia vel tr, Kl. ia*$^4$ *statuerunt.*

## 92

(193 Ri.$_{2-3}$, Kl.; 140 Wa.)

*Varro ling. 6,71sq.* (*GS*): sic despondisse animum quoque dicitur, ut despondisse filiam, quod suae spontis statuerat finem. a qua sponte † dicere cum spondere quoque dixerunt, cum a<d> sponte<m> responderent, id est ad voluntatem rogat{i}oris ... itaqu<e> is qui[148] dicit in tragoedia:

---

148 itaqu<e> is qui] *LSp.*[Ri.3] : itaquis qui *F*[Ri.3]

*meministin* te despondere mihi *gnatam* tuam?

meministin] e *del. GS* | gnatam] a *del. Rhol.*

*CC* (*cod. potior*: *F*)
**Ed. *GS*:** –
**Edd. rel.:** meministine *F*[Sp] *codd.*[Mue,GS,Wa] *rell.*[Ri] : meministi *H*[Ri,Mue,Sp] | despondere] *codd.*[Ri,Wa] de- *del. Lachmann* (*1839*) *119* | te despondere] *F*[Sp] *codd.*[Kl] | agnatam *G*[Ri,Mue] *F*[Ri,Mue,Sp] ω[Kl] : cognatam *H*[Ri,Mue,Sp] : cognatum (*a b*)[Ri,Mue] : agnatam *vel* cognatam *codd.*[Wa]

*CE* meministin *vulgo*[Ri] | gnatam] *vulgo*[Ri], a *del. Rhol.*[Sp,GS] | meministin te despondere mihi gnatam tuam] *Mue.*, *GS* : meminístin te spondére mihi gnatám tuam *Ri.*, *Sp.*, *Wa.* : meministin despondere te mihi gnatam tuam? *Kl.*, *Fra.*
– *Crit. in app.*: *aut* méministin te despondere [...] mihi gnatam tuam *lacuna interposita scribendum aut* méministine despondere te mihi gnatam tuam *transponendum, ut verbum* despondere *servari possit, Ri. adnotavit.*

CS meministin te spondere mihi gnatam tuam? *Lachmann* (*1839*) *119.*
– *Interpr.*: *Sec. Lachmann loc. cit. frg. fort. Enni Cresphontae tribuendum est, sec. Ribbeck* (*1875*) *563 et Ri.*$_3$ *haec verba fort. a Perseo in Acci Andromeda vel a Neoptolemo in Pacuvi Hermiona dicuntur Menelao.* – *Metr.*: *Ri.* ia$^6$ *statuit.*

## 93

(107 Ri.$_{2-3}$, Kl.; Enn. Ann. 369 Wa.)

*Varro ling.* *7,21* (*GS*):

quasi <H>ellespontum et claustra

quod Xerxes quondam eum locum clausit: nam Ennius ait [*Enn. ann. 378 Va.*$_2$], 'isque Hellesponto pontem contendit in alto'; nisi potius ab eo quod Asia et Europa ibi †colludit mare; inter angustias facit Propontidis fauces.

*CC* (*cod. potior*: *F*)
**Ed. *GS*:** –
**Edd. rel.:** quasi] *codd.*[Mue,Sp] | ellespontum *F*[Ri,Sp]

*CE* isque Hellesponto pontem contendit in alto *Wa.* | quasi Hélles pontum et claústra [...] *Ri.* | quasi] Cassius *Sciopp.*[O.Mue,Sp] : C. Attius *Ursin. ap. Sciopp.*[O.Mue,Sp] : Cassi *Mue.*, *Sp.* | <H>ellespontum] *Sciopp.*, *Mue.* : Ellespontum *Sp.* | elles pontū & / claustra quod *Scal. in sua ed. Varronis*

(*1581*) *112 lacunam ante* quasi *statuens* | "Hellesponticlaustra *Scioppius quod verum videtur* Ellespontei *scriptum.*" (*Sp.*)
– *Crit. in app.*: quasi Helles pontum claustra <dicunt maritima> *Ri., Ri.*$_{1}$ *ia*$^{6}$ *restituentes*

*CS* ad Hellesponti claustra *Scaliger* (*Coniectanea in Varronem*) *69*[Ri] | C. Accius Hellespontum *Canterus vol. 3* (*1571*) *26,353 – Interpr.*: *Ribbeck* (*1875*) *528 adscripsit F 93 Acci Athamanti.*

## 94

(220–221 Ri.$_{2-3}$; 119–120 Wa.; 220 Kl.)

*Varro ling. 7,24* (*GS*): […] agrestis ab agro dictas apparet; 'inful<at>as hostias', quod velamenta his e lana quae adduntur, infulae: itaque tum, quod ad sepulc{h}rum ferunt frondem ac flores, addidit[149]: 'non lana{s} sed velatas frondenti{s} coma{s}.'

[…] inful<*at*>as hostias (*ia*$^{6}$)
non *lana* sed velatas frondent*i* coma

**1** inful<at>as hostias *Mue.* | **2** lana … frondenti coma *Ri.*$_{3}$

*CC* (*cod. potior*: *F*)
**Ed. *GS*: 0–1** addidit n̂ lanas *F* | **1** infulas hostiis *codd., corr. Mue.*
**Edd. rel.: 1** infulas hostiis *codd.*[Mue] | **2** frondentis comas *codd.*[Ri,Ri.3] | lanas … frondentis comas *codd.*[Sp] ω[Kl] | non lanas. ideo Naecius ait: sed velatas f. c. '*cod. Lips.*'[Ri]

*CE* **1–2** *F 94 supra a nobis oblatum reddit textum ap. Ri.*$_{3}$ (*cf. Ri. 1873, p. CXXXI*) : sed velatas frondentis comas cornua taurum *Steph.* : agrestis inful<at>as hostias / non lana{s} sed velatas frondenti{s} coma{s} *GS, Kl.* | […] fróndem ac flores áddidit, / non lánas, sed velátas frondentí (frondentis *Ri.*$_{1}$) comas *Ri.* : […] infulatas hostias / non lana, sed velatas frondenti coma *Ri.*$_{3}$ | […] frondem ac flores addidit, non lanas sed velatas frondentis comas *Wa. alia verba poetae tribuens, alia abiudicans non probante Kl.* | **1** inful<at>as hostias *Mue.* | **2** *tantum secundum versum poetae trib. Sp.* | sed] ideo Nevius ait sed *Laetus* (*testibus Mue., Ri., Sp.*), *quae sec. Mue. est interpolatio.*

*CS* **1–2** agrestis inful<at>as hostias / non lanas sed velatas frondentis comas *Bergk* (*1884*) *376, quem Ri.*$_{3}$ *secutus est.* | **2** velatus frondentes comas *Scaliger* (*1565*) *139 – Interpr.*: *Scaliger loc. cit. Herculem hoc loco loqui suspicatus est coll. Euripidis Alceste, quam enim Naevius vertisset. Ri. Orestem patris sepulcrum suis cincinnis ornantem cognoscere voluit coll. Soph. El. 880sqq.* (*cf. et Hermann 1824, p. XIX*). – *Metr.*: *Ri., Kl. ia*$^{6}$ *statuerunt.*

---

149 (addit *cod. H.* : addidit *vulgo*)[Ri,Bergk,1884,376]

## 95

(222 Ri.$_{2-3}$; 93 Wa.; 223 Kl.)

*Varro ling. 7,25* (*GS*):

<in> cornua<tam> taur*a*m umbram iaci<t>

in cornuatam tauram *Mue.*

dicere apparet cornutam a cornibus; cornua a curvore dicta, quod pleraque curva.

*CC* (*cod. potior*: *F*)
**Ed *GS*:** taurū umbrā iaci *F*
**Edd. rel.:** cornua taurum umbram iaci *F*[*Sp*] | cornuatam] *B*[*Ri*] | cornua taurum *pler. codd.*[*Ri, Wa*] : cornua taurorum *a*[*Ri, Sp*] | iaci *codd.*[*Ri*]

*CE* cornu<t>a *add. Petrus Victorius* (*testibus Kl., GS*) : cornutarum *Petrus Victorius* (*teste Sp.*) | [...] cornuat aurum, / umbram iacit, icere paret *Delr., Scriv. locum perditum praebentes* | cornuatam umbram iaci [...] *Bo.* | <in> cornuatam tauram] *Mue., Wa.* : † cornu taurum *Kl.* | <Atós> in cornuátam tauram *suppl. Ri. ia*[6] *restituens* | cornutae membra minacis *coni. Sp.* | cornu<t>a taurum umbram iaci *GS* | iaci<t>] *Scal. loc. cit.* : iaci *Mue., Kl.* | iacit, icere paret *Scal. verbis Varronis* dicere apparet *assumptis* [*Ri*]

– *Crit. in app.*: cornutam *LSp.*

*CS* cornuat aurum *distinxit Scaliger* (*1565*) *139* (*cf. et Id. in sua ed. Varronis 1581, 115*) – *Interpr.*: *Mue. ante versum nomen poetae excidisse suspicatus. Mue. et Ri. verba ad Aton montem rettulerunt hunc Graecum proverbium afferentes* (*cf. notam ad Greg. Cypr. 1,70* [= *vol. 2, p. 100 Leutsch / Schneidewin*]): Ἄθως σκιάζει νῶτα Λημνίας βοός. *Sec. Wa* taura *est bos infertilis.*

## 96

(212 Ri.$_{2-3}$, Kl.; 79 Wa.)

*Sen. contr. 1,1,21* (*Håk.*): Thyes<teo> more, aiebat patrem non irasci tantum debere sed furere. ipse <in> declamatione usus est summis clamoribus illo versu tragico:

cur fugi*t* fratrem? scit ipse.

fugit *corr. e* fugis *Buecheler*

CC (*codd. potiores*: *A B V D L T*)
**Ed. *Håk.*:** –
**Edd. rel.:** fugis *codd.*[Ri,Wa] (*A B M P S T V*)[Kies] : fugit] *B*²[Ri.3]
CE fugis *Wi.*, *Håk.*
CS fugit] *Buecheler* (*testibus Ri.*, *Wa.*, *Kies.*) | scis *Mueller*[Ri.3] – *Interpr.*: *Buecheler* (*testibus Ri.*, *Kl.*) *et Wa. trib. F 96 Vari Thyestae, Kl. et de Accio Ennioque cogitavit, Fra. p. 233 Accium protulit, Lana* (*1958/59*) *369 Graccum propos.* – *Metr.*: *Ri. tr statuit.*

## 97

(104–106 Ri.₂₋₃, Kl.; 69–71 Wa.)

(a) *Sen. epist. 80,7sq.* (*Rey.*): ille qui in scaena latus incedit et haec resupinus dicit. 'en impero Argis; regna mihi liquit Pelops, / qua ponto ab Helles atque ab Ionio mari / urgetur Isthmos', servus est, quinque modios accipit et quinque denarios.

(b) Q*uint. inst. 9,4,140* (*Wi.*): itaque †tragoediae ubi recesset adfectatus etiam tumor rerum et† spondiis atque iambis maxime continetur: 'en impero Argis, sceptra mihi liquit Pelops.'

en impero Argis, sceptra mihi liquit Pelops, (*ia*⁶)
qua ponto ab Helles atque ab Ionio mari
urgetur Isthmus

CC – ***ad a*** (*codd. potiores*: *p L Q g O v M V P b*)
**Ed. *Rey.*:** **1** en] *V* : enim *Q* : *om. P b* | Argis] agris *P b* | sceptra] regna *Sen.* | **3** urgetur] *P b*
**Edd. rel.:** **1** sceptra] regna *Sen.*[Ri,Wa,Kl,Wi] | liquit] *Sen.*[Wi]
– ***ad b*** (*codd. potiores*: *A B Bg*)
**Ed. *Wi.*:** **1** sceptra] *1418* : scepta *G* | liquit] *P* : licuit *G*
**Edd. rel.:** **1** enim peroargis *G*[Ri,Rad] : enim pero argus (*H P W om. V*)[Rad]: enim peroasgus *F*[Ri] : H peroasgus '*Goth.*'[Ri] : peroargus *Guelf.*[Ri] : Hyperoreogus '*Argentor.*'[Ri] : Hyperoargus *rell.*[Ri] | sceptra] *Quint.*[Wa,Kl,Rey] : scripta '*Argentor.*'[Ri] | licuit (*G* '*Lassb.*' '*Argentor.*')[Ri]
CE **1** en] *om. Steph.*, *add. Delr.* | sceptra] regna *Steph.*, *Delr.*, *Scriv.* | **3** urgetur] urguetur *Rey.* | isthmos *Steph.* : Isthmos *Scriv.*, *Delr.*, *Rey.*
– *Crit. in app.*: sceptra *Scriv. i.m.* (*Ald.*)
CS **1** enim pero argus *Lassberg*[Ri] | sceptra] regna *servavit Schmidt* (*1861*) *592. 598sq. non approbante Ri.* | mihi] mi *Turnebus*[Ri] | *De* en *particula cf. Ribbeck* (*1869*) *36 et Richter* (*1873*) *477 adn. 4* – *Interpr.*: *Lipsius rettulit et Cic. orat. 163 cum F 41 ad hunc locum* (*similiter, ut videtur, Ri.*₁₋₂), *quod Lange* (*1851*) *30 et Schmidt loc. cit. refellerunt probante*

*Ri.*$_3$. *Bo. de Acci Atreo cogitavit. Sec. Ribbeck (1875) 627 et Wa. hoc loco fort. Atreus loquitur. L. Mueller (1893) trib. F 97 Vari Thyestae. Cf. et Lefèvre (1976) 9. – Metr.: Ri., Kl. ia*$^6$ *statuerunt.*

**98**

(28 Ri.$_{2-3}$, Kl.; 50 Wa.)

*Sen. epist. 80,8 (Rey.)*: ille qui superbus atque inpotens et fiducia virium tumidus ait:

quod nisi quieris, Menelae, hac dextra occides, (*ia*$^6$)

diurnum accipit, in centunculo dormit.

*CC* (*codd. potiores: p L Q g O v M V P b*)
**Ed. *Rey.*:** –

*CS* *De elisione in voce* Menelae *Lach. (ad Lucr. 3,374) – Interpr.: Sec. Ri. et Wa. F 98 fort. Enni Telepho tribuendum est (cf. CS ad adesp. F 146). – Metr.: Bo. tr*$^7$ *in initio mancum, Ri., Kl. ia*$^6$ *statuerunt.*

**99**

(90 Ri.$_{2-3}$, Kl.; 41 Wa.)

*Quint. inst. 6,3,96 (Wi.)*: adiuvant urbanitatem et versus commode positi, seu toti ut sunt … quod fit gratius si qua etiam ambiguitate conditur, ut Cicero in Lartium[150] … cum is in quadam causa suspectus esset:

nisi si qua Ulixes intervasit Lartius

*CC* (*codd. potiores: A B Bg*)
**Ed. *Wi.*:** intervasit] *A* : rate evasit *1418*
**Edd. rel.:** nisi si] (*A G*)[Ri] : nisi *vel* nisi si *codd.*[Wa] : si *om. rell.*[Ri] (*P V Mon.*)[Rad] | quia (‘*Monac.*’ ‘*Argentor.*’)[Ri] | intervasit] *codd. opt.*[Ri] *codd.*[Kl] (*A G*$^2$ *Mon.*)[Rad] : intevasit *Guelf.*[Ri] : rate evasit *T*[Spald] *rell.*[Ri] (*P V*)[Rad] : arte evasit ‘*libri Burmanno notati*’[Ri] | Lartius] *A*[Ri,Rad] : laertius *A*$^2$[Ri] : Lertius *T*[Spald] *fere rell.*[Ri,Rad]

---

150 in Lartium] in lertium *F*[Ri] : in lertium *minus certe A*[Ri,Wi] : inartium *G*[Ri,Wi] : in arcium (‘*Par. a*’ *T*$^{1/3}$)[Ri] : marcium *T*$^2$[Ri] : martium (‘*Monac.*’ ‘*Argentor.*’)[Ri] : in Marcium *edd. priores*[Ri] : *corr. Bonell secutus Spald.*[Ri,Wi]

CE nisi qua Ulixes rate evasit Laertius *Spald.* : nisi qua rate Ulixes evasit Laertius *Bo.* | intervasit] *Wa., Wi., Kl.* : arte evasit *ed. Leid. et aliae edd. vet.*[Spald, Wi] : lintre evasit *Ri., Rad.*
– *Crit. in app.*: lintre evasit *vel* inde evasit *Spald.* | Lartius] *propos. Spald.*

CS intervasit] *servavit Buecheler* (*cf. Ri. p. LXV*) | Lartius] Lertius *def. Fleckeisen* (*1866*) *8 adn. 5* – *Interpr.*: *Ri. de Pacuvi Teucro cogitavit.* – *Metr.*: *Ri.* lintre evasit *coniiciens* $ia^6$ *restituit.*

## 100

(229 Ri.$_{2-3}$; 145 Wa.; Pomp. Sec. 11 Kl.)

*Quint. inst. 8,3,31* (*Wi.*): nostri aut in iungendo aut in derivando paulum aliquid ausi vix in hoc satis recipiuntur. nam memini iuvenis admodum inter Pomponium ac Senecam etiam praefationibus esse tractatum an 'gradus eliminat' in tragoedia dici oportuisset.

gradus eliminat

CC (*codd. potiores*: *A B Bg*)
**Ed. *Wi.*:** –
**Edd. rel.:** 'gradus eliminat' in tragoedia] eliminatim tragoedia (*A Bg*)[Ri] : eluminatum tragoedia '*Monac.*'[Ri] : cliniatum tragoedia '*Argentor.*'[Ri] : eliminatum tragoedia (*T F Guelf.*)[Ri]

CE eliminat apud Accium in tragoedia *suppl. edd. inde a Gryphio*[Ri], *sed verba* apud Accium *non in codd. inveniuntur.*

CS *Interpr.*: *Steph. p. 150 et Scriv. p. 151 et Bo. p. 253 F 100 in Acci incertis frgg. posuerunt. Ri. p. LXIV, cum haec verba in Senecae tragoediis non reperiantur, Pomponi esse putavit. Quod Kl. approbavit et F 100 inter frgg. Pomponi Secundi recepit. Cf. et Grotius* (*1828*) *176 et Cichorius* (*1922*) *426–428.* – *Metr.*: *Ri. exitum ia vel tr statuit.*

CP *Pac. trag. 134 Ri.*: ubi illic est? me miseran! quonam clam <se> [clam <grados> *Mette*] eliminat? *Cf. Schierl* (*2006*) *266sq.*

## 101

(141 Ri.$_{2-3}$, Kl.; 94 Wa.)

(a) *Quint. inst. 8,3,48* (*Wi.*): deformitati proximum est humilitatis vitium (ταπείνωσιν vocant), qua rei magnitudo vel diginitas minuitur, ut 'saxea <est> verruca in summo montis vertice'.

(b) *Quint. inst. 8,6,14* (*Wi.*): sunt etiam quaedam et humiles tralationes, ut id de quo modo dixi, 'saxea <est> verruca' et sordidae.

(c) *Anecd. Par. Eckstein p. 20,5*: dignitas minuitur ut 'saxea est verruca in summo montis vertice'.

[…] saxea <est> verruca in summo montis vertice

est *suppl. ex Anecd. Par.*

*CC* – ***ad a*** (*codd. potiores*: *A B Bg*)
**Ed. *Wi.*:** saxea] Π : exea *A* : exeat $A^2$ | est] *G* Π, *om. A*
**Edd. rel.:** saxea] exea est (*G P*)[*Rad*] : exea *A*[*Ri,Rad*] : exeat ($F^2$ '*Monac.*' $A^2$)[*Ri*] ($A^2$ *V Mon.*)[*Rad*] : ex ea est (*G* '*Argentor.*' *T* $F^1$ *Guelf.*)[*Ri*] : ea est ('*Goth.*' '*Voss. b*')[*Ri*] | veruca (*G* '*Monac.*' '*Argentor.*')[*Ri*]
– ***ad b*** (*codd. potiores*: *A B Bg*)
**Ed. *Wi.*:** saxea] *B* : saxum *A* : saxa $Bg^2$
**Edd. rel.:** saxea est] *codd. pler.*[*Ri*] : saxa est ($Bg^2$ *T*)[*Ri*] : saxum est *A*[*Ri*]
– ***ad c***
**Ed. *Eckstein*:** –
**Edd. rel.:** saxea est] *Anecd. Par.*[*Ri,Rad*] | verruga *Anecd. Par.*[*Ri*] | verticae *Anecd. Par.*[*Ri*]

*CE* […] saxea <est>] *Ri., Wa. lacunam in versus initio suspicati* : saxea est *versum incipientes Kl., Ald.*[*Ri,Wi*]

*CS* saxea est verruca in summo montis Oetae vertice *Bergk* (*1884a*) *683* | <terra> saxea est *eqs. Brakman* (*1935*) *61* – *Interpr.*: *Gronov.* (*1706*) *p. 222* (*ad Gell. 3,7,6*) *trib. F 101 propter* verruca *vocem Catoni* (*cf. Wa., Kl.*), *quod Kl. parum prob., quoniam Quint. in Catone vix vituperasset humilitatem. Ri.*$_2$ *contulit Pacuvi Chrysen* (*Pac. trag. 99 Ri.*), *sed Ri.*$_3$ *F 101 fort. e praetextata sumptum esse commemoravit. Cf. et Grilli* (*1963*) *101sq. et Mariotti* (*1991*), *qui F 101 rursum ad Pacuvi Chrysen rettulit, et Schindel* (*2000*), *qui coll. Gell. 3,7 de praetextata cogitavit.* – *Metr.*: *Ri.* $tr^7$ *statuit.*

*CP* *Ri. attulit Pac. trag. 99* (*Ri.*): est ibi sub eo saxo penitus strata harena ingens specus.

## 102

(203 Ri.$_{2-3}$, Kl.; 118 Wa.)

(a) *Quint. inst. 8,5,5sq.* (*Wi.*): sunt etiam qui decem genera (*sc.* sententiarum) fecerint, sed eo modo quo fieri vel plura possunt: … illud notabile ex diversis: 'mors misera non est, aditus ad mortem est miser.' … sed maiorem vim accipiunt et mutatione figurae, ut [*Verg. Aen. 12,646*] 'usque adeone mori miserum est?'[151] – (acrius hoc enim quam per se 'mors misera non est'), et tralatione a communi ad proprium.

(b) *Lact. inst. 3,17,32* (*BL*): nec frustra dictum est: 'mors misera non est, aditus ad mortem est miser'. hoc est: morbo tabescere, ictum perpeti, ferrum corpore excipere, ardere igni, dentibus <bestiarum> laniari.

mors misera non est, aditus ad mortem est miser (*ia*$^6$)

*CC* – ***ad a*** (*codd. potiores*: *A B Bg*)
**Ed. *Wi.*:** aditus … miser] *om. A*
**Edd. rel.:** aditus … miser] om. (*A Bg*)[Ri] (*A Bg*$^2$)[Rad]
– ***ad b*** (*codd. potiores*: *B H P R S V*)
**Ed. *BL*:** aditus (*ex* aditum) *H*$^2$

*CS* *Wölffl.* (*1869*) *45 adn. cognovit F 102 non esse Publili Syri.* – *Metr.*: *Ri., Kl. ia*$^6$ *statuerunt.*

*CP* *Brakman* (*1835*) *61 attulit Sen. Ag. 202*: mors misera non est, commori cum quo velis.

## 103

(69 Ri.$_{2-3}$; Acc. Phil. 561 Wa.; 68 Kl.)

*Quint. inst. 8,6,10* (*Wi.*): pro rebus animalibus inanima:

ferron an fato moerus Argivom occidit? (*ia*$^6$)

*CC* (*codd. potiores*: *A B Bg*)
**Ed. *Wi.*:** ferron an] ferro non *A* : ferro an *B* | moerus] *B* : omerus *A* | Argivom] *B* : argum *A* : argivum *Bg*$^2$
**Edd. rel.:** ferro non *vel* ferro an *codd.*[Wa,Kl] : ferro non (*A Bg*$^2$)[Rad] : ferro an (*B P*)[Rad] | ferro an fato (*B Bg*)[Ri] : ferro non fato (*A* '*Monac.*' *Bg*$^2$)[Ri] | moerus] (*Bg T*$^1$)[Ri] : omerus *A*[Ri] : maerus *Guelf.*[Ri], *om.* ('*Goth.*' *Voss. b*)[Ri] : emoerus (*F Bg*$^2$)[Ri] : emoerus *vel* numerus *T*$^2$[Ri]: enio eius '*Monac.*'[Ri] : moecus '*ms. Mureti*'[Ri] : virtus *rell.*[Ri] | fato moerus Argivom] facto omerus Argum *A*[Rad] : fatoe moerus Argivom *Bg*[Rad] : fato metus Argivum *P*[Rad] | argivum (*N Bg*$^2$)[Rad] ('*Monac.*' *Bg*$^2$)[Ri] : argum *A*[Ri]

*CE* fató, non ferro *Ri.*$_1$ *sententiam affirmativam restituens* | Argivum *Wa.* | *Wa. pp. 514sq. posuit F 103 in frgg. Acci Philoctetae, quod vulgo propter Soph. Phil. 332–334 huic fabulae tribui solet* (*cf. Kl.*). | occidit] cecidit *Ern.*
– *Crit. in app.*: heu! férro an fato *vel* heu / ferrón an fato *Ri.*

---

151 mors misera non est … mori miserum est *om. A*[Wi]

*CS* ferron an fato] *Buecheler* (*testibus Ri., Wa., Kl., Rad., Wi.*) : ferro anne fato *Muretus*[Ri] – *Interpr.*: *cf. De Rosalia* (*1986*) *23* – *Metr.*: *Ri., Kl. ia*[6] *statuerunt.*

*CP* *Soph. Phil. 334*: τέθνηκεν ἀνδρὸς οὐδενός θεοῦ δ' ὕπο.

## 104

(146[1] Ri.$_{2-3}$; 80 Wa.; 146 Kl.)

*Quint. inst. 8,6,34* (*Wi.*): eo magis necessaria catachresis, quam recte dicimus abusionem, quae non habentibus nomen suum accomodat, quod in proximo est, sic … et apud tragicos[152]:

Aegialeo parentat pater

*CC* (*codd. potiores*: *A B Bg*)
**Ed. *Wi.*:** parentat] paret at *A*
**Edd. rel.:** parentat] paret at *codd.*[Kl,Rad] | aegialeo (aialeo '*Monac.*') paret (*A* '*Monac.*' *G*)[Ri] : etiam leo paret '*Argentor.*'[Ri] : et iam leo pariet *vulgo*[Ri] | paret ω[Ri.3] | at pater sunt '*Argentor.*'[Ri] : at pater est *vulgo*[Ri] | *Ri. praeterea notavit*: "*verba* et apud tragicos aegialeo *etiam 6,26 post haec* 'ab Hannibale caesa' *in Ambros.* [= *A*] *Bamb. suppl.* [= *G*] *Monac. Argentor. intrusa sunt.*"

*CE* Aegialeo] *Wa.* | Aegialeúm parit *Ri.* | Aegialeón parit / Aeéta pater *Ri.*$_3$ *ex* at pater

*CS* "Aeeta Aegialeum parit *cum admonitione Quintiliani* at est pater *scriptum fuisse, laudari autem Pacuvii Medum coniecit Halm.*" (*Ri.; cf. et Birt 1879, 17*) | Aegialeon *Bergk*[Kl] | parentat] *Gertz*[Wi], *Birt* (*1879*) *17* – *Interpr.*: parentare *significat sacrificationem, quam filius patri mortuo facit. Hoc autem loco sacrificat pater sc. filio* (*cf. Wa.*). – *Metr.*: *Ri. exitum ia vel tr suspicatus.*

## 105

(160 Ri.$_{2-3}$, Kl.; 109 Wa.)

*Quint. inst. 9,3,14sq.* (*Wi.*): alia commendatio vetustatis, cuius amator unice Vergilius fuit … quorum similia apud veteres tragicos comicosque sunt plurima … quod est versum ex illo:

152 tragicos] trigicos (*A*[1] *G*)[Ri]

quam magis aerumna urget, tam magis ad male faciendum [viget. (*tr*[7])

*CC* (*codd. potiores*: *A B Bg*)
**Ed. *Wi.*:** –
**Edd. rel.:** viget] iuget *T*[Ri] : urget *F*[Ri]
*CE* male faciendum] *Rad.*
– *Crit. in app.*: animus *supplendum videtur Ri.*
*CS* Quam magis arumna urget, tam magis ad maleficiandum viget *iam Muretus in Grutero vol. 2 (1604) 1223, qui cum Regio coni. versum e vetere tragoedia esse sumptum non approbante Spald.*[Ri] – *Interpr.*: *Sec. Ri. et Ribbeck (1875) 153 referendum esse F 105 fort. ad Enni Medeam coll. Eur. Med. 364.* – *Metr.*: *Ri., Kl. tr*[7] *statuerunt.*

## 106

(101–103 Ri.$_{2\text{–}3}$, Kl.; 47–49 Wa.)

(a) *Quint. inst. 9,3,57* (*Wi.*): invenitur (*sc.* gradatio) apud poetas quoque, ut apud Homerum de sceptro, quod a Iove ad Agamemnonem usque deducit, et apud nostrum etiam tragicum: 'Iove propagatus est, ut perhibent, Tantalus, / ex Tantalo ortus Pelops, ex Pelope autem satus / Atreus, qui nostrum porro propagat genus.'

(b) *Diom. GL I 448,26–448,29 Keil* (*Keil*): apud nostrum etiam tragicum sic:

Iove propagatus est, ut perhibent, Tantalus, (*ia*[6])
ex Tantalo ortus Pelops, ex Pelope autem satus
Atreus, qui nostrum porro propagat genus.

*CC* – ***ad a*** (*codd. potiores*: *A B Bg*)
**Ed. *Wi.*: 3** porro propagat genus] *P*[2] : porro pagens *G* : propagat genus *A*[2] *in ras.*
**Edd. rel.: 0–1** … Iove …Tantalus] *om. hoc loco G inserens 9,49 post* πλοκήν | **1** propagatus] *Quint.*[Keil,Kl] *A*[2][Ri] (*A*[2] *G P V Mon.*)[Rad] : propugnatum (*A*[1] *ut videtur*)[Ri] | Tantalus] *Quint.*[Keil] | **2** autem] *add. Quint.*[Keil] | **3** porro] (*G 'Argentor.'*)[Ri], *om. rell.*[Ri] | porro propagat genus] *P* (propagat *ex alio verbo corr. P*[1])[Rad] : porro pagens (*om.* genus) *G*[Ri,Rad] : propagat genus *A*[2] *in ras.*[Ri,Rad]

– ***ad b*** (*codd. potiores*: *A B M*)
**Ed. *Keil*:** **1** propugnatus *A B M* | Tantalus] tantius *A B M* | **2** autem] *om. A B M* | **3** Atreus] aetreus *B* : et hereus *M*
**Edd. rel.:** **1** propugnatus (*A B M*)[Ri] *codd.*[Ri.3,Kl,Rad] : propagatus *rell.*[Ri] | Tantalus] tantius (*A B M*)[Ri] | **2** autem] *om.* (*A B M*)[Ri] *codd.*[Kl] | **3** Atreus] aetreus *B*[Ri] : et hereus *M*[Ri] | propagat] *M*[Ri] | porro propagat genus] *Diom.*[Rad,Wi]

*CE* **1** prognatus ς (= *edd. vet. Diomedes*)[Keil,Ri] | Iove pátre prognatus ést *Ri.*, *Di.* | **2** ortus] *om.* ς (= *edd. vet. Diomedes*)[Keil,Ri], *Steph.*, *Delr.*, *Scriv.* – *Crit. in app.*: Iove prognatus est *Scriv. i.m.* (*Ald.*) | ex Tantalo ortus *Scriv. i.m.*

*CS* **1** propagatus] propagavit *Giffen* (*1565*)[Bo], *Guyet*[Bo] | patre gnatus *propos. Buecheler* e Iove prognatus *repudians* (*teste Ri.*) – *Interpr.*: *Bo. F 106 ad Acci Atreum rettulit. Ribbeck* (*1875*) *52 trib. F 106 Naevi Iphigeniae, sec. Wa. his verbis fabula* (*fort. Naevi neque vero Enni*) *incipit, quae Iphigenia inscripta cuiusque materia de Iphigenia Taurica Euripidis sumpta est, et Iphigenia hoc loco suam progeniem enarrat.* – *Metr.*: Pélops, *non* Pelóps *Ri. postulavit. Kl.* $ia^6$ *statuit. Cf. et Geppert* (*1858*) *112.*

*CP* *Eur. Iph. T. 1–4*: Πέλοψ ὁ Ταντάλειος ἐς Πῖσαν μολὼν / θοαῖσιν ἵπποις Οἰνομάου γαμεῖ κόρην / ἐξ ἧς Ἀτρεὺς ἔβλαστεν Ἀτρέως δὲ παῖς / Μενέλαος Ἀγαμέμνων τε· τοῦ δ' ἔφυν ἐγώ.

## 107

(21 $Ri._{2\text{–}3}$, Kl.; Enn. Alex. 66 Wa.)

*Quint. inst. 9,3,77* (*Wi.*): fit (*sc.* homoioteleuton) etiam singulis verbis:

Hecuba hoc dolet pudet piget.

*CC* (*codd. potiores*: *A B Bg*)
**Ed. *Wi.*:** –

*CE* Hecuba] Hécuba *Ri. troch. statuens*

*CS* dolet <miseret> pudet piget *suppl. e.g. Bergk* (*1874*) *313* (= *Id. 1884, 378*) *probante Wi.* (*cf. Cic. div. 1,66*) – *Interpr.*: *Ribbeck* (*1875*) *90sq. propos.* (*probante Bergk loc. cit. et Wa. pp. 242sq.*) *haec verba fort. ad Cassandrae in Enni Alexandro orationem referenda esse. Cf. et Lange* (*1822*) *48, de quo Ribbeck* (*1852*) *259sq. disputavit, et Timpanaro* (*1996*) *22 adn. 2* – *Metr.*: *initium senarii* H. hóc d. p. p. *praetulit Buecheler* (*teste* $Ri._3$). $Ri._1$ *finem senarii, Ri. troch., Luchs* (*1873*) *67 septenarium iamb. statuerunt.*

*CP* *Pac. trag. 44sq. Ri.*: dolet pigetque magis magisque *eqs.*

## 108

(217 $Ri._{2-3}$; 81 Wa.; 216 Kl.; – D'A.; Pac. Antiopa frg. 2 Schierl, p. 107)

*Apul. flor. 18,6* (*p. 34,13 Hel.*): quapropter, ut poetae solent hic ibidem varias civitates substituere, ut ille tragicus, qui in theatro dici facit:

Liber, qui augusta haec loca Cithaeronis colis (*$ia^6$*)

... non secus et mihi liceat nullam longinquam et transmarinam civitatem hic, sed enim ipsius Karthaginis vel curiam vel bybliothecam substituere.

*CC* (*codd. potiores*: *F* φ *v*)
**Ed. *Hel.*:** –
**Edd. rel.:** angusta *F*[Ri] | ciceronis scolis *F*[Ri]

*CS* *Interpr.*: *Sec. Ri. et Wa. frg. fort. Antiopae Pacuvianae est, quos Hunink* (*2001*) *184 ad loc. et Lee* (*2005*) *171 ad loc. non sequi voluerunt* (*frg. etiam non ap. D'A*). *Liber est Dionysus, Cithaeron mons ad Thebas situs* (*cf. Hilton in Harrison 2001, p. 167 adn. 100*). *Cf. praeterea Di Salvo* (*1979*) *94 adn. 78, Mattiacci* (*1994*) *53 adn. 5, Harrison* (*2000*) *123 adn. 117, Schierl* (*2006*) *106sq. – Metr.*: *Ri., Kl. $ia^6$ statuerunt.*

## 109

(132 $Ri._{2-3}$, Kl.; 1 Wa.)

*Fest. p. 73,14–16 Li.* (*Li.*): Varro vero Erebo natam Noctem ait. unde est et illud:

Erebo creata fuscis crinibus nox, te invoco.

*CC* (*cod.*: *F*)
**Ed. *Li.*:** fuscis] furtis *G I* : furcis *R*
**Edd. rel.:** Erebo creata] *codd.*[Ri]

*CE* Erebo, <te>, creata *Bo. om. postea* te *ante* invoco : Erebo procreáta *Ri., ut septenarius fieret* : [...] Erebo creata *Wa.* | Nox *Steph.*

*CS* *Interpr.*: *Sec. Ri., Wa. p. 600, Kl. hoc frg. fort. Enni Eumenidibus tribuendum est. – Metr.*: *Delr. post* crinibus *novum versum inchoavit; Mue. $tr^4$ prima syllaba truncatum, Ri. $tr^7$, Strzelecki* (*1954*) *109 dimetrum iamb. cat. statuerunt.*

*CP* *Aischyl. Eum. 321sq.*: μᾶτερ ἅ μ' ἔτικτες, ὦ μᾶτερ Νῦξ (*cf. et 844*).

## 110

(211 Ri.$_{2-3}$, Kl.; 117 Wa.)

*Fest. p. 206,22–24 Li.* (*Li.*): o b o r i t u r, agnascitur; nam praepositionem ob; pro ad, solitam poni, testis hic versus:

[...] tantum gaudium oboriri ex tumultu maximo (*tr*$^7$)

*CC* (*cod.*: *F*)
**Ed. *Li.*:** tantum] Tm̄ (*i.e.* Tantum) tantum *W*
*CE* gaudium <mi> oboriri *Mue.*
– *Crit. in app.*: tántum nunc oboríri gaudium *vel* tántum gaudium óboriri illis *Ri., ut expleatur versus.*
*CS* *Metr.*: *Mue. tr*$^4$, *Ri., Kl. tr*$^7$ *statuerunt.*

## 111

(44 Ri.$_{2-3}$, Kl.; 158 Wa.)

*Fest. p. 208,7–10 Li.* (*Li.*): o p s antiqui dicebant, quem nunc opulentum, ut testimonio est, non solum ei contrarium inops

[...] concedit, ego egens exortus sum. (*ia*$^6$)

*CC* (*cod.*: *F*)
**Ed. *Li.*:** inops ... concedit *cod.*
**Edd. rel.:**) inops ... concedit *cod.*[Ri, Wa, Kl]
*CE* [...] concedit] cum cedit *ed. princ.*[Mue, Li], *Ald.* : <si>c ops evadit <sed> *Ri., Fra.* : [...] hic ops cedit *Wa.* : <ops ille> concidit *Kl., qui Buecheler secutus est.*
– *Crit. in app.*: exortus sum] emortuus sum *propos. Mue.*
*CS* concedit] cops edit *Scaliger*[Ri], *qui sec. Mue. lacunam ita explevit*: sed etiam cops, ut: is | <ops ille> concidit *suppl. Buecheler sive senarium sive troch. septenarium initio manco statuens* (*testibus Ri.*$_3$, *Li., Kl.*) – *Interpr.*: *Ri. dubitavit, utrum versus sit comicus an tragicus, sed coll. Hom. Il. 9,321sqq. suspectus Achillem talia in Acci Myrmidonibus queri potuisse.* – *Metr.*: *Ri., Kl. ia*$^6$ *statuerunt.*

## 112

(17 Ri.$_{2-3}$, Kl.; 122 Wa.; Liv. Andr. inc. 42 Lech.)

*Fest. p. 306,8–10 Li.* (*Li.*): quinquertium vocabant antiqui, quem Graeci πένταθλον, ut indicat versus hic:

omnis aequalis vincebat quinquertio (*ia*$^6$)

Livius quoque ipsos athletas sic nominat [*Liv. Andr. F 28 TrRF*] ...

*CC* (*cod.*: *F*)
**Ed. *Li.*:** –

*CS* vicerat *vel* vinceret *Kiessling*[Ri, Wa] | *Ri.* (*1875*) *609 versum ad Atili Electram rettulit, quod Kl. repudiavit. Sec. Spalt. p. 166 hoc frg. fort. Livi Achilli vel Aiaci tribuendum est. Cf. et Mariotti* (*1952*) *27sq. adn. 4* (= *Id. 1986, 21 adn. 18*) – *Metr.*: *Ri., Kl. ia*$^6$ *statuerunt.*

## 113

(83 Ri.$_{2-3}$, Kl.; 97 Wa.)

*Fest. p. 322,11–13 Li.* (*Li.*): ruspari est quaerere crebro, ut hoc versu indicatur:

et ego ibo, ut latebras ruspans rimer maritimas (*ia*$^6$)

*CC* (*cod.*: *F*)
**Ed. *Li.*:** rimeram aptimas *cod.*
**Edd. rel.:** rimeram aptimas *cod.*[Ri, Wa, Kl]

*CE* †rimeram aptimas† *Mue., Li.* : rimer amaptimas *edd. post Aug.*[Mue] : rimarem optimas *Ursin.*[Mue]

*CS* rimer maritimas] *coni. Scaliger*[Mue, Ri, Li, Wa, Kl] *probante Mue.* | rimer optimas *vel* rimem aptissimas *Mueller* (*1861*) *442* – *Interpr.*: *Sec. Welcker* (*1841*) *1156* (*item F 151sq.*), *Ri., Di. F 113 e Pacuvi Iliona sumptum est* (*cf. et Ri. ad Pac. trag. 394*). *Lindsay* (*1930*) *362 frg. Livio trib. dubitante Spalt. p. 166.* – *Metr.*: *Ri., Kl. ia*$^6$ *statuerunt.*

## 114–115

(3–4 Ri.$_{2-3}$; 35–36 Wa.; 2–3 Kl.)

*Fest. p. 338,12–20 Li.* (*Li.*): rate<s> … [*14*] interdum etiam na<ves […] significantur> … […] [*17*] <Accius in Neopto>[153]lemo [*F 114*]: 'atque ego reperc<utio>' […] [*19*] et alio loco [*F 115*]: 'sed iam prop […] tes salum.'

### 114

atque ego reperc<utio>

*CC* (*cod.*: *F*)
**Ed. *Li.*:** reperc (rc *minus certe*) $F^c$

*CE* […] atque ego rep<úlso ratibus meís mare> *Ri. et Fra. ia*$^6$ *restituentes* : atque ego reperc<utio> *Wa.* : reper<cutio ratibus mare> […] *Bo.* : […] atque ego reperc<cutio ratibus mare> *Mue., Kl.* : reperc […] *Li.*

*CS* reperc<utio ratibus mare> *suppl. Scaliger*[Ri,Li], *Ursin.*[Mue]; *cf. Lange* (*1851*) *8 – Interpr.*: *Bo. p. 224 F 114 in Acciani Neoptolimi frgg. posuit. Etiam Wa. fortiter e manco Festo suspectus est F 114 et F 115 fort. Acci Neoptolemo esse tribuenda. Item iam Scaliger, Ursin., Bo., Mue., Li.*

### 115

sed iam prop[…] tes salum (*ia*$^6$)

*CC* (*cod.*: *F*)
**Ed. *Li.*:** prop $F^c$
**Edd. rel.:** pro[…] *cod.*[Mue]

*CE* sed iam prop<ellunt caeruleum ra>tes salum *Ursin.* (*1583*) *82, Bo. p. 250, Mue.* : sed iam propellunt * rates solum *Scriv. p. 150 F 115 in incertis Acci frgg. ponens* : sed iám pro<scindunt rátibus sulcan>tés salum *Ri., Wa., Fra. cum Buecheler ia*$^6$ *restituentes* : sed iam prop<ellunt ratibus sulcant>tes salum *Kl.*

*CS* prop<ellunt caeruleum ra>tes salum *Scaliger*[Ri] : prop<ellunt ratibus sulcant>tes *Scaliger e.g.*[Kl] : rates propellunt caeruleum salum *Lange* (*1851*) *8* | <ratibus sulcan>tes *Buecheler* (*testibus Ri., Li., Wa.*) *– Interpr.*: *F 114 et F 115 fort. Acci Neoptolemo esse tribuenda* (*cf. ad F 114*). *– Metr.*: *Ri., Kl. versum ita suppletum ia*$^6$ *esse statuerunt probante Luchs* (*1873*) *67.*

---

153 <Accius in Neopto>lemo] *suppl. Li. secutus Scaliger et Ursin.*

## 116

(39 Ri.$_{2–3}$, Kl.; – Wa.)

*Fest. p. 396,29–398,4 Li.* (*Li.*): supp<remum modo significat>[154] summum, ut [...]

[...] sup{p}reme bel [...] potens (*ia*$^6$)

Plautus ... [*34*] ... alias extrem<um> [...] ... crimine necte tuo [...] 'ab illo sepeliri die l[...]' 'et quasi supremo lo[...] tempora voltu.'[155]

*CC* (*cod.*: *F*)
**Ed. *Li.*:** –
**Edd. rel.:** suppreme *cod.*[Ri]

*CE* pater suppreme belli et armorum Mavors potens *Ursin.*[Mue] : supreme bel<li atque armorum arbiter> potens *Mue.* : supreme bel<li pater atque armorum> potens *suppl. e.g. Ri. probante Kl.*

*CS* pater suppreme, belli et armorum potens *Scaliger senarium restituens*[Mue,Ri] : supréme bel<li atque ármorum árbitér> poténs *suppl. Luchs* (*1873*) *71 – Metr.*: *De* pp *litteris metri causa geminatis in* sup{p}reme *cf. Ritschl* (*1850*) *564. Ri., Kl. statuerunt ia*$^6$.

## 117

(219 Ri.$_{2–3}$; – Wa.; 218 Kl.)

*Fest. pp. 424,34–426,5 Li.* (*Li.*): sagmina vocantur verbenae, id est herbae purae, quia ex loco sancto arcebantur[156] a consule praetoreve legatis proficiscentibus ad foedus faciendum bellumque indicendum; vel a sanciendo, id est confirmando. <Naevius>[157] [*carm. p. 234 Marm. = frg. 31 Mor.*] [...]

⏓ ius sacratum Iovis iurandum sagmine (*ia*$^6$)

---

154 *Suppl. Li. e Paul.*

155 et quasi suppremo l[...] ... tempora voltu] *Bergk* (*1861*) *635 cognovit frustulum hoc mancum esse. Idcirco Ri. verba* ab illo sepeliri die s<upremo>, *quod olim inter duos senarios distribuerat, a scaenicorum reliquis seclusit.*

156 arcessebantur *Mesk* (*1923*) *PhW 43, p. 144* : arcebantur] ω[Kl]

157 *Suppl. Ald., Mue., Li. e Paul. 425,4–8* (*Li.*), *quo ex loco concludi potest Naevi nomen ad alium versum pertinere, quem servavit Paul.*

*CC* (*cod.*: *F*)
**Ed. *Li.*:** –
**Edd. rel.:** ius sacratum Iovis iurandum] *cod.*[Ri]
*CE* iusiurandum Iovis sacramentum sagmine *Iac. Nicolaus in Grutero vol. 5* (*1606, suppl.*) *648 versus Naevio tribuens* : Iovís sacratum iús iurandum ságmine *Mue. in app. senarium restituens, quem secutus Ri.* : [...] ius sacrátum / Iovís iurandum ságmine *Schuettius* (*teste Klu. 1843, in Naevi editione p. 75*)
*CS* *Interpr.*: *E Paulo intellexit Mue. Festum hoc loco versum epicum laudavisse, ut auctorem senari incertum sit. Aliter sensit Klu. in sua Naevi ed. p. 75 non approbante Ri.* – *Metr.*: *Ri., Kl. ia*[6] *statuerunt.*

## 118

(244 Ri.$_{2-3}$, Kl.; Caecil. 275 Wa.)

*Fest. pp. 494,33–496,3 Li.* (*Li.*): t a e n i a s Graecam vocem sic interpretatur Verrius, ut dicat ornamentum esse laneum capitis honorati, ut sit apud Caecilium[158] in Androgyno [*Caecil. 7 Ri. 1873*] ... [*496,2*] et alias:

dum taeniam, qui volnus vinciret, petit

*CC* (*codd.*: *U V W X Y Z*)
**Ed. *Li.*:** taeniam] tacniam *W*[1] : tacmam *W*[2] : tema *V* | vulnus *X*
*CE* petit] *add. Ald. et edd. post Aug.*[Mue], *om. Ursin.*[Ri] (*cf. Mommsen 1865, 72*), *Mue.*
*CS* *Interpr.*: "*Versum dictum puto de taeniis, quibus mortuorum vulnera tegebantur.*" (*Mue. coll. Eur. Phoen. 1669*: ἀλλ' ἀμφὶ τραύματ' ἄγρια τελαμῶνας βαλεῖν) *Sec. Mue. F 118 non Caecili esse videtur, Spengel* (*1899*)[Ri,Kl] *et Wa., qui F 118 et in spuriis Caecili frgg. posuit, Caecilio tribuerunt. Wa. et de comoedia cogitavit coll. e.g. Naevi Acontizomeno.* – *Metr.*: *Ri. ia*[6] *statuit.*

## 119

(138 Ri.$_{2-3}$, Kl.; Pac. Chryses 88 Wa.; Pac. Chryses 104 D'A.; Pac. Chryses frg. 71 Schierl, p. 220)

*Ps. Cens. GL VI 613,6–613,7 Keil = frg. 14,6,16–14,6,17 Sa.* (*Sa.*): tetrametros, qui Latine quadratus vocatur, choriacus talis est:

---

158 Caecilium] Lucilium (*V X Z*)[Li] | andrigyno (y *ex* i *W*[2]) *W*[Li]

tela famuli, tela propere <ferte>; sequitur me Thoas ($tr^7$)

<ferte> *add. L. Mueller (1868) 433*

*CC* (*codd. potiores*: *C G H J L O Q R S U*)
**Ed. *Sa.*:** sequitur] *om. H* | me Thoas] metoas *S R O* : meroas *Q L* : metros *J* : methas *U*
**Edd. rel.:** tela propere sequitur (*C G V*)[Ja] *codd.*[Ri] *C*[Keil] | thoas] *C*[Ri] : toas *V*[Hu]

*CE* tela propere <ferte>] *Ri., Wa.* : tela propere *Delr., Scriv.* : tela <tela> propere *Bo., Ja., Ri., Hu.* : tela propere <rapite> *Kl.* : tela propere <tela> *Sa. secutus Lipsium* | Toas *Ri., Kl.*
– *Crit. in app.*: tela <tela>, famuli, tela propere s. m. T. *propos. Wa.*

*CS* tela propere <ferte>] *add. L. Mueller (1868) 433* : tela propere <tela> *Lipsius ap. Scriv. p. 180 et Naeke (1842) 92* | tela, famuli, tela date mi propere! sequitur me Thoas *Bergk (1884a) 683, qui ad loc. etiam subscripsit.*: ferte citi lammas, date tela. – *Interpr.*: *Sec. Bo. haec verba Iphigeniae sint. Sec. Welcker (1841) 1188 Pacuvi Duloresti, sec. Naeke loc. cit., Ri., Ribbeck (1875) 252, Wa. F 119 Pacuvi Chrysae tribuendum est et Orestes his verbis arma poscit. Cf. et Schierl (2006) 220sq.* – *Metr.*: *Ri., Kl.* $tr^7$ *statuerunt.*

## 120

(29 Ri.$_{2–3}$, Kl.; 51 Wa.)

*Ps. Cens. GL VI 613,9–613,13 Keil = frg. 14,6,20–14,7,3 Sa.* (*Sa.*): octonarius iambus: 'proin demet abs te regimen Argos, dum est potestas consili', septenarius [*adesp. F 121*]: 'haec, bellicosus cui pater, mater cluet Minerva'.

*proin demet* abs te regimen Argos, dum est potestas cons*ili*. ($ia^8$)

proin demet abs te *ex* proinde et abs te *corr. Lachmann* | consili *ex* consulendi *corr. Lachmann*

*CC* (*codd. potiores*: *C H J L O Q R S U*)
**Ed. *Sa.*:** proinde et abs te *codd.* : proinde abs te *R* | consulendi $C^2$ *codd.* : consolendi *B*
**Edd. rel.:** proinde et *codd.*[Ri, Wa, Kl] *C*[Keil] (*C V*)[Hu] | consili] consulendi *codd.*[Ri, Kl] *C*[Keil] (*C V*)[Hu]

*CE* proin demet abs te] *Ri., Wa., Kl., Sa.* : proinde et abs te *Delr., Scriv., Ja., edd.*[Sa] : proin det ab se *Bo.* | Argi *Bo.* | consili] *Ri., Hu., Wa., Kl., Sa.* : consulendi *Delr., Scriv., Bo., Ja., edd.*[Sa]

*CS* proin demet] *Lachmann* (*ap. Ja., cf. Sa.*) | consili] *Lachmann* (*ap. Ja., cf. Sa.*) – *Interpr.*: *Sec. Ri. F 120 fort. Enni Telepho tribuendum est* (*cf. CS ad F 146*). – *Metr.*: *Ri., Kl.* $ia^8$ *statuerunt.*

## 121

(42 Ri.$_{2-3}$, Kl.; 154 Wa.)

*Ps. Cens. GL VI 613,9–613,13 Keil = frg. 14,6,20–14,7,3 Sa.* (*Sa.*): octonarius iambus [*adesp. F 120*]: 'proin demet abs te regimen Argos, dum est potestas consili', septenarius: 'haec, bellicosus cui pater, mater cluet Minerva'.

haec, bellicosus cui *pater*, *mater* cluet Minerva (*$ia^7$*)

mater pater *codd., transposuit Carr.*

*CC* (*codd. potiores*: *C H J L O Q R S U W*)
**Ed. *Sa.*:** haec] autem *H* | bellicosus] *B W* : bellicosis *C codd.* | cui mater pater *C codd.* : cui mater diva *B W corr. Carr.* | cluet] *C al.* : clue *O Q U* : duae *L* : dis et *S* : *om. B W restituit Carr.* | Minerva] *om. H* : minema *L* : mmerua *J*
**Edd. rel.:** haec bellicosis cui mater pater cluet minerva *C*[*Keil*] | bellicosis *codd.*[*Ri*] (*C V*)[*Hu*] | mater pater *codd.*[*Ri, Wa*] (*C V*)[*Hu*]

*CE* *F 121 supra oblatum reddit textum ap. Carr.*[*Keil*] | bellicosus] *Carr.*[*Ri,Sa*] | pater, mater] *Carr.*[*Hu,Ri,Wa,Sa*] : cui mater paterve *Delr., Scriv., edd.*[*Sa*] | cluet] *om. Delr., Scriv.*
– *Crit. in app.*: haec … cluet / Minérva propos. *Ri., ut* $ia^6$ *fiat.*

*CS* […] haec bellicosus cui pater / materve Minerva *Grotius* (*1828*) *180* : haec bellicosa, cui pater mater cluet, Minerva *Buecheler* (*testibus Keil, Ri.*) – *Interpr.*: *Sec. Ri., Wa. verba fort. Virtutis vel Victoriae vel Pacis sunt.* – *Metr.*: *Ri., Kl.* $ia^7$ *statuerunt. Sec. Krauß* (*1853*) *532, L. Mueller* (*1868*) *432sq., Ri., Wa., Kl. metrum a tragoedia alienum est, idcirco Kl. et de versu a metricis ficto cogitavit.*

## 122

(182 Ri.$_{2-3}$, Kl.; Pac. Medus 234 Wa.)

*Ps. Cens. GL VI 614,2–614,3 Keil = frg. 14,9,1–14,9,2 Sa.* (*Sa.*): Aristophanius anapaestus:

axena Ponti per freta Colchos denique delatus adhaesi. (*an*[7])

CC (*codd. potiores*: *A C H J L O P Q R S U*)
**Ed. *Sa*.:** axana *R* | Ponti per] pontifer *codd.* : fontifer *P* : petifer *J* | cholcos *C A* : colches *J* : colcos *R* | adhesi *C*
**Edd. rel.:** per] fer (*C V*)[*Ri*] | cholcos (*C V*)[*Ri,Keil*] | fer freta cholcos *C*[*Keil*]

CE Ponti per] *corr. edd.*[*Sa*] | per freta Colchos] ς[*Keil*]

CS *Interpr.*: *F 122 Pacuvi Medo trib. Welcker* (*1841*) *1211, Ri. eadem de fabula aut de Acci Prometheo* (*cf. Aischyl. Prom. 88sqq.*) *cogitavit. Wa. in frgg. Pacuviani Medi posuit et putavit chorum de suo sorte cantare et una cum Medo ad deos orare. Similiter iam Ribbeck* (*1875*) *320. L. Mueller* (*1868*) *433 opinatus est F 122 a metricis fictum probantibus Keil et Wa., cf. autem Strzelecki* (*1954*) *89sqq. – Metr.*: *Grotius* (*1828*) *179 anapaestum solidum cat. statuit.* $Ri._3$ *attulit Enn. F 24 TrRF, quod metrum Buecheler anapaestum Aristophanei agnovit; Kl. an*[7] *statuit.*

## 123

(183 $Ri._{2–3}$, Kl.; Pac. Medus 235 Wa.)

*Ps. Cens. GL VI 614,5–614,6 Keil = frg. 14,9,5–14,9,6 Sa.* (*Sa.*): anapaestus octonarius:

ore beato lumine, volitans qui per caelum candidus equitas. (*an*[8])

CC (*codd. potiores*: *C H J L O Q R S U W*)
**Ed. *Sa*.:** ore] *C*[2] *codd.* | volitas *O Q* | phoebe equitas *O*
**Edd. rel.:** ore] *codd.*[*Ri,Wa*] (*C V*)[*Hu*] *C*[*Keil*]

CE ore] *edd.*[*Keil,Ri,Wa,Kl,Sa*] : Hore *Delr. p. 188, Bo.* (*pro Apolline*) : orte *Ja., Hu., Sa.* | qui caelum *Scriv.* per *om.*
*– Crit. in app.*: Phoebe beato *Delr. non probante Bo.*

CS ore] Hore *Scaliger*[*Wa*], *Bo.* : orte *Lachmann* (*testibus Ja., Ri., Wa., Keil; cf. Sa.*) : clare *Buecheler coll. Cic. Arat. 180*[*Ri,Wa*] *– Interpr.*: *Wa. F 123 in frgg. Pacuviani Medi posuit et cum F 122 coniunx. Delr. p. 188 et L. Mueller* (*1868*) *433 putaverunt utrumque a metricis fictum. – Metr.*: *Grotius* (*1828*) *179 duos an, Ri., Kl. an*[8] *statuerunt.*

## 124

(Enn. Iph. 194–196 Ri.$_{2-3}$, Kl.; 225–227 Va.$_2$; Enn. Iph. 232–234 Wa.; 204–206 Joc.)

*Iul. Ruf. rhet. 37, p. 47,16–21 Hal.* (*Hal.*): σύγκρισις sive ἀντίθεσις, comparatio rerum atque personarum inter se contrarium, ut

ego proiector quod tu peccas, tu delinquis, ego arguor? (*tr*[7])
pro malefactis Helena redeat, virgo pereat innocens?
tua reconcilietur uxor, mea necetur filia?

*CC* (*cod. unicus deperditus est*)
**Ed.** ***Hal.***: –
**Edd. rel.: 1** proiector] *codd.*[*Wa*] [*sic*] | delinquas ω[*Kl*] | **3** mea necetur filia] negetur filia mea ω[*Kl*]

*CE* **1** ego proiector quod tu peccas; tu delinquas ego arguor *ed. Bas.*[*Ri*] : égone plectar (égo proiector *Ri.*$_3$), tú delinques (delinquis *Ri.*$_3$), tú pecces, ego árguar? *Ri. non approbante Vahlen* (*1882*) *605* | delinquis] *Steph.*, *Hal.*, *Va.*$_2$, *Wa.*, *Kl.* : delinquas *ed. Bas.* | **3** (mea)[*Hal,Va.2*] negetur, filia mea *ed. Bas.*[*Hal,Ri,Va.2,Joc*]
– *Crit. in app.*: ego proh plector *propos. Hal. non probante Ri.*

*CS* **1** ut ego plectar, quod tu peccas; tu delinquis ego arguar *Pithoeum secutus Bentley* (*1733*) *non approbante Her.* (*1831*) *p. 35* (*cf. bibl. 6.2.5*) *ad Eur. Iph. A. 385* : ut ego plectar, tu delinquas; tu pecces, ego arguar *Porson* (*1815*) *303* : ergo plector ego (ergo ego plector *Spengel*), tu peccas? tu delinquis, ego arguor *Fröhlich ap. Spengel* (*1864*) *211* : égone plectar quód tu peccas; tuí delicti ego árguar? *Buecheler* (*teste Ri. pp. XXVIIsq.*) | **1–2** arguor? / Pro *Bergk*[*Hal*] : arguor / pro *vulgo*[*Hal*] | **3** mea necetur filia *Columna*[*Hal,Ri,Va.2,Kl,Joc*]; *Skutsch* (*1967*) *133sqq. suspicatus* arguor, *pro quo fort.* luam *legendum, esse glossema ad* proiector. – *Interpr.*: *Columna rettulit F 124 ad Enni Iphigeniam teste et probante Hermann loc. cit., qui v. 1 ex Eur. Iph. A. 385, vv. 2sq. ex Iph. A. 396 sumptos iudicavit. Item Ri., Va.*$_2$, *Wa., Kl., Joc. Cf. et Timpanaro* (*1950*) *28* – *Metr.*: *Ri., Kl. tr*[7] *statuerunt.*

*CP* *Va.*$_2$ *contulit Menelai orationem in Eur. Iph. A. 384 et 396sq.*: εἶτ' ἐγὼ δίκην δῶ σῶν κακῶν, ὁ μὴ σφαλείς ... τἀμὰ δ' οὐκ ἀποκτενῶ 'γὼ τέκνα· κοὐ τὸ σὸν μὲν εὖ / παρὰ δίκην ἔσται κακίστης εὐνίδος τιμωρίᾳ. • *Jos. attulit Eur. Iph. A. 481–484*: καὶ σοι παραινῶ μήτ' ἀποκτείνειν τέκνον / μήτ' ἀνθελέσθαι τοὐμόν· οὐ γὰρ ἔνδικον / σὲ μὲν στενάζειν, τἀμὰ δ' ἡδέως ἔχειν / θνῄσκειν τε τοὺς σούς, τοὺς δ' ἐμοὺς ὁρᾶν φάος.

**125**

(243 Ri.$_{2–3}$, Kl.; 38 Wa.)

*Mar. Victorin. GL VI 135,9–135,13 Keil* (*Keil*): tragico autem si sesquipedem praeposueris "ambiam", erit, ut diximus, tetrametrus catalecticus, ut

deos penates qui parentes Thestii

trimeter; tetrameter autem

ambiam deos penates qui parentes Thestii

*CC* (*codd. potiores*: *A B Val*)
**Ed. *Keil*:** thesti *A B utr. loc., sed priori loc. in A una littera ante* s *deleta esse videtur.*

*CE* *F 125 supra priori loco oblatum reddit textum ap. Keil et Kl.* : deós parentes quí penates Térei (Thestii *Ri.*$_3$) *Ri., Wa.* | Terei *ed. princ.*[*Ri.3,Kl*], *utr. loc. Cam.* (*teste Keil*) | **2** ambiam] *om. Ri., Wa., Kl.*

*CS* deos parentes qui penates Thestii *Middleton Odgers* (*1928*) *15 non probante Bömer* (*1943*) *104 adn. 1 – Interpr.*: *Wa. F 125 fort. Acciani Terei esse putavit. – Metr.*: *Ri., Kl.* $ia^6$ *statuerunt.*

**126**

(223 Ri.$_{2–3}$; – Wa.; 223a Kl.)

*Char. gramm. GL I 200,3–200,6 Keil = p. 260,3–260,6 Bar.* (*Bar.*): festivissime [...][159]

diem hunc decorare festum festivissime

nam et nomina interdum accidunt quae nec absolutum nec comparativum, sed tantum superlativum ferunt.

*CC* (*cod. potior*: *N*)
**Ed. *Bar.*:** festissime *C*

*CS* *Metr.*: *Ri.* $ia^6$ *statuit.*

159 festissime venit ab eo quod est festum et est tantum superlatiui gradus *p*[*Keil,Bar*] | festissime *C*[*Bar*] | *lacunam, qua poetae nomen haustum est, statuit Keil.*

## 127

(22 Ri.$_{2-3}$, Kl.; 42 Wa.)

*Char.* gramm. *GL I 242,6–242,7 Keil = p. 315,19–315,20 Bar.* (*Bar.*):

heus heus, pater, heus Hector!

a dolore mentis adfectae.

*CC* (*cod. potior*: *N*)
**Ed. *Bar.*:** –
**Edd. rel.:** heus *ter* *N*[Ri,Wa,Kl]

*CE* […] heu heu pater heu Hector *Ri. ante* heu *lacunam statuens, ut fierent an*$^4$, *Wa., Kl.* | heus *ter vulgo*[Ri]

*CS* *De* heus *particula apud priscos scriptores cf. Richter* (*1873*) *566–579, de quaestione, utrum in F 127* heus *an* heu *scribendum sit, cf. 569sq. adn. 7, quo loco Richter* heus *postulavit. – Interpr.*: *Naeke* (*1833*) *486 verba ad Astyanacem in cognomine vel alia fabula rettulit. Cf. Id.* (*1842*) *350. Ribbeck* (*1875*) *90sq. propos. haec verba fort. ad Cassandrae in Enni Alexandro orationem referenda esse et inter. vv. 56 et 57* (*Ri.*) *posuit. Etiam Wa. Ennianum Alexandrum comparandum attulit. Cf.* et *Timpanaro* (*1996*) *55.*

## 128

(79 Ri.$_{2-3}$, Kl.; 164 Wa.)

*Char. gramm. GL I 242,8–242,9 Keil = p. 315,21–315,23 Bar.* (*Bar.*):

[…] mane mane, porro ut audias!

cupiditatis adfectus est.

*CC* (*cod. potior*: *N*)
**Ed. *Bar.*:** –

*CE* […] mane] mane *Kl.*
*– Crit. in app.*: audias] audiam *propos. Ri.*

*CS* *Metr.*: *Ri. exitum ia vel tr statuit.*

## 129

(123–124 Ri.$_{2-3}$, Kl.; 77–78 Wa.)

*Char. gramm. GL I 276,25–276,29 Keil = p. 364,21–365,1 Bar.* (*Bar.*): sarcasmos est allegoriae figura deridendi causa ficta, ut

[…] rite Thesprotum pudet (*ia*$^6$)
rei, quod ipse a Tantalo ducat genus.

per hoc enim vult intellegi ignobilem esse Thesprotum.

*CC* (*cod. potior*: *N*)
**Ed. *Bar.*: 1** pudeat *N L* | **2** rei quod] *N* : reiq. *L* | ad tantalo *L* | duci *L*
**Edd. rel.: 1** pudeat (*N L*)[*Ri,Keil*] ω[*Kl*] (*corr. Grotius*) | **2** rei] ω[*Kl*] | rei quod] *N*[*Keil,Ri*] : reiq. *L*[*Keil,Ri*] | ad *an* ab *L*[*Ri*] | ad tantalo *L*[*Keil*] | ducat] *N*[*Keil,Ri*] : duci *L*[*Keil,Ri*]

*CE* **1** ni te Thesprotum pudeat regis *Delr.* : rite (ritae *Steph.*) Th. pudeat rei *Steph., Delr., Scriv.* | **2** rei quod] *Steph., Delr., Scriv.* : Atrei quod *Ri., Bar., Wa., Kl., Fra.* : generi quod *Keil, Ri.*$_1$ | ductat *Bo., Ri.*$_1$ : ducit *Keil*

*CS* **2** rei] Atrei *Buecheler* (*testibus Ri., Bar., Wa., Kl.*) | […] merito Thesprotum pudet / rei. quid si ipse a Tantalo ducat genus? *Grotius* (*1828*) *179. – Interpr.*: *Grotius verba sic interpretatus est*: *Agamemnon rogat famulum senem, quid ipse iudicaret, si quis filiam ipsius pro pecude mactare vellet. Thesprotus respondet rem esse indignam. Hinc Agamemnon infert, quanto magis aequum se indignari tanto prognatum genere. Welcker* (*1839*) *370 trib. F 129 cum F 137 Acci Pelopidis. Ribbeck* (*1875*) *628sq. e memoratione Atrei concludere voluit Thesprotum esse fort. illum regem, de quo Hyg. fab. 88 nuntiat* (*cf. CS ad adesp. F 137*). *Thesprotus non est progenies Tantali* (*cf. Ribbeck loc. cit. adn. 4 et Wa.*). *– Metr.*: *Ri., Kl. ia*$^6$ *statuerunt.*

*CP* *Apollod. 3,8,1,2 • Hyg. fab. 88.*

## 130

(25 Ri.$_{2-3}$, Kl.; 116 Wa.)

(a) *Char. gramm. GL I 278,2–278,7 Keil = p. 366,8–366,13 Bar.* (*Bar.*): prothesis est cum primae parti dictionis aut littera adicitur aut syllaba: littera, ut [*Verg. Aen. 11,178*] 'Turnum gnatoque patrique' pro nato; syllaba, ut '[…] concitum tetuli gradum' pro tuli.

(b) *Diom. gramm. GL I 440,33–441,4 Keil* (*Keil*): prosthesis (immo prothesis) est adpositio quaedem ad principium dictionis, litterae, ut [*Verg. Aen. 11,178*] ‘Turnum gnatoque patrique’ pro nato; syllabae, ut: ‘concitum tetuli gradum’ pro tuli.

concitum tetuli gradum

*CC* – ***ad a*** (*cod. potior*: *N*)
**Ed. *Bar.*:** concito te gratu tetuli *L*
**Edd. rel.:** concito te gratu tetuli *L*[*Keil*]
– ***ad b*** (*codd. ap. Keil*: *A B M*)
**Ed. *Keil*:** tetuli] detuli *M*

*CS* *Interpr.*: *F 130 Catullo trib. Pierius* (*1521*) *p. 181* (*ad Verg. Aen. 11,178*), *quem secutus est Vossius vol. 5* (*1635, = lib. 3 de analogia*) *37,131; cf. Naeke* (*1833*) *486* (*= Id. 1842, vol. 1, 350sq.*). *Ribbeck* (*1875*) *98 coniunxit F 130 cum F 68 et verba Clytaemnestrae dedit. – Metr.*: *Ri. exitum ia vel tr statuit.*

## 131

(245–248 Ri.$_{2\text{–}3}$, Kl.; 110–113 Wa.)

*Char. gramm. GL I 280,13–280,17 Keil = p. 369,8–369,15 Bar.* (*Bar.*): aliis ita placuit zeugma definire,

[…] nilne te (*ia*$^6$)
hominum fortunae, *nil* commiserescit <meae>?
finge advenam esse: nil fraterni nominis
sollemne auxilium et nomen pietatis movet?

**1** nilne te *Ri.* **2/3** nil *pro* nihil *Haupt* | **2** <meae> *add. Haupt et Keil*

plures sententiae uno verbo cluduntur.

*CC* (*cod. potior*: *N*)
**Ed. *Bar.*:** **2** meae] me *n* | **3** sollem. *N*: solenne *n*
**Edd. rel.:** **1–4** finge aduenam esse nihil fraterni nominis sollem. […] nihil hominum te fortuna nihil comiserescit auxilium et nomen pietatis mouet *N*[*Keil*] | **1–2** nihil hominum te *N*[*Ri, Wa*] ω[*Kl*] | **2** comiserescit *N*[*Ri*] | <meae>] *om. N*[*Ri*] | **2–3** nil … nil] nihil … nihil *N*[*Ri*] ω[*Kl*] | **4** nomen] *N*[*Ri*] ω[*Kl*]

*CE* **1–3** nihil hominum te fortunae, nihil c. meae? f. a. e.: nihil *eqs. Keil et Bar. vv. non dispescentes* (fortuna<e> *suppl. Keil*) | **1–2** […] nilne te / hominum] *Kl.* : […] nílne te / horúm *Ri., Ern.* : […] te nihil / hominum *Wa.* | **2–3** commiserescit me fingi advenam, te nihil *ed. Neap.* (*ap. Keil*) |

nil … nil] nihil … nihil *Wa., Keil, Bar.* | **2** meae] me *ed. Neap.* (*ap. Ri.*) | **3** advenam] adversam *Kl.* | **4** solenne auxilium *ed. Neap.* (*ap. Keil*) | nomen] *Wa.* : numen *Ri., Kl., Ern.*

*CS* **1–2** nil hominum te fortunae, nil miseret <meae> *Haupt, qui versus tragicos intellexit* (*teste Keil, cf. GL, 1857, I, 610 addendum ad p. 280*) | nihil / hominum te *Haupt* (*ap. Ri.*$_3$) : nil omnium / tete *L. Mueller vol. 1* (*1894*) *61* | nihil hóminum te horum, nil commiserescit mei *Buecheler* (*ap. Ri.*) | **2–3** nil … nil] *Haupt loc. cit.* | **4** nomen] numen *Haupt loc. cit.* – *Metr.*: *Ri., Kl.* $ia^6$ *statuerunt.*

## 132

(214 Ri.$_{2-3}$, Kl.; 12 Wa.)

(a) *Char. gramm. GL I 281,18–281,20 Keil = p. 370,9–370,11 Bar.* (*Bar.*): epanalepsis est cum eadem dictio in principio versus et in clausula ponitur, ut: 'pater, inquam, me lumine orbavit pater'.

(b) *Diom. GL I 445,29–446,3 Keil* (*Keil*): et aliter epanalepsis fit, cum eadem dictio et principium versus et clausulam tenet, ut … item: 'pater, inquam, me lumine orbavit pater'.

(c) *Sacerd. gramm. GL VI 458,11–458,13 Keil* (*Keil*): epanalempsis fit hoc modo: idem verbum ponitur in clausula, quod in principio dictionis, ut: 'pater, inquam, hospitis me lumine orbavit pater'.

pater, inquam, hospitis, me lumine orbavit pater (*tr*$^7$)

*CC* – ***ad a*** (*cod. potior*: *N*)
**Ed. *Bar.*:** –
**Edd. rel.:** patinquamelumineorbauit *N*[*Keil*] | hospites *om. Char.*[*Ri,Kl*] | orbauit pater *n*[*Bar*] | *Sec. Keil et Ri. non liquet, num in fine versus aliquid desit.*
– ***ad b*** (*codd. potiores*: *A B M*)
**Ed. *Keil*:** –
**Edd. rel.:** hospitis] *om. Diom.*[*Ri,Kl*] | orbavit pater] *Diom.*[*Bar*]
– ***ad c*** (*cod. potior*: *B*)
**Ed. *Keil*:** –
**Edd. rel.:** pater inquam hospitis me lumine orbavit pater] *Claudius Sacer.*[*Keil ad a*] | hospitis me] *Sacerd.*[*Keil ad a,Ri*] | orbavit pater] *Sacerd.*[*Keil ad a,Bar*]

CE orbavit [...] pater *Keil* (*ad a*) *non probante Bar., qui contra Keil post* orbavit *et ante* pater *lacunam non fuisse affirmavit* : orbavit pater] *ed. Neap.*[*Keil*] | páter inquam, hospités, <pater> me lúmine orbavít, pater *Ri., Wa.* : – ⏑ pater, inquam, hospites m. l. o. pater *Kl.* | hospitis] *Keil* (*ad c*) : *om. Bar., Keil* (*ad a et b*) : hospites *Ri., Wa., Kl.*

CS *Interpr.*: *Sec. Ri., Wa., Kl. haec sint fort. verba Phoenicis Enniani.* – *Metr.*: *Ri., Kl.* $tr^7$ *statuerunt.*

## 133

(84 $Ri._{2-3}$, Kl.; 20 Wa.)

*Char. gramm. GL I 283,9–283,13 Keil – p. 371,22–371,27 Bar.* (*Bar.*): dialyton est sive dialysis oratio nulla coniunctione interposita, ut [*Verg. Aen. 4,593*] 'alii navalibus ite,' et aliubi:

naufragia labes generis ignorat senex. ($ia^6$)

CC (*cod. potior*: *N*)
**Ed. *Bar.*:** –
**Edd. rel.:** naufragia labes generis ignorat senex] *N*[*Keil*] | ignorat] *N*[*Ri*]

CE ignorás, senex? *Ri., sed vulgo interrogandi signum deest.*

CS *Interpr.*: *Sec. Ri. et Wa. fort. hoc frg. Teucri Pacuviani est.* – *Metr.*: *Ri., Kl.* $ia^6$ *statuerunt.*

## 134

(61–63 $Ri._{2-3}$, Kl.; Acc. Arm. Iud. 115–117 Wa.)

*Char. gramm. GL I 283,20–284,5 Keil = p. 372,3–372,18 Bar.* (*Bar.*): fit igitur schema dianoeas per has species XV ... per mycterismon, id est derisum quendam, tam quam:

vidi te, Ulixes, saxo sternentem Hectora. ($ia^6$)
vidi tegentem clipeo classem Doricam:
ego tunc pudendam trepidus {pedibus} hortabar fugam.

**3** {pedibus} *del. Fab.*

haec omnia derisu quodam dicta sunt a fortiori ad non fortem.

*CC* (*cod. potior*: *N*)
**Ed.** ***Bar.*****:** **2** uidiṭ egentem *N*
**Edd. rel.:** **1–3** uidi te ulixes saxo sternentem he [...] peo classem doricam ego tunc pudendā trepidus pedib: hortabar fugam *N*[*Keil*] | **3** trepidus pedibus *codd.*[*Kl*] *N*[*Ri*]

*CE* **1** Ulysses *Steph.*, *Delr.*, *Scriv.* | **1–2** Hectora vidi tegentem clipeo *ed. Neap.*[*Keil*] | 2 clypeo *Delr.* : clupeo *Bo.* | {pedibus}] *del. vulgo*

*CS* **1–3** *F 134 supra oblatum ita iam praebuit Hermann vol. 7* (*1839*) *p. 370.* | **1** Ulixe *Welcker* (*1841*) *1383* | **3** {pedibus} *del. Fab.* – *Interpr.*: *Naeke* (*1833*) *486 rettulit F 134 ad Accium, Welcker loc. cit. ad Armorum Iudicium vel Pacuvi vel Acci, Ribbeck* (*1875*) *370sq. cognovit verba Aiacis Acci Armorum Iudicio, Bo. p. 179, Wa., Puccioni* (*1974*) *310–313* (*etiam allato Carcino II, TrGF 70 F 1a*), *Mariotti* (*1951 et 1998*) *Acci Iudicio trib. Cf. ad* saxum *vocem Di Salvo* (*1979*) *100.* – *Metr.*: *Ri., Kl.* $ia^6$ *statuerunt; Kl. frg. Accio tribui solere propter in* Hectora *brevem paenultimam commemoravit* (*cf. Ri.*$_3$ *ad loc. et Casaceli 1976, 32sq., qui contulerunt Acc. trag. 697 Ri.*$_3$: *Accius* Hectorem *nolet facere,* Hectora *malet*).

## 135

(150–152 Ri.$_2$; 149–151 Ri.$_3$; 106–108 Wa.; 149–151 Kl.)

*Char. gramm. GL I 283,20–284,15 Keil = p. 372,3–372,28 Bar.* (*Bar.*): fit igitur schema dianoeas per has species XV ... [*372,25 Bar.*] Per ethologiam, ut:

si quis me videat, dicat nimirum *vir hic.* ($ia^6$)
*est ille talis*, tantis opibus praepotens?
ubi nunc secundis rebus adiutrix <potens>?

**1–2** vir hic / est ille talis *Buecheler* | **3** potens *add. Ri.*

*CC* (*cod. potior*: *N*)
**Ed.** ***Bar.*****:** **1–2** nimirū hic ē ille talis uir tantis *N*
**Edd. rel.:** **1–2** praepotens ubi nunc secundis rebus ad Per ethologiam ut si quis me uideat dicat nimirū hic ē ille talis uir tantis *N*[*Keil*] | hic est ille talis vir *N*[*Ri*]

*CE* **1–3** *F 135 supra oblatum reddit textum ap. Bar., qui* potens *ex cod. n inseruit* | [...] si quis me videat, dicat [...] / 'ni mirum hic ille est vir talis tantibus opibus praepotens! / ubi nunc secundis rebus adiutrix [...]?' *Wa.* : [...] siquis me videat, <ita> dicat <sibi> / 'ni mirum hic est ille vir talis tantis opibus praepotens / ubi nunc <est> secundis rebus adiutrix [...]?' *Keil, cuius primum versum restitutum Ri. excepit* | **1–2** si quís me videat, dícat 'ni mirum híc is est, (hícin illest *Ri.*$_3$) / ille tális, <ille> vir

tántis o. p.?' *Ri.*$_1$ *et Ri.*$_3$ : si quis me videat, dicat 'nimirum vir <est> / hic est ille talis tantis o. p.?' *Kl.* | **2–3** 'ní mirum hic ille ést vir tali tántis opibus praepotens? / úbi nunc <est> secúndis rebus ádiutrix' *Ri.* | **2** tantis opibus praepotens] *ed. Neap.*[*Keil*] | **3** adiutrix per prosopopoeiam *ed. Neap.*[*Keil*] | adiutrix potens] *Kl., Bar.* : adiutrix fortuna *Fab.* : adiutrix tua *Ri.*$_1$ : adiutrix [...] *Ri.*$_{2-3}$
– *Crit. in app.*: adiutrix potentia *propos. Keil, qui commemoravit fuisse in editione* ω *post* adiutrix *vocabulum, quod Pierius olim integrum legere potuisset et cuius prima littera* p *esset, pro qua etiam* fo *legendum. Quam litteram* p *etiam in cod. N apparere idque in proximo versu post* redire (*373,3 Bar.*)*; Bar. in cod. n invenit* potens *vocabulum, quod perperam post* nonne (*373,5 Bar.*) *aberratum esse putavit et idcirco rursus post* adiutrix *transp.* : adiutrix pollentia *vel* fortuna adiutrix tua *propos. Ri.*

*CS* **1–2** vir hic / est ille talis] *ita verba tradita transp. Buecheler* (*testibus Ri., Kl., Bar.*) : hicine est / illic talis vir *Geppert* (*1858*) *114* : híc <is> est / vir ílle talis *C.F.W. Mueller* (*1869*) *426sq.* | nímirum hícinest ílle vir tális tántis ópibus praépoténs *Bach* (*1891*) *295 adn. 2; cf. et Skutsch* (*1892*) *122* | **3** "adiutrix *sc. Fortuna*" *Kl.* : adiutrix formositas *Buecheler* (*teste Ri.*) : adiutrix proba *Buecheler* (*teste Ri.*$_3$) – *Metr.*: *Ri. secutus Keil ita vv. dispescuit, ut tr*$^7$ *fieret, Ri.*$_3$ *et Kl. ia*$^6$ *statuerunt.*

## 136

(172–173 Ri.$_{2-3}$, Kl.; 274–275 Va.$_2$; Enn. Medea 282–283 Wa.; cf. p. 350 Joc.)

(a) *Char. gramm. GL I 283,20–284,11 Keil* = *p. 372,3–372,24 Bar.* (*Bar.*): fit igitur schema dianoeas per has species XV ... [*372,19 Bar.*] per paralipsim, {in quo} cum volumus negantes aliquid indicare, tam quam: 'non commemoro, quod draconis saevi sopivi impetum, non quod domui vim taurorum et segetis armatae manus'.

(b) *Char. gramm. GL I 286,5–286,9 Keil* = *p. 374,1–374,7 Bar.* (*Bar.*): negando, cum quid negantes volumus inducere atque improperantes beneficia, quae audiens cognoscat[160]:

non commemoro, quod *draconis saevi sopivi* impetum, (*tr*$^7$)
non quod *domui vim taurorum* et segetis armatae manus.

**1** draconis saevi sopivi *Fab.* | **2** domui vim taurorum *Lindem.*

160 cognoscat] *infinitivum excidisse putavit Keil.*

*CC* – ***ad a*** (*cod. potior*: *N*)
**Ed. *Bar.*: 1–2** quod latroni statui oppressi dom[…] (domus *n*) ista uirorū et segetis armata manus *N*
**Edd. rel.: 1–2** non com […] ista uirorū et segetis armata manus *N*[*Keil*] | **1** latroni statui oppressi *N*[*Ri,Kl*] | **2** et domus ista virorum *N*[*Ri*] : dom[…] ista virorum *N*[*Kl*] | armata *N*[*Ri*]
– ***ad b*** (*cod. potior*: *N*)
**Ed. *Bar.*: 1** sopivi] sopiuit *N* | **2** domavit viros et *N*
**Edd. rel.: 1–2** […]conis sęui sopiuit impetū non q domavit viros et segetis armatę manus *N*[*Keil*] | **1** non memoro *N*[*Keil,Ri*] | draconis saevi sopivit impetum *N*[*Ri*] : draconis saepe sopivit impetum *N*[*Kl*] | **2** non quod domavit viros *N*[*Ri*] | domavit viros et *N*[*Kl*]

*CE* **1–2** *F 136 supra oblatum ita iam praebuit Lindem. in app.* (*ad b*) | non memoro draconis saevi sopivi impetum, / non, quod viros domavi, et segetis armatae manus *Fab.* : non commemoro draconis taetri oppressi impetum / non, quod domui vim taurorum et segetis armatae manus *Lindem.* (*ad a*) | **1** commemoro] *ed. Neap.*[*Keil ad a*] | non memoro quod draconis *ed. Neap.*[*Keil ad b*], *Delr., Scriv.* | draconis saevi sopivi impetum] *Putsch.* | **2** et domus ista *ed. Neap.*[*Keil ad a*] | non quod viros domavi et segetis a. m. *Delr., Scriv.* | non uros quod domavi *Scriv.* (*teste Ri.*)
– *Crit. in app.*: **2** vim] ignis *propos. Ri.*$_{3}$

*CS* **2** non quod tauros domavi *Passerat ap. Scriv. p. 180* : non quod viros domavi *Welcker* (*1841*) *1378* (*cf. Scriv.*) – *Interpr.*: *Welcker loc. cit., Lindem., Va.*$_{1-2}$ *trib. F 136 Enni Medeae, Ribbeck* (*1875*) *155 et 533, Ri.*$_{3}$*, Kl. Enni vel Acci, Boscherini* (*1958*) *non Accio, sed Ennio; sec. Ri. et Wa. verba Medeae esse disputantis cum Iasone.* – *Metr.*: *Ri., Kl.* $tr^7$ *statuerunt.*

*CP* *Eur. Med. 476–480*: ἔσῳσά σ' ὡς … δράκοντά θ' κ. τ. λ. (*cf. Gualandri 1965, 117 adn. 60.*)

## 137

(120–122 Ri.$_{2-3}$, Kl.; 74–76 Wa.)

*Char. gramm. GL I 283,20–286,14 Keil* = *p. 372,3–374,13 Bar.* (*Bar.*): fit igitur schema dianoeas per has species XV … [*374,8 Bar.*] per transitum sive transmutatione personarum, cum a nostra ad alteram transimus et per illam transfigurantes quod volumus retinemus, ut

Thesprote, siquis sanguine exortam tuo (*ia*$^{6}$)
prolem inter aras s<acrificas> sacram immolet,
quid meritus hic sit, dubium an <id> cuiquam *fu*at?

**2** sacrificas *Ri.* | **3** id *add. Ri.*

*CC* (*cod. potior*: *N*)

**Ed. *Bar.*:** **2** sacrare *n* | **3** fuat] fiat *N*

**Edd. rel.:** **1–3** thesprothe siquis sanguine exortā tuo ꝑlē int arass [...] sacram immolet quid meritus hic sit dubium an cuiquā fiat *N*[Keil] | **1** thesprothe *N*[Ri] | **2** arass *in fine versus* *N*[Ri] | arass sacram *N*[Wa] ω[Kl] | **3** dubium an id cuiquam fuat] dubium an cuiquam fiat *N*[Keil] | id] *om.* *N*[Ri, Wa] | fuat] fiat *N*[Ri, Wa] ω[Kl]

*CE* **2** aras s<acrificas> sacram] aras sacrare sacram *ed. Neap.*[Keil, Ri], *Steph.*, *Lindem.* : aras sacras sacram *Delr.*, *Scriv.* : aras sacram sacrare *Fab.*, *Putsch.* : aras sacram sacras *Bo.* : aras sacrificas sacram *Ri.*, *Keil, Wa.*, *Kl.* | immolat *Kl.* | **3** dubium an <id>] *Bo.*, *Wa.* : dubium an *Steph.*, *Delr.*, *Scriv.* id *om.* : dubium id an *Keil, Ri.*, *Fra.* : dubium<ne> an *Ri.*$_3$, *Bar.*, *Kl.* | fuat] *Fab. olim, Bo.* : fiat *vel* siet *Fab.* : siet *Putsch.* : fiat *Steph.*, *Delr.*, *Scriv.*

– *Crit. in app.*: **3** "*vide an* dubiumne ai *scriptum fuerit*" *Ri.* | cuiquam] quoieiquam *propos. Kl.* | fuat] fuat *vel* siet *Fab. in notis mss.*

*CS* **2** aras sacras sacratam *Grotius* (*1828*) *179* : aras sacram sacras *Welcker* (*1839*) *370* | **2–3** prolem ínter aras sácrilega manu ínmolet, / quid híc (*sc. Agamemnon*) sit meritus, dúbium hauquaquam iám fuat *temptavit C.F.W. Mueller* (*1869*) *526* | **3** quid hic sit meritus, dubium hauquaquam iam fuat *Mueller loc. cit.* | dubium an id cuiquam fuat] dubiumne id cuiquam siet *Grotius loc. cit.* : dubium <id> an cuiquam fuat *Becker* (*1873*) *288* | dubiumne ut *Buecheler* (*teste Ri.*) – *Interpr.*: *Welcker loc cit. F 137 una cum F 129 Acci Pelopidis trib.* (*cf. et Schmidt 1861, 598*). *Sec. Wa. hoc loco fort. Thyestes dicit et versus e Thyeste Enni sunt. Ribbeck* (*1875*) *628 putavit F 137 et F 129 esse eadem e fabula* (*cf. CS ad F 129*). – *Metr.*: *Ri., Kl.* $ia^6$ *statuerunt. Cf. et Ax* (*1917*) *53.*

*CB* *Vahlen* (*1907*) *p. 417 adn. 32* (*= 1888/89, p. 17*)

*CP* *De Thesproto cf. Hyg. fab. 88*

## 138

(197–199 Ri.$_{2-3}$, Kl.; 102–104 Wa.)

*Char. gramm. GL I 283,20–287,11 Keil = p. 372,3–375,2 Bar.* (*Bar.*): fit igitur schema dianoeas per has species XV ... [*374,25 Bar.*] per epitropen

sive *ista* virtus seu {ita} latrocinium <fuit> (*ia*$^6$)
horrenda, miseranda †fia esse clamitas†
[...] quod extulisti saucios patrio lare

**1** ista *e* ita *corr. Keil* | fuit *add. Keil*

de nomine disceptatio est, cum res sit palam. hic adversariis permittimus quo velint pacto nomen imponere, ut de eo potius quam de re ipsa dubitare videamur.

*CC* (*cod. potior*: *N*)
**Ed. *Bar.*: 1–3** siue ita uirtus siue ita patrociniū horrendū miseranda fia (*vel* fin) ēē clamitas [...] quod *N*
**Edd. rel.: 1–3** siue ita uirtus siue ita patrociniū horrendū miseranda fia (*vel* fiu) ēē clamitas ꝗ extulisti saucios patrio lare *N*[Keil] | **1** sive ita virtus sive *N*[Ri,Wa] | ita patrociniū *N*[Ri,Wa] | fuit] *om.* *N*[Ri] | **2** horrendum *N*[Ri.3] ω[Kl] | miseranda *N*[Ri] | fia (*vel* fiu) ēē clamitas *N*[Ri] | **3** extulisti] *N*[Ri] ω[Kl]

*CE* **1** sive ista virtus seu latrocinium <fuit>] *corr. et suppl. Keil* | sive ista virtust seu *Ri.*$_1$ | horrendum sive est miseria, sive est calamitas insonti quod *Fab., Putsch.* | horrendum miserandum fuisse clamitant *Keil, Bar.* : horréndum miserandum ínpium esse clámitant *Ri., Wa.* | horrénda miseranda ísta sive est cálamitas *R.*$_3$ (*cf. Ri. 1873, p. CXXXI*) | †fia esse clamitas†] ista sive est calamitas *ed. princ.*[Ri,Kl] : ísta sive est calamitas *Ri.*$_3$ ; †fia (*vel* -u) ēē clamitas *Kl.* | **2–3** miseranda sive est calamitas insonti quod *ed. Neap.*[Lindem,Keil,Ri] | **3** [...] quod extulisti saucios / patrio lare *Keil* : quod éxpulisti (extudisti *Wa.*) saúcios patrió lare *Ri.* (*et Ri.*$_3$), *Wa. haec verba uno in versu ponentes* : insonti quod expulisti saucios patrio lare *Kl.* : <insonti> [...] quod extulisti saucios / patrio lare *Bar.*
– *Crit. in app.*: **2** †fia esse] esse factum *sprevit Ri.* : "*in cod. vestigiis* deflenda esse cal. *latere possit*" *Ri.*$_3$

*CS* **1–2** latrocinium horridum, / <sive> miseranda fertur esse calamitas *Buecheler teste Ri.*$_3$ | **1** seu {ita} latrocinium <fuit>] sivest parricidium *Spengel* (*1899*) *415* | <fuit>] cluet *Baehrens* (*1872*) *623* | **2** horrendum factum et miserandum esse clamitant *L. Mueller* (*1867*) *505* | horréndum miseranda ista sive est calamitas *Baehrens loc. cit.* : horrendum, miseranda ista certest calamitas *Spengel* (*1899*) *416* | †fia esse] infandum esse *Buecheler* (*teste Ri.*) | **3** quod extudisti saucios patrio lare *Mueller loc. cit., quod Bergk* (*1884*) *399 verbum* extudisti *alienum a sermone tragico putans repudiavit* (*Kl. falso rettulit Bergk*) : quod éxpulisti *eqs. Baehrens loc. cit.* – *Metr.*: *Ri., Kl.* $ia^6$ *statuerunt.*

**139**

(249–250 Ri.$_{2-3}$, Kl.; 64–65 Wa.)

*Char. gramm. GL I 289,22–289,26 Keil = p. 377,25–378,2 Bar.* (*Bar.*): ita <liber>ius quoque confitendum est nec distare melos a rhythmo, quod quidam putaverunt. nam esse hoc metron:

quaenam te adigunt, hospes,
stagna capacis visere Averni?

*CC* (*cod. potior*: *N*)
**Ed. *Bar.*:** stagna] *n* : *vix dispicitur in N*
**Edd. rel.:** quęnam te adigunt hospes stagna capacis uisere auerni *N*[*Keil*] | hospes stagna capacis *n*[*Keil*]
*CE* quaenam <curae> te *add. Kl. e.g.* | *Keil verba uno in versu posita praebuit.*
*CS* *Sec. Ri. Hercules interrogari videtur, sec. Brakman* (*1935*) *61 agitur de Hercule in inferos abituro;* quaenam *fort. olim ad furias referendum erat.* – *Metr.*: *Ri., Kl. an*$^4$ *statuerunt.*

## 140

(251–252 Ri.$_{2-3}$, Kl.; 95–96 Wa.)

*Diom. GL I 512,33–512,35 Keil* (*Keil*): anapaesticum dimetrum fit incisione, cuius haec exempla sunt:

agite o pelagi cursores, (*an*$^4$ *cat.*)
cupidam in patriam portate!

*CC* (*cod. potior*: *A B M*)
**Ed. *Keil*: 1** o] *om. M* | **2** cupidi pateram ς
*CE* *Crit. in app.*: cupidum *Ri., Wa. propos.*
*CS* *Interpr.*: *Ri. propos., si* cupidum *legatur, F 140 Acci Philoctetae tribui. Ribbeck* (*1875*) *51 opinatus est F 140 fort. in fine Naevi Iphigeniae a choro esse cantatum. Bergk* (*1874*) *313* (*= Id. 1884, 378*) *de poeta neoterico cogitavit aut de versibus e Graeco conversis. Cf. et Mueller* (*1861*) *430* (*cf. Id. 1894, 551*) – *Metr.*: *Ri., Kl. an*$^4$ *cat. statuerunt.*

## 141

(91 Ri.$_{2-3}$, Kl.; 52 Wa.)

*Frg. Bob. gramm. GL VI 622,10 Keil* (*Keil 1874*): tetrametrum catalecticum … tragicum, quod plures spondios habeat:

o parens antiqua nostrae gentis, Argivum decus (*tr*$^7$)

*CC* (*cod. potior*: *B = cod. Bobiensis, nunc Vindobonensis 16*)
**Ed. *Keil*:** –

*CS* *Wentzel* (*1881*) *14 versum a Iuba fictum esse censuit; sec. Wa. hoc frg. fort. Enni Telepho tribuendum est. – Metr.*: *Ri., Kl. tr*$^7$ *statuerunt. Cf. et Mueller* (*1894*) *160.*

**142**

(– Ri.$_{2–3}$; – Wa.; 267 Kl.)

*GL Suppl. CCXV, 21–22 Hag.* (*Hag.*): et in pluralitate cuius? neutri. d. e. e.:

Tartara saeva petisti dura claustra diruens

*CC* **Ed. *Hag.*:** –

*CE* *F 142 supra a nobis oblatum reddit textum et ap. Kl.* : saéva Tartara ádpetisti dúra claustra díruens *Ri. p. LXXI restituens tr*$^7$. – *Interpr.*: "*quae cui debeantur auctori et quam probabiliter de Hercule in scaena praedicata fuisse statuantur, in medio relinquo.*" *Ri. loc. cit.; versus et in hymno medioaevali invenitur* (*cf. Blume / Dreves 1887, 290*).

**143**

(226 Ri.$_{2–3}$, Kl.; 146 Wa.)

*Non. p. 64,5–6 Merc. = 89 Li.* (*Li.*): prolubium est [...]

⏑ – prolu*b*ium est *petere* amicitiam et fidem (*ia*$^6$)

prolubium *Lipsius* | petere *Lipsius*

*CC* (*codd. potiores*: *Bamb.* β γ δ *E F G H L Lugd. Montepess. Oxon. P P7665 P7666*)
**Ed. *Li.*:** patere *codd. corr. Lipsius*
**Edd. rel.:** proluvium *codd.*[Mu,Ri,On,Kl] : profluvium *fort. G in marg.*[Ri] | patere *codd.*[Ri,Mu,Wa,Kl]

*CE* proluvium *Ald.* : prolubiumst *Mue.* : [...] prolubium *Wa.* | patēre *Merc., Ald., Qui.*
– *Crit. in app.*: petere *corr. Merc. p. 112, qui lacunam inter utramque vocem* prolubium *suspicatus est.*

*CS* *Versum cognovit et restituit Lipsius* (*1600*) *177 – Metr.*: *Ri., Li., Kl. ia*$^6$ *statuerunt.*

## 144

(Pac. Atalanta 48–49 Ri.$_{2-3}$, Kl.; Pac. Atalanta 68–69 Wa.; Pac. Atalanta 66–67 D'A.; Pac. Atalanta frg. 42 Schierl, p. 174)

*Non. p. 65,1–3 Merc.= 90 Li.* (*Li.*): praegradat[161], antevenit, dictum a gradu. Pacuvius Atalanta[162].

– ᴗ – ᴗ extremum intra camterem ipsum praegradat (*tr*[7])
Parthen*opa*eum

**2** Parthenopaeum *Scaliger*

*CC* (*codd. potiores*: *Bamb.* β γ δ *E F G H L Lugd. Montepess. Oxon. P P7665 P7666*)
**Ed. *Li.*: 2** parthenoreum *codd.*
**Edd. rel.: 1** cāterem *G*[Ri] : camterem *codd.*[Qui] : camte[…]rem *G*[On] : cancerem '*ms. Iunii*'[Ri] | **2** praegradat Parthenoreum *codd.*[Qui,Mu] | parthenoreum *codd.*[Ri] (*F H L P G E P7579*)[On]

*CE* **1–2** campterem ipsum Parthenopaeum praegradat *Qui., Mu., quod sec. Ri.₃* "*pronum erat*". | praegradat Parthenoreum *Merc.* | **1** canterem *edd. ante Merc.*[Qui], *Iun., D'A* | praegrediat *Ald.* | **2** Parthenorem *Iun.* (Parthenopem *scripsit aliquis i.m. ap. Iun. teste Qui.*)
– *Crit. in app.*: **1–2** ipsam praegradat / Parthenopaeus *propos. Bo., Ri. non probante Kl.* | carcerem *aut* campterem *elicuit Iun. e* cancerem *manuscripti* : camterem *i.e.* campterem *explicavit Mu.*

*CS* **1** <deinde> extremum *Brakman* (*1935*) *56* | campterem *Scaliger* (*1565*) *12*, *Turnebus lib. 29* (*1573*) *19 probantibus Merc. et Ri.* | **2** Parthenopaeum] ex Parthenoreum *corr. Scaliger loc. cit. – Interpr.*: *vulgo F 144 Pacuvi Atalantae tribuitur, item a Schierl* (*2006*) *174, quo loco de interpretatione plura invenies. – Metr.*: *Ri., Li., Kl. tr*[7] *statuerunt.*

## 145

(Pac. Dulorest. 140–141 Ri.$_{2-3}$, Kl.; Pac. Dulorest. 142–143 Wa.; Pac. Dulorest. 163sq. D'A.; Pac. Dulorest. frg. 100 Schierl, p. 260)

*Non. p. 90,5–12 Merc. = 128 Li.* (*Li.*): conciere, cum perturbatione commovere … [*10*] Pacuvius Duloreste[163]:

---

161 praegradat] *corr. Mu.* : praegreditur *codd.*[Li]

162 Atalanta] *Iun.* : Tantalo *Merc.* : tantalo *codd.*[Ri,Mu,Li,Kl] (*F H L P G E P7579*)[On]

163 Pacuvius] Ennius *codd.*[Li] *corr. Scaliger Coni. 56* (*teste Ri., Qui.*) : Ennius […] Pacuvius *Qui., Mu.* : *et Ri. lacunam statuit* | doloreste *Urbin.307*[Ri]

[...] extemplo Aeghisti fidem (*tr*[7])
nuncupantes conciebunt populum [...]

*CC* (*codd. potiores*: *Bamb.* β γ δ *E F G H L Lugd. Montepess. Oxon. P P7665 P7666*)
**Ed. *Li.*:** –
**Edd. rel.:** **1** extemplo] exemplo *H*[1[Mu]] (*F H*[1])[[On]] | egisti *codd.*[[Qui]] (*L H*)[[Mu]] (*F H L P G E P7579*)[[On]] | **2** noncupantes *G*[[Mu,On]] | conciebunt] (*G*[2] *L* u *suprascr.*)[[Ri]] : conciebant *G*[1[Ri,Mu,On]] *rell.*[[Ri]] : conciebat *Urbin.*[[Ri]]

*CE* **1** exemplo *Scal.* (*1788*) *141, Ri.*$_1$ | egisti *edd. ante Merc.*[[Qui]] : Aegisthi *vel* Aegysthi *ed. 1426*[[Qui]], *Scal.*[[Qui]], *Bentin.*[[Qui]], *Iun.* : Aegisthi *Merc., Qui., Ri., Kl.* : Aegisti *On.* | **2** conciebant *Scal. loc. cit., Merc., Ri.*$_1$

*CS* *Interpr.*: *Nonius hoc loco Pacuvium cum Ennio per errorem commutavisse videtur; itaque vulgo F 145 Duloresti Pacuviano tribuitur, cf. Schierl* (*2006*) *260sq., quo loco etiam de interpretatione plura invenies. – Metr.*: *Li., Kl. statuerunt tr*[7].

## 146

(27 Ri.$_{2-3}$, Kl.; Lucil. 734 Wa.)

*Non. p. 96,1–4 Merc. = 136 Li.* (*Li.*): domutionem.[164] Pacuvius Hermiona ... [*3*] Lucilius lib. XXVI:

domutionis cupidi imperium regis paene inminuimus (*tr*[7])

*CC* (*codd. potiores*: *Bamb.* β γ δ *E F G H L Lugd. Montepess. Oxon. P P7665 P7666*)
**Ed. *Li.*:** –
**Edd. rel.:** domutionis] *codd.*[[Ri]] (*G H Lugd.*)[[Mu]] : *om. Bamb.*[[Mu]] : domutiones *G*[1[On]] | pene *codd.*[[Ri]] : paene *minus certe*[[On]] | inm. *L*[1[On]]

*CE* domuitionis *Merc.* : domum itionis *Ri.* : domitionis *Qui., Mu.* : domumitionis *Kl.* | paene] *edd.*[[Ri]]

*CS* domitionis *L. Mueller* (*1861*) *419sq.* (= *Id. 1894, 533sq.*) : domum itionis *Lachmann*[[Wa]] : domuitionis (domuitjonis) *Stowasser*[[Wa]]; *cf. ad* domitio *vocem et adesp. F 10 et Casaceli* (*1976*) *28 et Schierl* (*2006*) *292sq.* (*ad Pac. trag. 173 Ri.*). *– Interpr.*: *Karl Lachmann versus tragicus videtur* (*sec. Ri.*$_3$). *Cf. et Bouterwek* (*1867*) *38. Sec. Kl. versus Lucilianus e tragoedia sumptus est* (*cf. et CS ad adesp. F 147*); *Ri. F 146 cum adesp. F 18, F 98, F 120 ad Enni Telephum pertinendum esse putavit* (*cf. Ri. p. LXV*), *quod autem L. Mueller loc. cit. non approbavit; Wa., qui F 146 Lucilio*

164 domutionem] (*codd., edd. vet.*)[[Qui]] : domitionem *P*[[Qui]] : domutionem domo (*i.e.* domom)[[Qui]] itionem *P*[1[Qui]] : domuitionem *Iun., Merc., Bo.*

*trib., his verbis Ulixes, qui Thersiten verberavit, a Graeco aliquo laudari putavit. – Metr.: Ri., Li., Kl.* $tr^7$ *statuerunt.*

**147**

(253 $Ri._2$; Lucil. 949 Wa.; – Kl.)

*Non. p. 97,3–4 Merc. = 137 Li.* (*Li.*): deletio[165] Lucilius lib. XXIX:

deletionem nostri ad unum exercitus (*$ia^6$*)

*CC* (*codd. potiores*: *Bamb.* β γ δ *E F G H L Lugd. Montepess. Oxon. P P7665 P7666*)
**Ed. *Li.*:** –
**Edd. rel.:** delectionem *P*[On] : deletionum *codd.*[On]

*CE* *Non ap. $Ri._3$ et Kl.*

*CS* *Interpr.*: *Ri. hoc de F 147*: "*Graecanicae artis habes trimetrum; verba vel de Graecorum Troia redeuntium naufragio vel in Paulo Pacuvii de clade Cannensi usurpari potuerunt. Ex eodem Lucilii libro apud Nonium p. 289,1 haec excerpta sunt*: *detrússus tota ví deiectusque Ìtalia.*" *Sec. Wa., qui F 147 Lucilio trib., hoc loco ad pugnam apud Cannas factam alluditur. – Metr.: Ri. et Li. statuerunt* $ia^6$.

**148**

(254 $Ri._2$; Lucil. 654 Wa.; – Kl)

*Non. p. 97,9–12 Merc. = 138 Li.* (*Li.*): difflare est flatu disturbare … Lucilius lib. XXVI:

pars difflatur vento, pars autem obrigescit frigore (*$tr^7$*)

*CC* (*codd. potiores*: *Bamb.* β γ δ *E F G H L Lugd. Montepess. Oxon. P P7665 P7666*)
**Ed. *Li.*:** –

*CE* *Non ap. $Ri._3$ et Kl. – Crit. in app.*: obrigescit] *fuit qui coni.* obbrutescit *Mu.*

*CS* *Interpr.*: *Sec. Ri. Lucilius hunc versum fort. aliqua ex tragoedia hausit* (*cf. et CS ad adesp. F 146*). *Wa., qui F 148 Lucilio dedit, haec verba fort. de praedio rustico dicta opinatus est. – Metr.: Ri. et Li. statuerunt* $tr^7$.

---

165 deletius (*Montepess. Oxon. P7665*)[On] δ[Li]

## 149

**(Pac. inc. 349 Ri.$_{2-3}$, Kl.; Pac. Antiopa 2 Wa.; Pac. Antiopa 9–10 D'A.; Pac. Antiopa frg. 5 Schierl, p. 112)**

*Non. p. 190,20–24 Merc. = 280 Li.* (*Li.*): armenta genere neutro plerumque … Pacuvius[166]:

tu pascere
cornifrontes soles armentas

*CC* (*codd. potiores*: *Bamb.* β γ δ *E F G H L Lugd. Montepess. Oxon. P P7665 P7666*)
**Ed. *Li.*:** –
**Edd. rel.:** **1–2** *verborum ordinem supra oblatum praebent* (*H G Lugd.*)[Mu] *codd.*[Ri,Wa,Kl] | tu pascere cornifrontes *codd.*[Qui] | pascere cornifrontes ω[Kl] | **2** connifrontes *L*[On] | soles armentas] *codd.*[Qui] (*F H L P G E P7579*)[On]

*CE* **1–2** *verborum ordinem traditum et supra oblatum praebent Merc.* (*una linea*), *Li., D'A., Schierl* : tu pascere curvifrontes armentas soles *Iun.* : tu córnifrontes páscere arméntas soles *Iun. i.m., Scriv. p. 5 in incertis Livi frgg. ponens, Bo. p. 16, Ri., Mu., On., Wa., Kl.* : tu pascere córnifrontes arméntas soles *Qui.* : tu curvifrontes pascere armentas soles *Scriv. p. 87 in incertis Pacuvi frgg. ponens* | **2** cuni frontes *Ald.* (*ap. Mu.*)

*CS* 1–**2** tu pascere curvifrontes *Bentin.* (*ap. Qui., Mu.*) | tu curvifrontes pascere armentas soles *Scal.* (*1788*) *6* – *Interpr.*: cornifrons *ut* cornipes *Mu.* | *Bo. F 149 in Livi frgg. posuit. Du. p. 46 trib. F 149 Livi Antiopae. Welcker* (*1839*) *812 et 821* (*dubitanter*), *Ribbeck* (*1875*) *286, Wa., D'A. et Id.* (*1965*) *90sq., Schierl* (*2006*) *112 trib. F 149 Pacuvi Antiopae. Sec. Welcker loc. cit. et Wa. verba fort. Amphionis sunt, quod Ri. probavit. Plura de interpretatione invenies ap. Schierl loc. cit. Cf. et Serv. auct. Aen. 3,540.* – *Metr.*: *Kl. transpositis verbis* $ia^6$ *statuit, Spalt. in* soles *correptionem iamb. postulavit et statuit* $tr^7$.

---

166 Pacuvius] *Scal.* (*1788*) *5* : uiuius (*F H L P G E P7579*)[On] : uiuus *F*[1][On] : vivius *codd.*[Li,Kl] : Livius *Iun.* : Naevius *GR*

## 150

(cf. p. 109 Ri.3 [ad Pac. v. 160]); Pac. Dulorest. 167 Wa.; Pac. Dulorest. 161 Kl.; inc. auct. frg. XII D'A.; Pac. frg. inc. 7 Schierl, p. 577)

*Non. p. 345,1–6 Merc. = 545–546 Li.* (*Li.*): meret, humillimum et sordidissimum quaestum capit. Varro ... Lucilius ... Varro Agathone: "Duloreste,[167] qui '†merita hominem et servum facit'"

†merita hominem et servum facit

*CC* (*codd. potiores*: α *B* β *Bern.347 Cant.* δ *E G Gen. H L Montepess. Oxon. P*)
**Ed. *Li.*:** –
**Edd. rel.:** merita *codd.*[Mu] | hominem et servum] *codd.*[Mu]

*CE* meret homo se *Merc.* | δοῦλος iste qui meritat, hominem se servum facit *Qui.* : dúloprepesterón, qui meritat, hóminem ec se servúm *Mu. secutus Dübner*[Qui] | †qui merita *Wa., Kl.*
– *Crit. in app.*: meritántem *propos. Li.*

*CS* qui meritat hominem et *Popma*[Qui] | qui meritat hominem se servum facit *Naeke* (*1842*) *92* (*praeeunte ex parte N. Fabro*) | qui meret ex homine se servum facit *Ri. pp. XLIIsq.* | meret *Cèbe vol. 1* (*1972*) *37* | meritorium *Salanitro* (*1980/81*) *326* | merita *i.e. pecunia Wa.* – *Interpr.*: *Ri. pp. XLIIsq. trib. F 150 satirae Varronis cuidam, quae Dulorestes inscripta sit, sed Kl. et Mette* (*1964*) *95 secuti sunt Naeke loc. cit. et Stieglitz* (*1826*) *28, qui nonnulla verba Varronis et Pacuvi nomen excidisse opinatus versum Pacuvio trib. Wa. quamvis non assensus Naeke tamen F 150 in Dulorestis Pacuviani frgg. recepit. D'A. p. 244, Manuwald* (*2003*) *37sq. adn. 20, Schierl negaverunt versum esse Dulorestis. Cf. et Buecheler* (*1915*) *536sq., qui propos. in Varronis Agathone ad Pacuvi Duloresten esse allusum. His de quaestionibus plura invenies ap. Schierl* (*2006*) *577sq.* – *Metr.*: *Ri.* $tr^7$ *temptavit* (*cf. Ri. p. XLIII*).

---

167 Varro Agathone [...] <Pacuvius> Duloreste *Naeke* (*1842*) *92 non probante Mu.* | doloreste *L*[1[Ri.3,Li]] | δουλοπρεπέστερον *Duebner* (*ap. Ri. p. XLIII, Li.*) : δουλοπρεπῶς *Oehler, Riese* (*ap. Ri. p. XLIII*) | δοῦλος ἔρως ἐστι *Popma* (*ap. Scal. 1788, p. 320*) | dulos esti quia *Cebe vol. 1* (*1972*) *37*

## 151

(Pac. Iliona 203 Ri.$_{2-3}$, Kl.; Pac. Iliona 212 Wa.; inc. auct. frg. VI D'A.; Pac. frg. inc. 8 Schierl, p. 578)

*Non. p. 382,5–13 Merc. = 609 Li.* (*Li.*): rimari dicitur scrutari, quaerere … Accius[168] †Ilione:

aut stagnorum humidorum rimarem loca (*ia*$^6$)

*CC* (*codd. potiores*: α *B* β *Bern.347 Cant.* δ *E G Gen. H L Montepess. Oxon. P*)
**Ed. *Li.*:** humorem *codd.* | loco α
**Edd. rel.: 0–1** Ilione aut] *codd.*[Wa] | **1** aut *codd.*[Kl] | humorem *codd.*[Ri,Qui,Mu,Kl] | rimarem *codd.*[Qui] | loco (*Gen. Basil.*)[Ri] (*P Bern. Gen.*)[Qui] (*B Gen. H*$^1$)[Mu,Ri.3]

*CE* **0–1** Ilione aut] *vulgo*[Mu] : Iliona aut *Qui.* : Iliona ut *Mu.* | **1** umidorum *Ri., Wa., Kl.* : humorem *Qui.* | humorem rimarem *Ald., Merc.* : humorem rimarentur *Iun.* | ea, út stagnorum umórem rimarém, loca *Ri.*$_3$
– *Crit. in app.*: **0–1** Ilione aut] Diomede aut *propos. Li.* : Ilione ut *Ri.* | **1** rimarem ilico *propos. Qui.*

*CS* **0** Ilione] Ione *Vahlen vol. 2* (*1908*) *497sqq.* | **1** aut] ea ut *Buecheler coll. Eur. Hec. 780* (*ap. Kl.*) | humidorum] *Vossius* (*1620*) *143* | dumosa rimari *Duentzer*[Qui] – *Interpr.*: *Duentzer* (*1838*) *60 trib. F 151 Acci Ilionae, Welcker* (*1841*) *1156* (*item adesp. F 113 et F 152*)*, Ri., Wa., Kl., Argen.* (*1959*) *42, Mette* (*1964*) *99 Pacuvi Ilionae. Vahlen loc. cit. pro* Ilione *legit* Ione *et F 151 ad cognominem Acci fabulam rettulit probante Schierl* (*2006*) *579. Ribbeck* (*1875*) *235 de Deipyli interfecti quaestione cogitavit. Plura invenies ap. Schierl loc. cit.* – *Metr.*: *Li., Kl. statuerunt ia*$^6$.

*CP* *Buecheler* (*teste Ri.*$_3$) *et Schierl loc. cit. contulerunt Eur. Hec. 778–782, quo loco Polydorus forte inveniatur.*

## 152

(Pac. Iliona 214 Ri.$_{2-3}$, Kl.; Pac. Iliona 222 Wa.; Pac. Iliona 245 D'A.; Pac. Iliona frg. 155 Schierl, p. 335)

*Non. p. 504,30–505,15 Merc. = 811–812 Li.* (*Li.*): sonit, pro sonat … sonunt … <Pacuvius> Iliona[169]:

---

168 Accius] accuius *L* (*non E*)[Ri,Mu,Li,Wa] : actius *H*$^1$[Mu] : accius *rell. cum B*[Mu] : Pacuvius *Roth* (*cf. GR p. 259 ad loc.*)*, Mu. probante Ri.* | Ilione aut *codd.*[Wa] : Iliona ut *Mu.* : Accius Diomede aut *propos. Li. in app.* : Accius in Ione *Vahlen vol. 2* (*1908*) *497*

169 Pacuvius Iliona] *Iun. in marg. et edd. post Iun.* : Accius Iliona *Ald.* (*teste Ri.*)

ibo ad eam, ut sciscam quid velint. : : valvae sonunt (*ia*$^6$)

*CC* (*codd. potiores*: α *Bamb.* β γ δ *E G H L Lugd. Montepess. Oxon. P P7665 P7666*)
**Ed. *Li.*:** valvae] balve *codd.*
**Edd. rel.:** ibit ad *P*[*Qui*] | uts ciscam *H*[*Qui*] | velint] *codd.*[*Ri, Wa*] | valvae] balve *codd.*[*Ri,Qui,Schierl*] (*L G Bamb.*)[*Mu*] : balvae *H*[*Qui*] : belue *H*$^{1}$[*Mu*] : baluae *H*$^{2}$[*Mu*]

*CE* velit *ed. princ.* (*testibus Mu., Ri.*$_3$*, Li., Wa.*), *ed. 1476*[*Qui*], *edd. ante Ald.* (*teste Ri.*), *Ri., Kl., D'A., Schierl* : velint *Bo., Qui., Wa.* | valve *ed. princ.* (*teste Mu.*) : valvae *edd.*[*Ri*]

*CS* ad eam] ad eum *Ribbeck* (*1875*) *237, qui ea verba fort. ad aliquem nuntium pertinere putavit. – Interpr.: Iun., Scriv., Ri., Mu., Wa., Kl., D'A., Schierl* (*2006*) *335 trib. F 152, quamquam nomen poetae deest, Ilionae Pacuvi* (*cf. de Enni Iliona Welcker 1841, 1152sq. adn. 3 et 1156*). *Sec. Ribbeck* (*1875*) *237, L. Mueller* (*1889*) *33, Wa., Mette* (*1964*) *100, Schierl fort. priora verba Polymestoris, posteriora Ilionae sunt. Plura de interpretatione ap. Schierl loc.cit. – Metr.: Ri., Li., Kl. ia*$^6$ *statuerunt.*

## 153

(257–258 Ri.$_{2\text{–}3}$, Kl.; 88–89 Wa.)

*Schol. Verg. Veron. Aen. 2,178* (*Hag.*): <omina ni> repetant Argis numenque reducant … […]

[…] si forte […] quispiam princeps senex,
recipiebat sortisque atque auspicium repetebat domo. (*tr*$^7$)

*CC* (*cod. potior*: *V*)
**Ed. *Hag.*:** **2** atque] adque *V*

*CE* **1** [.] forte *Ri., Kl.* | quispiam] *Ri., Kl.* : se quispiam *suppl. Wa.* | **2** sortisque] *Mai, Keil* (*vox uncis inclusa*), *Bas.* : sortis *Kl.* | atque] *Hag.* : idque *Mai* : adque *Mai in ed. princ., Herr., Keil, Bas.*
*– Crit. in app.*: **1** si forte aderat *vel* si forte in castris aderat *suppl. Ri. e.g.*

*CS* *Hoc loco Vergili explicator nuntiat de more Romano si male foris pugnatum est nova auspicia domo repetendi. Scaenicam poesin agnovit Buecheler* (*1866*) *72. – Interpr.*: "reciebat, *hoc est redibat Romam*" *explicavit Ri.*$_3$. *Sec. Ri. et Wa. versus fort. aliqua e fabula praetexta sumpti sunt, sec. Ri.*$_3$ *Lucili sunt. – Metr.: Ri., Kl. tr*$^7$ *statuerunt.*

## 154–155

(34–35 Ri.$_{2\text{–}3}$, Kl.; 43–44 Wa.)

(a) *Pomp. gramm. GL V 237,11–237,20 Keil* (*Keil*): habemus in antiquis auctoribus, praecipue in antiquis poetis invenimus varie iunctas istas personas, credo, quia adhuc indefinita erat ista ratio: 'itis paratis arma quam primum, viri?' et alio loco dixit: 'Danai, qui parent Atridis, quam primum arma sumite!' Danai qui casus est? vocativus sine dubio. iste vocativus casus quam personam debuit tenere? secundam. parent tertia persona est: ecce iunxit tertiam personam vocativo, 'Danai, qui parent Atridis'; debuerat dicere 'o Danai, qui paretis', quod est in secunda persona.

(b) *Pomp. gramm. GL V 291,26–291,29 Keil* (*Keil*): per modos, si velis dicere: 'itis paratis arma quam primum, viri', pro eo quod est: 'ite, parate'. per personas: 'Danai, qui parent Atridis, quam primum arma sumite'.

(c) *Don. gramm. GL IV 394,4–394,14 Keil* (*Keil*): per modos verborum, sicut 'itis paratis arma quam primum, viri' pro 'ite parate'; indicativum modum pro imperativo posuit: … per personas, sicut: 'Danai, qui parent Atridis, quam primum arma sumite' pro 'qui paretis sumite'.

(d) *Serg. gramm. GL IV 564,7–564,9 Keil* (*Keil*): per personas sicut, 'Danai, qui parent Atridis, quam primum arma sumite' pro 'qui paretis sumite'. 'parent' tertia persona est, 'paretis' secunda.

### 154

itis paratis arma quam primum, viri. (*ia*$^6$)

### 155

Danai, qui parent Atridis, quam primum arma sumite! (*tr*$^7$)

*CC* – ***ad a*** (*codd. potiores*: *A B C P S*)
**Ed. *Keil*: F 154** itis] *B C a* : istis *A* | paratis] partes *suprascr.* a *et corr.* -is *B* | **F 155** arma] *om. A, add. a*
**Edd. rel.: F 154** itis] istis *A*[*Ri*] | arma] (*om. A, add. a*)[*Ri,Li*]
– ***ad b*** (*codd. potiores*: *A B C*)
**Ed. *Keil*: F 154** quam primum] *B C P* : quod primum *S* | **F 155** atridi quam primum arma *C P* : atridi quod primum in arma *S* : atridis quam arma *B*

**Edd. rel.:** **F 154** quam primum] quod primum *S*[Ri] | **F 155** Atridi *Pomp.*[Keil,Ri] (*C P S*)[Ri] : Atridei *S*[1][Lindem] | quam primum] quam (*om.* primum) *B*[Ri] : quod primum in *S*[Ri] : quod primum *S*[Li]
– ***ad c*** (*codd. potiores*: *L P S*)
**Ed. *Keil*:** **F 155** atrides *S* : atridis *S*[2]
**Edd. rel.:** **F 155** atrides *S*[Ri]
– ***ad d*** (*cod. potior*: *L*)
**Ed. *Keil*:** **F 155** danaique parent *L*

*CE* **F 154** viri [...] *Wa.*

*CS* **F 154** *signum interrogandi posuerunt L. Mueller* (*1861*) *429sq.* (*cf. Id. 1894, 550*) *et Kl.* | **F 155** Atridis] Atridae *Mueller loc. cit.* – *Interpr.*: *Sec. Keil Pompeius utrumque versum e Donato petivisse. Sec. Wa. uterque versus fort. Armorum Iudicio Acci vel Pacuvi tribuendus est.* – *Metr.*: *Ri.,Kl.* $ia^6$ *et* $tr^7$ *statuerunt.*

## 156

(70 Ri.$_{2-3}$, Kl.; 63 Wa.)

(a) *Pomp. gramm. GL V 296,4–296,10 Keil* (*Keil*): metaplasmi dicuntur qui fiunt causa necessitatis, figurae fiunt causa ornatus, tropi fiunt causa utriusque rei, id est et necessitatis et ornatus. puta: 'tetulit senilis Poeas ad caelum manus.' tetulit pro eo quod est tulit. stabat ille versus, an non? si potuit stare versus, puta tulit senilis Poeas[170] ad caelum manus, et ille maluit dicere tetulit pro eo quod est tulit, figuram fecit, id est schema.

(b) *Consent. GL V 387,36–387,38 Keil* (*Keil*): item prothesis est syllabae: 'tetulit senilis hostis ad caelum manus.' dixit enim pro eo quod est tulit.

tetulit senilis P*oe*as ad caelum manus. ($ia^6$)

Poeas *e* poetas *corr. Lindem.*

*CC* – ***ad a*** (*codd. potiores*: *A B C P S*)
**Ed. *Keil*:** senilis] *B P* : senili *C* : sinili *S* | Poeas] poetas *C S* : poeta *B P*
**Edd. rel.:** senili *C*[Ri] : sinili *S*[Ri] | poetas (*C S*)[Ri] ω[Kl] *corr. Lindem.* : poeta (*B P, infra* poetas *B C S*)[Ri]
– ***ad b*** (*codd. potiores*: *B L M*)
**Ed. *Keil*:** senilis] senius *M*[Keil]
**Edd. rel.:** senilis] senius *M*[Ri,Ni] : serius *B*[Ni] | Poeas] hostis *Consent.*[Ri,Kl]

*CE* *textum supra a nobis oblatum iam habuit* (*ad a*) *Lindem.* (*1820*) *p. 445* | seniles *Wa.* : saevus *Butt.* (*ad b*) | sinili poetas ad coelum *Lindem. loc. cit.* | Poeas] hostis *Keil* (*ad b*)

170 senilis] seniles *S*[Keil] | Poeas] poetas (*B C S*)[Keil]

– *Crit. in app.*: tetulitque *Butt.* | Poeas] *Lindem. loc. cit.* (*ad a*)

CS *Interpr.*: *Ri.*$_3$ *F 156 Acci Heraclidis trib. Sec. Wa. versus fort. e Hercule aliquo sumptus est. Cf. et Mueller* (*1861*) *430* (*cf. Id. 1894, 533sq.*). – *Metr.*: *Ri., Kl. ia*$^6$ *statuerunt.*

## 157

(255–256 Ri.$_{2-3}$, Kl.; 152–153 Wa.)

*Schol. Verg. Bern. georg. 2,194* (*Hag.*): fumantia, recentia. cum vota:

cum vota tibi bene responderint,
tunc funde libans

reddimus, libantes.

CC (*codd. potiores*: *B C*)
**Ed. *Hag.*:** –
**Edd. rel.:** tibi bene] *cod.* [Ri]

CE *F 157 supra a nobis oblatum reddit textum ap. Kl* | **1–2** […] cum vota béne tibi respónderint / tunc fúnde libans […] *Ri., Wa.*
– *Crit. in app.*: **1–2** cum vóta bene animó tuo respónderint / tunc fúnde libans […] *Hag. p. 729sq. ia*$^6$ *restituens* | **2** funde, liba *propos. Ri.*

CS *Interpr.*: *Hag. probantibus Ri. et Kl. rettulit scholium ad Verg. georg. 192*: pateris libamus et auro, *et versum tragoediae vel comoediae subesse cognovit.* – *Metr.*: *Ri. ia*$^6$ *suspicatus.*

## 158

(– Ri.$_{2-3}$; – Wa.; 262 Kl.)

*CIL XII 5687,4* (*CLE 31 Buech.*):

adesse ultorem nati me credas mei
<mori>tor : :
virtus nusquam terreri potest

**2** <mori>tor *coni. Weil*

CC nusqua *marmor*

CE **2** <mori>tor] *Kl.* | **3** nusquam] *Ri.*
– *Crit. in app.*: <mori>tor] *fort.* grassator *Buech.*

*CS* <mori>tor] *Weil* (*1885*) *103* : <congredi>tor *Leo*[*Buech,Kl*] – *Interpr.*: *versus in effigiei margine, qua scaena Romanae fabulae expressa est, inscripti sunt*: *ante Iovem, Minervam, Victoriam Hercules loquitur cum Marte, qui Cycnum filium ulturus videtur* (*cf. Fröhner 1889, 24sq., qui versus Cycno aliquo trib.*). *Itaque et Kl. vv. 1–2 a Marte, v. 3 a Hercule dicti esse putavit. Cf. Ri.* (*1898*) *pp. VIIsq., quo loco Ri. in F 158 etiam altercationem inter Herculem et Martem vidit et versus Fröhner secutus restituit sic*: <ul>tór<em?> virtus nusquam terreri potest.

### 5.2.3 Dubia et Spuria

**159**

(228 $Ri._{2-3}$, Kl.; 162 Wa.)

*Plaut. Truc. 932* (*Li.*): venitne in mentem tibi quod verbum in cavea dixit histrio:

omnes homines ad suum quaestum ca*ll*ent *n*ec fastidiunt (*tr*[7])

callent *e* calent *corr. Valla* | et *codd.* : nec *Bo.*

*CC* (*codd. potiores*: *A B C D*)
**Ed. *Li.*:** nec] et *codd.*
**Edd. rel.:** suum] (*B C D*)[*En*] | calent *codd.*[*Uss,Leo*] (*B C D*)[*En*] | nec] et *codd.*[*Ri,Uss,Wa,Kl*] (*B C D*)[*En*] *corr. Bo.*

*CE* omnes homines, <qui> ad suum quaestum callent, nihil fastidiunt *Uss. non prob. En.* | ad suom *Leo, Li., En.* | callent] *Valla coll. Plaut. Truc. 416* (*sec. En.*) | nec] *Bo., En.* : et *Leo, Li.*
– *Crit. in app.*: *in* fastidiunt *alterum versum exiisse suspicatus Leo.*

*CS* *Interpr.*: *Ri.* (*item Kl.*) *dubitavit, utrum versus tragicus an comicus sit et e.g. adnotavit etiam esse locos Plautinos vel Terentianos, quibus sermo tragicus resonari videatur* (*cf. et* $Ri._1$ *p. 356*). *Sec. Ri. F 159 fort. verba Enniani Telamonis de haruspicibus reddunt* (*cf. et* $Ri._1$ *p. 352 et Leo 1912, 120sqq., qui exempla paratragoediantis stili collegerunt*). – *Metr.*: *Kl. tr*[7] *statuit.*

*CP* *Ri. contulit. Plaut. Asin. 186*: ad suom quemque hominem quaestum esse aequomst callidum. • *Uss. et En. contulerunt Plaut. Truc. 416*: ad suum quemque aequum est esse quaestum callidum.

**160**

(260 $Ri._{2-3}$, Kl.; 155 Wa.)

(a) *Cic. Att. 4,1,8* (*SB*): ita sunt res nostrae, 'ut in secundis fluxae, ut in adversis bonae'.

(b) *Cic. Att. 4,2,1* (*SB*): prioribus tibi declaravi adventus noster qualis fuisset et quis esset status, atque omnes res nostrae quem ad modum essent, 'ut in secundis fluxae, ut in adversis bonae'.

(c) *Cic. ad Brut. 1,10,2* (*SB*): huius belli fortuna 'ut in secundis fluxa, ut in adversis bonae'. erat victrix res publica caesis Antoni copiis, ipso expulso.

ut in secundis fluxae, ut in adversis bonae (*ia*$^6$)

*CC* – ***ad a et b*** (*codd. potiores*: *E G N V R P F M b d m s*)
**Ed. *SB*:** –
**Edd. rel.:** advorsis Ω[*Mori*]
– ***ad c*** (*codd. potiores*: *E G H N V O R P M b d m s*)
**Ed. *SB*:** –

*CE* fluxa *TB, Wat., SB* (*ad c*), *quo loco* fluxa *est congruens cum* fortuna | advorsis *edd. R., V., Asc., Crat.*[*Mori*], *Mori* | bona *TB, Wat., SB* (*ad c*)
– *Crit. in app.*: *Ri.*: "*Ambiguum est, utrum* fluxae ... bonae, *sc. res, an* fluxa ... bona, *sc. fortuna, poeta dixerit.*"

*CS* *Versum intellexit Buecheler* (*1857*) *512 primum septenarium restituens tum ia*$^6$ *agnoscens* (*cf. Ri. in app.*). – *Interpr.*: *Ri. ignoravit, utrum versus sit tragicus an comicus.* – *Metr.*: *Ri., Kl. ia*$^6$ *statuerunt.*

## 161

(– Ri.$_{2-3}$; – Wa.; 266 Kl.)

*Cic. Sest. 48* (*Mas.*): in qua civitate ipse meminissem patrem huius M. Crassi, fortissimum virum, ne videret victorem vivus inimicum, eadem sibi manu vitam exhausisse qua mortem saepe hostibus optulisset.

– ⏑ ne vidéret *vivus víctorem* inimicúm, *manu* (*tr*$^8$)
eadem sibi vitam éxhausisse, quá mortem saepe hóstibus
óptulisset

**1** vivus víctorem inimicúm, manu *transpos. O. Mueller*

*CC* (*codd. potiores*: *P B G E H V N S*)
**Ed. *Mas.*:** vivus] *P G V* : *om. H*

*CS* *Interpr.*: *Versum tragicum suspicatus est et verbis Ciceronis transpositis tr*$^8$ *restituit O. Mueller* (*1876*) *117sq., qui deliberavit, utrum F 161 fort. ad Enni Telamonem vel Pacuvi Teucrum pertinendum sit. Idem sensit Zillinger* (*1911*) *145. Cf. Kl. p. 358 ad loc.*

**162**

(196 Ri.$_{2-3}$, Kl.; 68 Wa.)

*Cic. Tusc. 2,67* (*Giust.*): ut enim si cui naviganti <, quem> praedones insequantur, deus qui dixerit: "Eice te <de> navi; praesto est qui excipiat: vel delphinus, ut Arionem Methymnaeum, <vel cor aureum, ut Arthurum Dentem>[171] vel equi Pelopis illi Neptunii, qui 'per undas currus suspensos' rapuisse dicuntur, excipient te et quo velis perferent", omnem omittat timorem, sic urguentibus asperis et odiosis doloribus ... quo sit confugiendum {ut} vides.

per undas currus suspensos

*CC* (*codd. potiores*: *F G K R V*)
**Ed. *Giust.*:** currus] cursus $G^1$ (*corr.* $G^2$)
**Edd. rel.:** cursus $G^{1[Ri]}$

*CE* <rapiúnt> per undas cúrrus suspensós <equi / Neptunii> *suppl. Ri. e Ciceronis verbis versum effingens, ut dixit, ludi causa.* | [...] per undas currus suspensos *Wa., Kl.*

*CS* *Interpr.: Ri., Ribbeck (1875) 440, Wa. trib. F 162 Acci Oenomao et de equis Neptuni dici putaverunt. Et Pohl. hoc loco verba tragici poetae subesse suspectus.*

**163**

(224–225 Ri.$_{2-3}$, Kl.; Enn. ann. 602 Va.$_1$; – Va.; Enn. varia 29 Wa., p. 458)

*Varro ling. 7,23* (*GS*):

◡ ◡ ferme aderant aequore in alto (*an*$^4$)
ratibus repentibus

<aequor> mare appellatum, quod a<e>quatum[172], cum commotum vento non est.

*CC* (*cod. potior*: *F*)
**Ed. *GS*: 2** ratib; repentib; *F*
**Edd. rel.: 1–2** aequore in alto ratibus repentibus] *codd.*[Va.1,Sp]

171 *Suppl. e Douglasio Adamo vol. 1 ludi causa S.* (*cf. Colinum vol. 5, qui Prefectum se temere e fenestra eicientem excipit*).

172 <aequor> mare appellatum, quod a<e>quatum] *add. et suppl. Laet.*[GS].

*CE* *F 163 supra oblatum reddit textum ap. Ri.*$_{2-3}$, *Kl. anapaestos metientes* | **1–2** ferme aderant ratibus repentibus aequore in alto *Va.*$_1$, *Sp., Wa., qui da*$^6$ *restituerunt, H. Ilberg (ap. Va.*$_1$*) secuti, quod Kl. non approbavit.* | **1** Aeges ferme *suppl. Bo. Varronis lemma, quod om. Scriv. et Scal.* | *Non ap. Va.*$_2$
– *Crit. in app.*: **1–2** ferme áderant aequore álto ratibus rétibus *Ri. senarium comicum temptans* | **1** *fort.* <iam> ferme *Ri.* |

*CS* *Ri.*: "*Paroemiaci supplementa* vecti *vel* lentis *proposuit Bue*[*cheler*]." – *Interpr.*: *Bo. p. 117 F 163 in Pacuviani Dulorestis frgg. posuit. Va.*$_1$ *versum ut da*$^6$ *Enni Annalibus tribuit, sec. Ri.*$_3$ *fort. recte*: "*nam narrationi minus idonei videntur anapaesti.*" – *Metr.*: *Va.*$_1$ *da*$^6$, *Ri., Kl. an*$^4$ *statuerunt.*

## 164

(148 Ri.$_{2-3}$, Kl.; post carm. Nelei 5c Wa. p. 628; FPL$_4$ p. 414)

*Gell. 4,9,1* (*Ma.*): Nigidius Figulus … in undecimo commentariorum grammaticorum versum ex antiquo carmine refert memoria hercle dignum:

religentem esse <ted> oportet, religiosus ne f<u>as (*tr*$^7$)

<ted> *suppl. Fleckeisen, Herz* | ne fuas *corr. idem*

*CC* (*codd. potiores*: *V P R*)
**Ed. *Ma.*:** esse <ted>] esse *V P R* | ne fuas] nefas *V P R*
**Edd. rel.:** esse <ted>] esse *codd.*[Ri] | ne f<u>as] nefas ω[Kl] | religiosus nefas *codd.*[Ri, Wa] : religiosum nefas (*V P R*)[Mar, Bläns]

*CE* […] religentem *Wa. lacunam statuens* | esse <ted> oportet] *suppl. Ri., Kl., om. Her., Hos., Wa., Mar., Ma., FPL*$_4$ | religiosum nefas *edd. vet.*[Ri, Wa] : át religiosúmst nefas *Ri.*$_1$ | ne fuas] *Ri., Her., Kl., Wa., Ma.* : ne seis *Baehr.*
– *Crit. in app.*: réligiosús ne fías *Her.* | *vel potius* religentem esse oportet tete religiosus ne fuas *Her.*

*CS* animum religentem esse oportet, religiosum sit nefas *Duentzer* (*1857*) *16* | <ted> esse] *Fleckeisen* (*1868*) *416 et Hertz* (*1868*) *9* (= *Id. 1886, 46*) *tr*$^7$ *efficientes, quod Leo loc. infra cit. repudiavit* | religiosus ne f<u>as] *Fleckeisen loc. cit.* : set religiosum nefas *Hertz loc. cit. inter alia* : sed religiosumst nefas *L. Mueller* (*ap. Hos.*) | ne fias *Hertz* (*1868*) *10* (= *Id. 1886, 47sq. cum adn.*). *De restituendo versu cf. Mayer* (*1975*) *et Margherita* (*1986*). *Cf. et Buecheler* (*1878*) *9* – *Interpr.*: *Ri. et Kl. dubitaverunt, sitne F 164 tragicum, Wa. p. 628 in frgg.* "*ex antiquis carminibus*" *posuit.* – *Metr.*: *Duentzer / Lersch* (*1838*) *63, Leo* (*1905*) *39 et 59 saturnium, Fleckeisen loc. cit., Ri., Kl. tr*$^7$ *statuerunt.*

## 165

(215–216 Ri.$_{2-3}$; post carm. Nelei 5a–b Wa. p. 628; 215 Kl.)

*Fest. p. 214,12–14 Li.* (*Li.*): obstinet[173] dicebant antiqui, quod nunc ostendit; ut in veteribus carminibus:

sed iam se caelo cedens Aurora obstinet (*ia*$^6$)
suum patrem

*CC* (*cod.*: *F*)
**Ed. *Li.*: 1** cedens] *W* | ostinet *W ex corr.*
*CE* **1** se] *vulgo*[Scriv] : de *Scriv. secutus Scaliger non probante Bo.* | cedens] candens *ed. princ.*[Li], *edd. post Aug.*[Mue], *Steph., Delr., Scriv., Bo.* : condens *Ald.*[Mue,Li]
*CS* **1** se] de *Scaliger*[Mue,Li] *non probantibus Dac. et Mue. – Interpr.*: *Bergk* (*1884*) *378 dubitavit, num haec verba e tragoedia sumpta, essent probante Kl. – Metr.*: *Ri.* (*Ri.*$_1$ *olim ia*$^7$, *Ri.*$_3$ *propos. ia*$^8$), *Kl. ia*$^6$ *statuerunt.*

## 166

(2 Ri.$_{2-3}$, Kl.; – Wa.)

*Fest. p. 256,14–16 Li.* (*Li.*): <pro> […] alias pro al […][174] <Accius> in Melani<ppo>[175] […]

mani† omnium

*CC* (*cod.*: *F*)
**Ed. *Li.*:** mani] *F* | omnium (n *per compedium*) *ut videtur* $F^c$ : oinu $F^{ab}$
**Edd. rel.:** mani om̄u *cod.*[Ri]
*CE* manu omnium *Ursin.*[Mue,Ri] : manu omium *Mue.*

---

173 *Glossam totam om. X* | ostinet *W*[Li] *et ed. princ.*[Li]

174 <pro>] *suppl. edd. e Paul.* | pro al *vel* pro as *Fc*[Li] : pro a<dmiratione> *suppl. edd. e Paul.*

175 *Suppl. Ursin. et Li.*

## 167

(235–236 Ri.$_{2-3}$, Kl.; – Wa.)

*Fest. p. 382,33–384,1 Li.* (*Li.*): <suremit sumpsit: 'inque> manum su<remit hastam'> […] i surempsit […] pue<rum> sustule<rit […].
*Cf. Paul. p. 383,15–16 Li.* (*Li.*): 'inque manu suremit hastam.' surempsit sustulerit.

inque> manum su<remit hastam

*CC* (*cod.*: *F*)
**Ed. *Li.*:** *versus suppletus e Paul.* | manum] $F^u$ $F^c$ ('*non* s man') : manu *Paul.* (*sed* manus *Basil.* : man *R*)
**Edd. rel.:** manus *Paul.*[Mue,Ri,Bläns] : manus *Basil.*[Bläns] : man *R*[Bläns] : manu *rell.*[Bläns]

*CE* […] inque *Kl.* | *Ri.*$_{1-3}$ *et Kl. alterum frustulum hoc e loco, quod ap. nos in testimoniis invenies* (*cf. Trag. Rom. T 75*), *elicere temptaverunt*: <puerúm> surempsit *Ri. secutus Mue.* : surempsit *Kl. frg. epicum suspicatus.*
– *Crit. in app.*: manum suam *propos. Ri.*

*CS* *Bergk* (*1844*) *XVII* (= *Id. 1884, 235*) *haec verba ex Enni tragoedia sumpta esse demonstrare voluit, quamquam, quod monuit Ri., magis saturnios resonant. Sec. Buecheler* (*cf. FPL*$_4$), *Kl., sec. FPL*$_4$ *versus epicus et e Livi Odusia petitus videtur* (*cf. FPL*$_4$ *Liv. Andr. 4*). *Cf.* et *Leo* (*1905*) *47, Mariotti* (*1952*) *84sqq.* (= *Id. 1986, 62sq.*), *Büchner* (*1979*) *60sq. cum adn. 36.*

*CP* *Hom. Od. 1,99*: εἵλετο δ' ἄλκιμον ἔγχος. • *Hom. Od. 21,433*: ἀμφὶ δὲ χεῖρα φίλην βάλεν ἔγχει (*cf. FPL*$_4$ *ad loc.*)

## 168–170

(96 Ri.$_{2-3}$, Kl.; 147 Wa.)

### 168

*Ps. Cens. GL VI 614,7–614,10 Keil = frg. 14,9,8–14,9,11 Sa.* (*Sa.*): aristobolius[176]:

quae tam terribilis tua pectora turbat, terrifico sonitu [inpulit? (*tr*[8])

is circuitus magis quam versus est. dactylum crebrum habet, rarum spondium.

*CC* (*codd. potiores*: *C G H J L O Q R S U*)
**Ed. *Sa.*:** quaedam *codd.* | tua pectora] tria, *om.* pectora *G* | turbat] trahat *J* | terrifico] fremitu *L* | inpulit] *codd.* : intulit *L*
**Edd. rel.:** quaedam *C*[*Keil,Ri.3*] *codd.*[*Ri,Wa,Kl*] *corr. Bo.* | tua pectora] tria *om.* pectora *G*[*Ri*] | inpulit] *C*[*Ri*] : intulit (*V G*)[*Ri*] *V*[*Keil*]

*CE* quae tam terribilis tua pectora turbat? terrificum sonitum intulit *Bo.* : quae tam terribili tua pectora turba et terrifico sonitu inpulit? *coni. Hu.* : quaedam terribilis tua pectora turbans terrifico sonitu inpulit *Ja.* | quaedam *edd.*[*Sa*], *Delr., Scriv.* | turbans *Heinsius* (*ap. Ri.*) | intulit *edd. vet.*[*Keil,Sa*]

*CS* quae *sc. vox Bo., Ri., Kl.* | [...] tam térribilis / tua péctora turbat térrifico sonitu ímpulit *C.F.W. Mueller* (*1869*) *410* | tuba *Bergk*[*Ri.3*] – *Interpr.*: *Ribbeck* (*1875*) *276 propos. F 168 cum F 169 et F 170 fort. Pacuvi Niptris tribuendum esse. Ri.*$_3$ *monuit anapaestos tetrametros et paeones a tragoedia haberi alienos.* – *Metr.*: *Grotius* (*1828*) *180 dubitavit, an non sint diversa fragmenta, et textum praebuit hoc*: *primum anapaesticum*: quaedam t. t. p. turbat, *et alterum iamb.*: terrifico sonitu se intulit. *Sec. L. Mueller* (*1868*) *434 et Wa. versus fort. a Censorino inventus est. L. Mueller loc. cit. et Buecheler* (*ap. Ri.*$_3$) *dactylos, Ri. anapaestos* (*cf. Ri. p. LXVII*) *subesse putaverunt, Kl. binos da*[4] *statuit.*

*CP* *Ri.*$_3$ *contulit Plaut. Trin. 1176*: Quis homo tam tumultuoso sonitu me excivit subito foras? • *Bacch. 1120*: Quis sonitu ac tumultu tanto nominat me atque pultat aedes?

---

176 aristobolius] (*S B W*)[*Sa*], *edd.* : archebulius "*Nicolaus Loensis coniecit epiphyll. V 8, recte, ut videtur, quamquam octonarium anapaesticum alii non dixerunt archebulium, sed de variis versibus anapaesticis eo nomine usi grammatici.*" *Keil ad loc.*

## 169

(97–98 Ri.$_{2-3}$, Kl.; 148–149 Wa.)

*Ps. Cens. GL VI 614,10–614,13 Keil = frg. 14,10,12–14,10,15 Sa.* (*Sa.*): paeon duodenarius:

quis meum nominans nomen exciet? (*cr*$^2$+*tr*$^3$ *cat.*)
quis tumultu invocans incolarum fidem? (*cr*$^4$)

et hic circuitus magis quam versus est.

*CC* (*codd. potiores: C G H J L O Q R S U*)
**Ed. *Sa.*: 1** quis] quamvis *J pr.* | nominatus *G* | **2** tumultum *codd.* : tantulum *U*
**Edd. rel.: 1** <aede> *om. codd.*[Ri] *C*[Keil] | **1–2** exciet? quis] exarquamvis *G*[Ri] | **2** tumultum (*vel similiter*) *codd.*[Wa,Kl] *C*[Ri,Keil] : tumulum *V*[Ri]

*CE* **1** quis] quemvis *Pa.*[Sa], *Be.*[Sa] | meum] meam *Kl.* | nomen] nomen <aede> *add. Ri. cr*$^4$ *restituens, Ja., Hu., Keil, Di., Wa., Sa.* | excitet *edd.*[Sa] | **2** tumultum *edd.*[Sa] | **2** quis] quamvis *Delr., Scriv.* | fidem […]? *Ri., Wa.*

*CS* **1** nomen <aede> *add. Lachmann* (*ap. Ja.*) | quis meum nominans nomen ex me ciet *Bergk* (*1884a*) *683* | ciet *Grotius* (*1828*) *180, "ut sit pars iambici"* | **2** quis] quamvis *Scaliger* (*1565*) *100* | tumultu] *Scaliger loc. cit.*: tumulti *Scaliger*[Wa] | quove in tumultu invocat Aetolorum fidem *Grotius loc. cit. – Interpr.*: *Scaliger loc. cit.*: *"videtur ex quodam choro ex Nyctegresia."* (*similiter Delr. p. 187*). *Ribbeck* (*1875*) *276 propos. F 169 cum F 168 et F 170 Pacuvi Niptris tribuendum esse. Sec. Wa. v. Paeon duodenarius fort. a Censorino inventus est. – Metr.*: *Keil, Sa. unum versum praebuerunt, Scaliger loc. cit. post* exciet *alterum versum coepit. Ri. creticum et ditrochaeum, Kl. cr*$^2$+*tr*$^3$ *cat. et cr*$^4$ *statuerunt.*

*CP* *Casaceli* (*1976*) *105 contulit ad v. 2 Acc. trag. 330 Ri.*: tamen haut fatiscar quin tuam inplorem fidem.

## 170

(99–100 Ri.$_{2-3}$, Kl.; 150–151 Wa.)

*Ps. Cens. GL VI 614,12–614,14 Keil = frg. 14,10,15–14,10,16 Sa.* (*Sa.*): huic suberit denarius:

†qui repens semipulsus onere gravi fores crepitu terrent†

CC (*codd. potiores*: *C G H J L O Q R S U*)
**Ed. *Sa.*:** repenso *W* | pulsus *B W* | honere *V* : honore *B W* : contra *L* | strepitu *R O L B W* | tenent *L*
**Edd. rel.:** qui repens semipulsus onere gravi fores crepitu terrent] *codd.*[Ri,Wa] *C*[Ri.3] | honere *V*[Ri] | screpitu *C*[Ri] : strepitu *C*[Wa]

CE *F 170 supra oblatum reddit textum ap. Kl.* | quí repens sémi<somnum>, ónere pulsáns gravi / <hás> fores, strépitu (crepitu *Ri.*$_3$) terret? *Ri.*$_{2-3}$, *Wa. cr*$^4$ *restituentes* | semipulsas *Sa.* | strepitu *edd. vet.*[Keil,Sa], *Delr.*, *Scriv.*, *Bo.*, *Ja.*
– *Crit. in app.*: quí repens síc mias ónere pulsát gravi / <mí> fores? strépitu <quis> térret? *Ri.* | crepitu terret fores *propos. Kl.*

CS quis repens impulsus onere tam gravi et strepitu fores / terret. *Grotius* (*1828*) *180* : quí repens (*vel* frequens) síc mias ónere pulsát gravi / <hic> fores? strépitu <quis> térret? *Ribbeck* (*1875*) *276* : quí repens sémipulsús onere graví fores / crépitus adfértur et térret (*vel* extérrens) *Buecheler* (*ap. Ri.*$_3$) – *Interpr.*: *Ribbeck* (*1875*) *276 propos. F 168 cum F 169 et F 170 Pacuvi Niptris tribuendum esse* (*cf. et Ri.*$_1$ *287*). *Cf. et Bergk* (*1884a*) *683 et Coppola* (*1940*) *68 adn.* – *Metr.*: *Ri. cret. et ditrochaeum statuit.*

## 171

(218 Ri.$_{2-3}$; 121 Wa.; 217 Kl.)

(a) *Ps. Cens. GL VI 615,15–615,16 Keil = frg. 15,1,5–15,1,6 Sa.* (*Sa.*): Pyrrichius[177]: 'rapite, agite, ruite celeripedes'.

(b) *Fortun. gramm. GL VI 286,9–286,13 Keil* (*Keil*): iambicus trimeter … qui maximus XVII, ut: 'rapite agite, proceres, rapite <o> iuvenum decus'.

rapite, agite, ruite celeripedes. (*ia*$^4$)

CC – ***ad a*** (*codd. potiores*: *C G H J L O Q R S U*)
**Ed. *Sa.*:** he celeripede*s O* : celeripede *B W*
– ***ad b*** (*codd. potiores*: *A B*)
**Ed. *Keil*:** –

CE celeripedes pedes *edd.*[Sa] | rapite o proceres *ed. 1504*[Keil] (*ad b*) | rapite agite, proceres, rapite <o> iuvenum decus *Keil*

CS *Interpr.*: *Wa., qui haec tria verba fort. transitiva esse commemoravit, etiam de comoedia deliberat aut de verbis a Censorino fictis; etiam Kl. versus a grammaticis fictos statuit. Coppola* (*1940*) *69 adn. 1 Pacuvi Antiopae F 171 tribuere voluit coll. Pac. trag. 350 Ri.*

---

177 pirrichius *C*[Sa]

*– Metr.: Ri. p. LXVII: "Pyrrichius qui dicitur grammatico 218 nil aliud est quam per proceleusmaticos decurrens tetrapodia dactylica catalectica, quam puram praestat Pomponius v. 5 et 7." Ri. da$^4$, Kl. ia$^4$ statuerunt.*

*CP* *Ri. et Wa. contulerunt Pac. trag. 350* (*Ri.*): ágite, íte, evolvite rápite, coma.

## 172–174
### (237–239 Ri.$_{2-3}$, Kl.; – Wa.)

*Ps. Cens. GL VI 615,21–616,5 Keil = frg. 15,1,12sqq. Sa.* (*Sa.*): anapaestus [*F 172*]: 'agilis sonipes rapitur celeri sonitu trepidans'. creticus [*F 173*]: 'horridi transeunt ad pedes ex equis'. palinbacchius [*F 174*]: 'amicos ad hanc rem, si voles, advoca'.

### 172

agilis sonipes rapitur celeri sonitu trepidans (*an*)

*CC* (*codd. potiores: C G H J L O Q R S U*)
**Ed. *Sa.*:** semper sonipes *S* | celer *B* | trepitans *J* : crepitans *L*

*CE* crepitans *Ald.*[Sa], *edd.*[Sa]
*– Crit. in app.: Ri. dubitavit: "Certe nec omittere nec discerpere volui haec tria exempla."*

*CS* *Interpr.: Ri. adnotavit F 172–174 (prae ceteris F 172) suspicionem habere probante Kl. – Metr.: Ri. an$^3$, Kl. an statuerunt.*

*CP* *Catull. 63,41*: sonipes

### 173

horridi transeunt ad pedes ex equis (*cr*)

*CC* (*codd. potiores: C B H J L O P Q R S U*)
**Ed. *Sa.*:** ex] *S B W* : et *C P V*
**Edd. rel.:** et equis *C*[Ri,Keil] *V*[Ri]

*CE* transerunt *edd.*[Sa] | ex equis] *edd. vet.*[Keil]

*CS* transferunt se *Cauchius in Ald. 1581*[Sa] *– Interpr.: L. Mueller (1868) 434, quem* horridi *vocem offendit, versum a grammaticis confictum esse censuit. Etiam Ri. (probante Kl.) adnotavit F 172–174, praecipue illud* transeunt, *suspicionem habere, cum* horridi *de equitibus pulvere vel sudore affectis dici posse affirmaverit. – Metr.:Ri., Kl. cr statuerunt.*

## 174

amicos ad hanc rem, si voles, advoca (*bacch*)

CC (*codd. potiores*: *C H J L O Q R S U*)
**Ed. *Sa.*:** advocata *O B W*
**Edd. rel.:** si voles advoca] ω[*Ri,Kl*]
CE ut solés advocáto *Ja. in app., Ri., Kl.* | †si voles *Keil*
CS ut solés advocáto *Faber*[*Kl*] | ad hanc rem volens advocabo *L. Mueller* (*1868*) *432* : ad hanc, si voles, advoca rem *Buecheler* (*ap. Ri.*) *verba transponens non approbante Kl.* | advoca<bis> *Geppert* (*1858*) *112* – *Interpr.*: *Geppert loc. cit. dedit F 174 comoediae. Ri. adnotavit F 172–174 suspicionem movere probante Kl. Sec. L. Mueller* (*1868*) *434 fort. F 174 fictum est.* – *Metr.*: si voles advoca *servavit Bergk creticos baccheis admiscens* (*ap. Ri.*[3]). *Ri., Kl. bacch statuerunt.*

## 175

(241 $Ri._{2\text{–}3}$, Kl.; – Wa.)

(a) *Mar. Victorin. GL VI 79,21–79,23 Keil* (*Keil*): penthemimeres in trimetris satis probatur, quae per binos iambos et semipedem verba finit, ut est: 'divi potentes, ferte lassatis opem.'

(b) *Schol. Hor. Epod. pr. 9–12* (*Kell.*): iambicus trimeter tragicus, qui recipit pedes dextros spondeos primum, tertium, quintum, sinistros iambos secundum, quartum, sextum: 'divi potentes, ferte lassatis opem'.

divi potentes, ferte *las*satis opem. (*$ia^6$*)
lassatis *Kell.*

CC – ***ad a*** (*codd. potiores*: *A B Val*)
**Ed. *Keil*:** –
**Edd. rel.:** lassatis] *Victor.*[*Kell*]
– ***ad b*** (*codd. potiores*: *A b* Γ)
**Ed. *Kell.*:** lassatis] iussatis *b* : ius satis Γ
**Edd. rel.:** divi] diu *schol. Hor.*[*Ri*] | lassatis] "vix satis *i.e.* vexatis, *ut dedit Cruquius, schol. Hor.*" (*Ri.*)
CS *Interpr.*: *Ribbeck* (*1875*) *542 Acci Phinidis, qui his verbis Argonautas alloqui potuerint, tribuere temptavit. Sec. Kl. F 175 a grammaticis fictum videtur.* – *Metr.*: *Ri., Kl.* *$ia^6$* *statuerunt.*

## 176

(240 Ri.$_{2-3}$, Kl.; Acc. Tereus 651 Wa.)

*Mar. Victorin. GL VI 149,7–149,12 Keil* (*Keil*): item 'carmen Pierides struunt sorores' ita complebitur, 'carmen Pierides pangunt memorabile Musae', dehinc:

struunt sorores Atticae d*i*rum nefas (*ia*[6])

dirum *Cam.*

*CC* (*codd. potiores*: *A B Val*)
**Ed. *Keil*:** dirum] *Ter. Maur.* : durum *A B*
**Edd. rel.:** durum *codd.*[Wa]

*CE* dirum] *Cam., ed. princ.*[Wa] : durum *Putschius*[Ri] – *Crit. in app.*: divum nefas *propos. Wa., quod fort. Graece* θεῖον κακόν *reddat.*

*CS* *Interpr.*: *Bo., Ri., Wa. F 176 Terei Acciani esse opinati, Wa. fort. de Procne et Philomela* (*item Delr. p. 188*) *in regiam properantibus cogitaverunt, Di. Pierides propos. Sed et Wa. et Kl. etiam deliberaverunt, versusne fictus sit. – Metr.*: *Ri., Kl. ia*[6] *statuerunt.*

*CP* *Ter. Maur. 2588*: struunt sorores Atticae dirum nefas.

## 177

(232 Ri.$_{2-3}$, Kl.; – Wa.)

*Char. gramm. GL I 191,16–191,22 Keil* = *p. 248,16–248,24 Bar.* (*Bar.*): adverbium … hortandi:

age propera, macte, nitier!

*CC* (*cod. potior*: *N*)
**Ed. *Bar.*:** –
**Edd. rel.:** nitier] *cod.*[Ri]

*CE* macte virtute *ed. Neap.*[Keil], *edd.*[Ri] | *duo exempla,* age propera *et* macte nitier *distinxerunt Keil et Bar.*

*CS* *Interpr.*: *Sec. Kl. F 177 fort. a grammaticis fictum est. Similiter Ri.*: "*Minus certa fide ... frusta huc referuntur, quorum pars ex alio poesis genere deducta, pars a metricis vel ficta vel interpolata esse potest.*" – *Metr.*: *Ri. ia vel tr statuit.*

## 178

(Nov. com. 66 Ri.$_{2-3}$ [1873 / 1898, p. 264 / p. 321]; – Wa.; – D'A.; Pac. frg. inc. 9 Schierl, p. 579)

*Non. p. 552,7–17 Merc. = 886 Li.* (*Li.*): catapulta, iaculum celer vel sagitta … [*15*] Novius Pacevo[178]:

ut sole horrescit †cerea castra
crebro catapulta inpulit.

*CC* (*codd. potiores*: α *Bamb.* β γ δ *E G H L Lugd. Montepess. Oxon. P P7665 P7666*)
**Ed. *Li.*: 1** orescit L β γ : horrescit] α
**Edd. rel.: 1** soleorescit *codd.*[Ri] (*G L Bamb.*)[Mu] : solehorrescit *H*[Ri,Mu] : sole horescit *P*[Ri] | cerea (cereo *G*) *codd.*[Ri,Mu] | **2** crebro] (*L P*)[Ri] (*L H*[1])[Mu] | catapultam pulit *G*[1][Ri,Mu] : catapultam impulit *G*[Mu] | impulit (*Bamb. H L*[2])[Mu]

*CE* **1–2** ut sóle orescit aéthra, castra crébro catapulta ínpulit *Mu.* : ut sóle orescit, cérae castra crébro catapulta ínpulit *Ri.* (*1873*) *p. 264* | **1** sole ore scit *ed. 1471*[Mu] : sol coruscat *Iun.* : sole loquescit *Bo.* | sol coruscat aethra *Qui.* : sole aurescit aer *Tandoi*[Manuwald, 2001, 181] | cera *ed. 1480*[Ri] : sera *Steph.* : cerae *Ri.*
– *Crit. in app.*: sole orescit aer *Ri., qui tamen* cerae *propter Titinium 160 et Attam 13 servavit* | sol orescens Cereris *propos. Li.*

*CS* ut sóle aurescit térra *C.F.W. Mueller* (*1869*) *612 adn. 1* | orescit *tuetur Sittl* (*1884*) *486* | cerea *def. Ri., quod Mu. vehementer repudiavit.* – *Interpr.*: *F 178 Naevi Paulo trib. Grauert* (*1847*) *127, de Novi Pacuio cogitavisse Ri. videtur. Plura invenies ap. Manuwald* (*2004*) *181–183, quae etiam dubitavit, utrum F 178 Novi Pacuio an Pacuvi Paulo tribuendum esset.*

---

178 Novius Pacevo] *codd.*[Mu] | Pacevo *Steph.* : N. Pacetio (*cod. Basil. et ed. Ven. 1480*)[Grauert] : Pacuvius Paulo *Mu.* : Naevius Paulo *propos. Grauert* (*1847*) *127* : *fort.* Novius Paedio *Li. in app. et Id.* (*1901*) *97* : Naevius Pacilio (*vel* Racemo *vel* Bacillo) *Bo.* : Novius Pacilio *Ri.* | Nevius *vel* Naevius *ed. 1498*[Mu], *Pius, Ald., Iun., Merc.*

## 179

(38 Ri.$_{2-3}$, Kl.; – Wa.)

*Serv. gramm. GL IV 458,20–458,21 Keil* (*Keil*): archilochium constat trimetro acatalecto, ut est hoc:

Martem fatigat prodigus vitae furor (*ia*$^6$)

*CC* (*codd. potiores*: *N P S*)
**Ed.** ***Keil*:** faticat *S* | vitae furor] vitae auru *P* : furor vitae *S*
*CE* Martem] matrem *Delr., Scriv.*
*CS* mortem *Kiessling* (*ap. Ri.*) – *Interpr.*: *Sec. L. Mueller* (*1868*) *432 versus a grammaticis fictus; item Kl. et Ri. p. LXVIII.* – *Metr.*: *Ri., Kl. ia*$^6$ *statuerunt.*

## 180

(242 Ri.$_{2-3}$, Kl.; – Wa.)

*Serv. gramm. GL IV 467,11–467,13 Keil* (*Keil*): reciprocum iambicum in elegiacum est, quotiens a fine scansus elegiacum facit, ut est hoc:

micant nitore tecta sublimi aurea

*CC* (*codd. potiores*: *N P S*)
**Ed.** ***Keil*:** –
*CS* *Interpr.*: *L. Mueller* (*1868*) *432 versum fictum esse statuit, Ri. fort. a eligiaco poeta factum monuit.* – *Metr.*: *Hoc de versu, nisi fictus esset a grammaticis, Kl. non dubitavit, quin pentameter in senarium vertendus esset, non invicem. Cf. et Bömer* (*1943*) *104. Ri. ia*$^6$ *statuit.*

# 6. Subsidia

## 6.1 Abbreviationes et notae

*Poetae tragici potiores et notae testimoniorum fragmentorumque*

| Abbreviationes | Explicatio abbreviationum |
|---|---|
| Acc. | Accius |
| adesp. | adespotum (fragmentum); adespota (fragmenta) |
| Enn. | Ennius |
| F | fragmentum; fragmenta |
| Liv. Andr. | Livius Andronicus |
| Naev. | Naevius |
| Pac. | Pacuvius |
| T | testimonium; testimonia |

Abbreviationes nominum et operum aliorum auctorum Latinorum e *Thesauro linguae Latinae*, abbreviationes nominum et operum auctorum Graecorum e libro, qui '*Der Neue Pauly*' inscribitur, sumptae sunt.

*Editiones potiores* (*vid. bibl. 6.2*)

| Abbreviationes | Explicatio abbreviationum |
|---|---|
| Bo. | Bothe (vid. bibl. 6.2.1) |
| Buecheler | Buecheler, Franz, coniecturae ineditae, quas permultas Otto Ribbeck pervulgavit |
| Delr. | Delrius (vid. bibl. 6.2.1) |
| Du. | Duentzer (vid. bibl. 6.2.2) |
| Di. | Diehl (vid. bibl. 6.2.1) |
| Ern. | Ernout (vid. bibl. 6.2.1) |
| Iun. | Iunius (vid. bibl. 6.2.4.22a) |
| Kl. | Klotz, *fragmenta tragoediarum* (vid. bibl. 6.2.1) |
| Klu. | Klussmann, *Livius, Naevius* (vid. bibl. 6.2.2 et 6.2.3) |
| Li. | Lindsay, *Nonius, Festus* (vid. bibl. 6.2.4.9a et 6.2.4.22a) |
| Len. | Lenchantin (vid. bibl. 6.2.2) |
| Marm. | Marmorale (vid. bibl. 6.2.3) |
| Merc. | Mercerus (vid. bibl. 6.2.4.22a) |

| | |
|---|---|
| Mu. | Mueller, *Nonius Marcellus* (vid. bibl. 6.2.4.22a) |
| Mu.$_{a}$ | Mueller, *Livius et Naevius* (vid. bibl. 6.2.2) |
| Mue. | Mueller, *Festus* (vid. bibl. 6.2.4.9a) |
| On. | Onions (vid. bibl. 6.2.4.22a) |
| GL | *Grammatici Latini* (Keil) (vid. bibl. 6.2.1) |
| Qui. | Quicherat (vid. bibl. 6.2.4.22a) |
| Ri. | Ribbeck (vid. bibl. 6.2.1) |
| Scriv. | Scriverius (vid. bibl. 6.2.1) |
| Spalt. | Spaltenstein, *Livius Andronicus* (vid. bibl. 6.2.2) |
| Steph. | Stephanus (vid. bibl. 6.2.1) |
| Tra. | Traglia (vid. bibl. 6.2.1) |
| Wa. | Warmington (vid. bibl. 6.2.1) |

*Abbreviationes ceterae et notae*

| Abbreviationes et notae | Explicatio abbreviationum et notarum |
|---|---|
| a., aa. | anno, annis |
| a. C. | ante Christum |
| a. D. | anno domini |
| ad loc. | ad locum |
| add. | addit, addunt |
| frg. adesp., frgg. adesp. | fragmentum adespotum, fragmenta adespota |
| adn. | adnotatio, adnotationes |
| al. | aliter, alias, alii |
| an | (versus) anapaestus |
| ap. | apud |
| app. crit. | apparatus (criticus) |
| ba | (versus) bacchiacus |
| bibl. | bibliographia |
| CC | in apparatu critico huius editionis: conspectus codicum in apparatibus editionum laudatorum (pars prima apparatus) |
| CE | in apparatu critico huius editionis: conspectus lectionum in editionibus allatarum (pars altera apparatus) |

| | |
|---|---|
| ca. | circa |
| cap., capp. | caput, capita |
| cat. | catalecticus versus |
| cf. | confer |
| cod., codd. | codex, codices |
| codd. | in apparatu critico huius editionis: omnes codices, qui in conspectu siglorum editionis laudatae afferuntur. |
| coll. | collato, collatis |
| coni. | coniecit, coniecerunt |
| corr. | correxit, correxunt, correctio |
| CP | quarta in parte apparatus critici: loci comparandi |
| cr | creticus |
| Crit. in app. | in apparatu huius editionis notae criticae aliunde allatae |
| CS | in apparatu critico huius editionis: conspectus studiorum doctorum de quaestionibus criticis (pars tertia apparatus) |
| cur. | curavit, curaverunt |
| da | dactylus |
| def. | defendit, defenderunt |
| del. | delevit, deleverunt |
| dett. | deteriores (sc. codices) |
| dist. | distinxit, distinxerunt |
| e.g. | exempli gratia |
| ed., edd. | editio, editiones; editor, editores; edidit, ediderunt |
| ed. princ. | editio princeps |
| ed. ster. | editio stereotypa |
| et al. | et alii, et alibi |
| eqs. | et quod sequitur |
| F | Fragmentum, Fragmenta (in laudando fragmento huius editionis) |
| fort. | fortasse |
| frg., frgg. | fragmentum, fragmenta |
| frg. inc., frgg. inc. | fragmentum incertum, fragmenta incerta |
| i.e. | id est |
| ia | iambus |
| iamb. | iambicus, iambici etc. |

| | |
|---|---|
| ibid. | ibidem |
| id., ead. | idem, eadem |
| i.m. | in margine |
| impress. | impressus, -a, -um etc. |
| Interpret. | de interpretatione: in apparatu critico huius editionis: disputationes virorum doctorum de interpretatione fragmenti deque personis dramatis, quae in frg. agunt (in parte tertia apparatus) |
| lib., libb. | liber, libri |
| loc. cit. | loco citato |
| Metr. | de metricis: in apparatu critico huius editionis: disputationes virorum doctorum de re metrica (in parte tertia apparatus) |
| ms., mss. | manuscriptus, manuscripti |
| nr. | numerus |
| om. | omisit, omiserunt, ommittens, ommittentes |
| opt. | optimus, optimi (sc. cod., codd.) |
| p., pp. | pagina, paginae (vel folium, folia) |
| p. C. | post Christum |
| prob. | probavit, probaverunt, probante, probantibus |
| propos. | proposuit, proposuerunt |
| pos. | posuit, posuerunt |
| ras. | rasura |
| rec., recc. | in bibliographia: recensio, recensiones libri vel librorum |
| rell. | reliqui codices, cetera studia etc., i.e. reliqua omnia praeter nominatim laudata |
| Reiz | Reizianum |
| sc. | scilicet |
| s.a. | sine anno |
| s.l. | sine loco; in apparatu critico: supra lineam |
| s.v. | sub voce |
| saec. | saeculum |
| sec. | secundum |
| secl. | seclusit, secluserunt |
| sq., sqq. | sequens (pagina, versus etc.), sequentes (paginae, versus etc.) |

<table>
<tr><td>studd.</td><td>studia virorum doctorum</td></tr>
<tr><td>studd. coll.</td><td>studia collecta</td></tr>
<tr><td>studd. coll. in hon.</td><td>studia collecta in honorem (i.e. Germanice Festschrift)</td></tr>
<tr><td>suppl.</td><td>supplevit, suppleverunt</td></tr>
<tr><td>in text.</td><td>in textu</td></tr>
<tr><td>tr</td><td>trochaeus</td></tr>
<tr><td>trag.</td><td>tragoedia, tragicus, -a, -um</td></tr>
<tr><td>transp.</td><td>transposuit, transposuerunt</td></tr>
<tr><td>trib.</td><td>tribuit, tribuerunt</td></tr>
<tr><td>troch.</td><td>trochaicus, trochaici (sc. versus) etc.</td></tr>
<tr><td>utr. loc.</td><td>utroque loco</td></tr>
<tr><td>v., vv.</td><td>versus</td></tr>
<tr><td>vet., vett.</td><td>vetus, veteres</td></tr>
<tr><td>vid.</td><td>vide</td></tr>
<tr><td>vol., voll.</td><td>volumen, volumina</td></tr>
<tr><td>vulg.</td><td>vulgo</td></tr>
<tr><td>{ }</td><td>significat in textu restituendo, quae delenda editor suspicatur</td></tr>
<tr><td>…</td><td>significat in textu laudato verba ab editore omissa</td></tr>
<tr><td>[…]</td><td>significat in textu tradito lacunam</td></tr>
<tr><td>|</td><td>seiungit in apparatu critico locos adnotatos</td></tr>
<tr><td>† †</td><td>cruce locus desperatus indicitur</td></tr>
<tr><td>/</td><td>(a) seiungit in textu restituendo lectiones aeque probabiles<br>(b) seiungit versum a versu</td></tr>
<tr><td>< ></td><td>significat in textu restituendo, quae addenda editor suspicatur</td></tr>
<tr><td>*</td><td>asterisco significatur interdum lacuna maior in textu tradito</td></tr>
<tr><td>: :</td><td>significat altercationem loquentium</td></tr>
</table>

# 6.2 Bibliographiae (et sigla)[179]

## 6.2.1 Collectiones fragmentorum Romanorum (et Graecorum) (ordine annorum observato dispositae)

| Compendia collectionum | Explicatio compendiorum |
|---|---|
| Steph. | Stephanus, Robertus & Henricus (edd.), 1564, *Fragmenta poetarum veterum Latinorum, quorum opera non extant: Ennii, Pacuvii, Accii, Afranii, Lucilii, Naevii, Laberii, Caecilii, aliorumque multorum: Undique à Rob. Stephano summa diligentia olim congesta: nunc autem ab Henrico Stephano eius filio digesta, & priscarû quœ in illis sunt vocum expositione illustrata: additis etiâ alicubi versibus Graecis quos interpretâtur*, Genf (apud Huldricum Fuggerum) |
| Delr. | Delrius [Delrio], Martinus Antonius (ed.), 1593, *Syntagma tragoediœ Latinœ. In tres partes distinctum. Quid in ijsdem contineatur, sequens paginae indicabit.* [Parte prima continentur Προλεγομένων *libri III*, *Fragmenta veterum tragicorum* (pp. 93–160), *Opinationes in eadem* (pp. 161–188)], Antwerpen (apud Viduam et Ioannem Moretum) |
| Scriv. | Scriverius, Petrus (ed.), 1620, *Collectanea Veterum Tragicorum, L. Livii Andronici, Q. Ennii, Cn. Nœvii, M. Pacvvii, L. Attii, aliorumque fragmenta; Et circa ipsa Notœ breves. Qvibus accedunt singulari libello Castigationes & Notœ uberiores Gerardi Ioannis Vossii*, Leiden (apud Iohannem Maire) |
| Bo. | Bothe, Fridericus Henricus [Friedrich Heinrich] (ed.), 1823, *Poetae scenici Latinorum. Collatis codd. Berolinensibus, Florentino, Friburgensi, Gothano, Guelpherbytanis, Helmstadiensibus, Monacensi, Palatino, Parisio, Ultrajectino, aliisque spectatae fidei libris. Volumen quintum: Fragmenta, Pars prior: Fragmenta tragicorum*, Halberstadt (apud Henr. Voglerum) [ed. etiam emissa est Lipsiae (apud Henr. Weinedel) a. 1834] |

179 Cf. et bibliographias et sigla ap. Gesine Manuwald, TrRF vol. 2, *Ennius*, pp. 381sqq., quo loco titulos quosdam locupletiores laudatos et studia de codicibus collata invenies.

| | |
|---|---|
| Bo. (1824) | Bothe, Fridericus Henricus [Friedrich Heinrich] (ed.), 1824, *Poetae scenici Latinorum. Collatis codd. Berolinensibus, Florentino, Friburgensi, Gothano, Guelpherbytanis, Helmstadiensibus, Monacensi, Palatino, Parisio, Ultrajectino, aliisque spectatae fidei libris. Volumen quintum: Fragmenta, Pars posterior: Fragmenta comicorum*, Halberstadt (apud Henr. Voglerum) |
| Weich. | Weichert, August (ed.), 1830, *Poetarum latinorum Hostii, Laevii, C. Licinii Calvi, C. Helvii Cinnae, C. Valgii Rufi, Domitii Marsi aliorumque vitae et carminum reliquiae*, Leipzig |
| GL | Henricus Keilius [Heinrich Keil] (cur.), 1855–1880, *Grammatici Latini*, 8 voll., Leipzig |
| Ri.$_1$ | Ribbeck, Otto (ed.), $^{1}$1852, *Scaenicae Romanorum poesis fragmenta*, vol. 1, *Tragicorum Romanorum fragmenta*, Leipzig<br>n.b.: hic liber continet pp. 241–356: Ribbeck, Otto, Quaestionum scaenicarum mantissa |
| Ri. (vel Ri.$_2$) | Ribbeck, Otto (ed.), $^{2}$1871, [ed. maior], *Scaenicae Romanorum poesis fragmenta*, vol. 1, *Tragicorum Romanorum fragmenta*, Leipzig<br>rec.: Bergk, 1884a; cf. Ri. (1873) p. CVIsqq.<br>n.b.: numeris nostrae editionis fragmentorum adduntur in uncis rotundis numeri versuum editionis huius alterius Ribbecki<br>n.b.: continet pp. IX–LXXVIII: *Adnotationum corollarium* |
| Ri.$_3$ | Ribbeck, Otto (ed.), $^{3}$1897 [ed. minor], *Scaenicae Romanorum poesis fragmenta*, vol. 1, *Tragicorum Romanorum fragmenta*, Leipzig<br>rec.: O. Seyffert, BPhW 17, 1897, 846–850<br>n.b.: Ri.$_3$, si congruit cum Ri. (= Ri.$_2$), in nostro app. saepe non seperatim laudatus est. |
| Ri. (1855) | Ribbeck, Otto (ed.), $^{1}$1855, *Scaenicae Romanorum poesis fragmenta*, vol. 1, *Comicorum Romanorum fragmenta*, Leipzig |
| Ri. (1873) | Ribbeck, Otto (ed.), $^{2}$1873, *Comicorum Romanorum praeter Plautum et Terentium Fragmenta*, Leipzig<br>rec.: Bergk (1884a); cf. Ri. (1873) p. CVIsqq. |

n.b.: continet pp. CVI–CXXXI: *Corollarium* et *ad Tragicos addenda*

Ri. (1898) Ribbeck, Otto (ed.), $^{3}$1898, *Comicorum Romanorum praeter Plautum et Terentium Fragmenta*, Leipzig

Word. Wordsworth, John (ed.), 1874, *Fragments and specimens of early Latin. With introduction and notes*, Oxford

Buech. Buecheler, Franz (ed.), 1895 / 1897, *Carmina Latina Epigraphica* (*CLE*), 2 voll., Leipzig

Baehr. Baehrens, Emil [Aemilius] (ed.), 1886, *Fragmenta poetarum Romanorum*, Leipzig

Merry Merry, W.W. (ed.), $^{2}$1898, *Selected fragments of Roman poetry, from the earliest times of the Republic to the Augustan Age. Edited, with introduction, headings, and notes*, Oxford [$^{1}$1891]

Di. Diehl, Ernst (ed.), 1911, *Poetarum Romanorum veterum reliquiae selectae*, Bonn (Kleine Texte für theologische und philologische Vorlesungen und Übungen 69) [ed. ster.: $^{6}$1967 Berlin]

Mor. Morel, Willy (ed.), 1927, *Fragmenta poetarum Latinorum epicorum et lyricorum praeter Ennium et Lucilium, post Aemilium Baehrens iterum ed. Willy Morel*, Leipzig

Wa. Warmington, E.H. (ed.), 1936–1940, *Remains of Old Latin*, 4 voll., London (Loeb Classical Library 294 / 314 / 329 / 359)

vol. 1: *Ennius and Caecilius*, 1935 [$^{2}$1967, edd. ster. 1988 etc.]

vol. 2: *Livius Andronicus*, *Naevius*, *Pacuvius and Accius*, 1936 [$^{2}$1957, edd. ster. 1982 etc.]

recc.: vol. 1: C. J. Fordyce, *CR* 49 (1935) 188; A. Klotz, *PhW* 58, 23/24 (1938) 645–649; N. Terzaghi, *Leonardo* 9 (1938) 352–353 – vol. 2: C. J. Fordyce, *CR* 51 (1937) 71–72; A. L. Keith, *CW* 30 (1937) 240; A. Klotz, *PhW* 58,5 (1938) 124–127; N. Terzaghi, *Leonardo* 9 (1938) 352–353

Kl. Klotz, Alfred (ed.), 1953, *Scaenicorum Romanorum fragmenta*. Volumen prius. *Tragicorum fragmenta*, adiuvantibus Ottone Seel et Ludovico Voit, München

recc.: L. Herrmann, *Latomus* 13 (1954) 429–430; O. Skutsch, *Gnomon* 26 (1954) 465–470; H. Drexler, *Gymnasium* 63 (1956) 164–166

Pis. — Pisani, Vittore (ed.), 1950, *Testi latini arcaici e volgari. Con commento glottologico*, Turin (= Vittore Pisani, *Manuale storico della lingua latina, vol. III*) [$^{2}$1960, $^{3}$1975]

Ern. — Ernout, Alfred (ed.), $^{2}$1957, *Recueil de textes latins archaïques. Nouvelle édition*, Paris [$^{1}$1916]

Gian. — Gianascian, Mesrobius (ed.), 1964, *Scriptorum Romanorum quae extant omnia*, vol. 2, *Livius Andronicus, Cnaeus Naevius, Incerti tragici et comici poetae*, Venedig 1964

Durant. — Durante, Gabriella de (ed.), 1966, *Le fabulae praetextae*, Rom

Frass. — Frassinetti, Paolo (ed.), 1967, *Atellanae Fabulae*, Rom

TrGF — *Tragicorum Graecorum Fragmenta*, 5 voll., ed. B. Snell / R. Kannicht / S. Radt, Göttingen 1976–2004 (olim TGF: *Tragicorum Graecorum Fragmenta*, ed. A. Nauck, Leipzig $^{2}$1889; suppl. B. Snell, Hildesheim 1964)
- vol. 1 (tragici minores): B. Snell, Göttingen 1971, $^{2}$1976 [ed. corr.: R. Kannicht, 1986]
- vol. 2 (frgg. adespota): R. Kannicht / B. Snell, Göttingen 1981
- vol. 3 (Aisch.): S. Radt, Göttingen 1985
- vol. 4 (Soph.): S. Radt, Göttingen 1977
- voll. 5.1 / 5.2 (Eur.): R. Kannicht, Göttingen 2004

Tra. — Traglia, Antonio (ed.), 1986, *Poeti latini arcaici. Volume primo. Livio Andronico, Nevio, Ennio*, Turin (Classici Latini)

recc.: M. Coccia, *StudRom* 35 (1987) 399–407 (ad hoc: 406); A. Quartarone Salanitro, *Sileno* 13 (1987) 269; G. Aricò, *BStudLat* 18 (1988), 115–118; U. Carratello, *GIF* 40 (1988) 139; P. Frassinetti, *Athenaeum* 66 (1988) 242–245

Segur. — Segura, Manuel (ed.), 1989, *Epica y tragedia arcaicas latinas. Livio Andronico – Gneo Nevio – Marco Pacuvio. Fragmentos. Texto revisado y traducido*, Granada

Court. — Courtney, Edward (ed.), 1993, *The fragmentary Latin poets*, Oxford [$^{2}$2003]

FPL$_4$ — Blänsdorf, Jürgen (ed.), 1995, *Fragmenta poetarum Latinorum epicorum et lyricorum praeter Ennium et Lucilium post W. Morel novis curis adhibitis K. Büchner, editionem tertiam auctam curavit J. B.*, Stuttgart et al.

## 6.2.2 Editiones Livi Andronici (ordine annorum observato dispositae)

| Sigla editionum | Explicatio siglorum |
|---|---|
| Du. | Duentzer, Henricus (ed.), 1835, *L. Livii Andronici fragmenta collecta et inlustrata. Accedunt Homericorum carminum a veteribus poetis Latinis versibus expressorum reliquiae*, Berlin[180]<br>rec.: Osann, Zeitschrift für die Alterthumswissenschaft 3 (1836) 954–983 |
| Klu. | Klussmann, Ernst Corn. Chr. (ed.), 1849 [27./28.4.1849], *Livi Andronici, antiquissimi Romanorum poetae, dramatum reliquiae*, pars prior (*Livius Andronicus*), Gymnasialprogr. Rudolstadt |
| Ri.$_{1-3}$ | Ribbeck, $^{1}$1852 / $^{2}$1871 / $^{3}$1897 (vid. bibl. 6.2.1), 1–5 / 1–6 / 1–7 |
| Mu.$_{a}$ | Mueller, Lucian (ed.), 1885, *Livii Andronici et Cn. Naevi fabularum reliquiae*, Berlin, 4–7. 25–27. 38–45 |
| Di. | Diehl, 1911 (vid. bibl. 6.2.1), 7–9 |
| Wa. | Warmington, 1936 (vid. bibl. 6.2.1), 2–19 |
| Len. | Lenchantin de Gubernatis, Massimo (ed.), 1937, *Livi Andronici fragmenta*, Turin, 29–40<br>rec.: Della Corte, F., RFIC 66 (N.S. 16) (1938), 78–86 |
| Kl. | Klotz, 1953 (vid. bibl. 6.2.1), 19–30 |
| Ern. | Ernout, 1957 (vid. bibl. 6.2.1), 135–137 |
| Tra. | Traglia, 1986 (vid. bibl. 6.2.1), 160–179 |
| Spalt. | Spaltenstein, François, 2008, *Commentaire des fragments dramatiques de Livius Andronicus*, Brüssel |

180 Orthographiam nimis propriam, qua Duentzer syllabarum longitudinem (cf. neemo) vel veteres formas (cf. noostrai, meirom) exprimere temptavit, negleximus et eius proposita ratione usitata reddidimus (nemo, nostrae, mirum).

## 6.2.3 Editiones Naevi (ordine annorum observato dispositae)

| Sigla editionum | Explicatio siglorum |
|---|---|
| Klu. | Klussmann, Ernst Corn. Chr. (ed.), 1843, *Naevii Vita, carminum reliquiae, poesis ratio*, Jena |
| Ri.$_{1-3}$ | Ribbeck, $^{1}$1852 / $^{2}$1871 / $^{3}$1897 (vid. bibl. 6.2.1), 5–13 / 6–14 / 7–17 |
| Mu.$_{a}$ | Mueller, 1885 (vid. bibl. 6.2.1), 8–11. 27–30. 47–54. 72 |
| Di. | Diehl, 1911 (vid. bibl. 6.2.1), 12–14 |
| Wa. | Warmington, 1936 (vid. bibl. 6.2.1), 110–139. 151–153 |
| Marm. | Marmorale, Enzo V. (ed.), $^{2}$1950, *Naevius Poeta. Introduzione biobibliografica, testo dei frammenti e commento*, Florenz, 187–203 [$^{1}$1945; rursus impress. 1953]<br>recc.: Alfonsi, *Dioniso* 10 (1947), 322–325; Ferrero, *RFC* 26 (1948), 98–120 |
| Kl. | Klotz, 1953 (vid. bibl. 6.2.1), 30–43 |
| Ern. | Ernout, 1957 (vid. bibl. 6.2.1), 141sq. |
| Sa. | Di Salvo, Lucia (ed.), 1972, *Naevianae Danaes fragmenta*, in: *Studi Noniani 2*, Genf, 61–66 (vid. bibl. 6.2.6) |
| Tra. | Traglia, 1986 (vid. bibl. 6.2.1), 194–211 |

## 6.2.4 Editiones et codices auctorum qui fragmenta tradunt

### 6.2.4.1 Apuleius (Apul.)

#### a) Apulei editiones

| Sigla editionum | Explicatio siglorum |
|---|---|
| Hel. | Helm, Rudolf, 1959, *Apul. apol.*, Leipzig [$^{1}$1912; cum addendis 1959] |
| Val. | Vallette, Paul, 1971, *Apul. apol., flor.*, Paris |

#### b) Apulei codices

| Sigla codicum | Explicatio siglorum |
|---|---|
| | **ad flor.** |
| F | cod. Mediceus bibl. Laurentianae 68,2 [apud Hel.; Laur. apud Ri., $Ri._3$] |
| v | vulgata, quae invenitur in codd. det. et in libris impressis [apud Hel.] |
| φ | cod. Mediceus bibl. Laurentianae 29,2 ex F descriptus [apud Hel.] |

### 6.2.4.2 Aurelius Augustinus episcopus Hipponensis (Aug.)

#### a) Augustini editiones

| Sigla editionum | Explicatio siglorum |
|---|---|
| | **ad soliloc.** |
| ed. A. | ed. Amerbachii, 1506, Basel |
| ed. E. | ed. Erasmi, 1529, Basel |
| ed. L. | ed. Theologorum Lovanensium, 1576 |
| ed. M. | ed. Maurinorum, 1679, Paris |
| ed. P. | ed. Parmensis, 1491 |
| Hörm. | Hörmann, Wolfgang, 1986, *Aug. soliloq.*, Wien, 3–98 (CSEL 89) |

## b) Augustini codices

| Sigla codicum | Explicatio siglorum |
|---|---|
| | **ad soliloc.** |
| B | cod. Londiniensis 43460, saec. VIII$^{ex.}$ [apud Hörm.] |
| C | cod. Casselanus 2° Ms. theol. 30, saec. IX [apud Hörm.] |
| D | cod. Monacensis Lat. 15826, saec. XI$^{in.}$ [apud Hörm.] |
| F | cod. Leidensis Voss. Lat. Q. 75, saec. IX [apud Hörm.] |
| G | cod. Leidensis Voss. Lat. Q. 129, saec. X$^{in.}$ [apud Hörm.] |
| H | cod. Herbipolitanus 49, saec. IX |
| J | cod. Augiensis perg. CXCV bibl. publ. Badensis, saec. IX [apud Hörm.] |
| K | cod. Augiensis perg. CCXXXVI bibl. publ. Badensis, saec. IX [apud Hörm.] |
| N | cod. Montepessulanus bibl. medicae 137, saec. IX [apud Hörm.] |
| O | cod. Audomaropolitanus 267, saec. X [apud Hörm.] |
| Q | cod. Valencianus 247 (237), saec. IX [apud Hörm.] |
| R | cod. Rivipulensis 106a Archivii Coronae Aragonensis, saec. IX [apud Hörm.] |
| Rouan469 | cod. Rotomagensis bibl. municipalis 469 [apud Hörm.] |
| T | cod. Trevirensis bibl. municipalis 149, saec. IX$^{med.}$ [apud Hörm.] |
| W | cod. Guelferbytanus Gud. Lat. 184 4, saec. IX$^{med.}$ [apud Hörm.] |

### 6.2.4.3 Flavius Sosipater Charisius (Char. gramm.)

#### a) Charisi editiones

| Sigla editionum | Explicatio siglorum |
|---|---|
| Bar. | Barwick, Carolus, ²1964, Leipzig [¹1925] |
| ed. Neap. | ed. princ., 1532, Neapel |
| Fab. | Fabricius, Georg, 1551 |
| Keil | Keilius, Henricus [Keil, Heinrich], 1857, *Char. gramm.* in: *GL I*, Leipzig, 1–296 [ed. ster.: Hildesheim 1961] |
| Lindem. | Lindemannus, Fridericus [Lindemann, Friedrich], 1840, *Corpus grammaticorum Latinorum veterum*, vol. 4, Leipzig [continet *Char. gramm.*] |
| Putsch. | Putschen, Helias, 1605 |

#### b) Charisi codices

| Sigla codicum | Explicatio siglorum |
|---|---|
| Ambr. | excerpta cod. Ambrosiani L 22 sup.<br>[apud Bar.] |
| Aug. | frg. Augiense<br>[apud Bar.] |
| B | excerpta cod. Bobiensis, nunc Vindobonensis 16<br>[apud Keil] |
| b | excerpta cod. Bernensis 123 (olim Floriacensis), saec. X<br>[apud Bar.; cf. Keil p. XIX] |
| C | Cauchii ex deperdito cod. excerpta<br>[apud Kl., Bar.] |
| L | excerpta cod. Leidensis Voss. 37,8<br>[apud Keil, Bar.; exc. Leid. apud Ri.] |

| | |
|---|---|
| N | cod. Neapolitanus Borbon. IV A 8, olim Bobiensis, cuius et integra adnotata est scriptura et, siquae iactura membranarum perierunt, versus in imis marginibus adscripti sunt, saec. VII–VIII<br>[apud Keil, Kl., Bar.; cod. / Charisius apud Ri.$_1$, Ri.$_2$, Ri.$_3$, Wa., Kl.] |
| n | cod. Neapolitanus IV A 10, saec. XV–XVI<br>[apud Bar.] |
| n$^1$ | cod. Neapolitanus IV A 9, saec. XV–XVI<br>[apud Bar.] |
| P | frg. cod. Parisini 7560, saec. VIII<br>[apud Keil, Bar.] |
| p | excerpta cod. Parisini 7530, saec. VIII<br>[apud Keil, Bar.] |

### 6.2.4.4 M. Tullius Cicero (Cic.)

#### a) Ciceronis editiones

| Sigla editionum | Explicatio siglorum |
|---|---|
| Ach. | Achard, Guy, 1994, *Cic. inv.*, Paris |
| Ad. | Adler, Franz Thedor, $^5$1878, *Cic. de orat.*, Leipzig |
| Ald. | Asulanus, Franciscus, 1523, *Cic. Opera Philosophica*, Venedig (apud Aldum et Andream Asulanum socerum) [etiam 1519 ed. emmissa est] |
| Asc. | Ascensius, Jodocus Badius, 1511, *Cic. Opera philosophica*, Paris (apud Parvum et Badium) [rursus impress. 1521] |
| Atz. | Atzert, C., $^4$1963, *Cic. off.*, Leipzig |
| Ax | Ax, Wilhelm, 1933, *Cic. nat. deor.*, Leipzig |
| Ax | Ax, Wilhelm, 1938, *Cic. div.*, Stuttgart |
| Bait. | Baiter, Johann Georg, 1863, *Cic. Opera omnia*, vol. 6, Leipzig [continet *ac., fin., Tusc.*] |
| Bei. | Beier, Karl / Amadeo Peyron (edd.), 1825, *Cic. Orationes*, Leipzig [continet *Tull., Scaur., Flacc., frgg. inedita*] |
| Beroald. | Beroaldus, Philippus, *Cic. Tusc.*, Bologna |

| | |
|---|---|
| Bru. | Bruwaene, Martin van den, 1970 / 1978 / 1981, *Cic. nat. deor.*, Brüssel |
| Ci. | Cima, Antonio, 1886–1900, Turin |
| Co. | Courbaud, Edmond, $^{3}$1959, *Cic. de orat. I et II*, Paris |
| Crat. | Bentinus, Michael, 1528, *Cic. Opera omnia*, Basel (apud A. Cratandrum) |
| Davis. | Davisius, Ioannes [Davies, John], 1718, *Cic. nat. deor.*, Cambridge [rursus impress. Cambridge 1723, 1733, 1744; Oxford 1805, 1807] |
| Davis. | Davisius, Ioannes [Davies, John], 1728 / 1741, *Cic. fin.*, Cambridge |
| Davis. | Davisius, Ioannes [Davies, John], 1730, *Cic. div., fat.*, Cambridge |
| Davis. | Davisius, Ioannes [Davies, John], $^{3}$1730 / $^{4}$1738, *Cic. Tusc.*, Cambridge |
| Dre. | Drexler, Hans, 1964, *Cic. Tusc.*, Mailand |
| ed. Jens. | ed. Jensoniana, 1472, Venedig |
| ed. Junt. | ed. Juntina 1514 et 1526, *Cic. Opera Rhetorica*, Florenz |
| ed. Med. | ed. Mediolanensis 1490<br>ed. Mediolanensis 1498/99 (apud Alexandrum Minucianum) |
| ed. Norimb. | ed. 1497, Nürnberg |
| ed. R. | ed. 1471, Rom [ed. princ.] [1470 apud Mori., 1469 apud Or.] |
| ed. V. | ed. 1470, Venedig [1485 apud Bartholomeum Alexandrum; 1492 apud Bonetum Locatellum] |
| Ell. | Ellendt, Friedrich, 1840, *Cic. de orat.*, Königsberg |
| Ernest. | ed. Ernesti, J. A., 1777 [apud Mey. ad orat.] |
| Fe. | Fedeli, Paulus, 1986, *Cic. Phil.*, Leipzig |
| Fri. | Friedrich, G., 1902, Leipzig |
| Gio. | Giomini, Remo, 1975, *Cic. div., fat., Tim.*, Leipzig |
| Gnes. | Gnesotto, Ferdinando, $^{1}$1885–1886, *Cic. Tusc.*, Turin [$^{2}$1910] |
| Giust. | Giusta, Michelangelus, 1984, *Cic. Tusc.*, Turin |

| | |
|---|---|
| Goe. | Goeller, Franciscus, 1838, *Cic. orat.*, Leipzig |
| Goer. | Goerenz, Johann August, 1813, *Cic. fin.*, Leipzig |
| Graev. | Graevius [Greffe], Ioannis Georgius, 1698, *Cic. Orationes*, Amsterdam |
| Grill. | Grilli, Alberto, 1987, *Cic. Tusc. II*, Brescia |
| Gruter. | Gruterus, 1618 / 1619, Hamburg |
| Heer. | Heerdegen, Ferdinand, 1884, *Cic. orat.*, Leipzig |
| Hold. | Holden, Hubert A., 1903, *Cic. Sest.*, London [$^{1}$1883; ed. ster. 1889] |
| Hold. | Holden, Hubert A., 1899, *Cic. off.*, Cambridge |
| Ja. | Jahn, Otto, $^{3}$1869, *Cic. orat.*, Berlin [$^{2}$1859] |
| Kl. | Klotz, Alfred, $^{2}$1933, *Cic. Marcell., Lig., Deiot.*, Leipzig |
| Kast. | Kasten, Helmut, 1972, *Cic. Mur.*, Leipzig |
| Kays. | Kayser, Karl Ludwig, 1860, *Cic. Opera rhetorica*, Leipzig [continent: *Rhet. Her., inv., de orat., Brut., orat., part. or., top.*] |
| Kro. | Kroll, Wilhelm, 1913, *Cic. orat.*, Berlin |
| Ku. | Kumaniecki, Kazimierz F., 1969, *Cic. de orat.*, Leipzig |
| Lambin. | Lambinus, Dionysius [Lambin, Denis] 1565/66, *Cic. Opera omnia*, Paris [rursus impress. 1584 Genf] |
| Mad. | Madvig, Iohan Nic., $^{3}$1876, *Cic. fin.*, Kopenhagen |
| Mai | Mai, Angelo, 1846, *Cic. rep.*, Rom |
| P. Manut. | Manutius, Paulus, 1543, *Schol. Cic. Opera philosophica*, Paris (apud R. Stephanum) [Venedig $^{1}$1541] |
| Mar. | Di Maria, Giorgio, 1994, *Cic. top.*, Palermo |
| Marth. | Martha, J., 1928, *Cic. fin.*, Paris |
| Mas. | Maslowski, Tadeusz, 1981, *Cic. p. red. in sen., p. red. ad Quir., dom., har. resp.*, Leipzig |
| Mas. | Maslowski, Tadeusz, 1986, *Cic. Sest.*, Leipzig |
| May. | Mayor, Joseph B., 1880–1885, *Cic. nat. deor.*, Cambridge |
| Mend. | Mendelssohn, Ludwig, 1893, *Cic. Epistulae*, Leipzig |
| Mey. | Meyer, Henricus, 1827, *Cic. orat.*, Leipzig |

| | |
|---|---|
| Mor. | Moreschini, Claudio, 2005, *Cic. fin.*, München / Leipzig |
| Mori. | Moricca, Humbertus / A. Moricca-Caputo, 1949, *Cic. fam.*, Turin |
| Mori. | Moricca, Humbertus / A. Moricca-Caputo, 1951, *Cic. Att.*, Turin |
| Mori. | Moricca, Humbertus / A. Moricca-Caputo, 1955, *Cic. ad Q. fr.*, Turin |
| Mos. | Moser, Georgius Henricus, 1836, *Cic. Tusc.*, Hannover |
| Muel. | Mueller, Carl Friedrich Wilhelm, 1898, *Cic. Opera omnia*, partis IV vol. 2, Leipzig [continet *nat. deor., div., fat., rep., leg.*] |
| Nobb. | Nobbe, Carolus Fridericus Augustus, 1850, *Cic. Opera omnia*, Leipzig / London |
| Ol. | Olechowska, Elżbieta, 1981, *Cic. Planc., Rab. Post.*, Leipzig |
| Ol. | Olechowska, Elżbieta, 1984, *Cic. Scaur.*, Leipzig |
| Or. | Orelli, Johann Caspar / Johann Georg Baiter / Karl Felix Halm, $^{2}$1845–1861, *Cic. Opera omnia*, 4 voll. Zürich / London [$^{1}$1826–1838, Zürich, 7 voll.] |
| Or. / Bait. | M. Tullii Ciceronis Rhetorica, vol. 1, 1845 Zürich |
| Bait. / Hal. | M. Tullii Ciceronis Orationes, vol. 2, 1856 Zürich |
| Pe. | Pearce, Zachary, $^{4}$1771, *Cic. Opera*, London |
| Peas. | Pease, Arthur Stanley, 1920 / 1923, *Cic. div.*, Urbana [rursus impress. uno in vol. Darmstadt 1977] |
| Peas. | Pease, Arthur Stanley, 1955 / 1958, *Cic. nat. deor.*, Cambridge (Mass.) |
| Pla. | Plasberg, Otto, 1922, *Cic. ac.*, Leipzig [ed. ster.] |
| Pohl. | Pohlenz, Max, 1918, *Cic. Tusc.*, Leipzig |
| R. | Reis, P., 1932, *Cic., orat.*, Leipzig |
| R. Kl. | Klotz, Reinhold, 1835, *Cic. Tusc.*, Leipzig |
| Ra. | Rackham, Harris, 1933, *Cic. nat. deor.*, London / New York |
| Ra. | Rackham, Harris / E.W. Sutton, 1948, *Cic. de orat.*, London (Mass.) |
| Rein. | Reinhardt, Tobias, 2003, *Cic. top.*, Oxford |

| | |
|---|---|
| Rey. | Reynolds, Leighton Durham, 1998, *Cic. fin.*, Oxford |
| Rich. | Richard, François, 1932, *Cic. de orat.*, Paris |
| San. | Sandys, John Edwin, 1885, *Cic. orat.*, Cambridge |
| $SB_1$ | Shackleton Bailey, David R., 1961, *Cic. Att. Pars posterior libri IX–XVI*, Oxford |
| SB | Shackleton Bailey, David R., 1988, *Cic. ad Q. fr., ad Brut.*, Stuttgart |
| SB | Shackleton Bailey, David R., 1987, *Cic. Att.*, Stuttgart |
| SB | Shackleton Bailey, David R., 1988, *Cic. fam.*, Stuttgart |
| Schi. | Schiche, Theodor, 1915, *Cic. fin.*, Stuttgart |
| Schue. | Schuetz, Christian Gottfried, 1814sqq., *Cic. Opera omnia*, Leipzig |
| Se. | Seel, Otto, 1952, *Cic. orat.*, Heidelberg |
| Seyff. | Seyffert, Mauricius, 1864, *Cic. Tusc.*, Leipzig |
| So. | Sorof, G., 1875, Berlin |
| Steph. | ed. C. Stephani, 1554, Paris |
| Stroe. | Stroebel, Eduard, 1915, *Cic. inv.*, Leipzig |
| TP | Tyrrell, Robert Yelverton / Louis Claude Purser, 1901–1933, *Cic. Epistulae*, Dublin et al. |
| Tulich. | Tulichius, Hermannus, 1515, Leipzig |
| Vict. | Victorius, Petrus, 1534–1537, *Cic. Opera omnia*, Venedig (apud Lucam Antonium Iuntam) |
| Wat. | Watt, William S., 1958, *Cic. Epistulae*, Oxford [continet *ad Q. fr. ad Brut.*] |
| Wat. | Watt, William S., 1965, *Cic. Att. Pars prior libri I–VIII*, Oxford |
| West. | Westman, Rolf, 1980, *Cic. orat.*, Leipzig |
| Wi. | Winterbottom, Michael, 1994, *Cic. off.*, Oxford |
| Wilk. | Wilkins, Augustus S., 1892, *Cic. de orat.*, Oxford |
| Wilk. | Wilkins, Augustus S., 1902 / 1903, *Cic. Rhetorica*, Oxford |
| Yo. | Yon, Albert, 1964, *Cic. orat.*, Paris |

## b) Ciceronis codices

| Sigla codicum | Explicatio siglorum |
|---|---|
| | **ad ac.** |
| A | cod. Vossianus Lat. Fol. 84, IX–X<br>[apud Pla.; Leid. A / A apud Ri.$_2$] |
| B | cod. Vossianus Lat. Fol. 86, saec. IX–X<br>[apud Pla.; Leid. B / B apud Ri.$_2$] |
| V | cod. Vindobonensis 189, saec. IX–X<br>[apud Pla.; Vind. apud Ri.$_1$; Vindob., V(indobon.) apud Ri.$_1$, Ri.$_2$; Vindob. apud Ri.$_3$] |
| | **ad Att.** |
| Ant. | cod. Antonianus a Malaespina citatus<br>[apud SB] |
| b | cod. Berolinensis (ex bibl. Hamiltoniana) 168, saec. XV<br>[apud Wat., SB] |
| C | lectiones margini editionis Cratandrinae (a. 1528) ascriptae<br>[apud Mori., Wat., SB] |
| d | cod. Laurentianus (ex. bibl. aedilium) 217, saec. XV<br>[apud Mori., Wat., SB] |
| E | cod. Ambrosianus E 14 inf., saec. XIV<br>[apud SB] |
| F | cod. Faërni a Malaespina vel Ursino citatus<br>[apud Wat., SB] |
| G | cod. Parisinus 'Nouv. Fonds' 16248, saec. XIV–XV<br>[apud Wat., SB] |
| K | Musei Britannici Additus 6793<br>[apud Wat.] |
| M | cod. Mediceus 49.18, a. 1393 scriptus<br>[apud Mori., Wat., SB; apud Or., Ri. Med.] |
| m | cod. Berolinensis (ex bibl. Hamiltoniana) 166, a. 1408 scriptus<br>[apud Mori., SB] |
| N | cod. Laurentianus (ex Conv. Suppr.) 49, saec. XIV–XV<br>[apud Wat., SB] |

| | |
|---|---|
| O | cod. Taurinensis Lat. 495, saec. XV [cum cod. V consentiens raro citatus]<br>[apud Wat., SB] |
| P | cod. Parisinus Lat. 8536, saec. XV<br>[apud Wat., SB] |
| Q | Cod. Ravennas Lat. 469<br>[apud Wat.] |
| R | cod. Parisinus Lat. 8538, a. 1419 scriptus<br>[apud Mori., Wat., SB] |
| Σ | consensus codd. EG (vel H deficiente G) NV (vel O deficiente V) R vel omnium vel eorum qui quoque loco praesto sunt<br>[apud SB] |
| s | cod. Urbinas 322, saec. XV<br>[apud Mori., Wat., SB] |
| ς | lectiones ex codd. deterioribus, ut videntur, hic ilic citatae vel in editionibus ante Pium primum inventae<br>[apud Mori., SB] |
| V | cod. Palatinus Lat. 1510, saec. XV<br>[apud SB] |
| Z | cod. Tornesianus<br>[apud Mori., Wat., SB] |
| Ω | consensus codd. Σ et M = archetypum omnium quos supra nominavit codd.<br>[apud SB]<br>consensus codd. EGHNKQORP [apud Wat.]<br>consensus GHNERPOVMbdms [apud Mori.] |
| | **ad de orat.** |
| A | cod. Abrincensis bibl. mun. 238, saec. IX [*mut.*]<br>[apud Or., Kays., Wilk., Kl., Ku.; Abrinc. apud Ri.$_1$, Ri.$_2$, Ri.$_3$] |
| E | cod. Erlangensis 848, saec. X [*mut.*]<br>[apud Wilk., Kl., Ku.; Erl. / Erl. a apud Ri.$_1$, Ri.$_2$, Ri.$_3$; Erlangensis primus apud Or.] |
| e | cod. Erlangensis alter (303), saec. XV [scriptus a. 1451]<br>[apud Wilk.; Erl. b apud Ri.$_1$, Ri.$_2$; B apud Or.] |
| Gud.a | sc.: cod. Guelpherbytanus primus, saec. XIV$^{in.}$<br>[apud Ri.] |

| | |
|---|---|
| Gud.b | sc. = γ<br>[apud Ri] |
| Gud.c | sc. cod. Guelferbytanus Gudianus 38<br>[apud Ri.$_1$, Ri.$_2$] |
| γ | cod. Gudianus 3 / Guelph. A<br>[apud Wilk.; Gu. 3 apud Or., Kays.; Ri.$_1$, Ri.$_2$, Ri.$_3$] |
| H | cod. Harleianus 2736, saec. IX [*mut.*]<br>[apud Wilk., Kl., Ku.] |
| Lagom. | codd. Lagomarsiniani de P. Girolamo Lagomarsini (1698–1773)<br>[apud Ri.$_1$, Kays., Ri.$_2$; Lagomarsiniani apud Or., Ri.$_3$; Lagg. apud Wilk.; Lag. apud Ku.] |
| N | cod. Neapolitanus IV A 43<br>[apud Ku.] |
| O | cod. Ottobonianus 2057, a. 1422 e Laudensis apographo descriptus<br>[apud Wilk., Ku.] |
| P | cod. Palatino-Vaticanus 1469, saec. XV ex eodem Laudensis apographo atque cod. O descriptus<br>[apud Wilk., Ku.] |
| Pal.6, 7, 9 | sc.: codd. Palatini 6. 7. 9. e mss. Pal. Gruteri (v. Ellendt, Cicero De oratore, 1840, XI)<br>[apud Ri.] |
| R | cod. Palatino-Vaticanus 1470, saec. XV e cod. Laudensis apographo quodam descriptus et cum lectionibus familiae M contaminatus<br>[apud Ku.] |
| $R^v$ | lectiones in cod. R siglo .v. insignitae<br>[apud Ku.] |
| ς | codd. (unus vel plures) saec. XIV et XV non nominatim laudati, raro etiam aliqui Lagomarsiniani et Parisini<br>[apud Ku.] |
| U | cod. Ithacensis (N.Y.), Cornell univ. bibl. B 2 / bibliothecae Universitatis Cornellianae, saec. XV siglo B 2 insignitus e Ioannis Lamolae apographo a. 1428 facto ab Alesio Germano descriptus et cum lectionibus familiae M contaminatus<br>[apud Ku.] |

| | |
|---|---|
| V | cod. Vaticanus 2901, saec. XV<br>[apud Ku.] |
| $V^{v}$ | lectiones in V notula .v. (i.e. vetus) insignitae |
| $V^{m}$ | lectiones in margine codicis V exaratae |
| $V^{2}$ | lectiones a secunda manu magnam partem ex editione Romana (1469) depromptae, ad Laudensis codicis textum restituendum nullius pretii<br>[apud Ku.] |
| | **ad Deiot.** |
| C | cod. Holkhamicus sive Cluniacensis 498, saec. IX<br>[apud Kl.] |
| A | cod. Ambrosianus C 29, saec. X<br>[apud Kl.] |
| H | cod. Harleianus 2682 (exemplar posterius), saec. XI<br>[apud Kl.] |
| V | cod. Vossianus Lat. O 2, saec. XI<br>[apud Kl.] |
| B | cod. Bruxellensis 5354, saec. XII<br>[apud Kl.] |
| D | cod. Dorvillianus 77, saec. XI<br>[apud Kl.] |
| E | cod. Erfurtensis (Berolinensis 252), saec. XII<br>[apud Kl.] |
| L | cod. Harleianus 2716, saec. XI<br>[apud Kl.] |
| a | cod. Harleianus 4927, saec. XII<br>[apud Kl.] |
| g | cod. Gudianus 335, saec. X<br>[apud Kl.] |
| h | cod. Harleianus 2682 (exemplar prius), saec. XI<br>[apud Kl.] |
| | **ad div.** |
| A | cod. Vossianus Lat. Fol. 84, saec. IX–X<br>[apud Or., Baehr., Peas., Kl., Gio.; Leid. A apud Ri.$_{2}$; Leid. A / A apud Ri.$_{3}$; Voss. A apud Wa.] |
| B | cod. Vossianus Lat. Fol. 86, saec. IX–X<br>[apud Or., Baehr., Peas., Kl., Gio; Leid. B apud Ri.$_{2}$; Leid. B / B apud Ri.$_{3}$] |

| | |
|---|---|
| Eliens. | cod. Eliensis (primus vel secundus) (teste Davis.)<br>[cod. Eliensis / cod. Eliens. apud Or., $Ri._2$, $Ri._3$, Peas.] |
| Erl. | cod. Erlangensis 847, saec. XV (a. 1466)<br>[apud $Ri._1$, $Ri._2$; Erlang. apud Peas.] |
| F | cod. Florentinus Marcianus Lat. 257, saec. IX –X<br>[apud Kl., Gio., Peas.] |
| H | cod. Leidensis Bibl. Publ. Lat. 118 (Heinsianus), saec. XI –IX<br>[apud Or., Peas., Gio.; Leid. H apud $Ri._2$, $Ri._3$] |
| M | cod. Monacensis Lat. 528, saec. X–XI<br>[apud Gio., Peas.] |
| P | cod. Vat. Palatinus Lat. 1519, saec. X–XI<br>[apud Kl., Gio., Peas.] |
| Palat.b | cod. Vaticanus (olim Palatinus) 1525, a. 1467<br>[apud $Ri._1$, $Ri._2$, Peas.] |
| R | excerpta Hadoardi, cod. Vat. Reginensis Lat. 1762, saec. IX<br>[apud Peas., Gio.; Reg. apud Davis.] |
| V | cod. Vindobonensis Lat. 189, saec. IX–X<br>[apud Or., Baehr., Peas., Kl., Gio.; Vind. apud $Ri._1$, $Ri._2$, Wa.; Vindob. apud $Ri._2$, Mu., Peas.; V(ind.) / Vind. / Vindob. apud $Ri._3$] |
| Voss. V | cod. Vossianus 14, saec. XV<br>[apud Grilli, Peas.] |
| | **ad fam.** |
| D | cod. Palatinus 598, saec. XI<br>[apud SB; Pal. apud $Ri._2$] |
| G | cod. Harleianus 2773, saec. XII<br>[apud SB] |
| H | cod. Harleianus 2682, saec. XI<br>[apud SB] |
| M | cod. Mediceus 49.9, saec. IX<br>[apud SB] |
| P | cod. Mediceus 49.7 (apographon cod. Medicei 49.9), a. 1392 scriptus<br>[apud SB] |

| | |
|---|---|
| R | cod. Parisinus 17812, saec. XII<br>[apud SB] |
| V | cod. Parisinus 14761, saec. XV<br>[apud SB] |
| | **ad fin.** |
| A | cod. Vaticanus Pal. Lat. 1513, saec. XI<br>[apud Rey., Mor.] |
| B | cod. Vaticanus (olim Palatinus) 1525, a. 1467<br>[apud Or., $Ri._1$, $Ri._2$ (et Pal. B), Rey., Mor.] |
| E | cod. Erlangensis 618 [847 apud Peas., Mor.], a. 1466<br>[apud Rey., Mor.; Erl. apud $Ri._2$] |
| Eliens. | cod. Eliensis [Ely] (primus vel secundus) (teste Davis.)<br>[cod. Eliensis / cod. Eliens. apud Or., $Ri._2$, $Ri._3$] |
| L | cod. Laurentianus LXXVI,2, saec. XIII<br>[apud Mor.] |
| M | cod. Matritensis Bibl. Nac. 9116 (Aa 25), saec. $XIV^2$<br>[apud Rey., Mor.] |
| N | cod. Neapolitanus IV G 43, saec. XV<br>[apud Mor.] |
| O | cod. Mutinensis Lat. 213, saec. $XIV^2$<br>[apud Rey.] |
| P | cod. Parisinus Lat. 6331, saec. $XII^2$<br>[apud Rey., Mor.] |
| Pa. | cod. Parisinus Lat. 18104, saec. XII<br>[apud Mor.] |
| R | cod. Leidensis Gronovianus 21 / Rottendorfianus Gronovianus 21, saec. $XII^{ex.}$<br>[apud Rey., Mor.] |
| S | cod. Escorialensis V.III.6, saec. XIII<br>[apud Mor.]<br>cod. Florentinus Cart. Strozz. 3.46, saec. $XIV^2$<br>[apud Rey.] |
| V | cod. Vaticanus Lat. 1759, saec. XV<br>[apud Mor.] |
| Y | cod. Ambrosianus C. 55. inf., saec. XIII<br>[apud Mor.] |

| | |
|---|---|
| | **Ad har. resp.** |
| P | cod. Parisinus 7794, saec. $\mathrm{IX}^{\mathrm{med.}}$<br>[apud Mas.] |
| G | cod. Bruxellensis 5345 (olim Gemblacensis), saec. $\mathrm{XI}^{\mathrm{in.}}$<br>[apud Mas.] |
| E | cod. Berolinensis 252 (olim Erfurtensis), saec. $\mathrm{XII}^{\mathrm{in.}}$<br>[apud Mas.] |
| H | cod. Harleianus 4927, saec. $\mathrm{XII}^{\mathrm{ex.}}$<br>[apud Mas.] |
| | **ad inv.** |
| A | cod. Angelomontanus, saec. XII<br>[apud Or.; Angelom. apud Ri.$_1$, Ri.$_2$; a apud Kays.; α apud Stroe.] |
| f | cod. Florentinus Laurentianus Plut. 50–45, saec. $\mathrm{X}^{\mathrm{ex.}}$<br>[apud Ach.; $\lambda_3$ apud Stroe.] |
| H | cod. Herbipolitanus Mp. misc. f. 3, saec. IX<br>[apud Stroe., Ach.; v apud Kays.] |
| h | cod. Hartwicensis (Monacensis) Clm 14272–II, saec. $\mathrm{XI}^{\mathrm{in.}}$<br>[apud Ach.; m$_4$ apud Stroe.] |
| L | cod. Leidensis Vossianus LXX, saec. IX [*mut.*]<br>[apud Stroe.] |
| m | cod. Monacensis Clm 6400, saec. $\mathrm{X}^{\mathrm{med.}}$<br>[apud Ach.; m$_1$ apud Stroe.] |
| P | cod. Parisinus Reg. Lat. 7774 A–II, saec. IX [*mut.*]<br>[apud Stroe., Ach.; p apud Kays.; Par. apud. Ri.$_1$, Ri.$_2$, Ri.$_3$]<br>cod. Parisinus Reg. 7714, saec. IX<br>[apud Or.] |
| R | cod. Corbeiensis vel Petropolitanus F vel. 8 auct. class. Latin., saec. IX–X [*mut.*]<br>[apud Stroe., Ach.] |
| S | cod. Sangallensis 820–II, saec. $\mathrm{X}^{\mathrm{in.[Ach]}}$ *vel* $\mathrm{X}^{\mathrm{[Stroe]}}$ *vel* $\mathrm{IX}^{\mathrm{[Kays]}}$ [*mut.*]<br>[apud Stroe., Ach.; g apud Kays.] |
| T | cod. Trossianus, saec. XII<br>[R apud Or.; r apud Kays.; Tross. apud Ri.$_1$, Ri.$_2$] |

| | |
|---|---|
| V | cod. Vaticanus Lat. 11506, IX$^{in.}$ [*mut.*]<br>[apud Ach.] |
| Z | cod. Turicensis, saec. XII<br>[T apud Or.; Tur. apud Ri.$_1$; t apud Kays., Stroe.] |
| | **ad Mur.** |
| A | cod. Laurentianus XLVIII.10, a. 1415 (i.e. 1416) a Ioanne Arretino scriptus (Lagom. 10)<br>[apud Kast.] |
| B | excerpta Bartolomaei de Monte Politiano in cod. Laurentiano plut. LIV 5<br>[apud Kl., Kast.] |
| Oxonn. C χ | sc.: codd. Oxonienses C H S T χ ψ (cf. ed. Ernesti?)<br>[apud Ri.$_2$] |
| Par.1 | sc.: cod. Parisinus Regius 6369 membr. In folio, saec XIV<br>[apud Ri.$_2$] |
| Par.4 | sc.: cod. Codex Parisinus Regius 7777 mebr. Olim Colbertinus, ex satis bono libro accuratissime descriptus a. 1466<br>[apud Ri.$_2$] |
| Par.7 | sc.: cod. Parisinus Regius 779 membr. a. 1459 exaratus<br>[apud Ri.$_2$] |
| π | cod. Perusinus E 71, a. 1417 scriptus |
| φ | cod. Laurentianus LII.1 |
| χ | cod. Laurentianus XLVIII. 25 |
| V | cod. Paris. 14749 (olim S. Victoris 91), saec. XV$^{in.}$<br>[apud Kast.; Σ apud Kl.] |
| ψ | cod. Laurentianus (Gadd.) XC sup. 69, saec. XV<br>[apud Kast.] |
| | **ad nat. deor.** |
| A | cod. Vossianus Lat. Fol. 84, saec. IX–X<br>[apud Ax, Kl., Peas.; Leid. apud Ri.$_1$; Leid. A apud Ri.$_2$, Ri.$_3$] |
| B | cod. Vossianus Lat. Fol. 86, saec. IX–X<br>[apud Ax, Kl., Peas.; Leid. B apud Ri.$_2$; Leid. B / B apud Ri.$_3$] |

| | |
|---|---|
| Erl. | cod. Erlangensis 847, saec. XV (a. 1466)<br>[Erl. apud Ri.$_{1}$; Erlang. apud Ri.$_{2}$, Ri.$_{3}$] |
| F | cod. Florentinus Marcianus Lat. 257, saec. IX–X<br>[apud Peas.] |
| G | vid. H<br>[apud Peas.] |
| H | cod. Heinsianus 118 vel eius primitiva scriptura cum G, i.e. Burneiano 148, fere consentiens<br>[apud Ax, Peas.; Leid. C apud Ri.$_{2}$, Ri.$_{3}$] |
| M | cod. Monacensis Lat. 528, saec. X–XI<br>[apud Peas.] |
| N | cod. Nostradamensis Parisinus Lat. 17812, saec. XII<br>[apud Peas.] |
| O | cod. Oxoniensis Mertonianus 311<br>[apud Peas.] |
| P | cod. Vat. Palatinus 1519, scriptus non post med. saec X<br>[apud Ax; Pal. / Pal. 1519 apud Ri.$_{1}$; Pal. apud Ri.$_{2}$, Ri.$_{3}$] |
| V | cod. Vindobonensis 189, saec. IX–X<br>[apud Ax, Kl.; Vind. apud Ri.$_{1}$, Va.$_{2}$; Vindob. apud Ri.$_{2}$, Ri.$_{3}$] |
| | **ad off.** |
| a | cod. Bernensis 514, saec. X<br>[Bern. a apud Ri.$_{1}$, Ri.$_{2}$, Ri.$_{3}$] |
| B | cod. Bambergensis Msc. Class. 26 (olim Bambergensis M. V. 1), saec. IX–X<br>[apud Atz., Wi.; Bamb. a apud Ri.$_{1}$; Bamb. a / Bamberg. apud Ri.$_{2}$; Bamb. apud Ri.$_{3}$] |
| b | cod. Bernensis 391, saec. X<br>[apud Atz.; Bern. b apud Ri.$_{1}$, Ri.$_{2}$, Ri.$_{3}$] |
| Bamb.b | cod. Bambergensis<br>[apud Ri.$_{1}$, Ri.$_{2}$] |
| Bern.d | cod. Bernensis<br>[apud Ri.$_{1}$, Ri.$_{2}$] |
| Bern.e | cod. Bernensis<br>[apud Ri.$_{1}$, Ri.$_{2}$] |
| c | cod. Bernensis 104, saec. XII–XIII<br>[apud Atz., Wi.; Bern. c apud Ri.$_{1}$, Ri.$_{2}$, Ri.$_{3}$] |

| | |
|---|---|
| Goth. | cod. M.S. membranaceus Gothanus (in thesauris librariis Sereniss. Principp. Gothan.), saec. XV<br>[apud Ri.$_1$, Ri.$_2$, Ri.$_3$] |
| Gu.1 | cod. Guelpherbytanus, ca. a. 1300<br>[apud Atz.; Gud. a apud Ri.$_2$] |
| Gu.2 | cod. Guelpherbytanus, saec. XIII<br>[apud Atz.] |
| Gu.3 | cod. Guelpherbytanus III.3, a. 1469 [*mut.*]<br>[apud Atz.; Gud.c apud Ri.$_2$] |
| Gu.4 | cod. Guelpherbytanus VIII.12, saec. XV<br>[apud Atz.] |
| Gu.5 | cod. Guelpherbytanus XVIIII.43<br>[apud Atz.; Gud.e apud Ri.$_2$] |
| ζ | consensus codd. B P (Q) V<br>[apud Wi.] |
| H | cod. Herbipolitanus Mp. misc. f. 1, saec. IX–X<br>[apud Atz.; Herbipol. apud Ri.$_2$, Ri.$_3$] |
| L | cod. Londinensis Harleianus 2716, saec. IX–X<br>[apud Atz., Wi.] |
| ξ | consensus codd. L (quo deficiente M) c<br>[apud Wi.] |
| Oehl. | cod. Oehliensis<br>[apud Ri.$_1$, Ri.$_2$, Ri.$_3$] |
| Oxon. | codd. Oxonienses (decem)<br>[apud Ri.$_2$] |
| P | cod. Parisinus Lat. 6601, saec. IX[Wi] *vel* IX–X[Atz]<br>[apud Atz., Wi.] |
| p | cod. Vaticanus Palatinus Lat. 1531, saec. XII[Wi] *vel* XIII[Atz]<br>[apud Atz., Wi.; Palat. apud Ri.$_2$] |
| Q | cod. Parisinus Lat. 6347, saec. VIII–IX [*mut.*]<br>[apud Atz., Wi.] |
| ς | codd. deteriores<br>[apud Atz.] |
| T | cod. Tricassensis 552, saec. XIV<br>[apud Atz.] |

| | |
|---|---|
| V | cod. Leidensis Vossianus Lat. Q. 71, saec. IX–X<br>[apud Atz., Wi.] |
| φ | cod. Vaticanus Borgia 326, saec. XII<br>[apud Atz.] |
| | **ad orat.** |
| A | cod. Abrincensis bibl. mun. 238, saec. IX [*mut.*]<br>[apud Or., Kays., Wilk., Se., Kl., Yo., West.; Abrinc. apud Ri.$_1$, Ri.$_2$, Ri.$_3$] |
| B | cod. Barcinonensis bibl. univ. 12, saec. XV<br>[apud West.] |
| b | cod. Erlangensis 76, saec. X<br>[apud Kays.; Erl. apud Or.] |
| Bud. | cod. Budapestinus bibl. nat. Széchényi Lat. 148, ca. a. 1470<br>[apud West.] |
| γ | emendationes selectae codicum mutilorum interpolatorum sive 'recensionis Gasparinianae'<br>[apud Yo., West.] |
| D | cod. Dresdensis Dc 108<br>[apud West.; Dresd. apud Ri.$_2$; Dr. apud Mey., Or.] |
| Δ | cod. Oxoniensis bibl. Bodl. Lat. class. d. 37, a. 1412 [*mut.*]<br>[apud West.] |
| E | cod. Vaticanus Barb. Lat. 126, saec. XV<br>[apud West.] |
| ε | cod. Einsiedlensis 307 (ex cod. F descriptus)<br>[apud West.; Eins. apud Or., Kays., Ri.$_2$]<br>emendationes selectae cod. Einsidlensis 307 (cod. non mixtus)<br>[apud Yo.] |
| F | cod. Florentinus Magliabecchianus I, 1, 14 / Florentinus bibl. nat. centr. C. S. J. I. 14, scriptus annis 1422/3<br>[apud San., Wilk., Se., Yo., West.] |
| f | cod. Halensis Y g 24 (olim Vitebergensis), ex π a. 1432 descriptus<br>[apud West.; Vit. apud Mey., Or., Kays.; Viteb. apud Ri.$_1$, Ri.$_2$; cod. Vit. apud Yo.] |

| | |
|---|---|
| G | cod. Guelferbytanus Gudianus 38<br>[apud West.; Gud. c apud. $Ri._1$, $Ri._2$, $Ri._3$] |
| g | cod. Guelferbytanus 199<br>[apud West.] |
| Gu.1 | cod. Guelpherbytanus, ca. a. 1300<br>[apud Or.] |
| Gu.2 | cod. Guelpherbytanus, saec. XIII<br>[apud Or.; Gud. b apud $Ri._3$] |
| Gu.3 | cod. Guelpherbytanus III.3, a. 1469 [*mut.*]<br>[apud Or., Kays.; Gud. c apud $Ri._3$] |
| H | cod. Hauniensis kgl. bibl. Thott 397, 2°, saec. XV<br>[apud West.] |
| Θ | cod. Trecensis sive Tricassensis (Troyes), Bibl. munic. 1559, saec. XV [*mut.*]<br>[apud West.] |
| J | cod. Vaticanus Rossi Lat. 557, saec. XV<br>[apud West.] |
| K | cod. Stockholmiensis kgl. bibl. Va. 11, saec. XV<br>[apud West.] |
| L | cod. Laudensis (deperditus), olim a episcopo Gerardo Landriano a. 1471 inventum<br>(pro deperdito cod. Laudensi omnium integrorum fonte) = consensus codd. FPOUBHNSKRWJEQVT Bud.<br>[apud West.]<br>conspectus codd. FOPM (cod. Laudensis deperditus)<br>[apud Wilk.]<br>consensus codd. FPO<br>[apud Se., Yo.] |
| Lagom. | codd. Lagomarsiniani<br>[apud $Ri._3$] |
| μ | consensus codd. mutilorum sive omnium sive reliquorum<br>[apud West.]<br>codd. mutili recentiores<br>[m apud Wilk.] |
| N | cod. Parisinus bibl. nat. Lat. 17154, saec. XV<br>[apud West.] |
| Ξ | cod. Gratianopolitanus bibl. mun. 857 (136), saec. XV [*mut.*]<br>[apud West.] |

| | |
|---|---|
| O | cod. Vaticanus Ottobonianus 2057, a. 1422 scriptus [apud Sa., Wilk., Yo., West.] |
| P | cod. Vaticanus Palatinus Lat. 1469, saec. XV (a. 1423) [apud Sa., Wilk., Yo., West.] |
| Pal. 6, 7, 9 | codd. Palatini 6. 7. 9. e mss. Pal. Gruteri (vid. Ellendt, Cicero De oratore, 1840, XI) [apud Ri.] |
| Q | cod. Toletanus bibl. capit. 100–10, saec. XV [apud West.] |
| R | cod. Remensis bibl. mun. 1109, saec. XV [apud West.] |
| S | cod. Pistoriensis bibl. com. 6 (A, 15), saec. XV [apud West.] |
| Σ | cod. Trecensis bibl. mun. 552, ante a. 1343 [*mut.*] [apud West.] |
| T | cod. Mediolanensis Trivulz. 723, saec. XV [apud West.] |
| U | cod. Ithacensis (N.Y.), Cornell univ. bibl. B 2 / bibliothecae Universitatis Cornellianae, saec. XV siglo B 2 insignitus e Ioannis Lamolae apographo a. 1428 facto ab Alesio Germano descriptus et cum lectionibus familiae M contaminatus [apud West.] |
| V | cod. Matritensis bibl. nat. 10060, saec. XV [apud West.] |
| W | cod. Montepessulanus bibl. univ. medic. 214, saec. XV [apud West.; Mon. apud Or.] |
| Φ | cod. Matritensis bibl. nat. 10218, saec. XV [*mut.*] [apud West.] |
| | **ad Rab. Post.** |
| G | cod. Alexandri Glorierii [quo usus est Muretus] [apud Or. / Hal.; Glor. apud Ri.] |
| M | cod. Monacensis Lat. 68 bibliothecae olim electoralis [= sc. Monac. apud Ri.; E apud Or. / Hal.] |
| Oxonn. T ψ | sc.: codd. Oxonienses C H S T χ ψ (cf. ed. Ernesti?) [apud Ri., Or. / Hal.] |

| | |
|---|---|
| S | cod. olim Salisburgensis, postea Monacensis Lat. 15734<br>[apud Or. / Hal.; Salisb. apud Ri.] |
| V | cod. Vindobonensis XVI (in Endlicheri catalogo)<br>[apud Or. / Hal.; Vindob. alter apud Ri.] |
| Vat. | cod. Vaticanus Lat. 11458, saec. XV [a. 1417 a Poggio perscriptus]<br>[V apud Ol.] |
| Vit. | cod. Vitebergensis, saec. XV [a. 1432 a Milo de Carraria Patauvus perscriptus]<br>[apud Or.; Viteb. apud Ri.$_2$] |
| U | cod. Vindobonensis XV (in Endlicheri catalogo)<br>[apud Or. / Hal.; Vindob. unus apud Ri.] |
| | **ad Q. fr.** |
| b | cod. Berolinensis (ex bibl. Hamiltoniana) 168, saec. XV<br>[apud SB] |
| C | lectiones margini editionis Cratandrinae (a. 1528) ascriptae<br>[apud SB] |
| d | cod. Laurentianus (ex. bibl. aedilium) 217, saec. XV<br>[apud SB] |
| E | cod. Ambrosianus E 14 inf., saec. XIV<br>[apud SB] |
| G | cod. Parisinus 'Nouv. Fonds' 16248, saec. XIV–XV<br>[apud SB] |
| H | cod. Landianus 8, saec. XIV–XV [cum cod. G consentiens raro citatus]<br>[apud SB] |
| M | cod. Mediceus 49.18, a. 1393 scriptus<br>[apud SB] |
| m | cod. Berolinensis (ex bibl. Hamiltoniana) 166, a. 1408 scriptus<br>[apud SB] |
| N | cod. Laurentianus (ex Conv. Suppr.) 49, saec. XIV–XV<br>[apud SB] |
| O | cod. Taurinensis Lat. 495, saec. XV [cum cod. V consentiens raro citatus]<br>[apud SB] |

| | |
|---|---|
| P | cod. Parisinus Lat. 8536, saec. XV<br>[apud SB] |
| R | cod. Parisinus Lat. 8538, a. 1419 scriptus<br>[apud SB] |
| s | cod. Urbinas 322, saec. XV<br>[apud SB] |
| V | cod. Palatinus Lat. 1510, saec. XV<br>[apud SB] |
| | **ad Phil.** |
| b | cod. Bernensis 104, saec. XIII–XIV<br>[apud Fc.] |
| c | familia Colotiana, i.e. consensus cod. Parisianus Lat. 5802 (saec. XIII), cod. Parisianus Lat. 6602 (saec. XIII), cod. Berolinensis Phill. 1794 (olim 201) (saec. XII) |
| n | cod. Vossianus Lat. O 2, saec. X–XI<br>[apud Fe.] |
| s | cod. Vaticanus Lat. 3228, saec. X<br>[apud Fe.] |
| t | cod. Monacensis 18787 (olim Tegernseenensis 787), saec. XI<br>[apud Fe.] |
| V | cod. Vaticanus Lat. 3227, saec. XII<br>[apud Fe.] |
| | **ad Scaur.** |
| A | cod. rescriptus Mediolanensis Bibl. Ambrosianae R 57 sup. = S. P. II. 66, saec. V<br>[apud Ol.] |
| T | cod. rescriptus Taurinensis Bibl. Nationalis A. II. 2*, saec. V<br>[apud Ol.] |
| | **ad Sest.** |
| B | cod. Bernensis 136, saec. XII (e cod. P post correcturam descriptus, ad stabiliendam manum $P^2$ adhibitus)<br>[apud Mas.] |
| E | cod. Berolinensis Lat. fol. $2^{o}$ 252 (olim Erfurtensis), saec. $XII^{in.}$ Corbeiae novae scriptus, quae exstant lectiones a J. Gulielmo enotatae in ed. Lambiniana (M.T. Cic. |

| | |
|---|---|
| | Opera omnia, ed. D. Lambinus, apud P. Santandreanum, Lugduni 1577–1578), hodie in Bibl. Univ. Leid. 762. B. 9/10<br>[apud Mas.] |
| G | cod. Bruxellensis 5345 (olim Gemblacensis), saec. XI$^{in.}$<br>[apud Kl., Mas.] |
| $G^1$ | prima manus |
| $G^2$ | correcturae paulo recentiores<br>[apud Mas.] |
| H | cod. Harleianus 4927, saec. XII$^{med.}$ in media Francia scriptus, in quo orationes decurtatae exstant<br>[apud Mas.] |
| $H^1$ | prima manus |
| $H^2$ | correcturae paulo recentiores<br>[apud Mas.] |
| N | cod. recensionem Italicam continens ex cod. Parisino 1778 (f), saec. XIV$^{ex.}$, et Med. Laur. 76. 24 (n), saec. XVI$^{in.}$, restitutus<br>[apud Mas.] |
| P | cod. Parisinus 7794, saec. IX$^{med.}$ in urbe Turonum scriptus<br>[apud Kl., Mas.] |
| $P^1$ | prima manus |
| $P^2$ | correcturae eiusdem fere aetatis, |
| $P^3$ | correcturae multo recentiores ex ed. Naugeriana 1519 sumptae<br>[apud Mas.] |
| S | cod. Monacensis 15734 (olim Salisburgensis), ca. annis 1465–70 Florentiae a Bastiano Foresi scriptus<br>[apud Mas.] |
| V | cod. Vaticanus (olim Palatinus) 1525, a. 1467<br>[apud Mas.] |
| | **ad top.** |
| A | cod. Lugdunensis Vossianus Lat. Fol. 84, saec. IX<br>[apud Wilk., Kays.] |
| a | cod. Einsiedlensis 324, saec. X<br>[apud Or., Mar., Wilk.; Eins. apud Ri.$_1$; Eins. / Einsiedl. apud Ri.$_2$] |
| $a^{ac}$ | lectio antequam scriba corr. |
| $a^{pc}$ | lectio postquam scriba ipse, ut videtur, corr.<br>[apud Mar.] |

| | |
|---|---|
| B | cod. Lugdunensis Vossianus Lat. Fol. 86, saec. IX<br>[apud Kays., Wilk., Mar.] |
| $B_A$<br>$B_A^1$ | Folia additicia a codice B in A translata, saec. IX<br>corr. aequalis<br>[apud Mar.] |
| ($B_1$)<br>$B_{1a}$<br>$B_{1b}$ | cod. Bambergensis ms. coll. 14 saec. XI:<br>Topicorum textus continuus<br>Topicorum textus Commentariis interiectus<br>[apud Mar.] |
| γ | consensus codicum familiae C ($V_2$ δ seu $V_2$ $B_{1a}$ ubi $B_{1b}$ deest)<br>[apud Mar.] |
| δ | consensus textuum $B_{1a}$ $B_{1b}$<br>[apud Mar.] |
| C | cod. Carnutensis 498, saec. XII<br>[apud Mar.] |
| c | cod. Sangallensis 854, saec. X–XI [*mut.*]<br>[apud Or., Wilk.] |
| e | cod. Berolinensis Lat. fol. 252, saec. XII<br>[apud Mar.] |
| F | cod. Laurentianus Divi Marci 166, saec. XII<br>[apud Mar.] |
| f | cod. Vitebergensis, saec. XV (a. 1432)<br>[apud Or., Wilk.; Viteb. apud $Ri._1$, $Ri._2$] |
| O | cod. Ottobonianus 1406, saec. X<br>[apud Wilk., Mar.] |
| V | cod. Vossianus 70, saec. X<br>[apud Wilk., Mar.] |
| ψ | cod. Oxoniensis<br>[apud Or., $Ri._3$] |
| | **ad Tusc.** |
| B | cod. Bruxellensis 5351, 2<br>[apud Pohl., Giust.; Brux. apud $Ri._1$, $Ri._2$; Bruxell. / Brux. / B apud $Ri._3$] |
| b | cod. Bernensis 438 (olim Bongarsianus), saec. XV<br>[apud Or.; Bern. / Bern. b apud $Ri._1$, $Ri._2$, $Ri._3$] |
| Balliol. | cod. Ballionsis Oxoniensis 248 D<br>[apud Davis.; unus Oxon. apud $Ri._1$, $Ri._2$, $Ri._3$, Kl.] |

| | |
|---|---|
| Duisb. | cod. Duisburgensis<br>[apud Ri.$_1$, Ri.$_2$, Ri.$_3$] |
| F | frg. Oxoniense / Bodleianum<br>[apud Pohl., Giust.; Oxon. apud Ri.$_1$] |
| G | cod. Guelferbytanus Gudianus 294<br>[apud Pohl., Giust.; Gud. apud Ri.$_1$, Ri.$_2$, Ri.$_3$] |
| g | cod. Gryphianus deperditus<br>[apud Giust.; Gr apud Pohl.] |
| H | Hadoardi excerpta in cod. Vaticano Reginensi 1762, saec. IX<br>[apud Pohl., Giust.] |
| K | cod. Cameracensis A 943 / 842<br>[apud Pohl., Giust.] |
| Leid. | cod. Leidensis Vossianus 14, saec. XV<br>[apud. Ri.$_1$, Ri.$_2$, Ri.$_3$] |
| M | cod. Ambrosianus T 56 sup. [apud Pohl., Giust.]<br>cod. Mon. 277, saec. XV (1465)<br>[Mon. a / Mon. b apud Ri.$_1$, Ri.$_2$, Ri.$_3$; Monac. apud Ri.$_2$] |
| Marb. | cod. Marburgensis, saec. XV<br>[apud. Ri.$_1$, Ri.$_2$] |
| Oxonn. | codd. Oxonienses (quinque)<br>[apud Ri.$_1$, Ri.$_2$, Ri.$_3$] |
| P | cod. Palatinus 1514<br>[apud Pohl., Giust.] |
| p | cod. Pithoeanus (deperditus)<br>[apud Giust.; Pith. apud Ri.$_1$, Ri.$_2$] |
| R | cod. Parisinus (Regius) 6332<br>[apud Pohl., Giust.; Reg. apud Davis., Ri.$_1$, Ri.$_2$, Ri.$_3$] |
| Rehd. | cod. Rehdigeranus 64 (XXV = S. I. 4. 15), saec. XV<br>[apud. Ri.$_1$, Ri.$_2$] |
| ς | codd. deteriores aliqui vel cod. deterior unus praeter eos qui modo neumerati sunt<br>[apud Pohl., Giust.] |
| V | cod. Vaticanus Lat. 3246<br>[apud Pohl., Giust.; Vatic. apud Davis.; Vat. apud Ri.$_1$] |
| W | cod. Vindobonensis (fort. W 222, olim 205)<br>[Vind. / Vind. a apud Ri.$_1$, Ri.$_2$, Ri.$_3$] |

### 6.2.4.5 Consentius grammaticus (Consent. gramm.)

#### a) Consenti editiones

| Sigla editionum | Explicatio siglorum |
|---|---|
| Butt. | Buttmann, Philipp / Andreas Wilhelm Cramer, 1817, Berlin |
| Keil | Keilius, Henricus [Keil, Heinrich], 1868, *Consent. gramm.* in: *GL V*, Leipzig, 338–404 [ed. ster.: Hildesheim 1961] |
| Ni. | Niedermann, Maximilian, 1937, Neuchatel |

#### b) Consenti codices

| Sigla codicum | Explicatio siglorum |
|---|---|
| B | cod. Bernensis 432<br>[apud Keil] |
| B | cod. Basileensis F III 15 d (olim Fuldensis), saec. VIII–IX<br>[apud Ni.] |
| L | cod. Leidensis Vossianus Lat. 37<br>[apud Keil; V apud Ni.] |
| M | cod. Monacensis 14666 (olim Ratisbonensis Emmeramus G 50), saec. IX<br>[apud Keil; Monac. apud Ri.] |

### 6.2.4.6 Diomedes (Diom.)

#### a) Diomedis editiones

| Sigla editionum | Explicatio siglorum |
|---|---|
| Keil | Keilius, Henricus [Keil, Heinrich], 1857, *Diom. gramm.* in: *GL I*, Leipzig, 299–529; 482,11–492,14 [ed. ster.: Hildesheim 1961] |
| ϛ | edd. interpolatae vel omnes vel plures, e quibus adhibitae sunt hae: ed. princ. Veneta Nicolae Iensoni; ed. Ioannis Rivii, 1511, Venedig; ed. Ascensiana, 1516, Paris; ed. |

| | |
|---|---|
| | Hermanni Buschii, 1523, Köln; ed. Ioannis Caesarii, 1533, Köln |

### b) Diomedis codices

| Sigla codicum | Explicatio siglorum |
|---|---|
| A | cod. Parisinus 7494<br>[apud Keil; Par. A apud $Ri._2$, $Ri._3$] |
| B | cod. Parisinus 7493<br>[apud Keil; Par. B / Par. apud $Ri._2$, $Ri._3$] |
| M | cod. Monacensis<br>[apud Keil; Monac. apud $Ri._2$, $Ri._3$] |
| p | excerpta cod. Parisini 7530<br>[apud Keil] |

## 6.2.4.7 Aelius Donatus (Don.)

### a) Donati editiones

| Sigla editionum | Explicatio siglorum |
|---|---|
| Keil | Keilius, Henricus [Keil, Heinrich], 1864, *Don. gramm.* in: *GL IV*, Leipzig, 355–402 [ed. ster.: Hildesheim 1961] |
| ς | edd. interpolatae, ex quibus pauca tantum in maiore arte adscripta sunt |

### b) Donati codices

| Sigla codicum | Explicatio siglorum |
|---|---|
| | **ad gramm.** |
| L | cod. Leidensis bibliothecae publicae 122, cuius integra scriptura in utraque arte exhibita est<br>[apud Keil] |
| M | cod. Monacensis Emmeramus G. 121 in principio mutilus, qui in minore arte tantum adhibitus est<br>[apud Keil] |

| | |
|---|---|
| P | cod. Parisinus Sangermanensis 1180, in maiore arte adhibitus [apud Keil] |
| S | cod. Berolinensis Santenii 66.4 [apud Keil; Santenianus / Sant. apud Ri.$_1$; Berol. / Santen. apud Ri.$_2$, Ri.$_3$] |

### 6.2.4.8 De Dubiis Nominibus (Dub. Nom. gramm.)

#### a) De Dubiis nominibus libri editiones

| Sigla editionum | Explicatio siglorum |
|---|---|
| Keil | Keilius, Henricus [Keil, Heinrich], 1868, *Dub. Nom. gramm.* in: *GL V*, Leipzig, 571–594 [ed. ster.: Hildesheim 1961] |

#### b) De Dubiis Nominibus libri codices

| Sigla codicum | Explicatio siglorum |
|---|---|
| L | cod. Laudunensis 463 [apud Keil] |
| M | cod. Monacensis 14252 (olim cod. Emmeramus 252) [apud Keil] |
| V | cod. Vindobonensis 89 (initio mutilus) [apud Keil] |

### 6.2.4.9 Sex. Pompeius Festus (Fest.)

#### a) Festi editiones (ordine annorum observato dispositae)

| Sigla editionum | Explicatio siglorum |
|---|---|
| ed. princ. | ed. 1471, Mailand |
| ed. 1480 | ed. 1480, Parma (forsan apud Andream Portiliam) [continet *Fest.*, *Non.*, *Varro*] |
| ed. 1483 | ed. 1483, Venedig (apud Octavianum Scotum Modoetiensem) [continet *Fest.*, *Non.*, *Varro*] |

| | |
|---|---|
| ed. 1490 | ed. 1490, Venedig (apud Bernardinum de Cremonam et Simonem de Luero) [continet *Fest.*, *Non.*, *Varro*] |
| ed. 1492 | ed. 1492, Venedig (apud Nicolaum de Ferraris de Pralormo) [continet *Fest.*, *Non.*, *Varro*] |
| ed. 1496 | ed. 1496, Venedig (apud Philippum Pincium vel de Pinzis [de Pensis]) [continet *Fest.*, *Non.*, *Varro*] |
| ed. 1498 | ed. 1498, Venedig (apud Antonium de Gusago Brixiensem) [cum accessione Francisci Rholandelli; continet *Fest.*, *Non.*, *Varro*] |
| Per. | Perottus, Nicolaus, 1526, *Cornucopiae*, Basel (apud Valentinum Curionem) [continet *Fest.*, *Non.*, *Varro*] [ed. prima 1489; rursus impress. ab Charlet, Jean-Louis et al., 1989–2001 Sassoferrato] |
| Bentin. | Bentinus, Michaelis, 1526, *Castigationes*, apud Per. |
| Pi. | Ioannes Baptista Pius Bononiensis [Giovanni Baptista Pio], 1511, *Non.*, *Fest.*, *Varro*, Paris (apud Ioannem Marchandum [Marchant]) [continet *Fest., Non., Varro*] [ed. prima 1500, Mailand (apud Ioannem Angelum Scinzenzeller); edd. etiam emissae sunt 1502, Venedig (apud Christophorum de Pensis); 1510, Mailand (apud Leonardum Pachel); 1519, Paris (apud Ioannem Parum = Jean Petit resp. De Marnef); 1528, 1529, Paris (apud N. Savetierum)] |
| Ald. | Manutius, Aldus / Nicolaus Perottus, 1513, *Cornucopiae*, Venedig (apud Aldum et Andream Socerum) [continet *Varro, Fest., Non.*] |
| Ald.$_2$ | Manutius, Aldus, 1527, *Cornucopiae*, Venedig (apud Aldum et Andream Asulanum socerum) [cum Bentini notis, quae primum a. 1526 emissa sunt, locupleta; vid. 'Bentin.', 'Per.'] |
| Bentin. | Bentinus, Michaelis, 1526, *Castigationes*, apud Per.$_B$ [vid. 'Per.'; cf. etiam Ald.$_2$] |
| Aug. | Augustinus[Augustín], Antonius, 1559, Venedig (apud Carolum Sigonium) [rursus impress. Venedig 1560 (apud Stellam Iordanum Zilletum), et in Augustini opera, vol. 7, Luca 1772] |
| Ursin. | Ursinus, Fulvius [Orsini, Fulvio], 1583, Genf (apud Petrum Santandreanum [Pierre de Saint-André]) [edd. etiam emissae sunt 1581, Rom (apud Georgium |

| | |
|---|---|
| | Ferrarium), 1582, Rom (apud Vincentium Accoltum)] |
| Scal. | Scaliger, Iosephus, 1575, Genf(ap. Petr. Santandreanum) |
| Goth.$_1$ | Gothofredus, Dionysius [Godefroy, Denis], 1585, Genf (apud Guillielmum Laemarium) |
| Goth. | Gothofredus, Dionysius [Godefroy, Denis], 1622, Genf (apud Alexandrum Pernet) [continet *Varro, Fest., Non. Fulg., Isid.*] [edd. etiam emissae sunt 1586, Paris (apud Hieronymum de Marnef, Viduam Gulielmi Cauellat, Petrum Cheuillot); 1595, Genf (apud Guillielmum Laemarium); 1602, S. Gervasii (apud Petrum de la Rouiere)] |
| Dac. | Dacerius, Andreas, 1699, Amsterdam (apud Huguetanos [Frères Huguetan]) [[1]1681, Paris] |
| Lindem. | Lindemannus, Fridericus [Lindemann, Friedrich], 1832, *Corpus grammaticorum Latinorum veterum*, Leipzig [continet *Pauli Diaconi excerpta et Sex. Pompeii Festi fragmenta*] |
| Mue. | Mueller, Carolus Odofredus, 1839, Leipzig [[2]1880] |
| Thew. | Thewrewk de Ponor, Aemilius [E.], 1889, Budapest [ed. crit. sine app.] |
| Li. | Lindsay, Wallace M., 1913, Leipzig [[2]1965 Hildesheim] |
| Li.$_a$ | Lindsay, Wallace M. (ed.), 1930, *Fest.*, in: *Glossaria Latina*, vol. 4, *Placidi Glossae*, edd. J. W. Pirie / Lindsay, Wallace M., Paris [rursus impress. 1965] |

## b) Festi et Pauli codices

| Sigla codicum | Explicatio siglorum |
|---|---|
| E | cod. Escorialensis O III 31, saec. X. [apud Li.] |
| F | cod. Neapolitanus Farnesianus IV A 3, saec. XI |
| $F^{ab}$ | " (teste Abelio) |
| $F^{ar}$ | " (teste Arndtsio) [cod. apud Mue.] |
| $F^{c}$ | " (teste Croenerto) |
| $F^{k}$ | " (teste Keilio) |
| $F^{l}$ | " (teste E. A. Loewio) |
| $F^{u}$ | " (teste Ursino) |
| | [apud Li.] |

| | |
|---|---|
| G | cod. Guelferbytanus Aug. 10,3, saec. X [apud Thew.,[181] Li.; Gu. apud Mue.] |
| I | cod. Leidensis Voss. 37, saec. X–XI [apud Thew., Li.] |
| L | cod. Lugdunensis Voss. 116, saec. X [apud Thew., Li.] |
| M | cod. Monacensis 14734, saec. X–XI [apud Mue., Thew., Li.] |
| P | cod. Cheltenhamensis Phillippsianus 816, saec. XI$^{in}$ [apud Li.] |
| R | cod. Leidensis Voss. 135, saec. X–XI [apud Thew., Li.; Leid. apud Bläns.] |
| T | cod. Trecensis 2291, saec. X–XI [apud Thew., Li.] |
| U | cod. Vaticanus Lat. 3368, saec. XV [apud Li.] |
| V | Parisienses schedae (Inv. Res. X. 96), saec. XV [apud Li.] |
| W | cod. Vaticanus Lat. 3369, saec. XV [apud Li.] |
| X | cod. Vaticanus Lat. 1549, saec. XV [apud Li.] |
| Y | cod. Leidensis Voss. Lat. Oct. 9, saec. XV (corrector quidam) [apud Li.] |
| Z | cod. Vaticanus Lat. 2731, saec. XV [apud Li.] |
| Basil. | fragmentum Basileense I, 9$^{a}$, saec. X [apud Li., Bläns.] |
| Paris. | fragmentum Parisiense 7575 (fol. 3), saec. X–XI [apud Li.] |
| Wirceb. | fragmentum Wirceburgense (s.n.), saec. X [apud Li.] |

181 Thew. non habet in sua editione apparatum, sed in praefatione enumerat codices, quos inspexit.

| | |
|---|---|
| α | consensus codicum MLE [apud Li.] |
| β | consensus GIR [apud Li.] |

### 6.2.4.10 Atilius Fortunatianus (Fortun. gramm.)

#### a) Fortunatiani editiones

| Sigla editionum | Explicatio siglorum |
|---|---|
| Keil | Keilius, Henricus [Keil, Heinrich], 1874, *Scriptores artis metricae*, in: *GL VI*, Leipzig, 278–304 |
| ed. 1504 | ed. 1504 (ed. princ.), Mailand (apud Ianum Parrhasium) |

#### b) Fortunatiani codices

| Sigla codicum | Explicatio siglorum |
|---|---|
| A | cod. Vaticanus 3402 [apud Keil] |
| B | cod. Vaticanus 5216 [apud Keil] |

### 6.2.4.11 M. Cornelius Fronto (Fronto)

#### a) Frontonis editiones

| Sigla editionum | Explicatio siglorum |
|---|---|
| Hou. | van den Hout, Michael J.P., 1988, Leipzig |

#### b) Frontonis codices

| Sigla codicum | Explicatio siglorum |
|---|---|
| A | cod. Ambrosianus E 147 ord. sup. [apud Hou.; cod. apud $Ri._1$, $Ri._2$] |

## 6.2.4.12 Fabius Planciades Fulgentius Afer (Fulg. )

### a) Fulgenti editiones

| Sigla editionum | Explicatio siglorum |
|---|---|
| Helm | Helm, Rudolf / Jean Préaux, 1898, Stuttgart |
| Merc. | Mercerus [Mercier], Iosias, $^{2}$1614, *Non.*, *Fulg.*, Paris (apud Hadrianum Perier) |

### b) Fulgenti codices

| Sigla codicum | Explicatio siglorum |
|---|---|
| P | cod. Palatinus 1578<br>[apud Helm] |
| R | cod. Reginensis 1462<br>[apud Helm] |
| B | cod. Berolensis 73<br>[apud Helm] |
| E | cod. Vercellensis 16, CXLVIII<br>[apud Helm] |
| Parisin.242 | cod. Parisinus 242<br>[R (littera theodisca) apud Helm] |
| Parisin.7581 | cod. Parisinus 7581<br>[P (littera theodisca) apud Helm] |

## 6.2.4.13 Gellius (Gell.)

### a) Gelli editiones

| Sigla editionum | Explicatio siglorum |
|---|---|
| Her. | Hertz, Martinus, 1883, Berlin |
| Hos. | Hosius, Carl, 1903, Stuttgart |
| Ma. | Marshall, Peter K., 1968, Oxford [ed. corr. 1990] |
| Mar. | Marache, René, 1967–1998, Paris [vol. 4 Yvette Julien] |

### b) Gelli codices

| Sigla codicum | Explicatio siglorum |
|---|---|
| P | cod. Parisinus Bibl. Nat. latinus 5765 (olim Regius), saec. XII–XIII [apud Her., Ma., Mar.; Reg. apud $Ri._1$, $Ri._2$., $Ri._3$; Par. apud Wa.] |
| R | cod. Leidensis Gronovianus 21 (olim Rottendorfianus), saec. XII [apud Her., Ma., Mar.; Rott. apud $Ri._1$, $Ri._2$] |
| V | pars prior cod. Vaticani latini 3452, saec. XIII [apud Her., Ma., Mar.; Vat. apud $Ri._1$; V apud $Ri._2$] |

## 6.2.4.14 Sophronius Eusebius Hieronymus (Hier.)

### a) Hieronymi editiones

| Sigla editionum | Explicatio siglorum |
|---|---|
| Hilb. | Hilberg, Isidor, 1910, *Hier. Epistulae*, vol. 1, *I–LXX*, Wien [rursus impress. 1961] |

### b) Hieronymi codices

| Sigla codicum | Explicatio siglorum |
|---|---|
| **Γ** | cod. Lugdunensis 600 [apud Hilb.] |
| **G** | cod. Neopolitanus VI. D 59 [apud Hilb.] |

## 6.2.4.15 Isidorus (Isid.)

### a) Isidori editiones

| Sigla editionum | Explicatio siglorum |
|---|---|
| And. | Andrés Sanz, María Adelaida, 1986, *Isid. orig.*, Paris |
| Li. | Lindsay, Wallace Martin, 1911, *Isid. orig.*, Oxford |

| | |
|---|---|
| Mign. | Migne, J.-P., 1797, Rom |

## b) Isidori codices

| Sigla codicum | Explicatio siglorum |
|---|---|
| | **ad orig.** |
| A | cod. Ambrosianus L 99 sup., saec. VIII [apud Li.] |
| B | cod. Bernensis 101, saec. IX–X [apud Li.] |
| C | cod. Leidensis (Voss. lat. F. 74), saec. IX–X [apud Li.] |
| D | cod. Basileensis F. III. 15, saec. VIII$^{ex.}$ [apud Li.] |
| F | cod. Weilburgensis (Gymn. bibl. 3), saec. IX [apud Li.] |
| G | cod. Sangallensis primus (231–232), saec. IX–X [apud Li.] |
| H | cod. Harleianus lat. 2686, saec. IX$^{ex.}$ [apud Li.] |
| K | cod. Karolinus Wolfenbuettelanus (Weissenburg. 64), saec. VIII$^{in.}$ [apud Li.] |
| L | cod. Vaticanus lat. 5763, saec. VIII$^{in.}$ [apud Li.] |
| M | cod. Cavensis 23, saec. VIII$^{ex.}$ [apud Li.] |
| Mon. | cod. Monacensis 6250, saec. IX [apud Li.] |
| Monac. | frg. cod. Monacensis 29051, saec. VIII [apud Li.] |
| O | cod. Sangallensis alter (233), saec. IX$^{in.}$ [apud Li.] |
| P | cod. Sangallensis tertius (235), saec. IX$^{in.}$ [apud Li.] |

| | |
|---|---|
| Par. | extr. cod. Parisiensis lat. 7530, saec. VIII$^{ex.}$ [apud Li.] |
| T | cod. Toletanus Matritensis (Tol. 15. 8), saec. VIII$^{ex.}$ (?) [apud Li.] |
| U | cod. Escorialensis primus (T. II. 24), saec. IX$^{ex.}$ (?) [apud Li.] |
| V | cod. Escorialensis alter (&. I. 14), saec. IX (?) [apud Li.] |
| W | cod. Escorialensis tertius (P. I. 7), saec. IX$^{in.}$ (?) [apud Li.] |
| X | cod. Sangallensis quartus (237), saec. IX–X [apud Li.] |

## 6.2.4.16 Iulius Rufinianus rhetor (Iul. Ruf. rhet.)

### a) Iuli Rufiniani editiones

| Sigla editionum | Explicatio siglorum |
|---|---|
| ed. Bas. | ed. princ. Basileensis |
| Hal. | Halm, Carolus, 1863, *Iul. Ruf. rhet.*, in: *Rhetores Latini Minores*, Leipzig, 38–47 |
| Ruhn. | Ruhnken, David, 1768, Leiden |
| Steph. | Stephanus, Rob. [apud Hal.] |

## 6.2.4.17 Iulius Victor (Iul. Vict. rhet.)

### a) Iuli Victoris editiones

| Sigla editionum | Explicatio siglorum |
|---|---|
| Mai | Mai, A., 1823, Rom |
| Hal. | Halm, Carolus, 1863, *Iul. Vict. rhet.*, in: *Rhetores Latini minores*, Leipzig, 373–448 |
| GC | Giomini, Remo / Maria Silvana Celentano, 1980, Leipzig |

### b) Iulii Victoris codices

| Sigla codicum | Explicatio siglorum |
|---|---|
| O | cod. Vaticanus Ottobonianus Lat. 1968, saec. XII [apud GC; C apud Hal.; Pal. Ott. apud Ri.$_{3}$] |
| P | Cod. Parisinus Lat. 13955, saec. IX–X [apud GC] |
| M | Cod. Monacensis Lat. 14436, saec. XII [apud GC] |

## 6.2.4.18 Lactantius (Lact.)

### a) Lactanti editiones

| Sigla editionum | Explicatio siglorum |
|---|---|
| BL | Brandt, Samuel / Georg Laubmann, 1890, *Lact. inst., epit.*, Leipzig |

### b) Lactanti codices

| Sigla codicum | Explicatio siglorum |
|---|---|
| B | cod. Bononiensis 701, saec. VI–VII [apud BL] |
| H | cod. Palatino-Vaticanus 161, saec. X [apud BL] |
| P | cod. Parisinus Puteani 1662, saec. IX [apud BL] |
| R | codicis Parisini Regii 1663 pars antiqua saec. IX [apud BL] |
| S | codicis Parisini 1664 pars antiqua saec. XII [apud BL] |
| V | cod.Valentianensis 140, saec. X–X1 [apud BL] |

### 6.2.4.19 Ambrosius Theodosius Macrobius (Macr.)

#### a) Macrobi editiones

| Sigla editionum | Explicatio siglorum |
|---|---|
| Kas. | Kaster, Robert A., 2011, *Macr. Sat.*, Oxford |
| Will. | Willis, James A., $^{2}$1970, *Macr. Sat.*, *somn.*, Stuttgart |

#### b) Macrobi codices

| Sigla codicum | Explicatio siglorum |
|---|---|
| A | cod. Anglicus vel Cantabrigiensis, nunc bibl. univers. 260 / Cantab. Univ. Ff.3.5, saec. XII$^{2/4}$<br>[apud Will., Kas.; Anglic. apud Ri.$_1$, Ri.$_2$, Ri.$_3$] |
| F | cod. Florentinus / Medic. Laur. Plut. 90 sup. 25, saec. XI$^{[Will]}$ *vel* XII$^{in.[Kas]}$ [*omnes Sat. libb. continens*]<br>[apud Will., Kas.] |
| N | cod. Neapolitanus V.B.10, saec. IX$^{in.[Will]}$ *vel* IX$^{med–3/4[Kas]}$<br>[*post Sat. 7,5,2 deficit*]<br>[apud Will., Kas.] |
| P | cod. Parisinus 6371, saec. XI [*omnes Sat. libb. et in Somnium Scipionis commentarios continens*]<br>[apud Will.; Par. apud Ri.$_1$, Ri.$_2$; Par. / Paris. apud Ri.$_3$] |
| R | cod. Vaticanus Reginensis lat. 2043, saec. X$^{[Will]}$ *vel* X$^{ex.}$–XI$^{in.[Kas]}$ [*post Sat. 7,14,11 vice cod. R consensus eius filii nepotisque, codd. W et H, fungetur*]<br>[apud Will., Kas.] |
| S | cod. Monac. clm 15738 (olim Salisburg. 38), saec. XV<br>[apud Kas.; Salisb. apud Ri.$_1$, Ri.$_2$, Ri.$_3$] |
| T | cod. Matritensis Escorialensis Q. 1.1, saec. XV [*omnes Sat. libb. continens*]<br>[apud Will.] |

### 6.2.4.20 Marius Plotius [M. Claudius] Sacerdos (Sacerd. gramm.)

#### a) Sacerdotis editiones

| Sigla editionum | Explicatio siglorum |
|---|---|
| Keil | Keilius, Henricus [Keil, Heinrich], 1874, *Scriptores artis metricae*, in: *GL VI*, Leipzig, 427–546 |

#### b) Sacerdotis codices

| Sigla codicum | Explicatio siglorum |
|---|---|
| B | cod. Vindobonensis 16 (olim Bobiensis) |

### 6.2.4.21 Marius Victorinus (Mar. Victorin. gramm.)

#### a) Victorini editiones

| Sigla editionum | Explicatio siglorum |
|---|---|
| Cam. | Camerarius, Ioachimus, 1537, Tübingen |
| Comm. | Commelinus, Hieronymus, 1584 (apud Petrum Santadre-anum) |
| Hal. | Halm, Carolus, 1863, *Mar. Victorin. gramm.*, in: *Rhetores Latini Minores*, Leipzig, 155–304 |
| Keil | Keilius, Henricus [Keil, Heinrich], 1874, *Scriptores artis metricae*, in: *GL VI*, Leipzig, 3–215 |
| Sich. | Sichardus, Ioannes, 1527, Basel |

#### b) Victorini codices

| Sigla codicum | Explicatio siglorum |
|---|---|
| | **ad gramm.** |
| A | cod. Palatinus 1753<br>[apud Keil] |
| B | cod. Parisinus 7539<br>[apud Keil; Par. apud $Ri._2$ ] |

| | |
|---|---|
| Val | cod. Valentinianus M. 6. 10<br>[apud Keil] |
| | **ad rhet.** |
| B | cod. Bambergensis M, IV, 4, saec. XI<br>[apud Hal.] |
| D | cod. Darmstadtiensis, saec. VII<br>[apud Hal.] |
| F | cod. Frisingensis num. 200 (nunc Monacensis Lat. n. 6400), saec. X<br>[apud Hal.] |

### 6.2.4.22 Nonius (Non.)

### a) Noni editiones (ordine annorum observato dispositae)

| Sigla editionum | Explicatio siglorum |
|---|---|
| ed. princ. | Pomponius Laetus, Iulius [Pomponio Leto, Giulio], s. a. [ca. 1470], Rom (apud Georgium Laurum [Georg Laurer] Herbipolitanum) |
| ed. 1471 | ed. 1471 (sine editoris et loci nominibus) |
| ed. 1476 | Jenson (Gallicus), Nicolaus, 1476, Venedig<br>[ed. altera a. 1478] |
| ed. 1480 | ed. 1480, Parma (vid. bibl. 6.2.4.9a) |
| edd. 1483, 1490, 1492, 1496, 1498 | (vid. bibl. 6.2.4.9a) |
| Per. | Perottus, Nicolaus, 1526, Basel (vid. bibl. 6.2.4.9a) |
| Bentin. | Bentinus, Michaelis, 1526, *Castigationes*, apud Per. (vid. bibl. 6.2.4.9a: 'Per.'; cf. Ald.$_2$) |
| Pi. | Pius, Ioannes Baptista, 1511, Mailand (vid. bibl. 6.2.4.9a) |
| Ald. | Manutius, Aldus, 1513, Venedig (vid. bibl. 6.2.4.9a) |
| Ald.$_2$ | Manutius, Aldus, 1527, Venedig [cum Bentini adnotationibus in fine] (vid. bibl. 6.2.4.9a) |
| Iun. | Iunius, Hadrianus, 1565, *Non.*, *Fulg.*, Antwerpen (apud Christophorum Plantinum) |

| | |
|---|---|
| Merc.$_1$ | Mercerus [Mercier], Iosias, 1583, *Non.*, *Fulg.*, Paris (apud Aegidium Beysium [Beys]) |
| Merc. | Mercerus [Mercier], Iosias, $^2$1614, *Non.*, *Fulg.*, Paris (apud Hadrianum Perier)] |
| Goth.$_1$, Goth. | Gothofredus, 1585, 1622, Genf (vid. bibl. 6.2.4.9a) |
| Lindem. | Lindemannus, Fridericus [Lindemann, Friedrich], 1832, in: *Corpus grammaticorum Latinorum*, vol. 2 |
| GR | Gerlach, Franz Dorotheus / Carl Ludwig Roth, 1842, *Non., Fulg.*, Basel<br>[haec editio apud Mu. (1888, vid. infra), saepe ed. Basiliensis (ed. Basil.) appellata, cf. Mu., vol. 2, 302] |
| Qui. | Quicherat, Lud., 1872, Paris (apud Hachette et socios) |
| Mu. | Mueller, Lucian, 1888, Leipzig |
| On. | Onions, J. H., 1895, Oxford |
| Li. | Lindsay, Wallace M., 1903, Leipzig |

## b) Noni codices[182]

Quos codices ipse inspexeram, notatione S (Schauer) affeci (B[S]).

| Sigla codicum | Explicatio siglorum |
|---|---|
| B | cod. Bernensis 83 (olim Remensis), saec. IX–X [solum ad librum quartum]<br>[apud Ri.$_3$, Li., Kl., Joc.; Ba vel B apud GR; Bern. b (?) apud Ri.$_1$, Ri.$_2$; Bern. apud Qui.; Bernens. 83 / Bern. 83 / B 83 / B apud Mu.; Bern. 83 apud Wa. – apud GR nonnumquam dubium est, utrum ad cod. Bern. 83 an ad cod. Basil. siglum 'B' referat (similiter apud Ri.$_3$); codd. et sigla 'B' et 'Basil.' apud Ri.$_1$, Ri.$_2$, Ri.$_3$ interdum commutati esse videntur] |
| Bamb. | cod. Bambergensis M. V 18 (Msc. Class. 30), saec. X–XI<br>[apud Ri.$_1$, Ri.$_2$, Qui., Mu., Li., Kl.; Bambergens. / Bamberg. / Bamb. apud Mu., Wa.; A apud On.; Ba / Bamb. apud Ri.$_3$] |

182 Cf. bibliographiam studiorum ad Noni codices pertinentium apud Barabino / Mazzacane (2000) 12sq.; Milanese (2005). Cf. descriptiones Noni codicum apud Qui. pp. IX–XIV; Mu. vol. 2, pp. 294–313; Li. pp. XIX–XXXV; Reynolds (1983) 248–252; Milanese (2005). Cf. praeterea Quicherat (1872); Bertini (1967).

| | |
|---|---|
| Basil. | cod. Basiliensis F. IV 13 (olim liber Carthusianus in Basilia minori proveniens a D. Ioanne de Lapide [cf. GR p. XXVI]), saec. XV [om. lib. tertium]<br>[apud Qui., Mu.; B apud GR; Bas. / Basil. apud Ri.$_1$, Ri.$_2$; B / Basil. apud Ri.$_3$; non apud Li. – apud GR nonnumquam dubium est, utrum siglum 'B' ad cod. Bern. 83 an ad cod. Basil. referat (similiter apud Ri.$_3$); codd. et sigla 'B' et Basil.' apud Ri.$_1$, Ri.$_2$, Ri.$_3$ interdum commutati esse videntur] |
| Bern.347 | cod. Bernensis 347 (olim cum cod. Bernensi 357 et P7665 coniunctus)[183], saec. IX–X [solum ad librum quartum]<br>[apud Li., Wa., Kl.; Bb vel b apud GR; Bern. b (?) apud Ri.$_1$, Ri.$_2$; Bern. apud Qui.; A apud Mu. (Non.)] |
| Bern.357 | cod. Bernensis 357 (olim cum cod. Bernensi 347 et P7665 coniunctus), saec. IX–X [solum ad lib. quartum]<br>[apud Li., Wa., Kl.; Bern. apud Qui.; A apud Mu.] |
| Cant. | cod. Cantabrigiensis Bibliothecae Universitatis MM. V, 22 (olim cod. abbatiae S. Sulpicii Bituricensis [cf. Li. p. XXVI]), saec. IX<br>[apud Li.] |
| cod. Fabri | cod. Nicolai Fabri apud ed. Mercerianam<br>[ms. Fabri apud GR, Ri.$_1$, Ri.$_2$, Qui., Ri.$_3$] |
| E | cod. Escorialensis M. III, 14 (olim cod. S. Petri Gandensis [cf. Li. p. XXVIII]), saec. IX–X<br>[apud On., Ri.$_3$, Li., Kl.; Escor. apud Wa.] |
| F | cod. Florentinus (Laur. plut. 48, 1), saec. IX [solum ad libb. I–III]<br>[apud On., Ri.$_3$, Li., Len., Kl., Joc.; F / Flor. apud Wa.] |
| F$^3$ | correctiones, quae ex archetypo ipso haustae esse possunt<br>[apud Li. (cf. pp. XXIVsq.)] |
| G | cod. Guelferbytanus Gudianus sive Wolfenbuettelanus 96, saec. IX–X<br>[apud Mu., Li., Wa., Kl., Joc.; W apud GR, Ri.$_1$, Ri.$_2$, Qui., Ri.$_3$; G / Guelf. apud Mu.; V apud On.] |

183 Cf. Li. p. XXIV: "Paris(inus lat.) 7665, Bern(ensis) 347 et 357, unus olim codex, nunc tripertito divisus. Et partes quidem Bernenses lib. IVum. habent, cuius ultima portio (a voce *Tenet*, 412,40) in Bern. 357 est, pars Parisina reliquos libros. Hic codex, saec. Xo. scriptus, bibliothecae Petri Danielis erat, ex bibliotheca nimirum Floriacensi ad eum delatus."

| | |
|---|---|
| Gen. | cod. Genevensis 84, saec. IX–X [solum ad lib. quartum] [apud Qui., Mu., Li., Len., Wa., Kl.; G apud GR, $Ri._3$; Genev. apud $Ri._1$, $Ri._2$, Mu.] |
| Gen.[3] | correctiones aliquot optimae [apud Li. (cf. p XXVI)] |
| H | cod. Harleianus [Harley] (Mus. Brit. 2719), saec. IX–X [apud Qui., On., Li., Kl.; H / Harl. apud Mu., $Ri._3$; Harl. apud Wa.] |
| $H^2$ | correctiones ex codice secundae familiae |
| $H^3$ | corrector quidam saec. X [apud Li. (cf. pp. XXV. XXVII)] |
| L | cod. Leidensis vel Lugdunensis Vossianus Lat. F. 73, saec. IX [apud GR, Qui., On., Li., Len., Kl.; Leid. apud $Ri._1$, $Ri._2$; L / Lugd. apud Mu.; L / Leid. apud $Ri._3$; L / Lu apud Wa.] |
| Lugd. | cod. Leidensis vel Lugdunensis (Voss. Lat. Q. 116), saec. X–XI [om. lib. tertium] [apud Mu., Li., Kl.; Leid. 116 apud $Ri._2$; X apud On.; Lu apud Wa.] |
| Montepess. | cod. Montepessulanus [Montpellier] 212 (Buherianus D 44), saec. IX–X [apud GR, Li., Wa., Kl.; Mp apud Qui.; Montepessulanus apud Mu.; M apud On.; Montispess. apud $Ri._3$] |
| Oxon. | cod. Oxoniensis (Bibl. Bodl. Canon. Class. lat 279), saec. X [apud Qui., Li., Kl., Joc.; O apud On.; Ox. apud Wa.] |
| P | cod. Parisinus lat. 7667 (olim Floriacensis [cf. sec. Li. p. XXVIII]; cf. Fleury), saec. X [apud Qui., Mu., On., Li., Len., Kl.; Par. 7667 apud Wa.; Par. P apud $Ri._2$] |
| P7577 | cod. Parisinus Lat. 7577, saec. XV [O / ms. n. 7577 apud Qui.; non apud Li.] |
| P7579 | cod. Parisinus Lat. 7579, saec. XV [Q apud Qui., On.; non apud Li.] |
| P7665 | cod. Parisinus lat. 7665 (olim cod. Petri Danielis [cf. Qui. p. XI]; olim cum codd. Bern. 347 et 357 coniunctus), saec. X [ad omnes libb. praeter quartum] [apud Kl.; Paris. 7665 apud Li.; D apud Qui., On.; Par. 7665 apud Wa.] |

| | |
|---|---|
| P7666 | cod. Parisinus lat. 7666 (olim Floriacensis, nunc et cod. Colbertinus), saec. X [om. lib. tertium]<br>[apud Kl.; Paris. 7666 apud Li.; C apud Qui., On.; Paris. 7666 / Colbertinus apud Mu.; P apud $Ri._3$; Par. 7666 apud Mu., Wa.] |
| Palat.483 | cod. Palatinus 483<br>[Palat. apud $Ri._1$, $Ri._2$, $Ri._3$; msPalat. apud GR; non apud Li.] |
| Turic. | frg. Turicense (C 79(5) b), saec. X–XI<br>[apud GR, Li., Wa., Kl.] |
| Urbin.307 / Urbin.308 | cod. Vaticanus Urbinas Lat. 307, saec. XV<br>cod. Vaticanus Urbinas Lat. 308, saec. XV<br>[Urbin. 307 solum ad lib. tertium, Urbin. 308 ad ceteros libb. tertio excepto]<br>[apud $Ri._2$, Li.; Urbin. apud $Ri._2$, $Ri._3$; cod. Urbinas apud Mu.] |
| Vict. | cod. Sancti Victorini [deperditus]<br>[V apud Qui.; non apud Li.] |
| α | fons codd. Gen. H P B E Cant.<br>[apud Li., $A^A$ apud Len.] |
| β | fons cod. G (fortasse PE) $H_2$ $L_3$ $P_2$ $E_2$ $Gen._2$ $Cant._2$ [$B^A$ apud Li.] |
| γ | fons codd. P 7666, Lugd., Bamb., Turic.<br>[apud Li., $C^A$ apud Len.] |
| δ | fons codd. P 7665 (cum Bern. 347 et 357), Mont., Ox.<br>[$D^A$ apud Li.] |

## c) Conspectus siglorum codicum Noni

| Sigla\Edd. | Li | GR | Qui. | Ri.$_2$ | Ri.$_3$ | Mu. | On. | Len. | Wa. |
|---|---|---|---|---|---|---|---|---|---|
| B[184] | B | Ba / B | Bern.[185] | Bern. b | B | B | | B | Bern. 83 |
| Bamb. | Bamb. | | Bamb. | Bamb. | Ba. / Bamb. | Bamb. | A | | Bamb. |
| Basil. | | B | Basil. | Basil. / Bas. | B / Basil. | | | | |
| Bern.347 | Bern. 347 | Bb / b | Bern. | | | A | | | Bern. 347 |
| Bern.357 | Bern. 357 | | Bern. | | | A | | | Bern. 357 |
| Cant. | Cant. | | | | | | | | |
| cod. Fabri | | ms. Fabri | ms. Fabri | ms. Fabri | ms. Fabri | | | | |
| E | E | | | | E | | E | E | Escorial. |
| F | F | | | | F | | F | F | F / Flor. |
| G | G | W | W | W | W | G | V | | G |
| Gen. | Gen. | G | Gen. | Genev. | G | Gen. | | Gen. | Gen. |
| H | H | | H | | H / Harl. | H | H | | Harl. |
| L | L | L | L | Leid. | L / Leid. | L / Lugd. | L | L | L / Lu. |
| Lugd. | Lugd. | | | Leid. n. 116 | | Lugd. | X | | Lugd. |
| Monte-pess. | Monte-pess. | | Mp. | | Monte-pess. | Monte-pess. | M | | Monte-pess. |
| Oxon. | Oxon. | | | | | | O | | Ox. |
| P | P | | P | | | P | P | P | Par. 7667 |
| P7577 | | | O / ms. n. 7577 | | | | | | |
| P7579 | | | Q | | | | Q | | |

184 Cf. Mu. (Non.) vol. 2, p. 283: "Illud singularis perversitatis, quod B littera praeter Basiliensem librum pessimum etiam prior Bernensis, qui optimis est adnumerandus, saepe notatur a Gerlachio. Quae res Ribbeckio aliisque fuit fraudi."; p. 291: "At longe utilius fuerat [sc. Ribbeckium] neglecto Maelio Basiliensem invisere codicem Nonii, quem Gerlachii pravitate deceptus saepius confudit cum Bernensi 83."; p. 308: "Ante nos Gerlachius usus libro eodem. Quem cum stupore unico saepe littera 'B' notasset, qua alias significatur Basiliensis, errandi causam praebuit pluribus." – Ri. (fort. siglis apud GR perturbatus) in editionibus interdum cod. Bern. 83 cum cod. Basil. commutavit, ut siglum 'Bas.' / 'Basil.' et ad cod. Bern. 83 spectare possit.

185 Siglum 'Bern.' apud Qui. et ad cod. Bern. 83 et ad codd. Bern. 347 / 357 spectare potest.

| Sigla | Li | GR | Qui. | Ri.$_2$ | Ri.$_3$ | Mu. | On. | Len. | Wa. |
|---|---|---|---|---|---|---|---|---|---|
| P7665 | P 7665 | | D | | | | D | | Par. 7665 |
| P7666 | P 7666 | | C | | P | Par. 7666 | C | | Par. 7666 |
| Palat. 483 | | | | Palat. / ms. Palat. 483 | Palat. | | | | |
| Turic. | Turic. | | | | | | | | Turic. |
| Urbin.307 / 308 | | | | Urbin. 307 / 308 | Urbin. 307 / 308 | Urbin. 307 / 308 | | | |
| Vict. | | | V | | | | | | |

## 6.2.4.23 Iunius Philargyrius gramm. (Philarg.)

### a) Philargyri editiones

| Sigla editionum | Explicatio siglorum |
|---|---|
| Hag. | Hagen, Hermann, 1902, *Appendix Serviana ceteros praeter Servium et Scholia Bernensia Vergilii commentatores continens*, vol. III.2, p. 1–189, Leipzig |

### b) Philargyri codices

| Sigla codicum | Explicatio siglorum |
|---|---|
| L | cod. Laur. plut. XLV 14, saec. X [apud Hag.] |
| N | cod. Parisinus Lat. 7960, saec. X [apud Hag.] |
| P | cod. Parisinus 11308, saec. IX [apud Hag.] |

## 6.2.4.24 T. Maccius Plautus (Plaut.)

### a) Plauti editiones

| Sigla editionum | Explicatio siglorum |
|---|---|
| Uss. | Ussing, Johannes Ludwig, 1886, *Plaut. Truc.*, vol. 5, Kopenhagen |
| Leo | Leo, Fridericus, 1896, Berlin |
| Li. | Lindsay, Wallace M., 1905, Oxford |
| En. | Enk, Petrus Joannes, 1953, *Plaut. Truc.*, Leiden |

### b) Plauti codices

| Sigla codicum | Explicatio siglorum |
|---|---|
| A | cod. Ambrosianus G 82 sup., saec. III–IV [apud Leo, Li., En.] |
| B | cod. Palatinus Vaticanus 1615, saec. X–XI [apud Leo, Li., En.] |
| C | cod. Palatinus Heidelbergensis 1613, saec. X–XI [apud Leo, Li., En.] |
| D | cod. Vaticanus 3870, saec. X–XI [apud Leo, Li., En.] |

## 6.2.4.25 Pompeius Grammaticus (Pomp. gramm.)

### a) Pompei editiones

| Sigla editionum | Explicatio siglorum |
|---|---|
| Keil | Keilius, Henricus [Keil, Heinrich], 1868, *Pomp. gramm.*, in: *GL V*, Leipzig, 95–312 [ed. ster.: Hildesheim 1961] |
| Lindem. | Lindemannus, Fridericus [Lindemann, Friedrich], 1820, Leipzig |

### b) Pompei codices

| Sigla codicum | Explicatio siglorum |
|---|---|
| A | cod. Wolfenbuttelanus Weissenburgensis 86 [apud Keil; Wolfenb. apud Ri.] |
| B | cod. Parisinus Sangermanensis 1179 [apud Keil, Ri.] |
| C | cod. Parisinus Sangermanensis 1180 [apud Keil, Ri.] |
| P | cod. Parisinus 7530 [apud Keil, Ri.] |
| S | cod. Berolinensis Santenii 66.4 [apud Keil; Berol. apud Ri.] |
| a, b, c | correctores codicum A B C [apud Keil] |

## 6.2.4.26 Priscianus (Prisc.)

### a) Prisciani editiones

| Sigla editionum | Explicatio siglorum |
|---|---|
| Hag. | Hagen, Hermann, 1870, *Anecdota Helvetica*, in: *GL suppl.* [i.e. vol. VIII ], Leipzig, 143–158. 291–307 |
| Her. | Hertzius, Martinus [Hertz, Martin], 1855 / 1859, *Prisc. gramm.*, in: *GL II / III*, Leipzig [ed. ster.: Hildesheim 1961] |
| Keil | Keilius, Henricus [Keil, Heinrich], 1859, *Prisc. gramm.*, in: *GL III*, Leipzig, 405–440 [ed. ster.: Hildesheim 1961] |

### b) Prisciani codices

| Sigla codicum | Explicatio siglorum |
|---|---|
| | **ad inst.** |
| A | cod. Amienensis, saec. X–XI [apud Her.; Amien. apud $Ri._2$] |

| | |
|---|---|
| B | cod. Bambergensis<br>[apud Her.; Bamb. apud $Ri._2$] |
| Caroliruh. alt. | cod. Caroliruhensis alter, 220 (olim Reichenaviensis), saec. XII<br>[apud Her.; Darmst. Carolir. apud $Ri._2$] |
| D | cod. Bernensis (olim Bongarsianus)<br>[apud Her.; Bongars. / Bern. apud $Ri._2$] |
| Darmst.[a] | cod. Darmstadiensis 2190 (olim Coloniensis 200), saec. XII |
| Darmst.[b] | cod. Darmstadiensis 725 (olim 363, 452; olim monasterii S. Iacobi Leodiensis), saec. XII |
| G | cod. Sangallensis<br>[apud Her.; Sang. apud $Ri._2$] |
| H | cod. Halberstadiensis (perperam Lutherius Krehlii)<br>[apud Her.; Halb. apud $Ri._2$] |
| K | cod. Caroliruhensis 223<br>[apud Her.; Caroliruh. apud $Ri._2$] |
| L | cod. Lugd. Bat. (olim Gruterianus)<br>[apud Her.; Grut. apud $Ri._2$] |
| P | cod. Parisinus 7530 (olim Tellerianus)<br>[apud Her.] |
| R | cod. Parisinus 7496<br>[apud Her.; Reg. apud $Ri._2$] |

### 6.2.4.27 Ps. Censorinus (Ps. Cens.)

#### a) Censorini editiones

| Sigla editionum | Explicatio siglorum |
|---|---|
| ed. 1514 | ed. 1514 / 1519, Rom (apud Ioannem Parvum et Iodocum Badium) |
| ed. 1528 | ed. 1528, Basel (apud Io. Bebel) |
| Carr. | Carrio, Lud., 1583, *Cens.*, Paris (apud Aegidium Beysium) |
| Ald. | ed. 1528, Venedig (apud Aldum et Andream Asulanum) [continet *Cens.* et al.]; |

| | |
|---|---|
| | ed. 1581, Venedig [cum Cauchi variis lectionibus in *Cens.*] |
| Hu. | Hultsch, Fridericus, 1867, *Cens.*, Leipzig |
| Ja. | Jahn, Otto, 1845, *Cens.*, Berlin |
| Keil | Keilius, Henricus [Keil, Heinrich], 1874, *Scriptores artis metricae*, in: *GL VI*, Leipzig, 603–646 |
| Sa. | Sallmann, Nicolaus, 1983, *Cens.*, *Ps. Cens. frg.*, Leipzig |

## b) Censorini codices

| Sigla codicum | Explicatio siglorum |
|---|---|
| A | cod. Ashburnhamensis Laurentianus 1051 (982), saec. XIV (Cens. 10 et frg. 5–10) [apud Sa.] |
| B | cod. Burleianus Londiniensis 134, saec. XV ex. [apud Sa.] |
| C | cod. Coloniensis 166 (olim Darmstadiensis 2191), saec. VIII [apud Keil, Sa.; Darmst. apud Ri.; Colon. / Col. apud $Ri._3$.; D apud Hu.] |
| G | cod. Gorlicensis 144 (nunc amissus), saec. XV [apud Sa.; Gorlic. apud Ri.] |
| H | cod. Berolinensis Lat. oct. 197, saec. $XV^2$ [apud Sa.] |
| J | cod. Jesuiticus 433, saec. $XV^{ex.}$ vel $XVI^{in.}$ [apud Sa.] |
| L | cod. Leidensis Vossianus Lat. 11, saec. XV [apud Sa.] |
| O | cod. Ottobonianus Lat. 1170, scriptus a. 1470 [apud Sa.] |
| P | cod. Palatinus Lat. 1588, saec. $IX^1$ [apud Sa.] |
| Q | cod. Vaticanus Lat. 5190, scriptus a. 1467 [apud Sa.] |
| R | cod. Rossianus Lat. 1050, saec. XV [apud Sa.] |

| | |
|---|---|
| S | cod. Ottobonianus Lat. 1549, saec. XVII<br>[apud Sa.] |
| U | cod. Vaticanus Lat. 4498, saec. $XV^2$<br>[apud Sa.] |
| V | cod. Vaticanus Lat. 4929, saec. $IX^{med.}$<br>[apud Hu., Sa.; Vat. apud Keil; Vatic. vel Vat. apud Ri.] |
| W | cod. Wellcome Londiniensis 127, saec. XV<br>[apud Sa.] |

### 6.2.4.28 M. Fabius Quintilianus (Quint.)

#### a) Quintiliani editiones

| Sigla editionum | Explicatio siglorum |
|---|---|
| Ald. | Aldus, Venedig 1514 |
| ed. Leid. | ed. Leidensis, Leiden 1665 |
| Spald. | Spalding, Georgius Ludovicus [Georg Ludwig], 1798–1816, *Quint. inst.*, Leipzig |
| Rad. | Radermacher, Ludwig, 1959, *Quint. inst.*, Leipzig [ed. ster. correctior] |
| Wi. | Winterbottom, Michael, 1970, *Quint. inst.*, Oxford |

#### b) Quintiliani codices

| Sigla codicum | Explicatio siglorum |
|---|---|
| A | cod. Ambrosianus E. 153 sup., saec. IX<br>[apud Rad., Wi.; Ambros. apud $Ri._2$, $Ri._3$] |
| $A^2$ | corrector eius aequaevus<br>[a apud Wi.] |
| B | cod. Bernensis 351, saec. IX<br>[apud Wi.; Bern. ap. $Ri._2$] |
| $B^1$ | cod. B nondum correctus |
| $B^2$ | corrector cod. B aequaevus<br>[apud Wi.] |
| Bg | pars antiquior cod. Bambergensis M. 4. 14, saec. X<br>[apud Wi.; Bamb. apud $Ri._2$, $Ri._3$] |

| | |
|---|---|
| $Bg^2$ | corrector cod. Bg, saec. X<br>[b apud Rad., Wi.; Bamb. m. 2 apud $Ri._2$, $Ri._3$] |
| E | Breviarium Stephani Rothomagensis (Parisinus lat. 14146), saec. XII<br>[apud Wi.] |
| F | cod. Laurentianus 46. 7, saec. X<br>[apud Wi.; Flor. apud $Va._1$, $Ri._2$] |
| $F^2$ | corrector cod. F, saec. XV<br>[f apud Wi.] |
| G | supplementum Bg, saec. X<br>[apud Rad., Wi. |
| $G^2$ | scriba supplementi ipse se corrigens<br>[Bamb. suppl. apud Ri.; g apud Rad., Wi.] |
| Guelf. | cod. Guelferbytanus<br>[apud $Ri._1$, $Ri._2$] |
| H | cod. Harleianus 2664, saec. X<br>[apud Rad., Wi.] |
| M | cod. Monacensis 23473, saec. XV<br>[apud Wi.] |
| Mon. | cod. Monacensis Lat. XX, saec. XV<br>[apud Rad.] |
| N | cod. Parisinus lat. 18527 (Nostradamensis), saec. X<br>[apud Wi., Rad.] |
| P | cod. Parisinus lat. 7723, saec. XV<br>[apud Joc., Rad., Wi.] |
| $P^2$ | correctores cod. P<br>[p apud Wi.] |
| p* | correctiones, quas dant et $P^2$ et cod. Vat. lat. 1766<br>[apud Wi.] |
| Π | cod. Parisinus 7530 ff. $222^r$–$224^v$<br>[apud Wi., cf. id. p. XII] |
| T | cod. Turicensis 288, saec. XI<br>[apud Wi.; Turic. apud Spald.; Tur. apud $Ri._1$] |
| $T^2$ | corrector cod. T (Ekkehardus IV), saec. XI<br>[t apud Wi.] |
| V | cod. Vaticanus Lat. 1762<br>[apud Rad., Wi.] |

| | |
|---|---|
| Voss. b | cod. Vossianus<br>[apud Ri.$_2$] |
| W | cod. Vindobonensis Lat. XXX, seac. XV<br>[apud Rad.] |
| 1418 | cod. Laurentianus 46. 9, saec. XV<br>[apud Wi.] |
| Vat. lat. 1766 | cod. Vat(icanus) lat(inus) 1766<br>[apud Wi.] |

### 6.2.4.29 Rhetor ad Herennium (Rhet. Her.)

#### a) Rhetoris editiones

| Sigla editionum | Explicatio siglorum |
|---|---|
| Ach. | Achard, Guy, 1989, Paris |
| Cal. | Calboli, Gualtiero, $^2$1993, Bologna [$^1$1969] |
| Kays. | Kayser, Karl Ludwig, 1860, Leipzig |
| Mar. | Marx, Fridericus, 1964, Leipzig [cum addendis curavit Winfried Trillitzsch; $^1$1894] |
| Or. | Orelli, Johann Caspar / Georg Baiter, 1845, *Cic. Opera omnia*, vol. I, Zürich [ed. altera emendatior] [continet *Opera rhetorica*] |

#### b) Rhetoris codices

| Sigla codicum | Explicatio siglorum |
|---|---|
| A | cod. Ambrosianus M. 58 sup., saec. XI<br>[a apud Ach.] |
| a | cod. Bambergensis 420, M. V. 3, saec. X<br>[Bamb. a apud Ri.$_1$, Ri.$_2$; A / Bamb. apud Ri.$_2$, Ri.$_3$] |
| α | cod. Albinensis Bibl. munic. 3, saec. XII$^{ex.}$<br>[apud Ach.] |
| B | cod. Bernensis 433, saec. IX–X [*cod. mut., qui omittit 1,1–5*]<br>[apud Kl., Mar., Ach.; Bern. apud Ri.$_3$] |

| | |
|---|---|
| b | cod. Bambergensis 423, M. V. 8, saec. XII–XIII<br>[apud Kl., Mar., Ach.; Bamb. b apud Ri.$_{1}$, Ri.$_{2}$, Ri.$_{3}$, Wa.; B apud Ri.$_{2}$; Bamb. apud Ri.$_{3}$] |
| β | cod. Bernensis 469–II, saec. XI<br>[apud Ach.; Bern. d apud Ri.$_{3}$] |
| C | cod. Corbeiensis vel Petropolitanus, F vel. 8 auct. class. Latin., saec. des. saec. IX–X [*mut.*]<br>[apud Mar., Kl., Ach.; Corb. apud Ri.$_{3}$] |
| c | cod. Bambergensis 421<br>[apud Kays.] |
| c | cod. Codoniensis Gl. kgl. S. 1999 4$^{o}$, saec. XI$^{ex.}$<br>[apud Ach.] |
| d | cod. Darmstadiensis 2283, saec. XII–XIII [*explicit 4,53,66*]<br>[apud Kl., Mar., Ach.; Darmst. apud Ri.$_{3}$] |
| Er. | cod. Erfordiensis (nunc Berolinensis)<br>[Erf. apud Ri.$_{1}$; Erf. / Erfurt. / E apud Ri.$_{2}$] |
| F | cod. Frisingensis (nunc Monacensis), Clm 6403–I, annis 994–1005<br>[apud Ach.; Fris. apud Ri.$_{1}$; Frising. / Fris. / F apud Ri.$_{2}$] |
| H | cod. Herbipolitanus / Wirceburgensis, Univ. Bibl. Mp misc. f. 2, saec. IX–X [*mut.*]<br>[apud Kl., Mar., Ach.; Wuerzb. apud Ri.$_{1}$, Ri.$_{2}$; W apud Ri.$_{2}$; Wirzeb. apud Ri.$_{2}$, Ri.$_{3}$; Herb. apud Ri.$_{3}$] |
| h | cod. Hugonensis, C.IV.5, saec. XII$^{in.}$<br>[apud Ri.$_{2}$, Ach.] |
| l | cod. Leidensis Gronovianus 22, saec. XII<br>[apud Kl., Mar., Ach.; Leid. apud Ri.$_{3}$] |
| μ | cod. Emmeranus E 59 (nunc Monacensis)<br>[apud Ri.$_{2}$] |
| P | cod. Parisinus Lat. 7714, saec. IX [*cod. mut., qui omittit 1,1–5*]<br>[apud Kl., Mar., Ach.; Par. apud Ri.$_{1}$, Ri.$_{2}$, Ri.$_{3}$; Par. P apud Ri.$_{3}$ (?); P Π: Parisini duo apud Ri.$_{3}$] |
| Π | cod. Parisinus 7231, saec. XII [*mut.*]<br>[apud Mar.; π apud Kl.; P Π: Parisini duo apud Ri.$_{3}$] |
| p | cod. Parisinus Latin. 7696 Floriacensis, saec. XII<br>[apud Ri.$_{2}$, Kl., Mar.] |

| | |
|---|---|
| T | cod. Trossianus, saec. XII [apud Ri.$_2$; Tross. apud Ri.$_1$, Ri.$_2$, Wa.] |
| V | cod. Vadianus 313, saec. $X^{ex.}$ [apud Ach.] |
| v | cod. Vossianus primus, saec. XII–XIII [apud Mar.] |
| Z | cod. Turicensis, saec. XII [apud Ri.$_2$; Tur. apud Ri.$_1$, Ri.$_2$] |

### 6.2.4.30 Scholia (Pseudacronis) in Horatium (Schol. Hor.)

#### a) Scholiorum in Horatium editiones

| Sigla editionum | Explicatio siglorum |
|---|---|
| Kell. | Keller, Otto, 1902 / 1904, Leipzig |

#### b) Scholiorum in Horatium codices

| Sigla codicum | Explicatio siglorum |
|---|---|
| A | cod. Parisinus Lat. 7900 A, saec. X [apud Kell.] |
| b | cod. Bambergensis K. 2, saec. X [apud Kell.] |
| Γ | codd. r et γ, aut r vel γ cum quolibet altero cod. ad stirpem Γ pertinente ut a b f [apud Kell.] |
| γ | cod. Parisinus Latinus 7975, saec. XI [scholiorum Γ cod. praecipuus] [apud Kell.] |
| r | cod. Parisinus Latinus (olim Erphesphurtensis) 9345, saec. X–XI |

### 6.2.4.31 Seneca maior (Sen.)

#### a) Senecae maioris editiones

| Sigla editionum | Explicatio siglorum |
|---|---|
| Ed. | Edward, William A., 1928, *Sen. suas.*, Cambridge |
| Håk. | Håkanson, Lennart, 1989, Leipzig |
| Kies. | Kiessling, Adolph, 1872, Leipzig |
| Wi. | Winterbottom, Michael, 1974, *Sen. contr.*, Cambridge (Mass.) / London |

#### b) Senecae maioris codices

| Sigla codicum | Explicatio siglorum |
|---|---|
| A | cod. Antverpiensis 411, saec. X vel XI [apud Kies., Håk.; Antwerp. apud Ri.$_2$] |
| B | cod. Bruxellensis 9581–9595, saec. IX [apud Kies., Håk.; Brux. apud Ri.$_2$] |
| D | cod. Bruxellensis 9144, saec. XV [apud Håk.] |
| M | excerptorum cod. Montepessulanus 126, saec. X [apud Kies.] |
| L | cod. Leidensis Vossianus Lat. 72, saec. XV [apud Håk.] |
| P | excerptorum cod. Parisinus 7836, saec. XIII [apud Kies.] |
| S | cod. Bruxellensem 9768 (olim Brugensis), saec. XV [apud Kies.] |
| T | cod. Bruxellensis (olim Toletanus sive Covarruvianus) 2025, saec. XIII [apud Kies. (per errorem in conspectu siglorum 'I' pro 'T' scriptum est), Håk.] |
| V | cod. Vaticanus 3872, saec. IX [apud Kies., Håk.] |

### 6.2.4.32 Seneca minor (Sen.)

#### a) Senecae minoris editiones

| Sigla editionum | Explicatio siglorum |
|---|---|
| Rey. | Reynolds, Leighton Durham, 1977, *Sen. dial.*, Oxford |

#### b) Senecae minoris codices

| Sigla codicum | Explicatio siglorum |
|---|---|
| | **ad dial.** |
| A | cod. Ambrosianus C 90 inf., saec. XI [apud Rey.] |
| B | cod. Berolinensis Lat. fol. 47, saec. XIII [apud Rey.] |
| C | cod. Vaticanus Chigianus H.V. 153, saec. XIII [apud Rey.] |
| P | cod. Parisinus Lat. 15086, saec. XIII [apud Rey.] |
| Q | cod. Parisinus Lat. 6379, saec. XIII [apud Rey.] |
| R | cod. Vaticanus Lat. 2215, saec. XIV [apud Rey.] |
| V | cod.Vaticanus Lat. 2214, saec. XIV [apud Rey.] |
| | **ad epist.** |
| p | cod. Parisinus Lat. 8540, saec. IX [apud Rey.] |
| L | cod. Laurentianus 76. 40, saec. IX [apud Rey.] |
| Q | cod. Quirinianus B. II. 6, saec. X [apud Rey.] |
| g | cod. Gudianus 335, saec. XI |
| O | cod. Oxoniensis Canonicianus Class. Lat. 279 / cod. Vossianus Lat. F. 70. I, ca. a. 900 scriptus [apud Rey.] |

| | |
|---|---|
| v | cod. Vaticanus Lat. 366, saec. XII [apud Rey.] |
| M | cod. Metensis 300, saec. XI–XII [apud Rey.] |
| V | cod. Venetus Marcianus 270, saec. IX [apud Rey.] |
| P | cod. Parisinus Lat. 8658, saec. IX [apud Rey.] |
| b | cod. Parisinus Lat. 8539 [apud Rey.] |

### 6.2.4.33 Sergius (Serg. gramm.)

#### a) Sergi editiones

| Sigla editionum | Explicatio siglorum |
|---|---|
| Keil | Keilius, Henricus [Keil, Heinrich], 1864, *Serg. gramm.*, in: *GL IV*, Leipzig, 475–485 [ed. ster.: Hildesheim 1961] |

#### b) Sergi codices

| Sigla codicum | Explicatio siglorum |
|---|---|
| L | cod. S. Pauli in valle Lavantina 24 [apud Keil] |

### 6.2.4.34 Servius Grammaticus (Serv.)

#### a) Servi editiones

| Sigla editionum | Explicatio siglorum |
|---|---|
| Dan. | Daniel, Petrus, 1600, *Pub. Virgilii Maronis Bucolicorum, Eclogae X, Georgicorum, Libri IIII, Aeneidos, Libri XII. Et in ea Mauri Servii Honorati Grammatici commentario. Ex antiquissimis exemplaribus longe meliores et auctiores*, Paris |

| | |
|---|---|
| | **ad. Verg.** |
| Thil. | Thilo, Georg, 1881 / 1884 / 1887, *Serv. ecl., georg., Aen.,* Leipzig |
| ST | Stocker, Arthur Friedrich / Albert Hartman Travis, 1965, *Serv. Aen. 3–4* Oxford (ed. Harvardiana vol. 3) |
| | **ad gramm.** |
| Keil | Keilius, Henricus [Keil, Heinrich], 1864, *Serv. gramm.*, in: *GL IV*, Leipzig, 405–472 [ed. ster.: Hildesheim 1961] |

## b) Servi codices

| Sigla codicum | Explicatio siglorum |
|---|---|
| | **ad Aen.** |
| Ambros. | cod. Mediolanensis, Bibl. Ambros. S. 83 part. sup., saec. XVI<br>[apud Thil., ST] |
| C | cod. Cassellanus Bibl. Publ. Ms. Poet. Fol. 6 (olim cod. conventus Fuldensis), saec. $IX^{med.}$<br>[apud Thil.; Cass. apud $Ri._1$, $Ri._2$, $Ri._3$, Wa.] |
| F | nunc (a) cod. bibl. Bern. 172 [Aen. 3–5], (b) cod. bibl. nat Paris. 7929 [Aen. 6–12] (olim cod. conventus Floriacensis [Aen. 3–8; cod. plenioris commentarii])<br>[apud Thil.] |
| G | cod. Bernensis 167 (olim Autissiodorensis), saec. IX–X<br>[apud Thil., ST] |
| T | cod. Bernensis 165 (olim Turonensis)<br>[apud Thil.] |
| | **ad georg.** |
| Carolir. | cod. Caroliruhensis 186, saec. IX [ad georg. 1–4]<br>[apud Thil.] |
| L | cod. Leidensis Voss. Lat. Oct. 80 (olim Lemovicensis, fuit codex Petri Danielis [cf. Thil. p. VIIIsqq.]), saec. IX–X<br>[apud Thil.] |
| P | cod. Parisinus 7959, saec. X [ad georg. 1–4]<br>[apud Thil.] |

| | |
|---|---|
| R | cod. Reginensis 1495, saec. XII [Serv. in buc. et georg. 1,1–375]<br>[apud Thil.] |
| V | cod. Vaticanus lat. 3317, saec. Xex. [ad georg. 1–4] scholia huius cod. propria I. Philargyrio vulg. tribuuntur<br>[apud Thil.] |
| | **ad gramm. (de centum metris)** |
| N | cod. Parisinus 7530<br>[apud Keil] |
| P | cod. Neapolitanus Borbon. IV A 8<br>[apud Keil] |
| S | cod. Berolinensis Sant. 66. 4 (olim Santenianus)<br>[apud Keil] |

## 6.2.4.35 Terentianus Maurus (Ter. Maur.)

### a) Terentiani editiones

| Sigla editionum | Explicatio siglorum |
|---|---|
| ed. Med. | ed. princ. Mediolanensis, 1497, Mailand (apud Uldericum [Ulrich] Scinzenzeler) |
| Lenn. | Lennep, David Iacobus van, 1825, London |
| Keil | Keilius, Henricus [Keil, Heinrich], 1874, *Scriptores artis metricae*, in: *GL VI*, Leipzig, 325–413 |

## 6.2.4.36 Valerius Maximus (Val. Max.)

### a) Valeri editiones

| Sigla editionum | Explicatio siglorum |
|---|---|
| Ke. | Kempf, Carolus, $^{2}$1888, Leipzig |
| Brisc. | Briscoe, John, 1998, Stuttgart / Leipzig |

### b) Valeri codices

| Sigla codicum | Explicatio siglorum |
|---|---|
| A | cod. Bernensis 366, saec. IX<br>[apud Ke., Brisc.] |
| G | cod. Flor. Med. Laur. Ashburn. 1899, saec. IX<br>[apud Brisc.] |
| L | cod. Bruxell. 5336, saec. XI<br>[apud Brisc.] |
| P | cod. Vaticanus Lat. 4929, saec. IX [Iuli Paridis]<br>[apud Brisc.; Par. apud Ke.] |
| N | cod. Vaticanus Lat. 1321, saec.XIV [Nepotiani]<br>[apud Ke., Brisc.] |
| Land. | cod. Vaticanus Palatinus Lat. 909, saec. $X^{ex.}$<br>[apud Brisc.] |

## 6.2.4.37 M. Terentius Varro (Varro)

### a) Varronis editiones

| Sigla editionum | Explicatio siglorum |
|---|---|
| Ald. | Manutius, Aldus / Nicolaus Perottus , 1513, Venedig (vid. bibl. 6.2.4.9a) |
| Ast. | Astbury, Raymond, 1985, *Varro Men.* Leipzig |
| Coll. | Collart, Jean, 1954, *Varro ling.*, Paris |
| GS | Goetz, Georgius / Fridericus Schoell, 1910, *Varro ling.*, Leipzig |
| Ke. | Kent, Roland G., 1951, *Varro ling.*, London / Cambridge (Mass.) [[1]1938] |
| Laet. | Pomponius Laetus, 1471, s. l. (Rom) (vid. bibl. 6.2.4.9a) |
| Med. | ed. Mediolana, 1510, Mailand (apud Pachel) |
| Mue. | Mueller, Carolus Odofredus, 1833, *Varro ling.*, Leipzig |
| Rhol. | ed. Francisci Rholandelli Triviani, Venedig 1475 (1492) |
| Scal. | Scaliger, Iosephus, 1585 ([3]1581), Paris (apud Claudium Baaleu) [ed. accurata 1788, Zweibrücken] |

| | |
|---|---|
| Sciopp. | Scioppius, Gasp., 1605, *Varro ling.*, Ingolstadt (apud Adamum Sartorium) |
| LSp. | notae Leonardi Spengel in ed. Andreae filii (vid. 'Sp.') |
| Sp. | Spengel, Andreas, 1885, *Varro ling.*, Berlin |

## b) Varronis codices

| Sigla codicum | Explicatio siglorum |
|---|---|
| a | cod. Parisinus 7489, saec. XV<br>[apud Mue., Sp., GS, Ke., Coll.; Par. a apud Ri.$_1$, Ri.$_2$, Ri.$_3$] |
| B | cod. incertus, cuius varietatem Petrus Victorius in editione Gryphiana adnotavit, fort. saec. XV / cod. nunc deperditus a Victorio et Augustino recensus, saec. XV<br>[apud Coll.; cod. B apud Ri.$_1$, Ri.$_2$, Sp.] |
| b | cod. Parisinus 6142, saec. XV<br>[apud Mue., Sp., GS, Ke., Coll.; Par. b / B apud. Ri.$_1$, Ri.$_2$, Ri.$_3$] |
| c | cod. Parisinus 7535, saec. XVI<br>[apud Mue., Sp., GS, Ke., Coll.; Par. c apud Ri.$_1$, Ri.$_2$] |
| F | cod. Laurentianus LI 10, saec. XI<br>[apud Mue., Sp., GS, Ke., Coll.; Laur. 51.10 apud Ri.$_2$.; Flor. apud Ri.$_1$, Ri.$_2$, Baehr., Ri.$_3$; Flor. / Fl. apud Mue.; saepe cod. apud edd.] [scripturae huius cod. apud GS plerumque sine signo adscribuntur vel significantur; cf. GS p. LIII] |
| $F^v$ | cod. Laurentianus LI 10, ex collatione P. Victorii<br>[apud GS]<br>cod. Laurentianus LI 10, ex recensione Victorii et Diacetii, saec. XVI<br>[apud Coll.] |
| G | cod. Gothanus, saec. XVI<br>[apud Mue., Sp., GS, Ke., Coll.; Goth. apud Ri.$_1$, Va.$_1$, Ri.$_2$, Ri.$_3$] |
| H | cod. Hauniensis, saec. XV<br>[apud Mue., Sp., GS, Ke., Coll.; Haun. apud Ri.$_1$, Ri.$_2$, Ri.$_3$] |
| Med. | cod. Mediceus<br>[apud Ri.$_2$, Baehr., Ri.$_3$ (teste Wilmannsio)] |

### 6.2.4.38 Scholiastae Vergili (Schol. Verg.)

#### a) Scholiastarum Vergili editiones

| Sigla editionum | Explicatio siglorum |
|---|---|
| | **ad Schol. Bern.** |
| Hag. | Hagen, Hermann, 1867, *Schol. Verg. Bern. ecl.*, Leipzig [ed. ster.: Hildesheim 1967] |
| | **ad Schol. Veron.** |
| Bas. | Baschera, Claudio, 1999, *Schol. Verg. Veron. Aen.*, Verona |
| Hag. | Hagen, Hermann, 1902, *Appendix Serviana. Ceteros praeter Servium et Scholia Bernensia Vergilii commentatores continens*, vol. III.2, p. 391–450 [ed. ster.: Leipzig 1927] |
| Herr. | Herrmann, Arnold, 1868/69, *Die Veroneser Vergil-scholien*. Beilage zum Programm des Großherzoglichen Gymnasiums zu Donaueschingen |
| Keil | Keilius, Henricus [Keil, Heinrich], 1848, *M. Valerii Probi in Vergilii Bucolica et Georgica commentarius. Accedunt Scholiorum Veronensium et Aspri quaestionum Vergilianarum fragmenta*, Halle |
| Mai | Mai, A., 1835, *'Vergilii Maronis interpretes veteres ex palimpsesto Veronensi'. Veterum interpretum in Vergilium Maronem commentariorum fragmenta*, in: Id. (ed.), *Class. auct. Vat., Tomus VII. Scriptores de rebus Alexandri magni, Commentarii in Virgilium, Dynamidia, Historica et Grammaticalia quaedam*, Rom, 247–320 [ed. princ. Mailand 1818] |

#### b) Scholiastarum Vergili codices

| Sigla codicum | Explicatio siglorum |
|---|---|
| | **ad Schol. Bern.** |
| B | cod. Bernensis 172 (olim Floriacensi dein Danielis post Bongarsii), saec. IX–X<br>[apud Hag.] |

| | |
|---|---|
| C | cod. Bernensis 167, saec. IX–X [apud Hag.] |
| | **ad Schol. Veron.** |
| V | cod. Verona, Bibl. Capit. XL (38), saec. V–VI [apud Hag., Bas.] |

## 6.2.5 Editiones aliorum auctorum

| Sigla editionum | Explicatio siglorum |
|---|---|
| Argenio (Argen.) | Argenio, Raffaele, *M. Pacuvio. I frammenti dei drammi*, Turin 1959 |
| Bruhn | Bruhn, Ewald, $^{3}$1891, *Ausgewählte Tragödien des Euripides. Die Bakchen*, Berlin |
| Colonna (Col.) | Colonna, H., 1590, *Enni poetae ... quae supersunt fragmenta ab Hieronymo Colonna conquisita, disposta et explicata*, Neapel |
| Dangel (Da.) | Dangel, Jacqueline, 1955, *Accius. Œvres (fragments)*, Paris |
| D'Anna (D'A.) | D'Anna, Giovanni, 1967, *M. Pacuvii fragmenta*, Rom |
| D'Anto (D'Ant.) | D'Anto, V., 1980, *L. Accio, I frammenti delle tragedie*, Lecce |
| Class. auct. Vat. | Mai, Angelo, 1828–1838, *Classicorum auctorum e Vaticanis codicibus editi*, 10 voll., cur. Angelo Mai, Roma |
| Dodds | Dodds, E.R., $^{2}$1960, *Euripides Bacchae*, Oxford |
| Eckstein (Eckst.) | Eckstein, Friedrich August, 1852, *Anecdota Parisina*, Halle |
| Franchella (Fra.) | Franchella, Quirinus, 1968, *Lucii Acii tragoediarum fragmenta*, Bologna |
| Gronovius (Gronov.) | Gronovius, Johannes Fredericus et Iacobus, 1706, *Auli Gellii Noctium Atticarum libri XX*, Leiden (apud Cornelium Boutesteyn et Iohannem Du Vivié) |
| Hermann (Her.) | Hermann, Gottfried [Godofredus], 1831, *Euripidis Iphigenia in Aulide*, Leipzig |
| Jebb | Jebb, Richard Claverhouse, 1896, *Sophokles*, vol. 7 (Aiax), Cambridge |

| | |
|---|---|
| Jocelyn (Joc.) | Jocelyn, Henry D., 1967, *The tragedies of Ennius. The fragments ed. with an introduction and commentary by H. D. Jocelyn*, Cambridge |
| Lachmann (Lach.) | Lachmann, Carolus, $^{4}$1871, *T. Lucreti Cari De rerum natura libri sex C. Lachmannus recensuit et emendavit*, Berlin (Lach.$_2$ $^{2}$1853) |
| Merula (Merul.) | Merula, Paulus [Paullus], 1595, *Q. Enni poetae cum primis censendi annalium libri XVIII quae apud varios auctores superant, fragmenta*, Leiden (apud Ioannem Paetsij et Ludovicum Elzevirij) |
| Pearson (Pears.) | Pearson, A.C., 1917, *The Fragments of Sophocles*, vol. 2, Cambridge |
| PL | *Patrologiae cursus completus. Series Latina*, ed. J.-P. Migne, 1841–1864, voll. 1–221, Paris; rursus impress. 1964–1969 |
| Va.$_1$ | Vahlen, Iohannes (ed.), 1854, *Ennianae poesis reliquiae*, Leipzig, 91–150 |
| Va.$_2$ | Vahlen, Iohannes (ed.), 1903, *Ennianae poesis reliquiae*, iteratis curis recensuit, Leipzig (= Leipzig $^{3}$1928, Amsterdam 1963, 1967), 118–203<br>recc.: C. Bailey, *CR* 18 (1904) 169–172; O. Seyffert, *BPhW* 42 (1904) 1322–1326; C. Knapp, *AJPh* 32 (1911) 1–35 |
| Wölfflin (Wölffl.) | Wölfflin, Eduard, 1869, *Publilii Syri sententiae*, Leipzig |


### 6.2.6 Studia


| | |
|---|---|
| Alfonsi (1976) | Alfonsi, Luigi, 1976, 'Su un versor tragico', *Dioniso* 47, 107–109 |
| Antonelli (1982) | Antonelli Rinaldi, Maria R., 1982, 'Intorno all' Aegistus di Livio Andronico. Saggio di lettera dei frammenti', *RCCM* 24, 3–14 |
| Aretz (1999) | Aretz, Susanne, 1999, *Die Opferung der Iphigeneia in Aulis. Die Rezeption des Mythos in antiken und modernen Dramen*, Stuttgart |

| | |
|---|---|
| Aricò (1979) | Aricò, Giuseppe, 1979, 'Sull' Aegisthus di Livio Andronico', in: *Studi di poesia latina*, studd. coll. in hon. A. Traglia, vol. 1, Rom, 3–9 |
| Aricò (1980) | Aricò, Giuseppe, 1980, 'Sull' Achilles di Livio Andronico', in: M.D. Fontana / M.T. Piraino / F.P. Rizzo (edd.), Φιλίας χάριν, studd. coll. in hon. Eugenio Manni, vol. 1, Rom, 129–141 |
| Aricò (1997) | Aricò, Giuseppe, 1997, 'La tragedia romana arcaica', *Lexis* 15, 59–78 |
| Artigas (1990) | Artigas, Esther, 1990, *Pacuviana. Marco Pacuvio en Cicerón*, Barcelona |
| Ax (1917) | Ax, Wilhelm Heinrich, 1917, *De hiatu qui in fragmentis priscae poesis Romanae invenitur*, Göttingen |
| Bach (1891) | Bach, Iosephus, 1891, 'De usu pronominum demonstrativorum apud priscos scriptores Latinos', in: Studemund II (1891), 145–415 |
| Baehrens (1872) | Baehrens, Emil [Aemilius], 1872, 'kritische satura', *NJPhP* 105, 621–638 |
| Baehrens (1872a) | Baehrens, Emil [Aemilius], 1872, 'Emendationes in Cirin', *NJPhP* 105, 833–849 |
| Baehrens (1884) | Baehrens, Emil, 1884, 'Zu lateinischen Dichtern', *NJPhP* 129, 833–844 |
| Baier (2002) | Baier, Thomas, 2002, 'Tragödie. II. Römisch', in: *DNP*, vol. 12.1, 740–745 |
| Barigazzi (1950) | Barigazzi, Adelmo, 1950, 'Note a Livio Andronico, Lucrezio, Cicerone', *Acme* 3, 425–433 |
| Barthius (1624) | Barthius, Caspar, 1624, *Adversariorum libri LV*, Frankfurt |
| Becker (1873) | Becker, Eduardus, 1873, 'De syntaxi interrogationum obliquarum apud priscos scriptores Latinos', in: Studemund I.1 (1873), 113–316 |
| Bentley ([1733] 1860) | Bentley, Richard, 1733, *Richardi Bentleii Epistola. Cl. viro Joanni Millio s. t. p. Richardus Bentleius*, in: J.-P. Migne (ed.), *Patrologiae cursus completus, Series graeca, Tomus XCVII*, Paris 1860, 717–790 |
| Bentley (1738) | Bentleius, Richardus [Bentley, Richard], 1738, *Emendationes*, in: Joannes Davisius, *M. Tullii Ciceronis Tusculanarum Disputationum Libri V. Cum Commentario* |

| | |
|---|---|
| | *Joannis Davisii, Coll. Regin. Cantab. Praesidis. Editio quarta. Huic Editioni Accedunt Richardi Bentleii Emendationes cum Indice Rerum & Verborum*. Cambridge (Typis Academicis. Sumtibus Corn. Crownfield, Celeberrimæ Academiæ Typographi. Prostant apud J. & P. Knapton & Franc. Changuion Bibliopolas Londinenses) |
| Bentley (1781) | Bentley, Richard, 1781, *Opera philologica*, Leipzig |
| Bentley (1829) | Bentley, Richard, 1829, 'Emendationes ad Ciceronis Tusculanas', in: Rudolph G. Rath (Ed.), 1805, *Cic. Tusc.*, Halle 1805 et Orelli (1829, vid. bibl. 6.2.4.4a) |
| Bergk (1833) | Bergk, Theodor, 1833, *Commentatio de fragmentis Sophoclis*, Staritz |
| Bergk (1835) | Bergk, Theodor, 1835, 'De aliquot fragmentis Tragicorum Latinorum', *RhM* 3, 70–88 |
| Bergk (1842) | Bergk, Theodor, 1842, recensio: 'Sexti Pompei Festi De verborum significatione quae supersunt cum Pauli Epitome, emendata et annotata a Carolo Odofredo Muellero, Leipzig 1839', *Hallische allg. Literaturzeitung* 103–106. 209–239 |
| Bergk ([1844] 1884) | Bergk, Theodor, 1844, 'Quaestionum Ennianarum specimen', in: *Indices lectionum et publicarum et privatarum quae in academia Marburgensi per semestre aestivum a. MDCCCXLIV ... habendae proponuntur*, III–XVII; rursus impress. in: Bergk (1884) 211–235 |
| Bergk (1851) | Bergk, Theodor, 1851, 'Zur Kritik des Plautus', *Zeitschrift für die Alterthumswissenschaft* 9, 215–232 |
| Bergk ([1855] 1884) | Bergk, Theodor, 1855, 'Beiträge zur Kritik des Plautus', *Zeitschrift für die Alterthumswissenschaft* 13, 289–300; rursus impress. in: Bergk (1884) 109–120 |
| Bergk ([1861] 1884) | Bergk, Theodor, 1861, 'Kritische Studien zu Ennius', *Jahrbücher für classische Philologie*, VII. Jg., 83. Bd., 617–638; rursus impress. in: Bergk (1884) 246–311 |
| Bergk (1864) | Bergk, Theodor, 1864, 'Philogische Thesen', *RhM* 19, 602–606 |
| Bergk ([1874] 1884) | Bergk, Theodor, 1874, 'Zu den szenischen Dichtern der Römer. I. Kritische Bemerkungen zu den römischen Tragikern', *Philologus* 33, 249–312; rursus impress. in: Bergk (1884) 319–378 |

| | |
|---|---|
| Bergk (1884 / 1886) | Bergk, Theodor, 1884 / 1886, *Kleine philologische Schriften von Theodor Bergk. Herausgegeben von Rudolf Peppmüller*, 2 voll., Halle |
| Bergk (1884a) | Bergk, Theodor, 1884, 'Aus Bergks Handexemplaren. B. Ennius, C. Tragici Latini', in: Bergk (1884) 681–683 |
| Bickel (1937) | Bickel, Ernst, 1937, 'Malae 'Zauberin' von der Medea in der römischen Tragödie', *RhM* 86, 384 |
| Bickel (1937a) | Bickel, Ernst, 1937, 'Die Skyrier des Euripides und der Achilles des Livius Andronicus', *RhM* 86, 1–22 |
| Bickel (1957) | Bickel, Ernst, 1957, 'C. Caesar L. F. Persona in Ciceronis Dialogo de Oratore, Terentiomastix in Ciceronis Limone, Fragmenta C. Caesaris L. f. oratoris et poetae colliguntur', *RhM* 100, 1–41 |
| Biliński (1952) | Biliński, Bronislaw, 1952, *De veterum tragicorum Romanorum notitiis geographicis observationes*, Breslau, 77–108 (Tragica 1) |
| Birt (1879) | Birt, Theodor, 1879, 'Ueber die Vocalverbindung eu im Lateinischen', *RhM* 34, 1–37 |
| Birt (1896) | Birt, Theodor, 1896, 'Beiträge zur Lateinischen Grammatik II', *RhM* 51, 240–272 |
| Birt (1928) | Birt, Theodor, 1928, 'Sublimus, sublimis, sublimen', *RhM* 77, 206–214 |
| Blume / Dreves (1887) | Blume, Clemens / Dreves, Guido Maria, 1887, *Analecta Hymnica Medii Aevi*, vol. 27, Leipzig |
| Bömer (1943) | Bömer, Franz, 1943, *Ahnenkult und Ahnenglaube im alten Rom*, Leipzig et al. |
| Boltenstern (1875) | Boltenstern, Paul de, 1875, *De rebus scaenicis Romanis quaestiones selectae*, Diss. inaug. Gryphisw. 8, Stralsund |
| Bondamus (1759) | Bondamus, 1759, *Variae lectiones*, Zutphen |
| Boscherini (1958) | Boscherini, Silvano, 1985, 'Su di un frammento tragico latino (XCIV inc. Ribbeck)', *SIFC* 30, 106–115 |
| Bothe (1816) | Bothe, Friedrich Heinrich, 1816, *Opuscula critica et poetica*, Berlin |
| Bothe (1837) | Bothe, Friedrich Heinrich, 1837, 'Emendationes Nonianae', *RhM* 5, 250–300 |
| Bouhier (1737) | Bouhier, Jean, 1737, *Remarques sur les Tusculanes de Cicéron*, 3 voll., Paris |

| | |
|---|---|
| Bouterwek (1867) | Bouterwek, Rudolf, 1867, *Quaestiones Lucilianae. Commentatio, prosodiaca, metrica, critica*, Eberfelde |
| Boyle (2006) | Boyle, Anthony James, 2006, *An introduction to Roman tragedy*, London / New York |
| Brakman (1933) | Brakman, Cornelius, 1933, 'Enniana', *Mnemosyne* N.S. 60, 369–379 |
| Brakman (1935) | Brakman, Cornelius, 1935, 'Observationes ad tragicorum Romanorum fragmenta', *Mnemosyne* 2, 55–61 |
| Bruno (1980) | Bruno, Massimo, 1980, 'Ennio, Scen. 260-61 V$^2$ (219–20 Jocelyn)', *Maia* 32, 43–51 |
| Brussich (1976) | Brussich, Guerrino Francesco, 1976, 'La danza dei delfni in Euripide, nello pseudo-Arione e in Livio Andronico', *QUCC* 21, 53–56 |
| Buecheler | Buecheler, Franz, coniecturae, quas permultas Otto Ribbeck pervulgavit |
| Buecheler (1857) | Buecheler, Franz, 1857, 'Zur Kritik der Ciceronischen Briefe', *RhM* 11, 509–535 |
| Buecheler (1859) | Buecheler, Franz, 1859, 'Bemerkungen über die varronischen Satiren', *RhM* 14, 419–452 |
| Buecheler (1864) | Buecheler, Franz, 1864, 'Zu den Virgil-Scholien', *RhM* 19, 639–640 |
| Buecheler (1866) | Buecheler, Franz, 1866, 'Über die Veroneser Scholien zu Vergilius', *NJPhP* 93, 65–72 |
| Buecheler (1866a) | Buecheler, Franz, 1866, *Grundriss der lateinischen Declination*, Leipzig |
| Buecheler ([1868] 1915) | Buecheler, Franz, 1868, 'Coniectanea Latina', in: *Index scholarum in univ. litt. Gryphiswaldensi per sem. hib. MDCCCLXVIII–IX a die XVI mensis octobris habendarum*, Greifswald, 3–20; rursus impress. in: Buecheler (1915) 626–648 |
| Buecheler ([1872] 1927) | Buecheler, Franz, 1872, 'Coniectanea', *RhM* 27, 1872, 474–478; rursus impress in: Buecheler (1927) 30–34 |
| Buecheler (1878) | Buecheler, Franz, 1878, 'Oskische Bleitafel (Mit einem Facsimile und Anhang "Neue oskische Wörter")', *RhM* 33, 1–77 |
| Buecheler (1880) | Buecheler, Franz, 1880, 'Nävius' bellum Punicum bei den Grammatikern', *RhM* 40 suppl., 148; rursus impress in: Buecheler (1930) 61 |

| | |
|---|---|
| Buecheler (1884) | Buecheler, Franz, 1884, 'Telinum', *Archiv für lateinische Lexikographie und Grammatik*, vol. 1, Leipzig, 112sq. |
| Buecheler (1885) | Buecheler, Franz, 1885, 'Naevius' bellum Punicum bei den Grammatikern', *RhM* 40, 148–150 |
| Buecheler (1915 / 1927 / 1930) | Buecheler, Franz, 1915 / 1927 / 1930, *Kleine Schriften*, 3 voll., Leipzig / Berlin [ed. ster.: Osnabrück 1965] |
| Büchner (1979) | Büchner, Karl, 1979, 'Livius Andronicus und die erste künstlerische Übersetzung der europäischen Kultur', *Symbolae Osloenses* LIV, 37–70 |
| Burman / Santen (1780) | Burman, Pieter / Santen, Laurent von, 1780, *Propertii elegiarum libri quattuor*, Trajectum ad Rhenum |
| Canterus (1571) | Canterus, Guilielmus [Willem Canter], [3]1571, *Novae lectionum libri IV, in quibus, praeter variorum auctorum, tam Graecorum quam Latinorum explicationes et emendationes nunc primum in lucem proferentur*, Antwerpen [[1]1564; rursus impress. [2]1566] |
| Cappelletto (1984) | Cappelletto, Rita, 1984, 'Livio Andronico, Odyssea fr. 31 Mor. (22 Mar.)', *RFIC* 112, 413–416 |
| Carratello (1986) | Carratello, Ugo, 1986, 'Questioni nuove e antiche su Livio Andronico', *GIF* 38, 125–140 |
| Casaceli (1976) | Casaceli, Francesco, 1976, *Lingua e stile in Accio*, Palermo |
| Cèbe (1972–1999) | Cèbe, Jean-Pierre, 1972–1999, *Varron, Satires, Ménippées. Édition, traduction et commentaire*, 13 voll., Rom |
| Cervellera (1979/80) | Cervellera, Maria Antonietta, 1979/80, 'Il senario tragico arcaico', *RCCM* 21/22, 21–43 |
| Cichorius (1922) | Cichorius, Conrad, 1922, *Römische Studien. Historisches, Epigraphisches, Literaturgeschichtliches aus vier Jahrhunderten Roms*, Leipzig |
| Coffey (1986) | Coffey, M., 1986, 'Notes on the history of Augustan and early imperial tragedy', in: *Studies in honour of T. B. L. Webster*, ed. by Betts J. H. et. al., Bristol, 46–52 |
| Condorelli (1986) | Condorelli, Sebastiano, 1986, L'Achilles di Livio Andronico, Il Gulli e Pennisi (Acireale), 241–255 |
| Consolino (1985) | Consolino, Franca Ela, 1985, 'L'Achille sapiens di Accio e la distinzione socratica fra Ettore e il corpo di Ettore', in: Vincenzo Tandoi (ed.), *Disiecti membra poetae.* |

| | |
|---|---|
| | *Studi di poesia latina in frammenti*, vol. 2, Foggia, 39–58 |
| D'Anna (1955) | D'Anna G., 1955, 'Contributo alla cronologia dei poeti latini arcaici, III: Quando esordi' Cn. Nevio?', *RIL* 88, 301–310 |
| Dahlmann (1950) | Dahlmann, Hellfried, 1950, 'Bemerkungen zu den Resten der Briefe Varros', *MH* 7, 200–220 |
| Dahlmann (1982) | Dahlmann, Hellfried, 1982, *Zu Fragmenten römischer Dichter*, Wiesbaden |
| Deichgräber (1939) | Deichgräber, Karl, 1939, *Die Lykurgie des Aischylos. Mit einem Anhang: Aischylos' Glaukos Pontios und Leon*, Göttingen 1974 (NGG N. F. III 8) |
| Della Casa (1961) | Della Casa, Adriana, 1961, 'Pomponio Secondo, tragediografo', *Dioniso* 35, 58–75; rursus impress. in: Adriana Della Casa, *Grammatica e letteratura*, Genua 1994, 7–23 |
| Delrius (1593) | Delrius, Martinus Antonius [Delrio], 1593, 'Opinationes in Tragicorum fragmenta', in: *Syntagma tragoediae* (cf. bibl. 6.2.1), 161–188, Antwerpen |
| De Rosalia (1981) | De Rosalia, Antonio, 1981, 'Echi acciani in Seneca tragico', *Dioniso* 52, 221–242 |
| De Rosalia (1983) | De Rosalia, Antonio, 1983, 'Funzione comunicativa e funzione emotiva nel linguaggio dei tragici latini arcaici', *Dionisio* 54, 43–57 |
| De Rosalia (1987) | De Rosalia, Antonino, 1987, 'Aspetti linguistici del 'tradurre' nei tragici latini arcaici', in: Giuseppe Aricò (ed.), *Atti del I seminario di studi sulla tragedia romana*, Palermo, 7–27 |
| De Rosalia (1989) | De Rosalia, Antonino, 1989, 'Rassegna degli studi sulla tragedia latina arcaica (1965–1986)', *BStudLat* 19, 76–144 |
| Deufert (2002) | Deufert, Marcus, 2002, *Textgeschichte und Rezeption der plautinischen Komödien im Altertum*, Berlin / New York |
| Di Salvo (1972) | Di Salvo, Lucia, 1972, 'Naevianae Danaes fragmenta', in: *Studi Noniani* 2, Genua, 61–66 |
| Di Salvo (1979) | Di Salvo, Lucia, 1979, 'Saxum nella poesia arcaica e in Accio 629–630 R.3', *SRIL* 2, 1979, 81–109 |

| | |
|---|---|
| D'Orville (1740–1745) | D'Orville, Jacques Philippe, 1740–1751, *Miscellaneae observationes criticae novae*, 12 voll., Amsterdam |
| Duckett (1915) | Duckett, Eleanor Shipley, 1915, *Studies in Ennius*, Bryn Mawr |
| Duentzer (1837) | Duentzer, H., 1837, 'De Naevii Lycurgo et Ennii Iphigenia', *RhM* 5, 433–446 |
| Duentzer (1838) | Duentzer, Heinrich, 1838, 'Nonnullae veterum poetarum Latinorum tragoediae e fragmentis explicatae', *Zeitschrift für die Alterthumswissenschaft*, Nr. 4–8, 39–66 |
| Duentzer / Lersch (1838) | Duentzer, Heinrich / Lersch, Laurentius, 1838, *De versu, quem vocant, saturnio*, Bonn |
| Duentzer (1857) | Duentzer, Heinrich, 1857, 'Das Wort carmen als Spruch, Formel, Lehre', *ZG* 2, 1–33 |
| Erskine (1998) | Erskine, Andrew, 1998, 'Trojan horsplay in Rome', *Dialogos* 5, 131–138 |
| Ferrarius (1552) | Ferrarius, Hieronymus, 1552, *Ad Paulum Manutium emendationes in Philippicas Ciceronis*, Lyon (apud Seb. Gryphium) |
| Ferrin Sutton (1971) | Ferrin Sutton, Dana, 1971, 'Aeschylus' Edonians', in: Dana Ferrin Sutton (ed.), *Fons perennis. Saggi critici di filologia classica raccolti in onore di Vittorio d'Agostino*, Turin, 387–411 |
| Firnhaber (1851) | Firnhaber, C. G., 1851, 'Zu Ciceros Briefen an Atticus', *Philologus* 6, 365–377 |
| Fleckeisen (1852) | Fleckeisen, Alfred, 1852, 'Auszüge aus Zeitschriften: Rheinisches Museum', *NJPhP* 66, 204–209 |
| Fleckeisen (1861) | Fleckeisen, Alfred, 1861, 'Pedicare – pedor pedibus – pedis pediculus', *NJPhP* 83, 574–577 |
| Fleckeisen (1866) | Fleckeisen, Alfred, 1866, 'Zur lateinischen Lautlehre in greichischen Lehnwörtern', *NJPhP* 93, 1–13 |
| Fleckeisen (1868) | Fleckeisen, Alfred, 1868, 'Zu Gellius IV 9', *NJPhP* 97, 415sq. |
| Flores (1974) | Flores, Enrico, 1974, *Letteratura latina e ideologia del III–II a. C. Disegno storico-sociologico da Appio Claudio Cieco a Pacuvio*, Neapel |
| Flores (1983) | Flores, Enrico, 1983, 'Il Fr. 4 Klotz ex inc. fab. di Livio Andronico e il ritorno da Troia di Agamennone', *Prometheus* 9, 243–246; rursus impress. in: Enrico Flores, |

| | |
|---|---|
| | *La Camena, l'epos e la storia. Studi sulla cultura latina arcaica*, Neapel 1998, 95–98 |
| Förtsch (1846) | Förtsch, Carl Friedrich Gottlob, 1846, 'Quaestionum Tullianarum particula altera', in: *Zu der öffentlichen Prüfung sämmtlicher Klassen des Domgymnasiums zu Naumburg vom 30. März bis zum 2. April 1846. Ladet ergebenst ein Dr. Förtsch. Gymn. Direct. Inhalt: 1) Quaestionum Tullianarum particula altera, vom Director. 2) Schulnachrichten, von Demselben*, Naumburg, 3–18 |
| Fraenkel (1922 / 1960) | Fraenkel, Eduard, *Plautinisches im Plautus*, Berlin (Philologische Untersuchungen 28); *Elementi Plautini in Plauto* (*Plautinisches im Plautus*) (trans. F. Munari; *Addenda* auctoris), Firenze 1960 (Il pensiero storico 41); *Plautine Elements in Plautus* (*Plautinisches im Plautus*). Translated by T. Drevikovsky and F. Muecke, Oxford 2007 |
| Fraenkel (1931) | Fraenkel, Eduard, 1931, 'Livius Andronicus', *RE Suppl.* 5, 598–607 |
| Fraenkel (1935) | Fraenkel, Eduard, 1935, 'Naevius', *RE Suppl.* 6, 622–640 |
| Frank (1937) | Frank T., 1937, 'Curiatius Maternus and his tragedies', *AJPh*, 225–229 |
| Friedrich (1941) | Friedrich, Wolf Hartmut, 1941, 'Zur altlateinischen Dichtung V und VI', *Hermes* 76, 120–128 |
| Fröhner (1889) | Fröhner, Wilhelm, 1889, 'Kritische Analekten', *Philologus suppl.* 5, 1–96 |
| Gentili ([1977] 1979) | Gentili, Bruno, 1977, *Lo spettacolo nel mondo antico. Teatro ellenisticoe teatro romano arcaico*, Roma / Bari (extractum rursus impress. in: *GB* 8, 1979, 119–139, sub titulo: 'Il teatro ellenistico e il teatro Romano arcaico'); Anglice: *Theatrical performances in the ancient world. Hellenistic and early Roman theatre*, Amsterdam / Uithoorn 1979 (London Studies in Classical Philology 2) |
| Geppert (1858) | Geppert, Carl Eduard, 1858, *Ueber die Aussprache des Lateinischen im älteren Drama*, Leipzig |
| Gertz (1874) | Gertz, Martinus Clarentius, 1874, *Studia critica in L. Annaei Senecae Dialogos*, Kopenhagen |
| Giffen (1565) | Giffen, Hubert van [Gifanius, Obertus], 1565, *Titi Lucretii Cari De Rerum Natura libri sex*, Antwerpen (apud |

Christophorum Plantinum)

Giffen (1762) — Giffen, Hubert van [Gifanius, Obertus], 1762, *Observationes singulares in linguam Latinam*, Altenburg

Giomini (1961) — Giomini, Remo, 1961, 'Echi di Accio in Cicerone', in: *Atti del I Congresso internazionale di Studi Ciceroniani II*, Rom, 321–331

Giovini (2004) — Giovini, Marco, 2004, 'Limare Caput. Nonio, Livio Andronico e il più antico sintagma erotico della letteratura latina', in: Ferruccio Bertini (ed.), *Prolegomena Noniana*, vol. 3, Genua 2004, 47–62

Grauert (1833) — Grauert, W.H., 1833, *Historische und philologische Analekten*: *Emendationum liber 1 ad grammaticos Latinos et fragmenta poetarum Latinorum antiquissimorum*, Münster, 57–115

Grauert (1847) — Grauert, W.H., 1847, 'Prätexten des Nävius', *Philologus* 2, 115–130

Graux (1884) — Graux, Charles Henri, 1884, *Mélanges Graux. Recueil de travaux d'érudition class. dédié a la mémoire de Charles Graux*, Paris

Grilli (1963) — Grilli, A., 1963, 'Miscellanea latina. 1: Un nuovo frammento tragico di Ennio in Cicerone', *RIL* 97, 93–170

Grilli (1965) — Grilli, A., 1965, *Studi enniani*, Brescia (Pubblicazioni del Sodalizio Glottologico Milanese 3)

Grimal (1978) — Grimal, Pierre, 1978, 'Grammaticus resartus. À propos d'une restitution de Lindsay', in: *Varron. Grammaire antique et stylistique latine*, studd. coll. in hon. J. Collart, Paris, 159–162

Gronovius (1755) — Gronovius, Johannes Fredericus, 1755, *Observationum libri IV*, Leipzig

Grotius (1828) — Grotius, Hugo, 1828, 'Adnotationes ad Fragmenta Tragicorum Vossiana e chartis in Bibliotheca Remonstrantium Amstelodamensi servatis' [*sec. P. Hofman Peerlkamp*], in: *Bibliotheca Critica Nova IV*, Leiden, 155–181

Gruterus (1602–1607) — Gruterus [Gruytère], Ianus, 1602–1634, *Lampas, sive Fax artium liberalium, hoc est, Thesaurus criticus, in quo infinitis locis Theologorum, Jurisconsultorum, Medicorum, Philosophorum, Oratorum, Historicorum, Poetarum, Grammaticorum, scripta supplentur, corri-*

| | |
|---|---|
| | *guntur, illustrantur, notantur. Ex otiosa Bibliothecarum custodia erutus, & foras prodire iussus, A Iano Grutero. Cum Indice & Locorum & Memorabilium*, 7 voll., Frankfurt (e Collegio Paltheniano, Sumtibus Ionæ Rhodii Bibliopolæ; Excudebat Nicolaus Hoffmannus, Sumptibus Ionæ Rhosæ Bibliopolæ; apud Viduam Ionæ Rosæ) (vol. 1 1602, vol. 2 1604, vol. 3. 1604, vol. 4 1604, vol. 5 1605 et 1606 et 1607, vol. 6 1607 et 1612, vol. 7 1623 et 1634)<br>[nova ed. emissa est 1737–1751, Florenz / Luca / Neapel (Sumptibus Societatis, a J. F. Palesio, continuata a F. Tamburini, numquam perfecta et magna ex parte alios auctores continens); 4 voll.: vol. 1 1737, vol. 2 1739, vol. 3 1747, vol. 4 1751] |
| Gualandri (1965) | Gualandri, Isabella, 1965, 'Le componenti dello stile tragico di Ennio', *SCO* 14, 100–119 |
| Gulielm(i)us (1582) | Gulielmius, Ianus, 1582, *Verisimilium libri tres*, Antwerpen (apud Christophorum Plantinum) |
| Gulielm(i)us (1583) | Gulielmius, Ianus, 1583, *Plautinarum quaestionum commentarius, in quo omnes M. A. Plauti comoediae tum multa veterum scriptorum Poetarum imprimis ... illustrantur, corriguntur, augentur*, Paris (per Aegidium Beysium [Beys]) |
| Halm (1852) | Halm, Karl [Carolus], 1852, *Analecta Tulliana. Fasciculus primus*, München |
| Halm (1855) | Halm, Karl [Carolus], 1855, *Über Cicero's Rede pro C. Rabirio Postumo. Eine kritische Abhandlung*, München 621–664 (ABAW 1. Classe, 7. Band, 3. Abteilung) |
| Harrison (2000) | Harrison, Stephen J., 2000, *Apuleius. A Latin sophist*, Oxford et al. |
| Harrison (2001) | Harrison, Stephen J. / John Hilton / Vincent Hunink (edd.), 2001, *Apuleius. Rhetorical Works, translated and annotated,* Oxford |
| Hartung (1831) | Hartung, Johann Adam, 1831, *Ueber die Casus. Ihre Bildung und Bedeutung in der griechischen und lateinischen Sprache,* Erlangen |
| Hartung (1843 / 1844) | Hartung, Johann Adam, 1843 / 1844, *Euripides restitutus sive scriptorum Euripidis ingeniique censura, quam faciens fabulas quae exstant explanavit examinavitque, earum quae interierunt reliquias composuit atque inter-* |

| | |
|---|---|
| | *pretatus est, omnes quo quaeque ordine natae esse videntur disposuit et vitam scriptoris enarravit*, 2 voll., Hamburg |
| Haupt (1841) | Haupt, Moritz [Mauritius], 1841, *Observationes criticae*; rursus impress. in: Moritz Haupt, *Opuscula*, vol. 1, Leipzig 1875 [rursus impress. Hildesheim 1967] |
| Haupt (1869) | Haupt, Moritz [Mauritius], 1869, 'Analecta', *Hermes* 3, 335–346 |
| Havet (1879) | Havet, Louis [Ludovicus], 1879, 'Mélanges critiques', *RPh* 3, 79–90 |
| Havet (1880) | Havet, Louis [Ludovicus], 1880, *De saturnio Latinorum versu. Inest reliquiarum quotquot supersunt sylloge*, Paris |
| Havet (1884) | Havet, Louis [Ludovicus], 1884, 'Les fautes de corrections dans les manuscrits de Nonius', in: *Mélanges Graux. Recueil de travaux d'érudition classique dédié à la mémoire de Charles Graux*, Paris, 803–814 |
| Havet (1891) | Havet, Louis [Ludovicus], 1891, 'Laeviana', *RPh* 15, 6–13 |
| Havet (1897) | Havet, Louis [Ludovicus], 1897, 'Un nouveau fragment tragique', *RPh* 21, 159 |
| Havet (1904) | Havet, Louis, 1904, 'Cicero. Orator 153', *RPh* 28, 219sq. |
| Heinze (1997) | Heinze, Theodor, 1997, 'Die Fragmente der Tragödie Medea', in: Id., *Der XII. Heroidenbrief. Medea an Jason / P. Ovidius Naso*. Einl., Text und Kommentar, New York, 223–252 |
| Hermann (1816) | Hermann, Gottfried [Godofredus], 1816, *Elementa doctrinae metricae*, Leipzig |
| Hermann (1824) | Hermann, Gottfried [Godofredus], 1824, 'Dissertatio de Euripidis Alcestide', in: James Henry Monk, *Euripidis Alcestis*, Leipzig |
| Hermann (1827–1839) | Hermann, Gottfried [Godofredus], 1827–1839, *Opuscula*, 7 voll., Leipzig |
| Hermann (1844) | Hermann, Gottfried [Godofredus], 1844, *Dissertatio De Io. Nic. Madvigii interpretatione quarumdam verbi Latini formarum*, Leipzig |
| Hermann (1852) | Hermann, Gottfried [Godofredus], 1852, *Epitome doctrinae metricae*, Leipzig |

| | |
|---|---|
| Hertz (1862) | Hertz, Martin, 1862, 'A. Gellius und Nonius Marcellus', *NJPhP* 85 / *Jahrbücher für classische Philologie* 8, 779–799 |
| Hertz ([1868] 1886) | Hertz, Martin, 1868, *Ramentorum Gellianorum mantissa*, Progr. acad. Vratislava; rursus impress. in: Martin Hertz, 1886, *Opuscula Gelliana*, Berlin, 42-69 |
| Hertz (1869) | Hertz, Martin, 1869, *Diem natalem regis augustissimi Guilelmi I. die XXII. mensis Martii h. XI. in Aula Leopoldina rite celebrandum mandato Universitatis Litterarum Vratislaviensis indicit Martinus Hertz. Inest de Scaevo Memore poeta tragico commentariolum*, Breslau |
| Heubner (1979) | Heubner, H., 1979, 'Zum Thyestes des L. Varius Rufus', *RhM* 122, 362 |
| Housman (1917) | Housman, Alfred Edward, 1917, 'The Thyestes of Varius', *CQ* 11, 410–414 |
| Hunink (2001) | Hunink, Vincent, 2001, *Apuleius of Madauros. Florida. Edited with a commentary*, Amsterdam |
| Hurka (2008) | Hurka, Florian, 2008, 'Entwicklungslinien in der Liedkomposition der republikanischen Tragödie', in: Luigi Castagna. / Ribolde, Chiara (edd.), *Amicitiae templa serena. Studi in onore di Giuseppe Aricò*, vol. 2, Mailand, 789–811 |
| Innocenti Pierini (1980) | Innocenti Pierini, Rita degl', 1980, *Studi su Accio*, Florenz |
| Ivy (2004) | Ivy, Livingston, 2004, *A linguistic commentary on Livius Andronicus*, New York et al. |
| Jachmann (1916) | Jachmann, Günther, 1916, 'Zur altlateinischen Prosodie', *Glotta* 7, 39–72 |
| Jahn (1867) | Jahn, Otto, 1867, 'Satura', *Hermes* 2, 225–251 |
| Jocelyn (1966) | Jocelyn, Henry David, 1966, 'Cicero, Ad Atticum I,18,1', *CR* 16, 149–150 |
| Klimek-Winter (1993) | Klimek-Winter, Rainer, 1993, *Andromedatragödien. Sophokles, Euripides, Livius Andronicus, Ennius, Accius.* Stuttgart / Leipzig |
| Klotz (1926) | Klotz, Alfred, 1926, 'Ersparung in Schrift und Wort im Lateinischen', *RhM* 75, 98–105 |
| Klotz (1947) | Klotz, Alfred, 1947, 'Zur Verskunst des altrömischen Dramas', *WJA* 2, 301–357 |

Klussmann (1845) Klussmann, Ernst Corn. Chr., 1845, 'Der Achilles des Ennius', *NJPhP Suppl.* 15, 325–328

Klussmann (1846) Klussmann, Ernst Corn. Chr., 1846, 'Einige Verbesserungsvorschläge. Zu Cicero Orator XLV. 152', *NJPhP Suppl.* 12, 134sq.

Klussmann (1848) Klussmann, Ernst Corn. Chr., 1848, 'Zu Livius Andronicus (Aegisth. 2 u. 7 ed. Duentzer, Varro Bimarc. 14, Tanaquil. 1 ed. Oehler)', *NJPhP Suppl.* 14, 477–479

Knapp (1911) Knapp, Charles, 1911, 'Vahlen's Ennius', *AJPh* 32, 1–35

Krauß (1853) Krauß, Joseph, 1853, 'Ueber die iambischen Tetrameter bei Terentius', *RhM* 8, 529 560

Kroll (1934) Kroll, Wilhelm, 1934, 'Der Text des Cornificius', *Philologus* 89, 63-84

Kruschwitz (2002) Kruschwitz, Peter, 2002, *Carmina Saturnia Epigraphica*, Stuttgart

Kruschwitz (2009) Kruschwitz, Peter, 2009, 'Ruminari rehashed. On Livius Andronicus, Aegisthus frg. IV R.2', *MD* 63, 157–164

La Bua (1998) La Bua, Giuseppe, 1998, 'A proposito di TRF inc. inc. 18–19 Ribb.$^3$', *InvLuc* 20, 133–150

Lachmann (1839) Lachmann, Karl, 1839, 'Zu Varro de lingua Latina über pecus und über spondere', *RhM* 119, 106–125

Ladewig (1848) Ladewig, Theodor, 1848, 'Analecta scenica', *Schulprogramm Neustrelitz* 1848, 1–40; rursus impress. in: Ladewig (2001), 199–248

Ladewig (2001) Ladewig, Theodor, 2001, *Schriften zum römischen Drama republikanischer Zeit – Theodor Ladewig*, edd. Ursula Gärtner / Ekkehard Stärk, München / Leipzig

Lallier (1884) Lallier, Roger, 1884, 'Note sur la tragédie de Livius Andronicus intitulée Equos Troianus', in: Graux (1884) 103–109

Lana (1958/59) Lana, Italo, 1958/59, 'L'Atreo di Accio e la leggenda di Atreo e Tieste nel teatro tragico romano', *AAT* 93, 293–385

Lange (1822) Lange [Langius], Friedericus Albertus, 1822, *Vindiciae tragoediae Romanae*, Leipzig

Lange (1851) Lange [Langius], Friedericus Albertus, 1851, *Quaestiones metricae*, Bonn

| | |
|---|---|
| Lanowski (1961) | Lanowski, Jerzy, 1961, 'Histoire des fragments des tragédies de Livius Andronicus', *Eos* 51, 65–77 |
| La Penna (1970/71) | La Penna, Antonio, 1970/71, 'Cassio Parmense nella storia del teatro latino', *SCO* 19–20, 286–292 |
| Lapini (1996) | Lapini, Walter, 1996, 'Un verso latino in forma di 'rebus' (TRF 238) nella Retorica ad Erennio III 34', *Maia* 48, 157–169 |
| Lattanzi (1994) | Lattanzi, Luca, 1994,'Il Lucurgus di Nevio', *Aevum* 7, 191–265 |
| La Ville (1903) | La Ville de Mirmont, Henri de, 1903, *Études sur l'ancienne poésie latine*, Paris, 5–201 |
| Lawicki (1852) | Lawicki, Jospeh, 1852, *De fraude Pauli Merulae Enninanorum annalium editoris*, Bonn |
| Lee (2005) | Lee, Benjamin Todd, 2005, *Apuleius' Florida. A commentary*, Berlin et al. |
| Lefèvre (1976) | Lefèvre, Eckard, 1976, *Der Thyestes des Lucius Varius Rufus. Zehn Überlegungen zu seiner Rekonstruktion*, Mainz (AAWM 9) |
| Lefèvre (2000) | Lefèvre, Eckard, 2000, 'Aitiologisch-politische Implikationen in Naevius' Danae', in: Manuwald (2000), 175–184 |
| Lenchantin de Gubernatis (1913) | Lenchantin de Gubernatis, Massimo, 1913, 'Appunti sull'ellenismo nella poesia arcaica latina', *AAT* 63, 389/1–456/68 |
| Lennartz (1994) | Lennartz, Klaus, 1994, *Non verba, sed vim. Kritisch-exegetische Untersuchungen zu den Fragmenten archaischer römischer Tragiker*, Stuttgart |
| Leo (1885) | Leo, Friedrich, 1885, 'Ein Kapitel plautinischer Metrik', *RhM* 40, 161–203 |
| Leo (1905) | Leo, Friedrich, 1905, *Der Saturnische Vers*, Göttingen (AGWG N. F. 8,5) |
| Leo ([1910] 1960) | Leo, Friedrich, 1910, 'De tragoedia Romana, Ad praemiorum ... renuntiationem', Göttingen, 3–22; rursus impress. in: Friedrich Leo, *Ausgewählte Kleine Schriften. Herausgegeben und eingeleitet von Eduard Fraenkel. Erster Band. Zur römischen Literatur des Zeitalters der Republik*, Rom 1960, 191–212 |

| | |
|---|---|
| Leo (1912) | Leo, Friedrich, $^{2}$1912 , *Plautinische Forschungen. Zur Kritik und Geschichte der Komödie*, Berlin [ed. ster.: Darmstadt 1966; Dublin 1973; Saarbrücken 2007; $^{1}$1895] |
| Leo (1913) | Leo, Friedrich, 1913, *Geschichte der römischen Literatur. Erster Band. Die archaische Literatur*, Berlin [ed. ster.: Berlin 1958; Darmstadt 1967; Göttingen 1999] |
| Leuze (1911) | Leuze, Oskar, 1911, 'Das synchronistische Kapitel des Gellius', *RhM* 66, 237–274 |
| Lindsay (1891) | Lindsay, Wallace M., 1891, 'Notes on Festus and Nonius', *CR* 5, 9–11 |
| Lindsay (1901) | Lindsay, Wallace M., 1901, *Nonius Marcellus' dictionary of republican Latin* [ed. ster.: Hildesheim 1965] |
| Lindsay (1902) | Lindsay, Wallace M., 1902, 'The Emendation of the Text of Nonius', *CR* 16, 46–52 |
| Lindsay (1922) | Lindsay, Wallace M., 1922, *Early Latin verse*, Oxford |
| Lindsay (1922a) | Lindsay, Wallace M., 1922, 'Varius' Thyestes', *CQ* 16, 180 |
| Lipsius (1585 / 1600) | Lipsius, Iustus, 1600, *Opera omnia quae ad criticam propris spectant, iam noviter ab ipso aucta, correcta, digesta*, Antwerpen [$^{1}$1585] |
| Lo-Cascio (1892) | Lo-Cascio, Santi, 1892, 'L'influenza ellenica nell'origine della poesia latina', *RFIC* 20, 41–124 |
| Loewenstein Drabkin (1937) | Loewenstein Drabkin, Norma, 1937, *The Medea exul of Ennius*, Genf / New York |
| Luchs (1873) | Luchs, Augustus, 1873, 'Quaestiones metricae', in: Studemund I.1 (1873.), 1–75 |
| Madvig (1871 / 1873 / 1884) | Madvig, Io. Nic., 1871 / 1873 / 1884, *Adversaria critica ad scriptores groecos et latinos*, 3 voll., Kopenhagen [ed. ster.: Hildesheim 1967] |
| Mähly (1857 / 1861) | Mähly, Jakob Achilles, 1857 / 1861, 'Zu den Fragmenten der lateinischen Tragiker', *NJPhP* 75, 286–288, *NJPhP* 83, 139–143 |
| Manuwald (2000) | Manuwald, Gesine (ed.), 2000, *Identität und Alterität in der frührömischen Tragödie*, Würzburg |
| Manuwald (2001) | Manuwald, Gesine, 2001, *Fabulae praetextae. Spuren einer literarischen Gattung der Römer*, München |

| | |
|---|---|
| Manuwald (2001 [2004]) | Manuwald, Gesine, 2001 [2004], 'Römische Tragödien und Praetexten republikanischer Zeit: 1964–2002', *Lustrum* 43, 11–237 |
| Manuwald (2001a) | Manuwald, Gesine, 2001, 'Der Dichter Curiatius Maternus in Tacitus' Dialogus de oratoribus', *GFA* 4, 1–20 |
| Manuwald (2003) | Manuwald, Gesine, 2003, *Pacuvius summus tragicus poeta. Zum dramatischen Profil seiner Tragödien*, München / Leipzig |
| Marconi (1963) | Marconi, Giampietro, 1963, 'Sull'attribuzione a Levio di quattro versi dell' Ino', *RCCM* 5, 131–145 |
| Margherita (1986) | Margherita, M., 1986, 'Il frammento 4 Swoboda di Nigidio Figulo', *RCCM* 28, 161–164 |
| Mariotti (1950) | Mariotti, Scevola, 1950, 'Adversaria philologa 1', *SIFC* 24, 85–89 |
| Mariotti (1950a) | Mariotti, Scevola, 1950, *Contributi al testo dei frammenti scenici di Nevio*, StudUrb. (B) 24, 174–190; rursus impress. in: Scevola Mariotti, 1955, *Il Bellum Poenicum e l'arte di Nevio. Saggio con edizione dei frammenti del Bellum Poenicum*, Rom, 127–144 [ed. ster.: 1966, ed. recognita: Rom 1970] |
| Mariotti (1951) | Mariotti, Scevola, 1951, *Fuga pedibus*, StudUrb. (Ser. B) 25 |
| Mariotti (1952 / 1986) | Mariotti, Scevola, 1952, *Livio Andronico e la traduzione artistica*, Mailand [$^{2}$1986] |
| Mariotti (1974) | Mariotti, Scevola, 1974, 'Una similitudine omerica nel Lycurgus di Nevio', in: *Poesia latina in frammenti. Miscellanea Filologica*, Genua, 29–34 |
| Mariotti (1991) | Mariotti, Italo, 1991, 'Verruca *locus editus*', in: *Studi di filologia classica in onore di Giusto Monaco*, vol. 2, Palermo, 581–585 |
| Mariotti (1998) | Mariotti, Scevola, 1998, 'Trag. Rom. inc. 61–63 R.$^{3}$', *RFIC* 126, 412sq.; rursus impress. in: Scevola Mariotti, *Scritti di filologia classica*, Rom 2000, 72sq. |
| Mattiacci (1994) | Mattiacci, Silvia, 1994, 'Note sulla fortuna di Accio in Apuleio', *Prometheus* 20, 53–68 |
| Mayer (1975) | Mayer, Marcos, 1975, 'Sobre el fragmento 4 ed. Swoboda de Publio Nigidio Figulo', *CFC* 9, 319–328 |

| | |
|---|---|
| McHugh (1970) | McHugh, Michael, 1970, 'Recensio ad: H.D. Jocelyn, The tragedies of Ennius, Cambridge 1967', *CF* 24, 267–271 |
| Mesk (1923) | Mesk, Josef, 1923, *Phil. Woch.* (1923) 144 |
| Mette (1964) | Mette, Hans Joachim, 1964, 'Die römische Tragödie und die Neufunde zur griechischen Tragödie (insbesondere für die Jahre 1945–1964)', *Lustrum* 9, 5–211 |
| Middleton Odgers (1928) | Middleton Odgers, 1928, *Latin 'parens'. Its meanings and uses*, diss. Philadelphia |
| Mommsen (1861) | Mommsen, Theodor, 1861, 'Litterarhistorisches. Mamilius Sura, Aemilius Sura, L. Manlius', *RhM* 16, 282–287 |
| Mommsen ([1865] 1909) | Mommsen, Theodor, 1865, 'Festi codicis quaternium decimum sextum denuo edidit Th. Mommsen', in: *Philologische und historische Abhandlungen der Kgl. Akad. d. Wiss. zu Berlin*, Berlin, 57–86; rursus impress. in: *Gesammelte Schriften von Theodor Mommsen. Siebenter Band. Philologische Schriften von Theodor Mommsen*, Berlin 1909, 269–279 (prolegomena) [ed. ster.: Berlin / Zürich 1965] |
| Morelli (1974) | Morelli, Giuseppe, 1974, 'Il modello greco della Danae di Nevio', in: *Poesia latina in frammenti. Miscellanea Filologica*, Genua, 85–101 |
| Morelli (1990) | Morelli, Giuseppe, 1990, 'La 'Penthesilea' di un ignoto tragediografo latino', *QCTC* 8, 63–70 |
| Mueller (1869) | Mueller, C.F.W., 1869, *Plautinische Prosodie*, Berlin |
| L. Mueller (1861 / 1894) | Mueller, Lucian, $^{1}$1861 / $^{2}$1894, *De re metrica poetarum Latinorum praeter Plautum et Terentium libri septem. Accedunt eiusdem auctoris opuscula IV*, St. Petersburg / Leipzig [ed. ster. ad ed. 1894: Hildesheim 1967] |
| L. Mueller (1866) | Mueller, Lucian, 1866, 'Sammelsurien', *NJPhP* 93, 555–568 |
| L. Mueller (1867) | Mueller, Lucian, 1867, 'Sammelsurien', *NJPhP* 95, 483–512 |
| L. Mueller (1868) | Mueller, Lucian, 1868, 'Sammelsurien', *NJPhP* 97, 417–440 |
| L. Mueller (1869) | Mueller, Lucian, 1869, 'Der Dichter Sueius', *RhM* 24, 553–557 |

| | |
|---|---|
| L. Mueller (1889) | Mueller, Lucian, 1889, *De Pacuvii fabulis disputatio*, Berlin |
| L. Mueller (1893) | Mueller, Lucian, 1893, 'Zum Thyestes des Varius', *BPhW* 13, 738sq. |
| O. Mueller (1876) | Mueller, Otto, 1876, 'Drei neue Fragmente', *Hermes* 10, 117–119 |
| Mugellesi Christillin (1979) | Mugellesi Christillin, R., 1979, 'In margine al mito di Atreo e Tieste. Accio Atreus fr. X $R^2$', *RCCM* 20, 1045–1053 |
| Munk (1840) | Munk, Eduard, 1840, *De fabulis Atellanis*, Leipzig |
| Muretus (1559) | Muretus, Marcus Antonius, 1559, *Variarum lectionum libri XV*, Venedig; Id., 1600, *libri XVI–XIX*, Augustae Vindelicorum<br>[rursus impress. Antwerpen 1586, per Christopherum Plantinum = Opera omnia, tom. II, 1789, Leiden, 3–500] |
| Naeke (1833) | Naeke, August Ferdinand, 1833, 'Miscella critica. Poeta apud Charisium. De aliis quibusdam Grammaticorum Latinorum locis', *RhM* 1, 486–495 |
| Naeke (1842) | *Augusti Ferdinandi Naekii opuscula philologica*, ed. Friedrich Gottlieb Welcker, Bonn 1842 |
| Nettleship (1893) | Nettleship, Henry, 1893, 'Scaliger's unpublished emendations in Nonius (*continued*)', *Journal of Philology* 22:43, 74–83 |
| Nettleship (1896) | Nettleship, Henry, 1896, 'Notes on Nonius', *JPh* 24, 212–245 |
| Oltramare (1926) | Oltramare, André, 1926, *Les origines de la diatribe Romaine*, Lausanne |
| Onions (1882) | Onions, J.H., 1882, 'Notes on Nonius (ed. Quicherat)', *The Journal of Philology* 11, 79–98 |
| Osann (1816) | Osann [Osannus], Friedrich G., 1816, *Analecta critica poesis Romanorum scaenicae reliquias illustrantia*, scripsit F.O. Vimariensis. Insunt Plauti fragmenta ab Angelo Maio in codice Ambrosiano nuper reperta, Berlin |
| Osann (1836) | Osann [Osannus], Friedrich G., 1836, 'recensio ad Duentzer, Henricus, 1835', *Zeitschrift für die Alterthumswissenschaft* 3, 954–983 |
| Osann (1837) | Osann [Osannus], Friedrich G., 1837, *Ephemeris*, Darmstadt |

Pascal (1934) — Pascal, C., 1934, *Scelta di frammenti dei poeti latini dell'età repubblicana*, Väris 1934

Pelosi (1988) — Pelosi, Teresa, 1988, 'Il fr. inc. inc. fab. 210 Ribb.2 e l'Ifigenia di Ennio', *A&R* 33, 147–157

Perna (1987) — Perna, Raffaele, 1987, *Livio Andronico. Poeta di Puglia*, Bari

Perna (2002) — Perna, Raffaele, 2002, *Poeti latini di Puglia* (*Livio Andronico, Orazio*) *e altri scritti, a cura di Amelia Conte e Luigi Piacente*, Bari

Pierius (1521) — Pierius, Valerianus Ioannes [Giovan Pietro Pierio Valeriano], 1521, *Castigationes et varietates virgilianae lectionis*, Rom (apud Ant. Blades Asulanum)

Plasberg (1900) — Plasberg, Otto, 1900, 'Vindiciae Tullianae', in: *Festschrift Iohannes Vahlen*, Berlin, 219–247

Pociña (1974) — Pociña Pérez, Andres, 1974, 'Tragediógrafos latinos menores en el periodo de la república', *EClás* 18, 83–102

Pociña (1987) — Pociña Pérez, Andres, 1987, 'La tragedia Bacchae de Lucio Acio', in: Pedro Bádenas de la Peña et al. (edd.), *Athlon. Satura grammatica in honorem F. R. Adrados*, vol. 2, Madrid, 713–726

Porson (1815) — *Tracts and miscellaneous criticisms of the late Richard Porson*, ed. Thomas Kidd, London 1815

Puccioni (1974) — Puccioni, Giulio, 1974, 'Note ai frammenti di Accio 581–84 Kl., Lucilio 18 M. e Trag. inc. 61–63 Kl.', in: *Poesia latina in frammenti. Miscellanea Filologica*, Genua, 305–113

Ribbeck (1849) — Ribbeck, Otto, 1849, *In tragicos Romanorum poetas coniectanea. Specimen I. Dissertatio inauguralis quam consensu et auctoritate amplissimi philosophorum ordinis in Alma Litterarum Universitate Friderica Guilelma ad summos in philosophia honores rite capessendos die XXV. M. Maji A. MDCCCXLIX H. L. Q. S. publice defendet auctor Otto Ribbeck*, Berlin

Ribbeck (1852) — Ribbeck, Otto, 1852, 'Quaestionum scaenicarum mantissa', in: Ri.$_1$, 241–356, cum 438–442: *Index locorum incerti nominis qui in Quaestionibus scaenicis tanguntur*

Ribbeck (1869) — Ribbeck, Otto, 1869, *Beiträge zur Lehre von den lateinischen Partikeln. Zur Begrüssung der 27. Versammlung dt. Philologen u. Schulmänner in Kiel*, Leipzig

| | |
|---|---|
| Ribbeck (1875) | Ribbeck, Otto, 1875, *Die römische Tragödie im Zeitalter der Republik*, Leipzig [rursus impress. cum praefatione a W.-H. Friedrich conscripta, Hildesheim 1968] |
| Ribbeck (1875a) | Ribbeck, Otto, 1875, 'Ovid's Medea', *RhM* 30, 626sq. |
| Richter (1873) | Richter, Paulus, 1873, 'De usu particularum exclamativarum apud priscos scriptores Latinos', in: Studemund II (1891), 387–642 |
| Ritschl (1845) | Ritschl, Friedrich, 1845, *Parerga zu Plautus und Terenz*, vol. 1, Leipzig |
| Ritschl (1849) | Ritschl, Friedrich, 1849, 'Prolegomena de rationibus criticis, grammaticis, prosodiacis metricis emendationis Plautinae', in: Id., *T. Macci Plauti comoediae*, I–CCCXLVI |
| Ritschl (1850) | Ritschl, Friedrich, 1850, 'Plautinische Excurse', *RhM* 7, 555–612 |
| Ritschl (1853) | Ritschl, Friedrich, 1853, 'Plautinische Excurse', *RhM* 8, 150–159 |
| Ritschl (1857) | Ritschl, Friedrich, 1857, 'Plautinische Excurse', *RhM* 12, 99–115 |
| Ritschl (1866–1879) | Ritschl, Friedrich, 1866–1879, *Opuscula philologica*, 5 voll., Leipzig |
| Ritschl (1870) | Ritschl, Friedrich, 1870, 'cubi = ubi und Verwandtes', *RhM* 25, 306–312 |
| Rosellini (1996) | Rosellini, Michela, 1996, 'Fortuna e sfortune di Accio negli anni novanta', *RFIC* 124, 110–124 |
| Rostagni (1916) | Rostagni, Augusto, 1916, 'Equos Troianus sive de vetere Romanorum fabula ex hellenisticis expressa', *RFIC* 44, 379–397; rursus impress. in: Augusto Rostagni, *Scritti minori*, vol. 2.2, *Romana*, Turin 1956, 3–22 |
| Rostius (1836) | Rostius, Fred. Guil. Ehrenf., 1836, *Opuscula Plautina. Post auctoris mortem edidit. Carol. Henric. Adelb. Lipsius. Vol. I: continens commentationes Plautinas*, Leipzig |
| Rowell (1947) | Rowell, Henry T., 1947, 'The original form of Naevius' Bellum Punicum', *AJPh* 68, 21–26 |
| Rutgers (1618) | Rutgers, Ianus [Rutgersius], 1618, *Variarum lectionum libri sex. Ad Gustavum II. Suecorum &c. Regem*, Leiden |

| | |
|---|---|
| Rutgers (1699) | Rutgers, Ianus [Rutgersius], 1699, *Q. Horatius Flaccus. Accendunt Iani Rutgersii lectiones Venusinae*, Utrecht |
| Salanitro (1980/81) | Salanitro, Maria, 1980/81, 'Osservazioni sulla tradizione 'noniana' di Varrone Menippeo', *Helikon* 20–21, 309–328 |
| Sanford (1922/23) | Sanford, Eva Matthews, 1922/23, 'The tragedies of Livius Andronicus', *CJ* 18, 274–285 |
| Sauppe ([1867/68] 1896) | Sauppe, Hermann, 1867/68, 'Tulliana', in: Hermann Sauppe, *Ausgewählte Schriften*, Berlin 1896, 526–538 |
| Scaliger (1565) | Scaliger, Ioseph, 1565, *Coniectanea in M. Terentium Varronem De lingua Latina*, Paris (per Rob. Stephanum) |
| Scaliger (1597) | Scaliger, Ioseph J. [Pseudonym.: Yvo Villiomarus Aremoricus], 1597, *In locos controversos Roberti Titii animadversorum liber*, cur. Hieronymus Commelinus, Heidelberg |
| Schauer (2002) | Schauer, Markus, 2002, *Tragisches Klagen. Form und Funktion der Klagedarstellung bei Aischylos, Sophokles und Euripides*, Tübingen |
| Schenkl (1894) | Schenkl, Karl, 1894, 'Zu Terentianus Maurus 1931ff.', *WS* 16, 159sq. |
| Schierl (2006) | Schierl, Petra, 2006, *Die Tragödien des Pacuvius. Ein Kommentar zu den Fragmenten mit Einleitung, Text und Übersetzung*, Berlin / New York |
| Schindel (2000) | Schindel, Ulrich, 2000, 'Verruca und die römische Tragödie', in: Ekkehard Stärk / Gregor Vogt-Spira (edd.), *Dramatische Wäldchen. Festschrift für Eckard Lefèvre zum 65. Geburtstag*, Hildesheim, 165–171 |
| Schmidt (1861) | Schmidt, Bernhard, 1861, 'Zur römischen Tragödie', *RhM* 16, 586–600 |
| Schminck (1717) | Schminck, Joh. Hm, 1717, *Syntagma Criticum variorum auctorum*, Marburg |
| Schmitzer (2003) | Schmitzer, Ulrich, 2003, 'Video meliora proboque, deteriora sequor. Ovid und seine Medea', in: Rolf Kussl, *Spurensuche*, München, 21–47 |
| Schneidewin (1842) | Schneidewin, F.W., 1842, 'Der Thyestes des L. Varius Rufus', *RhM* 1, 106–112 |
| Schopen (1847) | Schopen, Ludwig, 1847, *Carmina Valerii Catonis. Cum Augusti Ferdinandi Naekii annotationibus*, Bonn |

| | |
|---|---|
| Schroeder (1873) | Schroeder, Johannes, 1873, 'De fragmentis Amphitruonis Plautinae', in: Studemund II (1891) 1–46 |
| Sittl (1884) | Sittl, Karl, 1884, 'De linguae Latinae verbis incohativis', in: *Archiv für lateinische Lexikographie und Grammatik*, vol. 1, Leipzig, 465–532 |
| Skutsch (1892) | Skutsch, Franz, 1892, *Plautinisches und Romanisches. Studien zur plautinischen Prosodie*, Leipzig (Forschungen zur lateinischen Grammatik und Metrik, Erster Band) [ed. ster.: Darmstadt ²1970] |
| Skutsch (1906) | Skutsch, Franz, 1906, 'Zu Ennius' Iphigenia', *RhM* 61, 605–619 (= Id., 1914, 296–309) |
| Skutsch (1914) | Skutsch, Franz, 1914, *Kleine Schriften*, ed. Wilhelm Kroll, Leipzig / Berlin |
| Skutsch (1951) | Skutsch, Otto, 1951, 'Two notes on Naevius', *CR* N.S. 1, 146sq. |
| Skutsch (1954) | Skutsch, Otto, 1954, 'recensio ad Alfredum Klotz, Tragicorum Fragmenta, München', *Gnomon* 26, 465–470 |
| Skutsch (1956) | Skutsch, Otto, 1956, 'Zur Medea des Ennius', in: *Navicula Chiloniensis. Studia philologica F. Jacoby professori Chiloniensi emerito octogenario oblata*, Leiden |
| Skutsch (1967) | Skutsch, Otto, 1967, 'Notes on Ennian tragedy', *HSPh* 71, 125–142 |
| Snell (1937) | Snell, Bruno, 1937, *Euripides Alexandros und andere Strassburger Papyri mit Fragmenten griechischer Dichter*, Berlin (Hermes Einzelschriften 5) |
| Solmsen (1894) | Solmsen, Felix, 1894, *Studien zur lateinischen Lautgeschichte*, Straßburg |
| Soubiran (1984) | Soubiran, Jean, 1984, 'Les débuts du trimètre tragique à Rome, I. Le fragment de l'Athamas d'Ennius', *Pallas* 31, 83–96 |
| Spaltenstein (2008) | Spaltenstein, François, 2008, *Commentaire des fragments dramatiques de Livius Andronicus*, Bruxelles (Collection Latomus vol. 318) |
| Spengel (1864) | Spengel, Leonhard, 1864, 'Zu den Rhetores Latini. Aus dem Nachlasse von Johann Fröhlich', *NJPhP* 89, 201–211 |
| Spengel (1882) | Spengel, Andreas, 1882, *Reformvorschläge zur Metrik der lyrischen Versarten bei Plautus und den übrigen* |

*lateinischen Scenikern*, Berlin

Spengel (1895) Spengel, Andreas, 1895, 'Zu den Tuskulanen des Cicero', *Blätter für das bayerische Gymnasialwesen* 31, 410–414

Spengel (1899) Spengel, Andreas, 1899, 'Zu den Fragmenten der lateinischen Tragiker', *Blätter für das bayerische Gymnasialwesen* 38, 385–416

Stackmann (1950) Stackmann, Karl, 1950, 'Senecas Agamemnon', *C & M* 11, 180–222

Stangl (1882) Stangl, Thomas, 1882, *Blätter für das bayerische Gymnasialwesen* 18, 248

Stangl (1888) Stangl, Thomas, 1888, *Programm des K. Luitpold-Gymnasiums in München*

Stieglitz (1826) Stieglitz, Heinrich Wilhelm August, 1826, *De M. Pacuvii Duloreste*, Leipzig

Strauss (1887) Strauss, Friedrich, 1887, *De ratione inter Senecam et antiquas fabulas Romanas intercedente*, Rostock

Ströbel (1890) Ströbel, Ed., 1890, 'Die Tusculanen im cod. Vaticanus 3246', *Philologus* 49, 49–64

Strzelecki (1947) Strzelecki, Wladyslaw [Ladislaus], 1947, 'Meletematon tragicorum specimen', *Eos* 42.1, 24–49

Strzelecki (1948/49) Strzelecki, Wladyslaw [Ladislaus], 1948/49, 'Coniectanea scaenica', *Eos* 43.1, 147–166

Strzelecki (1951) Strzelecki, Wladyslaw [Ladislaus], 1951, in: *Enniana. Charisteria Thaddaeo Sinko ab amicis collegis discipulis oblata*, Varsaviae Societas Philologa Polonorum, 339–347

Strzelecki (1952) Strzelecki, Wladyslaw [Ladislaus], 1952, 'De re metrica tragicorum Romanorum quaestiones', in: *Tragica I*, WrocBaw (Prace WrocBawskiego towarzystwa naukowego / Travaux de la Société des Sciences et des Lettres de WrocBaw, Seria A. Nr XLI), 41–66

Strzelecki (1952/53) Strzelecki, Wladyslaw [Ladislaus], 1952/53, 'Quaestiones tragicae', *Eos* 46, 107–119

Strzelecki (1954) Strzelecki, Wladyslaw [Ladislaus], 1954, 'De septenariis anapaesticis', in: Bronislaus BiliAski / Georgius Krókowski / Victor Steffen / Ladislaus Strzelecki / Ludovica Rychlewska, *Tragica II*, WrocBaw (Prace WrocBawskiego towarzystwa naukowego / Travaux de la Société des Sciences et des Lettres de WrocBaw, Seria A. Nr 54), 87–103

Strzelecki (1957/58) — Strzelecki, Wladyslaw [Ladislaus], 1957/58, 'recensio ad Alfred Klotz, Tragicorum Fragmenta, München 1953', *Eos* 49, 186–194

Strzelecki (1965) — Strzelecki, Wladyslaw [Ladislaus], 1965, 'Disquisitionum criticarum specimen', in: Johannes Irmscher / Bruno Doer / Reimar Müller / Ursula Peters (Mitglieder der Redaktion der Bibliotheca Teubneriana, edd.), *Miscellanea critica. Teil II. Aus Anlaß des 150jährigen Bestehens der Verlagsgesellschaft und des Graphischen Betriebes B. G. Teubner, Leipzig*, Leipzig, 337–342

Studemund (1873 / 1891) — Studemund, Wilhelm, 1873 / 1891, *Studien auf dem Gebiete des Archaischen Lateins*, 2 voll., Berlin [rursus impress. addito tertio Register volumino Hildesheim / New York 1972]

Studemund (1876) — Studemund, Wilhelm, 1876, 'Recensio de dissertatione: F. Schmidt, Quaestiones de pronominum demonstrativorum formis Plautinis', *NJPhP* 113, 57–76

Studi Noniani (1967–1997) — Bertini, Ferruccio / Barabino, Giuseppina (edd.), 1967–1997, *Studi Noniani*, 15 voll., Genua

Suerbaum (1968) — Suerbaum, Werner, 1968, *Untersuchungen zur Selbstdarstellung älterer römischer Dichter. Livius Andronicus, Naevius, Ennius*, Hildesheim

Suerbaum (2000) — Suerbaum, Werner, 2000, 'Religiöse Identitäts- und Alteritätsangebote im Equos Troianus und im Lycurgus des Naevius', in: Manuwald (2000), 185–198

Suerbaum (2002) — Suerbaum, Werner (ed.), 2002, *Handbuch der lateinischen Literatur der Antike. Erster Band. Die archaische Literatur. Von den Anfängen bis Sullas Tod. Die vorliterarische Periode und die Zeit von 240–78 v. Chr.* (*HLL 1*), München (HbdA VIII.1)

Suerbaum (2003) — Suerbaum, Werner, 2003, *Ennius in der Forschung des 20. Jahrhunderts. Eine kommentierte Bibliographie für 1900–1999 mit systematischen Hinweisen nebst einer Kurzdarstellung des Q. Ennius (239–169 v. Chr.)*, Hildesheim / Zürich / New York (Bibliographien zur Klassischen Philologie 1)

| | |
|---|---|
| Tandoi (1984) | Tandoi, Vincenzo, 1984, 'Accio e il complesso de Filottete lemnio in Cicerone verso il 60 a. C.', *Ciceroniana* N.S. 5, Rom, 123–160 |
| Terzaghi (1925) | Terzaghi, Nicola, 1925, 'Studi sull' antica poesia latina. Due tragedie di Livio Andronico, 1, Equos Troianus, 2, Aegisthus', *AAT* 60, 660–674; rursus impress. in: *Studia Graeca et Latina* (1901–1956), Turin 1963, 685–700 |
| Terzaghi (1925a) | Terzaghi, Nicola, 1925, 'Noterelle Enniane', *BFC* 22, 15–17 |
| Timpanaro (1950) | Timpanaro, Sebastiano, 1950, 'Romae regnare quadratae', *Maia* 3, 26–32 |
| Timpanaro (1968) | Timpanaro, Sebastiano, 1968, 'Recensio ad: H.D. Jocelyn, The tragedies of Ennius, Cambridge 1967', *Gnomon* 40, 666–671 |
| Timpanaro (1996) | Timpanaro, Sebastiano, 1996, 'Dall'Alexandros di Euripide all'Alexander di Ennio', *RFIC* 124, 5–70 |
| Tolkiehn (1896) | Tolkiehn, Johannes, 1896, 'Zu Livius Andronicus', *JKPh* 153, 861sq. |
| Traglia (1961) | Traglia, Antonio, 1961, 'Praeneoterica', *SCO* 10, 80–88 |
| Traglia (1980) | Traglia, Antonio, 1980, 'Problemi di letteratura latina arcaica, III. Quinto Ennio', *C&S* 19, 60–70 |
| Traina (1964) | Traina, Alfonso, 1964, 'Pathos ed ethos nelle traduzioni tragiche di Ennio', *Maia* 16, 112–142. 276–277 |
| Turnebus (1604) | Adriani Turnebi, 1604, *Adversariorum libri XXX. In quibus variorum auctorum loca intricata explicantur, obscura dilucidantur, & vitiosa restituuntur. Opus perquam utile ac necessarium ad infinitos pene nodos in humanioribus literis solvendos. Addita Indices tres copiosissimi, unus rerum & verborum Latinorum, alter Graecorum, tertius auctorum qui corriguntur aut explanantur*, Orléans (excudebat Petrus Quercetanus) |
| Vahlen (1877) | Vahlen, Ioannes, 1877, 'Varia', *Hermes* 12, 193 |
| Vahlen (1882) | Vahlen, Ioannes, 1882, 'Varia', *Hermes* 17, 595–622 |
| Vahlen (1907 / 1908) | Vahlen, Ioannes, 1907 / 1908, *Opuscula Academica. Iohannis Vahleni Professoris Berolinensis Opuscula Academica. Pars Prior. Prooemia indicibus lectionum praemissa I–XXXIII ab a. MDCCCLXXV ad a. MDCCCLXXXXI*, Leipzig 1907; *Pars posterior: Prooemia indicibus lectionum praemissa XXXIV – LXIII. Ab* |

*a. MDCCCLXXXXII ad a. MDCCCCVI*, Leipzig 1908

Verdière (1971) — Verdière, Raoul, 1971, 'Naissance et progéniture d'un vers d'Ennius', *LEC* 39, 334–337

Vossius (1620) — Vossius, Gerardus Ioannes [Voß / Vos, Gerhard Johannes; Voss, Gerrit J.], 1620, *In fragmenta L. Livii Andronici, Q. Ennii, C. Nævii, M. Pacuvii, & L. Attii, Castigationes & Notæ*, in: Scriverius, Petrus, *Collectanea Veterum Tragicorum, L. Livii Andronici, Q. Ennii, Cn. Nævii, M. Pacvvii, L. Attii, aliorumque fragmenta; Et circa ipsa Notæ breves. Qvibus accedunt singulari libello Castigationes & Notæ uberiores Gerardi Ioannis Vossii*, Leiden (apud Iohannem Maire)

Vossius (1635) — Vossius, Gerardus Ioannes [Voß / Vos, Gerhard Johannes; Voss, Gerrit J.], 1635, *De arte grammatica libri septem*, Amsterdam

Wardle (2006) — Wardle, David, 2006, *Cicero on Divination. De Divinatione, Book 1, translated with introduction and historical commentary by D. Wardle*, Oxford

Waszink (1972) — Waszink, Jan Hendrik, 1972, 'Zum Anfangsstadium der römischen Literatur', *ANRW* I 2, 869–927

Watt (1998) — Watt, William S., 1998, 'Fragmentary Latin poets', *BICS* 42, 157sq.

Weichert (1836) — Weichert, August, 1836, *De Lucii Varii et Cassii Parmensis vita et carminibus*, Grimma

Weil (1885) — Weil, Henri, 1885, 'Latina et Graeca varia', *RPh* 9, 103–105

Welcker (1826) — Welcker, Friedrich Gottlieb, 1826, *Nachtrag zu der Schrift über die Aeschylische Trilogie, nebst einer Abhandlung über das Satyrspiel*, Frankfurt a.M.

Welcker (1839–1841) — Welcker, Friedrich Gottlieb, 1839–1841, *Die Griechischen Tragödien mit Rücksicht auf den epischen Cyclus*, 3 voll., Bonn (RhM Suppl. 2,1–3)

Wentzel (1881) — Wentzel, Hermann, 1881, 'De Juba metrico, Programm Kgl. kath. Gymnasium', in: *Schulschriften aus der Provinz Schlesien*, Oppeln

Wesenberg (1841 / 1843 / 1844) — Wesenberg, Albert Sadolin, 1841 / 1843 / 1844, *Emendationes M. Tullii Ciceronis Tusculanarum disputationum*, 3 voll., Viborg

| | |
|---|---|
| Wesenberg (1873) | Wesenberg, Albert Sadolin, 1873, *Emendationes alterae sive annotationes criticae ad Ciceronis epistularum editionem*, Leipzig |
| Wilamowitz (1875) | Wilamowitz-Moellendorff, Ulrich von, 1875, *Analecta Euripidea*, Berlin |
| Wilamowitz (1899) | Wilamowitz-Moellendorff, Ulrich von, 1899, 'Lesefrüchte', *Hermes* 34, 203–230 |
| Wimmel (1983) | Wimmel, Walter, 1983, 'Der Augusteer Lucius Varius Rufus', in: ANRW II, vol. 30.3, 1562–1621 |
| Wistrand (1946) | Wistrand, Erik, 1946, *Nach innen oder nach außen. Zum geographischen Sprachgebrauch der Römer*, Göteborg |
| Wolf (1829) | Wolf, Friedrich August, 1829, *Vorlesungen über die Tusculanen*, in: Orelli (1829) 324–442 (vid. bibl. 6.2.4.4a) |
| Zillinger (1911) | Zillinger, Wilhelm, 1911, *Cicero und die altrömischen Dichter*, Würzburg |

# 6.3 Conspectus metrorum

## 6.3.1 Metra secundum fragmenta disposita

### 6.3.1.1 Livius Andronicus

| | |
|---|---|
| *Achilles* | |
| F 1 | $tr^7$ |
| *Aeghistus* | |
| F 2 | $ia^6$ |
| F 3 | $ia^6$ |
| F 4 | $ia^6$ |
| F 5 | $ia^6$ |
| F 6 | $ia^6$ |
| F 7 | $ia^6$ |
| F 8 | $ia^6$ |
| F 9 | $ia^6$ |
| *Aiax Mastigophorus* | |
| F 10 | $ia^6$ |
| F 11 | ? |
| *Andromeda* | |
| F 12 | $tr^7$ |
| *Danae* | |
| F 13 | $tr^7$ |
| *Equus Troianus* | |
| F 14 | $tr^3$ cat. vel $cr^2$, $cr^2$, $tr^3$ cat. |
| *Hermiona* | |
| F 15 | $tr^7$ |
| *Ino* | |
| F 16 | $da^6$ |
| *Tereus* | |
| F 17 | $tr^7$ |
| F 18 | ? |
| F 19 | ? |
| F 20 | ? |
| Incerta | |
| F 21 | $ia^6$ |
| F 22 | ? |
| F 23 | $ia^6$ |
| F 24 | ? |
| F 25 | ? |
| F 26 | $ia^6$ |
| F 27 | $ia^6$ |
| F 28 | $ia^6$ |
| F 29 | $tr^7$ |
| F 30 | $ia^6$ |
| F 31 | ? |
| F 32 | $ia^6$ |

## 6.3.1.2 Cn. Naevius

*Andromacha*

| | |
|---|---|
| F 1 | ia$^{6}$ |

*Danae*

| | |
|---|---|
| F 2 | ia$^{6}$ |
| F 3 | ia$^{6}$ |
| F 4 | ? |
| F 5 | ia$^{6}$ |
| F 6 | tr$^{7}$ |
| F 7 | ia$^{6}$ |
| F 8 | ia$^{8}$ |
| F 9 | tr$^{7}$ |
| F 10 | tr$^{7}$ |
| F 11 | ia$^{6}$ |
| F 12 | tr$^{7}$ |

*Equus Troianus*

| | |
|---|---|
| F 13 | ia$^{6}$ |

*Hector Proficiscens*

| | |
|---|---|
| F 14 | tr$^{7}$ |
| F 15 | tr$^{7}$ |

*Iphigenia*

| | |
|---|---|
| F 16 | tr$^{7}$ |

*Lycurgus*

| | |
|---|---|
| F 17 | tr$^{7}$ |
| F 18 | ? |
| F 19 | ia$^{6}$ |
| F 20 | ia$^{6}$ |
| F 21 | ? |
| F 22 | tr$^{7}$ |
| F 23 | ia$^{6}$ |
| F 24 | tr$^{7}$ |
| F 25 | ? |
| F 26 | tr$^{7}$ |
| F 27 | ia$^{6}$ |
| F 28 | ia$^{6}$ |
| F 29 | tr$^{7}$ |
| F 30 | ia$^{6}$ |
| F 31 | ia$^{6}$ |
| F 32 | ? |
| F 33 | tr$^{7}$ |
| F 34 | ia$^{6}$ |
| F 35 | ia$^{6}$ |
| F 36 | ? |
| F 37 | ia$^{6}$ |
| F 38 | ia$^{6}$ |
| F 39 | ? |
| F 40 | tr$^{7}$ |

Incerta

| | |
|---|---|
| F 41 | ia$^{6}$ |
| F 42 | ia$^{6}$ |
| F 43 | tr$^{7}$ |
| F 44 | ia$^{6}$ |
| F 45 | tr$^{7}$ |
| F 46 | ? |
| F 47 | ia$^{8}$ |
| F 48 | ia$^{6}$ |
| F 49 | ? |
| F 50 | ia? |
| F 51 | ia$^{6}$ |
| F 52 | ia$^{6}$ |

## 6.3.1.3 Poetae Tragici Minores

**Pompilius**

| | |
|---|---|
| F 1 | $ia^6$ |

**C. Iulius Caesar Strabo**

*Adrastus*

| | |
|---|---|
| F 1 | $ia^6$ |

*Teuthras*

| | |
|---|---|
| F 2 | $tr^7$ |

Incertum

| | |
|---|---|
| F 3 | ? |

**Santra**

*Nuptiae Bacchi*

| | |
|---|---|
| F 1 | $ia^6$ |
| F 2 | $ia^6$ |

**Atilius**

Incertum

| | |
|---|---|
| F 1 | ? |

**L. Varius Rufus**

*Thyestes*

| | |
|---|---|
| F 1 | $ia^6$ |

Incerta

| | |
|---|---|
| F 2 | ? |
| F 3 | $an^4$ |

**Gracchus**

*Atalanta*

| | |
|---|---|
| F 1 | $ia^6$ |

*Peliades*

| | |
|---|---|
| F 2 | $an^4$ |

*Thyestes*

| | |
|---|---|
| F 3 | $ia^6$ |

Incertum

| | |
|---|---|
| F 4 | ? |

**P. Ovidius Naso**

*Medea*

| | |
|---|---|
| F 1 | $ia^6$ |
| F 2 | $an^4$ |

**P. Pomponius Secundus**

*Atreus*

| | |
|---|---|
| F 1 | $tr^7$ |
| F 2 | ? |
| F 3 | ? |

*Scaevus Memor*

| | |
|---|---|
| F 1 | $an^4$ |
| F 2 | ? |

## 6.3.1.4 Fragmenta Adespota

*Chryses*

| | |
|---|---|
| F 1 | ia$^{6}$ |

*Laomedon*

| | |
|---|---|
| F 2 | ? |

*Medus*

| | |
|---|---|
| F 3 | ? |

*Penthesilea*

| | |
|---|---|
| F 4 | ? |

Fragmenta ex incertis incertorum tragoediis

| | |
|---|---|
| F 5a–c | ia$^{6}$, ?, ? |
| F 6 | tr$^{7}$ |
| F 7 | ia$^{6}$ |
| F 8 | ia$^{6}$ |
| F 9 | ia$^{6}$ |
| F 10 | ia$^{6}$ |
| F 11 | ia$^{6}$ |
| F 12 | ? |
| F 13 | ? |
| F 14 | cr$^{4}$ |
| F 15 | tr$^{7}$, ia$^{8}$ vel tr$^{7}$, ? |
| F 16 | tr$^{8}$ |
| F 17 | ia$^{6}$ |
| F 18 | tr$^{7}$ |
| F 19 | ia$^{6}$ |
| F 20 | tr$^{7}$ |
| F 21 | ia$^{6}$ |
| F 22 | ba$^{2}$+Reiz |
| F 23 | tr$^{7}$ |
| F 24 | tr$^{7}$ |
| F 25 | ia$^{6}$ |
| F 26 | tr$^{7}$ |
| F 27 | ? |
| F 28 | ia$^{6}$ |
| F 29 | ? |
| F 30 | tr$^{7}$ |
| F 31 | ? |
| F 32 | tr$^{7}$ ? |
| F 33 | ? |
| F 34 | ia$^{6}$ |
| F 35 | ? |
| F 36 | ia$^{6}$ |
| F 37 | ? |
| F 38 | ? |
| F 39 | ? |
| F 40 | ia$^{6}$ |
| F 41 | ia$^{6}$ |
| F 42 | ? |
| F 43 | tr$^{7}$ |
| F 44 | ? |
| F 45 | ia$^{6}$ |
| F 46 | an$^{4}$ |
| F 47 | ? |
| F 48 | tr$^{7}$ |
| F 49 | ia$^{6}$ |
| F 50 | tr$^{7}$ |
| F 51 | ? |
| F 52 | ia$^{6}$ |
| F 53 | ia$^{6}$ |
| F 54 | ia$^{6}$ |
| F 55 | tr$^{7}$ |
| F 56 | ba$^{4}$, cr$^{4}$ |
| F 57 | ia$^{6}$ |
| F 58 | tr$^{7}$ |
| F 59 | tr$^{7}$ |
| F 60 | tr$^{7}$ |
| F 61 | ia$^{8}$ |
| F 62 | ? |
| F 63 | tr$^{7}$ |
| F 64 | tr$^{7}$ |
| F 65 | ia$^{6}$ |
| F 66 | ? |
| F 67 | ia$^{6}$ |
| F 68 | tr$^{7}$ |
| F 69 | ia$^{6}$ |
| F 70 | an$^{4}$, an$^{4}$ cat. |
| F 71 | tr$^{7}$ |
| F 72 | ? |
| F 73 | ? |
| F 74 | tr$^{7}$ |
| F 75 | tr$^{7}$ |
| F 76 | ia$^{6}$ |
| F 77 | ia$^{8}$, tr$^{7}$ |
| F 78 | ? |

| | |
|---|---|
| F 79 | tr$^{7}$ |
| F 80 | ? |
| F 81 | ia$^{6}$ |
| F 82 | ia$^{6}$ |
| F 83 | tr$^{7}$ |
| F 84 | ? |
| F 85 | ? |
| F 86 | tr$^{7}$ |
| F 87 | ? |
| F 88 | ? |
| F 89 | ? |
| F 90 | ? |
| F 91 | ia$^{4}$ |
| F 92 | ? |
| F 93 | ? |
| F 94 | ia$^{6}$ |
| F 95 | ? |
| F 96 | ? |
| F 97 | ia$^{6}$ |
| F 98 | ia$^{6}$ |
| F 99 | ? |
| F 100 | ? |
| F 101 | ? |
| F 102 | ia$^{6}$ |
| F 103 | ia$^{6}$ |
| F 104 | ? |
| F 105 | tr$^{7}$ |
| F 106 | ia$^{6}$ |
| F 107 | ? |
| F 108 | ia$^{6}$ |
| F 109 | ? |
| F 110 | tr$^{7}$ |
| F 111 | ia$^{6}$ |
| F 112 | ia$^{6}$ |
| F 113 | ia$^{6}$ |
| F 114 | ? |
| F 115 | ia$^{6}$ |
| F 116 | ia$^{6}$ |
| F 117 | ia$^{6}$ |
| F 118 | ? |
| F 119 | tr$^{7}$ |
| F 120 | ia$^{8}$ |
| F 121 | ia$^{7}$ |
| F 122 | an$^{7}$ |
| F 123 | an$^{8}$ |
| F 124 | tr$^{7}$ |
| F 125 | ? |
| F 126 | ? |
| F 127 | ? |
| F 128 | ? |
| F 129 | ia$^{6}$ |
| F 130 | ? |
| F 131 | ia$^{6}$ |
| F 132 | tr$^{7}$ |
| F 133 | ia$^{6}$ |
| F 134 | ia$^{6}$ |
| F 135 | ia$^{6}$ |
| F 136 | tr$^{7}$ |
| F 137 | ia$^{6}$ |
| F 138 | ia$^{6}$ |
| F 139 | ? |
| F 140 | an$^{4}$ cat. |
| F 141 | tr$^{7}$ |
| F 142 | ? |
| F 143 | ia$^{6}$ |
| F 144 | tr$^{7}$ |
| F 145 | tr$^{7}$ |
| F 146 | tr$^{7}$ |
| F 147 | ia$^{6}$ |
| F 148 | tr$^{7}$ |
| F 149 | ? |
| F 150 | ? |
| F 151 | ia$^{6}$ |
| F 152 | ia$^{6}$ |
| F 153 | tr$^{7}$ |
| F 154 | ia$^{6}$ |
| F 155 | tr$^{7}$ |
| F 156 | ia$^{6}$ |
| F 157 | ? |
| F 158 | ? |

Dubia et Spuria

| | |
|---|---|
| F 159 | tr$^{7}$ |
| F 160 | ia$^{6}$ |
| F 161 | tr$^{8}$ |
| F 162 | ? |
| F 163 | an$^{4}$ |
| F 164 | tr$^{7}$ |
| F 165 | ia$^{6}$ |
| F 166 | ? |
| F 167 | ? |
| F 168 | tr$^{8}$ |

| | | | |
|---|---|---|---|
| F 169 | $cr^2+tr^3$ cat., $cr^4$ | F 175 | $ia^6$ |
| | | F 176 | $ia^6$ |
| F 170 | ? | F 177 | ? |
| F 171 | $ia^4$ | F 178 | ? |
| F 172 | an | F 179 | $ia^6$ |
| F 173 | cr | F 180 | ? |
| F 174 | bacch | | |

## 6.3.2 Metra in genera digesta

### Signa metrica:

⏑ elementum breve

⏒ elementum breve, cuius locum elementum longum obtinere potest: ⏑ vel –

– elementum longum

⏕ elementum longum, quod in duo elementa brevia resolvi potest: – vel ⏖

⏔ elementum biceps, i.e. duo elementa brevia, quorum locum elementum longum obtinere potest: ⏖ vel –

⏕̮ elementum anceps, quod in elementum longum vel elementum breve vel duo elementa brevia resolvi potest: – vel ⏑ vel ⏖

× elementum anceps 'finale', i.e. elementum longum, cuius locum in fine periodi vel coli syllaba brevis obtinere potest ('brevis in longo'): – vel ⏑

|| finis periodi

⋮ caesura / diaeresis usitata

| caesura / diaeresis necessaria

### Metra[186]:

### 6.3.2.1 Livius Andronicus

**$cr^2$ (dipodia cretica)**

⏕ ⏒ ⏕ ⏕ ⏑ × ||

F 14

**$da^6$ (hexameter dactylicus)**

– ⏔ – ⏔ – ⏔ – ⏔ – ⏖ – × ||

F 16

**$ia^6$ (senarius iambicus)**

⏕̮ ⏕ ⏕̮ ⏕ ⏕̮ ⏕ ⏕̮ ⏕ ⏕̮ ⏕ ⏑ × ||

F 2, 3, 4, 5, 6, 7, 8, 9, 10, 21, 23, 26, 27, 28, 30, 32

**$tr^3$ cat. (tripodia trochaica catalectica)**

⏕ ⏕̮ ⏕ ⏑ × ||

F 14

186 Nonnulli homines docti $an^2$ pro $an^4$, $ia^3$ pro $ia^6$ etc. utuntur, his nominibus exemplum tragoediae Graecae secuti. sed versus tragoediae Romanae aetatis rei publicae in singulos pedes digesti sunt.

**tr[7] (septenarius trochaicus)**
⏕ ⏓ ⏕ ⏓ ⏕ ⏓ ⏒ × ⁝ ⏕ ⏓ ⏕ ⏓ ⏕ ⏑ × ||

F 1, 12, 13, 15, 17, 29

**? (metrum incertum)**

F 11, 18, 19, 20, 22, 24, 25, 31

## 6.3.2.2 Cn. Naevius

**ia (rhythmus iambicus)**
⏓ ⏕

F 50?

**ia[6] (senarius iambicus)**
⏓ ⏕ ⏓ ⏕ ⏓ ⏕ ⏓ ⏕ ⏓ ⏕ ⏑ × ||

F 1, 2, 3, 5, 7, 11, 13, 19, 20, 23, 27, 28, 30, 31, 34, 35, 37, 38, 41, 42, 44, 48, 51, 52

**ia[8] (octonarius iambicus)**
⏓ ⏕ ⏓ ⏕ ⏓ ⏕ ⏑ × ⁝ ⏓ ⏕ ⏓ ⏕ ⏓ ⏕ ⏑ × ||

F 8, 47

**tr[7] (septenarius trochaicus)**
⏕ ⏓ ⏕ ⏓ ⏕ ⏓ ⏒ × ⁝ ⏕ ⏓ ⏕ ⏓ ⏕ ⏑ × ||

F 6, 9, 10, 12, 14, 15, 16, 17, 22, 24, 26, 29, 33, 40, 43, 45

**? (metrum incertum)**

F 4, 18, 21, 25, 32, 36, 39, 46, 49

## 6.3.2.3 Adespota

**an (rhythmus anapaesticus)**
⏔ ⏕

F 172

**an[4] (tetrapodia anapaestica)**
⏔ ⏕ ⏔ ⏕ ⏔ ⏕ ⏔ × ||

F 46, 70, 163

**an[4] cat. (tetrapodia anapaestica catalectica vel paroemiacus)**
⏔ ⏕ ⏔ ⏕ ⏔ ⏕ × ||

F 70, 140

**an$^7$ (septenarius anapaesticus)**
⏔ ⏕ ⏔ ⏕ ⏔ ⏕ ⏔ × ⋮ ⏔ ⏕ ⏔ ⏕ ⏔ ⏕ × ||

F 122

**an$^8$ (octonarius anapaesticus)**
⏔ ⏕ ⏔ ⏕ ⏔ ⏕ ⏔ × ⋮ ⏔ ⏕ ⏔ ⏕ ⏔ ⏕ ⏔ × ||

F 123

**bacch (rhythmus bacchiacus)**
⏒ ⏕ ⏕

F 174

**ba$^4$ (tetrapodia bacchiaca)**
⏒ ⏕ ⏕ ⏒ ⏕ ⏕ ⏒ ⏕ ⏕ ⏒ ⏕ × ||

F 56

**cr (rhythmus creticus)**
⏕ ⏒ ⏕

F 173

**cr$^4$ (tetrapodia cretica)**
⏕ ⏒ ⏕ ⏕ ⏒ ⏕ ⏕ ⏒ ⏕ ⏕ ⏑ × ||

F 14, 56, 169

**ia$^4$ (tetrapodia iambica)**
⏓ ⏕ ⏓ ⏕ ⏓ ⏕ ⏑ × ||

F 91, 171

**ia$^6$ (senarius iambicus)**
⏓ ⏕ ⏓ ⏕ ⏓ ⏕ ⏓ ⏕ ⏓ ⏕ ⏑ × ||

F 1, 5, 7, 8, 9, 10, 11, 17, 19, 21, 25, 28, 34, 36, 40, 41, 45, 49, 52, 53, 54, 57, 65, 67, 69, 76, 81, 82, 94, 97, 98, 102, 103, 106, 108, 111, 112, 113, 115, 116, 117, 129, 131, 133, 134, 135, 137, 138, 143, 147, 151, 152, 154, 156, 160, 165, 175, 176, 179

**ia$^7$ (septenarius iambicus)**
⏓ ⏕ ⏓ ⏕ ⏓ ⏕ ⏑ × ⋮ ⏓ ⏕ ⏓ ⏕ ⏓ ⏕ × ||

F 121

**ia$^8$ (octonarius iambicus)**
⏓ ⏕ ⏓ ⏕ ⏓ ⏕ ⏑ × ⋮ ⏓ ⏕ ⏓ ⏕ ⏓ ⏕ ⏑ × ||

F 15 (vel tr$^7$), 61, 77, 120

**$\text{tr}^7$ (septenarius trochaicus)**

⏕ ⏔ ⏕ ⏔ ⏕ ⏔ ⏓ × ⁝ ⏕ ⏔ ⏕ ⏔ ⏕ ⏑ × ‖

F 6, 15 (vel $\text{ia}^8$), 18, 20, 23, 24, 26, 30, 32?, 43, 48, 50, 55, 58, 59, 60, 63, 64, 68, 71, 74, 75, 77, 79, 83, 86, 105, 110, 119, 124, 132, 136, 141, 144, 145, 146, 148, 153, 155, 159, 164,

**$\text{tr}^8$ (octonarius trochaicus)**

⏕ ⏔ ⏕ ⏔ ⏕ ⏔ ⏓ × ⁝ ⏕ ⏔ ⏕ ⏔ ⏕ ⏔ ⏓ × ‖

F 16, 161, 168

**? (metrum incertum)**

F 2, 3, 4, 5, 12, 13, 15, 27, 29, 31, 33, 35, 37, 38, 39, 42, 44, 47, 51, 62, 66, 72, 73, 78, 80, 84, 85, 87, 88, 89, 90, 92, 93, 95, 96, 99, 100, 101, 104, 107, 109, 114, 118, 125, 126, 127, 128, 130, 139, 142, 149, 150, 157, 158, 162, 166, 167, 170, 177, 178, 180

# 6.4 Comparationes numerorum fragmentorum

## 6.4.1 Livius Andronicus

### TrRF → Lech., Ri.$_{2-3}$, Wa.

| TrRF | Lech. | Ribbeck$_{2-3}$ | Warmington |
|---|---|---|---|
| *Achilles* | | | |
| 1 | 1 | 1 | 1 |
| *Aegisthus* | | | |
| 2 | 13–14 | 13–14 | 12–13 |
| 3 | 12 | 12 | 11 |
| 4 | 10–11 | 10–11 | 9–10 |
| 5 | 7 | 7 | 14 |
| 6 | 5–6 | 5–6 | 5–6 |
| 7 | 8 | 8 | 7 |
| 8 | 9 | 9 | 8 |
| 9 | 2–4 | 2–4 | 2–4 |
| *Aiax Mastigophorus* | | | |
| 10 | 15 | 15 | 15 |
| 11 | 16–17 | 16–17 | 16–17 |
| *Andromeda* | | | |
| 12 | 18 | 18 | 18 |
| *Danae* | | | |
| 13 | 19 | 19 | 19 |
| *Equus Troianus* | | | |
| 14 | 20–22 | 20–22 | 20–22 |
| *Hermiona* | | | |
| 15 | 23 | 23 | 23 |
| *Ino* | | | |
| 16 | 29a | p. 4 (p. 4–5 Ri.$_3$) | Spur.? 41a–d |
| *Tereus* | | | |
| 17 | 26–27 | 26–27 | 27–28 |
| 18 | 28–29 | 28–29 | 25–26 |
| 19 | 25 | 25 | 29 |
| 20 | 24 | 24 | 24 |
| Inc. | | | |
| 21 | 30 | 30 | 31 |
| 22 | Od. 32 | 39 | 37 |

| TrRF | Lech. | $Ribbeck_{2-3}$ | Warmington |
|---|---|---|---|
| Inc. | | | |
| 23 | 38 | 38 | 38 |
| 24 | 31 | 31 | 32 |
| 25 | 32–33 | 32–33 | 33–34 |
| 26 | 34 | 34 | 35 |
| 27 | 35 | 35 | 30 |
| 28 | 41 | 41 | 40 |
| 29 | 37 | 37 | 36 |
| 30 | 43 | – | – |
| 31 | 36 | 36 | 39 |
| 32 | 40 | 40 | 41 |

## Lech. → TrRF, Ri. $_{2\text{–}3}$, Wa.

| Lech. | TrRF | Ribbeck$_{2\text{–}3}$ | Warmington |
|---|---|---|---|
| *Achilles* | | | |
| 1 | 1 | 1 | 1 |
| *Aegisthus* | | | |
| 2–4 | 9 | 2–4 | 2–4 |
| 5–6 | 6 | 5–6 | 5–6 |
| 7 | 5 | 7 | 14 |
| 8 | 7 | 8 | 7 |
| 9 | 8 | 9 | 8 |
| 10–11 | 4 | 10–11 | 9–10 |
| 12 | 3 | 12 | 11 |
| 13–14 | 2 | 13–14 | 12–13 |
| *Aiax Mastigophorus* | | | |
| 15 | 10 | 15 | 15 |
| 16–17 | 11 | 16–17 | 16–17 |
| *Andromeda* | | | |
| 18 | 12 | 18 | 18 |
| *Danae* | | | |
| 19 | 13 | 19 | 19 |
| *Equus Troianus* | | | |
| 20 | $14^{1}$ | 20 | 20 |
| 21–22 | $14^{2\text{–}3}$ | 21–22 | 21–22 |
| *Hermiona* | | | |
| 23 | 15 | 23 | 23 |
| *Tereus* | | | |
| 24 | 20 | 24 | 24 |
| 25 | 19 | 25 | 29 |
| 26–27 | 17 | 26–27 | 27–28 |
| 28–29 | 18 | 28–29 | 25–26 |
| *Ino* | | | |
| 29a | 16 | p. 4 (p. 4–5 Ri.$_{3}$) | Spur.? 41a–d |
| Inc. | | | |
| 30 | 21 | 30 | 31 |
| 31 | 24 | 31 | 32 |
| 32–33 | 25 | 32–33 | 33–34 |
| 34 | 26 | 34 | 35 |
| 35 | 27 | 35 | 30 |
| 36 | 31 | 36 | 39 |

| Lech. | TrRF | $Ribbeck_{2-3}$ | Warmington |
|---|---|---|---|
| Inc. | | | |
| 37 | 29 | 37 | 36 |
| 38 | 23 | 38 | 38 |
| [39] Od. 32 | 22 | 39 | 37 |
| 40 | 32 | 40 | 41 |
| 41 | 28 | 41 | 40 |
| 42 | ad. 112 | 17 | 122 |
| 43 | 30 | – | – |

## Ribbeck$_{2-3}$ → TrRF, Lech., Wa.

| Ribbeck$_{2-3}$ | TrRF | Lech | Warmington |
|---|---|---|---|
| *Achilles* | | | |
| 1 | 1 | 1 | 1 |
| *Aegisthus* | | | |
| 2–4 | 9 | 2–4 | 2–4 |
| 5–6 | 6 | 5–6 | 5–6 |
| 7 | 5 | 7 | 14 |
| 8 | 7 | 8 | 7 |
| 9 | 8 | 9 | 8 |
| 10–11 | 4 | 10–11 | 9–10 |
| 12 | 3 | 12 | 11 |
| 13–14 | 2 | 3–14 | 12–13 |
| *Aiax Mastigophorus* | | | |
| 15 | 10 | 15 | 15 |
| 16–17 | 11 | 16–17 | 16–17 |
| *Andromeda* | | | |
| 18 | 12 | 18 | 18 |
| *Danae* | | | |
| 19 | 13 | 19 | 19 |
| *Equus Troianus* | | | |
| 20–22 | 14 | 20–22 | 20–22 |
| *Hermiona* | | | |
| 23 | 15 | 23 | 23 |
| *Tereus* | | | |
| 24 | 20 | 24 | 24 |
| 25 | 19 | 25 | 29 |
| 26–27 | 17 | 26–27 | 27–28 |
| 28–29 | 18 | 28–29 | 25–26 |
| Inc. | | | |
| 30 | 21 | 30 | 31 |
| 31 | 24 | 31 | 32 |
| 32–33 | 25 | 32–33 | 33–34 |
| 34 | 26 | 34 | 35 |
| 35 | 27 | 35 | 30 |
| 36 | 31 | 36 | 39 |
| 37 | 29 | 37 | 36 |
| 38 | 23 | 38 | 38 |
| 39 | 22 | Od. 32 | 37 |

| $Ribbeck_{2-3}$ | TrRF | Lech | Warmington |
|---|---|---|---|
| Inc. | | | |
| 40 | 32 | 40 | 41 |
| 41 | 28 | 41 | 40 |

## Warmington → TrRF, Lech., Ri. $_{2–3}$

| Warmington | TrRF | Lech. | Ribbeck$_{2–3}$ |
|---|---|---|---|
| *Achilles* | | | |
| 1 | 1 | 1 | 1 |
| *Aegisthus* | | | |
| 2–4 | 9 | 2–4 | 2–4 |
| 5–6 | 6 | 5–6 | 5–6 |
| 7 | 7 | 8 | 8 |
| 8 | 8 | 9 | 9 |
| 9–10 | 4 | 10–11 | 10–11 |
| 11 | 3 | 12 | 12 |
| 12–13 | 2 | 13–14 | 13–14 |
| 14 | 5 | 7 | 7 |
| *Aiax Mastigophorus* | | | |
| 15 | 10 | 15 | 15 |
| 16–17 | 11 | 16–17 | 16–17 |
| *Andromeda* | | | |
| 18 | 12 | 18 | 18 |
| *Danae* | | | |
| 19 | 13 | 19 | 19 |
| *Equus Troianus* | | | |
| 20–22 | 14 | 20–22 | 20–22 |
| *Hermiona* | | | |
| 23 | 15 | 23 | 23 |
| *Tereus* | | | |
| 24 | 20 | 24 | 24 |
| 25–26 | 18 | 28–29 | 28–29 |
| 27–28 | 17 | 26–27 | 26–27 |
| 29 | 19 | 25 | 25 |
| Inc. | | | |
| 30 | 27 | 35 | 35 |
| 31 | 21 | 30 | 30 |
| 32–35 | 24–26 | 31–34 | 31–34 |
| 36 | 29 | 37 | 37 |
| 37 | 22 | Od. 32 | 39 |
| 38 | 23 | 38 | 38 |
| 39 | 31 | 36 | 36 |
| 40 | 28 | 41 | 41 |
| 41 | 32 | 40 | 40 |

| Warmington | TrRF | Lech. | Ribbeck$_{2-3}$ |
|---|---|---|---|
| *Ino* | | | |
| Spur.? 41a–d | 16 | 29a | p. 4 (p. 4–5 Ri.$_3$) |

## 6.4.2 Cn. Naevius

### TrRF → Marm., Ri.$_2$ (Ri.$_3$), Wa.

| TrRF | Marm. | Ribbeck$_2$ (Ri.$_3$) | Warmington |
|---|---|---|---|
| *Andromacha* | | | |
| 1 | p. 185 | 1–2 (–) | 1–2 |
| *Danae* | | | |
| 2 | p. 189 | 13 (12) | 8 |
| 3 | p. 189 | 11 (10) | 9 |
| 4 | p. 189 | 12 (11) | 6–7 |
| 5 | p. 186 | 3 (2) | 4 |
| 6 | p. 187 | 5 (4) | 5 |
| 7 | p. 188 | 10 (9) | 14 |
| 8 | p. 188 | 8 (7) | 12 |
| 9 | p. 188 | 9 (8) | 13 |
| 10 | p. 187 | 6 (5) | 10–11 |
| 11 | p. 186 | 4 (3) | 3 |
| 12 | p. 187 | 7 (6) | 15 |
| *Equus Troianus* | | | |
| 13 | p. 189 | 14–15 (13) | 16 |
| *Hector Proficiscens* | | | |
| 14 | p. 190 | 17 (15) | 17 |
| 15 | p. 190 | 16 (14) | 18 |
| *Iphigenia* | | | |
| 16 | p. 191 | 19 (16) | 21 |
| *Lycurgus* | | | |
| 17 | p. 192 | 53 (50) | 57 |
| 18 | p. 193 | 29–31 (26–28) | 30–32 |
| 19 | p. 193 | 27–28 (24–25) | 46–47 |
| 20 | p. 194 | 32–33 (29–30) | 37–38 |
| 21 | p. 195 | 38 (35) | 49 |
| 22 | p. 196 | 44–45 (41–42) | 41–42 |
| 23 | p. 198 | 49–50 (46–47) | 55–56 |
| 24 | p. 197 | 48 (45) | 52–53 |
| 25 | p. 194 | 36 (33) | 36 |
| 26 | p. 195 | 40–41 (37–38) | 50–51 |
| 27 | p. 197 | 47 (44) | 45 |
| 28 | p. 191 | 21 (18) | 25 |
| 29 | p. 196 | 42 (39) | 58 |
| 30 | p. 192 | 22 (19) | 26 |

| TrRF | Marm. | Ribbeck$_2$ (Ri.$_3$) | Warmington |
|---|---|---|---|
| *Lycurgus* | | | |
| 31 | p. 192 | 23 (20) | 35 |
| 32 | p. 194 | 34–35 (31–32) | 33–34 |
| 33 | p. 195 | 39 (36) | 48 |
| 34 | p. 192 | 24–26 (21–23) | 27–29 |
| 35 | p. 198 | 51 (48) | 59 |
| 36 | p. 191 | 20 (17) | 24 |
| 37 | p. 195 | 37 (34) | 44 |
| 38 | p. 196 | 43 (40) | 40 |
| 39 | p. 198 | 52 (49) | 54 |
| 40 | p. 197 | 46 (43) | 39 |
| Inc. | | | |
| 41 | p. 201 | 65 (62) | Iph. 23 |
| 42 | p. 201 | 64 (61) | Inc. 33 |
| 43 | p. 199 | 57 (54) | Lyc. 43 |
| 44 | p. 200 | 59 (56) | Inc. 35 |
| 45 | p. 200 | 61 (58) | Inc. 41 |
| 46 | p. 198 | 54 (51) | Inc. 38 |
| 47 | p. 200 | 63 (60) | Inc. 34 |
| 48 | p. 199 | 56 (53) | Iph. 22 |
| 49 | p. 200 | 60 (57) | Inc. 36 |
| 50 | p. 199 | 55 (52) | Inc. 39 |
| 51 | p. 200 | 62 (59) | Iph. 20 |
| 52 | p. 199 | 58 (55) | Inc. 40 |

## Marm. → TrRF, Ri.$_2$ (Ri.$_3$), Wa.

| Marm. | TrRF | Ribbeck$_2$ (Ri.$_3$) | Warmington |
|---|---|---|---|
| *Aesiona* | | | |
| 1 | – | 18 (1) | 19 |
| *Andromacha* | | | |
| 1 | 1 | 1–2 (–) | 1–2 |
| *Danae* | | | |
| 1 | 5 | 3 (2) | 4 |
| 2 | 11 | 4 (3) | 3 |
| 3 | 6 | 5 (4) | 5 |
| 4 | 10 | 6 (5) | 10–11 |
| 5 | 12 | 7 (6) | 15 |
| 6 | 8 | 8 (7) | 12 |
| 7 | 9 | 9 (8) | 13 |
| 8 | 7 | 10 (9) | 14 |
| 9 | 3 | 11 (10) | 9 |
| 10 | 4 | 12 (11) | 6–7 |
| 11 | 2 | 13 (12) | 8 |
| *Equus Troianus* | | | |
| 1 | 13 | 14–15 (13) | 16 |
| *Hector proficiscens* | | | |
| 1 | 15 | 16 (14) | 18 |
| 2 | 14 | 17 (15) | 17 |
| *Iphigenia* | | | |
| 1 | 16 | 19 (16) | 21 |
| *Lycurgus* | | | |
| 1 | 36 | 20 (17) | 24 |
| 2 | 28 | 21 (18) | 25 |
| 3 | 30 | 22 (19) | 26 |
| 4 | 31 | 23 (20) | 35 |
| 5 | 34 | 24–26 (21–23) | 27–29 |
| 6 | 19 | 27–28 (24–25) | 46–47 |
| 7 | 18 | 29–31 (26–28) | 30–32 |
| 8 | 20 | 32–33 (29–30) | 37–38 |
| 9 | 32 | 34–35 (31–32) | 33–34 |
| 10 | 25 | 36 (33) | 36 |
| 11 | 37 | 37 (34) | 44 |
| 12 | 21 | 38 (35) | 49 |
| 13 | 33 | 39 (36) | 48 |
| 14 | 26 | 40–41 (37–38) | 50–51 |

| Marm. | TrRF | Ribbeck$_2$ (Ri.$_3$) | Warmington |
|---|---|---|---|
| *Lycurgus* | | | |
| 15 | 29 | 42 (39) | 58 |
| 17 | 22 | 44–45 (41–42) | 41–42 |
| 18 | 40 | 46 (43) | 39 |
| 19 | 27 | 47 (44) | 45 |
| 20 | 24 | 48 (45) | 52–53 |
| 21 | 23 | 49–50 (46–47) | 55–56 |
| 22 | 35 | 51 (48) | 59 |
| 23 | 39 | 52 (49) | 54 |
| 24 | 17 | 53 (50) | 57 |
| Inc. | | | |
| 1 | 46 | 54 (51) | Inc. 38 |
| 2 | 50 | 55 (52) | Inc. 39 |
| 3 | 48 | 56 (53) | Iph. 22 |
| 4 | 43 | 57 (54) | Lyc. 43 |
| 5 | 52 | 58 (55) | Inc. 40 |
| 6 | 44 | 59 (56) | Inc. 35 |
| 7 | 49 | 60 (57) | Inc. 36 |
| 8 | 45 | 61 (58) | Inc. 41 |
| 9 | 51 | 62 (59) | Iph. 20 |
| 10 | 47 | 63 (60) | Inc. 34 |
| 11 | 42 | 64 (61) | Inc. 33 |
| 12 | 41 | 65 (62) | Iph. 23 |
| 13 | – | – | – |
| 14 | – | – | – |

## Ribbeck$_2$ (Ri.$_3$) → TrRF, Marm., Wa.

| Ribbeck$_2$ (Ri.$_3$) | TrRF | Marm. | Warmington |
|---|---|---|---|
| *Andromacha* | | | |
| 1–2 (–) | 1 | p. 185 | 1–2 |
| *Danae* | | | |
| 3 (2) | 5 | p. 186 | 4 |
| 4 (3) | 11 | p. 186 | 3 |
| 5 (4) | 6 | p. 187 | 5 |
| 6 (5) | 10 | p. 187 | 10–11 |
| 7 (6) | 12 | p. 187 | 15 |
| 8 (7) | 8 | p. 188 | 12 |
| 9 (8) | 9 | p. 188 | 13 |
| 10 (9) | 7 | p. 188 | 14 |
| 11 (10) | 3 | p. 189 | 9 |
| 12 (11) | 4 | p. 189 | 6–7 |
| 13 (12) | 2 | p. 189 | 8 |
| *Equus Troianus* | | | |
| 14–15 (13) | 13 | p. 189 | 16 |
| *Hector proficiscens* | | | |
| 16 (14) | 15 | p. 190 | 18 |
| 17 (15) | 14 | p. 190 | 17 |
| *Hesiona* | | | |
| 18 (1) | – | p. 185 | 19 |
| *Iphigenia* | | | |
| 19 (16) | 16 | p. 191 | 21 |
| *Lycurgus* | | | |
| 20 (17) | 36 | p. 191 | 24 |
| 21 (18) | 28 | p. 191 | 25 |
| 22 (19) | 30 | p. 192 | 26 |
| 23 (20) | 31 | p. 192 | 35 |
| 24–26 (21–23) | 34 | p. 192 | 27–29 |
| 27–28 (24–25) | 19 | p. 193 | 46–47 |
| 29–31 (26–28) | 18 | p. 193 | 30–32 |
| 32–33 (29–30) | 20 | p. 194 | 37–38 |
| 34–35 (31–32) | 32 | p. 194 | 33–34 |
| 36 (33) | 25 | p. 194 | 36 |
| 37 (34) | 37 | p. 195 | 44 |
| 38 (35) | 21 | p. 195 | 49 |
| 39 (36) | 33 | p. 195 | 48 |
| 40–41 (37–38) | 26 | p. 195 | 50–51 |

| Ribbeck$_2$ (Ri.$_3$) | TrRF | Marm. | Warmington |
|---|---|---|---|
| *Lycurgus* | | | |
| 42 (39) | 29 | p. 196 | 58 |
| 43 (40) | 38 | p. 196 | 40 |
| 44–45 (41–42) | 22 | p. 196 | 41–42 |
| 46 (43) | 40 | p. 197 | 39 |
| 47 (44) | 27 | p. 197 | 45 |
| 48 (45) | 24 | p. 197 | 52–53 |
| 49–50 (46–47) | 23 | p. 198 | 55–56 |
| 51 (48) | 35 | p. 198 | 59 |
| 52 (49) | 39 | p. 198 | 54 |
| 53 (50) | 17 | p. 192 | 57 |
| *Inc.* | | | |
| 54 (51) | 46 | p. 198 | Inc. 38 |
| 55 (52) | 50 | p. 199 | Inc. 39 |
| 56 (53) | 48 | p. 199 | Iph. 22 |
| 57 (54) | 43 | p. 199 | Lyc. 43 |
| 58 (55) | 52 | p. 199 | Inc. 40 |
| 59 (56) | 44 | p. 200 | Inc. 35 |
| 60 (57) | 49 | p. 200 | Inc. 36 |
| 61 (58) | 45 | p. 200 | Inc. 41 |
| 62 (59) | 51 | p. 200 | Iph. 20 |
| 63 (60) | 47 | p. 200 | Inc. 34 |
| 64 (61) | 42 | p. 201 | Inc. 33 |
| 65 (62) | 41 | p. 201 | Iph. 23 |

## Warmington → TrRF, Marm., Ri.$_2$ (Ri.$_3$)

| Warmington | TrRF | Marm. | Ribbeck$_2$ (Ri.$_3$) |
|---|---|---|---|
| *Andromacha* | | | |
| 1–2 | 1 | p. 185 | 1–2 (–) |
| *Danae* | | | |
| 3 | 11 | p. 186 | 4 (3) |
| 4 | 5 | p. 186 | 3 (2) |
| 5 | 6 | p. 187 | 5 (4) |
| 6–7 | 4 | p. 189 | 12 (11) |
| 8 | 2 | p. 189 | 13 (12) |
| 9 | 3 | p. 189 | 11 (10) |
| 10–11 | 10 | p. 187 | 6 (5) |
| 12 | 8 | p. 188 | 8 (7) |
| 13 | 9 | p. 188 | 9 (8) |
| 14 | 7 | p. 188 | 10 (9) |
| 15 | 12 | p. 187 | 7 (6) |
| *Equus Troianus* | | | |
| 16 | 13 | p. 189 | 14–15 (13) |
| *Hector proficiscens* | | | |
| 17 | 14 | p. 190 | 17 (15) |
| 18 | 15 | p. 190 | 16 (14) |
| *Hesiona* | | | |
| 19 | – | p. 185 | 18 (1) |
| *Iphigenia* | | | |
| 20 | Inc. 51 | Inc. p. 200 | Inc. 62 (Inc. 59) |
| 21 | 16 | p. 191 | 19 (16) |
| 22 | Inc. 48 | Inc. p. 199 | Inc. 56 (Inc. 53) |
| 23 | Inc. 41 | Inc. p. 201 | Inc. 65 (Inc. 62) |
| *Lycurgus* | | | |
| 24 | 36 | p. 191 | 20 (17) |
| 25 | 28 | p. 191 | 21 (18) |
| 26 | 30 | p. 192 | 22 (19) |
| 27–29 | 34 | p. 192 | 24–26 (21–23) |
| 30–32 | 18 | p. 193 | 29–31 (26–28) |
| 33–34 | 32 | p. 194 | 34–35 (31–32) |
| 35 | 31 | p. 192 | 23 (20) |
| 36 | 25 | p. 194 | 36 (33) |
| 37–38 | 20 | p. 194 | 32–33 (29–30) |
| 39 | 40 | p. 197 | 46 (43) |
| 40 | 38 | p. 196 | 43 (40) |

| Warmington | TrRF | Marm. | Ribbeck$_2$ (Ri.$_3$) |
|---|---|---|---|
| *Lycurgus* | | | |
| 41–42 | 22 | p. 196 | 44–45 (41–42) |
| 43 | 43 | p. 199 | 57 (54) |
| 44 | 37 | p. 195 | 37 (34) |
| 45 | 27 | p. 197 | 47 (44) |
| 46–47 | 19 | p. 193 | 27–28 (24–25) |
| 48 | 33 | p. 195 | 39 (36) |
| 49 | 21 | p. 195 | 38 (35) |
| 50–51 | 26 | p. 195 | 40–41 (37–38) |
| 52–53 | 24 | p. 197 | 48 (45) |
| 54 | 39 | p. 198 | 52 (49) |
| 55–56 | 23 | p. 198 | 49–50 (46–47) |
| 57 | 17 | p. 192 | 53 (50) |
| 58 | 29 | p. 196 | 42 (39) |
| 59 | 35 | p. 198 | 51 (48) |
| Inc. | | | |
| 33 | 42 | p. 201 | 64 (61) |
| 34 | 47 | p. 200 | 63 (60) |
| 35 | 44 | p. 200 | 59 (56) |
| 36 | 49 | p. 200 | 60 (57) |
| 37 | – | – | Ri.$_2$ Com. 106 |
| 38 | 46 | p. 198 | 54 (51) |
| 39 | 50 | p. 199 | 55 (52) |
| 40 | 52 | p. 199 | 58 (55) |
| 41 | 45 | p. 200 | 61 (58) |

## 6.4.3 Poetae Tragici Minores

### TrRF → $Ri._2$, $Ri._3$, Kl.

| TrRF | $Ribbeck_2$ | $Ribbeck_3$ | Klotz |
|---|---|---|---|
| **Pompilius** | | | |
| F 1 | p. 227 | p. 263 | p. 303 |
| **C. Iulius Caesar Strabo** | | | |
| *Adrastus* | | | |
| F 1 | p. 227 | p. 263 | p. 304 |
| *Teuthras* | | | |
| F 2 | p. 228 | p. 263 | p. 305 |
| Incertum | | | |
| F 3 | – | p. 264 | p. 305 |
| **Santra** | | | |
| *Nuptiae Bacchi* | | | |
| F 1 | p. 228 | p. 264 | pp. 305sq. |
| F 2 | p. 228 | p. 264 | p. 306 |
| **Atilius** | | | |
| Incertum | | | |
| F 1 | – | – | p. 306 |
| **L. Varius Rufus** | | | |
| *Thyestes* | | | |
| F 1 | p. 229 | p. 265 | p. 309 |
| Incerta | | | |
| F 2 | p. 229 | p. 265 | pp. 309sq. |
| F 3 | p. 229 | p. 266 | p. 310 |
| **Gracchus** | | | |
| *Atalanta* | | | |
| F 1 | p. 230 | p. 266 | p. 310 |
| *Peliades* | | | |
| F 2 | p. 230 | p. 266 | p. 310 |
| *Thyestes* | | | |
| F 3 | p. 230 | p. 266 | p. 310 |
| Incertum | | | |
| F 4 | p. 230 | p. 266 | p. 311 |

**P. Ovidius Naso**

*Medea*

| | | | |
|---|---|---|---|
| F 1 | p. 230 | p. 267 | p. 311 |
| F 2 | p. 230 | p. 267 | pp. 311sq. |

**P. Pomponius Secundus**

*Atreus*

| | | | |
|---|---|---|---|
| F 1 | p. 231 | pp. 267sq. | p. 312 |
| F 2 | p. 231 | p. 268 | pp. 312sq. |
| F 3 | pp. 231sq. | pp. 268sq. | pp. 313 |

**Scaevus Memor**

| | | | |
|---|---|---|---|
| F 1 | p. 232 | p. 269 | p. 314 |
| F 2 | – | – | p. 314 |

## 6.4.4 Adespota

### TrRF → Ri.$_{2-3}$, Wa., Joc./ D'A./ Da

| TrRF | Ribbeck$_{2-3}$ | Warmington | Joc./ D'A./ Da |
|---|---|---|---|
| Inc. | | | |
| *Chryses* | | | |
| 1 | Pac. Chryses 80–82 | Pac. Chryses 101–103 | 128–130 D'A. |
| *Laomedon* | | | |
| 2 | Inc. 1 Laomedon (1[a] Ri.$_{3}$) | – | – |
| 3 | Pac. Medus 243 | – | 288 D'A. |
| *Penthesilea* | | | |
| 4 | Inc. Penthesilea 6 | – | – |
| Inc. inc. | | | |
| 5 | Enn. Cresph. 114–117 | – | 125–131 Joc. |
| 6 | 162 | 139 | – |
| 7 | 186–188 | Pac. Medus 261–263 | – |
| 8 | 49–54 | Acc. Arm. Iud. 103–108 | – |
| 9 | 176–181 | 82–87 | – |
| 10 | 26 | 49 | – |
| 11 | Pac. inc. 397 | Pac. Medus 242 | 260 D'A. |
| 12 | 143–144 | 25–26 | – |
| 13 | 45–46 | 34 | – |
| 14 | 153 (152 Ri.$_{3}$) | 105 | – |
| 15 | 115–117 | 125–127 | – |
| 16 | – | – | inc. auct. frg. 25 D'A. |
| 17 | – | – | – |
| 18 | 30–31 | 98–99 | – |
| 19 | 114 | 129 | – |
| 20 | 113 | 130 | – |
| 21 | 47–48 | 58–59 | – |
| 22 | Enn. Thyest. 306 | Enn. Thyest. 361 | 290 Joc. |
| 23 | 139–140 | 159–160 | – |
| 24 | 125–126 | 23–24 | – |
| 25 | Enn. Medea ex. 231–232 | Enn. Medea 284–285 | 217–218 Joc. |

| TrRF | Ribbeck$_{2-3}$ | Warmington | Joc./ D'A./ Da |
|---|---|---|---|
| 26 | 80–82 | Pac. Iliona 215–217 | – |
| 27 | Inc. Equus Troianus 8 | – | – |
| 28 | 40–41 | 100–101 | – |
| 29 | Inc. Equus Troianus 7 | – | – |
| 30 | 78 | 142 | – |
| 31 | 149 (149 Ri.$_3$, p. 207) | 128 | – |
| 32–33 | 156–158 | 2–3 | – |
| 34 | Enn. Medea ex. 224–225 | Enn. Medea 272–273 | cf. p. 349 Joc. |
| 35 | 67–68 | 56–57 | – |
| 36 | 259 | – | – |
| 37–39 | $213^1/213^2/213$ | Enn. Hec. 215 | cf. p. 305 Joc. |
| 40 | 194–195 | 123–124 | – |
| 41 | 163–164 | 90–91 | – |
| 42 | 142 | 163 | – |
| 43 | 200–202 | 136–138 | – |
| 44 | 145–146 | 27–28 | – |
| 45 | 159 | 4 | – |
| 46 | 32–33 | 39–40 | – |
| 47 | 147 | 141 | – |
| 48 | Pac. inc. $365^{1-3}$ (ibid. $365^{1-4}$ Ri.$_3$) | – | 118–121 D'A. |
| 49 | 111 | 67 | – |
| 50 | 73–75 | 15–17 | – |
| 51 | 76–77 | 18–19 | – |
| 52 | 133–137 | Enn. Eumenides 157–161 | – |
| 53 | 209 | 115 | – |
| 54 | 205–208 | 29–32 | – |
| 55 | 108–109 | Enn. Thyest. 356–357 | 291–292 Joc. |
| 56 | Enn. Thyest. 303–305 | Enn. Thyest. 358–360 | 293–295 Joc. |
| 57 | 189–192 | Pac. Medus 253–256 | – |
| 58 | 85–87 | Enn. Telamo 319–322 | cf. p. 394 Joc. |
| 59 | 93–95 | 60–62 | – |
| 60 | 110 | 66 | – |
| 61 | 64–66 | 53–55 | – |

| TrRF | $Ribbeck_{2-3}$ | Warmington | Joc./ D'A./ Da |
|---|---|---|---|
| 62 | 174–175 | Pac. Medus 260 | – |
| 63 | Enn. Iph. 191–192 | Enn. Iph. 229–230 | cf. p. 321 Joc. |
| 64 | Pac. Niptra 247 | Pac. Niptra 269 | 293 D'A. |
| 65 | 112 | 72 | – |
| 66 | 92 | Pac. Teuc. 380 | – |
| 67 | 204 | 114 | – |
| 68 | 23–24 | Enn. Iph. 237–238 | cf. pp. 321–322 Joc. |
| 69 | 43 | 92 | – |
| 70 | 71–72 | Acc. Phil. 531–532 | – |
| 71 | Enn. Medea ex. 226–227 | Enn. Medea 274–276 | 225–227 Joc. |
| 72 | 161 | Enn. Medea 277 | – |
| 73 | Enn. Medea ex. 228–230 | Enn. Medea 278–280 | 229–231 Joc. |
| 74 | 165–171 | 5–11 | – |
| 75 | 88–89 | 21–22 | – |
| 76 | 5–16 | Enn. Alex. 38–49 | 50–61 Joc. |
| 77 | 18–19 | 13–14 | – |
| 78 | 36–37 | Acc. Clyt. 239–240 | – |
| 79 | 210 | 33 | – |
| 80 | 184–185 | 143–144 | – |
| 81 | 154 | 37 | – |
| 82 | 55–60 | Acc. Arm. Iud. 109–114 | – |
| 83 | 119 | 73 | – |
| 84 | 127–128 | 131–132 | – |
| 85 | 129–130 | 133–134 | – |
| 86 | 131 | 135 | – |
| 87 | 155 | – | – |
| 88 | 227 | – | – |
| 89 | 1 | 45 | – |
| 90 | 233 | – | – |
| 91 | 234 | – | – |
| 92 | 193 | 140 | – |
| 93 | 107 | Enn. Ann. 369 | – |
| 94 | 220–221 | 119–120 | – |
| 95 | 222 | 93 | – |
| 96 | 212 | 79 | – |
| 97 | 104–106 | 69–71 | – |
| 98 | 28 | 50 | – |
| 99 | 90 | 41 | – |
| 100 | 229 | 145 | – |
| 101 | 141 | 94 | – |

| TrRF | Ribbeck$_{2-3}$ | Warmington | Joc./ D'A./ Da |
|---|---|---|---|
| 102 | 203 | 118 | – |
| 103 | 69 | Acc. Phil. 561 | – |
| 104 | 146[1] | 80 | – |
| 105 | 160 | 109 | – |
| 106 | 101–103 | 46–48 | – |
| 107 | 21 | Enn. Alex. 66 | – |
| 108 | 217 | 81 | – |
| 109 | 132 | 1 | – |
| 110 | 211 | 117 | – |
| 111 | 44 | 158 | – |
| 112 | 17 | 122 | – |
| 113 | 83 | 97 | – |
| 114–115 | 3–4 | 35–36 | – |
| 116 | 39 | – | – |
| 117 | 219 | – | – |
| 118 | 244 | Caecil. Spur.? 275 | – |
| 119 | 138 | Pac. Chryses 88 | 104 D'A. |
| 120 | 29 | 51 | – |
| 121 | 42 | 154 | – |
| 122 | 182 | Pac. Medus 234 | – |
| 123 | 183 | Pac. Medus 235 | – |
| 124 | Enn. Iph. 194–196 | Enn. Iph. 232–234 | 204–206 Joc. |
| 125 | 243 | 38 | – |
| 126 | 223 | – | – |
| 127 | 22 | 42 | – |
| 128 | 79 | 164 | – |
| 129 | 123–124 | 77–78 | – |
| 130 | 25 | 116 | – |
| 131 | 245–248 | 110–113 | – |
| 132 | 214 | 12 | – |
| 133 | 84 | 20 | – |
| 134 | 61–63 | Acc. Arm. Iud. 115–117 | – |
| 135 | 150–152 (149–151 Ri.$_3$) | 106–108 | – |
| 136 | 172–173 | Enn. Medea 282–283 | cf. p. 350 Joc. |
| 137 | 120–122 | 74–76 | – |
| 138 | 197–199 | 102–104 | – |
| 139 | 249–250 | 64–65 | – |
| 140 | 251–252 | 95–96 | – |
| 141 | 91 | 52 | – |
| 142 | – | – | – |
| 143 | 226 | 146 | – |

| TrRF | $Ribbeck_{2-3}$ | Warmington | Joc./ D'A./ Da |
|---|---|---|---|
| 144 | Pac. Atalanta 48–49 | Pac. Atalanta 68–69 | 66–67 D'A. |
| 145 | 254 | – | – |
| 146 | 27 | Lucil. 734 | – |
| 147 | 253 | Lucil. 949 | – |
| 148 | Pac. Dulores 140–141 | Pac. Dulores. 142–143. | 162 D'A |
| 149 | Pac. inc. 349 | Pac. Antiopa 2 | 9–10 D'A. |
| 150 | cf. p. 109 $Ri._3$ | – | inc. auct. frg. XII D'A. |
| 151 | Pac. Iliona 203 | Pac. Iliona 212 | inc. auct. frg. VI D'A. |
| 152 | Pac. Iliona 214 | Pac. Iliona 222 | 245 D'A. |
| 153 | 257–258 | 88–89 | – |
| 154–155 | 34–35 | 43–44 | – |
| 156 | 70 | 63 | – |
| 157 | 255–256 | 152–153 | – |
| 158 | – | – | – |
| 159 | 228 | 162 | – |
| 160 | 260 | 155 | – |
| 161 | – | – | – |
| 162 | 196 | 68 | – |
| 163 | 224–225 | Enn. varia 29 p. 458 | – |
| 164 | 148 | post carm. Nelei 5c, p. 628 | – |
| 165 | 215–216 | post carm. Nelei 5a–b, p. 628 | – |
| 166 | 2 | – | – |
| 167 | 235 | – | – |
| 168 | 96 | 147 | – |
| 169 | 97–98 | 148–149 | – |
| 170 | 99–100 | 150–151 | – |
| 171 | 218 | 121 | – |
| 172–174 | 237/ 239/ 238 | – | – |
| 175 | 241 | – | – |
| 176 | 240 | Acc. Tereus 651 | – |
| 177 | 232 | – | – |
| 178 | Nov. com. l. 66 $Ri._3$ | – | – |
| 179 | 38 | – | – |
| 180 | 242 | – | – |

## Ribbeck$_{2–3}$ → TrRF, Ri.$_{2–3}$, Wa., Joc./ D'A./ Da

| Ribbeck$_{2–3}$ | TrRF | Warmington | Joc./ D'A./ Da |
|---|---|---|---|
| Inc. | | | |
| *Laomedon* | | | |
| 1 (1[a] Ri.$_3$) | Laomedon 2 | – | – |
| *Nelei Carmen* | | | |
| 2 | – | Carmen Nelei 4 | – |
| 3 | – | Carmen Nelei 2 | – |
| 4 | – | Carmen Nelei 3 | – |
| 5 | – | Carmen Nelei 1 | – |
| *Penthesilea* | | | |
| 6 | Penthesilea 4 | – | – |
| *Equus Troianus* | | | |
| 7 | 29 | – | – |
| 8 | 27 | – | – |
| *Chorus Proserpinae* | | | |
| 9 | – | – | – |
| Inc. inc. | | | |
| 1 | 89 | 45 | – |
| 2 | 166 | – | – |
| 3 | 114 | 35 | – |
| 4 | 115 | 36 | – |
| 5–16 | 76 | Enn. Alex. 38–49 | 50–61 Joc. |
| 17 | 112 | 122 | – |
| 18–19 | 77 | 13–14 | – |
| 21 | 107 | Enn. Alex. 66 | – |
| 22 | 127 | 42 | – |
| 23–24 | 68 | Enn. Iph. 237–238 | cf. pp. 321–322 Joc. |
| 25 | 130 | 116 | – |
| 26 | 10 | 49 | – |
| 27 | 146 | Lucil. 734 | – |
| 28 | 98 | 50 | – |
| 29 | 120 | 51 | – |
| 30–31 | 18 | 98–99 | – |
| 32–33 | 46 | 39–40 | – |
| 34 | 154 | 43 | – |
| 35 | 155 | 44 | – |
| 36–37 | 78 | Acc. Clyt. 239–240 | – |
| 38 | 179 | – | – |

| Ribbeck$_{2-3}$ | TrRF | Warmington | Joc./ D'A./ Da |
|---|---|---|---|
| 40–41 | 28 | 100–101 | – |
| 42 | 121 | 154 | – |
| 43 | 69 | 92 | – |
| 44 | 111 | 158 | – |
| 45–46 | 13 | 34 | – |
| 47–48 | 21 | 58–59 | – |
| 49–54 | 8 | Acc. Arm. Iud. 103–108 | – |
| 55–60 | 82 | Acc. Arm. Iud. 109–114 | – |
| 61–63 | 134 | Acc. Arm. Iud. 115–177 | – |
| 64–66 | 61 | 53–55 | – |
| 67–68 | 35 | 56–57 | – |
| 69 | 103 | Acc. Phil. 561 | – |
| 70 | 156 | 63 | – |
| 71–72 | 70 | Acc. Phil. 531–532 | – |
| 73–75 | 50 | 15–17 | – |
| 76–77 | 51 | 18–19 | – |
| 78 | 30 | 142 | – |
| 79 | 128 | 164 | – |
| 80–82 | 26 | Pac. Iliona 215–217 | – |
| 83 | 113 | 97 | – |
| 84 | 133 | 20 | – |
| 85–87 | 58 | Enn. Telamo 319–322 | cf. p. 394 Joc. |
| 88–89 | 75 | 21–22 | – |
| 90 | 99 | 41 | – |
| 91 | 141 | 52 | – |
| 92 | 66 | Pac. Teuc. 380 | – |
| 93–95 | 59 | 60–62 | – |
| 96 | 168 | 147 | – |
| 97–98 | 169 | 148–149 | – |
| 99–100 | 170 | 150–151 | – |
| 101–103 | 106 | 46–48 | – |
| 104–106 | 97 | 69–71 | – |
| 107 | 93 | Enn Ann. 369 | – |
| 108–109 | 55 | Enn. Thyest. 356–357 | 291–292 Joc. |
| 110 | 60 | 66 | – |
| 111 | 49 | 67 | – |
| 112 | 65 | 72 | – |

| Ribbeck$_{2-3}$ | TrRF | Warmington | Joc./ D'A./ Da |
|---|---|---|---|
| 114 | 19 | 129 | – |
| 115–117 | 15 | 125–127 | – |
| [118] deest | | | |
| 119 | 83 | 73 | – |
| 120–122 | 137 | 74–76 | – |
| 123–124 | 129 | 77–78 | – |
| 125–126 | 24 | 23–24 | – |
| 127–128 | 84 | 131–132 | – |
| 129–130 | 85 | 133–134 | – |
| 131 | 86 | 135 | – |
| 132 | 109 | 1 | – |
| 133–137 | 52 | Enn. Eumenides 157–161 | – |
| 138 | 119 | Pac. Chryses 88 | 104 D'A. |
| 139–140 | 23 | 159–160 | – |
| 141 | 101 | 94 | – |
| 142 | 42 | 163 | – |
| 143–144 | 12 | 25–26 | – |
| 145–146 | 44 | 27–28 | – |
| 146[1] | 104 | 80 | – |
| 147 | 47 | 141 | – |
| 148 | 164 | post carm. Nelei 5c, p. 628 | – |
| 149 | 31 | 128 | – |
| (149 Ri.$_3$, p. 297) | | | |
| 150–152 | 135 | 106–108 | – |
| (149–151 Ri.$_3$) | | | |
| 153 (152 Ri.$_3$) | 14 | 105 | – |
| 154 | 81 | 37 | – |
| 155 | 87 | – | – |
| 156–158 | 32–33 | 2–3 | – |
| 159 | 45 | 4 | – |
| 160 | 105 | 109 | – |
| 161 | 72 | Enn. Medea 277 | – |
| 162 | 6 | 139 | – |
| 163–164 | 41 | 90–91 | – |
| 165–171 | 74 | 5–11 | – |
| 172–173 | 136 | Enn. Medea 282–283 | cf. p. 350 Joc. |
| 174–175 | 62 | Pac. Medus 260 | – |
| 176–180 | 9 | 82–86 | – |
| 181 | 9 | 87 | – |
| 182 | 122 | Pac. Medus 234 | – |
| 183 | 123 | Pac. Medus 235 | – |

| $Ribbeck_{2-3}$ | TrRF | Warmington | Joc./ D'A./ Da |
|---|---|---|---|
| 184–185 | 80 | 143–144 | – |
| 186–188 | 7 | Pac. Medus 261–263 | – |
| 189–192 | 57 | Pac. Medus 253–256 | – |
| 193 | 92 | 140 | – |
| 194–195 | 40 | 123–124 | – |
| 196 | 162 | 68 | – |
| 197–199 | 138 | 102–104 | – |
| 200–202 | 43 | 136–138 | – |
| 203 | 102 | 118 | – |
| 204 | 67 | 114 | – |
| 205–208 | 54 | 29–32 | – |
| 209 | 53 | 115 | – |
| 210 | 79 | 33 | – |
| 211 | 110 | 117 | – |
| 212 | 96 | 79 | – |
| $213^1/213^2/213$ | 37–39 | Enn. Hec. 215 | cf. p. 305 Joc. |
| 214 | 132 | 12 | – |
| 215–216 | 165 | post. carm. Nelei 5a–b, p. 628 | – |
| 217 | 108 | 81 | – |
| 218 | 171 | 121 | – |
| 219 | 117 | – | – |
| 220–221 | 94 | 119–120 | – |
| 222 | 95 | 93 | – |
| 223 | 126 | – | – |
| 224–225 | 163 | Enn. varia 29, p. 458 | – |
| 226 | 143 | 146 | – |
| 227 | 88 | – | – |
| 228 | 159 | 162 | – |
| 229 | 100 | 145 | – |
| 230 | – | p. 599 | – |
| 231 | – | p. 599 | – |
| 232 | 177 | – | – |
| 233 | 90 | – | – |
| 234 | 91 | – | – |
| 235 | 167 | – | – |
| 236 | – | – | – |
| 237 | 172 | – | – |
| 238 | 174 | – | – |
| 239 | 173 | – | – |
| 240 | 176 | Acc. Tereus 651 | – |

| $\text{Ribbeck}_{2\text{–}3}$ | TrRF | Warmington | Joc./ D'A./ Da |
|---|---|---|---|
| 241 | 175 | – | – |
| 242 | 180 | – | – |
| 243 | 125 | 38 | – |
| 244 | 118 | Caecil. Spur.? 275 | – |
| 245–248 | 131 | 110–113 | – |
| 249–250 | 139 | 64–65 | – |
| 251–252 | 140 | 95–96 | – |
| 253 | 147 | Lucil. 949 | – |
| 254 | 145 | – | – |
| 255–256 | 157 | 152–153 | – |
| 257–258 | 153 | 88–89 | – |
| 259 | 36 | – | – |
| 260 | 160 | 155 | – |
| 261 | – | – | – |

## Warmington → Ri.$_{2-3}$, TrRF, Joc./ D'A./ Da

| Warmington | Ribbeck$_{2-3}$ | TrRF | Joc./ D'A./ Da |
|---|---|---|---|
| Inc. inc. | | | |
| 1 | 132 | 109 | – |
| 2–3 | 156–158 | 32–33 | – |
| 4 | 159 | 45 | – |
| 5–11 | 165–171 | 74 | – |
| 12 | 214 | 132 | – |
| 13–14 | 18–19 | 77 | – |
| 15–19 | 73–77 | 50–51 | – |
| 20 | 84 | 133 | – |
| 21–22 | 88–89 | 75 | – |
| 23–24 | 125–126 | 24 | – |
| 25–26 | 143–144 | 12 | – |
| 27–28 | 145–146 | 44 | – |
| 29–32 | 205–208 | 54 | – |
| 33 | 210 | 79 | – |
| 34 | 45–46 | 13 | – |
| 35–36 | 3–4 | 114–115 | – |
| 37 | 154 | 81 | – |
| 38 | 243 | 125 | – |
| 39–40 | 32–33 | 46 | – |
| 41 | 90 | 99 | – |
| 42 | 22 | 127 | – |
| 43–44 | 34–35 | 154–155 | – |
| 45 | 1 | 89 | – |
| 46–48 | 101–103 | 106 | – |
| 49 | 26 | 10 | – |
| 50 | 28 | 98 | – |
| 51 | 29 | 120 | – |
| 52 | 91 | 141 | – |
| 53–55 | 64–66 | 61 | – |
| 56–57 | 67–68 | 35 | – |
| 58–59 | 47–48 | 21 | – |
| 60–62 | 93–95 | 59 | – |
| 63 | 70 | 156 | – |
| 64–65 | 249–250 | 139 | – |
| 66 | 110 | 60 | – |
| 67 | 111 | 49 | – |
| 68 | 196 | 162 | – |
| 69–71 | 104–106 | 97 | – |
| 72 | 112 | 65 | – |
| 73 | 119 | 83 | – |

| Warmington | $Ribbeck_{2-3}$ | TrRF | Joc./ D'A./ Da |
|---|---|---|---|
| 74–76 | 120–122 | 137 | – |
| 77–78 | 123–124 | 129 | – |
| 79 | 212 | 96 | – |
| 80 | 146[1] | 104 | – |
| 81 | 217 | 108 | – |
| 82–87 | 176–181 | 9 | – |
| 88–89 | 257–258 | 153 | – |
| 90–91 | 163–164 | 41 | – |
| 92 | 43 | 69 | – |
| 93 | 222 | 95 | – |
| 94 | 141 | 101 | – |
| 95–96 | 251–252 | 140 | – |
| 97 | 83 | 113 | – |
| 98–99 | 30–31 | 18 | – |
| 100–101 | 40–41 | 28 | – |
| 102–104 | 197–199 | 138 | – |
| 105 | 153 (152 $Ri._3$) | 14 | – |
| 106–108 | 150–152 (149–151 $Ri._3$) | 135 | – |
| 109 | 160 | 105 | – |
| 110–113 | 245–248 | 131 | – |
| 114 | 204 | 67 | – |
| 115 | 209 | 53 | – |
| 116 | 25 | 130 | – |
| 117 | 211 | 110 | – |
| 118 | 203 | 102 | – |
| 119–120 | 220–221 | 94 | – |
| 121 | 218 | 171 | – |
| 122 | 17 | 112 | – |
| 123–124 | 194–195 | 40 | – |
| 125–127 | 115–117 | 15 | – |
| 128 | 149 (149 $Ri._3$, p. 207) | 31 | – |
| 129 | 114 | 19 | – |
| 130 | 113 | 20 | – |
| 131–132 | 127–128 | 84 | – |
| 133–135 | 129–131 | 85–86 | – |
| 136–138 | 200–202 | 43 | – |
| 139 | 162 | 6 | – |
| 140 | 193 | 92 | – |
| 141 | 147 | 47 | – |
| 142 | 78 | 30 | – |
| 143–144 | 184–185 | 80 | – |
| 145 | 229 | 100 | – |

| Warmington | Ribbeck$_{2-3}$ | TrRF | Joc./ D'A./ Da |
|---|---|---|---|
| 146 | 226 | 143 | – |
| 147–151 | 96–100 | 168–170 | – |
| 152–153 | 255–256 | 157 | – |
| 154 | 42 | 121 | – |
| 155 | 260 | 160 | – |
| 156 | Com. Pall. Inc. Inc. 90–91 | – | – |
| 157 | Com. Pall. Inc. Inc. 94 | – | – |
| 158 | 44 | 111 | – |
| 159–160 | 139–140 | 23 | – |
| 161 | Com. Pall. Inc. Inc. 64 | – | – |
| 162 | 228 | 159 | – |
| 163 | 142 | 42 | – |
| 164 | 79 | 128 | – |
| 165 | Com. Pall. Inc. Inc. 104 | – | – |
| 166 | Com. Pall. Inc. Inc. 105 | – | – |

# 6.5 Indices

Indicibus nominum (6.5.1) et verborum (6.5.2) omnia nomina propria et omnia verba commemorantur, quae in huius editionis textu constituto fragmentorum tragoediarum exstant. Variae lectiones notabiliores includuntur; verba testimoniorum et fontium fragmentorum non afferuntur. Verbum, si in eodem fragmento saepius exstat, semel modo indicatur.

† post numerum fragmenti indicat verbum in textu huius fragmenti crucibus affectum esse.
* post numerum fragmenti indicat verbum in textu huius fragmenti coniectura niti.
< numerus fragmenti > in huius modi uncis inclusus indicat verbum suppletum.

## 6.5.1 Index nominum

### 6.5.1.1 Livius



### 6.5.1.2 Naevius



### 6.5.1.3 Adespota

## 6.5.2 Index verborum

Indices verborum etiam composuerunt Cavazza / Barrile (1981); Ri. pp. 287–368; Wa. vol. 1, pp. 562–564. 591–599, vol. 2, pp. 661–674; Marm. pp. 263–266; Tra. pp. 548–570.

### 6.5.2.1 Livius Andronicus

### 6.5.2.2 Naevius

## 6.5.2.3 Adespota

# 6.5.3 Index fontium

## 6.5.3.1 Livius

### 6.5.3.2 Naevius

### 6.5.3.3 Adespota